2017年国家司法考试
名师课堂

白斌理论法

白 斌 编著

北京理工大学出版社
BEIJING INSTITUTE OF TECHNOLOGY PRESS

版权专有　侵权必究

图书在版编目（CIP）数据

白斌理论法．真题篇／白斌编著．—北京：北京理工大学出版社，2016.12
ISBN 978－7－5682－3499－3

Ⅰ．①白⋯　Ⅱ．①白⋯　Ⅲ．①法的理论－中国－资格考试－习题集　Ⅳ．①D920.0

中国版本图书馆 CIP 数据核字（2016）第 304620 号

出版发行 ／ 北京理工大学出版社有限责任公司
社　　址 ／ 北京市海淀区中关村南大街 5 号
邮　　编 ／ 100081
电　　话 ／（010）68914775（总编室）
　　　　　　（010）82562903（教材售后服务热线）
　　　　　　（010）68948351（其他图书服务热线）
网　　址 ／ http://www.bitpress.com.cn
经　　销 ／ 全国各地新华书店
印　　刷 ／ 北京富泰印刷有限责任公司
开　　本 ／ 787 毫米 × 1092 毫米　1／16
印　　张 ／ 22　　　　　　　　　　　　　　　　　　　责任编辑 ／ 张慧峰
字　　数 ／ 528 千字　　　　　　　　　　　　　　　　文案编辑 ／ 张慧峰
版　　次 ／ 2016 年 12 月第 1 版　2016 年 12 月第 1 次印刷　责任校对 ／ 周瑞红
定　　价 ／ 42.00 元　　　　　　　　　　　　　　　　责任印制 ／ 边心超

图书出现印装质量问题，请拨打售后服务热线，本社负责调换

作为本人具有个人风格的"理论法学四部曲"(《知识篇》《真题篇》《习题篇》《冲刺篇》)的第二部,《真题篇》花费了我最多的心血,也承载了我最重的期待——成就一部市场上所能找到的最好的真题解析书。

延续着上述期许,2016年国家司法考试落下帷幕之后,笔者对本书第三版开展了大幅度的修订,一方面增加了2016年最新的真题,另一方面则意在祛除第三版中令人难以容忍的缺陷,尽管本人并非完美主义者。针对第三版面世之后广大考生在使用过程中所提出的意见和建议,新版加以大范围吸收,并进行全面勘误:法律法规已然修订的,对于引用条款及内容进行更新;对于说理不够清晰的解析,全面推倒重写;措辞啰唆、语义繁复的,则予以简明化,以最大幅度节约考生宝贵的复习时间。

我深知,对于历年真题的研习,其目的并非把握历史,而在于展望未来。为了达到有效"淘汰"考生的目的,近年来司法考试题目的"偏、怪、难"程度已然达到了令人瞠目结舌的地步,因此对于历年真题的学习和解析必须有助于有效应对此类考题。因此,本次修订有意地强化了这一目标,笔者特意总结了特定考点的考查方式、命题规律和应试技巧,特别是针对相关知识点的未来考查趋势做了延伸性的说明,请考生务必特别注意;另外,亦请读者诸君根据面授课堂的讲授内容,随时增补口授的解题原理和秘籍。

总体而言,相对于市场上现有的司法考试真题解析辅导书,理论法学之《真题篇》具有鲜明的优点:

第一个优点是全面。本书完整提供了从2002年到2016年国家统一司法考试实施以来16年理论法学几乎全部的真题;对于过期考题,知识点已然失效的,则直接删除;有可能利用的,则在不影响原题考查意旨和难度的情况下,加以全面改造更新。这样做的一个核心原因在于:笔者坚持认为,特定考点的真正价值只有在足够广阔的历史背景中才能得到理解,从短时期的历史中"总结出"的规律,则极容易让我们盲目,作出错误的判断。

本书的第二个优点是详细。本书为每道真题均提供了相当细腻的解析说明,对于重要考点不厌其烦地重复,以帮助考生以应试针对性极强的方式重新温习《知识篇》中的考点,并且通过真题的考查来增补《知识篇》中没有详细阐释的考点。我深信,不断地重复是有效记忆的快捷键。这是我多年来教学实践经验的结晶之一。而且,为帮助考生熟悉法条,本书在相关真题中糅合了重点法条:基本上所有的重点法条都出现在了《真题篇》里面,避免了考生来回翻书、查法条的不便。

或许会有朋友"责怪"本书太过全面和详细,以至于他根本没有那么多时间来阅读和学习。对于这种指责,我只想说:他不是没有时间,只是把时间用在了错误的方向上。

必须牢记,《真题篇》是基础教材《知识篇》的配套工具书,必须配合《知识篇》来使用。本书对于历年真题的排列,也是分门别类,一一对应《知识篇》中的知识点的。因此,建议大家在学习完《知识篇》

序　言

中的某一知识点之后，及时练习《真题篇》中相应部分的真题，以检测自己对于相关考点把握的准确程度。

最后，有必要特别感谢许多素未谋面的朋友对于本书的完善所提供的智力贡献和精神支持。正是我的学生们的较真，使作为教师的我不得不认真，从而促成了本书在完美性上更进一步。同样诚挚的请求也呈送给第四版的新的读者朋友：恳请认真细致的诸位，在阅读过程中一旦发现了知识错误或者其他值得完善之点，能够不吝与笔者分享您的智慧，那将是我们成为好朋友的开端。我的新浪微博：@理论法白斌。在阅读和学习本书过程中的任何疑问，也请直接发私信交流，笔者将尽可能提供力所能及的"售后服务"。本书的勘误表也将在上述微博公布更新，请读者诸君随时关注。

当然，再次感激华旭教育白首宏校长及其领导的专业团队，正是他们对司法考试的爱和执着，推动了本书能在2017年备考季与大家相遇。

白斌（竹西君）

2016年11月15日

于中央财经大学法学院

目 录

第一编 中国特色社会主义法治理论

第一章 中国特色社会主义法治建设基本原理 …………………………………………（1）
第二章 法治工作的基本格局 ……………………………………………………………（10）
    第一节 完善中国特色社会主义法律体系,加强宪法实施 …………………………（10）
    第二节 深入推进依法行政,加快建设法治政府 ……………………………………（13）
    第三节 保证公正司法,提高司法公信力 ……………………………………………（17）
    第四节 增强全民法治观念,推进法治社会建设 ……………………………………（28）
第三章 法治工作的重要保障 ……………………………………………………………（30）

第二编 法理学

第一章 法的本体 …………………………………………………………………………（33）
    第一节 法的概念 ……………………………………………………………………（33）
    第二节 法的本质 ……………………………………………………………………（38）
    第三节 法的特征 ……………………………………………………………………（39）
    第四节 法的作用 ……………………………………………………………………（40）
    第五节 法的价值 ……………………………………………………………………（45）
    第六节 法的要素 ……………………………………………………………………（50）
    第七节 法的渊源 ……………………………………………………………………（60）
    第八节 法律部门与法律体系 ………………………………………………………（72）
    第九节 法的效力 ……………………………………………………………………（73）
    第十节 法律关系 ……………………………………………………………………（75）
    第十一节 法律责任 …………………………………………………………………（86）
第二章 法的运行 …………………………………………………………………………（93）
    第一节 立法 …………………………………………………………………………（93）
    第二节 法的实施 ……………………………………………………………………（96）
    第三节 法适用的一般原理 …………………………………………………………（101）
    第四节 法律推理 ……………………………………………………………………（108）
    第五节 法律解释 ……………………………………………………………………（112）

第三章 法与社会 (127)
第一节 法与社会的一般理论 (127)
第二节 法与和谐社会 (128)
第三节 法与经济 (128)
第四节 法与政治 (129)
第五节 法与科学技术 (130)
第六节 法与宗教 (131)
第七节 法与人权 (132)

第三编 法制史

第一章 法的演进 (134)
第一节 法的起源 (134)
第二节 法的发展 (135)
第三节 法的传统 (137)

第二章 中国古代法制史 (138)
第一节 西周以降的法制思想与法律 (138)
第二节 唐宋至明清时期的法制 (144)

第三章 清末、民国时期的法制 (156)
第一节 法的现代化 (156)
第二节 清末改革 (157)
第三节 民国时期的宪法 (163)

第四章 外国法制史 (165)
第一节 西方两大法系 (165)
第二节 罗马法 (166)
第三节 英美法系 (169)
第四节 大陆法系 (171)

第四编 宪法学

第一章 宪法的基本理论 (181)
第一节 宪法的概念 (181)
第二节 宪法的历史发展 (183)
第三节 宪法的基本原则 (187)
第四节 宪法的作用 (189)
第五节 宪法的渊源与宪法典的结构 (189)
第六节 宪法规范 (192)
第七节 宪法效力 (193)

第二章 国家的基本制度（上）(196)
第一节 人民民主专政制度 (196)

第二节　国家的基本经济制度 …………………………………………………（196）
　　第三节　国家的基本文化制度 …………………………………………………（200）
　　第四节　国家的基本社会制度 …………………………………………………（201）
第三章　国家的基本制度（下）……………………………………………………（202）
　　第一节　人民代表大会制度 ……………………………………………………（202）
　　第二节　选举制度 ………………………………………………………………（202）
　　第三节　国家结构形式 …………………………………………………………（210）
　　第四节　民族区域自治制度 ……………………………………………………（212）
　　第五节　特别行政区制度 ………………………………………………………（216）
　　第六节　基层群众性自治组织 …………………………………………………（224）
第四章　公民的基本权利与义务 …………………………………………………（230）
　　第一节　公民基本权利与义务概述 ……………………………………………（230）
　　第二节　我国公民的基本权利 …………………………………………………（231）
　　第三节　我国公民的基本义务 …………………………………………………（241）
第五章　国家机构 …………………………………………………………………（241）
　　第一节　国家机构概述 …………………………………………………………（241）
　　第二节　全国人民代表大会及其常务委员会 …………………………………（242）
　　第三节　中华人民共和国主席 …………………………………………………（254）
　　第四节　国务院 …………………………………………………………………（254）
　　第五节　中央军事委员会 ………………………………………………………（258）
　　第六节　地方各级人民代表大会和地方各级人民政府 ………………………（259）
　　第七节　人民法院与人民检察院 ………………………………………………（268）
第六章　宪法的实施及其保障 ……………………………………………………（270）
　　第一节　宪法实施概述 …………………………………………………………（270）
　　第二节　宪法的修改 ……………………………………………………………（271）
　　第三节　宪法解释 ………………………………………………………………（272）
　　第四节　宪法监督 ………………………………………………………………（273）

第五编　司法制度与法律职业道德

第一章　概述 ………………………………………………………………………（278）
　　第一节　司法与司法制度的概念 ………………………………………………（278）
　　第二节　法律职业道德的概念和特征 …………………………………………（285）
　　第三节　法律职业道德的基本原则 ……………………………………………（288）
第二章　审判制度和法官职业道德 ………………………………………………（289）
　　第一节　审判制度概述 …………………………………………………………（289）
　　第二节　审判机关 ………………………………………………………………（293）
　　第三节　法官 ……………………………………………………………………（295）
　　第四节　法官职业道德 …………………………………………………………（297）
　　第五节　法官职业责任 …………………………………………………………（304）

目　录

第三章　检察制度和检察官职业道德 ···································· （305）
　　第一节　概述 ··· （305）
　　第二节　检察机关和检察官 ··· （307）
　　第三节　检察官职业道德 ·· （309）
　　第四节　检察官职业责任 ·· （311）

第四章　律师制度与律师职业道德 ······································ （313）
　　第一节　律师 ··· （313）
　　第二节　律师事务所 ·· （318）
　　第三节　律师职业道德 ·· （320）
　　第四节　律师职业责任 ·· （328）
　　第五节　法律援助制度 ·· （329）

第五章　公证制度与公证员职业道德 ·································· （335）
　　第一节　公证员与公证机构 ··· （335）
　　第二节　公证程序与公证效力 ······································ （337）
　　第三节　公证员职业道德 ·· （339）
　　第四节　公证职业责任 ··· （343）

第一编 中国特色社会主义法治理论

卡尔·马克思说:"法官是法律世界的国王,法官除了法律没有别的上司。"对于这句话,下列哪一理解是正确的?(2015—1—14)
A. 法官的法律世界与其他社会领域(政治、经济、文化等)没有关系
B. 法官的裁判权不受制约
C. 法官是法律世界的国王,但必须是法律的奴仆
D. 在法律世界中(包括在立法领域),法官永远是其他一切法律主体(或机构)的上司

答案(　　)①

【解析】根据马克思主义的立场,世界是密切联系的一个整体,法律世界和其他社会领域也是联系在一起的,法律存在于社会当中,并服务于社会。A项明显错误。在法治国家,法官的地位异常崇高,但任何权力都需要制约,不受制约的权力必然导致恣意和腐败,司法权也不例外。B项错误。在我国,人民法院由人大产生,对人大负责,受人大监督;同时接受党的政治领导,所以D项明显错误。只有C项强调了法官必须依法裁判,接受法律的统治,因而符合题意。

第一章 中国特色社会主义法治建设基本原理

1. 2007年12月26日,中共中央总书记胡锦涛提出"党的事业至上、人民利益至上、宪法法律至上"的重要观点。有关"三个至上"中"宪法法律至上"的理解,下列哪一选项是正确的?(2009—1—1)
A. "宪法法律至上"是指宪法和法律在效力上地位相同,都具有最高效力
B. "宪法法律至上"仅仅强调实现法律效果,是增强全社会法律意识的价值指引
C. 肯定"宪法法律至上"是执政党在思想认识上的一个重大转变
D. "宪法法律至上"是我国宪法明确规定的原则,一切国家机关、武装力量、各政党和各社会团体、各企业事业组织都必须遵守

答案(　　)②

【解析】坚持宪法法律至上,就是要把严格遵守宪法法律作为法治实践的基本要求,党要在宪法和法律的范围内活动,执法和司法必须严格以宪法和法律为依据,任何组织和个人都不允许有超越宪法和法律规定的特权,在全社会树立宪法和法律的权威,树立执法与司法的公信力,维护社会主义法制的统一和尊严。据此,选项A错误,宪法具有最高法律效力,宪法法律至上并不意味着宪法和法律的效力相同。选项B错误,我国社会主义法治必须高度重视法治实践活动的社会效果,坚持法律效果与

参考答案:①C　②C

社会效果的高度统一,法治实践活动的社会效果,是检验法治为大局服务具体成效的主要依据。选项C正确,"三个至上"的提出,肯定了宪法法律至上这一现代法治文明的合理内核,是我党总结和探索执政规律的重要成果,标志着党在思想认识上完成了领导方式和执政方式的重大转变。选项D错误,我国宪法规定了一切国家机关、武装力量、各政党和各社会团体、各企业事业组织都必须遵守宪法和法律,但却没有明确规定宪法法律至上原则。

> 【一招制敌】"三个至上"是胡锦涛在2007年一次会议上率先提出来的,自然不会是宪法明文规定的原则。

2. 全面推进依法治国,总目标是建设中国特色社会主义法治体系,建设社会主义法治国家。关于对全面推进依法治国的重大意义和总目标的理解,下列哪一选项是不正确的?(2015-1-1)

　　A. 依法治国事关我们党执政兴国,事关人民的幸福安康,事关党和国家的长治久安
　　B. 依法治国是实现国家治理体系和治理能力现代化的必然要求
　　C. 总目标包括形成完备的法律规范体系和高效的法律实施体系
　　D. 通过将全部社会关系法律化,为建设和发展中国特色社会主义法治国家提供保障

答案(　①　)

【解析】依法治国,是坚持和发展中国特色社会主义的本质要求和重要保障,是实现国家治理体系和治理能力现代化的必然要求,事关我们党执政兴国,事关人民幸福安康,事关党和国家长治久安。A、B两项正确。全面推进依法治国,总目标是建设中国特色社会主义法治体系,建设社会主义法治国家。这就是,在中国共产党领导下,坚持中国特色社会主义制度,贯彻中国特色社会主义法治理论,形成完备的法律规范体系、高效的法治实施体系、严密的法治监督体系、有力的法治保障体系,形成完善的党内法规体系,坚持依法治国、依法执政、依法行政共同推进,坚持法治国家、法治政府、法治社会一体建设,实现科学立法、严格执法、公正司法、全民守法,促进国家治理体系和治理能力现代化。可见,C项表述没问题。在现代社会,法律在社会调整中发挥着首要作用,但是法律的作用不是无限的,有些社会关系并不适宜用法律来调整,比如情感关系,民法中的好意施惠关系,等等。D项"将全部社会关系法律化"的说法,片面夸大了法律的作用,犯了法律万能论的错误。综上所述,D项错误。

3. 关于对全面推进依法治国基本原则的理解,下列哪些选项是正确的?(2015-1-51)

　　A. 要把坚持党的领导、人民当家做主、依法治国有机统一起来
　　B. 坚持人民主体地位,必须坚持法治建设以保障人民根本利益为出发点
　　C. 要坚持从中国实际出发,并借鉴国外法治有益经验
　　D. 坚持法律面前人人平等,必须以规范和约束公权力为重点

答案(　②　)

【解析】该题考查全面推进依法治国的基本原则。根据《中共中央关于全面推进依法治国若干重大问题的决定》的规定,全面推进依法治国应当坚持五个原则:坚持中国共产党的领导;坚持人民主体地位;坚持法律面前人人平等;坚持依法治国和以德治国相结合;坚持从中国实际出发。A、B、C、D四项说法均为正确。

参考答案:①D　②ABCD

4. 全面依法治国,必须坚持人民的主体地位。对此,下列哪一理解是错误的?(2016-1-1)

A. 法律既是保障人民自身权利的有力武器,也是人民必须遵守的行为规范
B. 人民依法享有广泛的权利和自由,同时也承担应尽的义务
C. 人民通过各种途径直接行使立法、执法和司法的权力
D. 人民根本权益是法治建设的出发点和落脚点,法律要为人民所掌握、所遵守、所运用

答案(　　)①

【解析】 人民是依法治国的主体和力量源泉,人民代表大会制度是保证人民当家作主的根本政治制度。全面依法治国,必须坚持人民的主体地位。必须坚持法治建设为了人民、依靠人民、造福人民、保护人民,以保障人民根本权益为出发点和落脚点,保证人民依法享有广泛的权利和自由、承担应尽的义务,维护社会公平正义,促进共同富裕。必须使人民认识到法律既是保障自身权利的有力武器,也是必须遵守的行为规范,增强全社会学法、尊法、守法、用法意识,使法律为人民所掌握、所遵守、所运用。A、B、D三项明显正确。坚持人民的主体地位,必须保证人民在党的领导下,依照法律规定,通过各种途径和形式管理国家事务,管理经济文化事业,管理社会事务,立法权、行政权、司法权由人民直接行使并不符合法治建设的一般规律。C项错误。

5. 相传,清朝大学士张英的族人与邻人争宅基,两家因之成讼。族人驰书求助,张英却回诗一首:"一纸书来只为墙,让他三尺又何妨?万里长城今犹在,不见当年秦始皇。"族人大惭,遂后移宅基三尺。邻人见状亦将宅基后移三尺,两家重归于好。根据上述故事,关于依法治国和以德治国的关系,下列哪一理解是正确的?(2016-1-2)

A. 在法治国家,道德通过内在信念影响外部行为,法律的有效实施总是依赖于道德
B. 以德治国应大力弘扬"和为贵、忍为高"的传统美德,不应借诉讼对利益斤斤计较
C. 道德能够令人知廉耻、懂礼让、有底线,良好的道德氛围是依法治国的重要基础
D. 通过立法将"礼让为先""勤俭节约"和"见义勇为"等道德义务全部转化为法律义务,有助于发挥道德在依法治国中的作用

答案(　　)②

【解析】 全面推进依法治国,必须坚持依法治国和以德治国相结合。国家和社会治理需要法律和道德共同发挥作用。必须坚持一手抓法治、一手抓德治,大力弘扬社会主义核心价值观,弘扬中华传统美德,培育社会公德、职业道德、家庭美德、个人品德,既重视发挥法律的规范作用,又重视发挥道德的教化作用,以法治体现道德理念、强化法律对道德建设的促进作用,以道德滋养法治精神、强化道德对法治文化的支撑作用,实现法律和道德相辅相成、法治和德治相得益彰。可见,C项表述无误。在法治国家,说道德通过内在信念影响外部行为,是正确的,但是法律与道德毕竟不能等同,认为法律的有效实施总是依赖于道德,没有道德支撑法律就无法有效实施,则有失偏颇,A项错误。或者又认为法律与道德完全等同,道德义务可以全部转化为法律义务,法律义务可以完全转化为道德义务,这些都是错误的观点。D项不正确。弘扬中华传统美德是正确的,但是指责他人借诉讼斤斤计较,则不妥当,因为很多情况下,斤斤计较是权利意识觉醒的体现,是要提倡的。B项错误。

> **【小技巧】** 凡是表述过于绝对的,除非是法条原文,否则往往都是错误的。

参考答案:①C　②C

6. 东部某市是我国获得文明城市称号且犯罪率较低的城市之一,该市某村为了提高村民的道德素养,建有一条"爱心互助街",使其成为交换和传递爱心的街区。关于对法治和德治相结合的原则的理解,下列哪一选项是错误的?(2015-1-2)
  A. 道德可以滋养法治精神和支撑法治文化
  B. 通过公民道德建设提高社会文明程度,能为法治实施创造良好的人文环境
  C. 坚持依法治国和以德治国相结合,更要强调发挥道德的教化作用
  D. 道德教化可以劝人向善,也可以弘扬公序良俗,培养人们的规则意识

答案(①)

【解析】法律和道德密切联系,相互影响、不可分割。国家和社会治理需要法律和道德共同发挥作用。必须坚持一手抓法治、一手抓德治,大力弘扬社会主义核心价值观,弘扬中华传统美德,培育社会公德、职业道德、家庭美德、个人品德,既重视发挥法律的规范作用,又重视发挥道德的教化作用,以法治体现道德理念、强化法律对道德建设的促进作用,以道德滋养法治精神、强化道德对法治文化的支撑作用,实现法律和道德相辅相成、法治和德治相得益彰。因此,凡是强调道德对法律有这影响、那影响的都是对的,A、B、D三项都是这种类型,因此表述正确。就C项前半句而言,坚持依法治国和以德治国相结合,强调国家和社会治理需要法律和道德共同发挥作用,二者相辅相成、相得益彰,肯定是对的;但后半句说"更要强调发挥道德的教化作用",片面强调道德肯定不对,因为现代社会是以法律调整为主的。

7. 关于依法治国,下列哪一认识是错误的?(2014-1-1)
  A. 依法治国要求构建科学完善的权力制约监督机制
  B. 依法治国要求坚持"法律中心主义",强调法律在治理和管理国家中的作用
  C. 实施依法治国基本方略,必须坚持法治国家、法治政府、法治社会一体建设
  D. 依法治国要求党必须坚持依法执政,正确领导立法、保证执法、带头守法

答案(②)

【解析】依法治国方略的实施是一项浩瀚庞大、复杂而艰巨的系统工程,既要求坚持科学立法,构建和完善中国特色的社会主义法律体系,也要求坚持严格执法,切实做到依法行政;坚持公正司法,维护社会公平正义;坚持全民守法,形成守法光荣的良好社会氛围;还要求强化监督制约,构建权力制约监督体系与机制。所以,A项正确。社会主义法治理念不认同"法律万能"的思维偏向,与西方资本主义法治理论中片面、绝对化的"法律中心主义"具有重要区别。因此,B项错误。党的十八大以来,以习近平为总书记的党中央进一步提出,要全面推进科学立法、严格执法、公正司法、全民守法,同时坚持依法治国、依法执政、依法行政共同推进,坚持法治国家、法治政府、法治社会一体化建设,不断开创依法治国新局面,为社会主义法治理念注入了新思想、新观点。可见,C项正确。党提出科学执政、民主执政和依法执政的执政理念。从根本上说,社会主义法治理念就是要把党的领导的政治优势与法治的特殊功能很好地结合起来,在法治背景下实现党对各项事业领导的全新政治实践,因此党自然要正确领导立法、保证执法、带头守法。D项正确。

8. 依法治国是社会主义法治理念的核心内容,也是宪法确定的治国方略。关于实施依法治国的要求,下列哪一选项是不正确的?(2014-1-20)
  A. 在具体的社会治理实践中将法治与德治紧密结合,共同发挥其规范社会成员思想和行为的

参考答案:①C ②B

作用

　　B. 坚持以宪法和法律为社会关系调控手段,限制并约束各种社会组织的规章制度、民规、民约的调节功能

　　C. 尊重宪法和法律的权威,保证司法机关依法独立行使审判权和检察权,尊重和服从司法机关作出的生效判决

　　D. 构建"以权力制约权力"的监督体系,科学配置权力,合理界定权限,形成既相互制约与监督,又顺畅有效运行的权力格局

答案(　　)①

【解析】社会主义法治理念不认同"法律万能"的思维偏向。在我国社会的规范体系中,除了宪法和法律等规范性法律文件外,还有党的方针政策、党纪党规、社会主义道德准则、各种社会组织合法的规章制度,以及为人民群众所广泛认同的民规、民俗、民约,等等。所有这些规范,都对我国社会关系具有调整作用,都对社会成员的行为具有约束或导向作用。故B项错误选项。要全面发挥各种社会规范的调整作用,综合协调地运用多元化的手段和方式来实现对国家的治理和管理。要坚持依法治国与以德治国的有机统一。A项表述正确。C、D两项也属于依法治国理念中的应有之义。

9. 依法治国是社会主义法治的核心内容。关于依法治国的理解,下列哪一选项是正确的?(2013-1-1)

　　A. 只须建成完备的社会主义法律体系即可实现依法治国

　　B. 依法治国仅要求运用法律约束国家机关和官员的权力,而无须约束公民的权利和自由

　　C. 依法治国要求在解决社会问题时应将法律作为主要的、排他性的手段

　　D. 依法治国就是人民群众在党的领导下,依照宪法和法律的规定,通过各种途径和形式管理国家事务、经济文化事务、社会事务,保证国家各项工作都依法进行,逐步实现社会主义民主的制度化、法律化

答案(　　)②

【解析】依法治国方略的实施是一项浩瀚庞大、复杂而艰巨的系统工程,不仅需要坚持科学立法,构建和完善中国特色社会主义法律体系,还需要坚持严格执法,切实做到依法行政,同时也要求坚持公正司法,维护社会公平正义,坚持全民守法,形成守法光荣的良好氛围,最后还需要强化监督制约,构建权力制约监督体系与机制。因此,A项错误。我国宪法明确规定,一切国家机关和武装力量、各政党和各社会团体、各企业事业组织都必须遵守宪法和法律。各级领导干部要模范带头遵守法律,每一个社会成员在享有宪法和法律规定的权利的同时,必须自觉履行宪法和法律规定的义务,尤其是在享受自由和行使权利时,不得损害国家利益、社会利益以及其他社会主体的合法权利与自由。所以,B项错误。社会主义法治理念不认同"法律万能"的思维偏向,而是主张要全面发挥各种社会规范的调整作用,综合协调地运用多元化的手段和方式实现对国家的治理和管理。因此,C项错误。

10. 关于贯彻依法治国理念的基本要求,下列哪一说法是不正确的?(2013-1-2)

　　A. 社会成员要知法、信法、守法、用法,这是依法治国方略实施的社会基础

　　B. 依法治国需要与我国不同发展阶段的主要实践结合起来

　　C. 实现依法治国的首要目的是运用法律手段加快解决公共卫生保障、文化教育、保障性住房等领域的现实问题

参考答案:①B　②D

D. 依法治国要求领导干部善于运用法治思维和法治方式深化改革、推动发展、化解矛盾和维护稳定

答案（ ）①

【解析】社会成员知法、信法、守法、用法,是依法治国方略实施的社会基础。A项正确。要把依法治国方略的实施与我国不同发展阶段的主要实践结合起来,突出依法治国在不同发展阶段中的不同重点,发挥依法治国在不同时期的特殊功能和作用。B项正确。在当代中国,工作的重点乃是充分运用法律手段,保障我国经济的全面协调可持续发展。按照经济建设的总体布局以及经济发展的实际要求,在进一步完善社会主义市场经济基本规则的同时,发挥法律在科学技术、知识产权、自然资源和生态环境、农村发展、财政金融等经济发展的关键领域和关键环节中的调节、规制、保障和促进作用,切实维护经济的平稳较快发展。因此,C项错误明显。

11. 依法治国是我国宪法确定的治国方略,是社会主义法治理念的核心内容。关于依法治国,下列哪一选项是不正确的?（2012-1-20）

A. 构建和完善中国特色社会主义法律体系是依法治国的必要前提
B. 依法行政在很大程度上决定依法治国的水平和成效
C. 高效公正权威的司法对于依法治国具有举足轻重的意义
D. 确立公民的"法律中心主义"意识是依法治国的根本条件

答案（ ）②

【解析】A、B、C三项分别强调了构建和完善中国特色社会主义法律体系、依法行政、高效公正权威的司法的重要性,因此均属正确。

> 【点睛之笔】其一,在马克思主义看来,"法律中心主义""法律万能论""法律虚无主义"和"法律无用论"等均属错误的立场。其二,强调"完善""依法"和"高效公正权威"这类高尚的价值一定不会错。

12. 依法治国方略的实施是一项浩瀚庞大、复杂而艰巨的系统工程,要全面发挥各种社会规范的调整作用,综合协调地运用多元化的手段和方法实现对国家的治理和管理。关于依法治国理念的基本要求,下列哪一说法是不准确的?（2012-1-2）

A. 在指导思想上,要坚持党的领导、人民当家作主和依法治国三者有机统一
B. 在评价尺度上,要坚持法律效果与政治效果、社会效果有机统一
C. 在法的作用上,要构建党委调解、行政调解、司法调解三位一体纠纷解决机制
D. 在法的成效上,要实现依法治国与以德治国的结合与统一

答案（ ）③

【解析】坚持党的领导、人民当家作主、依法治国三者有机统一,是社会主义法治理念的本质属性。社会主义法治理念要求在法治实践中,坚定不移地把党的领导、人民当家作主和依法治国密切结合、有机统一。A项正确。法治机关及其工作人员要善于运用党的路线、方针、政策去指导法治的具体运用,把法律的实施和适用与党的路线、方针、政策的贯彻和落实结合起来,实现法律效果与政治效果、社会效果的高度统一。B项正确。要全面发挥各种社会规范的调整作用,综合协调地运用多元化

参考答案: ①C ②D ③C

的手段和方式来实现对国家的治理和管理;要坚持依法治国与以德治国的有机统一。D项正确。要充分发挥依法治国方略在全面推进社会主义建设事业中的重大作用就需要充分运用法律手段,不断创新社会管理。要在深刻把握社会运行的规律和特征的基础上,探索用法律手段强化社会管理的方式和方法,特别是针对社会管理领域中的重点人群、重点活动、重点区域以及重点行业,建立起以法律手段为主体、多种手段协调与配合的管理和控制体系,**构建人民调解、行政调解、司法调解三位一体**的解决社会纠纷的大调解格局和体系。因此,C项错误明显。

> 【点睛之笔】其一,"党委调解"这种说法不存在。其二,请考生牢记这三个"统一":党的领导、人民当家作主、依法治国三者有机统一;依法治国与以德治国的有机统一;法律效果与政治效果、社会效果的高度统一。

13. 关于社会主义法治理念,下列哪些选项是正确的?(2007-1-51)
A. 社会主义法治理念体现了中国共产党领导、人民当家作主和依法治国的有机统一
B. 社会主义法治理念是在总结我国法治建设实践经验、借鉴世界法治文明成果的基础上提出的
C. 社会主义法治理念是真正符合人民利益和需要的法治理念
D. 通过社会主义法治理念教育,切实提高法律职业人员维护社会主义法治的能力

答案( )①

【解析】社会主义法治理念的提出,是以胡锦涛同志为总书记的中国共产党,从社会主义现代化建设事业全局出发,坚持以马克思主义法学理论为指导,在认真总结我国法制建设实践经验,借鉴世界法治文明成果的基础上,作出的一项重大决策。其基本内涵可以概括为依法治国、执法为民、公平正义、服务大局、党的领导五个方面。这五个方面相辅相成,体现了党的领导、人民当家作主和依法治国的有机统一。可见,我国社会主义法治理念是先进的法治理念,是真正符合广大人民群众利益和需要的法治理念;从而,要通过开展社会主义法治理念教育活动,切实提高法律职业人员维护社会主义法治的能力。

14. 关于社会主义法治理念及其特征的表述,下列哪一选项是错误的?(2010-1-5)
A. 社会主义法治理念重在强调行政执法和司法工作应遵守一定的原则,与立法没有直接关系
B. 社会主义法治理念反映和坚持了人民民主专政的国体
C. 社会主义法治理念反映了社会主义法治的性质、功能、价值取向和实现途径
D. 社会主义法治理念中的法治建设根本目标是实现好、维护好、发展好最广大人民的利益

答案( )②

【解析】法治理念是对法治的核心内容、本质要求、价值追求、重要使命以及根本保证等法治基本问题的集中概括和系统认识,是谋划法治战略的基准,是制定法律的指南,是实施法律的指导,也是理解并遵守法律的参照。同样,社会主义法治理念是社会主义法治事业(包括了立法、执法、司法、守法和法律监督全方位的法治活动)必须长期坚持的指导思想。故而,社会主义法治理念也是立法的指导思想和基本原则,即在立法活动中也应渗透和体现社会主义法治理念的相关要求,故而社会主义法治理念与立法有直接关系。A项错误明显,C项正确。各国的法治理念受制并决定于本国的社会性质、政治制度以及经济、文化和其他社会条件,不同国家的法治理念不可能完全相同,社会主义国家与

参考答案:①ABCD ②A

资本主义国家之间在法治理念上更是存在着根本性区别。社会主义法治理念将执法为民作为社会主义法治的本质属性,体现了人民民主专政国体的性质和人民主权原则,确认了人民的主体地位;社会主义法治的根本目的,就是要实现好、维护好、发展好最广大人民的利益,人民是法治的主体,是法治建设的重要参与者和推动力。因此,B、D两项正确。

> **【点睛之笔】** 依法治国是社会主义法治的核心内容,而依法治国方略的实施是一项浩瀚庞大、复杂而艰巨的系统工程,包括构建和完善中国特色社会主义法律体系,坚持依法行政,实现公正高效权威的司法,普遍、严格遵循法律,以及构建权力制约监督体系与机制。

15. 下列哪一选项不属于社会主义法治理念的理论渊源?(2009 – 1 – 2)
  A. 马克思主义的人民主权思想
  B. 马克思主义有关法的本质和作用的思想
  C. 研究社会主义法治理念的方法论
  D. 新中国成立60年来的社会主义法治建设

答案(①)

【解析】社会主义法治理念具有丰富的理论渊源,马克思主义法律思想是社会主义法治理念的主要理论源脉,毛泽东思想、中国特色社会主义理论体系是社会主义法治理念的重要理论依据,中国传统文化,尤其是传统法律思想为社会主义法治理念提供了重要参照,西方资本主义法治思想为社会主义法治理念提供了一定的借鉴。这些理论渊源奠定了社会主义法治理念充分的科学性。马克思、恩格斯关于法的本质是统治阶级意志的体现,法是阶级统治的工具,以及法作为上层建筑必须服务于经济基础的思想,正是我国社会主义法治理念中依法治国、服务大局理念的理论渊源;马克思、恩格斯关于人民主权和人民民主,以及人权和实现"每个人全面而自由发展"的思想,正是我国社会主义法治理念中执法为民、公平正义理念的理论基础。马克思主义法治思想既包括了指导社会主义法治建设的世界观,也包括了指导社会主义法治建设的方法论。可见,A、B、C三项正确。选项D是社会主义法治理念的实践基础,不属于理论渊源。

> **【一招制敌】** 新中国成立60年来的社会主义法治建设属于实践的范畴,不属于理论。

16. 全面依法治国,需要解决法治建设不适应、不符合推进国家治理体系和治理能力现代化目标的问题。下列有助于解决上述问题的措施是(2016 – 1 – 86)
  A. 增强法律法规的针对性和可操作性,避免立法部门化倾向
  B. 改进行政执法体制,消除多头执法、选择性执法现象
  C. 大力解决司法不公和司法腐败问题,提高司法公信力
  D. 增强社会成员依法维权意识和国家工作人员依法办事观念

答案(②)

【解析】在我国这样一个历史上重人治、轻法治的国家,建设具有现代意义的法律制度,难度很大;同时,我们又要在推翻旧法统的基础上探索建设崭新的社会主义法治,艰辛程度很高。我们必须

参考答案:①D ②ABCD

清醒看到,同党和国家事业发展要求相比,同人民群众期待相比,同推进国家治理体系和治理能力现代化目标相比,法治建设还存在许多不适应、不符合的问题,主要表现为:

(1)有的法律法规未能全面反映客观规律和人民意愿,针对性、可操作性不强,立法工作中部门化倾向、争权诿责现象较为突出;因此,A项中的做法符合要求。

(2)有法不依、执法不严、违法不究现象比较严重,执法体制权责脱节、多头执法、选择性执法现象仍然存在,执法司法不规范、不严格、不透明、不文明现象较为突出,群众对执法司法不公和腐败问题反映强烈;B、C两项中的做法符合题意。

(3)部分社会成员尊法信法守法用法、依法维权意识不强,一些国家工作人员特别是领导干部依法办事观念不强、能力不足,知法犯法、以言代法、以权压法、徇私枉法现象依然存在。D项中的做法有针对性,正确。

17.简答题(2015-4-1)

材料一:法律是治国之重器,法治是国家治理体系和治理能力的重要依托。全面推进依法治国,是解决党和国家事业发展面临的一系列重大问题,解放和增强社会活力、促进社会公平正义、维护社会和谐稳定、确保党和国家长治久安的根本要求。要推动我国经济社会持续健康发展,不断开拓中国特色社会主义事业更加广阔的发展前景,就必须全面推进社会主义法治国家建设,从法治上为解决这些问题提供制度化方案。(摘自习近平《关于〈中共中央关于全面推进依法治国若干重大问题的决定〉的说明》)

材料二:同党和国家事业发展要求相比,同人民群众期待相比,同推进国家治理体系和治理能力现代化目标相比,法治建设还存在许多不适应、不符合的问题,主要表现为:有的法律法规未能全面反映客观规律和人民意愿,针对性、可操作性不强,立法工作中部门化倾向、争权诿责现象较为突出;有法不依、执法不严、违法不究现象比较严重,执法体制权责脱节、多头执法、选择性执法现象仍然存在,执法司法不规范、不严格、不透明、不文明现象较为突出,群众对执法司法不公和腐败问题反映强烈。(摘自《中共中央关于全面推进依法治国若干重大问题的决定》)

问题:

根据以上材料,结合全面推进依法治国的总目标,从立法、执法、司法三个环节谈谈建设社会主义法治国家的意义和基本要求。

答题要求:

1. 无观点或论述、照搬材料原文的不得分;
2. 观点正确,表述完整、准确;
3. 总字数不得少于400字。

参考答案(要点)

(1)全面推进依法治国的总目标是建设中国特色社会主义法治体系,建设社会主义法治国家。即:在党的领导下,坚持中国特色社会主义制度,贯彻中国特色社会主义法治理论,形成完备的法律规范体系、高效的法治实施体系、严密的法治监督体系、有力的法治保障体系,形成完备的党内法规体系,坚持依法治国、依法执政、依法行政共同推进,坚持法治国家、法治政府、法治社会一体建设,实现科学立法、严格司法、公正司法、全民守法,促进国家治理体系和治理能力的现代化。

(2)从立法环节来看,要完善以宪法为核心的法律体系,加强宪法实施。建设中国特色社会主义法治体系,必须坚持立法先行,发挥立法的引领和推动作用,抓住提高立法质量这个关键。形成完备的法律规范体系,要贯彻社会主义核心价值观,使每一项立法都符合宪法精神。要完善立法体制机制,坚持立改废释并举,增强法律法规的及时性、系统性、针对性和有效性。

(3) 从执法环节来看,要深入推进依法行政,加快建设法治政府。法律的生命力和法律的权威均在于实施。建设法治政府要求在党的领导下,创新执法体制,完善执法程序,推进综合执法,严格执法责任,建立权责统一、权威高效的依法行政体制,加快建设职能科学、权责法定、执法严明、公开公正、廉洁高效、守法诚信的法治政府。

(4) 从司法环节看,要保证公正司法,提高司法公信力。要完善司法管理体制和司法权力运行机制,规范司法行为,加强监督,让人民群众在每一个司法案件中感受到公平正义。

第二章 法治工作的基本格局

关于"依法治国",下列哪一选项是错误的?（2010-1-3）
A. 依法治国以国家法律体系的健全、完善、规范、系统、协调为必要条件
B. 依法治国依赖于法制完备,法律健全完备了,法治就实现了
C. 依法治国应当树立宪法法律的权威
D. 依法治国的实现,必须以规范和制约公权力为前提,做到职权法定、有权必有责、用权受监督、违法受追究

答案（　）①

【解析】法制完备是依法治国、法治国家的重要标志。法制完备意味着一个国家的法律体系的健全、完善、规范、系统和协调统一。法制完备是法治建设的重要先决条件,也是法治建设的首要目标。构建和完善中国特色社会主义法律体系是依法治国方略实施的必要前提。故 A 项正确。在形式上的法制完备之后,还需要使法律制度适应社会发展的需要,满足社会发展的客观要求,同时符合公平正义的价值要求。进而,执法机关能严格执法,司法机关能公正高效权威地司法,社会公众能普遍守法,等等,法治才能真正实现。故 B 项不正确。树立宪法法律的权威是依法治国的必然要求,宪法和法律在调控社会生活中发挥着基础和主导的作用,一切国家机关和其他社会规范只能在宪法和法律的支配下发挥作用。因此,C 项正确。依法治国的关键在于依法治权、规范和控制公权力,防止其滥用和扩张,保障人民权益。建立健全决策权、执行权和监督权既相互制约又相互协调的权力结构和运行机制,是建设社会主义法治国家的基本要求和特征。因此,必须做到职权法定、有权必有责、用权受监督、违法受追究,故 D 项正确。

第一节 完善中国特色社会主义法律体系,加强宪法实施

1. 党的十八届四中全会《中共中央关于全面推进依法治国若干重大问题的决定》明确指出:"完善以宪法为核心的中国特色社会主义法律体系。"据此,下列哪些做法是正确的?（2015-1-66）
A. 建立全国人大及其常委会宪法监督制度,健全宪法解释程序机制
B. 健全有立法权的人大主导立法工作的体制,规范和减少政府立法活动
C. 探索委托第三方起草法律法规草案,加强立法后评估,引入第三方评估
D. 加快建立生态文明法律制度,强化生产者环境保护的法律责任

答案（　）②

参考答案:①B　②CD

【解析】 党的十八届四中全会的《中共中央关于全面推进依法治国若干重大问题的决定》强调,要"完善全国人大及其常委会宪法监督制度,健全宪法解释程序机制。"由此可见,对宪法监督制度是健全、完善的问题,而非建立的问题。故 A 项错误。《中共中央关于全面推进依法治国若干重大问题的决定》强调,要"健全有立法权的人大主导立法工作的体制机制,发挥人大及其常委会在立法工作中的主导作用""加强和改进政府立法制度建设,完善行政法规、规章制定程序,完善公众参与政府立法机制。重要行政管理法律法规由政府法制机构组织起草。"政府的立法活动是加强和改进,而不可能是减少。故 B 项错误。《中共中央关于全面推进依法治国若干重大问题的决定》强调,要"明确立法权力边界,从体制机制和工作程序上有效防止部门利益和地方保护主义法律化。对部门间争议较大的重要立法事项,由决策机关引入第三方评估,充分听取各方意见,协调决定,不能久拖不决。"C 项表述无误。《中共中央关于全面推进依法治国若干重大问题的决定》强调,要"用严格的法律制度保护生态环境,加快建立有效约束开发行为和促进绿色发展、循环发展、低碳发展的生态文明法律制度,强化生产者环境保护的法律责任,大幅度提高违法成本。"D 项正确。

2. 全面依法治国要求加强和改进立法工作,完善立法体制。下列哪一做法不符合上述要求? (2016-1-3)

  A. 改进法律起草机制,重要的法律草案由有关部门组织全国人大专门委员会、全国人大常委会法工委起草

  B. 完善立法协调沟通机制,对于部门间争议较大的重要立法事项,引入第三方评估

  C. 完善法规、规章制定程序和公众参与政府立法机制

  D. 加强法律解释工作,及时明确法律规定的含义和适用法律的依据

答案(   )①

【解析】 全面推进依法治国,必须健全立法体制。健全有立法权的人大主导立法工作的体制机制,发挥人大及其常委会在立法工作中的主导作用,反对部门利益法律化。因此,有必要建立由全国人大相关专门委员会、全国人大常委会法制工作委员会组织有关部门参与起草综合性、全局性、基础性等重要法律草案的制度。A 项属于部门利益法律化的安排,错误,符合题意。明确立法权力边界,从体制机制和工作程序上有效防止部门利益和地方保护主义法律化。对部门间争议较大的重要立法事项,由决策机关引入第三方评估,充分听取各方意见,协调决定,不能久拖不决。B 项正确。加强法律解释工作,及时明确法律规定的含义和适用法律的依据,对那些相互矛盾的法律现象,应通过加强法律解释工作予以消除。D 项正确。C 项表述明显无误。

3. 十二届全国人大作出了制定二十余部新法律、修改四十余部法律的立法规划,将为经济、政治等各领域一系列重大改革提供法律依据。关于加强重点领域立法,下列哪些观点是正确的? (2015-1-53)

  A. 修订《促进科技成果转化法》,能够为科技成果产业化提供法治保障

  B. 推进反腐败立法,是完善惩治和预防腐败的有效机制

  C. 为了激发社会组织活力,加快实施政社分开,应当加快社会组织立法

  D. 用严格的法律制度保护生态环境,大幅度提高环境违法成本,会对经济发展带来不利影响

答案(   )②

【解析】 修订《促进科技成果转化法》,当然很有好处,能够为科技成果产业化提供法治保障,A

参考答案:①A   ②ABC

项表述妥当。同样道理，推进反腐败立法，具有积极意义，是完善惩治和预防腐败的有效机制。B项正确。加快社会组织立法，有利于激发社会组织活力，加快实施政社分开，C项正确。十八届四中全会的《中共中央关于全面推进依法治国若干重大问题的决定》指出，要"用严格的法律制度保护生态环境，加快建立有效约束开发行为和促进绿色发展、循环发展、低碳发展的生态文明法律制度，强化生产者环境保护的法律责任，大幅度提高违法成本。建立健全自然资源产权法律制度，完善国土空间开发保护方面的法律制度，制定完善生态补偿和土壤、水、大气污染防治及海洋生态环境保护等法律法规，促进生态文明建设。"显然，D项强调"用严格的法律制度保护生态环境"对"经济发展"的不利方面，是与《中共中央关于全面推进依法治国若干重大问题的决定》的精神相违背的，D项错误。

4.《全国人民代表大会常务委员会关于实行宪法宣誓制度的决定》于2016年1月1日起实施。关于宪法宣誓制度的表述，下列哪些选项是正确的？（2016-1-61）

　　A. 该制度的建立有助于树立宪法的权威
　　B. 宣誓场所应当悬挂中华人民共和国国旗或者国徽
　　C. 宣誓主体限于各级政府、法院和检察院任命的国家工作人员
　　D. 最高法院副院长、审判委员会委员进行宣誓的仪式由最高法院组织

答案（　①　）

【解析】 宪法宣誓制度的建立有助于树立宪法的权威，A项正确。该《决定》第八条规定，"宣誓场所应当庄重、严肃，悬挂中华人民共和国国旗或者国徽。"B项正确。宣誓主体包括"各级人民代表大会及县级以上各级人民代表大会常务委员会选举或者决定任命的国家工作人员，以及各级人民政府、人民法院、人民检察院任命的国家工作人员。"C项错误。该《决定》第六条规定，"全国人民代表大会常务委员会任命或者决定任命的最高人民法院副院长、审判委员会委员、庭长、副庭长、审判员和军事法院院长，最高人民检察院副检察长、检察委员会委员、检察员和军事检察院检察长，中华人民共和国驻外全权代表，在依照法定程序产生后，进行宪法宣誓。宣誓仪式由最高人民法院、最高人民检察院、外交部分别组织。"D项正确。

5. 全面推进依法治国，要求深入推进依法行政，加快建设法治政府。下列做法符合该要求的是：（2015-1-86）

　　A. 为打击医药购销领域商业贿赂，某省对列入不良记录逾期不改的药品生产企业，取消其所有产品的网上采购资格
　　B. 某市建立行政机关内部重大决策合法性审查机制，未经审查的，不得提交讨论
　　C. 某省交管部门开展校车整治行动时，坚持以人为本，允许家长租用私自改装的社会运营车辆接送学生
　　D. 某市推进综合执法，为减少市县两级政府执法队伍种类，要求无条件在所有领域实现跨部门综合执法

答案（　②　）

【解析】 为打击医药购销领域商业贿赂，实践中往往对列入不良记录的，以及列入一般不良记录逾期不改或再次违规的药品生产经营企业作"清场"处理，比如取消企业所有产品的网上集中采购资格；公立医疗卫生机构两年内不得以任何形式采购其药品，原签订的购销合同终止，等等。A项正确。党的十八届四中全会的《中共中央关于全面推进依法治国若干重大问题的决定》强调，要"把公众

参考答案：①ABD　②AB

参与、专家论证、风险评估、合法性审查、集体讨论决定确定为重大行政决策法定程序,确保决策制度科学、程序正当、过程公开、责任明确。建立行政机关内部重大决策合法性审查机制,未经合法性审查或经审查不合法的,不得提交讨论。"B项正确。C项里面的"允许租用……私自改装的运营车辆",很明显会危害到学生的安全利益,因此错误。《中共中央关于全面推进依法治国若干重大问题的决定》强调,要"推进综合执法,大幅减少市县两级政府执法队伍种类,重点在食品药品安全、工商质检、公共卫生、安全生产、文化旅游、资源环境、农林水利、交通运输、城乡建设、海洋渔业等领域内推行综合执法,有条件的领域可以推行跨部门综合执法。"可见,跨部门综合执法只是在有条件的领域,而非在所有领域。D项错误。

第二节 深入推进依法行政,加快建设法治政府

1. 法治政府建设要求行政部门不得任意扩权、与民争利,避免造成"有利争着管、无利都不管"的现象。下列哪些做法有助于避免此现象的发生?(2016–1–52)
  A. 某省政府统筹全省基本公共服务均等化职能,破除地方保护主义
  B. 某市要求行政审批部门与中介服务机构脱钩,放宽中介服务机构准入条件
  C. 某区依法纠正行政不作为、乱作为,坚决惩处失职、渎职人员
  D. 某县注重提高行政效能,缩短行政审批流程,减少行政审批环节

答案(①)

【解析】根据党的十八届四中全会的《决定》,要推进各级政府事权规范化、法律化,完善不同层级政府特别是中央和地方政府事权法律制度,强化中央政府宏观管理、制度设定职责和必要的执法权,强化省级政府统筹推进区域内基本公共服务均等化职责,强化市县政府执行职责。A项的做法符合要求。

对行政审批涉及的中介服务事项进行清理,除法律、法规、规章和国务院决定按照《行政许可法》有关行政许可条件要求规定的中介服务事项外,审批部门不得以任何形式要求申请人委托中介服务机构开展服务,不得要求申请人提供相关中介服务资料。审批部门所属事业单位、主管的社会组织及其举办的企业,不得开展与本部门行政审批相关的中介服务,需要开展的应转企改制或与主管部门脱钩。对专业性强、市场暂时无力承接,短期内仍需由审批部门所属(主管)单位开展的中介服务,审批部门必须明确过渡时限。同时,审批部门不得以任何形式指定中介服务机构。行业协会、商会类中介服务机构一律与审批部门脱钩,平等参与中介服务市场竞争。这些做法均有助于切断中介服务的利益关联,符合法治政府的基本精神。B项正确。

党的十八届四中全会的《决定》指出,要完善行政组织和行政程序法律制度,推进机构、职能、权限、程序、责任法定化。行政机关要坚持法定职责必须为、法无授权不可为,勇于负责、敢于担当,坚决纠正不作为、乱作为,坚决克服懒政、怠政,坚决惩处失职、渎职。行政机关不得法外设定权力,没有法律法规依据不得作出减损公民、法人和其他组织合法权益或者增加其义务的决定。推行政府权力清单制度,坚决消除权力设租寻租空间。C项中的做法正确。《决定》指出,要按照职权法定的原则,以清权厘权、减权简权、确权制权为目标,对各种行政权力进行全面梳理,明确地方各级政府及其工作部门依法能够行使的职权范围,编制权力目录;对保留的行政权力,按照规范运行和便民高效的原则,完善程序、明确办理期限、承办机构等事项,减少运转环节。D项中的做法符合要求。

参考答案:①ABCD

2. 作为创新社会管理的方式之一,社区网格化管理是根据各社区实际居住户数、区域面积大小、管理难度等情况,将社区划分数个网格区域,把党建、维稳、综治、民政、劳动和社会保障、计划生育、信访等社会管理工作落实到网格,形成了"网中有格、格中定人、人负其责、专群结合、各方联动、无缝覆盖"的工作格局,以此建立社情民意收集反馈机制和社会矛盾多元调解机制。关于充分运用法律手段创新社会管理,下列哪一说法是不准确的?(2012—1—5)

　　A. 社会管理创新主要针对社会管理领域的重点人群、重点区域和重点行业
　　B. 大调解格局是一种社会矛盾多元调解机制
　　C. 社会管理创新要求建立以法律手段为主体,多种手段协调配合的管理和控制体系
　　D. 社区网格与村民委员会、居民委员会的法律地位一样,属于基层群众性自治组织

答案(　①　)

【解析】 依法治国方略要求我们充分运用法律手段,不断创新社会管理。要在深刻把握社会运行的规律和特征的基础上,探索用法律手段强化社会管理的方式和方法,特别是针对社会管理领域中的重点人群、重点活动、重点区域以及重点行业,建立起以法律手段为主体、多种手段协调与配合的管理和控制体系,构建人民调解、行政调解、司法调解三位一体的解决社会纠纷的大调解格局和体系。因此,A、B、C三项正确。

【一招制敌】 根据宪法,基层群众性自治组织只有村委会和居委会。

相关法条　　　　　　　　　　《宪法》

第一百一十一条　城市和农村按居民居住地区设立的居民委员会或者村民委员会是基层群众性自治组织。居民委员会、村民委员会的主任、副主任和委员由居民选举。居民委员会、村民委员会同基层政权的相互关系由法律规定。

居民委员会、村民委员会设人民调解、治安保卫、公共卫生等委员会,办理本居住地区的公共事务和公益事业,调解民间纠纷,协助维护社会治安,并且向人民政府反映群众的意见、要求和提出建议。

3. 深入推进依法行政,要求健全依法决策机制。下列哪一做法不符合上述要求?(2016—1—4)

　　A. 甲省推行"重大决策风险评估"制度,将风险评估作为省政府决策的法定程序
　　B. 乙市聘请当地知名律师担任政府法律顾问,对重大决策进行事前合法性审查
　　C. 丙区因发改局局长立下"军令状"保证某重大项目不出问题,遂直接批准项目上马
　　D. 丁县教育局网上征求对学区调整、学校撤并等与群众切身利益相关事项的意见

答案(　②　)

【解析】 深入推进依法行政,加快建设法治政府必然要求健全依法决策机制。把公众参与、专家论证、风险评估、合法性审查、集体讨论决定确定为重大行政决策法定程序,确保决策制度科学、程序正当、过程公开、责任明确。建立行政机关内部重大决策合法性审查机制,未经合法性审查或经审查不合法的,不得提交讨论。可见,对于重大决策进行风险评估、合法性审查、引入公众参与符合依法决策的要求,A、B、D三项没有争议。C项明示该项目属于重大项目,因此仅仅因为发改局局长一个人"立下军令状",就直接批准上马,而不进行相关论证、评估、审查、集体讨论决定等法定程序,很明显是错误的。C项符合题意。

参考答案:①D　②C

4. 建设法治政府必然要求建立权责统一、权威高效的依法行政体制。关于建设法治政府,下列哪一观点是正确的?(2015-1-4)

A. 明晰各级政府事权配置的着力点,强化市县政府宏观管理的职责
B. 明确地方事权,必要时可以适当牺牲其他地区利益
C. 政府权力清单制度是促进全面履行政府职能、厘清权责、提高效率的有效制度
D. 推行政府法律顾问制度的主要目的是帮助行政机关摆脱具体行政事务,加强宏观管理

答案(　　)①

【解析】根据《中共中央关于全面推进依法治国若干重大问题的决定》的规定,应当"推进各级政府事权规范化、法律化,完善不同层级政府特别是中央和地方政府事权法律制度,强化中央政府宏观管理、制度设定职责和必要的执法权,强化省级政府统筹推进区域内基本公共服务均等化职责,强化市县政府执行职责。"可见,宏观管理在中央政府、市县政府的职责肯定是执行。A项错误。为了本地利益牺牲其他地方利益,这属于典型的地方保护主义,不符合兼顾立场。B项错误。就D项而言,《中共中央关于全面推进依法治国若干重大问题的决定》指出:"行政机关不得设定法外权力,没有法律依据不得做出减损公民、法人和其他组织合法权益或者增加其义务的决定。推行政府权力清单制度,坚决消除权力设租寻租空间。"政府权力清单制度整天讲,肯定是好东西。C项正确。《中共中央关于全面推进依法治国若干重大问题的决定》指出:"积极推行法律顾问制度,建立政府法制机构人员为主体、吸收专家和律师参加的法律顾问队伍,保证法律顾问在制定重大行政决策、推进依法行政中发挥积极作用。"但是有了政府法律顾问之后,行政机关从此不管具体行政事务了,都交给法律顾问。这很明显属于放弃法定职责,必然错误。故D项的说法错误。

【概念说明】权力清单包括政府权力清单和部门权力清单。所谓权力清单制度,就是政府及其部门在对其所行使的公共权力进行全面梳理的基础上,依法界定每个部门、每个岗位的职责与权限,然后将职权目录、实施主体、相关法律依据、具体办理流程等以清单的方式进行列举和图解,并公之于众。推行政府权力清单制度的基本程序,一是全面厘清政府权力的底数;二是明确权力清单,即在权力入单的基础上,编制权力目录和优化权力流程,确保权力只能在依法赋予的职责和权限之内运行,最大限度地压缩政府机关工作人员行使权力的自由裁量空间,做到清单之外无职权;三是根据权力清单推进政府机构内部优化整合,加快政府职能转变。

5. 某省政府向社会公布了政府在行政审批领域中的权力清单。关于该举措,下列哪一说法是错误的?(2014-1-2)

A. 旨在通过政务公开约束政府权力
B. 有利于保障行政相对人权利
C. 体现了比例原则
D. 符合法治原则

答案(　　)②

【解析】政府部门公布"权力清单",既可以让老百姓知晓政府部门到底有哪些权力,应该干什么,不能干什么,怎么干才可以,又可以让老百姓对领导干部、公职人员权力的行使过程进行监督,保障自身的合法权利,减少甚至杜绝政府部门不作为、乱作为或者以权谋私的现象发生。可见,A、B两项正确。政务公开属于依法行政原则中"程序正当"的必然要求,而依法行政又是依法治国的一个关键环

参考答案:①C　②C

节,因此公布权力清单符合法治原则。就 C 项而言,比例原则强调"禁止过度",题干涉及行政公开,与是否过度无关。

6. 依法行政是依法治国的一个关键环节,是法治国家对政府行政活动的基本要求。依法行政要求行政机关必须诚实守信。下列哪一行为违反了诚实守信原则?(2014-1-4)
 A. 某县发生煤矿重大安全事故,政府部门通报了相关情况,防止了现场矛盾激化
 B. 某市政府在招商引资过程中承诺给予优惠,因国家政策变化推迟兑现
 C. 某县政府因县内其他民生投资导致资金紧张,未按合同及时支付相关企业的市政工程建设款项
 D. 某区政府经过法定程序对已经公布的城建规划予以变更

答案( )①

【解析】依法行政并不反对调整政策,只是要求调整不能是随意的,必须给出充分的理由、遵循相应的程序。A 项与诚实信用无关。B 项呈现了"国家政策变化"的外部原因,D 项说明了"经过法定程序",这都是正确的标志。而 C 项则明示了"未按合同及时支付",且理由只是"其他民生投资导致资金紧张",很显然违反了诚实信用原则。

7. 执法为民是社会主义法治的本质要求。对此,下列哪一选项是不正确的?(2010-1-4)
 A. 执法为民要求尊重和保障人权,这是宪法规定的一项基本原则
 B. 执法为民强调以人为本,这是科学发展观的核心
 C. 执法为民表明执法机关存在的目的在于合法地行使人民赋予的权力
 D. 执法为民说明执法活动以"及时""高效"作为最根本的出发点

答案( )②

【解析】执法为民最基本的要求就是尊重和保障人权,切实维护公民的合法权利。2004年《宪法修正案》加入了"国家尊重和保障人权",故 A 项说法正确。执法为民要求以人为本,而以人为本是科学发展观的核心,也是执法为民的根本出发点。故 B 项说法。执法为民是"一切权力属于人民"的宪法原则的具体体现。人民主权是执法为民的前提条件。执法机关本身并不具备权力所有者的身份,而仅仅是权力的行使者。这从根本上决定了执法机关存在的目的就是合法地行使人民赋予的权力,用人民的权力为人民服务,而不能损害人民的利益,故 C 项说法正确。执法为民要求执法活动"及时""高效",但这只是一般性的要求,而非根本出发点。以人为本是执法为民的根本出发点,即人民的根本利益为出发点,权为民所系,利为民所谋。故 D 项为应选项。

【一招制敌】"及时""高效"都是手段,其在根本上乃是服务于人的,人是目的。

8. 下列哪一做法不符合执法为民的理念?(2013-1-4)
 A. 某市公安局为派出所民警制作"民警联系牌",悬挂在社区居民楼入口处,以方便居民联系
 B. 某省为及时化解社会矛盾,积极推进建立人民调解、行政调解、司法调解联动的多元化解矛盾纠纷机制
 C. 某县政府通过中介机构以有偿方式提供政府信息
 D. 某区法院为减少当事人的诉讼成本,推行"网上立案""社区开庭"等措施

答案( )③

参考答案:①C ②D ③C

【解析】 A、D两项中,减少当事人诉讼成本,方便警民联系,均体现了便民利民的理念,正确。B项构建人民调解、行政调解、司法调解的大调解格局,毫无疑问是正确的。执法机关、司法机关可以依据法律适当地收取一定的费用,但是某县政府通过中介机构以有偿方式提供政府信息,这很明显缺乏合法性和正当性。因此C项做法错误。

9. 某地公安、检察机关通过传统媒体和新兴网络平台"微博"、短信和QQ,提醒"微信"用户尤其是女性用户提高警惕,切勿轻信陌生"微友",以免遭受不必要的伤害。关于执法机关的上述做法,下列哪一说法是准确的?(2012－1－7)
  A. 执法机关通过网络对妇女和网民的合法权益给予特殊保护,目的在于保证社会成员均衡发展
  B. 执法机关利用网络平台自觉接受社会监督,切实减轻了群众负担
  C. 执法机关采取利民措施,寓管理于主动服务之中,体现了执法为民的理念
  D. 执法机关从实际出发,主要是为了引导群众理性表达自己的社会主张和利益诉求

答案( )①

【解析】 执法机关通过网络对妇女和网民的合法权益给予特殊保护,显然目的与保证社会成员均衡发展无关。A项错误。题干本身与社会监督无关,未提及减轻群众负担的信息,也没有涉及引导群众理性表达自己的社会主张和利益诉求的信息。B、D两项错误。C项最为切题,其核心关键词是"服务"。

第三节　保证公正司法,提高司法公信力

1. 对领导干部干预司法活动、插手具体案件处理的行为作出禁止性规定,是保证公正司法的重要举措。对此,下列哪一说法是错误的?(2015－1－5)
  A. 任何党政机关让司法机关做违反法定职责、有碍司法公正的事情,均属于干预司法的行为
  B. 任何司法机关不接受对司法活动的干预,可以确保依法独立行使审判权和检察权
  C. 任何领导干部在职务活动中均不得了解案件信息,以免干扰独立办案
  D. 对非法干预司法机关办案的人,应给予党纪政纪处分,造成严重后果的依法追究刑事责任

答案( )②

【解析】《中共中央关于全面推进依法治国若干重大问题的决定》要求"各级党政机关和领导干部要支持法院、检察院依法独立公正行使职权。建立领导干部干预司法活动、插手具体案件处理的记录、通报和责任追究制度。任何党政机关和领导干部都不得让司法机关做违反法定职责、有碍司法公正的事情,任何司法机关都不得执行党政机关和领导干部违法干预司法活动的要求。对干预司法机关办案的,给予党纪政纪处分;造成冤假错案或者其他严重后果的,依法追究刑事责任。"让司法机关做违法的事肯定属于干预司法,A项正确。强调司法机关免于干预,干预了之后要追究责任,这些肯定是对的,因此B、D两项无误。但是C项过于绝对,属于法定职责范围的、合理的了解案件信息、督促案件及时公正处理的行为不属于干扰独立办案,不应被完全排除。C项错误。

2. 推进严格司法,应统一法律适用标准,规范流程,建立责任制,确保实现司法公正。据此,下列哪一说法是错误的?(2015－1－6)
  A. 最高法院加强司法解释和案例指导,有利于统一法律适用标准
  B. 全面贯彻证据裁判规则,可以促进法庭审理程序在查明事实、认定证据中发挥决定性作用

参考答案:①C　②C

C. 在司法活动中,要严格遵循依法收集、保存、审查、运用证据的规定,完善证人、鉴定人出庭制度
D. 司法人员办案质量终身负责制,是指司法人员仅在任职期间对所办理的一切错案承担责任

答案（　　）①

【解析】《中共中央关于全面推进依法治国若干重大问题的决定》要求"坚持以事实为根据、以法律为准绳,健全事实认定符合客观真相、办案结果符合实体公正、办案过程符合程序公正的法律制度。加强和规范司法解释和案例指导,统一法律适用标准""推进以审判为中心的诉讼制度改革,确保侦查、审查起诉的案件事实证据经得起法律的检验。全面贯彻证据裁判规则,严格依法收集、固定、保存、审查、运用证据,完善证人、鉴定人出庭制度,保证庭审在查明事实、认定证据、保护诉权、公正裁判中发挥决定性作用。"最高法院加强司法解释和案例指导,这肯定是好事。A项正确。"全面贯彻证据裁判规则""严格遵循依法……,完善……制度"这些都是正确的标志。《中共中央关于全面推进依法治国若干重大问题的决定》指出:"明确各类司法人员工作职责、工作流程、工作标准,实行办案质量终身负责制和错案责任倒查问责制,确保案件处理经得起法律和历史检验。"终身负责制是指无论是司法人员在职期间还是离职以后均需要对自己承办过的案件负责,其目的是为了促使司法人员认真对待自己办理的每一个案件。D项读题一定要认真,人家都说了是终身负责制,题干却说是"仅在任职期间对所办理的一切错案承担责任",错误太明显。

3. 为了落实司法便民,检察院开设了网上举报、申诉和信息查询系统,法院实现网上预约立案和电子签章,公民对国家机关实行网上监督收效明显。关于网络技术在法治建设中的作用,下列哪一选项是不正确的?（2010－1－2）
A. 社会主义法治理念的落实要与现代科学技术的发展相结合
B. 社会主义法治理念的落实也体现在对网络依法进行管理
C. 司法机关是否贯彻社会主义法治理念,其衡量的根本指标即是否采用现代科技手段
D. 司法机关采用网络技术落实司法便民,这是在工作中做到执法为民的具体表现

答案（　　）②

【解析】 以人为本是执法为民的根本出发点,保障人权是执法为民的基本要求,文明执法是执法为民的客观需要。检察院开设网上举报、申诉和信息查询系统等现象是坚持以人为本的体现,是尊重和保障人权的体现,也是文明执法的体现,能够表明社会主义法治理念的落实要与现代科技的发展相结合。司法机关采用网络技术开展工作,集中体现了司法便民的立场,属于执法为民的具体体现。而国家对网络进行依法管理本身就属于贯彻落实社会主义法治理念的一个重要方面。因此,A、B、D三项正确。C项说法比较偏激,判断司法机关是否贯彻了社会主义法治理念,衡量的标准不是是否采用了现代科技手段,而是其是否做到了以人为本、文明理性执法、便民利民。因此,C项当选。

【一招制敌】 以人为本,绝不会以科技为本。科技是手段,人是目的。

4. 1943年,马锡五任陕甘宁边区高等法院陇东分庭庭长,他深入基层,依靠群众,就地办案,形式灵活,手续简便,被总结为"马锡五审判方式"。关于"马锡五审判方式"体现的法治意义,下列哪一说法是准确的?（2011－1－7）
A. 是不断提高依法行政能力和职业道德水平的典范

参考答案:①D　②C

B. 是努力树立司法权威及司法为民的典范

C. 是从我国国情出发,借鉴国外法治经验的典范

D. 是立足我国国情,坚持科学立法、维护法制统一的典范

答案( )①

【解析】"马锡五审判方式"是司法问题,与依法行政、科学立法无关,排除A、D两项。进而,"马锡五审判方式"具有典型的中国特色,深入基层、依靠群众、就地办案、手续简便,这是从中国国情出发形成的审判方式,并非借鉴国外法治经验的结果。排除C项。

【一招制敌】深入基层、依靠群众、就地办案、形式灵活、手续简便,这些信息无不在提醒考生要重视"司法为民"。

5. 某市检察院运用电子设备双路监控,同步录音录像,监督检察官办案过程,推动理性文明执法。关于理性文明执法,下列哪一说法是不正确的?(2013-1-5)

A. 体现了以人为本的原则和精神

B. 有助于树立法治的权威

C. 有助于实现保障人权与打击犯罪的双重目标

D. 要求执法机关从有利于群众的实际利益出发,讲究执法方法。为此,可突破法律规则和程序的要求办案

答案( )②

【解析】自觉践行执法为民理念要求倡导和注重理性文明执法。理性文明执法是人民群众对于执法活动的强烈要求。执法机关及其工作人员要从有利于人民群众出发实施执法行为,冷静应对处置各种矛盾和冲突,遵守执法程序,讲究执法方式,改善执法态度,注重执法艺术,始终做到仪容整洁、言行文明、举止得当、尊重他人,使各种执法活动真正为广大人民群众所充分理解和接受。可见,理性文明执法体现了以人为本的精神,有助于树立法治的权威,既要打击犯罪,又要保障人权。A、B、C三项正确。但是,理性文明执法也需要遵守执法程序,讲究执法方式,改善执法态度,因此D项说法错误。

6. 近年来,政法机关通过"大接访""大走访"和"大下访"等做法,通过开门评警、回访信访当事人等形式,倾听群众呼声,了解群众疾苦,为群众排忧解难。关于这些做法的意义,下列哪一表述是不恰当的?(2011-1-2)

A. 政法机关既是执法司法机关,也是群众工作机关

B. 政法干警既是执法司法工作者,也是群众工作者

C. 人民群众是执法主体,法治建设要坚持群众运动

D. 司法权必须坚持专门机关工作与群众路线相结合

答案( )③

【解析】执法,又称法的执行,有广义与狭义两种含义。广义的执法,是指所有国家行政机关、司法机关及其公职人员依照法定职权和程序实施法律的活动。如人们在讲到社会主义法制的基本要求是"有法可依、有法必依、执法必严、违法必究"时,就是讲的广义的执法。而狭义的执法,则专指国家行政机关及其公职人员依法行使管理职权、履行职责、实施法律的活动。所以,人民群众中只有一部分

参考答案:①B ②D ③C

享有公权力者才是执法主体,大多数人民群众不是执法主体。C项错误明显。

7. 增强全民法治观念,推进法治社会建设,使人民群众内心拥护法律,需要健全普法宣传教育机制。某市的下列哪一做法没有体现这一要求?(2015-1-7)

A. 通过《法在身边》电视节目、微信公众号等平台开展以案释法,进行普法教育

B. 印发法治宣传教育工作责任表,把普法工作全部委托给人民团体

C. 通过举办法治讲座、警示教育报告会等方式促进领导干部带头学法、模范守法

D. 在暑期组织"预防未成年人违法犯罪模拟法庭巡演",向青少年宣传《未成年人保护法》

答案(　①　)

【解析】《中共中央关于全面推进依法治国若干重大问题的决定》要求"健全普法宣传教育机制,各级党委和政府要加强对普法工作的领导,宣传、文化、教育部门和人民团体要在普法教育中发挥职能作用。实行国家机关'谁执法,谁普法'的普法责任制,建立法官、检察官、行政执法人员、律师等以案释法制度,加强普法讲师团、普法志愿者队伍建设。把法治教育纳入精神文明创建内容,开展群众性法治文化活动,健全媒体公益普法制度,加强新媒体新技术在普法中的运用,提高普法实效。"可见,普法教育、法治讲座、向青少年宣传《未成年人保护法》,等等,都是必然正确的。B项中"把普法工作全部委托给人民团体",这个很明显不妥当。其一,责任政府,该做的还是要做的,不能撂挑子。其二,我们说过,谁执法谁普法,普法完全交给人民团体,肯定不对。

8. 2011年7月,某市公安机关模仿诗歌《见与不见》的语言和风格,在官方网站上发布信息,敦促在逃人员投案自首:"你逃,或者不逃,事就在那,不改不变。你跑,或者不跑,网就在那,不撤不去。你想,或者不想,法就在那,不偏不倚。你自首,或者不自首,警察就在那,不舍不弃。早日去投案,或者,惶惶终日,潜逃无聊,了结真好。"关于某市公安机关的做法,下列哪一说法是恰当的?(2011-1-8)

A. 公安机关有权减轻或免除对自首人员的处罚

B. 公安机关应以社会管理职能代替政治统治职能

C. 公安机关可以从实际工作出发,对法律予以行政解释

D. 公安机关可以创新工作手段、利用有效宣传形式,促进全面充分履职

答案(　②　)

【解析】《刑法》第六十七条规定,"犯罪以后自动投案,如实供述自己的罪行的,是自首。对于自首的犯罪分子,可以从轻或者减轻处罚。其中,犯罪较轻的,可以免除处罚。"而从轻或减轻处罚、免除处罚的决定权在人民法院手中,公安机关无权决定。A项错误。法的作用包括规范作用和社会作用,其中社会作用则又包括政治职能(通常说的阶级统治的职能)和社会职能(执行社会公共事务的职能)两个方面,二者均非常重要,不可相互替代。B项错误。所谓正式解释,通常也叫法定解释、有权解释,是指由特定的国家机关、官员或其他有解释权的人对法律作出的具有法律上的约束力的解释。根据解释的国家机关的不同,法定解释又可以分为立法、司法和行政三种解释。在我国,普通公安机关没有行政解释权。因此,C项错误。

9. 全面依法治国要求加强人权的司法保障,下列哪些做法体现了这一要求?(2016-1-53)

A. 最高法院、公安部规定在押刑事被告人、上诉人应穿着正装或便装出庭受审

B. 某省扩大法律援助的覆盖面,将与民生密切相关的事项纳入援助范围

C. 某中级人民法院加大对生效判决的执行力度,确保当事人的胜诉权益及时兑现

参考答案: ①B　②D

D. 某基层法院设立"少年法庭",对开庭审理时不满16周岁的未成年人刑事案件一律不公开审理

答案（　　）①

【解析】 最高人民法院、公安部联合制定并下发了《关于刑事被告人或上诉人出庭受审时着装问题的通知》,该《通知》明确要求,人民法院开庭时,刑事被告人或上诉人不再穿着看守所的识别服出庭受审;以后,刑事被告人或上诉人穿着正装或便装出庭受审,既不需要其主动提出申请,也不需要任何机构或个人批准。人民法院到看守所提解在押刑事被告人或上诉人的,看守所应当将穿着正装或便装的在押刑事被告人或上诉人移交人民法院。因监管需要在看守所内穿着识别服的在押刑事被告人或上诉人,应在看守所内将识别服更换为正装或者便装。A项正确。

党的十八届四中全会的《决定》指出,要推进覆盖城乡居民的公共法律服务体系建设,加强民生领域法律服务;完善法律援助制度,扩大援助范围,健全司法救助体系,保证人民群众在遇到法律问题或者权利受到侵害时获得及时有效的法律帮助。B项做法正确。《决定》指出,要切实解决执行难的问题,制定强制执行法,规范查封、扣押、冻结、处理涉案财物的司法程序;加快建立失信被执行人信用监督、威慑和惩戒法律制度;依法保障胜诉当事人及时实现权益。C项做法符合要求。

《最高人民法院关于审理未成年人刑事案件的若干规定》(2000年)第十一条规定,对在开庭审理时不满十六周岁的未成年人刑事案件,一律不公开审理;对在开庭审理时不满十八周岁的未成年人刑事案件,一般也不公开审理。如果有必要公开审理的,必须经过本院院长批准,并且应限制旁听人数和范围。据此,D项正确。但是,根据2015年1月12日最高人民法院发布的"法释〔2015〕2号",即《最高人民法院关于废止部分司法解释和司法解释性质文件(第十一批)的决定》,《最高人民法院关于审理未成年人刑事案件的若干规定》因为已被《刑事诉讼法》及《最高人民法院关于适用〈中华人民共和国刑事诉讼法〉的解释》修正,因此《规定》已经被废止。新《刑事诉讼法》第二百七十四条规定,审判的时候被告人不满十八周岁的案件,不公开审理;但是,经未成年被告人及其法定代理人同意,未成年被告人所在学校和未成年人保护组织可以派代表到场。可见,只要是审判时不满18周岁的未成年人刑事案件,一律不公开审理,而不应仅仅局限于未满16周岁的未成年人。D项其实存在瑕疵。

10. 某高校司法研究中心的一项研究成果表明:处于大城市"陌生人社会"的人群会更多地强调程序公正,选择诉诸法律解决纠纷;处于乡村"熟人社会"的人群则会更看重实体公正,倾向以调解、和解等中国传统方式解决纠纷。据此,关于人们对"公平正义"的理解与接受方式,下列哪一说法是不准确的?(2011-1-5)

　　A. 对公平正义的理解具有一定的文化相对性、社会差异性
　　B. 实现公平正义的方式既应符合法律规定,又要合于情理
　　C. 程序公正只适用于"陌生人社会",实体公正只适用于"熟人社会"
　　D. 程序公正以实体公正为目标,实体公正以程序公正为基础

答案（　　）②

【解析】 公平正义是一个历史性范畴,在不同社会条件下,公平正义的实际内容及其实现方式和手段具有重要差异,所以A项正确。正确处理法理与情理的关系乃是公平正义理念的基本要求,必须注重法理与情理的相互统一,用法理为情理提供正当性支持,以情理强化法理施行的社会效果,所以B项正确。公平正义理念也要求在法治实践活动中,正确处理好程序与实体的关系。程序公正是实体公正的外部形式,是实体公正得以实现的重要途径和重要保证;实体公正是程序公正的内在目标,也是

参考答案:①ABCD　　②C

程序公正的价值和意义所在。要把握好两者之间的合理均衡,反对那种"只要程序公正,实体则必然公正",以及"只要程序正确,实体则可以在所不问"的观念和做法。因此,D项正确,C项错误。

11. 公平正义理念是社会主义法治的价值追求。下列哪一选项体现了公平正义理念?(2013-1-6)

　　A. 某市公安局对年纳税过亿的企业家的人身安全进行重点保护

　　B. 某法官审理一起医疗纠纷案件,主动到医院咨询相关的医学知识,调查纠纷的事实情况,确保案件及时审结

　　C. 某法院审理某官员受贿案件时,考虑到其在工作上有重大贡献,给予从轻处罚

　　D. 某县李法官因家具质量问题与县城商场争执并起诉商场,法院审理后认为无质量问题,判决李法官败诉

答案(　①　)

【解析】原则上,保护弱者,为弱者提供特殊保护符合平等正义。A项中,公安机关利用公共资源为个别强者提供额外服务,C项考虑了无关因素,违背了奖罚分明的原则,均属于不合理的差别对待,违背了平等原则。B项强调了案件的"及时审结",主要体现了司法高效或执法为民原则。D项中,法院并未因原告是法官便格外偏袒,而是公正审判,判其败诉,所以更加符合公平正义的理念,当选。

12. 某培训机构招聘教师时按星座设定招聘条件,称:"处女座、天蝎座不要,摩羯座、天秤座、双鱼座优先。"据招聘单位解释,因处女座和天蝎座的员工个性强势,容易跳槽,故不愿招聘,并认为按星座招录虽涉嫌就业歧视,但目前法律没有明文禁止。对此,应聘者向劳动监察部门投诉。劳动监察部门的下列哪一做法符合社会主义法治理念要求?(2012-1-3)

　　A. 将《劳动法》"劳动者就业,不因民族、种族、性别、宗教信仰不同而受歧视"的规定直接适用于本案,形成判例,弥补法律漏洞

　　B. 根据《劳动法》的平等就业原则,对招聘单位进行法治教育,促使其改变歧视性做法

　　C. 应聘者的投诉缺乏法律根据,可对其批评教育或不予答复

　　D. 通知招聘方和应聘方参加听证,依据国外相关法律规定或案例,对招聘机构的行为作出行政处罚决定

答案(　②　)

【解析】题干中的培训机构的招聘行为存在歧视,违背《劳动法》中的平等就业原则。因此,C项错误。劳动监察部门属于行政机关,没有审判权,因此谈不上"判例",A项错误明显。我国劳动监察部门不可能直接依据国外的法律法规和案例,对招聘机构作出行政处罚决定。D项违背法律渊源的相关知识,错误。B项符合题目要求。

【点睛之笔】我国没有判例法制度。非正式法律渊源没有正式的法效力,只具有一定的说服力,因此不能直接据以作出行政决定。

13. 服务大局是社会主义法治的重要使命。下列哪一做法符合服务大局的理念?(2013-1-7)

　　A. 某市规定只有本地企业生产的汽车才可申请出租车牌照

　　B. 某省工商局开展为本省旅游岛建设保驾护航的执法大检查活动

　　C. 某县环保局为避免工人失业,未关停污染企业

参考答案:①D　②B

D. 某县法院拒绝受理外地居民起诉本地企业的案件

答案( )①

【解析】我国社会中的大局是由地方与中央、部门与整体统一构成的,具有一定的层次性。必须明确:我国社会主义法治所服从和服务的大局,始终是党和国家大局,地方和部门大局只有在符合党和国家大局要求、不与党和国家大局发生冲突的前提下,才具有大局的意义,才能得到法治工作的尊重。要正确认识和处理地方或部门大局与党和国家大局之间的关系,坚定不移地坚持地方服从中央、局部服从全局的大局观念和大局原则,决不允许把地方或部门的利益要求凌驾于党和国家大局之上。对于那些借维护大局之名,追求地方或部门一己之利,既损害法律基本原则,又与党和国家大局要求相冲突的行为,应当予以明确抵制。A项、D项是典型的地方保护主义。C项的做法也没有考虑到长远的大局,只看眼前。因此,B项当选。

14. 执法为民要求立法、行政、司法等机关的工作要反映群众的愿望和根本利益。下列哪一做法没有准确体现执法为民的基本要求?(2014-1-5)

A. 某市公安局借助网络开展执法满意度调查并将调查结果作为评判执法公正的唯一标准
B. 某市法院通过优化人民法庭区域布置、开展巡回审判等方式,减少当事人讼累
C. 某市政府出台《市政管理检查行为规范》,规范城管队员执法行为
D. 某县检察院设立未成年人案件办公室,探索完善未成年人所在社区、学校、家庭、派出所与检察院五位一体的跟踪帮教机制

答案( )②

【解析】评判执法公正是一项复杂的工作,将执法满意度网络调查结果作为唯一评判标准,很明显不够客观、全面。A项错误。B项中的"减少当事人讼累",C项中的"规范城管队员执法行为"以保障相对人的合法权利,D项中的"未成年人的跟踪帮教机制",均体现了以人为本的理念,符合执法为民的要求。

15. 我国《宪法》明确规定:"中华人民共和国的一切权力属于人民",执法为民是社会主义法治的本质要求。关于执法为民,下列哪些理解是正确的?(2014-1-59)

A. 要求执法机关及其工作人员理性执法、文明执法,冷静处置各种复杂问题
B. 要求科学合理地设置执法流程,减少不必要环节,减轻当事人负担
C. 要围绕"个人权利至上"理念,引导公民从容自如、有尊严地生活在社会主义法治社会
D. 是"立党为公、执政为民"执政理念在法治领域的具体贯彻

答案( )③

【解析】自觉践行执法为民理念自然要求倡导和注重理性文明执法。理性文明执法是人民群众对于执法活动的强烈要求。执法机关及其工作人员要从有利于人民群众出发,实施执法行为,冷静应对处置各种矛盾和冲突,遵守执法程序,讲究执法方式,改善执法态度,注重执法艺术,始终做到仪容整洁、言行文明、举止得当、尊重他人,使各种执法活动真正为广大人民群众所充分理解和接受。A项正确。

自觉践行执法为民理念也要求切实做到便民利民。便民利民是我们党的优良作风和传统在法治实践活动中的具体体现。要在不损害实质性法律利益和不违反法定程序的前提下,尽可能为人民群众行使权利和履行义务提供各种便利,不断改革和完善各种执法程序和执法手续,科学、合理地设置执法流程,减少当事人的成本和诉累。B项正确。

社会主义法治执法为民的理念,与资本主义法治理论中以自由资本主义为实践背景的"个人权利至上"

参考答案:①B ②A ③ABD

的主张存在着重要区别。社会主义法治高度重视和强调人民利益,倡导和要求执法为民,但并不意味着认同个人权利的绝对化。执法为民理念明确地寓含着引导和教育人民群众遵纪守法的要求。C项错误。

我们党把全心全意为人民服务作为根本宗旨,把"立党为公,执政为民"作为党的重要执政理念。执法为民是党的根本宗旨在法治事业中的具体贯彻。D项正确。

16. 社会主义法治把公平正义作为一切法治实践活动的价值追求。下列哪一说法正确体现了公平正义理念的基本要求?(2014-1-6)

A. 在法律实施中为维护法律的权威性和严肃性,应依据法理而不是考虑情理
B. 在法治实践活动中,仅仅保证程序公正
C. 迟到的正义是非正义,法治活动应同时兼顾公正与效率
D. 法律是全社会平等适用的普遍性规范,为维护法制统一,对特殊地域和特殊群体应一视同仁,不作任何区别化对待

答案( )①

【解析】我国法律反映了社会公平正义的主要方面,但法律并不能覆盖社会公平正义的全部内容。社会主义法治公平正义的实现,必须注重法理与情理的相互统一,用法理为情理提供正当性支持,以情理强化法理施行的社会效果。可见,A项错误。程序与实体是法治体系的两大组成部分,法治的公正也分别通过程序公正和实体公正两个方面得以体现。在法治实践活动中,要正确处理好程序与实体的关系,把握好两者之间的合理均衡。B项错误。法律是全社会平等适用的普遍性社会规范,维护法律及其实施的普遍性,是实现公平正义的必要前提。为此,必须强调法制的统一性,坚持法律面前人人平等,以体现对法律这种普遍性的尊重。同时,又必须从我国地域间、城乡间、阶层间、群体间发展很不平衡,社会成员所处社会环境、所具有的社会条件差异较大这一客观事实出发,在法律制定及其适用中,对特殊地域以及特殊群体或个体作出必要的区别化对待,特别是为不发达地区、困难群体或个体提供更多的发展机遇,给予其更为完善的法律保护。所以,D项错误。

17. 下列哪一做法不符合服务大局理念的要求?(2014-1-7)

A. 某省法院审理案件时发现该省地方性法规与全国人大常委会制定的法律相抵触,最终依据法律作出裁判
B. 某市工商局规定收取查询费,拒绝法院无偿查询被强制执行企业的登记信息
C. 某市律师协会组织律师就已结案件进行回访,如案结事未了则为当事人免费提供法律服务
D. 在应对当地自然灾害中,某市检察院积极发挥职能作用,着力保障特殊时期社会稳定

答案( )②

【解析】服务大局的核心内容是,社会主义法治的各项事业都必须服务于党和国家的中心任务和大政方针,服务于党和国家的根本利益以及社会发展的总体要求,各种具体实践活动都必须充分考虑和高度重视对社会发展和社会运行全局的影响。说白了,大局就是长远利益、整体利益,而非眼前利益、私人利益或部门利益。A项中的法院依据法律裁判,体现了全局观,避免了地方保护主义;C项中的律师协会为"案结事未了"的当事人免费提供法律服务,彻底解决社会矛盾,注重法治实践的社会效果,站在了大局的高度;D项中的检察院"保障特殊时期社会稳定",为社会秩序服务。三者均体现了服务大局的理念。唯独B项,工商局对于应公开的信息有偿收费,很明显不妥当。

18. 近年来,我国部分地区基层法院在民事审判中试点"小额速裁",对法律关系单一、事实清楚、

参考答案:①C ②B

争议标的额不足1万元的民事案件,实行一审终审制度。关于该审判方式改革体现出的价值取向,下列哪些说法是正确的?(2011-1-54)

A. 节约司法成本 B. 促进司法民主 C. 提高司法效率 D. 推行司法公开

答案(　　)①

【解析】 严格公正司法是社会主义法治理念的基本要求之一,要求切实维护司法公正、不断提高司法效率、努力树立司法权威、充分发扬司法民主。司法成本指的是在整个司法活动中消耗的社会资源,又可称之为司法资源或司法投入,指司法机关、诉讼参与人在进行具体案件的诉讼过程中所消耗的物质资源和精神要素的总和。司法效率,是指司法资源的投入与办结案件及质量之间的比例关系,是解决司法资源如何配置的问题。司法效率追求的是以尽可能少的司法资源,获取最大限度的司法收益。提高司法效率,要求人民法院和人民法官履行职责时,在坚持司法公正的前提下,认真、及时、有效地工作,尽可能地缩短诉讼周期,降低诉讼成本,力求在法定期限内尽早结案,取得最大的法律效果和社会效果。基层法院对法律关系单一、事实清楚、争议标的额不足1万元的民事案件,实行一审终审制度,这种做法明显体现了进一步提高办案效率、节省司法成本的努力。可见,选项A、C正确。司法的民主性是指司法活动体现和保障人民当家作主的权利。司法民主包括司法主体民主、司法程序民主和司法目的民主三个方面。司法主体民主又体现为两个方面:(1)人民直接参与司法,如人民陪审员制度和人民监督员制度;(2)司法人员通过人民代表大会制度产生。司法程序民主的核心内容是司法公开制度。司法目的民主的表现为司法为民。而题干中的"小额速裁"改革的价值取向并不是民主,也不涉及公开。选项B、D错误。选项A、C正确。

19. 司法公正是司法工作的灵魂,是依法治国的重要标志。社会主义法治理念要求司法机关必须"严格公正司法"。下列哪一选项不符合社会主义法治理念的精神和要求?(2010-1-1)

A. 司法机关必须坚持实体公正和程序公正相结合,做到法律效果、政治效果和社会效果相统一
B. 司法机关必须进一步提高办案效率,坚持公正与效率兼顾
C. 司法机关为了保障判决有效执行,应对当事人实行"一站式服务",即谁立案谁审判谁执行
D. 司法机关为了加强审判监督,可主动邀请人大代表、政协委员和新闻媒体旁听重大疑难案件审判

答案(　　)②

【解析】 司法公正是司法工作的灵魂,司法工作人员必须自觉用司法公正理念指导司法工作,坚持实体公正和程序公正相结合,做到法律效果、政治效果和社会效果相统一,故选项A正确。公正与效率都是人民群众最关心、最直接、最现实的利益问题,因此司法机关必须进一步提高办案效率,坚持公正与效率兼顾,故选项B正确。在司法权的配置上,侦查权、检察权、审判权、执行权相互制约、相互配合,这样才能实现司法公正、树司法权威。依法治国的关键在于依法制权,规范约束公权力,防止其滥用和扩张,保障人民权益。没有权力制约,依法治国就无从谈起。建立健全决策权、执行权和监督权既相互制约又相互协调的权力结构和运行机制,是建设社会主义法治国家的基本要求和特征。在司法领域,这一点就体现为司法机关内部的分工协调、相互制约、相互配合的原则。对当事人实行"一站式服务",即谁立案谁审判谁执行,违背了上述原则,故C项错误,为应选项。司法民主包括司法主体民主、程序民主和司法目的民主三个方面。其中,司法主体民主又体现为两个方面:一是人民直接参与司法,如人民陪审员制度和检察机关的人民监督员制度;二是司法人员通过人民代表大会制度产生,对其负责,受其监督。司法程序民主的核心内容是司法公开制度。司法目的民主的表现是司法为民。司法机关为了加强审判监督,主动邀请人大代表、政协委员和新闻媒体旁听重大疑难案件的审判,是司法主

参考答案:①AC　②C

体民主和司法程序民主的体现。故选项 D 正确。

> 【一招制敌】"谁立案谁审判谁执行""谁侦查谁起诉谁审判"等表述都不符合分工配合、相互制约原则。

20. 某检察院改革内部管理体制,将原有的多个内设处(室)统一整合,消除内部职能行政化、碎片化的弊端。关于上述改革,下列说法正确的是:(2016-1-87)
A. 完善内部管理体制有利于保证司法公正,提高检察机关公信力
B. 检察官独立行使检察权不应受任何组织和个人的监督
C. 将检察官等同于一般公务员的管理体制不利于提高检察官的专业素质和办案质量
D. 内部管理体制改革为完善检察官职业保障体系创造了条件

答案( )①

【解析】 完善内部管理体制,将内设机构统一整合,消除内部职能的行政化、碎片化的弊端,使得检察官管理体制区别于一般公务员的管理体制,有利于提高检察官的专业素质和办案质量;有利于保证司法公正,提高检察机关公信力;有利于检察独立,为完善检察官职业保障体系创造了条件。A、C、D 三项正确。

检察权独立行使原则,是指检察机关依法独立行使检察权,只服从法律,不受其他行政机关、团体和个人的干涉。但是,我国属于议行合一的体制,检察机关要受到同级人大及其常委会的监督,同时还要接受上级检察机关的领导,也要接受中国共产党的政治领导,所以 B 项表述有误。

21. 某法院完善人民陪审员选任方式,在增加陪审员数量的基础上建立"陪审员库",随机抽选陪审员参与案件审理。关于人民陪审员制度,下列哪一说法是错误的?(2016-1-5)
A. 应避免陪审员选任的过度"精英化"
B. 若少数陪审员成为常驻法院的"专审员",将影响人民陪审员制度的公信力
C. 完善人民陪审员制度的主要目的是让人民群众通过参与司法养成守法习惯
D. 陪审员的大众思维和朴素观念能够弥补法官职业思维的局限性

答案( )②

【解析】 人民陪审员制度,是指国家审判机关审判案件时吸收普通公众或者说非职业法官作为陪审员,与职业法官共同或分享审判权的重要政治制度和基本司法制度,是司法专业化与司法民主化相结合的产物,为当今世界大多数国家所采用。人民陪审员制度设置的主要目的有三个:一是推进司法民主,让普通公民协助司法、见证司法、参与司法,充分体现人民的主体地位和司法的民主功能,更集中地通达民情、反映民意、凝聚民智,能够更好地实现党的领导、人民当家作主和依法治国的有机统一;二是促进司法公正,人民陪审员来自基层,来自群众,他们参与审判,注重从社会视角看待问题,以普遍的公众价值观与法官职业化思维互补,一方面有利于查清案件事实,促进裁判公正,另一方面也有利于提高审判活动透明度,促进司法公开,并进一步发挥合议庭成员互相监督、互相制约的作用;三是提升司法公信力,陪审员在参与司法活动中,能够亲历司法的公正,成为司法裁判的见证人和宣传员,发挥其通民情、知民意的优势,一方面让司法裁判能够直接反映民众的朴素情感,另一方面也有助于提高裁判的社会认同度,消除社会公众对司法的偏见和误解,进一步增强司法权威,提升司法公信。综

参考答案:①ACD ②C

上,陪审制度意在以普遍的公众价值观弥补法官职业化思维的漏洞,而陪审员的过度精英化是与陪审制度的初衷相背离的,因此要极力避免,A、D两项正确。而且陪审员制度的目的并不主要是促进人民群众守法,而是推进司法民主化。C项错误。

实践中,有的地方挑选有时间和有热情的人民陪审员,相对固定、长期驻庭,被称为"驻庭陪审""编外法官",陪审员成了"专审员",导致当事人认为人民陪审员是法院精心挑选和安排的,从而对人民陪审员能否公正审理案件缺乏信心。总之,人民陪审员选任必须体现随机抽取的原则,让当事人和社会公众对人民陪审员产生信任感。B项正确。

22.【案例分析题】(共1题,合计20分)

材料一:平等是社会主义法律的基本属性。任何组织和个人都必须尊重宪法法律权威,都必须在宪法法律范围内活动,都必须依照宪法法律行使权力或权利、履行职责或义务,都不得有超越宪法法律的特权。必须维护国家法制统一、尊严、权威,切实保证宪法法律有效实施,绝不允许任何人以任何借口任何形式以言代法、以权压法、徇私枉法。必须以规范和约束公权力为重点,加大监督力度,做到有权必有责、用权受监督、违法必追究,坚决纠正有法不依、执法不严、违法不究行为。(摘自《中共中央关于全面推进依法治国若干重大问题的决定》)

材料二:全面推进依法治国,必须坚持公正司法。公正司法是维护社会公平正义的最后一道防线。所谓公正司法,就是受到侵害的权利一定会得到保护和救济,违法犯罪活动一定要受到制裁和惩罚。如果人民群众通过司法程序不能保证自己的合法权利,那司法就没有公信力,人民群众也不会相信司法。法律本来应该具有定纷止争的功能,司法审判本来应该具有终局性的作用,如果司法不公、人心不服,这些功能就难以实现。(摘自习近平:《在十八届中央政治局第四次集体学习时的讲话》)

问题:

根据以上材料,结合依宪治国、依宪执政的总体要求,谈谈法律面前人人平等的原则对于推进严格司法的意义。

答题要求:

1. 无观点或论述、照搬材料原文的不得分;
2. 观点正确,表述完整、准确;
3. 总字数不得少于400字。

参考答案(要点)

1. 坚持依法治国首先要坚持依宪治国,坚持依法执政首先要坚持依宪执政。《宪法》是国家的根本大法,是党和人民意志的集中体现,全国各族人民、一切国家机关和武装力量、各政党和各社会团体、各企业事业组织,都必须以《宪法》为根本活动准则。依宪治国、依宪执政必须贯彻法律面前人人平等的原则:一方面,宪法法律对所有公民和组织的合法权利予以平等保护,对受侵害的权利予以平等救济;另一方面,任何个人都不得有超越宪法法律的特权,一切违反宪法法律的行为都必须予以纠正和追究。

2. 平等是社会主义法律的基本属性,是社会主义法治的根本要求,严格司法是法律面前人人平等原则在司法环节的具体表现。公正是法治的生命线,司法公正对社会公平正义具有重要的引领作用。正如习近平总书记所说,司法不公、司法不严对社会公平正义和司法公信力具有致命破坏作用。坚持法律面前人人平等,意味着人民群众的诉讼权利在司法程序中应得到平等对待,人民群众的实体权利在司法裁判中得到平等保护。只有让人民群众在每一个司法案件中感受到公平正义,人民群众才会相信司法,司法才具有公信力。

3. 坚持法律面前人人平等的原则,对于严格司法提出了更高的要求:首先,司法机关及其工作人员在司法过程中必须坚持以事实为根据、以法律为准绳,坚持事实认定符合客观真相、办案结果符合实体公正、办案过程符合程序公正,统一法律适用的标准,避免同案不同判,实现对权利的平等保护和对责任的平等追究。其次,推进以审判为中心的诉讼制度改革,全面贯彻证据裁判规则,确保案件事实、证据经得起法律检验,确保诉讼当事人受到平等对待,绝不允许法外开恩和法外施刑。再次,司法人员的工作职责、工作流程、工作标准必须明确,办案要严格遵循法律面前人人平等的原则,杜绝对司法活动的违法干预,办案结果要经得住法律和历史的检验。

第四节 增强全民法治观念,推进法治社会建设

1. 某村通过修订村规民约改变"男尊女卑""男娶女嫁"的老习惯、老传统,创造出"女娶男"的婚礼形式,以解决上门女婿的村民待遇问题。关于村规民约,下列哪些说法是正确的?(2016-1-54)
  A. 是完善村民自治、建设基层法治社会的有力抓手
  B. 是乡村普法宣传教育的重要媒介,有助于在村民中培育规则意识
  C. 具有"移风易俗"功能,既传承老传统,也创造新风尚
  D. 可直接作为法院裁判上门女婿的村民待遇纠纷案件的法律依据

答案(　　)①

【解析】村规民约,是指村民群众根据有关法律、法规、政策,结合本村实际制定的涉及村风民俗、社会公共道德、公共秩序、治安管理等方面的综合性规定,是全体村民共同利益的集中体现,是国家法律法规在最基层的具体体现,同时也是村民之间的契约。村规民约是村民进行自我管理、自我教育、自我约束的有效形式,属于《中华人民共和国宪法》第24条规定的"各种守则、公约"的一种。可见,A、B、C三项表述正确。村规民约不具有明定的法律效力,因此属于非正式法律渊源,不可直接作为法官裁判案件的法律根据,D项错误。

2. 中国古代有"厌讼"传统,老百姓万不得已才打官司。但随着经济社会发展,我国司法领域却出现了诉讼案件激增的现象。对此,下列哪一说法是错误的?(2016-1-6)
  A. 相比古代而言,法律在现代社会中对保障人们的权利具有更重要的作用
  B. 从理论上讲,当诉讼成本高于诉讼可能带来的收益时,更易形成"厌讼"的传统
  C. 案件激增从一个侧面说明人民群众已逐渐树立起遇事找法、解决问题靠法的观念
  D. 在法治社会,诉讼是解决纠纷的唯一合法途径

答案(　　)②

【解析】法经历了在社会调控中从次要地位上升到首要地位的发展过程。一般来说,古代法学家更多强调道德在社会调控中的首要或主要地位,对法的强调也更多在其惩治功能上。而对借助法明确权利义务以实现对社会生活的全面调整则往往心存疑虑,甚至希望通过推行"德治"来去除刑罚,如中国历史上的"德主刑辅"。近现代后,法学家们一般都倾向于强调法律调整的突出作用,依法治国成为普遍的政治主张。我国当下,要增强全民法治观念,推进法治社会建设,必须健全依法维权和化解纠纷机制,强化法律在维护群众权益、化解社会矛盾中的权威地位,引导和支持人们理性表达诉求、依法维护权益,解决好群众最关心最直接最现实的利益问题。A项正确。任何人都是趋利避害的理性动物,因此当诉讼成本高于诉讼可能带来的收益时,人们就更容易"惧讼""厌讼",B项明显是正确的。在我国古代,老百姓万不得已才打官司;但在当代,随着经济社会发展,我国司法领域出现了诉讼案件激

参考答案:①ABC　②D

增的现象,这在一定程度上说明社会主义法治建设取得了一定的成效,全社会法治观念明显增强。当前,学法尊法守法用法的社会氛围和办事依法、遇事找法、解决问题用法、化解矛盾靠法的良好法治环境初步形成,这为全面推进依法治国、建设社会主义法治国家奠定了坚实的社会基础。C项正确。

全面推进依法治国,必须大力健全社会矛盾纠纷预防化解机制,完善调解、仲裁、行政裁决、行政复议、诉讼等有机衔接、相互协调的多元化纠纷解决机制。充分发挥不同纠纷解决制度的优势。要引导当事人根据矛盾纠纷的性质和类型选择最适当的纠纷解决途径,充分发挥不同纠纷解决制度在化解特定类型矛盾纠纷中的作用。可见,就解决纠纷而言,诉讼只是现代社会多元化的纠纷解决手段之一,而不是唯一。D项错误明显。

3. 人民调解制度是我国的创举,被西方国家誉为法治的"东方经验"。关于人民调解,下列哪些说法是正确的?(2016-1-55)

A. 人民调解员不属于法治工作队伍,但仍然在法治建设中起着重要作用
B. 法院应当重视已确认效力的调解协议的执行,防止调解过的纠纷再次涌入法院
C. 人民调解制度能够缓解群众日益增长的司法需求与国家司法资源不足之间的矛盾
D. 人民调解组织化解纠纷的主要优势是不拘泥于法律规定,不依赖专业法律知识

答案( )①

【解析】我国的调解制度主要由三个部分组成:一是法院调解,亦称诉讼调解,是指在人民法院的主持下通过说服教育,促使双方当事人达成和解协议的活动;二是行政调解,是指在具有调解纠纷职能的国家行政机关的主持下对纠纷进行调解的活动;三是人民调解,是指在人民调解委员会的主持下,依法对民间纠纷当事人说服劝解、消除纷争的一种群众自治活动。根据《宪法》《民事诉讼法》《人民调解委员会组织条例》的规定,人民调解委员会是调解民间纠纷的群众性组织,在基层人民政府和基层司法行政机关指导下进行工作。

法治工作队伍包括法治专门队伍和社会法律服务队伍,是国家治理队伍的一支重要力量,处于法治实践的最前沿。其中,法治专门队伍包括立法队伍、行政执法队伍、司法队伍;而律师、公证员、基层法律服务工作者、人民调解员、法律服务志愿者等均属于社会法律服务队伍。A项错误。

《人民调解法》第三十三条规定,经人民调解委员会调解达成调解协议后,双方当事人认为有必要的,可以自调解协议生效之日起三十日内共同向人民法院申请司法确认,人民法院应当及时对调解协议进行审查,依法确认调解协议的效力;人民法院依法确认调解协议有效,一方当事人拒绝履行或者未全部履行的,对方当事人可以向人民法院申请强制执行。可见,B项正确。

人民调解是人民群众自我管理、自我教育的好形式,它能够增进人民团结,维护社会安定,减少纠纷,预防犯罪,有助于缓解群众日益增长的司法需求与国家司法资源不足之间的矛盾。C项正确。

根据《人民调解法》的规定,人民调解委员会调解民间纠纷,应当遵循下列原则:(一)在当事人自愿、平等的基础上进行调解;(二)不违背法律、法规和国家政策;(三)尊重当事人的权利,不得因调解而阻止当事人依法通过仲裁、行政、司法等途径维护自己的权利。可见,D项表述错误。

4. 法治社会建设要求健全依法维权和化解纠纷机制,杜绝"大闹大解决、小闹小解决、不闹不解决"现象。下列哪一做法无助于消除此现象?(2016-1-7)

A. 甲市将信访纳入法治轨道,承诺对合理合法的诉求依法及时处理
B. 乙区通过举办"群众吐槽会"建立群众利益沟通机制
C. 丙县通过地方戏等形式普及"即使有理也要守法"观念

参考答案:①BC

D. 丁市律协要求律师不得代理群体性纠纷案件

答案（　　）①

【解析】党的十八届四中全会的《决定》明确指出,要把信访纳入法治化轨道,保障合理合法诉求依照法律规定和程序就能得到合理合法的结果。A项明显符合规定。全面推进依法治国,必须构建对维护群众利益具有重大作用的制度体系,建立健全社会矛盾预警机制、利益表达机制、协商沟通机制、救济救助机制,畅通群众利益协调、权益保障法律渠道。B项主张建立群众利益沟通机制,这是好事,符合规定。

《决定》指出,要创新普法宣传形式,健全普法宣传教育机制,注重宣传实效。进一步树立普及法律知识与培育法治观念并重的理念,树立普法教育与法治实践结合的理念,树立注重实效的理念,探索建立普法宣传教育效果评估标准体系和跟踪反馈机制。开展群众性法治文化活动,健全媒体公益普法制度,推动普法宣传公益广告公共场所、公共区域全覆盖。加强新媒体新技术在普法中的运用,为公众提供更多、更便捷的学法渠道,提高普法实效。C项中,丙县通过地方戏等形式普法,属于创新普法宣传形式,值得肯定,而且普及的内容是"即使有理也要守法"的观念,即在任何情况下,都应当通过合法的途径和渠道伸张权益、寻求救济。C项正确。

为有力地服务社会和谐稳定,必须健全完善法律服务人员参与信访、调解、群体性案(事)件处置工作机制。律师协会禁止律师代理群体性纠纷案件,属于回避问题的表现,无益于和谐社会的建设。D项错误。

第三章　法治工作的重要保障

1. 党对法治工作的领导体现为思想领导、政治领导和组织领导。下列哪一说法是不正确的?（2012－1－8）

　　A. 党中央将"忠诚、为民、公正、廉洁"作为政法干警的核心价值观
　　B. 党的地方组织决定相关层级司法机关的案件处理
　　C. 司法机关要按照党中央关于和谐社会的总体要求,落实宽严相济的刑事政策
　　D. 党对国家法治事业的发展作出总体战略部署并推动决策实施

答案（　　）②

【解析】社会主义法治理念中的党的领导,就是指党通过路线、方针和政策的实施与贯彻,依靠各级党组织作用的正确发挥,把握我国法治事业发展的根本方向,决定我国法治事业的战略部署,推动我国法治事业的总体进程,协调我国法治事业中的重要关系,指导我国法治实践活动的具体开展。党的领导在社会主义法治事业中主要是思想领导、组织领导和政治领导,而不是具体案件的领导。党对法治事业的领导,同样需要在《宪法》和法律规定的范围内进行。各级党组织在具体实施领导工作的过程中,必须切实维护《宪法》和法律的权威,不得超越《宪法》和法律规定的权限;必须充分尊重司法机关依法独立行使司法权,不得违反法律的规定而插手法治机关正常的法治实践活动,更不应替代法治机关处理具体的法律事务;必须严格地遵循《宪法》和法律的相关规定,在法律框架下处理和解决各种复杂的社会问题,不能以牺牲基本的法律原则或损害法律的应有权威为代价而求得问题的表面或暂时解决。因此,很明显,B项错误。

参考答案：①D　②B

> 【一招制敌】党不应干预个案审判。

2. 坚持党对法治事业的领导,是我国社会主义法治的主要特色,也是我国社会主义法治的根本保证。关于党的领导的理念,下列哪一理解是错误的?(2014-1-8)

A. 坚持党对社会主义法治事业的领导是当代中国社会发展的必然结果
B. 我国法治事业,从总体部署到决策的具体实施,都是在党的大力推动下实现的
C. 只要抓住立法环节,把党的各项政治主张和要求上升为法律,就能全面实现党对社会主义法治事业的政治领导
D. 党带头遵守《宪法》和法律与坚持党对法治事业的领导是不矛盾的

答案( )①

【解析】党对社会主义法治事业的政治领导,除去要把党的各项政治主张和要求及时反映到立法中来,还要求把法治实践活动自觉纳入到党的中心工作和党的总体战略部署之中。同时,法治机关及其工作人员要善于运用党的路线、方针、政策去指导法治的具体运用,把法律的实施和适用与党的路线、方针、政策的贯彻和落实结合起来,实现法律效果与政治效果、社会效果的高度统一。可见,C项错误。

3. 近年来,一些党员领导干部利用手中权力和职务便利收受巨额贿赂,根据党内法规和法律被开除党籍和公职,并依法移送司法机关处理。对此,下列哪一说法是错误的?(2015-1-8)

A. 这表明党员领导干部在行使权力、履行职责时要牢记法律底线不可触碰
B. 依照党内法规惩治腐败,有利于督促党员领导干部运用法治思维依法办事
C. 要注重将党内法规与国家法律进行有效衔接和协调,以作为对党员违法犯罪行为进行法律制裁的依据
D. 党规党纪严于国家法律,对违反者必须严肃处理

答案( )②

【解析】党员领导干部利用职权收受巨额贿赂,被依法移送司法机关处理,表明党员领导干部在行使权力、履行职责时要牢记"法律底线不可触碰"。A项正确。此类违法犯罪行为不仅应当得到法律的制裁,而且也应当用党内法规进行惩治,使更多党员干部心有所畏、言有所戒、行有所止,自觉增强廉洁从政的意识,形成不敢腐、不能腐、不想腐的有效机制,督促其在工作中运用法治思维依法办事。B项正确。必须强调,实施法律制裁的依据只能是法律法规,党内法规只能适用于党员干部,是对党员进行纪律制裁的依据。党内法规并非法的正式渊源,不能说是法律依据,也不能说是法律手段。C项错误。对于党员干部来说,党规党纪提出了比法律更高的标准,对违反者必须严肃处理。D项正确。

4. 培养高素质的法治专门队伍,旨在为建设社会主义法治国家提供强有力的组织和人才保障。下列哪些举措体现了这一要求?(2015-1-55)

A. 从符合条件的律师中招录立法工作者、法官、检察官
B. 实行招录人才的便捷机制,在特定地区,政法专业毕业生可直接担任法官
C. 建立检察官逐级遴选制度,初任检察官由省级检察院统一招录,一律在基层检察院任职
D. 将善于运用法治思维和法治方式推动工作的人员优先选拔至领导岗位

答案( )③

参考答案:①C ②C ③ACD

【解析】党的十八届四中全会的《中共中央关于全面推进依法治国若干重大问题的决定》指出,要"推进法治专门队伍正规化、专业化、职业化,提高职业素养和专业水平。完善法律职业准入制度,健全国家统一法律职业资格考试制度,建立法律职业人员统一职前培训制度。建立从符合条件的律师、法学专家中招录立法工作者、法官、检察官制度,畅通具备条件的军队转业干部进入法治专门队伍的通道,健全从政法专业毕业生中招录人才的规范便捷机制。加强边疆地区、民族地区法治专门队伍建设。加快建立符合职业特点的法治工作人员管理制度,完善职业保障体系,建立法官、检察官、人民警察专业职务序列及工资制度。"A项的表述妥当,B项不符合题意。《中共中央关于全面推进依法治国若干重大问题的决定》指出,要"建立法官、检察官逐级遴选制度。初任法官、检察官由高级人民法院、省级人民检察院统一招录,一律在基层法院、检察院任职。上级人民法院、人民检察院的法官、检察官一般从下一级人民法院、人民检察院的优秀法官、检察官中遴选。"C项的表述正确。《中共中央关于全面推进依法治国若干重大问题的决定》指出,要"加强立法队伍、行政执法队伍、司法队伍建设。抓住立法、执法、司法机关各级领导班子建设这个关键,突出政治标准,把善于运用法治思维和法治方式推动工作的人选拔到领导岗位上来。畅通立法、执法、司法部门干部和人才相互之间以及与其他部门具备条件的干部和人才交流渠道。"故D项表述正确。

5. 根据中国特色社会主义法治理论有关内容,关于加强法治工作队伍建设,下列哪些表述是正确的?(2015－1－83)

A. 全面推进依法治国,必须大力提高法治工作队伍思想政治素质、业务工作能力、职业道德水准

B. 建立法律职业人员统一职前培训制度,有利于他们形成共同的法律信仰、职业操守和提高业务素质、职业技能

C. 加强律师职业道德建设,需要进一步健全完善律师职业道德规范制度体系、教育培训及考核机制

D. 为推动法律服务志愿者队伍建设和鼓励志愿者发挥作用,可采取自愿无偿和最低成本方式提供社会法律服务

答案(　　)①

【解析】党的十八届四中全会的《中共中央关于全面推进依法治国若干重大问题的决定》强调,"全面推进依法治国,必须大力提高法治工作队伍思想政治素质、业务工作能力、职业道德水准,着力建设一支忠于党、忠于国家、忠于人民、忠于法律的社会主义法治工作队伍,为加快建设社会主义法治国家提供有力的组织和人才保障。"可见A项正确。《中共中央关于全面推进依法治国若干重大问题的决定》指出,要"推进法治专门队伍正规化、专业化、职业化,提高职业素养和专业水平。完善法律职业准入制度,健全国家统一法律职业资格考试制度,建立法律职业人员统一职前培训制度。"可见,B项正确。《中共中央关于全面推进依法治国若干重大问题的决定》强调要"加强律师队伍思想政治建设,把拥护中国共产党领导、拥护社会主义法治作为律师从业的基本要求,增强广大律师走中国特色社会主义法治道路的自觉性和坚定性。构建社会律师、公职律师、公司律师等优势互补、结构合理的律师队伍。提高律师队伍业务素质,完善执业保障机制。加强律师事务所管理,发挥律师协会自律作用,规范律师执业行为,监督律师严格遵守职业道德和职业操守,强化准入、退出管理,严格执行违法违规执业惩戒制度。加强律师行业党的建设,扩大党的工作覆盖面,切实发挥律师事务所党组织的政治核心作用。"C项正确。《中共中央关于全面推进依法治国若干重大问题的决定》强调要"发展公证员、基层法律服务工作者、人民调解员队伍。推动法律服务志愿者队伍建设。建立激励法律服务人才跨区域流动机制,逐步解决基层和欠发达地区法律服务资源不足和高端人才匮乏问题。"可见,志愿服务是要强化和激励的问题,自然不宜完全以"自愿无偿""最低成本"的方式来完成。D项的表述欠妥。

参考答案:①ABC

第二编 法理学

第一章 法的本体

第一节 法的概念

1. "法学作为科学无力回答正义的标准问题,因而是不是法与是不是正义的法是两个必须分离的问题,道德上的善或正义不是法律存在并有效力的标准,法律规则不会因违反道德而丧失法的性质和效力,即使那些同道德严重对抗的法也依然是法。"关于这段话,下列说法正确的是:(2015-1-90)

A. 这段话既反映了实证主义法学派的观点,也反映了自然法学派的基本立场
B. 根据社会法学派的看法,法的实施可以不考虑法律的社会实效
C. 根据分析实证主义法学派的观点,内容正确性并非法的概念的定义要素
D. 所有的法学学派均认为,法律与道德、正义等在内容上没有任何联系

答案(①)

【解析】A项肯定是错的,题干明确说法律和道德无关,这是典型的实证主义立场。社会法学派将社会实效作为法的首要定义要素,B项错误明显。D项的错误更为无疑,非实证主义认为法律和道德有内容联系。只能选C项,分析实证主义强调的是权威性制定,并不强调法的内容正确,符合道德。

2. 关于实证主义法学和非实证主义法学,下列说法不正确的是:(2013-1-88)

A. 实证主义法学认为,在"实际上是怎样的法"与"应该是怎样的法"之间不存在概念上的必然联系
B. 非实证主义法学在定义法的概念时并不必然排除社会实效性要素和权威性制定要素
C. 所有的非实证主义法学都可以被看作是古典自然法学
D. 仅根据社会实效性要素,并不能将实证主义法学派、非实证主义法学派和其他法学派(比如社会法学派)在法定义上的观点区别开来

答案(②)

【解析】围绕着法的概念的争论的中心问题是关于法与道德之间的关系。依据人们在定义法的概念时对法与道德的关系的不同主张,我们大致上可以区分出两种基本立场,即实证主义和非实证主义。所有的实证主义理论都主张,在定义法的概念时,没有道德因素被包括在内,即法和道德是分离的。具体来说,实证主义认为,在法与道德之间,在法律命令什么与正义要求什么之间,在"实际上是怎

参考答案:①C ②C

样的法"与"应该是怎样的法"之间,不存在概念上的必然联系。与此相反,所有的非实证主义理论都主张,在定义法的概念时,道德因素被包括在内,即法与道德是相互联结的。非实证主义者以内容的正确性作为法的概念的一个必要的定义要素,但其并不必然排除社会实效性要素和权威性制定要素。也就是说,非实证主义的法的概念中不仅以内容的正确性作为定义要素,同时可以包括社会实效性要素和权威性制定要素。如果以内容的正确性作为法的概念的唯一定义要素,则是传统的自然法理论;如果以内容的正确性与权威性制定或社会实效性要素同时作为法的概念的定义要素,其典型的代表则是超越自然法与法实证主义之争的所谓第三条道路的那些法学理论,例如阿列克西所持的理论。因此,A、B、D项正确。非实证主义包括传统自然法学和第三条道路。C项忽略了第三条道路,因此错误。

> **【点睛之笔】** 实证主义有分析主义法学派、法社会学派和法现实主义之分;非实证主义有传统自然法学和第三条道路之分。

3. 下列关于法与道德的表述哪一项是正确的?(2004-1-2)
A. 自然法学派认为,实在法不是法律
B. 分析实证主义法学派认为,法与道德在本质上没有必然的联系
C. 中国古代的儒家认为,治理国家只能靠道德,不能用法律
D. 近现代的法学家大多倾向于否定"法律是最低限度的道德"的说法

答案(①)

【解析】 自然法学派认为,道德上不正义的法不是法,并非所有实在法都不是法。因此,A项错误。分析实证主义法学派否定法与道德存在本质上的必然联系,认为不存在适用于一切时代、民族的永恒不变的正义或道德准则;而法学作为科学也无力回答正义的标准问题,因而"是不是法"与"是不是正义的法"是两个必须分离的问题,道德上的善或正义不是法律存在并有效力的标准,法律规则不会因违反道德而丧失法的性质和效力,即使那些同道德严重对抗的法也依然是法,即"恶法亦法"。因此,B项正确。中国古代儒家主张"德主刑辅",治理国家应以道德教化为主,刑罚惩罚为辅。因此C项错误。在近现代,"法律是最低限度的道德"几乎是通说。因此,D项错误。

4. 道德与法律都属于社会规范的范畴,都具有规范性、强制性和有效性,道德与法律既有区别又有联系。下列有关法与道德的几种表述中,哪种说法是错误的?(2002-1-4)
A. 法律具有既重权利又重义务的"两面性",道德具有只重义务的"一面性"
B. 道德的强制是一种精神上的强制
C. 马克思主义法学认为,片面强调法的安定性优先是错误的
D. 法律所反映的道德是抽象的

答案(②)

【解析】 法律同时关注权利和义务,道德只强调义务,不太重视权利,所以A项正确。法律和道德均具有强制性,只是法律的强制方式是外在强制,或者说是有组织的国家强制,而道德的强制是内在的精神强制,主要依靠内在的良知认同和责难。因此B项正确。从马克思主义法学的立场来说,片面强调任何一点都是错误的。因此,C项当然正确。道德本身可能是抽象的、笼统的、模糊的,但一旦上升为法律,则转化为具体的、相对明确的行为标准。因此D是错误的,当选。

参考答案:①B ②D

5. 关于法与道德的共同点,下列哪些选项是正确的?(2007-1-52)
   A. 法律和道德都是一种社会规范,都具有规范性
   B. 法律和道德都具有强制性,都是人们应该遵循的规范
   C. 法律和道德都是历史的产物,都是不断变化的
   D. 法律和道德都是建立在一定物质生产方式之上的

   答案(①   )

   【解析】社会规范是调整社会中人与人之间关系的规范,法律和道德均调整人与人之间的关系,因此属于社会规范,具有规范性。A项正确。法律和道德均具有强制性,只是法律的强制方式是外在强制,或者说是有组织的国家强制,而道德的强制是内在的精神强制,主要依靠内在的良知认同和责难。所以,B项正确。马克思主义的历史唯物主义哲学认为,法律和道德均属于人类社会发展到一定阶段的产物,在历史中不断变化发展;作为上层建筑,均建立在一定社会的物质生产方式的基础之上。因此C、D两项正确。

6. 关于法与道德的论述,下列哪些说法是正确的?(2009-1-55)
   A. 法律规范与道德规范的区别之一就在于道德规范不具有国家强制性
   B. 按照分析实证主义法学的观点,法与道德在概念上没有必然联系
   C. 法和道德都是程序选择的产物,均具有建构性
   D. 违反法律程序的行为并不一定违反道德

   答案(②   )

   【解析】法的强制乃是有组织的国家强制,表现为一定的专门机构以暴力为后盾,通过一定的程序,针对外在行为实施外在的强制。而道德在本质上是对良心和信念产生作用,因而强制是内在的,主要凭靠内在良知的认同和责难,即便是舆论压力和谴责也只能在主体对谴责所依据的道德准则认同的前提下发挥作用。因此,选项A正确。分析实证主义法学派否定法与道德存在本质上的必然联系,认为不存在适用于一切时代、民族的永恒不变的正义或道德准则。选项B正确。法乃是由权威主体主动制定或认可,在形式上具有建构性。而道德乃是在社会生产生活中自然演进生成的,不是自觉制定和程序选择的产物,自发而非建构是其本质属性。因此,选项C错误。法律和道德并不总是一致的,因此,违反法律的行为不一定违反道德,违反道德的行为并不一定违法。因此,选项D正确。

   【点睛之笔】道德的强制性是常考的要点,请考生加倍注意。

7. "一般来说,近代以前的法在内容上与道德的重合程度极高,有时浑然一体。……近现代法在确认和体现道德时大多注意二者重合的限度,倾向于只将最低限度的道德要求转化为法律义务,注意明确法与道德的调整界限。"据此引文及相关法学知识,下列判断正确的是:(2010-1-91)
   A. 在历史上,法与道德之间要么是浑然一体的,要么是决然分离的
   B. 道德义务和法律义务是可以转化的
   C. 古代立法者倾向于将法律标准和道德标准分开
   D. 近现代立法者均持"恶法亦法"的分析实证主义法学派立场

   答案(③   )

参考答案:①ABCD ②ABD ③B

【解析】法律在内容上与道德的重合程度经历了从浑然一体到相对分离的发展过程。一般来说,近代以前的法律在内容上与道德的重合程度极高,有时甚至浑然一体,古代法学家也大多倾向于将尽可能多的道德义务转化为法律义务;到了近现代,二者在内容上相对分离,倾向于只将最低限度的道德要求转化为法律义务,近现代的法学家大多倾向于将法律标准与道德标准分开。A项表述过于绝对,不符合历史事实;B项正确;C项表述错误。近现代的立法者中,既有持"恶法亦法"的分析实证主义法学派立场者,也有持"恶法非法"的非实证主义立场者。故而,D项错误。

8. 王某参加战友金某婚礼期间,自愿帮忙接待客人。婚礼后王某返程途中遭遇车祸,住院治疗花去费用1万元。王某认为,参加婚礼并帮忙接待客人属帮工行为,遂将金某诉至法院要求赔偿损失。法院认为,王某行为属由道德规范的情谊行为,不在法律调整范围内。关于该案,下列哪一说法是正确的?(2016-1-14)
  A. 在法治社会中,法律可以调整所有社会关系
  B. 法官审案应区分法与道德问题,但可进行价值判断
  C. 道德规范在任何情况下均不能作为司法裁判的理由
  D. 一般而言,道德规范具有国家强制性

答案( )①

【解析】法律不是万能的,其原因之一在于:法律规制和调整社会关系的范围和深度是有限的,有些社会关系(如人们的情感关系、友谊关系)不适宜由法律来调整,法律就不应涉足其间。因此,在法治社会中,法律不可能调整所有社会关系,必须坚定地反对法律万能论。A项错误。法官应当依法裁判,法官判案的依据只能是法律,因此,区分案件中的法律问题与道德问题当然非常重要。任何一个案件的审理和判决,都离不开事实判断和价值判断,所以,法官审案进行价值判断是正确的,B项正确。相对于法律规范而言,道德规范属于非正式的法的渊源。一般而言,司法裁判必须首先考虑适用法的正式渊源,但是,任何国家的法的正式渊源都不可能是一个包罗万象的体系,也就是说,它不可能为法律实践中的每个法律问题都提供一个明确答案,即总会有一些法律问题不可能从正式的法的渊源中寻找到确定的大前提。这包括下列情况:第一,正式的法的渊源完全不能为法律决定提供大前提;第二,适用某种正式的法的渊源会与公平正义的基本要求、强制性要求和占支配地位的要求发生冲突;第三,一项正式的法的渊源可能会产生两种解释的模棱两可性和不确定性。当这些情况发生时,法律人为了给法律问题提供一个合理的法律决定就需要诉诸法的非正式渊源。因此,道德规范在前述这三种情况下能够作为司法裁判的理由。C项错误。法律、道德、宗教规范等社会规范均具有强制性,但是其强制措施的方式、范围、程度、性质是不同的。法律强制是一种国家强制,是以军队、宪兵、警察、法官、监狱等国家暴力为后盾的强制,而道德的强制是内在强制、精神强制。D项错误。

9. 在莎士比亚喜剧《威尼斯商人》中,安东尼与夏洛克订立契约,约定由夏洛克借款给安东尼,如不能按时还款,则夏洛克将在安东尼的胸口割取一磅肉。期限届至,安东尼无力还款,夏洛克遂要求严格履行契约。安东尼的未婚妻鲍西娅针锋相对地向夏洛克提出:可以割肉,但仅限一磅,不许相差分毫,也不许流一滴血,唯其如此方符合契约。关于该故事,下列说法正确的是:(2016-1-90)
  A. 夏洛克主张有约必践,体现了强烈的权利意识和契约精神
  B. 夏洛克有约必践(即使契约是不合理的)的主张本质上可以看作是"恶法亦法"的观点
  C. 鲍西娅对契约的解释运用了历史解释方法

参考答案:①B

D. 安东尼与夏洛克的约定遵循了人权原则而违背了平等原则

答案(　　)①

【解析】权利意识是指人们对于一切权利的认知、理解和态度,是人们对于实现其权利方式的选择,以及当其权利受到损害时,以何种手段予以补救的一种心理反映。具体说来,它包含对权利及其价值的认识,以及权利的行使和捍卫。夏洛克主张有约必践,以捍卫自己的债权,甚至不惜割取安东尼胸口的一磅肉,这无疑体现了强烈的权利意识。一般而言,契约精神大致包括四个内容:契约自由精神、契约平等精神、契约信守精神、契约救济精神。夏洛克主张有约必践,"要求严格履行契约",无疑体现了契约信守的精神和契约救济的精神。A项正确。"恶法亦法"是实证主义法学的基本观点,该观点认为,即使是背离了道德的"恶法"也依然是法。夏洛克以割取安东尼胸口的一磅肉作为违约责任,这显然背离了一般意义上的道德价值取向,在此基础上,夏洛克还要有约必践(即使契约是不合理的),这更是背离了道德,因此,这一主张在本质上当然可以看作是"恶法亦法"的观点。B项正确。历史解释是指依据正在讨论的法律问题的历史事实对某个法律规定进行解释,简言之,就是依据历史事实,解释当下问题。鲍西娅的主张是:可以割肉,但仅限一磅,不许相差分毫,也不许流一滴血,这是针对当初"割取一磅肉"的字面意思而作出的,它并未涉及历史事实,它只是将解释的焦点集中在语言上,因此,这种解释并非历史解释,而是文义解释。C项错误。从订立契约的角度而言,平等原则包括主体的权利能力平等、法律地位平等、平等协商。从题干的表述来看,安东尼与夏洛克的约定,并无权利能力不平等、法律地位不平等、非平等协商之处,反而,这一约定恰恰是平等原则的贯彻。其次,安东尼与夏洛克钱债肉偿的约定,以生命健康权作为交易对象,这一约定不是遵循了而是违背了人权原则。D项错误。

10. 公元前399年,在古雅典城内,来自社会各阶层的501人组成的法庭审理了一起特别案件。被告人是著名哲学家苏格拉底,其因在公共场所喜好与人辩论、传授哲学而被以"不敬神"和"败坏青年"的罪名判处死刑。在监禁期间,探视友人欲帮其逃亡,但被拒绝。苏格拉底说,虽然判决不公正,但逃亡是毁坏法律,不能以错还错。最后,他服从判决,喝下毒药而亡。对此,下列哪些说法是正确的?(2013-1-52)

A. 人的良知、道德感与法律之间有时可能发生抵牾
B. 苏格拉底服从判决的决定表明,一个人可以被不公正地处罚,但不应放弃探究真理的权利
C. 就本案的事实看,苏格拉底承认判决是不公正的,但并未从哲学上明确得出"恶法非法"这一结论
D. 从本案的法官、苏格拉底和他的朋友各自的行为看,不同的人对于"正义"概念可能会有不同的理解

答案(　　)②

【解析】本题考查对苏格拉底审判的理解。从道德评价的角度看,苏格拉底是善良的;但法律却认定其有罪,这直接说明道德与法律之间有时会发生冲突。A项正确。在审判中,苏格拉底宁死也不承认自己追求真理有什么错误,B项正确。苏格拉底承认判决不公正,但仍然拒绝逃亡,坦然接受死刑,理由是逃亡就是毁坏法律,说明其主张不正义的法律仍然是法律,C项正确。苏格拉底拒绝逃亡,探视他的友人主张其逃亡,双方都认为自己的做法是正义的,因此D项正确。

参考答案:①AB　②ABCD

第二节 法的本质

1. 下列有关法的阶级本质的表述中,哪些体现了马克思主义法学关于法的本质学说?(2002-1-81)

　A. 一国的法在整体上是取得胜利并掌握国家政权的阶级意志的体现
　B. 历史上所有的法律仅仅是统治阶级的意志的反映
　C. 法的本质根源于物质的生活关系
　D. 法所体现的统治阶级的意志是统治阶级内部各党派、集团及每个成员意志的相加

答案(　　)①

【解析】首先,法的本质表现为法的正式性。法的正式性又称法的官方性、国家性,指法是由国家制定或认可的并由国家强制力保证实施的正式的官方确定的行为规范。其次,由于国家形成于阶级矛盾不可调和的历史时期,因此,它必然反映阶级对立时期的阶级关系。法所体现的国家意志实际上只能是统治阶级或取得胜利并掌握国家政权的阶级的意志,国家意志就是法律化的统治阶级意志。但是,法体现的统治阶级意志具有整体性,其不是统治阶级内部的各党派、集团及每个成员的个别意志,也不是这些个别意志的简单相加,而是统治阶级的整体意志、共同意志或根本意志,故选项D表述错误。法所体现的意志还具有复杂性,其主要反映统治阶级的意志,但同时也反映被统治阶级以及统治阶级的同盟阶级的某些要求和愿望,故选项B表述错误。最后,法的本质最终体现为法的物质制约性。法的物质制约性是指法的内容受社会存在这个因素的制约,其最终也是由一定的社会物质生活条件决定的。

2. 马克思曾说:"社会不是以法律为基础,那是法学家的幻想。相反,法律应该以社会为基础。法律应该是社会共同的,由一定的物质生产方式所产生的利益需要的表现,而不是单个人的恣意横行。"根据这段话所表达的马克思主义法学原理,下列哪一选项是正确的?(2007-1-1)

　A. 强调法律以社会为基础,这是马克思主义法学与其他派别法学的根本区别
　B. 法律在本质上是社会共同体意志的体现
　C. 在任何社会,利益需要实际上都是法律内容的决定性因素
　D. 特定时空下的特定国家的法律都是由一定的社会物质生活条件所决定的

答案(　　)②

【解析】法律以社会为基础,这一观点不仅仅是马克思主义法学的观点,其他派别如西方的社会法学派也有此主张。而马克思主义法学和其他派别法学的根本区别应当是法的本质理论,特别是法的物质制约性。因此,A项错误。根据马克思主义关于法的本质的理论,一国的法本质上并非社会共同体意志的体现,而是国家意志、阶级意志和社会物质条件的体现,最终的决定因素是社会物质生活条件。因此,B、C两项错误,D项正确。

3. 下列有关"国法"的理解,哪些是不正确的?(12-1-54)

　A."国法"是国家法的另一种说法
　B."国法"仅指国家立法机关创制的法律
　C. 只有"国法"才有强制性

参考答案:①AC　②D

D. 无论自然法学派,还是实证主义法学派,都可能把"国法"看作实在法

答案( )①

【解析】所谓"国法",乃是指一国现行有效的法,即"国家的法律",其和调整与国家有关的事务的"国家法"并不等同,后者的外延明显比前者小得多。因此,A项错误。国法的外延既包括国家专门机构制定的法,也包括法院或法官在判决中创制的规则,也包括国家通过一定的方式认可的习惯法,还可能包括其他执行国法职能的法。因此,B项错误。如前文所述,道德也具有强制性,不过只是内在精神强制而已,所以,C项错误。自然法学派和实证主义法学派主要争议之点在于不符合道德的法律是否属于法,在系争的法律符合道德的情况下,它们之间是没有争议的。因此,二者都可能把"国法"看作是实在法。D项正确。

【点睛之笔】"国法"不同于"国家法",后者仅指规范并调整国家机关、国家权力和国家事务的公法。

4. 下列有关成文法和不成文法的表述,哪些不正确?(2005-1-51)
A. 不成文法大多为习惯法
B. 判例法尽管以文字表述,但不能视为成文法
C. 不成文法从来就不构成国家的正式法源
D. 中国是实行成文法的国家,没有不成文法

答案( )②

【解析】按照法律的创制和表达形式的不同,法律可以分为成文法与不成文法。成文法是指由特定国家机关制定和公布,以条文形式表现的法,故又称为制定法。不成文法是指由国家认可的不具有条文表现形式的法。不成文法主要为习惯法,选项A正确。成文法是以条文形式表现的法,而不仅仅为以文字形式表达。故判例法尽管以文字表述,但不能视为成文法,选项B正确。在法律发展的早期,作为不成文法的习惯法是重要的甚至是最主要的正式法律渊源;即使在当代中国,习惯法在某些情况下也是正式的法律渊源,选项C的说法"不成文法从来就不构成国家的正式法源"不符合事实。中国是实行成文法的国家,但是也有习惯法,存在不成文法。因此选项D错误,符合题目要求。

第三节 法的特征

1. 法是以国家强制力为后盾,通过法律程序保证实现的社会规范。关于法的这一特征,下列哪些说法是正确的?(2013-1-55)
A. 法律具有保证自己得以实现的力量
B. 法律具有程序性,这是区别于其他社会规范的重要特征
C. 按照马克思主义法学的观点,法律主要依靠国家暴力作为外在强制的力量
D. 自然力本质上属于法的强制力之组成部分

答案( )③

【解析】规范都具有保证自己实现的力量,没有保证手段的社会规范是不存在的,法律自然也

参考答案:①ABC ②CD ③ABC

不例外。A项正确。法律具有程序性,其制定和实施都必须遵守法律程序,法律职业者必须在程序范围内思考、处理和解决问题,这是法律区别于其他社会规范的重要特征。B项正确。法律强制是一种国家强制,是以军队、宪兵、警察、法官、监狱等国家暴力为后盾的强制,所以C正确。法的强制属于国家强制,属于人类自觉地运用国家暴力加以强制,这区别于自然法则自发地运用自然力使自己获得实现。因此,D项错误。

2.《最高人民法院关于审理盗窃案件具体应用法律若干问题的解释》规定:各地高级法院可根据本地区经济发展状况,并考虑社会治安状况,在本解释规定的数额幅度内,分别确定本地区执行"数额较大""数额巨大"和"数额特别巨大"的标准。依据法理学的有关原理,下列正确的表述是:(2007-1-92)

A. 该规定没有体现法的普遍性特征
B. 该规定违反了"法律面前人人平等"的原则
C. 该规定说明:法律内容的决定因素是社会经济状况
D. 该规定说明:政治对法律没有影响

答案(　①　)

【解析】 法是具有普遍性的社会规范,这是法的特征之一。虽然不同地区执行不同的"数额较大""数额巨大"和"数额特别巨大"的标准,但不论具体标准如何设定,其在公权力所及范围内,具有普遍的约束力,因而体现了法的普遍性。A选项说法错误。但"法律面前人人平等"禁止的是基于不合理根据的差别对待,而题干中的规定乃基于各地不同的经济发展状况所做的区别处理,并不违背平等原则。B项错误。法与政治是有密切关系的,D选项错误。B选项也是不对的,这样规定是为了更好地实现法律面前人人平等。基于"一般的原理不因个别反例的存在而无效"的原理,该规定并不能否认政治和法律之间的相互影响关系,D项错误。C项符合一般原理,因此正确。

3. 下列哪一选项体现了法律的可诉性特征?(2007-1-7)

A. 下一级的规范性法律文件因与上一级的规范性法律文件冲突而被宣布无效
B. 公民和法人可以利用法律维护自己的权利
C. "一国两制"原则体现在《香港特别行政区基本法》的制定过程中
D. 道德规范上升为法律规范

答案(　②　)

【解析】 法律的可诉性是指法律具有被任何人(包括公民和法人)在法律规定的机构(尤其是法院或者仲裁机构)中通过争议解决程序(特别是诉讼程序)加以运用以维护自身权利的可能性。法律的实现方式不仅表现在以国家暴力为后盾,更表现在以一种制度化的争议解决机制为权利人提供保障,通过权利人的行动,启动法律与制度的运行,进而凸显法律的功能。所以,判断一种规范是否属于法律,可以从可诉性的角度加以观察。可见,只有B项是正确的。

第四节　法的作用

1. 关于法的规范作用,下列哪一说法是正确的?(2014-1-10)

A. 陈法官依据诉讼法规定主动申请回避,体现了法的教育作用

参考答案:①C　②B

B. 法院判决王某行为构成盗窃罪,体现了法的指引作用
C. 林某参加法律培训后开始重视所经营企业的法律风险防控,反映了法的保护自由价值的作用
D. 王某因散布谣言被罚款300元,体现了法的强制作用

答案(　　)①

【解析】法的规范作用包括指引、评价、教育、预测和强制五种。C项中的"保护自由价值的作用"不符合题意,首先排除。指引作用是指法对本人的行为具有引导作用。在这里,行为的主体是每个人自己。A项中,陈法官在诉讼法的引导下"主动申请回避",这是典型的指引作用。评价作用是指,法律作为一种行为标准,用以判断、衡量他人的行为是否合法。B项中,法院以法律为标准,评价王某的行为,认为"构成盗窃罪",体现的是评价作用。法的强制作用是指法可以通过制裁违法犯罪行为来强制人们遵守法律。这里,强制作用的对象是违法者的行为;方法是对违法者加以处分、处罚或制裁。D项符合要求。

2. 2011年7月5日,某公司高经理与员工在饭店喝酒聚餐后表示:别开车了,"酒驾"已入刑,咱把车推回去。随后,高经理在车内掌控方向盘,其他人推车缓行。记者从交警部门了解到,如机动车未发动,只操纵方向盘,由人力或其他车辆牵引,不属于酒后驾车。但交警部门指出,路上推车既会造成后方车辆行驶障碍,也会构成对推车人的安全威胁,建议酒后将车置于安全地点,或找人代驾。鉴于我国对"酒后代驾"缺乏明确规定,高经理起草了一份《酒后代驾服务规则》,包括总则、代驾人、被代驾人、权利与义务、代为驾驶服务合同、法律责任等共六章二十一条邮寄国家立法机关。关于高经理和公司员工拒绝"酒驾"所体现的法的作用,下列说法正确的是:(2011-1-89)

A. 法的指引作用　　B. 法的评价作用　　C. 法的预测作用　　D. 法的强制作用

答案(　　)②

【解析】本题的难点主要在于判断:在题干所述情况中,法究竟对谁发生了作用。如果仅是对行为人本人产生了影响,那就是指引作用;如果针对的是他人的行为,那就是评价作用;如果对于行为人本人、不特定的旁观人等均产生了影响,则是教育作用;如果对当事人之间相互预测对方的行为产生作用,那就是预测作用;如果是以处罚、处分或制裁的方式作用于违法行为人,那就是强制作用。本题的问题是:高经理和公司员工拒绝酒驾体现了什么作用?题干指出:"2011年7月5日,某公司高经理与员工在饭店喝酒聚餐后表示:别开车了,'酒驾'已入刑,咱把车推回去。"可见,相关《刑法》条款只是对高经理等行为人本人产生了引导功能,属于指引作用,因此A项正确。其他均不入选。

3. 法的指引作用可以分为确定的指引和有选择的指引,下列哪些表述属于有选择的指引?(2002-1-32)

A.《宪法》规定,公民的人格尊严不受侵犯
B.《合同法》规定,当事人协商一致,可以变更合同
C.《刑法》规定,故意杀人的,处死刑、无期徒刑或者十年以上有期徒刑
D.《民法通则》规定,公民对自己的发明或者其他科技成果,有权申请领取荣誉证书、奖金或者其他奖励

答案(　　)③

【解析】法通过规定公民的权利与义务而对人的行为具有指引作用,这种指引作用有两种实现模式:一是不确定的指引,又称选择的指引,乃是通过宣告权利,给人们一定的选择范围,允许人们自

参考答案:①D　②A　③BCD

行决定是否这样行为,其外在标志是语句中出现了"可以""有权"等道义助动词;二是确定的指引,乃是通过设置义务,确定性地要求人们作出或抑制一定行为,其外在标志是语句中出现了"应当""必须""不得""禁止"等道义助动词。A 选项,不得侵犯他人的人格尊严是法律为公民所设定的义务,其指引作用为确定的指引。关于 B 项,法律授权当事人可以协商变更合同,是否变更由当事人自行决定,其指引作用属于不确定的指引或者选择的指引。C 项属于裁判规范,一方面,对于行为人而言,其意味着禁止故意杀人的行为,是确定的指引;另一方面,对于裁判者而言,其意味着拥有在"死刑、无期徒刑或者十年以上有期徒刑"中选择判断的自由裁量权,因此其指引作用属于不确定的指引或选择的指引。D 选项,有着明显的不确定的指引或选择的指引的外部标志,即"有权",为应选项。

4. 20 世纪 90 年代初,传销活动在中国大陆流行时,法律法规对此没有任何具体规定。当时,执法机关和司法机关对这类案件的处理往往依据《民法通则》第 7 条。该条规定:"民事活动应当尊重社会公德,不得损害社会公共利益,破坏国家经济计划,扰乱社会经济秩序。"这说明法律原则具有哪些作用?(2006-1-52)

  A. 法律原则具有评价作用　　　　B. 法律原则具有裁判作用
  C. 法律原则具有预测作用　　　　D. 法律原则具有强制作用

答案(　　)①

【解析】 法律原则是为法律规则提供某种基础或本源的综合性、指导性的价值准则或规范,是法律诉讼、法律程序或法律裁决的确认规范。在立法方面,法律原则是后继立法的基础,是创制次级规则的准则,也有助于法律体系的有机统一,且对法制改革具有导向作用。在法的实施方面,法律原则有助于完整地把握法律整体,指导法律解释和法律推理,更好地适用法律;法律原则具有弥补法律漏洞,评价、预测法律行为,制裁违法行为,指导司法审判等作用,在本题当中,执法机关和司法机关在没有具体法律规范的情况下,依据法律原则对传销行为加以处理,体现了法律原则评价、裁判、预测、强制的作用。所以,本题答案为 A、B、C、D 项。

> **【点睛之笔】** 裁判作用属于评价作用的一个部分,即法官运用法律作为标准评价行为的合法、违法状况。

5. 孙某早年与妻子吕某离婚,儿子小强随吕某生活。小强 15 岁时,其祖父去世,孙某让小强参加葬礼,而小强与祖父没有感情,加上吕某阻挡,未参加葬礼。从此,孙某就不再支付小强的抚养费用。吕某和小强向当地法院提起诉讼,请求责令孙某承担抚养费。在法庭上,孙某提出不承担抚养费的理由是,小强不参加祖父葬礼属不孝之举,天理难容。法院没有采纳孙某的理由,而根据我国相关法律判决吕某和小强胜诉。根据这个事例,下面哪些说法是正确的?(2006-1-54)

  A. 一个国家的法与其道德之间并不是完全重合的
  B. 法院判决的结果表明:一个国家的立法可以不考虑某些道德观念
  C. 法的适用过程完全排除道德判断
  D. 法对人们的行为的评价作用应表现为评价人的行为是否合法或违法及其程度

答案(　　)②

【解析】 法与道德都是调整人们行为的规范,法通过评价人们的行为是否合法来规范人们的

参考答案:①ABCD　②ABD

行为,道德通过评价人们的行为是否符合道德来规范人们的行为。二者在社会生活中共同发挥着作用。虽然道德对立法具有指导作用,是评价法律善与恶的标准,但二者仍有不一致的地方;在现代社会,法律仅仅是最低限度的道德。尽管如此,仍不能完全忽视道德在法律适用过程中所起的作用。法的评价作用是指,法律作为一种行为标准,具有判断、衡量他人行为合法与否的评判作用。这里,行为的对象是他人。在现代社会,法律已经成为评价人的行为的基本标准。故本题中只有选项 C 的说法不正确。所以,本题答案为 A、B、D 项。

6. 根据马克思主义法学的基本观点,下列表述哪一项是正确的?(2004 - 1 - 1)
 A. 法在本质上是社会成员公共意志的体现
 B. 法既执行政治职能,也执行社会公共职能
 C. 法最终决定于历史传统、风俗习惯、国家结构、国际环境等条件
 D. 法不受客观规律的影响

答案(　　)①

【解析】法所体现的国家意志,从表面上看,具有一定的公共性、中立性。这种意志由于形成于与社会相脱离的国家,因而具有统摄全体社会成员的"公共性"优势,任何个人或组织的意志一旦获得国家意志的表现形式,立即具有了由公共权力保证的全体社会成员一体遵循的效力。然而,按照马克思主义观点,由于国家形成于阶级矛盾不可调和的历史时期,因此,它必然反映阶级对立时期的阶级关系。法所体现的国家意志实际上只能是统治阶级意志,国家意志就是法律化的统治阶级意志。A 项否定了法的阶级性,只看到了表象。法的物质制约性是指法是由一定社会物质生活条件所决定的。这里所说的"物质生活条件"是指与人类生存条件相关的物质资料的生产方式、地理环境、人口的增长及其密度等诸多方面,其中主要是统治阶级建立政治统治所赖以生存的经济基础。因此,C 项否定了法的物质制约性。马克思主义认为,法作为一种社会现象,必然受客观规律支配。D 项明显错误。B 项是对马克思主义法的作用的观点的正确理解。

7. 根据法理学的相关知识,下列哪些选项是错误的?(2008 四川 - 1 - 51)
 A. 法是由人创制的,人们在立法时受社会条件的制约
 B. 法律人在处理法律问题时没有自己的价值立场
 C. 法具有概括性,能够涵盖社会生活的所有方面
 D. 法律不能要求人们从事难以做到的事情

答案(　　)②

【解析】本题考查法的作用。法的作用体现在法与社会的相互影响中,法是由人创造的,人们在立法时会受到社会条件的制约,其产生、存在与发展变化都是由社会的生产方式决定的。因此,A 项说法正确。法律人有其特殊的法律思维,法律思维的基本特征之一就是价值判断。因此,B 项说法错误。法不是万能的,法的局限性和法律调整对象的有限性相联系,法不可能调整社会生活的全部,有些社会关系(如人的情感关系、友谊关系)不适宜由法律来调整,法律不应涉足其间。因此,C 项说法错误。法律是以社会为基础的,法律不可能超越社会发展需要,超越人们的能力范围来改变社会,因此,不能要求人们从事难以做到的事情。此即所谓的"法律不强人所难"。D 项说法正确。

【点睛之笔】反对"法律万能论"和"法律中心主义"。

参考答案:①B　②BC

8. 西方法律格言说:"法律不强人所难"。关于这句格言含义的阐释,下列哪一选项是正确的?(2008-1-1)

　　A. 凡是人能够做到的,都是法律所要求的
　　B. 对人所不知晓的事项,法律不得规定为义务
　　C. 根据法律规定,人对不能预见的事项,不承担过错责任
　　D. 天灾是人所不能控制的,也不是法律加以调整的事项

答案(　　)①

【解析】"法律不强人所难",强调法律只应当要求人们能够认识、能够做到的事项。对于人无法预见的事项,自然不承担任何责任。C项正确。但是在"人能够做到的"各种行为中,有的属于道德规范所要求的范围,有的属于法律规范所要求的范围,法律只要求其中"最低限度"的部分。选项 A 说法错误。法律义务具有强制履行性,不能以不知晓为理由拒绝履行。"法不强人所难"只是要求法律的规定和要求不能超越普通人的认知和能力。选项 B 说法错误。选项 D 说法正确,但与题干没有联系。

9. 法律格言说:"紧急时无法律。"关于这句格言含义的阐释,下列哪一选项是正确的?(2009-1-6)

　　A. 在紧急状态下是不存在法律的
　　B. 人们在紧急状态下采取紧急避险行为可以不受法律处罚
　　C. 有法律,就不会有紧急状态
　　D. 任何时候,法律都以紧急状态作为产生和发展的根本条件

答案(　　)②

【解析】选项 A 错误,现代社会通过法律实施紧急状态,紧急状态下也存在特别的法律。选项 B 正确,紧急避险行为是法定的免责事由之一。选项 C 错误,许多情况下,进入紧急状态是由法律明确规定的。选项 D 错误,法律不是以紧急状态而是以社会生产力和生产关系的社会条件作为产生和发展的根本条件的。

10. 下列有关法律作用、法律观念等问题的表述哪些是正确的?(2005-1-53)

　A. "法典是人民自由的圣经",这说明法律是自由的保障
　B. "恶法亦法"观点强调法律的权威来自于法律自身,与法律之外的因素无关
　C. "徒法不足以自行",因此法律不是万能的
　D. "有治人,无治法",反映了中国古代"以法治国"的法治观

答案(　　)③

【解析】马克思指出,"法典是人民自由的圣经",强调法律必须体现自由、保障自由,因此选项 A 正确。"恶法亦法"观点强调法律的自足性,法律的效力、法律的权威由法律自身决定,而不是由法律之外的道德等因素所决定。因此,选项 B 正确。"徒善不足以为政。徒法不足以自行"是孟子的观点,强调只有善德不足以处理国家的政务,法令也不能够自行发生效力。也就是说,法律不是万能的;除了法律规范以外,还需要执法者的执法、司法者的司法活动以及公民的守法。因此,选项 C 正确。《荀子·君道》:"有乱君,无乱国;有治人,无治法。"意思是说:"有造成国家混乱的君主,没有必定混乱的国家;有使国家安定的人,没有使国家自行安定的法制。"强调的也是法的局限性,而不是"以法治国"的观念。

参考答案:①C　②B　③ABC

第五节 法的价值

1. 关于公平正义,下列哪一说法是正确的?(2012-1-4)
A. 人类的一切法律都维护公平正义
B. 不同的时代秉持相同的正义观
C. 公平正义是一个特定的历史范畴
D. 严格执法等于实现了公平正义

答案(　　)①

【解析】公平正义是一个历史性范畴。不同社会条件下,公平正义的实际内容及其实现方式和手段具有重要差异,人类社会不存在普适于一切国度、完全相同的公平正义的标准。社会主义法治理念中的公平正义,既借鉴了人类社会在追求公平正义实践中所形成的某些共同经验,把法律面前人人平等等反映公平正义精神的内容确定为社会主义法治的重要原则,同时又从我国经济、政治、文化以及社会发展的客观要求与实际状况出发,对公平正义的含义作出自己的理解和诠释,体现了人类文明、理性与中国国情的高度统一,体现了个体特殊利益与社会整体利益的高度统一,体现了社会价值追求过程中理想与现实的高度统一。因此,C项是正确的,B项错误。如果人类的一切法律都维护公平正义,那么就不会有恶法了。A项错误明显。我国的法律反映了公平正义的主要方面,但不是全部,因此还有继续发展和完善的空间。在此背景下,对既有法律的严格执行并不能说就是实现了公平正义。因此,在执法过程中,既要遵循法律规定,也要参考其他社会规范,同时考虑人民群众的普遍性情感和接受程度。D项错误。

2. 临产孕妇黄某由于胎盘早剥被送往医院抢救,若不尽快进行剖宫产手术将危及母子生命。当时黄某处于昏迷状态,其家属不在身边,且联系不上。经医院院长批准,医生立即实施了剖宫产手术,挽救了母子生命。该医院的做法体现了法的价值冲突的哪一解决原则?(2015-1-9)
A. 价值位阶原则　　B. 自由裁量原则　　C. 比例原则　　D. 功利主义原则

答案(　　)②

【解析】法的各种价值之间是存在冲突的,因此在各种价值发生冲突之后,需要运用价值位阶、个案平衡、比例原则等三项原则来解决冲突。价值位阶原则强调的是按照重要性的程度对法的各种价值进行先后排序,为了排序在前的价值可以牺牲排序在后的价值。个案平衡原则则强调在处理个案的时候,要具体问题具体分析,根据个案的特殊情况决定优先保障哪种价值。比例原则是指为了保护较高法益而牺牲较小法益时,对较小法益的伤害不能超过必要的限度。就本题而言,为了母子的生命权牺牲了家属的知情权、同意权,这分明体现的是价值位阶原则。A项入选。

3. 贾律师在一起未成年人盗窃案件辩护意见中写道:"首先,被告人刘某只是为了满足其上网玩耍的欲望,实施了秘密窃取少量财物的行为,主观恶性不大;其次,本省盗窃罪的追诉限额为800元,而被告所窃财产评估价值仅为1050元,社会危害性较小;再次,被告人刘某仅从这次盗窃中分得200元,收益较少。故被告人刘某的犯罪情节轻微,社会危害性不大,主观恶性小,依法应当减轻或免除处罚。"关于该意见,下列哪些选项是不正确的?(2010-1-55)
A. 辩护意见既运用了价值判断,也运用了事实判断
B. "被告人刘某的犯罪情节轻微,社会危害性不大,主观恶性小,依法应当减轻或免除处罚",属于事实判断

参考答案:①C　②A

C. "本省盗窃罪的追诉限额为800元,而被告所窃取财产评估价值仅为1050元",属于价值判断
D. 辩护意见中的"只是""仅为"和"仅从"这类词汇,属于法律概念

答案(　　)①

【解析】在法学上,事实判断乃是对于客观存在的法律原则、规则、制度等所进行的客观分析与判断。价值判断乃是就某一特定的客体对特定的主体有无价值、有何价值、价值有多大所做的判断。本案中的辩护意见既有对于法律制度的客观描述,也有对于被告人主观恶性、社会危害性、应受处罚性等程度的评价,因此A项正确。而B项中的语句乃是对于刘某行为的价值评价,属于价值判断,因此B项错误。C项中语句乃是对法律制度以及被告所窃取的价值的客观描述,属于事实判断,故C项错误。法律概念是对与法律相关的事物、状态、行为进行概括而形成的精炼术语,如"故意""当事人"和"自然人"等。本题辩护意见中的"只是""仅为"和"仅从"都是一般性日常词汇,不属于法律概念。选项D错误。

4. 法律秩序是人们在社会生活中依法行事而形成的行为有规则和有序的状态。影响法律秩序的因素是多方面的,主要包括下列哪些选项?(2002-1-33)
A. 体制方面的因素　B. 个人方面的因素　C. 环境方面的因素　D. 法律本身的因素

答案(　　)②

【解析】法律秩序是人们按照法律建立起来的一种社会秩序,是一个社会正常运转的必要条件。任何社会统治的建立都意味着一定统治秩序的形成。法律最根本而首要的任务就是确保统治秩序的建立,因而秩序对于法律来说,无疑是基本的价值。秩序是法的其他价值的基础。诸如自由、平等、效率等法的价值,同样也需要以秩序为基础。因为没有秩序,这些价值的存在就会受到威胁或缺乏必要的保障,其存在也就没有现实意义了。当然,秩序虽然是法的基础价值,但秩序本身又必须以合乎人性、符合常理作为其目标。也就是说,如果秩序是以牺牲人们的自由、平等为代价的,那么这种秩序就不是可欲的秩序。正是从这个意义上而言,现代社会所言的"秩序"还必须接受"正义"的规制。相对来说,秩序主要关系到社会生活的形式方面,而难以涉及社会生活的实质方面。影响法律秩序形成的因素是多方面的,概括起来主要有个人、体制、环境、法律本身四个方面。

5. 关于刑事诉讼的秩序价值的表述,下列哪些选项是正确的?(2012-2-64)
A. 通过惩罚犯罪维护社会秩序
B. 追究犯罪的活动必须是有序的
C. 刑事司法权的行使,必须受到刑事程序的规范
D. 效率越高,越有利于秩序的实现

答案(　　)③

【解析】刑事诉讼秩序价值包括两个方面的含义:其一,通过惩治犯罪,维护社会秩序,即恢复被犯罪破坏的社会秩序以及预防社会秩序被犯罪所破坏;其二,追究犯罪的活动本身应当是有序的,符合程序法规范。因此,A、B、C三项是正确的。刑事诉讼的秩序、公正、效益诸项价值相互依存、相互作用、相互制约、不可偏废。如果单纯追求高效率,而忽视程序的有序性和公正性,就可能造成大量冤狱和不公,导致更深刻的社会矛盾,反而不利于秩序的维护。因此,D项错误。

6. "法律只是在自由的无意识的自然规律变成有意识的国家法律时,才成为真正的法律。哪里法律成为实际的法律,即成为自由的存在,哪里法律就成为人的实际的自由存在。"关于该段话,下列说法

参考答案:①BCD　②ABCD　③ABC

正确的是:(2016-1-88)

A. 从自由与必然的关系上讲,规律是自由的,但却是无意识的,法律永远是不自由的,但却是有意识的

B. 法律是"人的实际的自由存在"的条件

C. 国家法律须尊重自然规律

D. 自由是评价法律进步与否的标准

答案（　　）①

【解析】法律只是在自由的无意识的自然规律变成有意识的国家法律时,才成为真正的法律。也就是说,从自由与必然的关系上讲,规律是自由的,但却是无意识的,法律只有在这种无意识的自然规律上升为国家法律时,才成为真正的法律。当法律成为实际的法律之时,法律也就成为自由的存在,就成为保障人的实际的自由存在。法典就是人民自由的圣经,法最本质的价值则是"自由"。A项中"法律永远是不自由的"这一说法错误,B项正确。法律必须体现自由、保障自由,只有这样,才能使"个别公民服从国家的法律也就是服从他自己的理性即人类理性的自然规律",在这里,"自然规律"指的是理性的自然规律,它当然必须得到国家法律的尊重,否则,国家的法律就会背离理性。C项正确。就法的本质来说,它以"自由"为最高的价值目标。法典是用来保卫、维护人民自由的,而不是用来限制、践踏人民自由的;如果法律限制了自由,也就是对人性的一种践踏。自由既然是人的本性,因而也就可以成为一种评价标准,衡量国家的法律是否是"真正的法律"。D项正确。

7. 法律谚语:"平等者之间不存在支配权。"关于这句话,下列哪一选项是正确的?（2013-1-9）

A. 平等的社会只存在平等主体的权利,不存在义务;不平等的社会只存在不平等的义务,不存在权利

B. 在古代法律中,支配权仅指财产上的权利

C. 平等的社会不承认绝对的人身依附关系,法律禁止一个人对另一个人的奴役

D. 从法理上讲,平等的主体之间不存在相互的支配,他们的自由也不受法律限制

答案（　　）②

【解析】诚如马克思所言:"没有无义务的权利,也没有无权利的义务。"因此,权利和义务不可能孤立地存在和发展。A项错误。在古代社会,支配既有对财产的支配,也包括对人身的支配。B项错误。各种价值都不是绝对的,都可以被限制,其限制由法律规定。特别是自由,法律保护人的自由,但自由也应受到法律的限制。因此,D项错误。

8. 关于法律与自由,下列哪一选项是正确的?（2008-1-2）

A. 自由是至上和神圣的,限制自由的法律就不是真正的法律

B. 自由对人至关重要,因此,自由是衡量法律善恶的唯一标准

C. 从实证的角度看,一切法律都是自由的法律

D. 自由是神圣的,也是有限度的,这个限度应由法律来规定

答案（　　）③

【解析】法律和自由的关系密切,一方面,法律是自由的保障;另一方面,法律限制一定的自由。故A项说法不正确,D项是正确的。另外,自由是衡量法律真假的标准,也可以用以衡量法律的善恶,但不是唯一的标准,正义、秩序等也可以作为标准。但衡量法的善恶的主要标准是正义。故B项错

参考答案: ①BCD　②C　③D

误。自由是法律最高的价值目标,所以从理想的角度看,一切法律都应当是自由的法律;但现实却并不一定如此,所以 C 项判断错误。

> 【点睛之笔】并非所有现实的法律都是自由的法律、正义的法律,否则就没有必要继续完善了,恶法也就不存在了。

9. 《集会游行示威法》第四条规定:"公民在行使集会、游行、示威的权利的时候,必须遵守《宪法》和法律,不得反对《宪法》所确定的基本原则,不得损害国家的、社会的、集体的利益和其他公民的合法的自由和权利。"关于这一规定,下列哪一说法是正确的?(2009 - 1 - 12)
   A. 该条是关于权利的规定,因此属于授权性规则
   B. 该规定表明法律保护人的自由,但自由也应受到法律的限制
   C. 公民在行使集会、游行、示威的权利的时候,不得损害国家的、社会的、集体的利益,因此国家利益是我国法律的最高价值
   D. 该规定的内容比较模糊,因而对公民不具有指导意义

答案( )①

【解析】按照规则内容的不同,法律规则可以分为授权性规则和义务性规则。所谓授权性规则,是指规定人们有权做一定行为或不做一定行为的规则,即规定人们的"可为模式"的规则。所谓义务性规则,是指在内容上规定人们的法律义务,即有关人们应当作出或不作出某种行为的规则。它也分为两种:(1)命令性规则,是指规定人们的积极义务(作为义务),即人们必须或应当作出某种行为的规则;(2)禁止性规则,是指规定人们的消极义务(不作为义务),即禁止人们作出一定行为的规则。题干中的规定是对权利的限制,是义务性规则中的禁止性规则。选项 A 错误。该规定表明法律保护公民的集会、游行、示威的权利和自由。但是该自由的行使是有限制的,必须遵守《宪法》和法律,不得反对《宪法》所确定的基本原则,不得损害国家的、社会的、集体的利益和其他公民的合法权益。选项 B 正确。根据该条规定无法看出,国家利益是我国法律的最高价值。选项 C 错误。法律通过一般的规则对同类的人或行为进行指引。本题中的条款明确规定了公民在行使集会、游行、示威的权利时必须遵守《宪法》和法律的规定,内容明确,对公民具有指导意义。选项 D 错误。

> 【一招制敌】自由是法律的最高价值。

10. 西方法律格言说:"任何人不得因为自己的错误而获得利益。"关于这个格言的理解,下列哪一选项是错误的?(2008 四川 - 1 - 1)
    A. 错误不是构成合法利益的前提
    B. 任何时候,行为人只要没有错误,就应获得利益
    C. 任何人只要行为正确,其利益就应得到保护
    D. 利益的获得在一定程度上取决于行为的正确与错误

答案( )②

【解析】"任何人不得因为自己的错误而获得利益"这句话,直接的意思是,不论什么人,都不

参考答案:①B ②B

能因为某种错误而获得利益。所以错误是不能获得利益的,因此 A 项说法显然是正确的。人们不能因为错误而获得利益,反之,没有错误,其利益就不应当受到影响,所以人们的正确行为也应当受到保护。是否取得利益或者利益是否得到保护要看行为是正确还是错误的,行为正确,其利益就可以受到保护;如果行为错误,就不应获得利益。所以 C、D 两项是正确的。B 项的说法显然是错误的。

11. 在现代法律实践中,当法的价值发生冲突时,通常采取哪些原则?(2003－1－31)
A. 价值排序原则　　B. 秩序优先原则　　C. 个案平衡原则　　D. 比例原则

答案(　　)①

【解析】法的各种价值之间有时会发生矛盾,从而导致价值之间的相互抵牾。既然价值冲突难以避免,那么便必须形成相关的解决价值冲突的规则。在这个方面,可以采纳的原则主要有:价值位阶原则(价值排序原则)、个案平衡原则和比例原则。在现代法律价值体系中,秩序是其他法律价值的基础,但是秩序表现为实现自由、正义的社会状态,必须接受自由、正义标准的约束,因此秩序相对于自由、正义而言,并不是优先的,B 选项的"秩序优先原则"不成立。

12. 宽严相济是我国的基本刑事政策,要求法院对于危害国家安全、恐怖组织犯罪、"黑恶"势力犯罪等严重危害社会秩序和人民生命财产安全的犯罪分子,尤其对于极端仇视国家和社会,以不特定人为侵害对象,所犯罪行特别严重的犯罪分子,该依法重判的坚决重判,该依法判处死刑立即执行的绝不手软。对于解决公共秩序、社会安全、犯罪分子生命之间存在的法律价值冲突,该政策遵循下列哪一原则?(2011－1－13)
A. 个案平衡原则　　B. 比例原则　　C. 价值位阶原则　　D. 自由裁量原则

答案(　　)②

【解析】法律价值冲突的解决原则主要有三种:(1)价值位阶原则:在不同位阶的法的价值发生冲突时,在先的价值优于在后的价值;(2)个案平衡原则:在处于同一位阶上的法的价值之间发生冲突时,必须综合考虑主体之间的特定情形、需求和利益,以使个案的解决能够适当兼顾双方的利益;(3)比例原则:为保护某种较为优越的法价值须侵及另一种法益时,不得逾越此目的所必要的程度。题目问的是宽严相济的基本刑事政策在"解决公共秩序、社会安全、犯罪分子生命之间存在的法律价值冲突"时遵循的是何种原则。在利益衡量中,首先必须考虑于此涉及的一种法益较之于其他法益是否有明显的价值优越性。严重危害社会秩序和人民生命财产安全,所犯罪行特别严重的犯罪分子,其生命价值一般而言低于公共秩序、社会安全。这是价值位阶原则的体现。需要注意的是,D 项"自由裁量原则"为干扰项,法律价值冲突的解决原则中没有这一原则。

13. 我国《刑法》第二十一条规定,为了使国家、公共利益、本人或者他人的人身、财产和其他权利免受正在发生的危险,不得已采取的紧急避险行为,造成损害的,不负刑事责任。紧急避险超过必要限度造成不应有的损害的,应当负刑事责任,但是应当减轻或者免除处罚。该条文中的价值平衡,适用的是下列哪一项原则?(2008－1－3)
A. 价值位阶原则　　B. 个案平衡原则　　C. 比例原则　　D. 功利原则

答案(　　)③

【解析】价值冲突有三个解决原则:价值位阶原则指在不同位阶的法的价值发生冲突时,在先的价值优于在后的价值;个案平衡是指在处于同一位阶上的法的价值之间发生冲突时,必须综合考虑主体之间的特定情形、需求和利益,以使个案的解决能够适当兼顾双方的利益;比例原则是指为保护某

参考答案: ①ACD　②C　③C

种较为优越的法价值须侵及一种法益时,不得逾越此目的所必要的程度。题干中涉及的条款表现出的是尽可能"最小损害"的理念,即使某种价值的实现必然会以其他价值的损害为代价,也应当使被损害的价值减低到最小限度。这属于典型的比例原则,因此,本题的正确答案是C。

14. 2008年修订的《中华人民共和国残疾人保障法》第五十条规定:"县级以上人民政府对残疾人搭乘公共交通工具,应当根据实际情况给予便利和优惠。残疾人可以免费携带随身必备的辅助器具。盲人持有效证件免费乘坐市内公共汽车、电车、地铁、渡船等公共交通工具。盲人读物邮件免费寄递。国家鼓励和支持提供电信、广播电视服务的单位对盲人、听力残疾人、言语残疾人给予优惠。"对此,下列说法错误的是:(2010 - 1 - 92)

A. 该规定体现了立法者在残疾人搭乘公共交通工具问题上的价值判断和价值取向
B. 从法的价值的角度分析,该规定的主要目的在于实现法的自由价值
C. 该规定对于有关企业、政府及残疾人均具有指引作用
D. 该规定在交通、邮政、电信方面给予残疾人的优待有悖于法律面前人人平等原则

答案(①)

【解析】 该规定体现了立法者保障残疾人群体平等地利用社会资源的价值取向,故A项正确。从法的价值角度分析,该规定的主要目的是实现对残疾人的平等保护,因此属于正义价值,故B项错误。相应的,该规定能够指引有关企业、政府和残疾人本人安排相应的行为,故C项正确。该规定给予残疾人的优待不属于不合理的差别对待,不仅不悖于法律面前人人平等的原则,反而正是法律面前人人平等的体现。故D项错误。

15. 一外国电影故事描写道:五名探险者受困山洞,水尽粮绝,五人中的摩尔提议抽签吃掉一人,救活他人,大家同意。在抽签前摩尔反悔,但其他四人仍执意抽签,恰好抽中摩尔并将其吃掉。获救后,四人被以杀人罪起诉并被判处绞刑。关于上述故事情节,下列哪些说法是不正确的?(2013 - 1 - 53)

A. 其他四人侵犯了摩尔的生命权
B. 按照功利主义"最大多数人之福祉"的思想,"一命换多命"是符合法理的
C. 五人之间不存在利益上的冲突
D. 从不同法学派的立场看,此案的判决存在"唯一正确的答案"

答案(②)

【解析】 五人之间很明显在生命利益上发生了冲突,并最终以牺牲摩尔的生命利益为代价、维护了其他四人的生命。A项正确,C项错误。功利主义的基本立场是"最大多数人的最大幸福",牺牲一个人,但能让更多的人活下来,这是符合功利主义的立场的。B项正确。不同法学派对此案件自然有不同的看法,他们之间不存在所谓的"唯一正解"。D项错误。

第六节 法的要素

1.《刑事诉讼法》第五十四条规定:"采取刑讯逼供等非法方法收集的犯罪嫌疑人、被告人供述和采用暴力、威胁等非法方法收集的证人证言、被害人陈述,应当予以排除。"对此条文,下列哪一理解是正确的?(2015 - 1 - 10)

A. 运用了规范语句来表达法律规则

参考答案:①BD ②CD

B. 表达的是一个任意性规则

C. 表达的是一个委任性规则

D. 表达了法律规则中的假定条件、行为模式和法律后果

答案（　　）①

【解析】法律规范既可以用规范性语句表述，也可以用陈述句表述。规范性语句与陈述句的区别在于语句外观上是否使用了"应当""有权""不得"和"禁止"等道义助动词。本题中，该条文中出现了道义助动词"应当"，属于规范性语句。故 A 项正确。根据法律规则的内容是否可由当事人自由协商加以改变，法律规则分为强行性规则和任意性规则。本题中的条文规定的是非法证据排除规则，不允许相关主体自由协商，因此属于强行性规则，而非任意性规则。B 项错误。根据法律规则的内容是否确定，法律规则可以分为确定性规则、委任性规则、准用性规则。所谓委任性规则是指规则内容自身并不明确，于是条文授权某种国家机关通过制定细则、规定的方式将其明确下来。本题条文内容清楚，并未授权特定国家机关，因此属于确定性规则，而非委任性规则。C 项错误。法律规则的三要素——假定条件、行为模式和法律后果——在逻辑上缺一不可，但在实际条文中都可以省略。本题中的条文主要规定的是行为模式，所以 D 项错误。

2. 关于法律规则的逻辑结构与法律条文，下列哪些选项是正确的？（2008 - 1 - 54）

A. 假定部分在法律条文中不能省略　　B. 行为模式在法律条文中可以省略

C. 法律后果在法律条文中不能省略　　D. 法律规则三要素在逻辑上缺一不可

答案（　　）②

【解析】任何法律规则均由假定条件、行为模式和法律后果三个部分构成。所谓假定条件，指法律规则中有关适用该规则的条件和情况的部分，即法律规则在什么时间、空间、对什么人适用以及在什么情境下对人的行为有约束力的问题。所谓行为模式，指法律规则中规定人们如何具体行为的方式或范型的部分。它是从人们大量的实际行为中概括出来的法律行为要求。根据行为要求的内容和性质不同，法律规则中的行为模式分为三种：可为模式、应为模式和勿为模式。所谓法律后果，指法律规则中规定人们在作出符合或不符合行为模式的要求时应承担相应的结果的部分，是法律规则对人们具有法律意义的行为的态度。根据人们对行为模式所作出的实际行为的不同，法律后果又分为两种：合法后果（肯定式的法律后果）和违法后果（又称否定式的法律后果）。假定条件、行为模式和法律后果三者在逻辑上缺一不可，但在具体条文中都可以省略。因此，在实践中，法律规则的三要素在法律条文中都有被省略的可能。因此，A、C 项说法错误，B、D 两项说法正确。

3. 关于法律规则、法律条文与语言的表述，下列哪些选项是正确的？（2010 - 1 - 51）

A. 法律规则以"规范语句"的形式表达

B. 所有法律规则都具有语言依赖性，在此意义上，法律规则就是法律条文

C. 所有表述法律规则的语句都可以带有道义助动词

D.《中华人民共和国民法通则》第十五条规定："公民以他的户籍所在地的居住地为住所，经常居住地与住所不一致的，经常居住地视为住所。"从语式上看，该条文表达的并非一个法律规则

答案（　　）③

【解析】表达法律规则的语句往往是一种规范语句（带有道义助动词的语句）。但是，法律规

参考答案：①A　②BD　③AC。但其实 A 项的表述亦不精确，但因为是多项选择题至少需要两个正确答案，所以只能加选错误程度最低的 A 项。

则也可能用陈述语气或陈述句来表达,但这种情况下,该陈述句可以通过增加道义助动词的方式被改写为一个规范语句。故而,选项A表述不严谨,选项C正确。法律规则和法律条文是有区别的,法律规则是法律条文的内容,法律条文是法律规则的表现形式。选项B错误。就D项而言,该条款是在表达一个命令,而非描述一个事实,因此虽是陈述句,但可以通过增加道义助动词的方式改写为一个规范语句。质言之,该条规定表达的是法律规则。因此,D项错误。

> **【点睛之笔】** 无法单纯通过语句来判断表达的是否是法律规则。

4. 《治安管理处罚法》第115条规定:"公安机关依法实施罚款处罚,应当依照有关法律、行政法规的规定,实行罚款决定与罚款收缴分离;收缴的罚款应当全部上缴国库。"关于该条文,下列哪一说法是正确的?(2016-1-8)

A. 表达的是禁止性规则
B. 表达的是强行性规则
C. 表达的是程序性原则
D. 表达了法律规则中的法律后果

答案( )①

【解析】义务性规则包括禁止性规则和命令性规则。禁止性规则为主体设置了消极义务(不作为义务),禁止人们作出一定行为,其典型标志是条文使用"禁止""不得"等道义助动词。命令性规则规定了人们的积极义务(作为义务),即要求人们必须或应当作出某种行为,其典型标志是条文使用"应当""必须"等道义助动词。题干中的法条使用了"应当",因此属于命令性规则而非禁止性规则。A项错误。强行性规则与任意性规则相对。强行性规则的内容具有强制性质,不允许人们随便加以改变,条文往往使用"禁止""不得""应当""必须"等强制性程度高的道义助动词。任意性规则允许人们在一定范围内自行选择或协商确定内容的法律规则,条文往往使用"可以"等选择性较强的道义助动词。题干所列法条使用了"应当"一词,因此,该法条是强行性规则。B项正确。《治安管理处罚法》属于实体法,而且系争条款规定明确具体,行为模式清楚,是"应当罚缴分离""应当全部上缴国库"。可见,该条文是法律规则而非法律原则。C项错误。法律后果,指法律规则中规定人们在作出符合或不符合行为模式的要求时应承担相应有利或不利的后果,分为两种:(1)合法后果,又称肯定式的法律后果,它表现为法律对合法行为的保护、许可或奖励等有利后果。(2)违法后果,又称否定式的法律后果,它表现为法律对违法行为的制裁、不予保护、撤销、停止,或要求恢复、补偿等不利后果。题干所列法条只是规定应当"罚缴分离""全部上缴国库",属于行为模式;没有规定全部上缴国库之后有什么奖励,不上缴国库会有什么不利后果。D项错误。

5. 法律规则是法律的基本构成因素。下列关于法律规则分类的表述哪一项可以成立?(2004-1-5)

A. 《律师法》第14条规定:"没有取得律师执业证书的人员,不得以律师名义执业,不得为牟取经济利益从事诉讼代理或者辩护业务。"此规定为义务性规则

B. 《中小企业促进法》第31条规定:"国家鼓励中小企业与研究机构、大专院校开展技术合作、开发与交流,促进科技成果产业化,积极发展科技型中小企业。"此规定为强行性规则

C. 《宪法》第40条规定:"中华人民共和国公民的通信自由和通信秘密受法律的保护。除因国家安全或者追查刑事犯罪的需要,由公安机关或者检察机关依照法律规定的程序对通信进行检查外,任何组织或者个人不得以任何理由侵犯公民的通信自由和通信秘密。"此规定为命令性规则

参考答案:①B

D.《医疗事故处理条例》第62条规定:"军队医疗机构的医疗事故处理办法,由中国人民解放军卫生主管部门会同国务院卫生行政部门依据本条例制定。"此规定为准用性规则

答案(　①　)

【解析】 按照规则的内容规定不同,法律规则可以分为授权性规则和义务性规则。所谓授权性规则,是指规定人们有权做一定行为或不做一定行为的规则,即规定人们的"可为模式"的规则。所谓义务性规则,是指在内容上规定人们的法律义务,即有关人们应当做出或不做出某种行为的规则。它也分为两种:(1)命令性规则,规定人们的积极义务,即人们必须或应当做出某种行为的规则;(2)禁止性规则,规定人们的消极义务(不作为义务),即禁止人们做出一定行为的规则。A项条款规定的是"勿为模式",因此属于义务性规则。A项正确。而C项中的条款以"不得"作为道义助动词,因此也属于义务性规则中的禁止性规则。按照规则内容的确定性程度不同,可以把法律规则分为确定性规则、委任性规则和准用性规则。所谓确定性规则,是指内容本已明确肯定,无须再援引或参照其他规则确定其内容的法律规则;所谓委任性规则,是指内容尚未确定,而只规定某种概括性指示,由相应国家机关通过相应途径或程序加以确定的法律规则;所谓准用性规则,是指内容本身没有规定人们具体的行为模式,而可以援引或参照其他相应内容规定的规则。D项中的条款明显属于委任性规则,因此表述错误。按照规则对人们行为规定和限定的范围或程度不同,可以把法律规则分为强行性规则和任意性规则。所谓强行性规则,是指内容规定具有强制性质,不允许人们随便加以更改的法律规则;所谓任意性规则,是指规定在一定范围内,允许人们自行选择或协商确定为与不为、为的方式以及法律关系中的权利义务内容的法律规则。B项中表达的并非法律规则,而是政府对于"中小型企业"的鼓励和扶植政策,所以属于法律原则范畴。B项表述错误。

6. 关于法律要素,下列哪一说法是错误的?(2011-1-9)

A.《反垄断法》第三十七条:"行政机关不得滥用行政权力,制定含有排除、限制竞争内容的规定。"这属于义务性规则

B.《行政处罚法》第三十七条第三款:"执法人员与当事人有直接利害关系的,应当回避。"这既不属于法律原则,也不属于法律规则

C.《政府信息公开条例》第三十七条:"教育、医疗卫生、计划生育、供水、供电、供气、供热、环保、公共交通等与人民群众利益密切相关的公共企事业单位在提供社会公共服务过程中制作、获取的信息的公开,参照本条例执行,具体办法由国务院有关主管部门或机构制定。"这属于委任性规则

D.《婚姻法》第二十二条:"子女可以随父姓,可以随母姓。"这属于确定性规则

答案(　②　)

【解析】 A项中的《反垄断法》第三十七条的规定使用了道义助动词"不得",即采用了"勿为模式",可见属于义务性规则中的禁止性规则。选项A说法正确。B项中的《行政处罚法》第三十七条第三款内容明确具体,使用了道义助动词"应当",采用的是"应为模式",属于义务性规则中的命令性规则。因此,B项表述错误。选项C中的《政府信息公开条例》第三十七条的规定,其内容在自身之中并不清楚,而是将"具体办法"交由"国务院有关主管部门或机构"制定,可见属于委任性规则。C项正确。确定性规则是指内容已经明确规定人们具体的行为模式,无须再援引或者参照其他规则确定其内容的法律规则。《婚姻法》第二十二条可直接适用,属于确定性规则。选项D说法正确。

7.《老年人权益保障法》第18条第1款规定:"家庭成员应当关心老年人的精神需求,不得忽视、冷

参考答案:①A　②B

落老年人。"关于该条款,下列哪些说法是正确的?(2013-1-54)

A. 规定的是确定性规则,也是义务性规则
B. 是用"规范语句"表述的
C. 规定了否定式的法律后果
D. 规定了家庭成员对待老年人之行为的"应为模式"和"勿为模式"

答案(①)

【解析】 确定性规则和委任性规则、准用性规则是相对的,其内容本已明确肯定,无须再援引或参照其他规则确定其内容。题目中的条款内容明确肯定,属于确定性规则。义务性规则和授权性规则是相对的,在内容上规定人们的法律义务,即有关人们应当作出或不作出某种行为的规定。题目中的条款要求家庭成员"应当关心老年人的精神需求""不得忽视、冷落老年人",规定了家庭成员对待老年人之行为的应为模式和勿为模式,运用了道义助动词,因此属于以规范语句表达的义务性规则。A、B、D三项正确。但系争条款没有指明如果违反会产生何种法律后果,很明显省略了法律后果。因此C项错误。

8.《婚姻法》第19条第1款规定:"夫妻可以约定婚姻关系存续期间所得的财产以及婚前财产归各自所有、共同所有或部分各自所有、部分共同所有。约定应当采用书面形式。没有约定或约定不明确的,适用本法第十七条、第十八条的规定。"关于该条款规定的规则(或原则),下列哪一选项是正确的?(2013-1-10)

A. 任意性规则　　B. 法律原则　　C. 准用性规则　　D. 禁止性规则

答案(②)

【解析】 该条款内容比较具体确定,属于法律规则。B项错误。强行性规则是指内容规定、具有强制性质,不允许人们随便加以更改的法律规则。任意性规则是指在一定范围内,允许人们自行选择或协商确定为与不为、为的方式以及法律关系中的权利义务内容的法律规则。题干中的条款明确规定"夫妻双方可以约定",说明属于授权性规则、任意性规则。D项错误、A项当选。系争条款的前半部分内容明确肯定,属于确定性规则;后半部分对于"没有约定或者约定不明确的"情况,法条本身没有规定人们具体的行为模式,而是规定可以援引或参照其他相应内容的规定,这是典型的准用性规则。因此,就整体条款而言,不宜认定其为准用性规则。C项错误。

9. 1995年颁布的《保险法》第91条规定:"保险公司的设立、变更、解散和清算事项,本法未作规定的,适用公司法和其他有关法律、行政法规的规定。"2009年修订的《保险法》第94条规定:"保险公司,除本法另有规定外,适用《中华人民共和国公司法》的规定。"关于二条文规定的内容,下列理解正确的是:(2012-1-87)

A. 均属委任性规则　　B. 均属任意性规则　　C. 均属准用性规则　　D. 均属禁止性规则

答案(③)

【解析】 按照规则内容的确定性程度不同,可以把法律规则分为确定性规则、委任性规则和准用性规则。所谓准用性规则,是指内容本身没有规定人们具体的行为模式,而是可以援引或参照其他相应内容规定的规则。题目中的两个条文规定的内容均属于准用性规则。C项当选。

10.《劳动合同法》第十九条规定:"劳动合同期限三个月以上不满一年的,试用期不得超过一个月;劳动合同期限一年以上不满三年的,试用期不得超过二个月;三年以上固定期限和无固定期限的劳动

参考答案:①ABD　②A　③C

合同,试用期不得超过六个月。"关于这个条文,下列哪一选项是错误的?(2008 四川-1-5)

A. 该条规定不属于法律原则
B. 该条规定属于法律规则中的授权性规则
C. 该条规定对于签订劳动合同的劳动者与用人单位具有指引作用
D. 审理劳动合同纠纷的仲裁员可以该条规定判断劳动合同的相关条款合法还是违法、有效还是无效,就此而言,该条规定具有评价作用

答案(　　)①

【解析】《劳动合同法》第十九条的规定非常具体明确,因此属于法律规则,而非法律原则,A项说法正确。该条规定中使用了"不得"道义助动词,因此属于"勿为模式",表达的是义务性规则,而非授权性规则,B项说法错误。法律规范的指引作用是指,法律规范对本人的行为具有引导作用,题干中给出的规定对于签订劳动合同的劳动者与用人单位具有指引作用。因此,C项说法正确。而法律规范的评价作用是指,法律作为一种行为标准,具有判断、衡量他人行为合法与否的评价作用,因此,D项说法正确。

11. 关于法律概念、法律原则、法律规则的理解和表述,下列哪一选项不能成立?(2007-1-3)

A. 法律规则并不都由法律条文来表述,并非所有的法律条文都规定法律规则
B. 法律原则最大程度地实现法律的确定性和可预测性
C. 法律概念是解决法律问题的重要工具,但是法律概念不能单独适用
D. 法律原则可以克服法律规则的僵硬性缺陷,弥补法律漏洞

答案(　　)②

【解析】法律规则是法律条文的内容,法律条文是法律规则的表现形式,并不是所有的法律条文都直接规定法律规则,也不是每一个条文都完整地表述一个规则或者只表述一个规则,所以A项的说法是正确的。法律原则只对行为或者裁判设定一些概括性的要求或者标准,在适用的时候具有较大的余地供法官选择和灵活应用,同时它具有更大的覆盖性和抽象性,能够克服法律规则的僵硬性缺陷,弥补法律漏洞,所以D的说法是正确的。而法律原则的覆盖性和抽象性同时也决定了它不可能最大程度实现法律的确定性和可预测性,B项的说法有误。法律概念是对各种法律现象或者法律事实加以描述、概括的概念。法律概念本身不是法律规则或者法律原则,而是表述规则和原则之内容的工具,在这个意义上,法律概念不是完全独立的法的要素,而是依附于法律规则或法律原则,其不能单独适用。C项的说法是正确的。

12. 下列关于法律原则的表述哪一项是错误的?(2004-1-4)

A. 法律原则不仅着眼于行为及条件的共性,而且关注它们的个别性
B. 法律原则在适用上容许法官有较大的自由裁量余地
C. 法律原则是以"全有或全无的方式"应用于个案当中的
D. 相互冲突的法律原则可以共存于一部法律之中

答案(　　)③

【解析】法律原则与法律规则的区别如下:(1)在内容上,法律规则的规定是明确具体的,有助于削弱或防止法律适用上的"自由裁量";它着眼于主体行为及各种条件(情况)的共性。与此不同,法律原则的着眼点不仅限于行为及条件的共性,而且关注它们的个别性;其要求比较笼统、模糊,它不预

参考答案:①B　②B　③C

先设定明确的、具体的假定条件,更没有设定明确的法律后果,只对行为或裁判设定一些概括性的要求或标准,但并不直接告诉法官应当知道如何实现或满足这些要求或标准,故在适用时具有较大的余地供法官选择和灵活应用。(2)在适用范围上,法律规则由于内容具体明确,它们只适用于某一类型的行为。而法律原则对人的行为及其条件有更大的覆盖性和抽象性,它们是对从社会生活或社会关系中概括出来的某一类行为、某一法律部门甚至全部法律体系均通用的价值准则,具有宏观的指导性,其适用范围比法律规则更广。(3)在适用方式上,法律规则是以"全有或全无的方式"应用于个案当中的:如果一条规则所规定的事实是确定的,那么,或者这条规则是有效的(在这种情况下,必须接受该规则所提供的解决办法),或者该规则是无效的(在这种情况下,该规则对裁决不起任何作用)。而法律原则的适用则不同,它不是以"全有或全无的方式"应用于个案当中的,因为不同的法律原则具有不同的"强度",而且这些不同"强度"的原则甚至冲突的原则都可能存在于一部法律之中。可见,C项错误。

【一招制敌】全有全无是规则,原则可以共存。

13.《中华人民共和国民法通则》第7条规定:"民事活动应当尊重社会公德,不得损害社会公共利益,破坏国家经济计划,扰乱社会经济秩序。"对这条规定,下列哪些理解不正确?(2005-1-56)

A. 这一条的内容是法律规则
B. 一切民事案件均可以优先适用这一条文
C. 这一条的内容所反映的是正义的价值
D. 在处理民事案件时可以采取"个案平衡原则"适用这一条文

答案( )①

【解析】法律原则是指能够作为法律规则基础或本源的原理或准则。很明显,《民法通则》第7条笼统抽象,是法律原则而非法律规则。因此,选项A错误。法律原则的适用是有条件的。因为法律规则是法律中最具有硬度的部分,能最大程度地实现法律的确定性和可预测性,有助于保持法律的安定性和权威性,避免司法者滥用自由裁量权,保证法治的最低要求得到实现。因此,在有具体的法律规则可供适用时,不得直接适用法律原则。即使出现了法律规则的例外情况,如果没有非常强的理由,法官也不能以一定的原则否定既存的法律规则。只有出现无法律规则可以适用的情形,法律原则才可以作为弥补"规则漏洞"的手段发挥作用。因此,选项B"一切民事案件均可以优先适用这一条文"的说法错误。《民法通则》第7条规定的内容实际上是公序良俗的要求,更多反映的是公共秩序的价值。选项C的表述"这一条的内容所反映的是正义的价值"不正确。处理法律价值冲突时,通常采用价值位阶原则、个案平衡原则、比例原则等。在处理民事案件时,当个人自由与社会秩序发生冲突时,可以采取"个案平衡原则"适用《民法通则》第7条的规定,以寻求个人自由与社会秩序的兼顾和平衡。因此,选项D正确。

14. 我国《合同法》第41条规定:"对格式条款的理解发生争议的,应当按照通常理解予以解释。对格式条款有两种以上解释的,应当作出不利于提供格式条款一方的解释。格式条款和非格式条款不一致的,应当采用非格式条款。"对该法律条文的下列哪种理解是错误的?(2006-1-1)

A. 该法律条文规定的内容是法律原则
B. 格式条款本身追求的是法的效率或效益价值,该法律条文规定的内容追求的是法的正义价值

参考答案:①ABC

C. 该法律条文是对法的价值冲突的一种解决
D. 该法律条文规定了法律解释的方法和遵循的标准

答案（　　）①

【解析】法律原则是为法律规则提供某种基础或本源的综合性的、指导性的原理或准则，具有一般、稳定性和抽象性等特征。法律规则具体规定权利、义务以及相应的法律后果，相较于原则而言，具有微观的指导性和更强的可操作性，确定性程度也更高。本题中的《合同法》第41条规定的内容明确、具体、确定，应是法律规则，而非法律原则。因此选项A错误。格式条款是为了反复使用而事先制定的，本身为了追求效率价值，往往对提供格式条款一方更加有利。《合同法》第41条的规定正是为了避免格式条款的上述不足而设计的，以保护接受格式条款一方的利益，追求的显然是正义价值。因此选项B正确。该条文规定了对格式条款的理解发生争议之后的三种解决方案，即为效率和正义价值发生冲突提供了解决方案，所以C项正确。就D项而言，存在一定的争议。"对格式条款的理解发生争议的，应当按照通常理解予以解释"，这当然属于合同中格式条款的解释方法；"对格式条款有两种以上解释的，应当作出不利于提供格式条款一方的解释。格式条款和非格式条款不一致的，应当采用非格式条款"，此句也涉及解释合同中格式条款应当遵循的标准问题。从私法的角度说，合同是当事人之间的法律，即"法锁"，因此合同解释当然也属于法律解释。因此，D项应选。

15. 我国《宪法》第26条第1款规定："国家保护和改善生活环境和生态环境，防治污染和其他公害。"下列哪一选项是正确的？（2007-1-2）
A. 该条文体现了国家政策，是典型的法律规则
B. 该条文既是法律原则，也体现了国家政策的要求
C. 该条文是授权性规则，规定了国家机关的职权
D. 该条文没有直接规定法律后果，但仍符合法律规则的逻辑结构

答案（　　）②

【解析】法律原则是为法律规则提供某种基础或本源的综合性的、指导性的价值准则或规范，有公理性原则和政策性原则之分。法律规则是采取一定的结构形式具体规定权利、义务及相应后果的行为规范。任何法律规则均由假定条件、行为模式和法律后果三个部分构成，三者在逻辑上缺一不可，但在具体条文中都可以省略。本题中，系争条款是国家环境保护方面的基本政策的法律表达，是国家在环境保护方面宏观性、一般性、总体性的法律规定；没有具体规定权利和义务，属于法律原则，而非法律规则。因此，也就谈不上法律规则的逻辑结构问题，自然也不会涉及授权性规则还是义务性规则的问题。因此，A、C、D三项错误。

16. 关于法律原则的适用，下列哪些选项是错误的？（2008-1-51）
A. 案件审判中，先适用法律原则，后适用法律规则
B. 案件审判中，法律原则都必须无条件地适用
C. 法律原则的适用可以弥补法律规则的漏洞
D. 法律原则的适用采取"全有或全无"的方式

答案（　　）③

【解析】现代法理学一般都认为法律原则可以克服法律规则的僵硬性缺陷，弥补法律漏洞，保证个案正义，在一定程度上缓解了规范与事实之间的缝隙，从而能够使法律更好地与社会协调一致。C

参考答案：①A　②B　③ABD

项正确。但由于法律原则内涵高度抽象,外延宽泛,不像法律规则那样对假定条件和行为模式有具体明确的规定,所以当法律原则直接作为裁判案件的标准发挥作用时,会赋予法官较大的自由裁量权,从而不能完全保证法律的确定性和可预测性。为了将法律原则的不确定性控制在一定程度之内,需要对法律原则的适用设定严格的条件。因此,B项错误。通常情况下,只有穷尽法律规则,方得适用法律原则,即在有具体的规则可供适用时,不得直接适用法律原则。A项错误。法律规则的适用方式是"全有或无"的方式,而法律原则则是以衡量的方式适用于个案,因此,D项错误。

17. 全兆公司利用提供互联网接入服务的便利,在搜索引擎讯集公司网站的搜索结果页面上强行增加广告,被讯集公司诉至法院。法院认为,全兆公司行为违反诚实信用原则和公认的商业道德,构成不正当竞争。关于该案,下列哪一说法是正确的?(2016-1-9)

A. 诚实信用原则一般不通过"法律语句"的语句形式表达出来
B. 与法律规则相比,法律原则能最大限度实现法的确定性和可预测性
C. 法律原则的着眼点不仅限于行为及条件的共性,而且关注它们的个别性和特殊性
D. 法律原则是以"全有或全无"的方式适用于个案当中

答案(）①

【解析】《民法通则》第四条规定了诚实信用原则:"民事活动应当遵循自愿、公平、等价有偿、诚实信用的原则。"可见,诚实信用原则在我国是通过法律条文即法律语句的形式表达出来的。A项错误。法律规则是法律中最具有硬度的部分,能最大程度地实现法律的确定性和可预测性,有助于保持法律的安定性和权威性,避免司法者滥用自由裁量权,保证法治的最低要求得到实现。与此不同,法律原则则具有灵活性和抽象性,能够弥补法律规则的漏洞。B项错误。在内容上,法律规则的规定是明确具体的,它着眼于主体行为及各种条件(情况)的共性;其明确具体的目的是削弱或防止法律适用上的"自由裁量"。与此相比,法律原则的着眼点不仅限于行为及条件的共性,而且关注它们的个别性。C项正确。在适用方式上,法律规则是以"全有或全无的方式"或涵摄的方式应用于个案当中的。而法律原则的适用则不同,它不是以"全有或全无"的方式,而是以衡量的方式应用于个案当中的,因为不同的法律原则具有不同的"强度",这些不同"强度"的原则甚至冲突的原则都可能存在于一部法律之中。D项错误。

18. 法律格言说:"不知自己之权利,即不知法律。"关于这句法律格言含义的阐释,下列哪一选项是正确的?(2010-1-6)

A. 不知道法律的人不享有权利
B. 任何人只要知道自己的权利,就等于知道整个法律体系
C. 权利人所拥有的权利,既是事实问题也是法律问题
D. 权利构成法律上所规定的一切内容,在此意义上,权利即法律,法律亦权利

答案(）②

【解析】本格言强调的是,法律和权利是密切相关的:一方面,权利是被法律所规定的,故权利人拥有权利是一个法律问题;另一方面,如果权利人不知道自己的权利,不行使权利,则权利是纸面上的,是虚幻的,一旦其知道且行使权利,则其所拥有的权利就成了一个事实问题,C项说法正确。在现实生活中,权利是现实存在的,和当事人知不知道法律没有关系,故A项说法错误。B项中,法律不仅仅只有权利,还有义务,而且整个法律体系内容非常丰富庞杂,绝不是仅仅知道了权利便能全盘把握

参考答案:①C ②C

的。所以,B、D两项错误。

19. 下列哪些选项属于积极义务的范畴?(2011－1－55)
A. 子女赡养父母　　B. 严禁刑讯逼供　　C. 公民依法纳税　　D. 紧急避险

答案(　)①

【解析】积极义务,又称为作为义务,即义务人必须根据权利的内容作出一定的行为,如赡养父母、纳税等。因此,A、C项入选。消极义务,又称为不作为义务,即义务人不得作出一定行为的义务,如禁止非法拘禁,严禁刑讯逼供等。可见,B项错误。紧急避险属于一种免责条件,从某种意义上而言是一项法律权利,与法律义务没有直接关系。

20. 苏某和熊某毗邻而居。熊某在其居住楼顶为50只鸽子搭建了一座鸽舍。苏某以养鸽行为严重影响居住环境为由,将熊某诉至法院,要求熊某拆除鸽棚,赔礼道歉。法院判定原告诉求不成立。关于本案,下列哪一判断是错误的?(2012－1－15)
A. 本案涉及的是安居权与养鸽权之间的冲突
B. 从案情看,苏某的安居权属于《宪法》所规定的文化生活权利
C. 从判决看,解决权利冲突首先看一个人在行使权利的同时是否造成对他人权利的实际侵害
D. 本案表明,权利的行使与义务的承担相关联

答案(　)②

【解析】苏某和熊某毗邻而居。熊某在其居住楼顶为50只鸽子搭建了一座鸽舍。苏某认为养鸽行为严重影响居住环境。本案的确涉及养鸽权与安居权之间的冲突,A正确。从案情来看,苏某的安居权属于社会权利、环境权利,属于普通权利,不属于《宪法》所规定的基本权利,也谈不上文化生活权利。B项错误。从本案的最终判决来看,解决权利冲突首先要看一个人在行使权利的同时是否造成对他人权利的实际侵害。C项正确。权利总是与义务人的义务相关联,离开了义务,权利就不能得到保障。D项正确。

21. 下列何种表述符合权利与义务的一般关系?(2003－1－83)
A. 法律权利和义务相互依存
B. 权利和义务具有一定的界限区别
C. 在任何历史时期,权利总是第一性的,义务总是第二性的
D. 权利是义务,义务也是权利

答案(　)③

【解析】从结构上看,权利和义务是紧密联系、不可分割的。它们的存在和发展都必须以另一方的存在和发展为条件。故A项正确。但二者毕竟属于两个不同的概念,含义也不同,不能简单混同。故B项正确,D项错误。从价值上看,权利和义务代表了不同的法律精神,它们在历史上受到重视的程度有所不同,因而两者在不同国家的法律体系中的地位是有主次之分的。而在民主法治社会,法律制度较为重视对个人权利的保护。此时,权利是第一性的,义务是第二性的,义务的设定目的是保障权利的实现。故C项错误。

22. 我国《婚姻法》第33条规定:"现役军人的配偶要求离婚,须得军人的同意,但军人一方有重大过错的除外。"依据法理学的有关原理,下列正确的表述是:(2007－1－91)
A. 该条中所规定的军人的配偶在离婚方面所承担的义务没有相应的权利存在

参考答案:①AC　②B　③AB

B. 现役军人与其配偶之间的权利义务是不一致的
C. 该条所规定的法律义务是一种对人义务或相对义务
D. 该法律条文完整地表达了一个法律规则的构成要素

答案( )①

【解析】 从结构上看,权利和义务是紧密联系、不可分割的。有权利,就有相应的义务与它同时存在。所以不会出现只规定权利而没有规定相应的义务的现象。从数量上看,权利义务两者的总量是相等的。从产生和发展上看,两者经历了一个从浑然一体到分裂对立再到相对一致的过程。从价值上看,权利和义务代表了不同的法律精神,它们在历史上受到重视的程度有所不同,因而两者在不同国家的法律体系中的地位是有主次之分的。《婚姻法》第33条规定了军人配偶的义务,同时也相应地规定了军人的权利。所以A项错误。社会主义法律制度的建立,实行"权利和义务相一致"的原则,B项说法错误。法律规则的构成要素包括假定条件、行为模式和后果。本条规定并没有包含后果,D项说法错误。根据相对应的主体范围可以将权利义务分为绝对权利义务和相对权利义务。绝对权利和义务,又称"对世权利"和"对世义务",是对应不特定的法律主体的权利和义务,绝对权利对应不特定的义务人;绝对义务对应不特定的权利人。相对权利和义务又称"对人权利"和"对人义务",是对应特定的法律主体的权利和义务,"相对权利"对应特定的义务人;"相对义务"对应特定的权利人。题干中的现役军人及其配偶之间的权利义务很明显是针对特定人的,所以,C项正确。

第七节 法的渊源

1. 2011年,李某购买了刘某一套房屋,准备入住前从他处得知该房内两年前曾发生一起凶杀案。李某诉至法院要求撤销合同。法官认为,根据我国民俗习惯,多数人对发生凶杀案的房屋比较忌讳,被告故意隐瞒相关信息,违背了诚实信用原则,已构成欺诈,遂判决撤销合同。关于此案,下列哪些说法是正确的?(2015-1-56)

A. 不违背法律的民俗习惯可以作为裁判依据
B. 只有在民事案件中才可适用诚实信用原则
C. 在司法判决中,诚实信用原则以"全有或全无"的方式加以适用
D. 诚实信用原则可以为相关的法律规则提供正当化基础

答案( )②

【解析】 不违背法律的民俗习惯在我国属于非正式渊源,法官可以在裁判案件时引用。A项正确。诚实信用原则在民法、行政法中均有其地位,因此B项错误。法律规则以"全有全无"的方式适用于个案,而法律原则是以衡量的方式适用于个案。C项错误。规则具体明确,原则抽象笼统,为法律规则提供正当化的基础、价值基础。D项正确。

2. 根据《立法法》的要求,下列哪些事项只能由全国人民代表大会及其常务委员会制定法律加以规定?(2002-1-34)

A. 劳动争议仲裁制度
B. 教育制度
C. 对私有企业的财产征收制度
D. 居民委员会、村民委员会制度

答案( )③

参考答案:①C ②AD ③ACD

【解析】A项属于《立法法》第8条所规定的"诉讼和仲裁制度",因此入选;C项属于"对非国有财产的征收",入选;D项的居民委员会和村民委员会属于"基层群众自治制度",因此入选。而B项的教育制度并不属于法律保留范围,因此排除。

3.《中华人民共和国畜禽遗传资源进出境和对外合作研究利用审批办法》第三条规定:"本办法所称畜禽,是指列入依据《中华人民共和国畜牧法》第十一条规定公布的畜禽遗传资源目录的畜禽。本办法所称畜禽遗传资源,是指畜禽及其卵子(蛋)、胚胎、精液、基因物质等遗传材料。"对此,下列哪些表述是错误的?（2010-1-56）

A.《中华人民共和国畜牧法》是《中华人民共和国畜禽遗传资源进出境和对外合作研究利用审批办法》的上位法

B.《中华人民共和国畜牧法》和《中华人民共和国畜禽遗传资源进出境和对外合作研究利用审批办法》均属于行政法规

C. 该条款内容属于技术规范

D. 该条款规定属于任意性规则

答案（　　）①

【解析】《中华人民共和国畜牧法》是由全国人大常委会制定的,因此属于"法律"范畴,《中华人民共和国畜禽遗传资源进出境和对外合作研究利用审批办法》是由国务院制定的,属于"行政法规"范畴,法律效力高于行政法规,故A项正确,B项错误。系争条款内容属于法律术语的界定,属于非规范性条文,而不属于"技术规范"。所谓技术规范,乃是调整人与自然之间关系的规范。故C项错误。该条不是法律规则,也就无所谓是否为任意性规则,故D项错误。综上,本题应选B、C、D项。

【点睛之笔】行政法规只能由国务院制定;技术规范不同于规定技术性事项的条款。

4. 关于我国立法和法的渊源的表述,下列选项不正确的是:（2013-1-87）

A. 从法的正式渊源上看,"法律"仅指全国人大及其常委会制定的规范性文件

B. 公布后的所有法律、法规均以在《国务院公报》上刊登的文本为标准文本

C. 行政法规和地方性法规均可采取"条例""规定"和"办法"等名称

D. 所有法律议案(法律案)都须交由全国人大常委会审议、表决和通过

答案（　　）②

【解析】在正式渊源中的"法律",乃是狭义的法律,即全国人大及其常委会制定的规范性文件。因此,A项正确。B项错误明显,法律当然不会以《国务院公报》上刊登的为准,而应以其制定机关的公报——《全国人大常委会公报》为准。行政法规和地方性法规均可采取"条例""规定"和"办法"等名称。故C项正确。基本法律由全国人大通过,非基本法律由全国人大常委会通过。因此D项错误。

5. 根据我国《立法法》的规定,下列哪一项属于地方性法规可以规定的事项?（2003-1-3）

A. 本行政区内市、县、乡政府的产生、组织和职权的规定

B. 本行政区内经济、文化及公共事业建设

C. 对传染病人的强制隔离措施

参考答案：①BCD　②BD

D. 国有工业企业的财产所有制度

答案（　　）①

【解析】A项涉及政府组织问题，C项属于限制人身自由的强制措施，D项国有工业企业的财产所有制度是全民所有制，后者属于国家的基本经济制度，三者均属于《立法法》第8条规定的法律保留事项，地方性法规不可以规定。B项"本行政区内经济、文化及公共事业建设"，属于城乡建设与管理，乃地方性事务，在其需要制定地方性法规时，可以制定。因此，B项入选。

6. 2015年10月，某自治州人大常委会出台了一部《关于加强本州湿地保护与利用的决定》。关于该法律文件的表述，下列哪一选项是正确的？（2016-1-27）
  A. 由该自治州州长签署命令予以公布
  B. 可依照当地民族的特点对行政法规的规定作出变通规定
  C. 该自治州所属的省的省级人大常委会应对该《决定》的合法性进行审查
  D. 与部门规章之间对同一事项的规定不一致不能确定如何适用时，由国务院裁决

答案（　　）②

【解析】首先需要判断题干中的文件的性质，由其制定主体是某自治州的人大常委会可以判断出，该规范性文件并非自治条例和单行条例，只能是地方性法规。因为自治条例和单行条例只能由自治区、自治州、自治县的人大制定。既然是普通地方性法规，那就不能搞特殊，没有变通之权，首先排除B项。

《立法法》第七十八条规定，省、自治区、直辖市的人民代表大会制定的地方性法规由大会主席团发布公告予以公布；省、自治区、直辖市的人民代表大会常务委员会制定的地方性法规由常务委员会发布公告予以公布；设区的市、自治州的人民代表大会及其常务委员会制定的地方性法规报经批准后，由设区的市、自治州的人民代表大会常务委员会发布公告予以公布；自治条例和单行条例报经批准后，分别由自治区、自治州、自治县的人民代表大会常务委员会发布公告予以公布。可见，自治州的地方性法规报经批准后，由其人大常委会发布公告予以公布，A项错误。

《立法法》第七十二条规定，设区的市的人民代表大会及其常务委员会根据本市的具体情况和实际需要，在不同宪法、法律、行政法规和本省、自治区的地方性法规相抵触的前提下，可以对城乡建设与管理、环境保护、历史文化保护等方面的事项制定地方性法规，法律对设区的市制定地方性法规的事项另有规定的，从其规定。设区的市的地方性法规须报省、自治区的人民代表大会常务委员会批准后施行。省、自治区的人民代表大会常务委员会对报请批准的地方性法规，应当对其合法性进行审查，同宪法、法律、行政法规和本省、自治区的地方性法规不抵触的，应当在四个月内予以批准。在制定地方性法规的问题上，自治州的权力与设区的市相同。因此，对于报请批准的自治州的地方性法规，省、自治区的人大常委"应当对其合法性进行审查"。质言之，"批准"本身就是一个审查的过程，只不过是事先审查而已。C项正确。

《立法法》第九十五条规定，地方性法规、规章之间不一致时，由有关机关依照下列规定的权限作出裁决：……（二）地方性法规与部门规章之间对同一事项的规定不一致，不能确定如何适用时，由国务院提出意见，国务院认为应当适用地方性法规的，应当决定在该地方适用地方性法规的规定；认为应当适用部门规章的，应当提请全国人民代表大会常务委员会裁决；……可见，在地方性法规和部门规章发生冲突之后，国务院没有裁决权，只能提出意见，裁决权归属于全国人大常委会。D项错误。

参考答案：①B　②C

7. 根据我国《宪法》和有关法律的规定,下列选项中有关法规"批准"生效的情形哪一个是错误的?（2003－1－9）

A. 自治州人大制定的自治条例和单行条例报省或自治区的人大常委会批准
B. 自治区人民代表大会制定的自治条例和单行条例报全国人大常委会批准
C. 省、直辖市权力机关制定的地方性法规报全国人大常委会批准
D. 自治县人大制定的自治条例和单行条例报省或自治区的人大常委会批准

答案（　　）①

【解析】 在我国现行法中,根据《立法法》的规定,只有设区的市、自治州的地方性法规和民族自治地方的自治条例和单行条例才须报请批准。C 选项属于省级的地方性法规,无须报请批准即可生效。

8. 1995 年颁布的《保险法》第 91 条规定:"保险公司的设立、变更、解散和清算事项,本法未作规定的,适用公司法和其他有关法律、行政法规的规定。"2009 年修订的《保险法》第 94 条规定:"保险公司,除本法另有规定外,适用《中华人民共和国公司法》的规定。"

(1) 根据法的渊源的知识,关于《保险法》上述二条规定之间的关系,下列理解正确的是:（2012－1－86）

A. "前法"与"后法"之间的关系
B. "一般法"与"特别法"之间的关系
C. "上位法"与"下位法"之间的关系
D. 法的正式渊源与法的非正式渊源之间的关系

答案（　　）②

【解析】 1995 年颁布的《保险法》和 2009 年修订的《保险法》之间的关系为"前法"和"后法"之间的关系。因此,A 项符合题目要求。

(2) 根据法的渊源及其效力原则,下列理解正确的是:（2012－1－88）

A. 相对于《公司法》规定而言,《保险法》对保险公司所作规定属于"特别法"
B.《保险法》对保险公司的规定不同于《公司法》的,优先适用《保险法》
C.《保险法》对保险公司没有规定的,适用《公司法》
D. 根据 2009 年修订的《保险法》第 94 条规定,对于保险公司的设立、变更、解散和清算事项,《保险法》没有规定的,可以优先适用其他有关法律、行政法规的规定

答案（　　）③

【解析】 D 项的理解存在问题。2009 年修订的《保险法》第 94 条明确指出:"保险公司,除本法另有规定外,适用《中华人民共和国公司法》的规定。"因此,对于保险公司的设立、变更、解散和清算事项,《保险法》没有规定的,应当适用《公司法》的规定;有规定的,基于特别法优于一般法的原理,优先适用《保险法》的规定。其他各项均正确。

9. 1983 年 3 月 1 日,全国人大常委会通过的《商标法》生效;2002 年 9 月 15 日,国务院制定的《商标法实施条例》生效;2002 年 10 月 16 日,最高法院制定的《关于审理商标民事纠纷案件适用法律若干问题的解释》施行。对此,下列哪些说法是正确的?（2011－1－53）

A.《商标法实施条例》是部门规章

参考答案：①C　②A　③ABC

B.《关于审理商标民事纠纷案件适用法律若干问题的解释》是司法解释
C.《商标法实施条例》的效力要低于《商标法》
D.《商标法实施条例》是《关于审理商标民事纠纷案件适用法律若干问题的解释》的母法

答案（　　）①

【解析】《商标法》由全国人大常委会通过，性质上属于法律。《商标法实施条例》由国务院制定，因此属于行政法规，而非部门规章。A项错误。《关于审理商标民事纠纷案件适用法律若干问题的解释》由最高人民法院制定，属于司法解释。B项正确。行政法规的地位和效力要低于法律，因此C项正确。《关于审理商标民事纠纷案件适用法律若干问题的解释》乃是对于《商标法》如何适用的解释，而不是对《商标法实施条例》的解释，况且在一国法律体系中，只有《宪法》是母法，因此D项错误。

【点睛之笔】遇到"母法"，必是"宪法"。

10. 下列关于我国法律效力问题的表述哪些是正确的？（2004－1－54）
A. 地方性法规的效力高于下级地方政府规章但不高于本级地方政府规章
B. 地方性法规与部门规章之间对同一事项的规定不一致时，由国务院裁决
C. 按照我国《立法法》的规定，为了更好地保护公民的权利和利益，某些行政法规的特别规定可以溯及既往
D. 经济特区法规根据授权对全国人大及其常委会制定的法律作变通规定的，在本经济特区适用经济特区法规的规定

答案（　　）②

【解析】根据《立法法》第80条的规定，地方性法规的法律效力既高于下级地方政府规章又高于本级地方政府规章，A项不正确。根据《立法法》第86条的规定，地方性法规、规章之间的规定不一致时，由有关机关依照下列规定的权限分别情况加以处理。所以，B项是错误的。根据《立法法》第84条的规定，原则上不溯及既往，但为了更好地保护公民、法人和其他组织的权利和利益而作的特别规定除外，因此C项正确。根据《立法权》第81条的规定，经济特区法规根据授权作出变通规定的，在本经济特区适用经济特区法规的规定。因此D项也正确。

11. 关于法律、行政法规、地方性法规、自治条例和单行条例、规章的适用，下列哪些选项符合《立法法》规定？（2009－1－62）
A. 同一机关制定的特别规定与一般规定不一致时，适用特别规定
B. 法律、行政法规、地方性法规原则上不溯及既往
C. 地方性法规与部门规章之间对同一事项的规定不一致不能确定如何适用时，由国务院裁决
D. 根据授权制定的法规与法律规定不一致不能确定如何适用时，由全国人大常委会裁决

答案（　　）③

【解析】根据《立法法》的规定，同一机关制定的规范性法文件，特别规定与一般规定不一致的，适用特别规定；新的规定与旧的规定不一致的，适用新的规定。选项A正确。《立法法》规定，规范性法文件原则上不溯及既往，为了更好地保障相对人权益的除外。所以，选项B正确。地方性法规与部门规章之间同一事项的规定不一致，不能确定如何适用时，根据《立法法》的规定，应先由国务院提

参考答案：①BC　②CD　③ABD

出意见,认为应当适用地方性法规的,应当决定在该地方适用地方性法规的规定;如国务院认为应当适用部门规章的,应当提请全国人大常委会裁决。选项C错误。根据《立法法》的规定,授权法规与法律规定不一致,不能确定如何适用时,由全国人大常委会裁决。选项D正确。

12. 根据我国《立法法》的规定,关于不同的法律渊源之间出现冲突时的法律适用,下列哪些选项是错误的?(2008-1-56)

　　A. 自治条例、单行条例与地方性法规不一致的,适用地方性法规

　　B. 地方性法规和部门规章之间的效力没有高下之分,发生冲突时由国务院决定如何适用

　　C. 公安部的部门规章与民政部的部门规章不一致时,按照新法优于旧法的原则处理,直接选择后颁布的部门规章加以适用

　　D. 某市经授权制定的劳动法规与我国《劳动法》的规定不一致,不能确定如何适用时,由全国人大常委会裁决

答案(　　)①

【解析】根据《立法法》的规定,民族自治法规对地方性法规有变通规定的,在本自治地方适用民族自治法规的规定。因此,A项错误。根据《立法法》的规定,地方性法规与部门规章之间对同一事项的规定不一致,不能确定如何适用时,国务院和全国人大常委会都有参与决定的可能:一般先由国务院提出意见,再视情况决定是否全国人大常委会最终裁决。因此,B项错误。根据《立法法》的规定,行政规章之间发生冲突时,由国务院裁决。因此,C项错误。根据《立法法》的规定,授权法规与法律规定不一致,不能确定如何适用时,由全国人大常委会裁决。因此,D项正确。

13. 某地法院在审理案件过程中发现,该省人民代表大会所制定的地方性法规规定与国家某部委制定的规章规定不一致,不能确定如何适用。在此情形下,根据我国《宪法》和《立法法》,下列哪种处理办法是正确的?(2006-1-3)

　　A. 由国务院决定在该地方适用部门规章

　　B. 由全国人民代表大会决定在该地方是适用地方性法规还是适用部门规章

　　C. 由最高人民法院通过司法解释加以决定

　　D. 由国务院决定在该地方适用地方性法规,或者由国务院提请全国人民代表大会常务委员会裁决在该地方适用部门规章

答案(　　)②

【解析】根据《立法法》的规定,地方性法规与部门规章之间对同一事项的规定不一致,不能确定如何适用时,先由国务院提出意见,国务院认为应当适用地方性法规的,应当决定在该地方适用地方性法规的规定;如认为应当适用部门规章的,则应当提请全国人民代表大会常务委员会裁决。由此可知,本题的答案为D项。

14. 耀亚公司未经依法批准经营危险化学品,2003年7月14日被区工商分局依据《危险化学品安全管理条例》罚款40万元。耀亚公司以处罚违法为由诉至法院。法院查明,《安全生产法》规定对该种行为的罚款不得超过10万元。关于本案,下列哪些说法是正确的?(2016-1-57)

　　A.《危险化学品安全管理条例》与《安全生产法》的效力位阶相同

　　B.《安全生产法》中有关行政处罚的法律规范属于公法

　　C. 应适用《安全生产法》判断行政处罚的合法性

参考答案:①ABC　②D

D. 法院可在判决中撤销《危险化学品安全管理条例》中与上位法相抵触的条款

答案（　　）①

【解析】《危险化学品安全管理条例》是国务院制定的行政法规，《安全生产法》是法律，很明显二者位阶不同，后者的法律效力高于前者。A项错误。公法与私法的划分，是大陆法系国家的一项基本分类。现在公认的公法部门包括了宪法和行政法等，私法包括了民法和商法等。行政处罚属于行政法律部门中的内容，当然属于公法范畴。B项正确。耀亚公司以处罚违法为由诉至法院后，法院应当根据法的效力位阶确定适用何种法律规范。在本案中，《安全生产法》的位阶高于《危险化学品安全管理条例》，根据"上位法优于下位法"的效力位阶原则，当然应当适用《安全生产法》判断行政处罚的合法性。C项正确。《危险化学品安全管理条例》是国务院制定的行政法规，根据《立法法》第九十七条的规定，全国人民代表大会常务委员会有权撤销同《宪法》和法律相抵触的行政法规。进一步来说，我国采用的并非三权分立体制，而是议行合一的体制，法院无权审查人大的立法、国务院的行政法规，本案中条例的撤销只能由全国人大常委会进行。D项错误。

15. 甲公司是瑞士一集团公司在中国的子公司。该公司将SNS柔性防护技术引入中国，在做了大量的宣传后，开始被广大用户接受并取得了较大的经济效益。原甲公司员工古某利用工作之便，违反甲公司保密规定，与乙公司合作，将甲公司的14幅摄影作品制成宣传资料向外散发，乙公司还在其宣传资料中抄袭甲公司的工程设计和产品设计图、原理、特点、说明，由此获得一定的经济利益。甲公司起诉后，法院根据《中华人民共和国著作权法》《伯尔尼保护文学艺术作品公约》的有关规定，判决乙公司立即停止侵权、公开赔礼道歉、赔偿损失5万元。针对本案和法院的判决，下列何种说法是错误的？(2006-1-92)

A. 一切国际条约均不得直接作为国内法适用
B. 《伯尔尼保护文学艺术作品公约》可以视为中国的法律渊源
C. 《伯尔尼保护文学艺术作品公约》不是我国法律体系的组成部分，法院的判决违反了"以法律为准绳"的司法原则
D. 《中华人民共和国著作权法》和《伯尔尼保护文学艺术作品公约》分属不同的法律体系，法院在判决时不应同时适用

答案（　　）②

【解析】国际条约生效后，对缔约国的国家机关、团体和公民就具有法律上的约束力，因此国际条约也是当代中国法的渊源之一。B项正确。与此相对，A项认为"一切国际条约均不得作为国内法适用"就不能成立，我国参加的国际条约可以直接作为国内法适用。法院判决的依据是法律渊源而非法律体系，"以法律为准绳"的"法"包括属于法律渊源之列的国内法和国际法。因此，虽然《伯尔尼保护文学和艺术作品公约》不是我国法律体系的组成部分，但是作为我国法律渊源之一，我国法院根据此公约的有关规定进行判决，并不违反"以法律为准绳"的司法原则。C、D两项错误。

【设题陷阱和常见错误分析】法律体系，又称为"部门法体系"，是一国的国内法体系，不包括完整意义上的国际法。法院在判决时的适用依据属于法的渊源范畴，和法律体系无关。《著作权法》和《伯尔尼保护文学艺术作品公约》虽然分属不同的法律体系，但我国法院在判决时可以同时引用。

【评价及预测】"以法律为准绳"的司法原则中的"法律"包括属于法律渊源之列的国内法和国际法。

参考答案：①BC　②ACD

16. 林某与所就职的鹏翔航空公司发生劳动争议,解决争议中曾言语威胁将来乘坐鹏翔公司航班时采取报复措施。林某离职后在选乘鹏翔公司航班时被拒载,遂诉至法院。法院认为,航空公司依《合同法》负有强制缔约义务,依《民用航空法》有保障飞行安全义务。尽管相关国际条约和我国法律对此类拒载无明确规定,但依航空业惯例航空公司有权基于飞行安全事由拒载乘客。关于该案,下列哪些说法是正确的?(2016-1-56)

A. 反映了法的自由价值和秩序价值之间的冲突
B. 若法无明文规定,则法官自由裁量不受任何限制
C. 我国缔结或参加的国际条约是正式的法的渊源
D. 不违反法律的行业惯例可作为裁判依据

答案(　　)①

【解析】安全、稳定、和平等属于秩序价值。航空公司依《民用航空法》须保障飞行安全,即体现了秩序价值。《合同法》规定航空公司负有强制缔约义务,意在保障公民的出行自由。因此,本案反映了法的自由价值和秩序价值之间的冲突。A项正确。无论法律有无明文规定,法官的自由裁量都必须受到合理限制。法官必须依法裁判,运用法律解释方法、法的非正式渊源、法律论证等原理和技术填补漏洞,而不能随心所欲、为所欲为。B项错误。国际条约是指我国作为国际法主体同外国缔结的双边、多边协议和其他具有条约、协定性质的文件。条约生效后,根据"条约必须遵守"的国际惯例,对缔约国的国家机关、团体和公民就具有法律上的约束力,因而国际条约也是当代中国法的渊源之一。国际惯例是指以国际法院等各种国际裁决机构的判例所体现或确认的国际法规则和国际交往中形成的共同遵守的不成文的习惯。国际惯例是国际条约的补充。因而国际惯例也是当代中国法的渊源之一。C项正确。通过国家"认可"形成法律依据可分两种情况:一种是国家立法者在制定法律时将已有的不成文的零散的社会规范系统化、条文化,使其上升为法律;另一种是立法者在法律中承认已有的社会规范具有法的效力,但却未将其转化为具体的法律规定,而是交由司法机关灵活掌握,如有关"从习惯""按政策办"等规定。本案中的行业惯例被法院所认可,因而可以作为裁判依据。D项正确。

17. 特别法优先原则是解决同位阶的法的渊源冲突时所依凭的一项原则。关于该原则,下列哪些选项是正确的?(2016-1-58)

A. 同一机关制定的特别规定相对于同时施行或在前施行的一般规定优先适用
B. 同一法律内部的规则规定相对于原则规定优先适用
C. 同一法律内部的分则规定相对于总则规定优先适用
D. 同一法律内部的具体规定相对于一般规定优先适用

答案(　　)②

【解析】《立法法》第九十二条规定,同一机关制定的法律、行政法规、地方性法规、自治条例和单行条例、规章,特别规定与一般规定不一致的,适用特别规定;新的规定与旧的规定不一致的,适用新的规定。A项正确。在同一法律内部,规则相对于原则应当优先适用。法律原则的适用条件有三:(1)穷尽法律规则,方得适用法律原则。(2)除非为了实现个案正义,否则不得舍弃法律规则而直接适用法律原则。(3)没有更强理由,不得径行适用法律原则。这三个条件都说明了在同一法律内部法律规则相对于法律原则适用的优先性。B项正确。一般而言,总则规定一般原理,分则规定具体的内容,总则与分则之间的关系,是一种抽象与具体、普遍与特殊的关系,也可以说总则相当于一般规定,分则

参考答案:①ACD　②ABCD

相当于具体规定。但是,事实上,由于总则的许多规定并没有抽象出分则的全部内容,或者说没有全面抽象分则的规定,因此,一些总则条款无法适用于全部分则条款。当《刑法》分则中存在着不同于总则条款的例外或者说特别规定时,根据特别法优于一般法的基本原理,应当排除总则规定的适用,优先适用分则特别条款,这就是所谓"分则对总则排除适用现象"。C、D两项正确。

18. 关于非正式法源,下列哪些选项是正确的?(2008 四川-1-52)
  A. 它有一定的说服力
  B. 它可以弥补正式法源的漏洞
  C. 它没有正式的法律效力,司法机关不能以它作为裁判案件的理由
  D. 它具有法律意义

答案(①)

【解析】 本题考查非正式的法律渊源。非正式渊源,是指不具有明文规定的法律效力、但具有法律说服力,并能够在正式渊源存在漏洞之时构成法律人的决定的大前提的准则来源的那些资料,如公共政策、理性原则、正义标准、社会思潮、道德习惯、学说、法理等。选项C说法错误,其他各项正确。

19. 村民姚某育有一子一女,其妻早逝。在姚某生前生活不能自理的5年时间里,女儿对其日常生活进行照顾。姚某去世之后留有祖传贵重物品若干,女儿想分得其中一部分,但儿子认为,按照当地女儿无继承权的风俗习惯,其妹不能继承。当地大部分村民也指责姚某的女儿无理取闹。对此,下列哪些说法可以成立?(2006-1-53)
  A. 在农村地区,应该允许风俗习惯优先于法律规定
  B. 法与习俗的正当性之间存在一定的紧张关系
  C. 中国法的现代化需要处理好国家的制定法与"民间法"之间的关系
  D. 中国现行法律与中国人的传统观念有一定的冲突

答案(②)

【解析】 只有当正式法源完全不能为法律推理提供大前提,或者其意义模棱两可、不确定,或者其适用会与公平正义的基本要求、强制性的要求和占支配地位的要求发生冲突之时,法律人才诉诸于非正式渊源。因此,A项错误。本题中,当地有女儿无继承权的风俗习惯;而姚某儿子和当地大部分村民认为姚某女儿在无理取闹,这也体现了中国人的传统观念。这种习惯和观念很明显与《继承法》存在一定的矛盾和冲突。B、D两项正确。所谓的"民间法",含义比较复杂,一般是指社会生活中存在并发挥作用的家法族规、村规民约、行业规范等非国家法的行为规范。在当代中国现代法治的建设过程中,需要处理好国家的制定法与这类家法族规、村规民约、行业规范等"民间法"之间的关系,但是需要强调国家法律的地位和效力的优先性。因此,C项正确。

20. 杜某委托装修公司装修新婚用房。装修公司的一个员工在杜某的房屋里自缢身亡。杜某认为,按照民间传统,死过人的房屋不宜作新房,遂起诉装修公司,要求为自己另购新房,并承担违约责任和精神损害赔偿。法院驳回了原告的诉讼请求。关于本案,下列哪些选项是正确的?(2008 四川-1-55)
  A. 风俗习惯没有法律上的意义
  B. 法律的正当性与风俗习惯的正当性不能等同
  C. 该民间传统属于宗教信仰的范畴,应当受到法律的保护

参考答案: ①ABD ②BCD

D. 法律与人们的传统观念之间存在冲突

答案（　　）①

【解析】风俗习惯属于法的非正式渊源,具有一定的说服力,在特定条件下,法官可以引用为法律推理的大前提,因此具有法律上的意义,选项A错误。但是,作为非正式渊源的风俗习惯,其法律地位和法律效力均不及作为正式渊源的制定法,后者具有明确规定的法律效力,法官必须引用。因此,B项正确。该民间传统认为"死过人的房屋不宜作新房",反映了人们的传统观念,这种观念没有任何科学依据,属于封建迷信,不能等同于宗教信仰,选项C错误。总体而言,本案反映了法律与人们的传统观念之间存在着的紧张关系。D项正确。

【点睛之笔】只要有一定的说服力,就属于非正式渊源;只要是非正式渊源,就具有法律意义。

21. 赵某与陈女订婚,付其5000元彩礼,赵母另付其1000元"见面礼"。双方后因性格不合解除婚约,赵某请陈女返还该6000元费用。法官根据《婚姻法》和最高法院《关于适用〈婚姻法〉若干问题的解释(二)》的相关规定,认定该现金属彩礼范畴,按照习俗要求返还不违反法律规定,遂判决陈女返还。对此,下列哪一说法是正确的?（2013－1－12）

A. 法官所提及的"习俗"在我国可作为法的正式渊源

B. 在本案中,法官主要运用了归纳推理技术

C. 从法理上看,该判决不符合《婚姻法》第19条"夫妻可以约定婚姻关系存续期间所得的财产"之规定

D.《婚姻法》和《关于适用〈婚姻法〉若干问题的解释(二)》均属于规范性法律文件

答案（　　）②

【解析】正式渊源是指具有明定的法律效力,并可直接作为法律推理的大前提之规范来源的资料。非正式渊源则不具有明定的法效力,但具有法律说服力并能够构成法律推理的大前提的准则来源,包括正义标准、理性原则、政策、道德信念、风俗习惯、乡规民约、外国法、权威著作等。因此,A项错误。法官首先查明和确认案件事实,作为小前提;其次选择和确定与案件事实相符合的法律规范,作为大前提;最后从两个前提中推导出法律决定,这是典型的演绎推理。B项错误。法官根据《婚姻法》和最高法院《关于适用〈婚姻法〉若干问题的解释(二)》的相关规定,认定该现金属彩礼范畴,按照习俗要求返还不违反法律规定,遂判决陈女返还,有理有据,并不违反《婚姻法》的规定。C项错误。规范性法律文件是指针对不特定主体的、可以反复适用的、具有普遍拘束力的法律文件;非规范性文件是指不具有普遍约束力的判决书、裁定书、逮捕证、许可证、合同等文件,它们是适用法律的结果而不是法律本身。因此,D项正确。

22. 2000年6月,最高法院决定定期向社会公布部分裁判文书,在汇编前言中指出:"最高人民法院的裁判文书,由于具有最高的司法效力,因而对各级人民法院的审判工作具有重要的指导作用,同时还可以为法律、法规的制定和修改提供参考,也是法律专家和学者开展法律教学和研究的宝贵素材。"对于此段文字的理解,下列哪一选项是正确的?（2010－1－11）

A. 最高法院的裁判文书可以构成法的渊源之一

参考答案：①BD　②D

B. 最高法院的裁判文书对各级法院审判工作具有重要指导作用,属于规范性法律文件

C. 最高法院的裁判文书具有最高的普遍法律效力

D. 最高法院的裁判文书属于司法解释范畴

答案（　　）①

【解析】 本题考查对于最高人民法院的裁判文书的理解和认识。判例属于当代中国法的非正式渊源。A项正确。最高法院的裁判文书对各级法院的审判具有重要的指导作用,但不属于针对不特定主体可以反复适用的规范性法律文件,而是针对特定主体、特定事项所做的法律判断,不可以反复适用,因此属于非规范性法文件,不具有普遍法律效力,只是具有最高的司法效力。B项错误,C项错误。司法解释是我国法定解释的一种,凡属于人民法院审判工作中具体应用法律法令的问题,由最高人民法院进行解释,司法解释属于规范性法文件。最高法院的裁判文书属于非正式渊源,属于非规范性法文件。D项是错误的。

【一招制敌】 两个区分:最高法院的裁判文书和司法解释;最高法效力和最高司法效力。

23.《中华人民共和国民法通则》第6条规定:"民事活动必须遵守法律,法律没有规定的,应当遵守国家政策。"从法官裁判的角度看,下列哪一说法符合条文规定的内容?（2012 - 1 - 10）

A. 条文涉及法的渊源　　　　　　　　B. 条文规定了法与政策的一般关系

C. 条文直接规定了裁判规则　　　　　D. 条文规定了法律关系

答案（　　）②

【解析】 题目中的条款涉及法官进行法律推理时应当以何者作为大前提的问题,此即法律渊源的问题。A项正确。该条仅仅点出了去何处寻找推理之大前提,却没有具体指出如何裁判的问题,因此没有直接规定裁判规则。C项错误。B、D两项均不合题意。

24. 甲法官处理一起伤害赔偿案件,耐心向被告乙解释计算赔偿数额的法律依据,并将最高法院公报发布的已生效同类判决提供给乙参考。乙接受甲法官建议,在民事调解书上签字并赔偿了原告损失。关于本案,下列哪一判断是正确的?（2011 - 1 - 14）

A. 法院已生效同类判决具有普遍约束力

B. 甲法官在该案调解时适用了判例法

C. 甲法官提供的指导性案例具有说服力

D. 民事调解书经乙签署后即具有行政强制执行力

答案（　　）③

【解析】 在我国,法院的裁判文书(判例)具有参考价值,但其本身不是规范性法文件,法院的已生效同类判决书没有普遍约束力。选项A错误。判例法,指基于法院的判决而形成的具有法律效力的判定,这种判定对以后的判决具有法律规范效力,能够作为法院判案的法律依据。判例法是英美法系国家的主要法律渊源。判例法的来源不是专门的立法机构,而是法官对案件的审理结果,它不是立法者创造的,而是司法者创造的,因此,判例法又称为法官法或普通法。我国是成文法国家,立法权由立法机关行使,法官没有立法权,在法律体系中不存在判例法。选项B错误。最高法院公报发布的案例,具有很强的权威性与指导性,同时还可以为法律、法规的制定和修改提供参考,也是法律专家和学

参考答案:①A　②A　③C

者开展法律教学和研究的宝贵素材。因此,选项 C 正确。根据《民事诉讼法》第九十七条的规定,**调解书需要经过双方当事人签收后,方才具有法律效力;同时,签收后的调解书具有的是"司法强制执行力",而非"行政强制执行力"。**选项 D 错误。

> **【点睛之笔】** 我国没有判例法。

相关法条　　　　　　　　　　　　　　《民事诉讼法》

　　第九十六条　调解达成协议,必须双方自愿,不得强迫。调解协议的内容不得违反法律规定。

　　第九十七条　调解达成协议,人民法院应当制作调解书。调解书应当写明诉讼请求、案件的事实和调解结果。

　　调解书由审判人员、书记员署名,加盖人民法院印章,送达双方当事人。

　　调解书经双方当事人签收后,即具有法律效力。

25.《民法通则》第七条规定:"民事活动应当尊重社会公德。"《合同法》第七条规定:"当事人订立、履行合同,应当遵守法律、行政法规,尊重社会公德。"某县法院的法官在审理一起合同纠纷时认为该合同内容违反了社会公德,因此判定该合同无效。关于本案,下列哪些选项是正确的?(2008 四川-1-54)

　　A. 法律、行政法规、社会公德都是法的渊源

　　B. 在本案审判中,法官的解释具有一定的价值取向性

　　C. 判决的可接受性是法官在判案过程所考量的因素

　　D. 违反公共道德的民事行为也可能被法院判为无效,这说明在司法审判中,道德规范具有和法律规则同等的法律效力

> 答案(①)

【解析】 法律、行政法规属于法的正式渊源,社会公德属于法的非正式渊源。因此,A 项说法正确。法律具有语言依赖性,而语言则具有模糊性和歧义性,必然需要解释,只要有解释,就必然涉及价值判断。就题目中的合同而言,其是否符合社会公德的要求本身就是一种价值判断,法官在审判中,判断该合同内容违反了社会公德的解释具有一定的价值取向性。因此,B 项说法正确。法官在审判案件过程中,利用一种带有价值取向的观点来解释法条,而非用纯粹的法条的直接规定对案件进行客观的判断,必然要考虑判决是否能够被当事人和社会公众所接受。因此,C 项说法正确。在社会生活中,法律调整是主要的,是一种常态,道德调整只是法律调整的一个补充形式,因此,法律规则具有明确规定的法律效力,而道德规范作为非正式渊源,只是具有一定的说服力,前者效力优先于后者,所以 D 项的说法错误。

26. 尹老汉因女儿很少前来看望,诉至法院要求判决女儿每周前来看望 1 次。法院认为,根据《老年人权益保障法》第十八条的规定,家庭成员应当关心老年人的精神需求,不得忽视、冷落老年人;与老年人分开居住的家庭成员,应当经常看望或问候老年人。而且,关爱老人也是中华传统美德。法院遂判决被告每月看望老人 1 次。关于此案,下列哪一说法是错误的?(2014-1-11)

　　A. 被告看望老人次数因法律没有明确规定,由法官自由裁量

　　B.《老年人权益保障法》第十八条中没有规定法律后果

参考答案:①ABC

C. 法院判决所依据的法条中规定了积极义务和消极义务
D. 法院判决主要是依据道德作出的

答案（　　）①

【解析】在法律没有明确规定的情况下，法官可根据法理、道德、社会一般观念等非正式渊源进行自由裁量。A项没有错误。《老年人权益保障法》第十八条仅规定了"应当关心老年人的精神需求，不得忽视、冷落老年人""应当经常看望或问候老年人"等行为模式，而对于"不关心""不经常看望或问候"和"冷落、忽视"老年人的行为会在法上产生何种不利后果，却没有明确规定。可见，B项正确。法律义务分为积极义务和消极义务，前者规定的是相关主体的作为义务，后者规定的是不作为义务。本条款中，"关心老年人""经常看望或问候老年人"，属于作为义务；"不得忽视、冷落老年人"属于不作为义务。据此，C项正确。根据法理学的相关知识，我们知道，在存在正式渊源的情况下，正式渊源优先于非正式渊源。题干中明示，存在《老年人权益保障法》，故法院主要是根据《老年人权益保障法》进行裁判的，所以D项错误。

第八节　法律部门与法律体系

1. 我国某省人大常委会制定了该省的《食品卫生条例》，关于该地方性法规，下列哪一选项是不正确的？（2010－1－8）

A. 该法规所规定的内容主要属于行政法部门
B. 该法规属于我国法律的正式渊源，法院审理相关案件时可直接适用
C. 该法规的具体应用问题，应由该省人大常委会进行解释
D. 该法规虽仅在该省范围适用，但从效力上看具有普遍性

答案（　　）②

【解析】当代中国的法律体系主要有七个法律部门组成，分别是宪法与宪法相关法，民商法学，行政法，经济法，社会法，刑法，诉讼与非诉讼程序法。《食品安全条例》主要规定的是行政机关对食品安全的管理内容，故属于行政法领域，故A项正确。当代中国法的正式渊源包括宪法、法律、行政法规、地方性法规，等等，而法的正式渊源，法院在审理相关案件时可以直接适用。故B项正确。法是具有普遍性（针对不特定的人，可反复适用）的社会规范，尽管有特定的适用范围，但并不影响该法规效力的普遍性特征。故D项正确。根据一般法理，凡关于法律或地方性法规的条文本身需要进一步明确界限或作补充规定的，由全国人大常委会或相应的地方人大常委会进行解释或作出规定；凡涉及的是关于地方性法规的具体应用问题的，由各级政府或其主管部门进行解释。可见，C项错误。

2. 法律体系是一个重要的法学概念，人们尽可以从不同的角度、不同的侧面来理解、解释和适用这一概念，但必须准确地把握这一概念的基本特征。下列关于法律体系的表述中哪种说法未能准确地把握这一概念的基本特征？（2002－1－1）

A. 研究我国的法律体系必须以我国现行国内法为依据
B. 在我国，近代意义的法律体系的出现是在清末沈家本修订法律后
C. 尽管香港的法律制度与大陆的法律制度有较大差异，但中国的法律体系是统一的

参考答案：①D　②C

D. 我国古代法律是"诸法合体",没有部门法的划分,不存在法律体系

答案( )①

【解析】法律体系也称部门法体系,是指一国的全部现行法律规范,按照一定的标准和原则,划分为不同的法律部门而形成的内部和谐一致、有机联系的整体。法律体系是一国国内法构成的体系,不包括完整意义的国际法。它是一国现行法构成的体系,反映一国法律的现实状况。由此,选项A、C说法正确。选项D的表述错误在于即使我国古代法律没有部门法的划分,但仍存在由该时代国内法所构成的法律体系。我国近代意义的法律体系正是在清末法制改革之后形成的,因此,B项正确。

3. 关于法的渊源和法律部门,下列哪些判断是正确的？(2011-1-51)
A. 自治条例和单行条例是地方国家权力机关制定的规范性文件
B. 行政法部门就是由国务院制定的行政法规构成的
C. 国际公法是中国特色社会主义法律体系的组成部分
D. 划分法律部门的主要标准是法律规范所调整的社会关系

答案( )②

【解析】民族自治地方的人大有权依照当地民族的政治、经济、文化的特点,制定自治条例和单行条例,但应报全国或省级人大常委会批准后生效。民族自治地方人大在性质上属于地方国家权力机关,因此A项正确。法律部门,也称部门法,是根据一定标准和原则所划定的调整同一类社会关系的法律规范的总称。划分法律部门的标准主要是调整对象,其次是调整方法。D项正确。行政法部门是所有调整行政主体和行政管理活动的法律规范,它们可能存在于多个层次的法律规范当中,如宪法、法律、行政法规、地方性法规、自治条例和单行条例,等等。因此,B项错误。法律体系是由一国国内法构成的体系,不包括完整意义上的国际法,即国际公法。C项错误。

> 【点睛之笔】行政法规是法律渊源的一种,根据其制定主体是国务院来识别;行政法部门是根据特定法规范调整的社会关系的类型来辨别的。

第九节 法的效力

1.《中华人民共和国刑法》第8条规定:"外国人在中华人民共和国领域外对中华人民共和国国家或者公民犯罪,而按本法规定的最低刑为三年以上有期徒刑的,可以适用本法,但是按照犯罪地的法律不受处罚的除外。"关于该条文,下列哪些判断是正确的？(2012-1-52)
A. 规定的是法的溯及力
B. 规定的是法对人的效力
C. 体现的是保护主义原则
D. 体现的是属人主义原则

答案( )③

【解析】法的效力包括对人的效力、空间效力、时间效力。法对人的效力,指法律对谁有效力,适用于哪些人。法的空间效力,是指在哪些地域有效力,适用于哪些地区。法的时间效力,指法何时生效、何时终止效力以及法对其生效以前的事件和行为有无溯及力。题目中的条文针对的是"外国人在中华人民共和国领域外对中华人民共和国国家或者公民犯罪",很明显是为了保护我国国家和公民

参考答案：①D ②AD ③BC

的利益,只要侵害了我国利益,即便是外国人,或者身在国外,也适用我国法律,属于对人效力中的保护主义。B、C两项入选。A项的溯及力属于时间效力问题,D项中的属人主义涉及对本国公民的法律适用,与题干要求不合。

> 【一招制敌】 只要涉及外国人在外国犯罪但适用中国法律的,一定是对人效力中的保护主义原则。

2. 下列有关法对人的效力的表述哪些是正确的?(2005-1-55)
  A. 各国法律对作为人权主体的人和作为公民权主体的人在效力规定上是相同的
  B. 法律在对人的效力上采取"保护主义"原则,主要是为了保障外国人和无国籍人的人权
  C. 中国法律中有关于"保护主义"原则的规定
  D. 法律对在不同空间活动的人所规定的效力有一定差异

答案(　　)①

【解析】人权是指作为一个人应该享有的权利,公民权是人权的法律表现形式,是《宪法》和法律规定的本国公民所享有的权利。作为人权主体的人包括个人和集体,即自然人(包括公民、外国人和无国籍人)、法人或者其他组织,而作为公民权主体的人仅是具有一国国籍的自然人,两者范围不同。以我国《刑法》为例,其对本国公民的效力与对外国人、无国籍人的效力是不同的。据此,选项A错误。法律在对人的效力上采取"保护主义"原则,主要是为了保障本国和本国公民的利益。据此,选项B错误。中国法律,如《刑法》第8条规定,外国人在我国领域外对我国和公民犯罪,最低刑三年以上的,可以适应《刑法》,但按照犯罪地法不受处罚的除外,这就是"保护主义"原则的规定;如果该外国人在我国领域内犯罪,则不论最低刑是否在三年以上,也不论其本国刑法是否将该行为规定为犯罪,均要根据我国《刑法》追究。据此,选项C、D正确。

3. 法律终止生效是法律时间效力的一个重要问题。在以默示废止方式终止法律生效时,一般应当选择下列哪一原则?(2004-1-6)
  A. 特别法优于一般法　　　　B. 国际法优于国内法
  C. 后法优于前法　　　　　　D. 法律优于行政法规

答案(　　)②

【解析】从理论上讲,立法机关有意废止某项法律时,应当是清楚而明确的。如果出现立法机关所立新法与旧法发生矛盾的情况,应当按照"新法优于旧法""后法优于前法"的办法解决矛盾,旧法因此被新法"默示地废止"。C项入选。

4. 关于法律溯及力,下列哪些选项是正确的?(2007-1-55)
  A. 刑事法律若具有溯及力可能导致国家权力的滥用和扩张,也违反正义的原则
  B. 法治社会要求法律具有可预测性和确定性,而法不溯及既往原则符合这一要求
  C. 在某些现代民事法律中,为了保障公民权利,一定程度上承认法律有溯及力
  D. 法不溯及既往原则属于法律责任的归责原则

答案(　　)③

【解析】如果刑事法律溯及既往,那就是以今天的规则要求昨天的行为,行为人在行为当时是

参考答案:①CD　②C　③ABC

合法的,却可能因为违反了一个事后才创造出来的新法律而受到惩罚。这是不公正的,也将完全破坏法律的可预测性。为此,法不溯及既往原则具有重大意义。A、B项正确。但是,法律不溯及既往并非绝对。目前各国采用的通例是"从旧兼从轻"的原则,即新法原则上不溯及既往,但是新法不认为是犯罪或者处刑较轻的,适用新法。故此C是正确的。法不溯及既往属于法的时间效力问题,不属于法律责任的归责原则,后者包括责任法定原则、公正原则、效益原则和合理性原则,所以D项是错误的。

5. 从1999年11月1日起,对个人在中国境内储蓄机构取得的人民币、外币储蓄存款利息,按20%税率征收个人所得税。某居民2003年4月1日在我国境内某储蓄机构取得1998年4月1日存入的5年期储蓄存款利息5000元,若该居民被征收了1000元的个人所得税,则这种处理违背了下列哪一项法的效力原则?(2008 四川-1-7)

A. 法律优位原则
B. 新法优于旧法原则
C. 法不溯及既往原则
D. 特别法优于普通法原则

答案(　　)①

【解析】法的溯及力,也称法溯及既往的效力,是指法对其生效以前的事件和行为是否适用。如果适用,就具有溯及力;如果不适用,就没有溯及力。本题中某居民是在1998年存入的5年期储蓄,而"按20%税率征收个人所得税"的规定是从1999年11月1日起实施,因此,该题考查的是法律的溯及既往的效力问题,本题的正确答案是C项。

【一招制敌】只要涉及新的规则调整旧的行为,那就属于法的溯及力的问题。

6. "现今的很多法律格言都是在古罗马时期形成的,'法律仅仅适用于将来'就是一例。这一思想后来被古典自然法学派所推崇,并体现在法国人权宣言和美国宪法之中,形成了法不溯及既往原则"。根据此引文以及相关法学知识,下列正确的表述是:(2008-1-91)

A. 古罗马时期的法律是用法律格言的形式表现的
B. "法律仅仅适用于将来"已经成为现代社会的法律效力原则
C. 只有古典自然法学派强调法不溯及既往的原则
D. 法不溯及既往仅仅是人权宣言和宪法通行的效力原则

答案(　　)②

【解析】罗马法的渊源有:习惯法、议会制定的法律、元老院决议、长官的告示、皇帝敕令、具有法律解答权的法学家的解答与著述。因此,A项的说法错误。法的溯及力,也称法溯及既往的效力,是指法对其生效以前的事件和行为是否适用。如果适用,就具有溯及力;如果不适用,就没有溯及力。法是否具有溯及力,不同法律规范之间的情况是不同的。就有关侵权、违约的法律和刑事法律而言,一般以法律不溯及既往为原则。目前各国采用的通例是"从旧兼从轻"的原则,即新法原则上不溯及既往,因此B项说法正确,D说法错误。近现代各法学流派一般均采法不溯及既往的立场,因此C项说法错误。

第十节　法律关系

1. 甲和乙系夫妻,因外出打工将女儿小琳交由甲母照顾两年,但从未支付过抚养费。后甲与乙闹

参考答案:①C　②B

离婚且均不愿抚养小琳。甲母将甲和乙告上法庭,要求支付抚养费2万元。法院认为,甲母对孙女无法定或约定的抚养义务,判决甲和乙支付甲母抚养费。关于该案,下列哪一选项是正确的?(2016-1-10)

  A. 判决是规范性法律文件
  B. 甲和乙对小琳的抚养义务是相对义务
  C. 判决在原被告间不形成法律权利和义务关系
  D. 小琳是民事诉讼法律关系的主体之一

答案( )①

【解析】法律文件可以分为规范性法律文件和非规范性法律文件。规范性法律文件针对不特定多数人,是可以普遍、多次和反复适用的法律文件;非规范性法律文件针对特定对象,不可以反复加以适用,比如判决书、裁定书、逮捕证、许可证、合同等。A项错误。义务可以分为绝对义务和相对义务,绝对义务对应不特定的权利人,相对义务对应特定的权利人,就本案而言,甲和乙作为抚养义务人,他们所对应的权利人是特定的,即享受抚养的只能是特定的小琳,而不能是不特定的任何人。因此,甲和乙对小琳的抚养义务是相对义务。B项正确。根据题干,法院的判决使得被告必须履行支付原告抚养费的义务,原告由此享有获得相应抚养费的权利。C项错误。法律关系主体是法律关系的参加者,即在法律关系中的一定权利的享有者和一定义务的承担者。在题干所列的民事诉讼法律关系中,小琳既非原告,亦非被告,她与该诉讼的权利和义务并无关联,换言之,她并未参加到诉讼之中,因此,小琳不是该民事诉讼法律关系的主体。D项错误。

2. 张某到某市公交公司办理公交卡退卡手续时,被告知:根据本公司公布施行的《某市公交卡使用须知》,退卡时应将卡内200元余额用完,否则不能退卡,张某遂提起诉讼。法院认为,公交公司依据《某市公交卡使用须知》拒绝张某要求,侵犯了张某自主选择服务方式的权利,该条款应属无效,遂判决公交公司退还卡中余额。关于此案,下列哪一说法是正确的?(2015-1-12)

  A. 张某、公交公司之间的服务合同法律关系属于纵向法律关系
  B. 该案中的诉讼法律关系是主法律关系
  C. 公交公司的权利能力和行为能力是同时产生和同时消灭的
  D.《某市公交卡使用须知》属于地方规章

答案( )②

【解析】根据法律关系主体之间的法律地位是否平等,法律关系分为横向(平权)法律关系和纵向(隶属)法律关系。张某、公交公司之间的服务合同属于平等主体之间的民事法律关系,为横向法律关系。故A项错误。实体性法律关系相对于程序性法律关系而言,属于第一性(主)法律关系;程序性法律关系相对于实体性法律关系而言,属于第二性(从)法律关系。诉讼法律关系是程序性法律关系,因此很明显属于第二性(从)法律关系。公交公司属于法人。法人的权利能力和行为能力同时产生、同时消灭,故C项正确。地方规章的制定主体只能是省、自治区、直辖市人民政府和设区的市、自治州的人民政府。作为法人的公交公司无权制定规章。D项错误。

3. 王某恋爱期间承担了男友刘某的开销计20万元。后刘某提出分手,王某要求刘某返还开销费用。经过协商,刘某自愿将该费用转为借款并出具了借条,不久刘某反悔,以不存在真实有效借款关系为由拒绝还款,王某诉至法院。法院认为,"刘某出具该借条系本人自愿,且并未违反法律强制性规

参考答案:①B ②C

定",遂判决刘某还款。对此,下列哪些说法是正确的?(2014-1-53)

A."刘某出具该借条系本人自愿,且并未违反法律强制性规定"是对案件事实的认定
B. 出具借条是导致王某与刘某产生借款合同法律关系的法律事实之一
C. 因王某起诉产生的民事诉讼法律关系是第二性法律关系
D. 本案的裁判是以法律事件的发生为根据作出的

答案(　　)①

【解析】在法律推理中,法律规范是法院裁判的大前提,案件事实是法院裁判的小前提,最终在此基础上得出判决结论。"刘某出具该借条系本人自愿,且并未违反法律强制性规定",很明显这不属于判决结论,也不属于作为法律推理大前提的法律规范,因此只能属于对案件事实的认定。A项正确。

法律事实是指法律规范所规定的、能够引起法律关系产生、变更和消灭的客观情况或现象。很显然,在本案中,法院确认了借款合同法律关系的存在,引起借款合同法律关系产生的一个重要情况便是出具借条的法律行为。所以,B项正确。法律事实又包括法律事件和法律行为两种。其中,法律行为是指在人的意志支配下的身体活动;法律事件是指法律规范规定的,不以当事人的意志为转移而引起法律关系形成变更和消灭的客观事实,又可以分为社会事件(如革命、战争等)和自然事件(如生老病死、自然灾害等)。而本案中法院判决刘某还款的理由是:"刘某出具该借条系本人自愿,且并未违反法律强制性规定"。可见,刘某出具借条是在本人自愿的情况下做出的,处于其自身意志支配下,所以属于法律行为而非法律事件,D项错误。

第一性法律关系,又称为主法律关系,是指能独立存在、居于支配地位的法律关系。第二性法律关系则是相对于第一性法律关系而言的,居于从属地位的法律关系,因此又称为从法律关系。一切相关的法律关系均有主次之分,例如,在调整性和保护性法律关系中,调整性法律关系是第一性法律关系(主法律关系),保护性法律关系是第二性法律关系(从法律关系);在实体和程序法律关系中,实体法律关系是第一性法律关系(主法律关系),程序法律关系是第二性法律关系(从法律关系),等等。民事诉讼法律关系是程序性法律关系,因此相对于实体性法律关系,属于第二性法律关系。C项正确。

4. "在法学家们以及各个法典看来,各个个人之间的关系,例如缔结契约这类事情,一般是纯粹偶然的现象,这些关系被他们看作是可以随意建立或不建立的关系,它们的内容完全取决于缔约双方的个人意愿。每当工业和商业的发展创造出新的交往形式,例如保险公司等的时候,法便不得不承认它们是获得财产的新方式。"据此,下列表述正确的是:(2009-1-91)

A. 契约关系是人们有意识、有目的地建立的社会关系
B. 各个时期的法都不得不规定保险公司等新的交往形式和它们获得财产的新方式
C. 法律关系作为一种特殊的社会关系,既有以人的意志为转移的思想关系的属性,又有物质关系制约的属性
D. 法律关系体现的是当事人的意志,而不可能是国家的意志

答案(　　)②

【解析】契约关系是人们有意识、有目的地建立的社会关系,在法律没有调整时,契约关系属于一种个人之间的事实性的关系,选项A正确。只有社会发展到一定的阶段,产生了保险公司,才会有规定保险公司的法律,所以选项B错误。选项C正确,符合马克思的法律的本质学说。法律关系是体

参考答案:①ABC　②AC

现意志性的特种关系,主要体现国家意志,有时也体现特定法律主体的意志。有很多法律关系的产生,并不需要特定法律主体的意志。选项 D 错误。

5. 孙某的狗曾咬伤过邻居钱某的小孙子,钱某为此一直耿耿于怀。一天,钱某趁孙某不备,将孙某的狗毒死。孙某掌握了钱某投毒的证据之后,起诉到法院,法院判决钱某赔偿孙某 600 元钱。对此,下列哪一选项是正确的?(2008-1-7)

 A. 孙某因对其狗享有所有权而形成的法律关系属于保护性法律关系
 B. 由于孙某起诉而形成的诉讼法律关系属于第二性的法律关系
 C. 因钱某毒死孙某的狗而形成的损害赔偿关系属于纵向的法律关系
 D. 因钱某毒死孙某的狗而形成的损害赔偿关系中,孙某不得放弃自己的权利

📖 答案(）①

【解析】按照法律关系产生的依据、执行的职能和实现规范的内容不同,可以分为调整性法律关系和保护性法律关系。保护性法律关系是由于违法行为而产生的、旨在恢复被破坏的权利和秩序的法律关系,它执行着法的保护职能,所实现的是法律规范(规则)的保护规则(否定性法律后果)的内容,是法的实现的非正常形式。它的典型特征是一方主体(国家)适用法律制裁,另一方主体(通常是违法者)必须接受这种制裁,如刑事法律关系。因此,孙某对其狗享有所有权,是合法的,故而由此形成的法律关系不属于保护性法律关系,而是调整性法律关系。A 项说法错误。

按照相关的法律关系作用和地位的不同,可以分为第一性法律关系(主法律关系)和第二性法律关系(从法律关系)。第一性法律关系(主法律关系),是人们之间依法建立的不依赖其他法律关系而独立存在的或在多向法律关系中居于支配地位的法律关系。由此而产生的、居于从属地位的法律关系,就是第二性法律关系或从法律关系。一切相关的法律关系均有主次之分,例如,在调整性和保护性法律关系中,调整性法律关系是第一性法律关系(主法律关系),保护性法律关系是第二性法律关系(从法律关系);在实体和程序法律关系中,实体法律关系是第一性法律关系(主法律关系),程序法律关系是第二性法律关系(从法律关系)。在本案中,相对于孙某对狗的所有关系这一实体性法律关系而言,孙某起诉而形成的诉讼法律关系属于程序法律关系,因此属于第二性法律关系,B 项说法正确。

按照法律主体在法律关系中的地位不同,可以分为纵向(隶属)的法律关系和横向(平权)的法律关系。纵向(隶属)的法律关系是指在不平等的法律主体之间所建立的权力服从关系(旧法学称"特别权力关系")。其特点为:(1)法律主体处于不平等的地位。如亲权关系中的家长与子女,行政管理关系中的上级机关与下级机关,在法律地位上有管理与被管理、命令与服从、监督与被监督诸方面的差别。(2)法律主体之间的权利与义务具有强制性,既不能随意转让,也不能任意放弃。与此不同,横向法律关系是指平权法律主体之间的权利义务关系。其特点在于,法律主体的地位是平等的,权利和义务的内容具有一定程度的任意性,如民事财产关系,民事诉讼之原告和被告关系等。在本案中,因钱某毒死孙某的狗而形成的损害赔偿关系,其主体双方地位平等,属于横向(平权)的法律关系,因此,C 项说法错误。

因钱某毒死孙某的狗而形成的损害赔偿关系属于横向(平权)的法律关系,权利和义务的内容具有一定程度的任意性,因此,孙某是有权放弃自己享有的权利的,因此,D 项说法错误。

6. 甲、乙分别为某有限责任公司的自然人股东,后甲在乙知情但不同意的情况下,为帮助妹妹获取贷款,将自有股份质押给银行,乙以甲侵犯其股东权利为由向法院提起诉讼。关于本案,下列哪一判断是正确的?(2011-1-12)

参考答案:①B

A. 担保关系是债权关系的保护性法律关系 B. 债权关系是质押关系的第一性法律关系
C. 诉讼关系是股权关系的隶属性法律关系 D. 债权关系是质押关系的调整性法律关系

答案(　　)①

【解析】按照法律关系产生的依据、执行的职能和实现规范的内容不同,法律关系可以分为调整性法律关系和保护性法律关系。调整性法律关系是基于人们的合法行为而产生的,它所实现的是法律规范(规则)的行为规则(指示)的内容,法律主体之间能够依法行使权利、履行义务,不需要适用法律制裁,如各种依法建立的民事法律关系、行政合同关系等。保护性法律关系是由于违法行为而产生的、旨在恢复被破坏的权利和秩序的法律关系,它执行着法的保护职能,所实现的是法律规范(规则)的保护规则(否定性法律后果)的内容,是法的实现的非正常形式。它的典型特征是一方主体(国家)适用法律制裁,另一方主体(通常是违法者)必须接受这种制裁,如刑事法律关系。就A项而言,担保关系也是基于合法行为而产生的,因此不属于保护性法律关系,A项错误。D项中的债权关系和质押关系均是基于合法行为产生的,都属于调整性法律关系,D项错误。纵向(隶属)的法律关系是相对于横向(平权)法律关系而言的,是指在不平等的法律主体之间所建立的权力服从关系。如亲权关系中的家长与子女,行政管理关系中的上级机关与下级机关之间的关系。与此不同,横向法律关系是指平权法律主体之间的权利义务关系。其特点在于,法律主体的地位是平等的,权利和义务的内容具有一定程度的任意性,如民事财产关系,民事诉讼之原、被告关系等。可见,隶属性法律关系主要涉及的是两个主体之间的关系,而不是两种法律关系之间的关系。C项说法错误。在本案中,质押关系是为保障债权关系的实现而产生的,因此相对于债权关系,其居于从属地位,是第二性法律关系;债权关系相对于质押关系是第一性法律关系。B项正确。

7. 甲京剧团与乙剧院签订合同演出某传统剧目一场,合同约定京剧团主要演员曾某、廖某、潘某出演剧中主要角色,剧院支付人民币1万元。演出当日,曾某在异地演出未能及时赶回,潘某生病在家,没有参加当天的演出,致使大部分观众退票,剧院实际损失1.5万元。后剧院向法院起诉京剧团,要求赔偿损失。针对此案,下列意见中何者为正确?(2004-1-83)

A. 在这一事例中,法律关系主体仅为甲京剧团与乙剧院
B. 京剧团与剧院的法律关系为保护性法律关系
C. 京剧团与剧院的法律权利和法律义务都不是绝对的
D. 在这一事例中,法律权利和法律义务针对的主体是不特定的

答案(　　)②

【解析】法律关系主体是法律关系的参加者,是一定权利的享有者和一定义务的承担者。本题中,法律关系的主体不限于甲剧团和乙剧院,演员曾某、潘某、廖某也与合同具有法律上的利害关系,因而也是法律关系主体。故A错误。按照法律关系产生的依据、执行的职能和实现规范的内容不同,法律关系可以分为调整性法律关系和保护性法律关系。调整性法律关系是基于人们的合法行为而产生的、执行法的调整职能的法律关系。它所实现的是法律规范(规则)的行为规则(指示)的内容。调整性法律关系不需要适用法律制裁,法律主体之间即能够依法行使权利,履行义务,如各种依法建立的民事法律关系、行政合同关系,等等。保护性法律关系是由于违法行为而产生的、旨在恢复被破坏的权利和秩序的法律关系。它执行着法的保护职能,所实现的是法律规范(规则)的保护规则(否定性法律后果)的内容,是法的实现的非正常形式。它的典型特征是一方主体(国家)适用法律制裁,另一方主体

参考答案:①B　②C

(通常是违法者)必须接受这种制裁,如刑事法律关系。本案中的合同关系乃是基于合法的行为产生的,因此属于调整性法律关系,B项错误。京剧团与剧院的法律权利和法律义务都是针对特定的主体的,所以属于相对权利义务,因此C项是正确表述,D项错误。

> 【一招制敌】合法行为只需要"调整",违法行为出现才有必要"保护"。

8. 林某,9岁,系某小学三年级学生。一天放学回家路上遇到某公司业务员赵某向其推销一种名为"学习效率机"的低配置电脑,开价5800元。林某信其言,用自己积攒的"压岁钱"1000元交付了定金,并在分期付款合同上签了字。事后林某父母知晓此事,以"行为人对行为内容有重大误解"为由要求赵某撤销合同并退款。对此,下列何种理解是正确的?(2005-1-91)
  A. 从法律角度看,林某表达的意思都是无效的
  B. 林某不能辨别自己行为的性质,所以不享有人身自由
  C. 林某父母要求撤销合同所持的理由是一种法律事实
  D. 根据行为能力的原理,林某父母所持理由在本案中不成立

答案(　　)①

【解析】公民和法人要成为法律关系的主体,享有权利、履行义务,就必须具有权利能力和行为能力。根据我国《民法通则》的规定,不满10周岁的未成年人是无行为能力人。因此,9岁的林某为无民事行为能力人,不能从事民事活动。虽然林某接受赠与的意思表示可以有效,但具体就本题而言,林某表达的购买电脑的意思在法律上是无效的,因此选项A可以成立。人身自由与民事行为能力是两个概念,是否享有人身自由是权利能力的问题;无民事行为能力人不能辨别自己行为的性质并不表示其没有人身自由,林某的人身自由同样受法律保障。因此,选项B错误。林某父母知晓林某订立了电脑购销合同后,以"行为人对行为内容有重大误解"为由要求赵某撤销合同并退款。行为人对行为内容有重大误解的,属于可撤销的民事行为,可见,"重大误解"能够引起法律关系的产生、变更或消灭,属于法律事实。因此,选项C正确。但是,本题中,由于年幼,林某不能正确判断自己行为的性质、内容和后果,欠缺行为能力,而无民事行为能力人从事的民事活动无效;而林某父母所持理由"行为人对行为内容有重大误解"为可撤销的民事行为,在本案中不成立。因此,选项D正确。

相关法条　　　　　　　　　　《民法通则》

　　第十一条　十八周岁以上的公民是成年人,具有完全民事行为能力,可以独立进行民事活动,是完全民事行为能力人。
　　十六周岁以上不满十八周岁的公民,以自己的劳动收入为主要生活来源的,视为完全民事行为能力人。
　　第十二条　十周岁以上的未成年人是限制民事行为能力人,可以进行与他的年龄、智力相适应的民事活动;其他民事活动由他的法定代理人代理,或者征得他的法定代理人的同意。
　　不满十周岁的未成年人是无民事行为能力人,由他的法定代理人代理民事活动。
　　第五十八条　下列民事行为无效:
　　(一)无民事行为能力人实施的;
　　(二)限制民事行为能力人依法不能独立实施的;

参考答案:①ACD

（三）一方以欺诈、胁迫的手段或者乘人之危，使对方在违背真实意思的情况下所为的；

（四）恶意串通，损害国家、集体或者第三人利益的；

（五）违反法律或者社会公共利益的；

（六）经济合同违反国家指令性计划的；

（七）以合法形式掩盖非法目的的。

无效的民事行为，从行为开始起就没有法律约束力。

第五十九条 下列民事行为，一方有权请求人民法院或者仲裁机关予以变更或者撤销：

（一）行为人对行为内容有重大误解的；

（二）显失公平的。

被撤销的民事行为从行为开始起无效。

9. 2012年，潘桂花、李大响老夫妇处置房产时，发现房产证产权人由潘桂花变成其子李能。原来，早在七年前李能就利用其母不识字骗其母签订合同，将房屋作价过户到自己名下。二老怒将李能诉至法院。法院查明，潘桂花因精神障碍，被鉴定为限制民事行为能力人。据此，法院认定该合同无效。对此，下列哪一说法是不正确的？（2013-1-14）

A. 李能的行为违反了物权的取得应当遵守法律、尊重公德、不损害他人合法权益的法律规定

B. 从法理上看，法院主要根据"法律家长主义"原则（即法律对于当事人"不真实反映其意志的危险选择"应进行限制，使之免于自我伤害）对李能的意志行为进行判断，从而否定了他的做法

C. 潘桂花被鉴定为限制民事行为能力人是对法律关系主体构成资格的一种认定

D. 从诉讼"争点"理论看，本案争执的焦点不在李能是否利用其母不识字骗其母签订合同，而在于合同转让的效力如何认定

答案（　　）①

【解析】A项明显正确，因为李能是以欺诈的手段，使对方在违背真实意思的情况下转让房产，因此违反了相关法律规定。法院判断的不是李能的意志行为，而是李能之母的转让房产的行为是否有效，故而B项错误。公民和法人要能够成为法律关系的主体，享有权利和承担义务，就必须具有权利能力和行为能力，即具有法律关系主体构成的资格。因此，将潘桂花被鉴定为限制民事行为能力人，是对法律关系主体构成资格的一种认定，C项正确。在本案中，对于李某利用其母不识字骗其母签订合同这一事实问题是清楚、没有争议的，有争议的是：在这种事实状况下，潘桂花转让房产的合同的效力如何。因此，D项正确。

10. 下列有关法律关系客体的何种表述是错误的？（2005-1-92）

A. 所有的法律关系客体均包含着某种利益

B. 无法律关系客体就无法律关系

C. 多向（多边）法律关系的客体，可以有主次之分

D. 在确定法律关系客体的标准时，不涉及法的价值评价

答案（　　）②

【解析】法律关系的客体是一定利益的法律形式。法律关系建立的目的，总是为了保护某种利益、获取某种利益，或分配、转移某种利益。所以，实质上，客体所承载的利益本身才是法律权利和法律义务联系的中介。因此，选项A正确。法律关系由法律关系主体、法律关系客体、法律关系内容等构

参考答案：①B　②D

成。没有法律关系客体,法律关系主体的权利和义务就缺乏所指向的对象,法律关系自然不可能存在。因此 B 项表述正确。现实中,法律关系是多种多样的,而有多种多样的法律关系就有多种多样的客体,即使在同一法律关系中也有可能存在两个或两个以上的客体。在分析多向(多边)法律关系客体时,我们应当把这一法律关系分解成若干个单向法律关系,然后再逐一寻找它们的客体。多向(多边)法律关系之内的诸单向关系有主次之分,因此其客体自然也有主次之分。因此选项 C 正确。法律关系的客体是一个历史的概念,其类型、范围有不断扩大和增多的趋势,但哪些可以作为客体,哪些不能作为客体,这与人们对法律的应然状态和法律理想的认识有关,自然涉及价值判断。因此 D 项不正确。

11. 法律关系的内容是法律关系主体之间的法律权利和法律义务,二者之间具有紧密的联系。下列有关法律权利和法律义务相互关系的表述中,哪种说法没有正确揭示这一关系?(2002 - 1 - 2)

A. 权利和义务在法律关系中的地位有主、次之分

B. 享有权利是为了更好地履行义务

C. 权利和义务的存在、发展都必须以另一方的存在和发展为条件

D. 义务的设定目的是为了保障权利的实现

答案( )①

【解析】 一般而言,在等级特权社会,法律制度往往强调以义务为本位,权利处于次要地位,而在民主法制社会,法律制度较为重视对个人权利的保护,此时权利是第一位,义务是第二位的,义务设定的目的在于保障权利的实现,权利本位和义务本位代表着不同的法律精神和法律价值取向,因此选项 A、D 的说法是正确的,选项 B 的表述错误。权利和义务作为法律关系的内容,其处于法律关系的统一体中,没有无义务的权利,也没有无权利的义务,二者不可能孤立地存在和发展,一方不存在,另一方也不可能存在,因此,选项 C 的说法正确。

12. 张老太介绍其孙与马先生之女相识,经张老太之手曾给付女方"认大小"钱10100 元,后双方分手。张老太作为媒人,去马家商量退还"认大小"钱时发生争执。因张老太犯病,马先生将其送医,并垫付医疗费 1251.43 元。后张老太以马家未返还"认大小"钱为由,拒绝偿付医药费。马先生以不当得利为由诉至法院。法院考虑此次纠纷起因及张老太疾病的诱因,判决张老太返还马先生医疗费 1000 元。关于本案,下列哪一理解是正确的?(2012 - 1 - 13)

A. 我国男女双方订婚前由男方付"认大小"钱是通行的习惯法

B. 张老太犯病直接构成与马先生之医药费返还法律关系的法律事实

C. 法院判决时将保护当事人的自由和效益原则作为主要的判断标准

D. 本案的争议焦点不在于事实确认而在于法律认定

答案( )②

【解析】 习惯之所以能够成为法的非正式渊源,是因为它是特定共同体的人们在长久的生产生活实践中自然而然形成的,是该共同体的人们事实上的共同情感和要求的体现,也是他们的共同理想的体现。其经国家权威机关正式认可之后,会上升为习惯法。在本案中,男女双方订婚前"认大小"钱的做法仅是特定地区的一种习惯,既没有通行,也没有获得立法机关认可,故不是习惯法。选项 A 错误。法律事实,是指法律规范所规定的、能够引起法律关系产生、变更和消灭的客观情况或现象。本案中,仅仅有张老太犯病这一客观情况并不能直接引起马先生之医药费返还的法律关系,直接构成该法律关系之法律事实的应当是马先生将其送往医院并为其垫付医药费的情况。选项 B 错误。本案中,法

参考答案:①B ②D

官综合考虑了导致行为人损害的多种因素,进行了责任的合理分配。很明显是基于公平原则,而非自由和效益原则。选项C错误。法院考虑到此次纠纷的起因是马先生先行垫付了张老太的医药费,以及张老太是因为索要"认大小"钱时发生争执而犯病才导致后来构成的不当得利,才做了上述判决。本案事实非常清楚,争议的焦点在于法律对该事实如何评价。因此,选项D正确。

> **【点睛之笔】** 不是所有习惯都是习惯法,只有经过立法机关认可之后才是。

13. 韩某与刘某婚后购买住房一套,并签订协议:"刘某应忠诚于韩某,如因其婚外情离婚,该住房归韩某所有。"后韩某以刘某与第三者的QQ聊天记录为证据,诉其违反忠诚协议。法官认为,该协议系双方自愿签订,不违反法律禁止性规定,故合法有效。经调解,两人离婚,住房归韩某。关于此案,下列哪一说法是不正确的?(2013-1-11)

A. 该协议仅具有道德上的约束力
B. 当事人的意思表示不能仅被看作是一种内心活动,而应首先被视为可能在法律上产生后果的行为
C. 法律禁止的行为或不禁止的行为,均可导致法律关系的产生
D. 法官对协议的解释符合"法伦理性的原则"

答案( )①

【解析】双方协议意思表示真实,合法有效,因此不仅具有道德上的拘束力,也具有法律上的拘束力。A项当选。法律关系的形成、变更和消灭,需要具备一定的条件。其中最主要的条件有二:一是法律规范;二是法律事实。法律规范是法律关系形成、变更和消灭的法律依据,没有一定的法律规范就不会有相应的法律关系。所谓法律事实,就是法律规范所规定的、能够引起法律关系产生、变更和消灭的客观情况或现象。法律事实是一种客观存在的外在现象,而不是人们的一种心理现象或心理活动。依是否以人们的意志为转移作标准,可以将法律事实分为两类,即法律事件和法律行为。就法律行为而言,因为人们的意志有善意与恶意、合法与违法之分,故其行为也可以分为善意行为、合法行为与恶意行为、违法行为。善意行为、合法行为能够引起法律关系的形成、变更和消灭。例如,依法登记结婚的行为,导致婚姻关系的成立。同样,恶意行为、违法行为也能够引起法律关系的形成、变更和消灭。如犯罪行为产生刑事法律关系,也可能引起某些民事法律关系(损害赔偿、婚姻、继承等)的产生或变更。所以,B、C两项正确。

14. 甲与乙因琐事发生口角,甲冲动之下将乙打死。公安机关将甲逮捕,准备移送检察机关提起公诉。这时,甲因病而亡。公安机关遂做出撤销案件的决定。公安机关是基于下列哪一种原因撤销案件的?(2008四川-1-6)

A. 法律行为 B. 违法行为 C. 事实构成 D. 自然事件

答案( )②

【解析】民事法律事实,是法律所规定的、能够引起民事法律关系产生、变更和消灭的现象。民事法律事实可以分为事件和行为两大类。事件,又称为自然事实,是指与主体的意志无关,能够引起民事法律后果的客观现象,例如:人的死亡、物的灭失等属于事件。行为是指受主体意志支配、能够引起民事法律后果的活动。本题中甲因病而亡导致公安机关做出撤销案件的决定,而甲的死亡很明显属

参考答案:①A ②D

于事件,因此本题的正确答案是 D 项。如果题目问的是公安机关是基于何种原因将甲逮捕的,那就是"甲冲动之下将乙打死"的行为,就是法律行为。

15. 汪某和范某是邻居,某天,双方因生活琐事发生争吵,范某怒而挥刀砍向汪某,致汪某死亡。事后,范某与汪某的妻子在中间人的主持下,达成"私了"。后汪某父母得知儿子身亡,坚决不同意私了,遂向当地公安部门告发。公安部门立案侦查之后,移送检察院。最后,法院判处范某无期徒刑,同时判决范某向江某的家属承担民事责任。就本案而言,下列哪些说法是错误的?(2006-1-51)

   A. 该案件形成多种法律关系
   B. 引起范某与司法机关之间的法律关系的法律事实属于法律事件
   C. 该案件中,范某与检察院之间不存在法律关系
   D. 范某与汪某的家属之间不形成实体法律关系

   答案( )①

【解析】本案中,存在范某杀害汪某的刑事法律关系,范某与汪某的家属之间形成了因范某的犯罪行为直接导致的物质损失而引起的以损害赔偿为内容的民事实体法律关系,范某与公安机关、检察院、法院之间分别存在着刑事诉讼法律关系。因此,选项 A 的说法正确,C 项错误,D 项错误。引起范某与司法机关之间的法律关系的法律事实是范某有意识地挥刀砍死汪某的行为,即故意杀人行为,属于法律行为而非法律事件。B 项错误。

16. 甲、乙签订一份二手房房屋买卖合同,约定:"本合同一式三份,经双方签字后生效。甲、乙各执一份,留见证律师一份,均具有同等法律效力。"关于该条款,下列哪一选项是正确的?(2010-1-12)

   A. 是有关法律原则之适用条件的规定
   B. 属于案件事实的表述
   C. 是甲、乙双方所确立的授权性规则
   D. 关涉甲、乙双方的行为效力及后果

   答案( )②

【解析】法律原则比较抽象笼统,因此其直接作为裁判案件的标准发挥作用时,会赋予法官较大的自由裁量权,从而不能完全保证法律的确定性和可预测性。为了限制此种不确定性,需要对法律原则的适用设定严格的条件,即:(1)穷尽法律规则,方得适用法律原则;(2)除非为了个案正义,否则不得舍弃规则直接适用原则;(3)没有更强的理由不得径行适用法律原则。可见,本题中的合同条款乃是关于二手房买卖合同文本的效力,与法律原则的适用条件无关,故 A 项说法错误。双方约定,合同一式三份,具有同等法律效力,是对各合同文本法律效力的说明,没有描述案件事实,故 B 项说法错误。该条款为合同条款,并非法律规则,因此谈不上是义务性规则还是授权性规则的问题,故 C 项错误。该条款的内容关涉买卖合同的甲、乙双方的行为的效力和法律后果,故 D 项正确。

17. 郝某的父亲死后,其母季某将郝家住宅独自占用。郝某对此深为不满,拒绝向季某提供生活费。季某将郝某告上法庭。法官审理后判决郝某每月向季某提供生活费 300 元。对此事件,下列哪一种理解是正确的?(2005-1-6)

   A. 该事件表明,子女对父母只承担法律义务,不享有法律权利
   B. 法官作出判决本身是一个法律事实
   C. 法官的判决在原被告之间不形成法律权利与法律义务关系
   D. 子女赡养父母主要是道德问题,法官判决缺乏依据

   答案( )③

参考答案:①BCD ②D ③B

【解析】法律权利和法律义务是紧密联系、不可分割的。没有无权利的义务,也没有无义务的权利。法院的裁判并不意味着子女对父母只承担法律义务,不享有法律权利;父母子女的关系是对等的、相互的、平衡的,子女有赡养父母的义务,也有继承父母遗产的权利。据此,选项A错误。法律事实,是指能够引起法律关系产生、变更或消灭的各种事实的总称。法官的判决将原被告间的赡养关系在法律上确认下来,在原被告之间形成法律权利与法律义务关系,属于法律事实。因此,选项B正确,C项错误。对于子女赡养父母,《宪法》《婚姻法》均有明确规定,可见其并不仅仅是道德问题,也是法律问题。因此,选项D错误。

18. 张某有祖传的玉雕一尊,委托德龙拍卖公司进行拍卖,最终被一家文化公司以140万元的价格买到。对此,下列表述正确的是:(2008 四川-1-92)
　A. 这个事件中只有一种法律关系
　B. 在拍卖过程中,拍卖公司和竞拍者的关系属于隶属性的法律关系
　C. 在该案件涉及的法律关系中,法律关系的主体既有自然人也有法人
　D. 在本案中,导致拍卖成交的客观情况是法律事件

答案(　　)①

【解析】本案中存在三个法律关系,一是委托法律关系;二是拍卖法律关系;三是买卖法律关系。因此,A项说法错误。隶属性法律关系是指在不平等的法律主体之间所建立的权利服从关系。拍卖公司和竞拍者之间的法律地位是平等的,因此不属于隶属性法律关系,而是平权即横向法律关系。因此,B项说法错误。该案中涉及的法律关系的主体有自然人张某,也有拍卖公司和竞买者文化公司,因此,既有自然人也有法人。因此,C项说法正确。法律事件是法律规范规定的、不以当事人的意志为转移而引起法律关系形成、变更或消灭的客观事实。法律事件又分成社会事件和自然事件两种。前者如社会革命、战争等,后者如人的生老病死、自然灾害等。这两种事件对于特定的法律关系主体(当事人)而言,都是不可避免的,是不以其意志为转移的。法律行为则是人有意识地做出的,能够引起法律关系形成、变更和消灭的作为或不作为。在本案中导致成交的客观情况是文化公司有意识的竞买行为,而非是事件。因此,D项说法错误。

19. 张某因其妻王某私自堕胎,遂以侵犯生育权为由诉至法院请求损害赔偿,但未获支持。张某又请求离婚,法官调解无效后依照《婚姻法》中"其他导致夫妻感情破裂的情形"的规定判决准予离婚。对此,下列选项中正确的是:(2015-1-88)
　A. 王某与张某婚姻关系的消灭是由法律事件引起的
　B. 张某主张的生育权属于相对权
　C. 法院未支持张某的损害赔偿诉求,违反了"有侵害则有救济"的法律原则
　D. "其他导致夫妻感情破裂的情形"属于概括性立法,有利于提高法律的适应性

答案(　　)②

【解析】婚姻关系的消灭是由法院的判决引起的,属于法律行为。A项错误。宏观地说生育权应该属于人身权益的一种,是绝对权;但是B项明示是张某主张的生育权,针对的是其妻子,属于相对权。B项正确。法院未支持张某主张,是依法做出的决定,因此C项错误。"其他导致夫妻感情破裂的情形"被称为兜底条款,属于概括性立法,的确有利于提高法律的适应性。D项无误。

20. 张女穿行马路时遇车祸,致两颗门牙缺失。交警出具的责任认定书认定司机负全责。张女因

参考答案:①C　②BD

无法与肇事司机达成赔偿协议,遂提起民事诉讼,认为司机虽赔偿3000元安装假牙,但假牙影响接吻,故司机还应就她的"接吻权"受到损害予以赔偿。关于本案,下列哪一选项是正确的?(2010-1-7)

  A. 张女与司机不存在产生法律关系的法律事实
  B. 张女主张的"接吻权"属于法定权利
  C. 交警出具的责任认定书是非规范性法律文件,具有法律效力
  D. 司机赔偿3000元是绝对义务的承担方式

答案(　　)①

【解析】张女和司机之间因为司机的侵权行为而产生法律关系,而侵权行为是在意志支配下的作为或不作为,因此属于法律事实中的法律行为,故A项说法错误。法定权利是国家通过法律规定对法律关系主体可以自主决定做出某种行为的许可和保障手段,法律不可能直接规定像"接吻权"这样的东西,故B项说法错误。规范性法律文件是在一般情况下,针对一般对象发布的能够反复适用和普遍适用的抽象的法律文件。非规范性法律文件是在特定情况下,针对特定对象发布的一次性适用的具体的法律文件,如判决书、裁定书、逮捕证、许可证、合同等,经过法定程序之后也具有法的拘束力,但不具有普遍拘束力。交警出具的责任认定书针对特定主体,不可以反复适用,因此属于非规范性法律文件,具有法律效力,是正确的。绝对义务对应不特定的权利人,相对义务对应特定的权利人。本案中,司机的赔偿义务针对的是特定的权利人,因此属于相对义务,故D项错误。

【点睛之笔】务必熟悉规范性法文件和非规范性法文件的区分,这是五星级考点。

第十一节　法律责任

1. 下列构成法律责任竞合的情形是:(2014-1-91)
  A. 方某因无医师资格开设诊所被卫生局没收非法所得,并被法院以非法行医罪判处3年有期徒刑
  B. 王某通话时,其手机爆炸导致右耳失聪,可选择以侵权或违约为由追究手机制造商法律责任
  C. 林某因故意伤害罪被追究刑事责任和民事责任
  D. 戴某用10万元假币购买一块劳力士手表,其行为同时触犯诈骗罪与使用假币罪

答案(　　)②

【解析】法律责任竞合是由某种法律事实所导致的多种法律责任产生并且相互之间冲突的现象。多个法律责任之间相互冲突:不能吸收,也无法共存。因此,C项中一个犯罪行为,刑事责任与附带民事责任被同时追究,A项中行政责任和刑事责任被同时追究,很明显不存在法律责任竞合的问题。D项属于想象竞合犯。

2.《侵权责任法》第八十七条规定:从建筑物中抛掷物品或者从建筑物上坠落的物品造成他人损害,难以确定具体侵权人的,除能够证明自己不是侵权人的外,由可能加害的建筑物使用人给予补偿。关于该条文,下列哪些说法是正确的?(2014-1-51)

参考答案:①C　②BD

A. 规定的是责任自负原则的例外情形　　B. 是关于法律解释方法位阶的规定
C. 规定的是确定性规则　　D. 是体现司法公正原则的规定

答案(①)

【解析】责任自负原则是现代法的一般原则,体现了现代法的进步。其主要含义包括:(1)违法行为人应该对自己的违法行为负责;(2)不能让没有违法行为的人承担法律责任,即反对株连或变相株连;(3)要保证责任人受到法律追究,无责任人受到法律保护,即不枉不纵,公平合理。当然,在某种特殊情况下,为了维护法律尊严、分担社会风险,也允许有责任自负原则的例外。在题干中所列法条的情形下,建筑物的使用人中绝大多数并未从事违法行为,但却要承担补偿责任,很明显属于责任自负原则的例外情形。A项正确。题干与法律解释方法及其位阶无关,是关于法律责任的规定。B项错误。

确定性规则是相对于委任性规则和准用性规则而言的,三者是按照规则内容的确定性程度不同进行划分的。所谓确定性规则,是指内容本已明确肯定,无须再援引或参照其他规则来确定其内容的法律规则。在法律条文中规定的绝大多数法律规则属于此种规则。所谓委任性规则是指内容尚未确定,而只规定某种概括性指示,由相应国家机关通过相应途径或程序加以确定的法律规则。所谓准用性规则是指内容本身没有规定人们具体的行为模式,而是可以援引或参照其他相应内容规定的规则。题干中的法条很明显内容确定,无须援引或参照其他法条,也未委托相应国家机关加以确定,所以属于确定性规则。C项正确。该条款显然体现的是正义价值,但并未涉及司法问题,所以D项错误。

3. 李某向王某借款200万元,由赵某担保。后李某因涉嫌非法吸收公众存款罪被立案。王某将李某和赵某诉至法院,要求偿还借款。赵某认为,若李某罪名成立,则借款合同因违反法律的强制性规定而无效,赵某无需承担担保责任。法院认为,借款合同并不因李某犯罪而无效,判决李某和赵某承担还款和担保责任。关于该案,下列哪些说法是正确的?(2016-1-59)

A. 若李某罪名成立,则出现民事责任和刑事责任的竞合
B. 李某与王某间的借款合同法律关系属于调整性法律关系
C. 王某的起诉是引起民事诉讼法律关系产生的唯一法律事实
D. 王某可以免除李某的部分民事责任

答案(②)

【解析】法律责任的竞合是指同一法律主体实施了一个行为而导致了数个相互冲突的法律责任产生,最后只追究了一个责任的情况。在本案中,李某承担刑事责任,也不会影响其民事责任的承担,刑事责任和民事责任之间不存在竞争关系,因此不属于竞合。A项错误。调整性法律关系和保护性法律关系相对。调整性法律关系是基于人们的合法行为而产生的法律关系,保护性法律关系是由于违法行为而产生的法律关系。本案中,法院认为"借款合同并不因李某犯罪而无效",这说明法院通过认定借款合同有效而肯定了李某与王某之行为的合法性,由此,该行为所引起的李某与王某间的借款合同法律关系属于调整性法律关系。B项正确。除了王某起诉行为之外,民事诉讼法律关系的产生至少还需要法院的受理行为,C项错误。李某与王某之间的借款关系属于民事法律关系,它遵循着"意思自治"的基本精神,除法律另有规定外,当事人原则上可以任意处分自己的私权利。因此,王某可以免除李某的部分民事责任。D项正确。

4. 下列哪些情况会导致法律责任?(2003-1-32)
A. 保安员曲某收5元自行车停车费,并不给收据

参考答案:①AC　②BD

B. 姜某向报社写信揭露某纪录片造假,报社没有刊登
C. 冯某经公共汽车售票员提醒后仍不给抱小孩的乘客让座,小孩被拥挤受伤
D. 塑胶五金厂要求工人一天至少工作15小时,加班费为每小时1.5元

答案（　　）①

【解析】法律责任产生的前提可能是违法行为、违约行为,也可能是法律的强制性规定,但最终依据是法律。根据《消费者权益保护法》第二十一条的规定,经营者提供商品或服务,应当按照国家有关规定或者商业惯例向消费者出具购物凭证或服务单据;消费者索要购物凭证或服务单据的,经营者必须出具。据此,A选项的情况违法,会导致法律责任。根据《劳动法》第三十六条(国家实行劳动者每日工作时间不超过8小时、平均每周工作时间不超过44小时的工时制度)、第四十一条(用人单位由于生产经营需要,经与工会和劳动者协商后可以延长工作时间,一般每日不得超过1小时;因特殊原因需要延长工作时间的,在保障劳动者身体健康的条件下延长工作时间每日不得超过3小时,但是每月不得超过36小时)的规定,D选项的情况违法,会导致法律责任。在C选项设定的情形中,让座只是社会公德要求的道德义务而已,冯某没有让座的法律义务,故而其对小孩的受伤不承担法律责任。在B选项给定的情形中,报社没有刊登读者来信的法律义务,自然不产生法律责任。

【一招制敌】判断是否会导致法律责任,主要看有无法律规定。

4. 从违法行为的构成要素看,判断某一行为是否违法的关键因素是什么?(2002-1-3)
A. 该行为在法律上被确认为违法
B. 该行为有故意或者过失的过错
C. 该行为由具有责任能力的主体做出
D. 该行为侵犯了法律所保护的某种社会关系和社会利益

答案（　　）②

【解析】违法行为是指人们违反法律的、具有社会危害性的、主观上有过错的行为,包括四个构成要件:(1)违法行为以违反法律为前提,这是与违反道德的行为、法律上无效的行为的区别,也是认定行为是否构成违法的关键要素;(2)违法行为必须是某种行为;(3)违法行为必须是行为人出于故意或过失;(4)违法行为的主体必须是具有法定责任能力的自然人、法人、国家机关及其工作人员。可见,判断某一行为是否违法的关键在于该行为是否被法律规定为违法。

5. 黄某于2000年4月在某市住宅区购得一套住房,2001年7月取得房产证。当年10月黄某将住房租借给廖某。廖某在装修该房时损坏自来水管道,引起漫水,将楼下住户陈某的住房浸泡。陈某要求廖某予以赔偿。对此事件,下列哪一种说法是正确的?(2005-1-3)
A. 黄某对自己所购买的住房仅有相对权,故其法律义务也是相对的
B. 廖某不是住房的所有人,故对陈某的损失不负法律责任
C. 此侵权案件首先应依据法律原则来加以处理
D. 此案件的处理应直接适用法的正式渊源

答案（　　）③

【解析】根据相对应的主体范围可以将权利义务分为绝对权利义务和相对权利义务。绝对权

参考答案:①AD　②A　③D

利和义务,又称"对世权利"和"对世义务",是对应不特定的法律主体的权利和义务,绝对权利对应不特定的义务人;绝对义务对应不特定的权利人。相对权利和义务又称"对人权利"和"对人义务",是对应特定的法律主体的权利和义务,"相对权利"对应特定的义务人;"相对义务"对应特定的权利人。在民事权利中,所有权属于绝对权,债权属于相对权。本题中,黄某对该套房屋拥有所有权,而所有权为绝对权,故 A 项表述错误。在本题中,廖某虽然不是住房的所有人,但是,他主观上有过错、客观上有违约行为和损害后果,且行为和后果之间有因果关系,也符合责任主体条件,故对陈某的损失应负法律责任,不是住房的所有人不能成为免责的理由。因此,选项 B 错误。由于法律原则的内涵高度抽象,外延宽泛,不像法律规则那样对假定条件和行为模式有具体明确的规定,所以当法律原则直接作为裁判案件的标准发挥作用时,会赋予法官较大的自由裁量权,从而不能完全保证法律的确定性和可预测性。为了将法律原则的不确定性控制在一定程度之内,一般要求,在存在具体的法律规则可供适用时,不得直接适用法律原则。即使出现了法律规则的例外情况,如果没有非常强的理由,法官也不能以一定的原则否定既存的法律规则。只有出现无法律规则可以适用的情形,法律原则才可以作为弥补"规则漏洞"的手段发挥作用。因此,C 项不正确。法的渊源最主要的分类是正式的法的渊源与非正式的法的渊源。正式的法的渊源是指具有明文规定的法律效力并且直接作为法律人的法律决定的大前提的规范来源的那些资料,如宪法、法律、法规等,主要为制定法,即不同国家机关根据具体职权和程序制定的各种规范性文件。对于正式法源而言,法律人必须予以考虑,法律人有法律义务适用它们。非正式渊源则指不具有明文规定的法律效力,但具有法律说服力并能够构成法律人的法律决定的大前提的准则来源的那些资料,如正义标准、理性原则、公共政策、道德信念、社会思潮、习惯、乡规民约、社团规章、权威性法学著作,还有外国法等。可见,有正式渊源,应当优先用正式渊源。就本案而言,法院应当根据我国的《民法通则》等法律解决这一侵权案件,因此 D 项正确。

【一招制敌】正式渊源优先于非正式渊源;法律规则优先于法律原则。

6.《合同法》第一百二十二条规定:"因当事人一方的违约行为,侵害对方人身、财产权益的,受损害方有权选择依照本法要求其承担违约责任或者依照其他法律要求其承担侵权责任。"该条款规定了下列哪一类法律现象的处理原则?(2011 - 1 - 11)

  A. 法律位阶的冲突 B. 法律责任的免除 C. 法律价值的冲突 D. 法律责任的竞合

答案(①)

【解析】法律位阶,是指每一部规范性法律文本在法律体系中的纵向等级。下位阶的法律必须服从上位阶的法律,所有的法律必须服从最高位阶的法。法律位阶的冲突指不同位阶的法之间产生冲突,通常按照上位法优于下位法的原则来处理。本题没有提及不同位阶的法的冲突,故选项 A 不符合题意。法律责任的免除,也称免责,是指法律责任由于出现法定条件被部分或全部地免除,主要包括时效免责,不诉及协议免责,自首、立功免责和履行不能免责等。本题并没有提及免责的情况,故选项 B 不符合题意。法的价值冲突指法的价值之间的抵触与冲突,主要包括:(1)个体之间法律所承认的价值发生冲突,例如行使个人自由可能导致他人利益的损失;(2)共同体之间价值发生冲突,例如国际人权与一国主权之间可能导致的矛盾;(3)个体与共同体之间的价值冲突,如个人自由与社会秩序的冲突。处理法的价值冲突的方法包括价值位阶原则,个案平衡原则和比例原则。本题没有提及法的价值

参考答案:①D

问题,故选项C不符合题意。法律责任的竞合,是指由于某种法律事实的出现,导致两种或两种以上法律责任的产生,而这些责任之间相互冲突的现象。本题当事人一方的违约行为,既侵害了对方人身权,也侵犯了对方的财产权,出现了违约责任与侵权责任的竞合,当事人可以就违约责任与侵权责任任选其一进行索赔。选项D正确。

相关法条 《合同法》

第一百二十二条 因当事人一方的违约行为,侵害对方人身、财产权益的,受损害方有权选择依照本法要求其承担违约责任或者依照其他法律要求其承担侵权责任。

7. 赵某因涉嫌走私国家禁止出口的文物被立案侦查,在此期间逃往A国并一直滞留于该国。对此,下列哪一说法是正确的?(2015-1-13)

   A. 该案涉及法对人的效力和空间效力问题
   B. 根据我国法律的相关原则,赵某不在中国,故不能适用中国法律
   C. 该案的处理与法的溯及力相关
   D. 如果赵某长期滞留在A国,应当适用时效免责

答案( )①

【解析】赵某属于中国公民,根据属人主义的原则,当然可以适用中国法律。B项错误。法律的溯及力属于法的时间效力的一个核心问题,针对的是新法生效后对其生效以前发生的行为是否有效的问题。本题不涉及法律的时间问题,C项错误。追诉时效也有例外的情况。根据我国《刑法》的规定,在人民检察院、公安机关、国家安全机关立案侦查或者在人民法院受理案件以后,逃避侦查或者审判的,不受追诉期限的限制。被害人在追诉期限内提出控告,人民法院、人民检察院、公安机关应当立案而不予立案的,不受追诉期限的限制。排除D项。

8. 某医院确诊张某为癌症晚期,建议采取放射治疗,张某同意。医院在放射治疗过程中致张某伤残。张某向法院提起诉讼要求医院赔偿。法院经审理后认定,张某的伤残确系医院的医疗行为所致。但法官在归责时发现,该案既可适用《医疗事故处理条例》的过错原则,也可适用《民法通则》第123条的无过错原则。这是一种法律责任竞合现象。对此,下列哪种说法是错误的?(2006-1-5)

   A. 该法律责任竞合实质上是指两个不同的法律规范可以同时适用于同一案件
   B. 法律责任竞合往往是在法律事实的认定过程中发现的
   C. 法律责任竞合是法律实践中的一种客观存在,因而各国在立法层面对此作出了相同的规定
   D. 法律解释是解决法律责任竞合的一种途径或方法

答案( )②

【解析】法律责任竞合,是指由于某种法律事实的出现,导致两种或两种以上法律责任产生,而这些责任之间相互冲突的现象。法律责任竞合是客观存在的,因为不同的法律规范从不同的角度对社会关系加以调整,可能会产生一定的重合,使得一个行为同时触犯了不同的法律规范,面临数种法律责任,从而引起法律责任的竞合问题。A项正确。法律责任竞合因某种法律事实的出现而发生,法官一般在法律事实的认定过程中发现责任竞合问题。B项正确。解决法律责任竞合,需要正确理解法律规定,因此自然离不开法律解释。D项正确。然而由于各国的社会基础不同,各国在立法上对法律责任竞合采取了不同的解决方式。故选项C的说法是错误的。

9. 张某过马路闯红灯,司机李某开车躲闪不及将张某撞伤,法院查明李某没有违章,依据《道路交

参考答案:①A ②C

通安全法》的规定判李某承担10%的赔偿责任。关于本案,下列哪一选项是错误的?(2008-1-5)

A.《道路交通安全法》属于正式的法的渊源
B. 违法行为并非是承担法律责任的唯一根源
C. 如果李某自愿支付超过10%的赔偿金,法院以民事调解书加以确认,则李某不能反悔
D. 李某所承担的是一种竞合的责任

答案(　　)①

【解析】法的正式渊源是指那些具有明确规定的法效力,并可直接作为法律人的法律推理的大前提之规范来源的资料。如宪法、法律、法规等,主要是制定法。对于正式渊源,法律人必须予以考虑。《道路交通安全法》属于法律,因此是正式的法的渊源,A项说法正确。法律责任是指行为人由于违法行为、违约行为或者由于法律规定而应承受的某种不利的法律后果。可见,承担法律责任的原因除了违法行为外,还有违约行为或者法律的规定。因此,B项说法正确。民事调解书是人民法院审理民事案件时,在当事人双方自愿、合法的原则下,查明事实、分清是非,通过调解方式,促使当事人互相谅解、达成协议而制作的具有法律效力的文书。《民事诉讼法》第97条规定:"调解达成协议,人民法院应当制作调解书。调解书应当写明诉讼请求、案件的事实和调解结果。……调解书经双方当事人签收后,即具有法律效力。"可见,民事调解书一旦生效,不能反悔。故C正确。法律责任的竞合,是指由于某种法律事实的出现,导致两种或两种以上的法律责任产生,而这些责任之间相互冲突的现象。而本案中只有一个民事责任,因此,D项说法错误。

10. 根据《宪法》和《国家赔偿法》的规定,我国国家赔偿实行的是哪种归责原则?(2007-1-14)

A. 过错原则
B. 无过错原则
C. 违法原则
D. 违法原则为主,过错原则为辅

答案(　　)②

【解析】根据《宪法》第41条第3款和《国家赔偿法》第2条第1款的规定,取得国家赔偿要有国家机关和国家工作人员违法行使职权侵犯他人的合法权益,所以我国的国家赔偿实行的归责原则是违法原则。这是我国《国家赔偿法》的一大特色。采用违法原则更有利于国家机关及其工作人员对违法行使权力、职权侵犯相对人的合法权益造成的损害承担国家赔偿责任。在国家赔偿领域,要积极有效地对受国家机关及其工作人员职务行为损害的相对人的权益提供救济,仅对主观过错的考量是不够的,还需要充分关注损害事实及其影响。国家机关及其工作人员非基于过错实施的职务行为,也可能侵害相对人的合法权益。为了给相对人提供充分的救济和保障,国家赔偿责任既可能是基于过错,也可能不基于过错,而违法原则可以整合过错原则和无过错原则。

相关法条　　　　　　　　　　　《宪法》

第四十一条第三款　由于国家机关和国家工作人员侵犯公民权利而受到损失的人,有依照法律规定取得赔偿的权利。

相关法条　　　　　　　　　　　《国家赔偿法》

第二条第一款　国家机关和国家机关工作人员行使职权,有本法规定的侵犯公民、法人和其他组织合法权益的情形,造成损害的,受害人有依照本法取得国家赔偿的权利。

参考答案:①D　参考答案:②C。有学者认为,修订后的《国家赔偿法》存在违法归责和结果归责两种归责原则,请考生注意,今后再考查时,可据此判断。

11. 陆某在一百货商场购买"幸福"牌电饭煲一台,遗忘在商场门口,被王某拾得。王某拿至家中使用时,因电饭煲漏电发生爆炸,致其面部灼伤。王某向商场索赔,商场以王某不当得利为由不予赔偿。对此事件,下列哪一项表述能够成立?(2005-1-4)

A. 王某的损害赔偿请求权应以与致损事件相关的法律规定为根据
B. 不法取得他人之物者应承担该物所致的损害
C. 由王某对自己无合法根据占有物品的行为承担损害后果,符合公平原则
D. 按照风险责任原则,陆某作为缺陷商品的购买者应为王某的损害承担责任

答案(①)

【解析】 在我国,归责原则可以概括为"合法、公正、有效、合理"八个字。本案中,王某的损害赔偿请求权当然应以与致损事件相关的法律规定为根据。选项A正确。没有法律或合同的根据取得利益而使他人受到损失的行为是不当得利。不法取得他人之物者应承担"不法取得"行为的法律责任,比如不当得利之债;至于该物所致的损害,如果依法属于他人责任,当然不由其承担。因此,选项B错误。如果让不法取得他人之物者承担本应他人承担的法律责任,当然不符合公平原则,因此选项C错误。风险责任是指财物意外毁损灭失的责任。在归责问题上,不存在风险责任原则。陆某作为缺陷商品的购买者,应当承担该缺陷商品意外毁损灭失的后果,而不是承担该商品致人损害的全部责任。据此,选项D错误。

12. 从法理学的角度看,下列哪些表述不能成立?(2002-1-31)

A. 在近代,法律责任与权利、义务是可以相互转移的
B. 法律制裁是主动承担法律责任的一种方式
C. 立法是对社会资源、社会利益进行第一次分配的活动
D. 行政机关执行法律的过程同时是行使执法权的过程

答案(②)

【解析】 在传统社会,通过议、赎、当、代等特权制度,存在着责任转移的情况。但近现代奉行责任法定、责任自负原则,不允许责任转移。因此,选项A的错误。法律责任的承担方式可以分为主动承担和被动承担两种。主动承担的方式是指责任主体自觉地承担法律责任,主动进行赔偿、补偿或恢复受损害的权利和利益。被动承担责任的方式是指责任主体根据司法机关和行政机关的确认和归结,承担相应的法律责任。法律制裁是被动承担法律责任的一种主要方式,是指由特定国家机关对违法者依其法律责任而实施的强制性惩罚措施。故选项B表述不成立。从立法、执法、司法的关系来看,尽管它们都属于对社会资源、社会利益的分配活动,但是执法和司法活动都必须遵循法律进行,从属于立法活动。因此相对于立法来说,执法和司法只能是第二性的,是立法基础上的再分配,而立法则是对社会资源、社会利益进行"第一性分配"的活动。因此C项正确。关于D选项,执法活动,是法在现实生活中被行政机关执行的过程,也是权力行使的过程。二者在过程上是同一的。因此D项正确。

13. 下列有关法律后果、法律责任、法律制裁和法律条文等问题的表述,哪些可以成立?(2005-1-52)

A. 任何法律责任的设定都必定是正义的实现
B. 法律后果不一定是法律制裁
C. 承担法律责任即意味着接受法律制裁

参考答案:①A ②AB

D. 不是每个法律条文都有法律责任的规定

答案( )①

【解析】法律责任的设定大多是基于正义的考虑,但是有些法律责任的设定则是从秩序、效率等方面考虑的。因此,"任何法律责任的设定都必定是正义的实现"的说法有问题,选项A不能成立。根据人们对行为模式所做出的实际行为的不同,法律后果包括肯定式的法律后果和否定式的法律后果,只有否定式的法律后果才可能产生法律责任;而法律责任的承担有主动承担和被动承担之分,法律制裁是被动承担法律责任的一种方式。因此,选项B正确,选项C的表述有问题。并不是所有的法律条文都直接规定法律规范,非规范性法律条文是不表述规范的;也不是每一个规范性条文完整地表述一个规范的,假定条件、行为模式和法律后果这三要素在逻辑上缺一不可,但在实际条文中均可能被个别省略。同时,在规定了法律后果的法律条文中,既可能规定肯定式的法律后果,也可能规定否定式的法律后果。因此,选项D"不是每个法律条文都有法律责任的规定"可以成立,符合题目的要求。

【点睛之笔】法律责任的承担有主动承担和被动承担之分,法律制裁是被动承担法律责任的一种方式。

第二章 法的运行

第一节 立 法

1. 完善以宪法为核心的中国特色社会主义法律体系,要求推进科学立法和民主立法。下列哪一做法没有体现这一要求?(2015－1－3)

A. 在《大气污染防治法》修改中,立法部门就处罚幅度听取政府部门和专家学者的意见
B. 在《种子法》修改中,全国人大农委调研组赴基层调研,征求果农、种子企业的意见
C. 甲市人大常委会在某社区建立了立法联系点,推进立法精细化
D. 乙市人大常委会在环境保护地方性法规制定中发挥主导作用,表决通过后直接由其公布施行

答案( )②

【解析】根据《中共中央关于全面推进依法治国若干重大问题的决定》的规定,应当完善立法项目征集和论证制度。健全立法机关主导、社会各方有序参与立法的途径和方式。探索委托第三方起草法律法规草案。健全立法机关和社会公众沟通机制,开展立法协商,充分发挥政协委员、民主党派、工商联、无党派人士、人民团体、社会组织在立法协商中的作用,探索建立有关国家机关、社会团体、专家学者等对立法中涉及的重大利益调整论证咨询机制。A项正确。拓宽公民有序参与立法途径,健全法律法规规章草案公开征求意见和公众意见采纳情况反馈机制,广泛凝聚社会共识。B项正确。加强人大对立法工作的组织协调,健全立法起草、论证、协调、审议机制,健全向下级人大征询立法意见机制,建立基层立法联系点制度,推进立法精细化。健全法律法规规章起草征求人大代表意见制度,增加

参考答案:①BD ②D

人大代表列席人大常委会会议人数,更多地发挥人大代表参与起草和修改法律的作用。C项必然是正确的。总之,听取意见、征求意见、建立立法联系点、推进立法精细化,都是宽泛的套话,这些内容绝对不可能错误。唯独D项有干货。首先,健全有立法权的人大主导立法工作的体制机制,发挥人大及其常委会在立法工作中的主导作用。D项丢了人大是不行的;第二,根据《立法法》的规定,关于地方性法规的公布,非常复杂。如果是省级人大的地方性法规,由省级人大主席团公布;如果是省级人大常委会制定的地方性法规,则由省级人大常委会公布;其三,如果是地级市的地方性法规,则需要报省级人大常委会批准后才能由本级人大常委会公布施行。所以,D项肯定不对。这道题本质上算是《立法法》的题目。

2. 根据《宪法》和法律,下列哪些表述是正确的?（2002-1-41）

A. 特别行政区立法会行使国家立法权
B. 自治区的人大及常委会行使地方立法权
C. 全国人大常委会行使国家立法权
D. 自治州的人大常委会行使民族立法权

答案（　　）①

【解析】国家立法权是由一定的中央国家权力机关行使,用以调整基本的、全局性的社会关系,在立法体系中居于基础和主导地位的最高立法权。地方立法权是由有权的地方国家权力机关行使的立法权。享有地方立法权的地方权力机关可以是单一层次的,也可以是多层次的。特别行政区立法会作为我国的一个特别地方的立法主体,其享有的是地方立法权,而不是国家立法权。A项错误。在我国,根据《宪法》的规定,全国人民代表大会及其常委会行使国家立法权,制定法律。因此,C项正确。国务院根据《宪法》和法律制定行政法规,国务院下属的部委根据法律和行政法规,制定规章;省、自治区、直辖市以及设区的市、自治州的人大及其常委会在不同宪法、法律、行政法规相抵触的前提下,可以制定地方性法规。因此,B项正确。民族自治地方的人民代表大会有权依照当地民族地区的政治、经济和文化的特点,制定自治条例和单行条例。可见,D项错误,民族自治地方的人大常委会没有民族立法权。

【点睛之笔】自治区的人大及其常委会均有权制定地方性法规,但只有自治区人大有权制定民族自治法规;自治州、自治州的人大有权制定民族自治法规,但其常委会无权。

3. 2011年7月5日,某公司高经理与员工在饭店喝酒聚餐后表示:别开车了,"酒驾"已入刑,咱把车推回去。随后,高经理在车内掌控方向盘,其他人推车缓行。记者从交警部门了解到,如机动车未发动,只操纵方向盘,由人力或其他车辆牵引,不属于酒后驾车。但交警部门指出,路上推车既会造成后方车辆行驶障碍,也会构成对推车人的安全威胁,建议酒后将车置于安全地点,或找人代驾。鉴于我国对"酒后代驾"缺乏明确规定,高经理起草了一份《酒后代驾服务规则》,包括总则、代驾人、被代驾人、权利与义务、代为驾驶服务合同、法律责任等共六章二十一条邮寄给国家立法机关。关于高经理起草的《酒后代驾服务规则》,下列说法不正确的是（2011-1-91）

A. 属于民法商法规则
B. 是立法议案
C. 是法的正式渊源
D. 是规范性法律文件

答案（　　）②

【解析】只有有权机关才可以根据职权或授权制定民法商法规则。《酒后代驾协议》仅为普通自然人的个人认识,尚不属于民商法规则。选项A说法错误。法律议案是指依法享有法律议案提案权

参考答案:①BC　②ABCD

的机关或个人向立法机关提出的关于制定、修改、废止某项法律的正式提案。一经提出,立法机关就要列入议事日程,进行正式审议和讨论。根据《立法法》的规定,只有特定的机关和人员,才拥有立法的提案权。选项B说法错误。法的正式渊源是指具有明文规定的法律效力并且直接作为法律人的决定的大前提的规范来源的那些资料,如宪法、法律、法规等,主要为制定法,即不同国家机关根据具体职权和程序制定的各种规范性文件。起草《酒后代驾协议》明显属于个人行为,该协议也不具有法律明定的约束力,所以,选项C说法错误。规范性文件,是一定的国家机关依照法定程序和职权,制定的针对不特定的多数人,可以反复适用的有法律拘束力的法律文件。高经理作为自然人,拟定的文件不具有普遍约束力。因此,该文件不属于规范性文件。选项D说法错误。

4. 某市政府为缓解拥堵,经充分征求广大市民意见,做出车辆限号行驶的规定。但同时明确,接送高考考生、急病送医等特殊情况未按号行驶的,可不予处罚。关于该免责规定体现的立法基本原则,下列哪一选项是不准确的?(2011-1-10)

A. 实事求是,从实际出发
B. 民主立法
C. 注重效率
D. 原则性与灵活性相结合

答案(　　)①

【解析】本题中,市政府为缓解拥堵,经充分征求广大市民意见,做出限号行驶的决定。可见,规章的制定体现了实事求是、从实际出发的原则,考虑到本市的交通拥堵的具体情况,进行相关立法,因此A项成立;"充分征求了广大市民意见",体现了民主立法的原则,保障了广大人民群众通过各种途径参与立法、表达意见,因此B项成立;在一般性的限号之外,又决定对"接送高考考生、急病送医等特殊情况未按号行驶的"的行为不予处罚,体现了灵活性和原则性相结合的原则,恰当区别各种情况,注意各种利益、各种价值的平衡,D项成立。就C项而言,立法原则中没有"效率原则",而且立法活动应以科学、审慎为美德,不应盲目追求效率。所以,C项入选。

【一招制敌】立法以审慎为美德,不强调效率。

5. 2011年6月15日,全国人大常委会法工委公布《个人所得税法》修正案草案征求意见结果,30多天收到82707位网民的237684条意见,181封群众来信,11位专家和16位社会公众的意见。据此,草案对个人所得税的起征点进行了调整。关于这种"开门立法""问法于民"的做法,下列哪一说法是准确的?(2011-1-4)

A. 这体现了立法平等原则
B. 这体现了立法为民、增强立法主体自身民主性的要求
C. 这表现了执法为民的理念
D. 这体现了国家权力的相互制约

答案(　　)②

【解析】题干中明示这是"开门立法""问法于民"的做法,显然强调的是民主立法的原则。民主立法原则要求在立法过程中体现广大人民的意志和要求,确认和保障人民的利益;应当通过法律规定,保障人民通过各种途径参与立法活动,表达自己的意见;立法过程和立法程序应具有开放性、透明度,立法过程中要坚持群众路线。因此,B项正确。其他各项与题干联系并不紧密。

参考答案:①C　②B

> **【点睛之笔】** 请考生务必注意题干中给出的重点信息,特别是题干中自己已经总结好了的范畴,那就是题眼。

6. 根据我国《立法法》的规定,下列哪些主体既可以向全国人民代表大会,也可以向全国人民代表大会常务委员会提出法律案?(2008-1-63)

A. 国务院

B. 中央军事委员会

C. 全国人民代表大会各专门委员会

D. 三十名以上全国人民代表大会代表联名

答案( )①

【解析】根据《立法法》的规定,有9个主体有权向全国人大提案,7个主体有权向全国人大常委会提案,其中,5个主体同时有权向二者提出议案,他们是:国务院、中央军委、最高法、最高检、全国人大各专门委员会。所以本题正确选项是A、B、C项。

第二节　法的实施

1. 法的实现的评价标准具有复杂性。下列社会事态中,哪些可以作为法的实现的评价标准?(2002-1-82)

A. 刑事案件的发案率

B. 普通公民对法律的了解程度

C. 社会大众对社会生活中安全、秩序、自由等法的价值的切身感受

D. 有关法律活动的成本与收益的比率

答案( )②

【解析】法的实现是指法律在现实生活中从抽象的行为模式变成人们的具体行为,从应然状态到实然状态的过程。法律实现的评价标准具有复杂性,包括以下几个方面:(1)人们按照法律规定的行为模式实施行为的程度,是否能够按照授权性规范行使权利,按照义务性规范履行义务;是否能够根据法律设定的法律后果追究违法者的法律责任;(2)刑事案件的发案率、案件种类、破案率及对犯罪分子的制裁情况;(3)各类合同的履约率与违约率,各种民事或经济纠纷的发案率及结案率,行政诉讼的立案数及其审结情况;(4)普通公民和国家公职人员对法律的了解程度,他们的法律意识及法治观念的提高或提高的程度;(5)与其他国家或地区的法律实施情况进行可比性研究;(6)社会大众对社会生活中安全、秩序、自由、公正、公共福利等法的价值的切身感受;(7)法律的社会功能和社会目的是否有效实现及其程度;(8)有关法律活动的成本与收益的比率,等等。

2. 甲因乙不能偿还欠款将其告上法庭,并称有关证据被公安机关办理其他案件时予以扣押,故不能提供证据。法官负责任地到公安机关调查,并复制了相关证据材料。此举使甲最终胜诉。从法理学角度看,对该案的下列说法,哪些可以成立?(2003-1-33)

A. 本案的承办法官对"以事实为根据,以法律为准绳"原则有着正确的理解

参考答案:①ABC　②ABCD。本考点一般了解即可,今后考查的可能性较低。

B. 法官在审理此案时,违背了法官中立原则
C. 本案的承办法官对司法公正的认识有误,法律职业素养有待提高
D. 本案的审理比较好地体现了通过审判保障公民权利的司法功能

答案(①)

【解析】 司法的公正性和中立性不能片面地加以理解。根据《最高人民法院关于民事诉讼证据的若干规定》第十七条的规定,在特定情况下,根据当事人的申请,人民法院可以调取证据。这不仅不违背法官中立原则,反而是实现司法公正的必要手段。因此,B、C项错误。

相关法条 《最高人民法院关于民事诉讼证据的若干规定》

第三条 人民法院应当向当事人说明举证的要求及法律后果,促使当事人在合理期限内积极、全面、正确、诚实地完成举证。

当事人因客观原因不能自行收集的证据,可申请人民法院调查收集。

第十六条 除本规定第十五条规定的情形外,人民法院调查收集证据,应当依当事人的申请进行。

第十七条 符合下列条件之一的,当事人及其诉讼代理人可以申请人民法院调查收集证据:
(一)申请调查收集的证据属于国家有关部门保存并须人民法院依职权调取的档案材料;
(二)涉及国家秘密、商业秘密、个人隐私的材料;
(三)当事人及其诉讼代理人确因客观原因不能自行收集的其他材料。

3. 市民张某在城市街道上无照销售食品,在被城市综合管理执法人员查处过程中暴力抗法,导致一名城市综合管理执法人员受伤。经媒体报道,人们议论纷纷。关于此事,下列哪一说法是错误的?(2008-1-4)
   A. 王某指出,城市综合管理执法人员的活动属于执法行为,具有权威性
   B. 刘某认为,城市综合管理机构执法,不仅要合法,还要强调公平合理,其执法方式应让一般社会公众能够接受
   C. 赵某认为,如果老百姓认为执法不公,就有奋起反抗的权利
   D. 陈某说,守法是公民的义务,如果认为城市综合管理机构执法不当,可以采用行政复议、行政诉讼的方式寻求救济,暴力抗法显然是不对的

答案(②)

【解析】 狭义的执法,或法的执行,专指国家行政机关及其公职人员依法行使管理职权、履行职责、实施法律的活动。人们把行政机关称为执法机关,就是在狭义上使用执法的概念。执法的特点之一是以国家的名义对社会进行全面管理,具有国家权威性。因此,A项正确。执法的基本原则:(1)依法行政的原则;(2)讲求效能的原则;(3)公平合理的原则。因此,执法不仅要合法,还要强调公平合理,B项正确。执法具有国家强制性,如果行政当事人对行政机关的执法行为不服,可以根据法律的规定进行复议或提起诉讼来维护自己的合法权益,而不能诉诸极端的暴力措施,暴力抗法。因此,C项说法错误,D项说法正确。

【一招制敌】 我国公民没有反抗权,只能依法定程序通过法定渠道进行申诉控告,寻求救济。

参考答案:①AD ②C

4. 下列有关执法与守法区别的说法,哪些是不正确的?(2004－1－52)

A. 执法的主体不仅包括国家机关,也包括所有的法人;守法的主体不仅包括国家机关,也包括所有的法人和自然人

B. 行政机关的执法具有主动性,公民的守法具有被动性

C. 执法是执法主体将法律实施于其他机关、团体或个人的活动,守法是一切机关、团体或个人实施法律的活动

D. 执法须遵循程序性要求,守法毋须遵循程序性要求

答案( )①

【解析】A项错在执法的主体仅包括国家行政机关,即执法机关,而不包括所有的法人;B项错在公民的守法既包括积极的守法,也包括消极的守法。D项错在积极的守法也要遵循程序性要求。守法就是遵守法律所规定的行为规范,将抽象的行为模式转化为在具体的法律关系中行使权利、履行义务的行为,这是守法的实质要求。有一点必须注意,那就是行使权利并不意味着为所欲为。C项是正确的表述。

5. 关于司法的表述,下列哪些选项可以成立?(2007－1－54)

A. 司法的依据主要是正式的法律渊源,而当代中国司法原则"以法律为准绳"中的"法律"则需要作广义的理解

B. 司法是司法机关以国家名义对社会进行全面管理的活动

C. 司法权不是一种决策权、执行权,而是一种判断权

D. 当代中国司法追求法律效果与社会效果的统一

答案( )②

【解析】司法的依据主要是正式的法律渊源,包括宪法、法律、行政法规、地方性法规、经济特区法规等,可见,当代中国司法原则"以法律为准绳"中的"法律"需要作广义的理解,不能理解为狭义的法律,即全国人大及其常委会制定的规范性法文件。A项正确。司法是司法机关以国家名义对具体纠纷进行认定和裁决的专门性活动,而行政活动乃是对社会进行全面管理的活动;故而,与作为管理权、决策权、执行权的行政权不同,司法权是一种判断权。选项B错误,C项正确。在当代中国,司法既要看是否严格遵守了程序法、实体法的规定,又要看秩序、自由、正义等价值是否得到了实现,审判结果是否得到了社会公认。也就是说,我国的司法要追求法律效果与社会效果的统一,也就是审判既要合法,还要具有良好的社会效果。因此,正确选项为ACD。

【点睛之笔】司法权是一种判断是非曲直的权力。

6. 王某向市环保局提出信息公开申请,但未在法定期限内获得答复,遂诉至法院,法院判决环保局败诉。关于该案,下列哪些说法是正确的?(2016－1－60)

A. 王某申请信息公开属于守法行为   B. 判决环保局败诉体现了法的强制作用

C. 王某起诉环保局的行为属于社会监督   D. 王某的诉权属于绝对权利

答案( )③

【解析】守法指公民、社会组织和国家机关以法律为自己的行为准则,依照法律行使权利、履

参考答案:①ABD ②ACD ③AC 官方参考答案:③ABC

行义务的活动。因此,守法不仅包括消极、被动的守法,还包括根据授权性法律规范积极主动地行使自己的权利,实施法律。王某申请信息公开属于积极主动行使自己法定权利的守法行为。A项正确。强制作用是指法可以通过制裁违法犯罪行为来强制人们遵守法律。法院判决环保局败诉,只是对环保局进行了否定性评价,体现了评价作用,题干并未明示如何惩罚、制裁,未体现法的强制作用。B项错误。社会监督,即非国家机关的监督,指由各政党、各社会组织和公民依照《宪法》和有关法律,对各种法律活动的合法性所进行的监督。王某通过起诉环保局,对环保局公开信息活动的合法性进行监督,当然属于社会监督。C项正确。绝对权利又称"对世权利",是对应不特定的法律主体的权利,绝对权利对应不特定的义务人。相对权利又称"对人权利",是对应特定的法律主体的权利,"相对权利"对应特定的义务人。在本案中,王某起诉,与之相对应的应诉义务主体只是市环保局,而非不特定义务主体,因此,王某的诉权属于相对权利。D项正确。

7. 某市实行电视问政,市领导和政府部门负责人以电视台开设的专门栏目为平台,接受公众质询,以此"治庸问责",推动政府积极解决市民关心的问题。对此,下列哪一说法是不正确的?(2013-1-3)

A. 社会主义法治是"治权之治",电视问政有利于强化人民群众对官员的监督
B. 电视问政体现了高效便民的原则
C. 电视问政是"治庸问责"的有效法律手段
D. 电视问政有助于引导市民规范有序地参与国家和社会事务管理

答案( )①

【解析】我国的法律监督体系包括国家法律监督体系和社会法律监督体系。国家机关的监督,包括国家权力机关、行政机关和司法机关的监督。我国《宪法》和有关法律明确规定了国家监督的权限和范围。这类监督都是依照一定的法定程序,以国家名义进行的,具有国家强制力和法的效力,是我国法律监督体系的核心。而社会监督,即非国家机关的监督,指由各政党、各社会组织和公民依照《宪法》和有关法律,对各种法律活动的合法性所进行的监督。由于这种监督具有广泛性和人民性,因此在我国法律监督体系上具有重要的意义。根据社会监督的主体不同,可以将它分为以下几种:中国共产党的监督、社会组织的监督、公民的监督、法律职业群体的监督和新闻舆论的监督等。本题中的电视问政属于社会监督中的新闻舆论监督,明显不属于法律手段;而且有效地"治庸问责",还得靠国家法律监督体系。

8. "近现代法治的实质和精义在于控权,即对权力在形式和实质上的合法性的强调,包括权力制约权力、权利制约权力和法律的制约。法律的制约是一种权限、程序和责任的制约。"关于这段话的理解,下列哪些选项是正确的?(2013-1-51)

A. 法律既可以强化权力,也可以弱化权力
B. 近现代法治只控制公权,而不限制私权
C. 在法治国家,权力若不加限制,将失去在形式和实质上的合法性
D. 从法理学角度看,权力制约权力、权利制约权力实际上也应当是在法律范围内的制约和法律程序上的制约

答案( )②

【解析】在法理学中,各种价值、各种权利都不是绝对的,都可以被限制,其限制由法律规定。

参考答案:①C ②ACD

比如自由,法律保护人的自由,但自由也应受到法律的限制。不论是公权力,还是私权利,都要在法律规定的范围内行使和运作,所以 B 项错误。其他各项均符合法治的原理,入选。

> 📌【点睛之笔】任何权力都应受到制约,但制约也应依法进行。

9. 下列关于法治与法制的表述哪些是不适当的?(2004-1-51)

A. 法治要求法律全面地、全方位地介入社会生活,这意味着法律取代了其他社会调整手段
B. 法治与法制的根本区别在于社会对法律的重视程度不同
C. 实现了法制,就不会出现牺牲个案实体正义的情况
D. 法治的核心是权利保障与权力制约

答案(①)

【解析】在现代社会,法律非常重要,但法律不是万能的,它不可能全面地、全方位地介入社会生活,有些领域并不适合用法律来调整,如人的情感关系;法律也无法取代其他社会调整手段。A 项错误。就 B 项而言,法治与法制的根本区别在于法对国家权力的限制与制约不同。法治的核心是权利保障与权力制约,而法制的最终目的是建立符合统治阶级的法律秩序。因此,B 项错误,D 项正确。法制一般指法律和制度的总称,其并不意味着一定是良善的法律制度,因此有了法制,也可能会出现牺牲个案正义的情况。C 项所述内容不正确。

10. 卡尔·马克思说:"在民主的国家里,法律就是国王;在专制的国家里,国王就是法律。"关于马克思这段话的理解,下列哪一选项是错误的?(2012-1-9)

A. 从性质上看,有民主的法律,也有专制的法律
B. 在实行民主的国家,君主或者国王不可以参与立法
C. 在实行专制的国家,国王的意志可以上升为法律
D. 实行民主的国家,也是实行法律至上原则的国家

答案(②)

【解析】马克思的这段话表明,在民主国家里和在专制国家里,法律的地位是不同的:前者实行法律至上原则,即法治原则;后者实行人治原则。因此,A、C、D 三项正确。而在民主国家里,只要存在君主或国王,他们也可以参与立法,但其权力却不像在专制国家中那般毫无限制。因此,B 项错误。

11. 在某法学理论研讨会上,甲和乙就法治的概念和理论问题进行辩论。甲说:①在中国,法治理论最早是由梁启超先生提出来的;②法治强调法律在社会生活中的至高无上的权威;③法治意味着法律调整社会生活的正当性。乙则认为:①法家提出过"任法而治""以法治国"的思想;②法治与法制没有区别;③"法治国家"概念最初是在德语中使用的。下列哪一选项所列论点是适当的?(2003-1-4)

A. 甲的论点②和乙的论点①
B. 甲的论点①和乙的论点③
C. 甲的论点②和乙的论点②
D. 甲的论点③和乙的论点②

答案(③)

【解析】法治与法制存在重大区别,因此乙的论点②错误。排除 C、D 两项。我国最早宣传并明确提出法治"概念"的是梁启超先生,但其并不是最早提出法治理论的人,甲的论点①错。排除 B 项。

参考答案:①ABC ②B ③A

第三节　法适用的一般原理

1. 关于法的适用，下列哪一说法是正确的？（2015－1－15）
A. 在法治社会，获得具有可预测性的法律决定是法的适用的唯一目标
B. 法律人查明和确认案件事实的过程是一个与规范认定无关的过程
C. 法的适用过程是一个为法律决定提供充足理由的法律证成过程
D. 法的适用过程仅仅是运用演绎推理的过程

答案（　①　）

【解析】法律人适用法律最直接的目标是获得一个合理的法律决定。在法治社会，所谓合理的法律决定就是指具有可预测性（形式法治的要求）和正当性（实质法治的要求）的法律决定。可见，法的适用的目标既包括可预测性，也包括正当性。A项错误。法律人查明和确认案件事实的过程不是一个纯粹的事实归结过程，而是一个在法律规范与事实之间的循环过程，即目光在规范与事实之间来回穿梭，必须把生活事实转化为"法律事实"。B项错误。法律适用的过程，无论是寻找大前提还是确定小前提，都是用来向法律决定提供支持程度不同的理由，所以，它也就是一个法律证成过程。所谓"证成"，便是给一个决定提供充足理由的活动或过程。C项正确。法的适用过程包括了演绎推理、类比推理、归纳推理和设证推理等多种推理形式，D项错误。

2. "法律人适用法律的最直接目标就是要获得一个合理的决定。在法治社会，所谓合理的法律决定是指法律决定具有可预测性和正当性。"对于这一段话，下列说法正确的是：（2014－1－92）
A. 正当性是实质法治的要求
B. 可预测性要求法律人必须将法律决定建立在既存的一般性的法律规范的基础上
C. 在历史上，法律人通常借助法律解释方法缓解可预测性与正当性之间的紧张关系
D. 在法治国家，法律决定的可预测性是理当崇尚的一个价值目标

答案（　②　）

【解析】法律人适用法律的最直接的目标是获得一个合理的法律决定。在法治社会，所谓合理的法律决定是指法律决定具有可预测性和正当性。法律决定的可预测性是形式法治的要求，正当性是实质法治的要求。A项正确。

法律决定的正当性是指按照实质价值或某些道德考量，法律决定是正当的或正确的。可预测性意味着在做决定的过程中应该尽可能地避免武断和恣意，将法律决定建立在既存的一般性的法律规范的基础上，而且必须要按照一定的方法适用法律规范，如推理规则和解释方法。B、D两项正确。

法律决定的可预测性与正当性之间存在着一定的紧张关系。原因在于，有的法律决定实现了可预测性，然而该决定与特定国家的法秩序所承认的实质价值或道德相背离。有些法律决定是正当的，却违背了可预测性。因此，需要法律人借助法律解释方法来缓解二者之间的紧张关系。C项正确。

3. 有法谚云："法律为未来作规定，法官为过去作判决"。关于该法谚，下列哪一说法是正确的？
（2016－1－11）
A. 法律的内容规定总是超前的，法官的判决根据总是滞后的
B. 法官只考虑已经发生的事实，故判案时一律选择适用旧法

参考答案：①C　②ABCD

C. 法律绝对禁止溯及既往
D. 即使案件事实发生在过去,但"为未来作规定"的法律仍然可以作为其认定的根据

答案（　①　）

【解析】"法律为未来作规定"的意思是法律着眼于应对未来不确定的事务,强调的是立法的前瞻性,并不是说"法律的内容规定总是超前的";"法官为过去作判决"的意思是法官的判决针对的是已经发生的案件,强调的是法官的裁判活动的主要功能是解决社会中已经发生的纠纷矛盾,这和"判决根据总是滞后的"没有关系。A项错误。

就有关侵权、违约的法律和刑事法律而言,法官裁判案件时,目前各国的通例是"从旧兼从轻",即原则上适用旧法,法不溯及既往。但是,法律不溯及既往并非绝对,比如新法不认为犯罪或者处刑较轻的,适用新法。此外,在某些有关民事权利的法律中,法律有溯及力。因此,B、C两项错误。

将法律作为认定案件事实的依据,这一立场没有争议。D项正确。

4. 新郎经过紧张筹备准备迎娶新娘。婚礼当天迎亲车队到达时,新娘却已飞往国外,由其家人转告将另嫁他人,离婚手续随后办理。此事对新郎造成严重伤害。法院认为,新娘违背诚实信用和公序良俗原则,侮辱了新郎人格尊严,判决新娘赔偿新郎财产损失和精神抚慰金。关于本案,下列哪些说法可以成立？（2014-1-52）

A. 由于缺乏可供适用的法律规则,法官可依民法基本原则裁判案件
B. 本案法官运用了演绎推理
C. 确认案件事实是法官进行推理的前提条件
D. 只有依据法律原则裁判的情形,法官才需提供裁判理由

答案（　②　）

【解析】由于法律原则的内涵高度抽象,外延宽泛,所以当被直接作为裁判案件的标准发挥作用时,就会赋予法官较大的自由裁量权,从而不能完全保证法律的确定性和可预测性。为了将其不确定性控制在一定程度之内,需要对其适用设定严格的条件。首要的条件就是:穷尽法律规则,才得适用法律原则。在有具体的法律规则可供适用时,不得直接适用法律原则。因为法律规则是法律中最具有硬度的部分,能最大程度地实现法律的确定性和可预测性,有助于保持法律的安定性和权威性,避免司法者滥用自由裁量权,保证法治的最起码的要求得到实现。可见,A项正确。

题干中,法院首先确认了案件事实作为小前提;然后引用了法律规范,即"诚实信用和公序良俗原则",作为大前提,最后作出了判决结论,即"新娘赔偿新郎财产损失和精神抚慰金"。这是典型的演绎推理。B、C两项正确。在任何情况下,法官裁判都需要提供裁判理由。D项错误明显。

5. 关于法律语言、法律适用、法律条文和法律渊源,下列哪一选项不成立？（2007-1-6）

A. 法律语言具有开放性,因此法律没有确定性
B. 法律适用并不是适用法律条文自身的语词,而是适用法律条文所表达的意义
C. 法律适用的过程并不是纯粹的逻辑推理过程,而有法律适用者的价值判断
D. 社会风俗习惯作为非正式的法律渊源,可以支持对法律所作的解释

答案（　③　）

【解析】法律是调整人们行为的社会规范,其对于人们的行为的要求必须是确定的、明确的,从而保证人们对自己行为后果的可预测性。但是,由于法律具有语言依赖性,其通过语言表达出来;而

参考答案：①D　②ABC　③A

语言具有开放性,在不同语境下可能会表示不同的含义,因此法律的确定性也就是相对的确定性。因此,A项错误。

应当把法律规则和法律条文区别开来。法律规则是法律条文的内容,法律条文是法律规则的表现形式,并不是所有的法律条文都直接规定法律规则的,也不是每一个条文都完整地表述一个规则,或只表述一个法律规则。因此,就需要通过法律解释,从条文的语词认识、寻找和确定其法律意义。就法律适用而言,适用的不是法律条文自身的语词,而是法律规范,即法律条文所表达的意义。B项正确。由于法律解释、法律推理是法律工作者的思维活动,因此法律适用的过程并不是纯粹的逻辑推理过程,而是体现着法律适用者的价值取向、价值判断,这一点在疑难案件中表现得更为突出。C项正确。社会风俗习惯具有一定的说服力,作为非正式的法律渊源,可以支持对法律所作的解释。因此D项正确。

⭐【一针见血】只要有法律解释和推理,就一定涉及价值判断。

6. 范某参加单位委托某拓展训练中心组织的拔河赛时,由于比赛用绳断裂导致范某骨折致残。范某起诉该中心,认为事故主要是该中心未尽到注意义务引起的,要求赔偿10万余元。法院认定,拔河人数过多导致事故的发生,范某本人也有过错,判决该中心按40%的比例承担责任,赔偿4万元。关于该案,下列哪一说法是正确的?(2013-1-15)

A. 范某对案件仅做了事实描述,未进行法律判断
B. "拔河人数过多导致了事故的发生"这一语句所表达的是一种裁判事实,可作为演绎推理的大前提
C. "该中心按40%的比例承担责任,赔偿4万元"是从逻辑前提中推导而来的
D. 法院主要根据法律责任的效益原则作出判决

📖 答案(　　)①

📕【解析】范某起诉该中心,认为事故主要是该中心未尽到注意义务引起的,要求赔偿10万余元。可见,范某对案件既做了事实描述,也进行了法律判断。A项错误。"拔河人数过多导致了事故的发生"这一语句所表达的是案件事实中的因果关系,确定的是演绎推理的小前提。B项错误。作为归责原则的效益原则是指在追究责任时,应当进行成本收益分析,讲求法律责任的效益。本案中,法院认定,拔河人数过多导致事故的发生,范某本人也有过错,判决该中心按40%的比例承担责任,赔偿4万元。很明显体现的是公正原则。

⭐【一针见血】只要有结论,就一定是从逻辑前提中推导出来的。

7. 中学生小张课间打篮球时被同学小黄撞断锁骨,小张诉请中学和小黄赔偿1.4万余元。法院审理后认为,虽然二被告对原告受伤均没有过错,不应承担赔偿责任,但原告毕竟为小黄所撞伤,该校的不当行为也是伤害事故发生的诱因,且原告花费1.3万余元治疗后尚未完全康复,依据公平原则,法院酌定被告各补偿3000元。关于本案,下列哪一判断是正确的?(2012-1-12)

A. 法院对被告实施了法律制裁
B. 法院对被告采取了不诉免责和协议免责的措施
C. 法院做出对被告有利的判决,在于对案件事实与规范间关系进行了证成
D. 被告承担法律责任主要不是因为行为与损害间存在因果关系

📖 答案(　　)②

📕【解析】法律制裁是指由特定国家机关对违法者依其法律责任而实施的强制性惩罚措施,具

参考答案:①C ②C

有惩罚性。本题本案中,法院经审理后认为,被告不存在违法、违约的行为,不构成侵权,最终基于公平原则,判决酌定被告各承担3000元的补偿费。因为是补偿,而非赔偿,不具有惩罚性,故不属于法律制裁。选项A错误。

不诉免责是指如果受害人或有关当事人不向法院起诉要求追究行为人的法律责任,行为人的法律责任就实际上被免除。本案中,受害人已经向法院起诉了,并不存在不诉免责的情况。协议免责是指受害人与加害人在法律允许的范围内协商同意,不追究加害人的责任。本案中,受害人也没有与加害人达成同意免责的协议,即也不存在协议免责的情况。选项B错误。

法律人在适用法律的过程中,无论是依据一定的法律解释方法所获得的法律规范即大前提,还是根据法律所确定的案件事实即小前提,都是用来为法律决定提供支持程度不同的理由。在这个意义上,法律适用过程即为一个法律证成的过程。本案中,法院依据公平原则作出了有利于被告的判决,正是在法律适用过程中对案件事实与规范间进行证成的结果。选项C正确。

法律责任是指行为人由于违法行为、违约行为或者由于法律规定而应承受的某种不利的法律后果。本题案中,被告小黄的行为与原告小张的损害之间存在因果关系。题干中明示,法院提供的判决理由是:"但原告毕竟为小黄所撞伤,该校的不当行为也是伤害事故发生的诱因,且原告花费1.3万余元治疗后尚未完全康复,依据公平原则,判决被告向原告各补偿3000元"。可见,法院判决被告承担法律责任的理由主要有两个:一个是公平原则;另一个就是"原告毕竟为小黄所撞伤,该校的不当行为也是伤害事故发生的诱因",即被告的行为与损害之间存在因果关系。D项说法错误。

8. 关于适用法律过程中的内部证成,下列选项正确的是:(2013-1-86)

A. 内部证成是给一个法律决定提供充足理由的活动

B. 内部证成是按照一定的推理规则从相关前提中逻辑地推导出法律决定的过程

C. 内部证成是对法律决定所依赖的前提的证成

D. 内部证成和外部证成相互关联

答案(　　)①

【解析】法律适用的过程,无论是寻找大前提还是确定小前提,都是用来为法律决定提供支持程度不同的理由,所以,它也是一个法律证成的过程。所谓"证成",便是给一个决定提供充足理由的活动或过程。外部证成保障的是推理前提的合理性、正当性;内部证成保障的是推理规则的可靠性。可见,内部证成只保证结论从前提中逻辑地推导出来,但对前提的正当性没有保障;外部证成保证内部证成的前提正当。据此,C项错误。其他各项正确,入选。

9. 原告与被告系亲兄弟,父母退休后与被告共同居住并由其赡养。父亲去世时被告独自料理后事,未通知原告参加。原告以被告侵犯其悼念权为由诉至法院。法院认为,按照我国民间习惯,原告有权对死者进行悼念,但现行法律对此没有规定,该诉讼请求于法无据,判决原告败诉。关于此案,下列哪一说法是错误的?(2014-1-12)

A. 本案中的被告侵犯了原告的经济、社会、文化权利

B. 习惯在我国是一种非正式的法的渊源

C. 法院之所以未支持原告诉讼请求,理由在于被告侵犯的权利并非法定权利

D. 在本案中法官对判决进行了法律证成

答案(　　)②

参考答案:①ABD　②A

【解析】习惯在我国属于非正式渊源。B项明显正确。本案中,法院根据法律和事实作出了裁判,自然就进行了法律证成。D项正确。悼念权很明显并非法定权利,法院认为该诉讼请求于法无据,遂判决原告败诉。质言之,法院认为,被告在法律上不构成侵权。所以,A项错误,C项正确。需要特别注意的是,经济、社会、文化权利属于《宪法》中规定公民针对国家享有的基本权利,本案中的当事人双方均为私人,属于民事争议,自然不会侵害到宪法权利。

10. 关于法律论证中的内部证成和外部证成,下列哪些选项是错误的?（2008-1-52）

A. 法律论证中的内部证成和外部证成之间的区别表现为,内部证成是针对案件事实问题进行的论证,外部证成是针对法律规范问题进行的论证

B. 无论内部证成还是外部证成都不解决法律决定的前提是否正确的问题

C. 内部证成主要使用演绎方法,外部证成主要使用归纳方法

D. 无论内部证成还是外部证成都离不开支持性理由和推理规则

答案（　　）①

【解析】法律人作出的法律决定的合理性取决于下列两个方面:一方面法律决定是按照一定的推理规则从前提中推导出来的,另一方面,推导法律结论所依赖的前提是合理的,正当的。前者为内部证成,后者为外部证成。因此,A项说法错误。内部证成关涉的只是从前提到结论之间的推论是否有效的问题,而推论的有效性或真实性依赖于是否符合推理规则或规律。外部证成关涉的是内部证成中所使用的前提本身的合理性,即对前提的证立。因此,外部证成解决法律决定的前提是否正确的问题,所以B项说法错误。三段论是一种演绎方法,外部证成是将一个新的三段论附加在论证的链条中。所以,内部证成和外部证成适用的都是演绎方法。选项C说法错误。法律人在适用法律的过程中,无论是依据一定的法律解释方法所获得的法律规范即大前提,还是根据法律所确定的案件事实即小前提,都是用来向法律决定提供支持性理由的。选项D说法正确。

11. 关于法律论证中外部证成的说法,下列哪些选项是错误的?（2010-1-54）

A. 外部证成是对内部证成中所使用的前提本身之合理性的证成

B. 外部证成是法官在审判中根据法条直接推导出判决结论的过程

C. 外部证成与案件事实的法律认定无关

D. 外部证成本身也是一个推理过程

答案（　　）②

【解析】外部证成关涉的是内部证成中所使用的前提本身的合理性,即对前提的证成。选项A正确。法官在审判中根据法条直接推导出判决结论的过程是内部证成,不是外部证成。选项B错误。外部证成就是对法律决定所依赖的前提即法律规范和案件事实进行法律认定,因此,外部证成与案件事实的法律认定是有关的。所以,选项C错误。外部证成过程中也必然涉及内部证成,也就是说对法律决定所依赖的前提的证成本身也是一个推理过程。选项D正确。

12. 张某与王某于2000年3月登记结婚,次年生一女小丽。2004年12月张某去世,小丽随王某生活。王某不允许小丽与祖父母见面,小丽祖父母向法院起诉,要求行使探望权。法官在审理中认为,我国《婚姻法》虽没有直接规定隔代亲属的探望权利,但正确行使隔代探望权有利于儿童健康成长,故依据《民法通则》第7条有关"民事活动应当尊重社会公德"的规定,判决小丽祖父母可以行使隔代探望权。关于此案,下列哪些说法是正确的?（2012-1-53）

参考答案：①ABC　②BC

A. 我国《婚姻法》和《民法通则》均属同一法律部门的规范性文件,均是"基本法律"
B. "民事活动应当尊重社会公德"的规定属于命令性规则
C. 法官对判决理由的证成是一种外部证成
D. 法官的判决考虑到法的安定性和合目的性要求

答案（　　）①

【解析】《婚姻法》和《民法通则》均属于民法部门法的规范性文件,由全国人大制定,因此属于基本法律。选项A正确。"民事活动应当尊重社会公德"的规定仅仅提供某种价值引导,没有具体设定权利义务,比较笼统抽象,因此属于法律原则,而非法律规则,自然也就谈不上命令性规则。选项B错误。法律证成可以分为内部证成和外部证成。法律决定必须按照一定的推理规则从相关前提中逻辑地推导出来,属于内部证成;而对法律决定所依赖的前提的证成,属于外部证成。故本案中,法官对判决理由的证成属于对法律决定所依赖的前提的证成,属于外部证成。选项C正确。法的安定性强调的是法在形式上的稳定性和可预测性,合目的性强调的是法在实质内容上的正当性或合理性。法律人适用法律的最直接的目标就是获得一个合理的法律决定,故法官如此判决正是考虑到法的安定性和合目的性的要求。选项D正确。

13. 关于法的适用与法律论证,下列哪些说法是错误的?（2009－1－56）

A. 法的适用所处理的问题,既包括法律事实问题也包括法律规范问题,还包括法律语言问题
B. 法的适用通常采用逻辑中的三段论推理
C. 法的适用只要有外部证成即可,毋需内部证成
D. 法律论证是一个独立的过程,与法律推理、法律解释没有关系

答案（　　）②

【解析】法律人进行法律适用时,需要用法律语言将纯粹的生活事实转化为"法律事实",作为小前提;其次要选择和确定与上述案件事实相符合的法律规范,作为大前提;最后以整个法律体系的目的为标准,从两个前提中推导出法律决定或法律裁决。可见,法律适用既涉及事实问题,也涉及规范问题,还涉及法律语言问题。因此,A、B两项正确。在法律适用中,无论是确定法律规范作为大前提,还是确定案件事实作为小前提,都是为法律决定提供理由的过程。其中,为法律决定所依赖的前提提供理由,属于外部证成;证明法律决定能够按照可靠的推理规则从相关前提中推导出来,这是内部证成。所以,对法律适用而言,内部证成和外部证成均不可或缺。选项C错误。在法律论证的过程中,法律人必须遵循一定的推理规则,进行一定的法律解释。选项D说法错误。

【点睛之笔】法律推理、法律解释和法律论证乃是联系在一起的法律活动。

14. 在宋代话本小说《错斩崔宁》中,刘贵之妾陈二姐因轻信刘贵欲将她休弃的戏言连夜回娘家,路遇年轻后生崔宁并与之结伴同行。当夜盗贼自刘贵家盗走15贯钱并杀死刘贵,邻居追赶盗贼遇到陈、崔二人,因见崔宁刚好携带15贯钱,遂将二人作为凶手捉拿送官。官府当庭拷讯二人,陈、崔屈打成招,后被处斩。关于该案,下列哪一说法是正确的?（2016－1－12）

A. 话本小说《错斩崔宁》可视为一种法的非正式渊源
B. 邻居运用设证推理方法断定崔宁为凶手

参考答案: ①ACD ②CD

C. "盗贼自刘贵家盗走15贯钱并杀死刘贵"所表述的是法律规则中的假定条件

D. 从生活事实向法律事实转化需要一个证成过程,从法治的角度看,官府的行为符合证成标准

答案（　　）①

【解析】 非正式的法的渊源指不具有明文规定的法律效力,但具有法律说服力并能够构成法律人的法律决定的大前提的准则来源的那些资料。话本小说系宋代文学形式之一,显然不具有法律说服力,同时,它也不能够构成法律人的法律决定的大前提的准则来源,即不能据此裁判案件。A项错误。设证推理是对从所有能够解释事实的假设中优先选择一个假设的推论,其特点在于推理人面对一种现象,凭借自身经验逆向推论出原因或前提。该案中,邻居面对刘贵死亡的后果,基于一系列事实,凭借自身经验,认定陈二姐、崔宁二人是凶手,这是典型的设证推理。B项正确。"盗贼自刘贵家盗走15贯钱并杀死刘贵"出现了当事人人名,很明显表述的是案件事实,而不可能是法律规范,因此绝非法律规则中的假定条件。所谓假定条件,指法律规则中有关适用该规则的条件和情况的部分,即法律规则在什么时间、空间、对什么人适用以及在什么情境下对人的行为有约束力的问题。C项错误。在法治的角度下,"证成"往往被定义为给一个决定提供充足理由的活动或过程。《错斩崔宁》的标题很明显告诉读者这是一件冤假错案;陈、崔二人被处以斩刑的判决,仅仅是这二人在官府当庭拷讯之下,被屈打成招的,官府的论证是不成功的、有缺陷的,完全不符合法治所要求的"案件事实清楚、证据确凿"的证成标准。D项错误。

15. 周某半夜驾车出游时发生交通事故致行人鲁某重伤残疾,检察院以交通肇事罪起诉周某。法院开庭,公诉人和辩护人就案件事实和证据进行质证,就法的适用展开辩论。法庭经过庭审查实,交通事故致鲁某重伤残疾并非因周某行为引起,宣判其无罪释放。依据法学原理,下列判断正确的是?(2009－1－92)

A. 法院审理案件目的在于获得正确的法律判决,该判决应当在形式上符合法律规定,具有可预测性,还应当在内容上符合法律的精神和价值,具有正当性

B. 在本案中,检察院使用了归纳推理的方法

C. 法院在庭审中认定交通事故致鲁某重伤残疾并非因周某行为引起,这主要解决的是事实问题

D. 法庭主持的调查和法庭辩论活动,从法律推理的角度讲,是在为演绎推理确定大小前提

答案（　　）②

【解析】 法律人适用法律的最直接的目标就是要获得一个合理的法律决定。在法治社会,所谓合理的法律决定就是指法律决定具有可预测性和正当性。法律决定的可预测性是形式法治的要求,它的正当性是实质法治的要求。选项A正确。检察院用的是演绎的三段论的推理方式。选项B错误。

具体来说,法律人适用法律解决个案纠纷的过程,首先要查明和确认案件事实,作为小前提;其次要选择和确定与上述案件事实相符合的法律规范,作为大前提;最后以整个法律体系的目的为标准,从两个前提中推导出法律决定或法律裁决。法庭主持的调查和法庭辩论活动,从法律推理的角度讲,不过就是在为演绎推理确定大小前提。因此,选项D正确。在实际的法律活动中,这三个步骤"绝不是各自独立且严格区分的单个行为。它们之间界限模糊并且可以相互转换"。如法律人查明和确认案件事实的过程就不是一个纯粹的事实归结过程,而是一个在法律规范与事实之间的循环过程,即目光在事实与规范之间来回穿梭。这是因为法律人要想将一定的规范适用在特定的案件中,就必须要把当事人向他叙述的纯粹生活事实转化为"法律事实"。在这个过程中,法律人必须要对当事人向他叙述的多姿

参考答案:①B　②ACD。【司法部答案】AD

多彩的芜杂的生活事实进行整理、选择、判断。可见,法院在庭审中认定交通事故致鲁某重伤残疾并非因周某行为引起,这不单单涉及事实问题,还必然涉及价值判断。但是,选项 C 的表述是"主要解决的是事实问题",因此 C 项整体来说是正确的。但是,司法部给出的参考答案认定其为错误,在此存疑。

16. 关于法定继承,《继承法》第 10 条规定,"第一顺序:配偶、子女、父母。"第七条第三款规定,"遗弃被继承人的,或者虐待被继承人情节严重的",丧失继承权。甲作为法定继承人,被乙告上法庭,声称甲虐待被继承人,不应享有继承权。本案审理法官查明甲虐待行为未达到情节严重,依法驳回乙的诉讼请求。关于本案,下列哪一选项是错误的?(2008 四川 -1-3)

A. 本案体现了法律的可诉性
B. "遗弃被继承人的,或者虐待被继承人情节严重的"规定是本案审理法官推理的大前提之一
C. "第一顺序:配偶、子女、父母。"这样的规定不是法律规范
D. 《继承法》第十条和第七条第三款均可作为法律论证中的内部证成的支持性理由

答案( )①

【解析】法的可诉性是指法律具有被任何人(包括公民和法人)在法律规定的机构(尤其是法院和仲裁机构)中通过争议解决程序(特别是诉讼程序)加以运用以维护自身权利的可能性。本案中明显涉及诉讼活动,因此 A 项正确。用以评价案件事实的法律规范,乃是法律推理的大前提,因此 B 项正确。法律规范是指由国家制定或认可的,反映国家意志的,具体规定权利义务及法律后果的行为准则。法律规范包括法律规则和法律原则,选项 C 具体明确,属于法律规则。因此,C 项说法错误。《继承法》第十条和第七条第三款都是法律规范,其为结论的做出提供支持性理由,因此 D 项正确。

第四节　法律推理

1. 李某因热水器漏电受伤,经鉴定为重伤,遂诉至法院要求厂家赔偿损失,其中包括精神损害赔偿。庭审时被告代理律师辩称,一年前该法院在审理一起类似案件时并未判决给予精神损害赔偿,本案也应作相同处理。但法院援引最新颁布的司法解释,支持了李某的诉讼请求。关于此案,下列认识正确的是:(2015-1-89)

A. "经鉴定为重伤"是价值判断而非事实判断　　B. 此案表明判例不是我国正式的法的渊源
C. 被告律师运用了类比推理　　　　　　　　　D. 法院生效的判决具有普遍约束力

答案( )②

【解析】鉴定过程必然涉及价值判断,但是"经鉴定为重伤"只是对鉴定结果的客观描述,属于事实判断。A 项错误。判例在我国属于非正式法律渊源,不具有明定的法律效力。B 项正确。被告代理律师辩称,一年前该法院在审理一起类似案件时并未判决给予精神损害赔偿,本案也应作相同处理。可见,律师对两个相似案件进行了比较,C 项正确。D 项错误明显,判决书属于非规范性法律文件,具有的是个案效力,不具有普遍法效力。D 项错误。

2. 《劳动争议调解仲裁法》第五条规定:"发生劳动争议,当事人不愿协商、协商不成或者达成和解协议后不履行的,可以向调解组织申请调解;不愿调解、调解不成或者达成调解协议后不履行的,可以向劳动争议仲裁委员会申请仲裁;对仲裁裁决不服的,除本法另有规定的外,可以向人民法院提起诉讼。"关于这一规定,下列哪一说法是错误的?(2009-1-10)

参考答案:①C　②BC

A. 从法的要素角度看,该规定属于任意性规则
B. 从法的适用角度看,该规定在适用时不需要法官进行推理
C. 从法的特征角度看,该规定体现了法的可诉性特点
D. 从法的作用角度看,该规定为行为人提供了不确定的指引

答案( )①

【解析】 按照规则对人们行为规定和限定的范围或程度不同,可以把法律规则分为强行性规则和任意性规则。所谓强行性规则,是指内容规定具有强制性质,不允许人们随便加以改变的法律规则。所谓任意性规则,是指规定在一定范围内,允许人们自行选择或协商确定为与不为、为的方式以及法律关系中的权利义务内容的法律规则。题干中的条款允许当事人选择协商、调解、仲裁、诉讼,因此属于任意性规则。选项 A 说法正确。法律推理是指法律人在从一定的前提推导出法律决定的过程中所必须遵循的推论规则。只要有前提,有结论,就自然进行了法律推理。选项 B 说法错误。法的可诉性是指法律具有被任何人(包括公民和法人)在法律规定的机构(尤其是法院和仲裁机构)中通过争议解决程序(特别是诉讼程序)加以运用以维护自身权利的可能性。本案中明显涉及诉讼和仲裁活动,因此 C 项正确。从立法技术上看,法律对人的行为的指引通常采用两种方式:一种是确定的指引,即通过设置法律义务,要求人们作出或抑制一定行为,使社会成员明确自己必须从事或不得从事的行为界限。另一种是不确定的指引,又称选择的指引,是指通过宣告法律权利,给人们一定的选择范围。题干中的条款明显给人们留下了宽阔的选择范围,属于不确定的指引,所以选项 D 说法正确。

3. 杨某为某省高速公路建设指挥部的处长,为某承包商承建的某段高速公路立交桥绿化工程结算问题向该工程的建设指挥部打招呼,使该承包商顺利地拿到了工程款,然后收受了该承包商的 10 万人民币。一审法院依据上述事实认为杨某的行为触犯了《刑法》第 385 条的规定,构成受贿罪,判处杨某有期徒刑 10 年。杨某不服,提出上诉。二审法院经审理认为杨某的上述行为不构成受贿罪,撤销一审判决,宣告杨某无罪。理由是,该工程的建设指挥部是一个独立的单位,其人、财、物均归该省所管辖的某市的人民政府管理,因此,该省高速公路建设指挥部与该工程建设指挥部之间不存在直接的领导关系。另外,该承包商的工程结算款不属于不正当利益,杨某的行为不符合"为请托人谋取不正当利益"的受贿罪要件。关于法院在法律适用中所运用的法律推理,下列何种说法是不正确的?(2006 - 1 - 91)

A. 一审法院运用的是一种设证推理
B. 二审法院运用的是一种类比推理
C. 一审法院运用的是一种演绎推理
D. 二审法院运用的不是归纳推理

答案( )②

【解析】 法律推理就是在法律论辩中运用法律理由的过程,或者说是人们在有关法律问题的争议中,运用法律理由解决问题的过程。演绎推理在结构上由大前提、小前提和结论三部分组成。所以演绎推理在大陆法系国家的法律推理中被广泛运用。归纳推理与演绎推理的思维路径相反,是从特殊到一般的推理。归纳法律推理的任务在于通过整理、概括经验事实,使分立的、多样的事实系统化、同一化,从而揭示对象的某种必然性和规律性。类比推理是从个别到个别的推论,而不是从个别到一般的推论。具体来说,类比推理是根据两个或两类事物在某些属性上是相似的,从而推导出它们在另一个或另一些属性上也是相似的。设证推理是对从所有能够解释事实的假设中优先选择一个假设的推论。在本案中,一审法院以现行《刑法》中关于受贿罪的规定作为大前提,杨某所实施的行为作为小

参考答案:①B ②A。本题经过了改造,与原题稍有区别。

前提,得出相应的结论,因而一审法院的法官运用的是一种演绎推理。故选项A的说法不正确,而选项C正确。二审法院法官在审理时,将省高速公路建设指挥部与该工程建设指挥部、该承包商的工程结算款与不正当利益、受贿罪要件与杨某行为等进行属性比较,在两个事物间寻找共同点和不同点,并判断相同点重要还是不同点重要,属于类比推理。故选项B和选项D的说法是正确的。

4. 2011年7月5日,某公司高经理与员工在饭店喝酒聚餐后表示:别开车了,"酒驾"已入刑,咱把车推回去。随后,高经理在车内掌控方向盘,其他人推车缓行。记者从交警部门了解到,如机动车未发动,只操纵方向盘,由人力或其他车辆牵引,不属于酒后驾车。但交警部门指出,路上推车既会造成后方车辆行驶障碍,也会构成对推车人的安全威胁,建议酒后将车置于安全地点,或找人代驾。鉴于我国对"酒后代驾"缺乏明确规定,高经理起草了一份《酒后代驾服务规则》,包括总则、代驾人、被代驾人、权利与义务、代为驾驶服务合同、法律责任等共六章二十一条邮寄给国家立法机关。关于交警部门的推车前行不属于"酒驾"的解释,下列判断不正确的是:(2011-1-90)

A. 属于司法解释　　　　　　　　　B. 属于行政解释
C. 直接运用了类比推理　　　　　　D. 运用了演绎推理

答案(　　)①

【解析】司法解释是法律解释的一种,属正式解释,是指司法机关对法律、法规的具体应用问题所作的说明。中国的司法解释一般特指由最高人民法院和最高人民检察院根据法律赋予的职权,对审判和检察工作中具体应用法律所作的具有普遍司法效力的解释。交警部门并非司法机关,无权作出司法解释。选项A说法错误。行政解释,是指国家行政机关在行政管理活动中,对有关法律法规如何具体应用贯彻的问题所作的说明。但只有特定的行政机关才有权进行行政解释,本题中的"交警部门"属于普通的行政机关,无权作出行政解释。选项B说法错误。类比推理是从个别到个别的推论,而不是从个别到一般的推论。具体来说,类比推理是根据两个或两类事物在某些属性上是相似的,从而推导出它们在另一个或另一些属性上也是相似的。"交警部门"在作出解释时没有涉及两个事物在属性上的比较,因此选项C说法错误。演绎推理是从大前提和小前提中必然地推导出结论或结论必然地蕴涵在前提之中的推论。本题中"交警部门"对"推车"不属于"酒后驾驶"的推理,属于演绎推理。选项D说法正确。

5. 出租车司机甲送孕妇乙去医院,途中乙临产,情形危急。为争取时间,甲将车开至非机动车道掉头,被交警拦截并被告知罚款。经甲解释,交警对甲未予处罚且为其开警车引道,将乙及时送至医院。对此事件,下列哪一项表述是正确的?(2005-1-2)

A. 在此交通违章的处理中,交警主要使用了形式逻辑的推理方法
B. 警察对违章与否的解释属于"行政解释"
C. 在此事件的认定中,交警进行了法的价值判断
D. 此事件所反映出的价值之间没有冲突

答案(　　)②

【解析】在此交通违章的处理中,交警进行了实质性的价值判断,而非形式推理(包括演绎推理和归纳推理),因此选项A错误,C项正确。行政解释,是指国家行政机关在行政管理活动中,对有关法律法规如何具体应用贯彻的问题所作的说明,属于正式解释,具有普遍约束力。只有特定的行政机关才有权进行行政解释。本案中警察对违章与否的解释针对特定对象,而且不能反复适用,因此选项

参考答案:①ABC　②C

B 错误。此事件反映出交通规则所体现的秩序价值与孕妇的生命健康利益价值之间的冲突,因此选项 D 错误。

6. 某地电缆受到破坏,大面积停电 3 小时,后查知为邢某偷割电缆所致。邢某被控犯"危害公共安全罪",处以 5 年有期徒刑。邢某不服上诉,理由是自己偷割电缆变卖所得仅 50 元钱,顶多属于"小偷小摸"行为。二审法官依照最高人民法院《关于审理破坏公用电信设施刑事案件具体应用法律若干问题的解释》维持原判。对此,下列哪一种理解是错误的?(2005-1-5)

A. 法官根据最高人民法院的解释对邢某行为所作出的判断是一种事实判断
B. 《关于审理破坏公用电信设施刑事案件具体应用法律若干问题的解释》是司法解释
C. 在这个案件中,法官主要运用了"演绎推理"
D. 邢某对自己行为的辩解是对法律的认识错误

答案( )①

【解析】法官根据最高人民法院的司法解释将邢某行为认定为盗窃行为,很明显是一种价值判断,而非事实判断。因此,选项 A 错误。《关于审理破坏公用电信设施刑事案件具体应用法律若干问题的解释》是由最高人民法院作出的司法解释,因此选项 B 正确。在本案中,法官运用了法律规范、案件事实、法律判断的三段论推理,即演绎推理。因此选项 C 正确。邢某认为自己偷割电缆变卖所得仅 50 元钱,顶多属于"小偷小摸"行为,可见其对法律规定、犯罪构成要素等法律问题的认识存在偏差。因此选项 D 正确。

7. 小丽是陈某的养女,在 22 岁时准备与其结识半年的男朋友结婚。陈某以小丽岁数小、与男朋友认识时间太短等为由,不同意两人结婚,并禁止他们来往。从此,陈某只要发现小丽与男朋友来往,就对她拳脚相加,而且不允许她周末外出。小丽忍无可忍,向当地法院提起诉讼。该法院根据我国《刑法》第 257 条第 1 款的规定(即"以暴力干涉他人婚姻自由的,处二年以下有期徒刑或者拘役"),判处陈某拘役 2 个月。根据该案,下列哪些说法是正确的?(2006-1-55)

A. 法院所引用的刑法条款所规定的内容属于任意性法律规则
B. 该刑法条款对小丽的起诉行为起到了一种确定性的指引作用
C. 法院在该案件中适用的法律推理属于演绎推理
D. 法院在认定案件事实的过程中不需要运用价值导引的思考方式

答案( )②

【解析】根据规则对人们行为规定和限定的范围或程度的不同,法律规则可以分为强行性规则和任意性规则:前者是必须适用的,不允许当事人随意加以更改,包括义务性规则和职权性规则;后者是指在一定范围内,允许当事人自行选择或协商确定为与不为、为的方式以及法律关系中的权利义务内容的法律规则。《刑法》规范的内容具有强制性质,不允许人民随便更改。故选项 A 的说法不正确。法的指引作用是指通过法律规范指引人们的行为,包括两种方式:确定的指引是一种义务的指引,要求人们必须从事一定的行为或者不得从事一定的行为;不确定的指引或选择的指引是一种权利的指引,人们可以自行决定行为的内容。本题中的《刑法》条款,对行为人而言乃是设定了"不得暴力干涉他人婚姻自由"这样一种义务。因此,本案中,小丽据此向法院提起诉讼,该《刑法》规范对小丽的起诉行为起到了一种确定性的指引作用。故选项 B 的说法正确。演绎推理是指从一般到特殊的逻辑推理方法,法院根据制定法(大前提)和案件事实(小前提)推出法律结论的过程,运用的都是演绎推理。故选

参考答案:①A　②BC

项C的说法正确。法院在认定案件事实的过程中虽然主要依据法律规定,但仍需要运用价值引导的思考方式,综合考虑价值、利益、历史、目的等各种因素。故选项D的说法不正确。

8. 徐某被何某侮辱后一直寻机报复,某日携带尖刀到何某住所将其刺成重伤。经司法鉴定,徐某作案时辨认和控制能力存在,有完全的刑事责任能力。法院审理后以故意伤害罪判处徐某有期徒刑十年。关于该案,下列哪些说法是正确的?(2015-1-58)

　　A."徐某作案时辨认和控制能力存在,有完全的刑事责任能力"这句话包含对事实的法律认定
　　B. 法院判决体现了法的强制作用,但未体现评价作用
　　C. 该案中法官运用了演绎推理
　　D."徐某被何某侮辱后一直寻机报复,某日携带尖刀到何某住所将其刺成重伤"是该案法官推理中的大前提

【答案(　　)】①

【解析】"徐某作案时辨认和控制能力存在,有完全的刑事责任能力"这句话包含对徐某作案时认识能力的描述,因而属于对事实的法律认定。A项正确。法院审理后以故意伤害罪判处徐某有期徒刑十年,其中认定徐某的行为构成故意伤害罪,属于评价作用;判处有期徒刑十年,属于强制作用。B项错误。法官面对"徐某被何某侮辱后一直寻机报复,某日携带尖刀到何某住所将其刺成重伤"的案件事实(小前提),依据"故意伤害罪"的法律规范(大前提),做出判决,这就是演绎推理。C项正确,D项错误。

9. 某法院法官在审理案件中推理如下:《刑法》规定,故意伤害他人身体的,处三年以下有期徒刑、拘役或者管制;张某殴打他人造成轻伤,所以对其判处二年有期徒刑。这位法官所用的是下列哪一种推理?(2008四川-1-2)

　　A. 类比法律推理　　B. 归纳法律推理　　C. 演绎法律推理　　D. 设证法律推理

【答案(　　)】②

【解析】类比推理是从个别到个别的推论。其一般形式为:"A事物有a、b、c、d属性;B事物有a、b、c属性;因此,B类事物也具有d属性。"类比推理得到的结论可能是真也可能是假。归纳推理是从个别到一般的推论,归纳推理主张的是如果前提为真,结论就比较有可能为真或者不是假的。演绎推理是从大前提和小前提中必然地推导出结论或结论必然地蕴涵在前提之中的推论。设证推理是从所有能够解释事实的假设中优先选择一个假设的推论,属于逆推。根据上述四种推理的概念,结合本题,大前提是"故意伤害他人身体的,处三年以下有期徒刑、拘役或者管制";小前提是"张某殴打他人造成轻伤";结论是"对其判处二年有期徒刑"。所以法官运用的是演绎推理。C项当选。

第五节　法律解释

1.《全国人民代表大会常务委员会关于〈中华人民共和国刑法〉第一百五十八条、第一百五十九条的解释》中规定:"刑法第一百五十八条、第一百五十九条的规定,只适用于依法实行注册资本实缴登记制的公司。"关于该解释,下列哪一说法是正确的?(2016-1-13)

　　A. 效力低于《刑法》
　　B. 全国人大常委会只能就《刑法》作法律解释

参考答案:①AC　②C

C. 对法律条文进行了限制解释

D. 是学理解释

答案（　　）①

【解析】《全国人民代表大会常务委员会关于〈中华人民共和国刑法〉第一百五十八条、第一百五十九条的解释》属于立法解释。《立法法》第五十条规定，"全国人民代表大会常务委员会的法律解释同法律具有同等效力"。可见，该立法解释的效力与被解释的《刑法》相同。A项错误。《立法法》第四十五条规定，"法律解释权属于全国人民代表大会常务委员会。法律有以下情况之一的，由全国人民代表大会常务委员会解释：（一）法律的规定需要进一步明确具体含义的；（二）法律制定后出现新的情况，需要明确适用法律依据的。"可见，全国人大常委会有权解释所有法律。B项错误。限制解释是指，在法律解释的过程中，将法律条文的规范意义解释到比字面含义更为狭窄的程度。本题中的立法解释中有"只适用于"的表述，即属于典型意义的限制解释。C项正确。学理解释，通常也叫非正式解释，一般是指由学者或其他个人及组织对法律规定所作的不具有法律约束力的解释。与之相对的是法定解释，通常也叫正式解释、有权解释，是指由特定的国家机关、官员或其他有解释权的人对法律作出的具有法律上约束力的解释，根据解释的国家机关的不同，法定解释又可以分为立法、司法和行政三种解释。该解释由全国人大常委会作出，当然属于法定解释而非学理解释。D项错误。

2. 甲骑车经过乙公司在小区内的某施工场地时，由于施工场地湿滑摔倒致骨折，遂诉至法院请求赔偿。由于《民法通则》对"公共场所"没有界定，审理过程中双方对施工场地是否属于《民法通则》中的"公共场所"产生争议。法官参考《刑法》、《集会游行示威法》等法律和多个地方性法规对"公共场所"的规定后，对"公共场所"作出解释，并据此判定乙公司承担赔偿责任。关于此案，下列哪些选项是正确的？（2014－1－55）

A. 法官对"公共场所"的具体含义的证成属于外部证成

B. 法官运用了历史解释方法

C. 法官运用了体系解释方法

D. 该案表明，同一个术语在所有法律条文中的含义均应作相同解释

答案（　　）②

【解析】所谓"证成"，是给一个决定提供充足理由的活动或过程。从法律证成的角度看，法律决定的合理性取决于两个方面：（1）推导法律决定所依赖的推理前提是合理的、正当的，这是外部证成；（2）推理规则本身是可靠的，这是内部证成。对《民法通则》中"公共场所"这一概念的具体含义进行证成，很明显属于对法律推理的大前提的证立，是外部证成。A项正确。法官对"公共场所"这一概念的具体意义进行解释，很明显属于文义解释。在解释过程中，法官参考了《刑法》《集会游行示威法》等法律和多个地方性法规对"公共场所"的规定，可见属于体系解释。B项错误，C项正确。同一个术语在不同的法律条文中，含义自然有可能不同。D项错误。

3. 张林遗嘱中载明：我去世后，家中三间平房归我妻王珍所有，如我妻今后嫁人，则归我侄子张超所有。张林去世后王珍再婚，张超诉至法院主张平房所有权。法院审理后认为，婚姻自由是《宪法》基本权利，该遗嘱所附条件侵犯了王珍的婚姻自由，违反《婚姻法》的规定，因此无效，判决张超败诉。对于此案，下列哪一说法是错误的？（2014－1－13）

A. 婚姻自由作为基本权利，其行使不受任何法律限制

参考答案：①C　②AC

B. 本案反映了遗嘱自由与婚姻自由之间的冲突

C. 法官运用了合宪性解释方法

D. 张林遗嘱处分的是其财产权利而非其妻的婚姻自由权利

答案（　　）①

【解析】 在我国,任何权利都不是绝对的,都要受到限制。此为基本法理。A项明显错误。本案涉及了张某的遗嘱自由与其妻的婚姻自由之间的紧张关系,B项正确。张某的遗嘱处分的是其所有的三间平房的财产权利,没有也无权处分其妻的婚姻自由权利。D项正确。所谓合宪性解释,是指对法律作合乎《宪法》的解释,以保证《宪法》和法律之间的一致性。本案中,法院结合《宪法》婚姻自由的规定解释了《婚姻法》中的条款,属于合宪性解释方法。C项正确。

4. 关于法律解释和法律推理,下列哪一说法可以成立？（2009-1-9）

A. 作为一种法律思维活动,法律推理的根本目的在于发现绝对事实和真相

B. 法律解释和法律推理属于完全不同的两种思维活动,法律推理完全独立于法律解释

C. 法官在进行法律推理时,既要遵守和服从法律规则又要在不同利益冲突间进行价值平衡和选择

D. 法律推理是严格的形式推理,不受人的价值观影响

答案（　　）②

【解析】 自然科学研究中的推理才是一种寻找和发现真相和真理的推理,法律推理是一种寻求正当性证明的推理,法律推理的核心涉及运用法律规范评价特定人的行为正确与否,因此选项A不成立。法律推理与法律解释既有联系又有区别。法律推理离不开法律解释,为了得出法律判决的结论,就需要理解法律条文的正确含义,而法律解释则揭示法律的意义。选项B不成立。法律推理既有遵循形式逻辑进行的推理,也有进行实质性的价值判断,受人的价值观的影响较大。选项D不成立。法官裁判案件的过程,便是在不同的利益冲突间进行价值平衡和选择的过程。选项C成立。

5. 下列表述哪些可以成立？（2004-1-53）

A. 司机白某在驾车途中因突发心脏病,把车停在了标有"此处禁止停车,违者罚款100元"处,但白某最终没有受到处罚。此为运用辩证推理的结果

B. 在法的适用中,需要对"父母有抚养教育子女的义务,子女有赡养扶助父母的义务"这一规定进行限制解释

C. 林某因他杀死亡,其与妻子的婚姻法律关系因此而终结。引起该婚姻关系终结的死亡事件属于法律事件

D. 已加入甲国国籍的原福建人沈某在乙国印制人民币假钞20万元,其行为是否适用中国法律,属于法的空间效力问题

答案（　　）③

【解析】 演绎推理是一种从前提到结论的单一锁链的思维过程和证明模式。而法律适用的过程还需要对法律规定和案件事实的实质内容进行价值评价或者在相互冲突的利益间进行选择。A项中,如果直接进行演绎推理,则必须处罚;但警察进行了价值判断,没有处罚白某。据此,A项表述错误。限制解释是指在法律条文的字面含义显然比立法原意为广时,做出比字面含义窄的解释。该规定的立法原意为"父母有抚养教育未成年子女的义务,成年子女有赡养扶助父母的义务",显然,该条文规

参考答案:①A　②C　③ABC

定的字面含义要比立法原意宽,在适用中应作限制解释。依是否以人们的意志为转移作标准,可以将法律事实大体上分为两类,即法律事件和法律行为。法律事件是由法律规范规定的,不以当事人的意志为转移而引起法律关系形成、变更或消灭的客观事实。法律事件又分成社会事件和自然事件两种。法律行为可以作为法律事实而存在,能够引起法律关系形成、变更和消灭。该选项中的婚姻法律关系的终结与当事人的意志无关,因此林某死亡属法律事件。法的空间效力,指法在哪些地域有效力,适用于哪些地区。一般来说,一国法律适用于该国主权范围所及的全部领域,包括领土、领水及其底土和领空。法对人的效力,指法律对谁有效力,适用于哪些人。D项涉及沈某的行为是否适用中国法律的问题,显然属于法的对人效力,而非空间效力问题。因此,D项错误。

6. 下列关于法律解释的哪一表述是正确的?(2006-1-7)

A. 法律解释作为法律职业技术的核心,在任何有法律职业的国家中,其规则和标准没有不同

B. 法律解释方法是多种多样的,解释者往往只使用其中的一种方法

C. 法律解释不是可有可无的,而是必然存在于法律适用之中

D. 法律解释具有一定的价值取向性,因此,它是一种纯主观的活动,不具有客观性

答案(①)

【解析】法律解释是指一定的人或组织对法律规定意义的说明与阐述。而不同国家的法律职业人在法律解释的规则和标准方面自然会有不同,差异是客观存在的。选项A的表述不正确。法律解释的方法是指解释者在进行法律解释时为了达到解释的目标所使用的方法,大体上都包括文意解释、目的解释、体系解释、历史解释、论理解释等,实践中解释者在进行法律解释时往往需要综合采用这些解释方法,从不同的角度阐释分析解释的对象。故选项B的表述不正确。法律解释既是人们日常法律实践的重要组成部分,也是法律实施的一个重要的前提,是法律适用过程中不可或缺的步骤。故选项C正确。法律解释具有一定的价值取向性,是指法律解释的过程是一个价值判断、价值选择的过程。人们创制并实施法律是为了实现一定的目的,而这些目的又是以某些基本的价值为基础。这些目的和价值就是法律解释所要探求的法律意旨。在法律解释的实践中,这些价值一般体现为宪法原则和其他法律的基本原则,因此法律解释并非是一种纯主观性的活动,而有一定的客观性。故选项D的表述不正确。

7. 某商场促销活动时宣称:"凡购买100元商品均送80元购物券。对因促销活动产生的纠纷,本商场有最终解释权。"刘女士在该商场购买了1000元商品,返回800元购物券。刘女士持券买鞋时,被告知鞋类商品2天前已退出促销活动,必须现金购买。刘女士遂找商场理论,协商未果便将商场告上法庭。关于本案,下列哪一认识是正确的?(2012-1-14)

A. 从法律的角度看,"本商场有最终解释权"是一种学理解释权的宣称

B. 本案的争议表明,需要以公平正义去解释合同填补漏洞

C. 当事人对合同进行解释,等同于对合同享有法定的解释权

D. 商场的做法符合"权利和义务相一致"的原则

答案(②)

【解析】法律解释包括法定解释和学理解释,法定解释又可以分为立法、司法和行政三种解释。由学者或其他个人及组织对法律规定所做的不具有法律拘束力的解释,称为学理解释或无权解释。可见,学理解释是一种解释活动,并非一种行使权力的活动。本题设定的情景与法律解释无关,更谈不上学理解释权,所以A项表述不妥。当事人对于格式合同进行解释,显然不能等同于对合同享有

参考答案:①C ②B

法定解释权。C项不正确。本案的争议围绕该商场促销活动的相关条款展开,刘女士受相关宣传误导,购买了1000元商品,并获得了返还的购物券,但商场主张该购物券已然不能用于买鞋。这表明,在解释相关条款时,需要以公平正义去填补漏洞。B项正确。商场的做法明显不妥当,违背了"权利和义务相一致"的原则。D项错误。

8. 谢某、阮某与曾某在曾某经营的"皇太极"酒吧喝酒,离开时谢某从楼梯摔下,被扶起后要求在酒吧休息,第二天被发现已死亡。经鉴定,谢某系"醉酒后猝死"。该案审理中,合议庭对"餐饮经营者对醉酒者是否负有义务"产生争议。刘法官认为,我国相关法律对此没有明确规定,但根据德国、奥地利、芬兰等国判例,餐饮经营者负有确保醉酒顾客安全的义务,认定曾某负赔偿责任符合法律保护弱者的立法潮流。依据法学原理,下列哪一说法是正确的?(2010-1-9)

　　A. 刘法官的解释属于我国正式法律解释体制中的司法解释
　　B. 刘法官在该案的论证中运用了有关法的非正式渊源的知识
　　C. 从法律推理角度看,"经鉴定,谢某系'醉酒后猝死'"是推理的大前提
　　D. 从德国、奥地利、芬兰等国家存在判例的情形看,这些国家的法律属于判例法系

答案(　　①　　)

【解析】 在我国,正式解释只能由法定有权机关作出,司法解释仅指最高人民法院、最高人民检察院针对具体适用法律问题作出的解释。而刘法官的解释属于学理解释,不具有法律效力,不是司法解释,A项说法错误。非正式的法的渊源则指不具有明文规定的法律效力,但具有法律说服力,并能够构成法律人的法律决定的大前提的准则来源的那些资料,如正义标准、理性原则、公共政策、道德信念、社会思潮、习惯、乡规民约、社团规章、权威性法学著作,还有外国法。而在本案中,刘法官根据德国等判例进行判断,而外国判例在我国属于非正式渊源,故B项说法正确。法律推理中的演绎推理是以法律为大前提,事实为小前提,然后得出法律决定,而在本案中,谢某系'醉酒后猝死'是事实问题,所以是推理的小前提,故C项说法错误。德国、奥地利、芬兰等国家虽然存在判例的情形,但这些国家的法律属于大陆法系。判例法系特指英美法系。故D项错误。

9. 《物权法》第一百一十六条规定:"天然孳息,由所有权人取得;既有所有权人又有用益物权人的,由用益物权人取得。当事人另有约定的,按照约定。法定孳息,当事人有约定的,按照约定取得;没有约定或者约定不明确的,按照交易习惯取得。"关于这一规定,下列哪一说法是错误的?(2009-1-11)

　　A. 该规定属于法律要素中的确定性法律规则
　　B. 该规定对于具有物权孳息关系的当事人可以起到很明确的指引作用和预测作用
　　C. 该规定事实上允许法官可以在一定条件下以习惯作为司法审判的依据
　　D. 对"天然孳息"和"法定孳息"重要法律概念含义的解释应该首先采用客观目的解释的方法

答案(　　②　　)

【解析】 按照规则内容的确定性程度不同,可以把法律规则分为确定性规则、委任性规则和准用性规则。所谓确定性规则,是指内容本已明确肯定,无须再援引或参照其他规则来确定其内容的法律规则。在法律条文中规定的绝大多数法律规则属于此种规则。所谓委任性规则,是指内容尚未确定,而只规定某种概括性指示,需要由相应国家机关通过相应途径或程序加以确定的法律规则。所谓准用性规则,是指内容本身没有规定人们具体的行为模式,而是可以援引或参照其他相应内容规定的规则。题目中的规定内容明确,不需要求助于其他主体或其他法文件,因此属于确定性规则。选项A

参考答案:①B　②D

正确。法的作用分为规范作用和社会作用。法的规范作用可以分为指引、评价、教育、预测和强制五种。因此,特定的法律对于相关主体均具有这五种规范作用。所以,选项 B 正确。

任何国家的法的正式渊源都不可能是一个包罗万象的体系,也就是说,它不可能为法律实践中的每个法律问题都提供一个明确答案,即总会有一些法律问题不可能从正式的法的渊源中寻找到确定的大前提。当正式的法的渊源完全不能为法律决定提供大前提;或者,适用某种正式的法的渊源会与公平正义的基本要求、强制性要求和占支配地位的要求发生冲突;或者,一项正式的法的渊源可能会产生两种解释的模棱两可性和不确定性之时,法律人为了给法律问题提供一个合理的法律决定就需要诉诸法的非正式的渊源。而习惯在我国就属于法的非正式渊源。因此,选项 C 正确。根据法律解释的位阶,首先应当适用"语义学解释"而不是客观目的解释。选项 D 错误。

10. 某日,陈某因生活琐事将肖某打伤。当地公安局询问了双方和现场目击者并做了笔录,但未做处理。两年后,该公安局对陈某做出了拘留十日的处罚。陈某申诉,上一级公安局维持了原处罚决定。陈某提起诉讼。法官甲认为该公安局违反了《人民警察法》关于对公民报警案件应当及时查处的规定,因此应当撤销其处罚决定。法官乙认为,如果因公安局的迟延处理而撤销其处罚,就丧失了对陈某的违法行为进行再处理的可能,因此不应当撤销。依据法理学的有关原理,下列哪些选项是正确的?(2007-1-53)

A. 陈某与该公安局之间不存在法律关系
B. 法官甲的观点说明法律具有程序性的特征
C. 法官甲的推理属于形式推理
D. 法官乙的观点属于司法解释

答案(　　)①

【解析】法律关系是在法律规范调整社会关系的过程中所形成的人们之间的权利和义务关系。在本案中,陈某和公安局之间存在行政法律处罚关系。A 项错误。法官甲认为该公安局违反了《人民警察法》关于对公民报警案件应当及时查处的规定,国家权力的行使没有符合程序法律的要求,因此应当撤销其处罚决定。可见,B、C 两项正确。我国的司法解释由最高人民法院的审判解释和最高人民检察院的检察解释组成,法官乙的解释只是对于法律的一种阐释和说明,不属于司法解释。D 项错误。

11. 李某在某餐馆就餐时,被邻桌互殴的陌生人误伤。李某认为,依据《消费者权益保护法》第7条第1款中"消费者在购买、使用商品和接受服务时享有人身、财产安全不受损害的权利"的规定,餐馆应负赔偿责任,据此起诉。法官结合该法第7条第2款中"消费者有权要求经营者提供的商品和服务,符合保障人身、财产安全的要求"的规定来解释第7条第1款,认为餐馆对商品和服务之外的因素导致伤害不应承担责任,遂判决李某败诉。对此,下列哪一说法是不正确的?(2013-1-13)

A. 李某的解释为非正式解释
B. 李某运用的是文义解释方法
C. 法官运用的是体系解释方法
D. 就不同解释方法之间的优先性而言,存在固定的位阶关系

答案(　　)②

【解析】法律解释有正式解释和非正式解释之分。正式解释又称法定解释、有权解释,是指由特定的国家机关、官员或其他有解释权的人对法律做出的具有法律拘束力的解释。非正式解释又称为学理解释、无权解释,是指由学者或其他个人及组织对法律规定所做的不具有法律拘束力的解释,不被

参考答案:①BC　②D

作为执行法律的依据。本案中,李某并非有权主体,而属于普通公民,因此,A 项正确。文义解释是按照日常的、一般的或法律的语言使用方式清晰地描述制定法的某个条款、某个术语的内涵和外延,其将解释的焦点集中到了语言之上。本案中,李某的解释关系的是相关条款的表面文义,因此 B 项正确。体系解释是将被解释的条文放在整部法律当中乃至整个法律体系当中,联系此条文和其他法条的相互关系来解释法律。本案中,法官结合了其他条款来解释系争条款,因此运用了体系解释方法,C 项正确。在各种法律解释方法之间,除首先使用文义解释之外,其他解释方法一般无固定的优先关系。因此,D 项当选。

12. 《刑法》第 263 条规定,持枪抢劫是抢劫罪的加重理由,应处十年以上有期徒刑、无期徒刑或者死刑。冯某抢劫了某出租车司机的钱财。法院在审理过程中确认,冯某抢劫时使用的是仿真手枪,因此,法官在对冯某如何量刑上发生了争议。法官甲认为,持仿真手枪抢劫系本条款规定的持枪抢劫,而且立法者的立法意图也应是这样。因为如果立法者在制定法律时不将仿真手枪包括在枪之内,就会在该条款作出例外规定。法官乙认为,持仿真手枪抢劫不是本条款规定的持枪抢劫,而且立法者的意图并不是法律本身的目的;《刑法》之所以将持枪抢劫规定为抢劫罪的加重事由,是因为这种抢劫可能造成他人伤亡因而其危害性大,而持仿真手枪抢劫不可能造成他人伤亡,因而其危害性并不大。对此,下列哪些说法是正确的?(2006 - 1 - 56)

  A. 法官甲对《刑法》第 263 条规定的解释是一种体系解释
  B. 法官乙对《刑法》第 263 条规定的解释是一种目的解释
  C. 法官对仿真手枪是不是枪的判断是一种纯粹的事实判断
  D. 法官的争议说明:法律条文中所规定的"词"的意义具有一定的开放性,需要根据案件事实通过"解释学循环"来确定其意义

答案( )①

【解析】 所谓体系解释,也称逻辑解释、系统解释,是指从法律条文的体系结构方面所作的解释,它将被解释的法律条文放在整部法律中乃至于整个法律体系中,联系此法条与其他法条的相互关系来解释法律。目的解释包括两种:立法者的目的解释,又被称为主观目的解释,是指根据参与立法的人的意志或立法资料揭示某个法律规定的含义,或者说将对某个法律规定的解释建立在参与立法的人的意志或立法资料的基础之上。这种方法要求解释者对立法者的目的或意图进行证成。而要完成这个任务,解释者必须要以一定的立法资料如会议记录、委员会的报告等为根据。客观目的解释是指根据"理性的目的"或"在有效的法秩序的框架中客观上所指示的"目的即法的客观目的,而不是根据过去和目前事实上存在着的任何个人的目的,对某个法律规定进行解释。本案中,法官甲采立法者目的解释,法官乙采客观目的解释。故选 A 不正确,选项 B 正确。法官在认定案件事实的过程中不仅要进行事实判断,也要进行价值判断。故选项 C 不正确。所谓"解释学循环",即整体只有通过理解它的部分才能得到理解,而对部分的理解又只能通过对整体的理解才能达到。这种解释学循环可以帮助人们防止孤立地、断章取义地曲解法律。所以选项 D 是正确的。

13. 张某出差途中突发疾病死亡,被市社会保障局认定为工伤。但张某所在单位认为依据《工伤保险条例》,只有"在工作时间和工作岗位突发疾病死亡"才属于工伤,遂诉至法院。法官认为,张某为完成单位分配任务,须经历从工作单位到达出差目的地这一过程,出差途中应视为工作时间和工作岗位,故构成工伤。关于此案,下列哪些说法是正确的?(2015 - 1 - 59)

  A. 解释法律时应首先运用文义解释方法

参考答案:①BD

B. 法官对条文作了扩张解释
C. 对条文文义的扩张解释不应违背立法目的
D. 一般而言,只有在法律出现漏洞时才需要进行法律解释

答案(　　)①

【解析】各种法律解释方法之间没有固定的优先位序,但文义解释方法优先于其他解释方法。A项正确。法官在解释时,将"工作时间"的含义扩展至"从工作单位到达出差目的地这一过程",即"出差途中",明显属于扩张解释。B项正确。扩张解释自然不能随意扩张文义,而是应当受到立法目的的制约。C项正确。法律依赖于语言,而语言具有模糊性,因此必然需要解释。质言之,任何时候都要进行解释。D项错误。

14. 2007年,张某请风水先生选了块墓地安葬亡父,下葬时却挖到十年前安葬的刘某父亲的棺木,张某将该棺木锯下一角,紧贴着安葬了自己父亲。后刘某发觉,以故意损害他人财物为由起诉张某,要求赔偿损失以及精神损害赔偿。对于此案,合议庭意见不一。法官甲认为,下葬棺木不属于民法上的物,本案不存在精神损害。法官乙认为,张某不仅要承担损毁他人财物的侵权责任,还要因其行为违背公序良俗而向刘某支付精神损害赔偿金。对此,下列哪些说法是正确的?(2010-1-53)

A. 下葬棺木是否属于民法上的物,可以通过"解释学循环"进行判断
B. "入土为安,死者不受打扰"是中国大部分地区的传统,在一定程度上可以成为法律推理的前提之一
C. "公序良俗"属伦理范畴,非法律规范,故法官乙推理不成立
D. 当地群众对该事件的一般看法,可成为判断刘某是否受到精神损害的因素之一

答案(　　)②

【解析】解释活动都受到解释学循环规律和前理解的影响和制约。选项A正确。"入土为安,死者不受打扰"作为一种传统,属于风俗习惯,属于法的非正式渊源,在一定程度上可以成为法律推理的前提。选项B正确。"公序良俗"原则已经从伦理规范上升到法律规范,其在《民法通则》中有明确的规定。选项C错误。刘某是否受到精神损害,应从社会一般人的标准加以衡量,即取决于当地群众对该事件的一般看法。故D项正确。

15. 杨某与刘某存有积怨,后刘某服毒自杀。杨某因患风湿病全身疼痛,怀疑是刘某阴魂纠缠,遂先后3次到刘某墓地掘坟撬棺,挑出刘某头骨,并将头骨和棺材板移埋于自家责任田。事发后,检察院对杨某提起公诉。一审法院根据《中华人民共和国刑法》第302条的规定,认定杨某的行为构成侮辱尸体罪。杨某不服,认为坟内刘某已成白骨并非尸体,随后上诉。杨某对"尸体"的解释,属于下列哪些解释?(2012-1-55)

A. 任意解释　　B. 比较解释　　C. 文义解释　　D. 法定解释

答案(　　)③

【解析】法定解释是由特定的国家机关、官员或其他有解释权的人对法律做出的具有法律拘束力的解释。任意解释,又称为学理解释,是由学者或其他个人及组织对法律规定所做的不具有法律拘束力的解释。本题中,杨某认为坟内刘某已成为白骨并非尸体,他对"尸体"的解释明显不是法定解释,而是任意解释。A项正确,排除D项。比较解释是利用外国的立法例和判例学说对某个法律规定进行解释,本题中并未涉及外国,所以B项错误。根据题干,杨某的解释是根据日常的、一般或法律

参考答案:①ABC　②ABD　③AC

的语言使用方式清晰地描述制定法的某个条款、某个术语的内涵和外延,因此属于文义解释。C项入选。

16. 在一起案件中,主审法官认为,生产假化肥案件中的"假化肥"不属于《刑法》第一百四十条规定的"生产者、销售者在产品中掺杂、掺假,以假充真,以次充好或者以不合格产品冒充合格产品"中的"产品"范畴,因为《刑法》第一百四十七条对"生产假农药、假兽药、假化肥"有专门规定。关于该案,法官采用的法律解释方法属于下列哪一种?(2008-1-6)

A. 比较解释　　B. 历史解释　　C. 体系解释　　D. 目的解释

答案(①)

【解析】 历史解释是指依据正在讨论的法律问题的历史事实对某个法律规定进行解释。比较解释是指根据外国的立法例和判例学说对某个法律规定进行解释。如果说历史解释是利用历史上已发生的法律状况证成某个解释结果,那么比较解释是利用另一个社会或国家的法律状况证成某个法律解释结果。体系解释,也称逻辑解释、系统解释。这是指将被解释的法律条文放在整部法律中乃至整个法律体系中,联系此法条与其他法条的相互关系来解释法律。目的解释既有主观目的解释,也有客观目的解释。本条解释没有涉及外国,因此A项错误。本题中没有对历史资料的研究或对新旧法律的对比,因此,不属于历史解释,B项错误。本案中正是将《刑法》第140条置于其与第147条的相互关系中加以理解,因此,属于体系解释,C项正确。本案不存在目的解释,D项错误。

【一招制敌】 不涉及外国,即谈不上比较解释。

17. 2003年7月,年过七旬的王某过世,之前立下一份"打油诗"遗嘱:"本人已年过七旬,一旦病危莫抢救;人老病死本常事,古今无人寿长久;老伴子女莫悲愁,安乐停药助我休;不搞哀悼不奏乐,免得干扰邻和友;遗体器官若能用,解剖赠送我原求;病体器官无处要,育树肥花环境秀;我的一半财产权,交由老伴可拥有;上述遗愿能实现,我在地下乐悠悠。"

对于王某遗嘱中"我的一半财产权"所涉及的住房,指的是"整个房子的一半",还是"属于父亲份额的一半",家人之间有不同的理解。儿子认为,父亲所述应理解为母亲应该继承属于父亲那部分房产的一半,而不是整个房产的一半。王某老伴坚持认为,这套房子是其与丈夫的共同财产,自己应拥有整个房产(包括属于丈夫的另一半房产)。关于该案,下列哪一说法是正确的?(2012-1-11)

A. 王某老伴与子女间的争议在于他们均享有正式的法律解释权
B. 王某老伴与子女对遗嘱的理解属于主观目的解释
C. 王某遗嘱符合意思表示真实、合法的要求
D. 遗嘱中的"我的一半财产权"首先应当进行历史解释

答案(②)

【解析】 法定解释,又称为正式解释、有权解释,是由特定的国家机关、官员或其他有解释权的人对法律做出的具有法律拘束力的解释。本案中各方均不享有正式的法律解释权,因此各解释方案均属于非正式解释。A项错误。主观目的解释,又称为立法者目的解释,是指根据参与立法的人的意志或立法资料揭示某个法律规定的含义,将对某个法律规定的解释建立在参与立法者的意志或立法资料的基础之上。本案中仅涉及私人的遗嘱,与立法者无关,因此不属于主观目的解释,B项错误。各种法

参考答案:①C　②C

律解释方法之间应当确立一个位阶关系,对于遗嘱,首先应当进行的是文义解释,而非历史解释。D项错误。王某在去世之前立下的遗嘱,是根据自己的真实意思作出的符合法律规定的意思表示,故此C项正确。

18. 法律解释是法律适用中的必经环节。关于法律解释及其方法,下列哪一说法是错误的?(2010-1-10)

A. "欲寻词句义,应观上下文",描述的是体系解释方法

B. 文义解释是首先考虑的解释方法,相对于其他解释方法具有优先性

C. 历史解释的对象主要是法律问题中的历史事实,与特定解决方案中的法律后果无关

D. 客观目的解释中,一些法伦理性的原则可以作为解释的根据

答案(　　)①

【解析】 体系解释,是将被解释的法律条文放在整部法律乃至整个法律关系中,联系此法条与其他法条的相互关系来解释法律。选项A中的"上下文",即强调了体系背景,因此正确。现今大部分法学家都认可下列位阶:文义解释→体系解释→立法者意图或目的解释→历史解释→比较解释→客观目的解释。虽然这个顺序并不固定,但文义解释相对于其他解释方法具有优先性是无疑的。选项B说法正确。历史解释是依据正在讨论的法律问题的历史事实对某个法律规定进行解释,其在本质上也是为正确的法律推理和法律判断服务的。因此,作为解释利用工具的"法律问题中的历史事实"与解释寻求的结果"特定解决方案中的法律后果"之间关联甚密。选项C说法错误。客观目的解释是指根据"理性的目的"或"在有效的法秩序的框架中客观上所指示的"目的即法的客观目的,而不是根据过去和目前事实上存在着的任何个人的目的,对某个法律规定进行解释。客观目的解释的目的是追求符合实际的正义,故一些正义标准和伦理性原则可以被使用,D项说法正确。

19. 有的公园规定:"禁止攀枝摘花。"此规定从法学的角度看,也可以解释为:不允许无故毁损整株花木。这一解释属于下列哪一项?(2003-1-2)

A. 扩大解释　　B. 文法解释　　C. 目的解释　　D. 历史解释

答案(　　)②

【解析】 文理(文法)解释是指根据法律用语的文义及其通常使用方式阐释刑法意义的解释方法,其根据主要是语词的含义、语法、标点及标题。文理解释是一种基本的但并非简单的解释方法。如果文理解释的结论合理,则没有必要采取论理解释的方法;如果文理解释的结论不合理或者产生多种结论,则必须进行论理解释。论理解释是指参酌法律产生的原因、目的、沿革及其他相关事项,按照立法精神,阐明其真实含义的解释方法。论理解释又有目的解释、历史解释、扩大解释、缩小解释等具体类型。其中,扩大解释,即法条字面的通常含义比法的真实含义窄,于是扩张字面含义,使其符合法的真实含义。缩小解释,即条文的字面通常含义比真实含义广,于是限制字面含义,使其符合法的真实含义。本条中禁止攀枝摘花,文面含义更为广泛,当解释为"毁损整株花木"时明显外延被缩小了,因此属于缩小解释,而非扩大解释。A项错误。目的解释是指从制定某一法律的目的来解释法律。本题中,公园的规定的目的无非是保证公园花木的正常生长,因此解释为"不允许无故毁损整株花木",可以理解为目的解释。因此C选项相对正确。

20. 王某在未依法取得许可的情况下购买氰化钠并存储于车间内,被以非法买卖、存储危险物质罪提起公诉。法院认为,氰化钠对人体和环境具有极大毒害性,属于《刑法》第125条第2款规定的毒害

参考答案:①C　②C

性物质,王某未经许可购买氰化钠,虽只有购买行为,但《刑法》条文中的"非法买卖"并不要求兼有买进和卖出的行为,王某罪名成立。关于该案,下列说法正确的是:(2016-1-89)

A. 法官对"非法买卖"进行了目的解释
B. 查明和确认"王某非法买卖毒害性物质"的过程是一个与法律适用无关的过程
C. 对"非法买卖"的解释属于外部证成
D. 内部证成关涉的是从前提到结论之间的推论是否有效

答案(①)

【解析】文义解释,也称为语法解释、文法解释、文理解释,是指按照日常的、一般的或法律的语言使用方式清晰地描述制定法的某个条款的内容。文义解释的特点是将解释的焦点集中在语言上,而不顾及根据语言解释得出的结果是否公正、合理。目的解释包括立法者目的解释和客观目的解释。立法者目的解释又称为主观目的解释,是指根据参与立法的人的意志或立法资料揭示某个法律规定的含义,或者说对某个法律规定的解释建立在参与立法的人的意志或立法资料的基础上。这种方法要求解释者对立法者的目的或意图进行证成。而要完成这个任务,解释者必须要以一定的立法资料如会议记录、委员会的报告等为根据。客观目的解释是指根据"理性的目的"或"在有效的法秩序的框架中客观上所指示的"目的,即法的客观目的,而不是根据过去和目前事实上存在着的任何个人的目的,对某个法律规定进行解释。这一目的一方面涉及被规范的事物领域的结构,即实际的既存状态;另一方面涉及一些法伦理性的原则。

本题中,法院认为,氰化钠对人体和环境具有极大毒害性,属于《刑法》第125条第2款规定的毒害性物质,王某未经许可购买氰化钠,虽只有购买行为,但《刑法》条文中的"非法买卖"并不要求兼有买进和卖出的行为,王某罪名成立。可见,法院作了两个解释:一个是对毒害性物质是否包括氰化钠;一个是对"非法买卖"是否包括只有买进没有卖出的行为。在这两种解释的过程中,法院只是提供了解释的结论,而没有说明解释过程,也提供了解释的论据,因此实际上无法判断究竟运用了何种解释方法。法官对"非法买卖"可能进行了文义解释,也可能进行了目的解释。因此,A项说进行了目的解释,从题目给的材料中根本看不出来。

查明和确认案件事实的过程,就是一个把生活事实上升到法律事实高度的过程,在这个过程中,哪些生活事实可以成为法律事实,哪些生活事实不能成为法律事实,离不开主体对法律的理解。法律适用就是司法活动。查明和确认"王某非法买卖毒害性物质"的过程,很明显就是为法律适用活动确定案件事实即小前提的过程。B项错误。

对法律决定所依赖的前提的证成属于外部证成。前提既包括大前提(法律规范),也包括小前提(案件事实)。"非法买卖"是法律规范的组成部分,它属于大前提的范畴,因此,法院对"非法买卖"作出解释就等于是对大前提作出解释,这是对前提的证成,当然属于外部证成。C项正确。

法律决定必须按照一定的推理规则从相关前提中逻辑地推导出来,属于内部证成。它关涉的只是从前提到结论之间的推论是否是有效的,而推论的有效性或真实性依赖于是否符合推理规则或规律。D项正确。

21. 法律解释、法律推理与法律职业、法律思维之间有着密切的联系,法学院同学甲与乙对此有过讨论。甲认为:①法律职业的独特性与其所特有的法律思维是分不开的;②法律思维是一种仅仅依靠法官自由裁量的思维;③法律解释和法律推理是抽象的,它具体体现在法律思维中。乙则认为:①法律思维是一种仅仅进行形式逻辑推理的思维;②通过进行法律解释和法律推理,能够培养和深化法律思

参考答案:①CD　官方参考答案:①ACD

维,有助于保持法律职业的自律和自治。下列何种选项的观点是正确的?(2003-1-84)

A. 甲的观点①和②
B. 甲的观点①和乙的观点②
C. 甲的观点③和乙的观点①
D. 甲的观点②和乙的观点②

答案(①　)

【解析】法律思维以法律规定为基础,而非仅仅依靠法官自由裁量。法律思维是抽象的,而法律解释和法律推理是具体的,抽象法律思维需要通过具体的法律解释和法律推理来呈现。因此,甲的观点②和③都是错误的。法律推理既有运用形式逻辑进行的(包括演绎推理和归纳推理),也有进行实质性价值判断的情况。因此,乙的观点①也是错误的。

22. 根据《立法法》的规定,在下列何种情况下,法律由全国人民代表大会常务委员会解释?(2005-1-93)

A. 法律的规定需要进一步明确具体含义的
B. 法律制定后出现新的情况,需要明确适用法律依据的
C. 法律之间发生冲突,需要裁决其效力优先性的
D. 执法过程中具体适用法律的疑难问题

答案(②　)

【解析】根据《立法法》的规定,法律解释权属于全国人民代表大会常务委员会。法律有以下情况之一的,由全国人民代表大会常务委员会解释:(一)法律的规定需要进一步明确具体含义的;(二)法律制定后出现新的情况,需要明确适用法律依据的。A、B项为正确答案。

23. 2004年《全国人民代表大会常务委员会关于〈中华人民共和国刑法〉有关信用卡规定的解释》规定:"刑法规定的'信用卡',是指由商业银行或者其他金融机构发行的具有消费支付、信用贷款、转账结算、存取现金等全部功能或者部分功能的电子支付卡。"对此,下列哪些说法是正确的?(2009-1-51)

A. 该解释是学理解释
B. 该解释属于有权解释
C. 该解释和刑法本身具有同等效力
D. 该解释所采用的是文理解释

答案(③　)

【解析】法律解释分为正式解释和非正式解释(学理解释)。正式解释,通常也叫法定解释、有权解释,是指由特定的国家机关、官员或其他有解释权的人对法律作出的具有法律上约束力的解释。正式解释包括立法解释、司法解释和行政解释。非正式解释,通常也叫学理解释、无权解释,一般是指由学者或其他个人及组织对法律规定所作的不具有法律约束力的解释。这种解释是学术性或常识性的,不被作为执行法律的依据。本题中的解释由全国人大常委会做出,是正式解释、有权解释,而非学理解释。选项A错误,选项B正确。根据《立法法》的规定,该解释和法律具有同等效力。选项C正确。文义解释,也称语法解释、文法解释、文理解释。这是指按照日常的、一般的或法律的语言使用方式清晰地描述制定法的某个条款的内涵。该解释采取对"信用卡"下定义的方式解释之,故是"文理解释"。选项D正确。

24. 全国人民代表大会法律委员会和其他有关专门委员会经审查认为报全国人大常委会备案的司法解释与法律相抵触,而有关解释机关不予修改或废止的,法律委员会和其他有关专门委员会可依法采取下列哪些措施?(2008-1-64)

参考答案:①B　②AB　③BCD

A. 可以决定撤销该司法解释

B. 可以提出要求作出司法解释的机关予以修改、废止的议案

C. 可以提出由全国人大常委会作出立法解释的议案

D. 将该司法解释发回,发回后立即失效,但失效不具有溯及力

答案( )①

【解析】根据《中华人民共和国各级人民代表大会常务委员会监督法》第33条的规定,本题选择B、C项。

相关法条 《中华人民共和国各级人民代表大会常务委员会监督法》

第三十一条 最高人民法院、最高人民检察院作出的属于审判、检察工作中具体应用法律的解释,应当自公布之日起三十日内报全国人民代表大会常务委员会备案。

第三十二条 国务院、中央军事委员会和省、自治区、直辖市的人民代表大会常务委员会认为最高人民法院、最高人民检察院作出的具体应用法律的解释同法律规定相抵触的,最高人民法院、最高人民检察院之间认为对方作出的具体应用法律的解释同法律规定相抵触的,可以向全国人民代表大会常务委员会书面提出进行审查的要求,由常务委员会工作机构送有关专门委员会进行审查、提出意见。

前款规定以外的其他国家机关和社会团体、企业事业组织以及公民认为最高人民法院、最高人民检察院作出的具体应用法律的解释同法律规定相抵触的,可以向全国人民代表大会常务委员会书面提出进行审查的建议,由常务委员会工作机构进行研究,必要时,送有关专门委员会进行审查、提出意见。

第三十三条 全国人民代表大会法律委员会和有关专门委员会经审查认为最高人民法院或者最高人民检察院作出的具体应用法律的解释同法律规定相抵触,而最高人民法院或者最高人民检察院不予修改或者废止的,可以提出要求最高人民法院或者最高人民检察院予以修改、废止的议案,或者提出由全国人民代表大会常务委员会作出法律解释的议案,由委员长会议决定提请常务委员会审议。

25. 某省人大常务委员会认为一项法律的个别条款在适用上存在某些困难,并认为有必要对该条款作出法律解释。根据我国宪法和立法法规定,该省人大常委会正确的做法是?(2007-1-93)

A. 对该条款直接作出法律解释

B. 提请全国人民代表大会常务委员会就该条款作出法律解释

C. 提请最高人民法院就该条款作出司法解释

D. 提请全国人民代表大会就该条款作出法律解释

答案( )②

【解析】全国人大常委会才是具有法律解释权的机关,省人大常委会不具有法律解释权,全国人大也不从事法律解释活动。因此,A、D两项错误。根据《立法法》的规定,省、自治区、直辖市的人民代表大会常务委员会可以向全国人民代表大会常务委员会提出法律解释要求,故而选项B符合要求,入选。最高法院可以对某些法律的具体执行和适用作出司法解释,但这种司法解释一般都是最高法院主动作出或是下级法院在具体适用法律的过程中发现问题提请最高法院予以解释的。省级人大常委会与最高人民法院没有上下隶属关系,不宜提请最高法院予以司法解释。C项表述有误。

26.《最高人民法院关于适用〈中华人民共和国合同法〉若干问题的解释(二)》第十九条规定:"对于合同法第七十四条规定的'明显不合理的低价',人民法院应当以交易当地一般经营者的判断,并参考交易当时交易地的物价部门指导价或者市场交易价,结合其他相关因素综合考虑予以确认。"关于该

参考答案:①BC ②B

解释,下列哪些说法是正确的? (2015-1-60)
A. 并非由某个个案裁判而引起
B. 仅关注语言问题而未涉及解释结果是否公正的问题
C. 具有法律约束力
D. 不需报全国人大常委会备案

答案( )①

【解析】《立法法》规定,最高人民法院、最高人民检察院作出的属于审判、检察工作中具体应用法律的解释,应当主要针对具体的法律条文,并符合立法的目的、原则和原意。质言之,在我国,司法解释不是针对具体个案。A项正确。司法解释很明显既关注语言问题,也要求解释结果公正合理,B项错误。司法解释在我国属于正式解释,具有法律约束力。C项正确。根据《立法法》的规定,最高人民法院、最高人民检察院作出的属于审判、检察工作中具体应用法律的解释,应当自公布之日起三十日内报全国人民代表大会常务委员会备案。D项错误。

27. 2001年全国人大常委会作出解释:《刑法》第四百一十条规定的"非法批准征用、占用土地",是指非法批准征用、占用耕地、林地等农用地以及其他土地。对该法律解释,下列哪一种理解是错误的?(2005-1-7)
A. 该解释属于立法解释
B. 该解释的效力与所解释的刑法条文的效力相同
C. 该解释与司法解释的效力相同
D. 该解释的效力具有普遍性

答案( )②

【解析】立法解释,从狭义上讲,是指全国人大常委会对法律作出的具有普遍约束力的解释,所以A项是正确的。《立法法》规定,全国人民代表大会常务委员会的法律解释同法律具有同等效力,所以选项B正确,而且"全国人大常委会的法律解释同法律具有同等效力"自然具有普遍约束力,因此选项D正确。司法解释是指最高法院和最高检察院对法律作出的具有普遍约束力的解释,由于最高法和最高检的地位低于全国人大常委会,所以司法解释的效力也低于立法解释。因此选项C错误。

【一招制敌】在我国,立法解释权归全国人大常委会。

28. 最高法院、最高检察院联合公布了《关于执行刑法确定罪名的补充规定(三)》,对适用《刑法》的部分罪名进行了补充或修改,取消了原来的"公司、企业人员受贿罪"罪名,修改为"非国家工作人员受贿罪"。对此,下列哪些选项是正确的?(2008四川-1-53)
A. 该规定属于立法解释
B. 该规定没有正式的法的效力
C. 该规定的效力低于宪法
D. 该规定属于正式解释

答案( )③

【解析】立法解释,是特定立法机关根据立法原意,对法律规范具体条文的含义以及所使用的概念、术语、定义所作的说明。我国由全国人大常委会行使立法解释权。因此,A项说法错误。最高法、最高检的解释属于司法解释,同样属于有权解释、正式解释,具有正式的法的效力。因此,B项说法错误,D项说法正确。在我国,《宪法》具有最高法效力,而该规定属于司法解释,法律效力自然低于《宪法》。因此,C项说法正确。

参考答案:①AC ②C ③CD

29. 2005年8月全国人大常委会对《妇女权益保障法》进行了修正,增加了"禁止对妇女实施性骚扰"的规定,但没有对"性骚扰"予以具体界定。2007年4月,某省人大常委会通过《实施〈中华人民共和国妇女权益保障法〉办法》,规定"禁止以语言、文字、电子信息、肢体等形式对妇女实行骚扰"。关于该《办法》,下列哪一选项可以成立?(2007-1-5)

A.《办法》对构成"性骚扰"具体行为所作的界定,属于对《妇女权益保障法》的立法解释
B.《办法》属于《妇女权益保障法》的下位法,按照法律高于法规的原则其效力较低
C.《办法》属于对《妇女权益保障法》的变通或补充规定
D.《办法》对"性骚扰"进行了体系解释

答案(①)

【解析】 在我国,立法解释权的享有者是全国人大常委会,而不是某省人大常委会,所以A项的说法是错误的。民族自治地方的人大有权制定自治条例和单行条例,自治条例和单行条例可以依照当地民族的特点,对法律和行政法规的规定作出变通规定,但不得违背法律或者行政法规的基本原则,不得对《宪法》和民族区域自治法的规定以及其他有关法律、行政法规专门就民族自治地方所作的规定作出变通规定。本题中,某省人大常委会并非"民族自治地方"的人大,因此无权制定变通或者补充规定,C项的说法错误。所谓体系解释,就是将法律条文或者法律概念放在整个法律体系中,联系此法条与其他法条的相互关系来明晰某一具体法律规范或法律概念的含义。而本题中的《办法》的规定很明显进行的是文义解释,所以D是错误的。《办法》属于《妇女权益保障法》的下位法,自然效力低于《妇女权益保障法》。B项正确。

30.《最高人民法院、最高人民检察院关于办理赌博刑事案件具体应用法律若干问题的解释》第二条规定:"以营利为目的,在计算机网络上建立赌博网站,或者为赌博网站担任代理,接受投注的,属于刑法第三百零三条规定的'开设赌场'"。关于该解释,下列哪一说法是不正确的?(2014-1-14)

A. 属于法定解释
B. 对《刑法》条文做了扩大解释
C. 应当自公布之日起30日内报全国人大常委会备案
D. 运用了历史解释方法

答案(②)

【解析】 该解释既然是最高人民法院和最高人民检察院作出的,自然属于法定解释中的司法解释。A项正确。两高作出的属于审判、检察工作中具体应用法律的解释,应当自公布之日起30日内报全国人大常委会备案。C项正确。本条属于对"开设赌场"的范围进行说明,属于文义解释。限制解释或扩大解释都是针对法律本来的文义而言的。倘若缩小法律概念本来的文义范围,使其限定于或接近于法律概念的核心意义或中心地带,即称为限制解释或缩小解释。倘若扩大法律概念本来的文义范围,使其扩及法律概念意义范围的边缘地带,则称为扩大解释或扩张解释。本题中,将"开设赌场"的范围扩大至"在计算机网络上建立赌博网站,或者为赌博网站担任代理,接受投注的"行为,已然扩张至"赌场"概念的边缘地带,很明显属于扩大解释。B项正确。

31. 某法院在一起疑难案件的判决书中援引了法学教授叶某的学说予以说理。对此,下列哪些说法是正确的?(2015-1-57)

A. 法学学说在当代中国属于法律原则的一种

参考答案:①B ②D

B. 在我国,法学学说中对法律条文的解释属于非正式解释

C. 一般而言,只能在民事案件中援引法学学说

D. 参考法学学说有助于对法律条文作出正确理解

答案( )①

【解析】法学教授的法学学说不具有明定的法律效力,但是具有一定的说服力,因而属于非正式渊源,不可能是法律原则。因为法律原则和法律规则统称为法律规范,属于正式渊源。A项错误。同样道理,法学学说中对于法律条文的解释没有正式的法律效力,因而属于非正式解释。B项正确。在缺乏正式渊源,或者正式渊源的适用存在问题时,均可以运用非正式渊源,帮助法律条文的理解以及案件的妥善解决,而并不局限于民事案件。C项错误,D项正确。

32. 关于我国司法解释,下列哪些说法是错误的?(2014-1-54)

A. 林某认为某司法解释违背相关法律,遂向全国人大常委会提出审查建议,这属于社会监督的一种形式

B. 司法解释的对象是法律、行政法规和地方性法规

C. 司法解释仅指最高法院对审判工作中具体应用法律、法令问题的解释

D. 全国人大法律委员会和有关专门委员会经审查认为司法解释同法律规定相抵触的,可以直接撤销

答案( )②

【解析】一国的法律监督体系包括国家法律监督体系和社会法律监督体系两类。其中,国家法律监督体系具有明确的权限和范围,有法定的程序,以国家名义进行,具有国家强制力和法的效力,包括国家权力机关、行政机关和司法机关的监督。这是我国法律监督体系的核心。而社会法律监督体系具有广泛性和人民性,包括中国共产党的监督、社会组织的监督、公民的监督、法律职业群体的监督和新闻舆论的监督等。这种监督也具有重要的意义。A项中,林某以个体公民的身份向国家机关提出审查建议,这属于典型的社会监督。A项正确。

司法解释包括了最高法和最高检的解释。可见,C项错误。根据《立法法》的规定,凡属于法院审判工作中具体应用法律法令的问题,由最高院解释;凡属于检察院检察工作中具体应用法律法令的问题,由最高检解释。可见,在我国,司法解释的对象只包括全国人大及其常委会制定的规范性法文件。所以,B项错误。

专门委员会只是全国人大及其常委会领导下的一个工作机关,无权直接撤销最高法和最高检的司法解释。如果专门委员会认为司法解释抵触法律,而两高又不修改或废止,有两种办法:(1)提出要求两高修改废止的议案;(2)提出由全国人大常委会做出解释的议案。可见,D项错误。

第三章 法与社会

第一节 法与社会的一般理论

奥地利法学家埃利希在《法社会学原理》中指出:"在当代以及任何其他的时代,法的发展的重心既

参考答案:①BD ②BCD

不在立法,也不在法学或司法判决,而在于社会本身。"关于这句话含义的阐释,下列哪一选项是错误的?(2009-1-7)

A. 法是社会的产物,也是时代的产物
B. 国家的法以社会的法为基础
C. 法的变迁受社会发展进程的影响
D. 任何时代,法只要以社会为基础,就可以脱离立法、法学和司法判决而独立发展

答案( )①

【解析】选项A正确。法是社会的产物,社会性质决定法律性质,社会物质生活条件最终决定着法律的本质。社会是法的基础,制定、认可法律的国家以社会为基础,国家权力以社会力量为基础;同时也可以说,国家法以社会法为基础,"纸上的法"以"活法"为基础。法律的发展受社会发展进程的影响,不同的社会就有不同的法律。据此,选项A、B、C正确。选项D表述过于绝对,明显错误,错在"任何时代",比如英美法系的普通法就不能脱离司法判决而独立存在。

【一招制敌】法的独立性是相对独立性,而非绝对独立性。

第二节 法与和谐社会

关于法与社会相互关系的下列哪一表述不成立?(2006-1-4)

A. 按照马克思主义的观点,法的性质与功能决定于社会,法与社会互相依赖、互为前提和基础
B. 为了实现法对社会的有效调整,必须使法律与其他的资源分配系统进行配合
C. 构建和谐社会,必须强调理性、正义和法律统治三者间的有机联系
D. 建设节约型社会,需要综合运用经济、法律、行政、科技和教育等多种手段

答案( )②

【解析】马克思曾经指出:"社会不是以法律为基础,那是法学家的幻想。相反,法律应该以社会为基础。"A项错误明显,法律不可能作为社会的前提和基础。其他选项没有问题。为了有效地通过法律控制社会,必须使法律与宗教、道德、政策等社会规范和资源分配系统进行配合。B项正确。

第三节 法与经济

1. 2007年8月30日,我国制定了《反垄断法》,下列说法哪些可以成立?(2009-1-54)

A.《反垄断法》的制定是以我国当前的市场经济为基础的,没有市场经济,就不会出现市场垄断,也就不需要《反垄断法》,因此可以说,社会是法律的母体,法律是社会的产物
B. 法对经济有积极的反作用,《反垄断法》的出台及实施将会对我国市场经济发展产生重要影响
C. 我国市场经济的发展客观上需要《反垄断法》的出台,这个事实说明,唯有经济才是法律产生和发展的决定性因素,除经济之外法律不受其他社会因素的影响
D. 为了有效地管理社会,法律还需要和其他社会规范(道德、政策等)积极配合,《反垄断法》在管

参考答案:①D ②A

理市场经济时也是如此。

答案（ ）①

【解析】法律是社会的产物,社会是法律的基础。《反垄断法》的制定正是社会经济发展的需要,在此意义上,可以说其是社会发展的产物。A项正确。经济基础决定上层建筑,上层建筑对经济基础也具有反作用。因此,作为上层建筑的一个部分,法律对经济基础具有能动的反作用,其可以通过调整生产关系反作用于生产力。所以,B项表述正确。法的起源、本质、作用和发展变化都受社会经济基础的制约,但是,不能据此就认为法律不受其他因素的影响,或者与其他社会因素无关;相反,法律不是万能的,其作用的真正发挥需要和其他社会规范相互配合、相互补充。C项说法不能成立,D项正确。

【点睛之笔】法的产生和发展受到多种因素影响。

2. 法律与利益有着内在的联系。下列关于法律与利益关系的表述,哪一项是错误的?（2005-1-1）
   A. 法对社会的控制和调整主要通过对利益的调控而实现
   B. 法律是分配利益的重要手段,法律表达利益的过程,同时也是对利益选择的过程
   C. 民法的诚信原则在维护民事活动中当事人利益和社会利益的平衡方面具有积极作用
   D. 离开了法律,利益就无从产生,也无以存在

答案（ ）②

【解析】利益是指适合社会主体生存与发展需要的诸因素或条件。法律与利益有着密切的关系,法律对社会的控制和调整主要是通过对利益的调控而实现,所以A项成立。法律确认利益,通过调整利益关系分配社会资源。法律确认利益主体,规定利益范围;法律存在的意义就在于促进人们利益需要的不断满足。因此B项成立。法律通过利益平衡进行社会控制。法律是利益衡量、利益平衡的重要制度,通过对人类基本利益的保障、优先利益的确认来解决社会纠纷,平息社会矛盾,恢复社会常态,促进社会发展。故C项正确。利益是法律的基础,法律将社会利益转化为法律上的权利义务进行规定。所以,D项的表述存在问题。

第四节 法与政治

我国于2015年公布了全面实施一对夫妇可生育两个孩子的政策,《人口与计划生育法》随即作出修改。对此,下列哪些说法是正确的?（2016-1-51）
   A. 在我国,政策与法律具有共同的指导思想和社会目标
   B. 立法在实践中总是滞后的,只能"亡羊补牢"而无法适度超越和引领社会发展
   C. 越强调法治,越要提高立法质量,通过立法解决改革发展中的问题
   D. 修改《人口与计划生育法》有助于缓解人口老龄化对我国社会发展的压力

答案（ ）③

【解析】法与政策在内容和实质方面存在联系,包括阶级本质、经济基础、指导思想、基本原则和社会目标等在根本方面具有共同性,但二者在意志属性、规范形式、实施方式、调整范围、稳定性程序化程度等方面则具有明显差别。A项正确。法律是治国之重器,良法是善治之前提。建设中国特色社会主义

参考答案：①ABD ②D ③ACD

法治体系,必须坚持立法先行,发挥立法的引领和推动作用,抓住提高立法质量这个关键。B项中认为立法无法引领社会发展是错误的,C项提高立法质量是正确的。之所以修改《人口与计划生育法》,调整人口政策,就是为了应对当下人口老龄化和低生育率所带来的人口可持续发展能力低下的问题,D项表述无误。

第五节 法与科学技术

1. 2007年,某国政府批准在实验室培育人兽混合胚胎,以用于攻克帕金森症等疑难疾病的医学研究。该决定引发了社会各界的广泛关注和激烈争议。对此,下列哪些评论是正确的?(2009-1-53)

A. 目前人兽混合胚胎研究在法律上尚未有规定,这是成文法律局限性的具体体现
B. 人兽混合胚胎研究有可能引发严重的社会问题,因此需要及时立法给予规范和调整
C. 如因该研究成果发生了民事纠纷而法律对此没有规定,则法院可以依据道德、习惯或正义标准等非正式法律渊源进行审理
D. 如该国立法机关为此制定法律,则制定出的法律必然是该国全体公民意志的体现

答案(　　)①

【解析】法律不是万能的,有其局限性。比如法律调整社会关系的深度和范围有限,一般而言制定法总是落后于社会实践,具有一定的滞后性。选项A正确。人兽混合胚胎研究涉及人类自身的健康安全、伦理问题,有可能引发严重的社会问题,因此需要立法及时加以规范和调整。根据法的渊源的理论,在正式法源没有规定的时候,可以依据道德、习惯、正义标准等非正式法源加以审理。选项B、C正确。根据法的本质的理论,法律是国家意志的体现,是统治阶级意志的体现,根本上受到一定的社会物质生活条件的制约。因此,选项D忽视了法的阶级性,因此错误。

2. 生物科技和医疗技术的不断发展,使器官移植成为延续人的生命的一种手段。近年来,我国一些专家呼吁对器官移植进行立法,对器官捐献和移植进行规范。对此,下列哪种说法是正确的?(2006-1-6)

A. 科技作为第一生产力,其发展、变化能够直接改变法律
B. 法律的发展和变化也能够直接影响和改变科技的发展
C. 法律既能促进科技发展,也能抑制科技发展所导致的不良后果
D. 科技立法具有国际性和普适性,可以不考虑具体国家的伦理道德和风俗习惯

答案(　　)②

【解析】科技的发展、变化的确能够影响法律,但并不能直接改变法律,能直接改变法律的是立法活动;法律的发展变化也能够影响科技的发展,但只是通过为科技发展营造良好的法律环境,从而间接性地推动或抑制科技的发展,而不能直接改变。因此,A、B两项错误。科技具有超越国家和民族的共同性,所以科技立法也具有较多的共同性,但是科技立法仍然需要考虑具体国家的历史、文化、国情等方面的特点。以器官移植为例,虽然其在科学技术上完全没有问题,但却可能与特定国家的伦理道德、固有价值相违背。因此,D项错误。C项表述比较严密,入选。

3. 某国跨国甲公司发现中国乙公司申请注册的域名侵犯了甲公司的商标权,遂起诉要求乙公司撤销该域名注册。乙公司称,商标和域名是两个领域的完全不同的概念,网络域名的注册和使用均不属中国《商标法》的调整范围。法院认为,两国均为《巴黎公约》成员国,应当根据中国法律和该公约处理注册纠纷。法院同时认为,对驰名商标的权利保障应当扩展到网络空间,故乙公司的行为侵犯了甲公

参考答案:①ABC　②C

司的商标专用权。据此,下列表述正确的是:(2008-1-92)

A. 法律应该以社会为基础,随着社会的发展而变化
B. 科技的发展影响法律的调整范围,而法律可以保障科技的发展
C. 国际条约可以作为我国法的渊源
D. 乙公司的辩称和法院的判断表明:法律决定的可预测性与可接受性之间存在着一定的紧张关系

答案( )①

【解析】随着社会的发展,驰名商标的权利保障也需要扩展到网络空间,法律应当适应这一情势的变化并作出有效回应。A项正确。现代科技的发展已经影响到了人类生活的方方面面,法律作为现代社会的主要调整手段,当然不可能对科技发展的影响力毫无反应:其一方面受科技的影响,扩大自己的调整范围;另一方面,也可以通过将科技纳入自己的调整范围,来保障科技更快更好地发展。B项可以成立。国际条约和国际惯例是我国的法律渊源之一。C项入选。由本案可以看出,法律决定完全依照法律条款的表面文义做出,实现了可预测性,却可能与特定国家的法秩序所承认的实质价值或道德相违背,损害了正当性或可接受性。因此,D项正确。

第六节 法与宗教

1. 下列有关法与社会关系的表述何者为正确?(2004-1-82)

A. 中国固有的法律文化深受伦理的影响;而宗教对于西方社会法律信仰的形成具有重要的影响,为确立"法律至上"观念奠定了基础
B. "法的社会化"是西方现代市场经济发展中出现的现象,表明法律是市场经济的宏观调控手段
C. 凡属道德所调整的社会关系,必为法律调整;凡法律所调整的社会关系,则不一定为道德所调整
D. 生命科学的发展、器官移植技术的成熟对法律具有积极影响

答案( )②

【解析】宗教作为一种重要的文化现象,在全世界范围内都对法律产生过重要的影响。宗教对法律的影响,既有积极方面,也有消极方面;既有观念层面,也有制度层面。较明显地体现在立法、司法、守法等各个环节上。首先,宗教可以推动立法。许多宗教教义实际上都表达了人类的一般价值追求。部分教义被法律吸收,成为立法的基本精神。其次,宗教影响司法程序。在宗教作为国教与政教合一的地方,宗教法庭直接掌握部分司法权。在西欧中世纪,教会独立行使司法权,世俗政权则负责执行教会的命令。从诉讼审判方式来看,宗教宣誓有助于简化审判程序。同时,宗教宣扬的公正观念、诚实观念、宽忍、爱心等对司法也有影响;宗教宽忍观有利于减少诉讼。又知,国家首脑即位、法官公正执法以及证人出庭作证,都必须首先进行宣誓。再次,宗教信仰有助于提高人们守法的自觉性。宗教提倡与人为善、宽忍精神等,公民习惯于循规蹈矩,不为损害他人和社会的行为。宗教的超自然的崇拜、各种精神祭祀,等等,均使法律蒙上神秘的、超自然的色彩,增加了法律的威慑力。可见,A项正确。B、D两项明显正确。C项错误,因为道德和法律部分重合,存在部分调整范围的交叉。

2. 下列关于法与道德、宗教、科学技术和政治关系的选项中,哪一项表述不成立?(2003-1-5)

A. 宗教宣誓有助于简化审判程序,有时也有助于提高人们守法的自觉性
B. 法具有可诉性,而道德不具有可诉性

参考答案:①ABCD ②ABD

C. 法与科学技术在方法论上并没有不可逾越的鸿沟,科学技术对法律方法论有重要影响
D. 法的相对独立性只是对经济基础而言的,不表现在对其他上层建筑(如政治)的关系之中

答案(①)

【解析】从诉讼审判方式来看,宗教宣誓有助于简化审判程序;同时,宗教宣扬的公正、诚实、容忍、爱心等对司法也有影响;宗教容忍观有利于减少诉讼。宗教信仰也有助于提高人们守法的自觉性。宗教提倡与人为善、容忍精神等,使公民习惯于循规蹈矩,不为损害他人和社会的行为。因此,A项正确。法的相对独立性既是对经济基础而言的,也表现在对其他上层建筑(如政治、道德、宗教等)的关系之中;法作为上层建筑中的相对独立的部分,对政治、宗教、道德、文化等也发挥一定的反作用。D选项错误。

3. 关于法与宗教的关系,下列哪种说法是错误的?(2006-1-2)
   A. 法与宗教在一定意义上都属于文化现象
   B. 法与宗教都在一定程度上反映了特定人群的世界观和人生观
   C. 法与宗教在历史上曾经是浑然一体的,但现代国家的法与宗教都是分离的
   D. 法与宗教都是社会规范,都对人的行为进行约束,但宗教同时也控制人的精神

答案(②)

【解析】法与宗教都是社会存在的反映,都是社会意识,属于上层建筑的范畴,并在一定程度上反映了特定人群的世界观,是广义的文化现象的组成部分。A、B两项正确。在社会发展的早期,法与宗教规范是浑然一体的,没有严格分离,都是人们行为的规范。但随着社会的发展,人类文明的进步,法与宗教逐渐分离,形成各自不同的调整范围:法只规范人们的行为,退出了对人们精神领域的调整;而宗教却在规范人们行为的同时,还控制人的精神。D项正确。但是,二者并没有达到绝对分离的地步,在现今世界上,仍然存在一些政教合一的国家,如伊朗。因此,C项错误。

第七节 法与人权

1. 关于法与人权的关系,下列哪一说法是错误的?(2014-1-15)
   A. 人权不能同时作为道德权利和法律权利而存在
   B. 按照马克思主义法学的观点,人权不是天赋的,也不是理性的产物
   C. 人权指出了立法和执法所应坚持的最低的人道主义标准和要求
   D. 人权被法律化的程度会受到一国民族传统、经济和文化发展水平等因素的影响

答案(③)

【解析】所谓人权,是指每个人作为人应该享有或者享有的权利。人权既可以作为道德权利而存在,也可以作为法律权利而存在。但在根本上,是一种道德权利。A项错误。人权不是天赋的,也不是理性的产物,而是历史地产生的,最终是由一定的物质生活条件所决定的。它的具体内容和范围总是随着历史发展、社会进步而不断丰富和扩展。B项正确。人权可以作为判断法律善恶的标准。首先,人权指出了立法和执法所应坚持的最低的人道主义标准和要求;其次,人权可以诊断现实社会生活中法律侵权的症结,从而提出相应的法律救济的标准和途径;再次,人权有利于实现法律的有效性,促进法律的自我完善。C项正确。然而,并非人权的所有内容都由法律规定,都成为公民权,但法律权利无疑是人权的首要的和基本的内容,可以说大部分人权都反映在法律权利上。至于哪些人权能转化为

参考答案:①D ②C ③A

法律权利,得到法的保护,取决于以下因素:一是一国经济和文化的法制状况;二是某个国家的民族传统和基本国情。D项正确。

2. 下列哪一表述说明人权在本原上具有历史性?（2011-1-15）

A. "根据自然法,一切人生而自由,既不知有奴隶,也就无所谓释放"
B. "没有无义务的权利,也没有无权利的义务"
C. "人人生而平等,他们都从他们的'造物主'那里被赋予某些不可转让的权利"
D. "权利永远不能超出社会的经济结构以及由经济结构所制约的文化发展"

答案（　　）①

【解析】A项是古罗马法学家在《法学总论》中所言,主要讨论的是自然法学说,不符合题干要求。B项是马克思在《国际工人协会共同章程》中的著名论断,讨论的是权利义务的相互关系,不合题意。C项出自1776年美国的《独立宣言》,表达的是公民的基本权利是公民享有的最重要、最根本的权利,不合题意。D项出自马克思的《哥达纲领批判》,强调人权在本源上具有历史性,其存在和发展的内因是人的自然属性,外因是社会的经济、文化状况;人权不是天赋的,而是历史地产生的,最终由一定的物质生活条件所决定。D项符合题意要求,入选。

3. 随着科技的发展,人体器官移植成为可能,产生了自然人享有对自己的器官进行处理的权利。美国统一州法律全国督查会议起草的《统一组织捐献法》规定:"任何超过18岁的个人可以捐献他的身体的全部或一部分用于教学、研究、治疗或移植的目的""如果个人在死前未作出捐献表示,他的近亲可以如此做""如果个人已经作出这种捐献表示的,不能被亲属取消。"之后,美国所有的州和哥伦比亚特区采取了这个法令。关于这一事例,下列哪一选项是错误的?（2008 四川-1-4）

A. 科技进步对法律制度的变迁有较大的影响　B. 人权必须法律化才能获得更大程度的保障
C. 人权归根结底来源于国家的承认　　　　　D. 器官捐献是一种自由处分的权利,而不是义务

答案（　　）②

【解析】A、B、D三项明显正确。所谓人权,是指每个人作为人应该享有的权利。人权来自于"人自身",也就是说,人权是人凭自己是人所享有的权利,本质上与国家无关。换句话说,人权是一个人只要是人就应当享有的权利,除非否认他(她)是人。所以C项说法错误。

4. 关于法律与人权关系的说法,下列哪一选项是错误的?（2007-1-4）

A. 人权的法律化表明人权只能是一种实有权利
B. 保障人权是法治的核心内容之一
C. 人权可以作为判断法律善恶的标准
D. 法律可以保障人权的实现,但是法律并不能根除侵犯人权的现象

答案（　　）③

【解析】人权是有三个层次的,第一个层次是应有权利,第二个层次是法律权利,第三个层次是实有权利。人权的内容通过立法转化为法律权利,使人的应有权利有机会转化为法律权利,通过法的实施,使法律权利转化为实有权利,但并非表明人权只能是一种实有权利。在现代法治社会,保障人权是法治的核心内容之一。人权可以作为判断法律善恶的标准,反过来法律可以保障人权的实现,但是有了法律并不能当然根除侵犯人权的现象,也不意味着有了法律人权必然就会得到实现和保障,因为法律实施的效果决定着人权的实现和保障的程度。所以,不能仅根据人权的法律化就判断人权只是一种实有权利,A项的说法是错误的。

参考答案：①D　②C　③A

第三编 法制史

第一章 法的演进

第一节 法的起源

1. "社会的发展是法产生的社会根源。社会的发展,文明的进步,需要新的社会规范来解决社会资源有限与人的欲求无限之间的矛盾,解决社会冲突,分配社会资源,维持社会秩序。适应这种社会结构和社会需要,国家和法这一新的社会组织和社会规范就出现了。"关于这段话的理解,下列哪些选项是正确的?(2012-1-51)

A. 社会不是以法律为基础,相反,法律应以社会为基础

B. 法律的起源与社会发展的进程相一致

C. 马克思主义的法律观认为,法律产生的根本原因在于社会资源有限与人的欲求无限之间的矛盾

D. 解决社会冲突,分配社会资源,维持社会秩序属于法的规范作用

答案(①)

【解析】马克思主义法律观认为,法是随着生产力的发展、社会经济的发展、私有制和阶级的产生、国家的出现而产生的,经历了一个长期的、渐进的过程。因此,C项错误。法的作用分为规范作用和社会作用,规范作用是针对单个人的,社会作用是针对整体社会的。因此,解决社会冲突,分配社会资源,维持社会秩序属于法的社会作用。D项错误。法律的性质与功能决定于社会,而且法律变迁与社会发展的进程基本一致。A、B两项表述正确。

2. 按照摩尔根和恩格斯的研究,下列有关法的产生的表述哪一项是不正确的?(2003-1-1)

A. 法的产生意味着在社会成员之间的财产关系上出现了"我的""你的"之类的观念

B. 最早出现的法是以文字记录的习惯法

C. 法的产生经历了从个别调整到规范性调整的过程

D. 法的产生标志着公力救济代替了私力救济

答案(②)

【解析】在社会成员之间的财产关系上出现了"我的""你的"之类的观念,即是权利义务观念

参考答案:①AB ②B

形成,这是法产生的主要标志之一,A 选项正确;以文字记录的习惯法,已经上升到制定法的高度,已经不是单纯的习惯法了,而人类社会最早出现的法是习惯法,因此 B 选项不正确,应选;C 选项正确;法律诉讼和司法的出现,标志着公力救济代替了私力救济,而法律诉讼和司法的出现标志着法的产生,因此 D 选项正确。

3.《摩奴法典》是古印度的法典,《法典》第五卷第一百五十八条规定:"妇女要终生耐心、忍让、热心善业、贞操,淡泊如学生,遵守关于妇女从一而终的卓越规定。"第一百六十四条规定:"不忠于丈夫的妇女生前遭诟辱,死后投生在豺狼腹内,或为象皮病和肺痨所苦。"第八卷第四百一十七条规定:"婆罗门贫困时,可完全问心无愧地将其奴隶首陀罗的财产据为己有,而国王不应加以处罚。"第十一卷第八十一条规定:"坚持苦行,纯洁如学生,凝神静思,凡十二年,可以偿赎杀害一个婆罗门的罪恶。"结合材料,判断下列哪一说法是错误的?(2009-1-8)

A.《摩奴法典》的规定表明,人类早期的法律和道德、宗教等其他规范是浑然一体的
B.《摩奴法典》规定苦修可以免于处罚,说明《法典》缺乏强制性
C.《摩奴法典》公开维护人和人之间的不平等
D.《摩奴法典》带有浓厚的神秘色彩,与现代法律精神不相符合

答案(　　)①

【解析】《摩奴法典》是典型的奴隶制法,其严格保护奴隶主的所有制,公开反映和维护贵族的等级特权,刑罚种类繁多,手段残酷。在人类社会的早期,法与宗教、道德等社会规范是浑然一体的,因而沾染了若干神秘气息。可见,A、C、D 三项正确。作为法典,《摩奴法典》当然具有强制性,受到奴隶制国家强制力的保障。B 项错误。

第二节　法的发展

1. 下列有关法源的说法哪些不正确?(2005-1-54)

A. 大陆法系的主要法源是制定法
B. 英美法系的法源中没有成文宪法
C. 不同国家的法源之间不能进行移植
D. 在法律适用过程中,一般先适用正式法源,然后适用非正式法源

答案(　　)②

【解析】在大陆法系国家,正式的法律渊源主要为制定法,但判例法在某些情况下也为正式的法律渊源,如法国国家行政法院、德国联邦宪法法院、瑞士联邦法院、西班牙最高法院等在某些方面也采用判例法或承认有拘束力。因此,选项 A 表述正确。在英美法系国家,制定法和判例法都是正式的法律渊源。英美法系国家,有的国家如英国为不成文宪法制国家,而有的国家如美国为成文宪法制国家。因此,选项 B 错误。法的移植是指在鉴别、认同、调适、整合的基础上,引进、吸收、采纳、摄取、同化外国法,使之成为本国法律体系的有机组成部分,为本国所用。法律移植在不同国家的法律间进行,也可能在不同法源间进行。选项 C 不正确。正式渊源是具有明文规定的法律效力,并可直接作为法律人的法律推理的大前提之规范来源的资料。如宪法、法律、法规等,主要是制定法。对于正式渊源,法律人必须予以考虑。而非正式渊源是指那些不具有明文规定的法律效力,但具有法律说服力并能够构成

参考答案:①B　②BC

法律推理的大前提的准则来源的资料,如正义标准、理性原则、政策、道德信念、乡规民约、社会思潮、习惯、社团规章、外国法、权威著作等。在法律适用过程中,一般先适用正式法源,然后适用非正式法源,故选项D正确。

> 【点睛之笔】 正式渊源优先于非正式渊源。

2. "法的继承体现时间上的先后关系,法的移植则反映一个国家对同时代其他国家法律制度的吸收和借鉴,法的移植的范围除了外国的法律外,还包括国际法律和惯例。"据此,下列哪些说法是正确的?(2009-1-52)

 A. 1804年《法国民法典》是对罗马法制度、原则的继承
 B. 国内法不可以继承国际法
 C. 法的移植不反映时间关系,仅体现空间关系
 D. 法的移植的范围除了制定法,还包括习惯法

答案（　　）①

【解析】 法的继承是不同历史类型的法律制度之间的延续和继受,一般表现为旧法对新法的影响和新法对旧法的承接和继受。从定义中可以看出,法的继承是旧的法律制度的延续,而国际法乃是同时代的存在,不属于历史上法律制度相互继承的问题。选项B正确。法国资产阶级以奴隶制时代的罗马法为基础,制定《法国民法典》,这很明显体现了法的继承性。选项A正确。法的移植是指在鉴别、认同、调适、整合的基础上,引进、吸收、采纳、摄取、同化外国法,使之成为本国法律体系的有机组成部分,为本国所用。可见,法的移植既有国内和国外的空间关系,也体现了"同时代"的时间关系。选项C错误。法的移植的范围除了外国的制定法之外,还自然包括国际法律和惯例,只要有价值,且与我国既有基本制度不相排斥,则均可移植。选项D正确。

3. 法的移植是一项十分复杂的工作,应该注意下列哪些方面?(2002-1-35)

 A. 法律体系的系统性　　　　B. 适当的超前性
 C. 供体与受体之间存在共同性　　D. 时间的先后性

答案（　　）②

【解析】 法的移植是指在鉴别、认同、调适、整合的基础上,引进、吸收、采纳、摄取、同化外国法,使之成为本国法律体系的有机组成部分,为本国所用。法的移植反映一个国家对同时代其他国家法律制度的吸收和借鉴,它以供体(被移植的法)和受体(接受移植的法)之间存在着共同性,即受同一规律的支配,互不排斥、可互相吸纳为前提的。法的移植是一项十分复杂的工作,要避免不加选择地盲目移植,应选择优秀的、适合本国国情和需要的法律进行移植,注意外国法与本国法之间的同构性和兼容性,注意法律体系的系统性,同时要有适当的超前性。故选项A、B、C为正确选项。而时间的先后性,是法的继承所应注意的事项。选项D不入选。

4. 在讨论"法的起源、法的历史发展"这部分内容时,法学院同学甲、乙、丙各抒己见。甲认为:(1)马克思主义法学认为法产生的根本原因是私有制的出现和阶级的形成;(2)在古罗马学者西塞罗看来,人定法源于自然法。乙认为:(1)法的移植对象只能是本国或本民族以外的法律,法的继承对象则主要是本国或本民族的法律;(2)德国学者马克斯·韦伯将历史上存在的法分为形式不合理的法、实

参考答案: ①ABD　②ABC

质不合理的法、实质合理的法、形式合理的法。丙认为:(1)与原始社会规范的适用相比较,法的适用范围主要是根据居民的血缘关系来确定的;(2)不同历史类型的法之间存在着继承关系。下列选项何者为正确?(2004－1－81)

A. 甲的观点1、乙的观点1和丙的观点2
B. 甲的观点2、乙的观点2和丙的观点1
C. 甲的观点1、乙的观点1和丙的观点1
D. 甲的观点2、乙的观点2和丙的观点2

答案(　　)①

【解析】原始社会规范主要是根据居民的血缘关系来确定其适用范围的,法并非如此。丙的观点(1)是明显错误的。排除B、C项。

第三节　法的传统

1. 下列哪些选项属于法律意识的范畴?(2011－1－52)
A. 法国大革命后制定的《法国民法典》
B. 西周提出的"以德配天,明德慎罚"
C. 中国传统的"和为贵""少讼""厌讼"
D. 社会主义法治理念

答案(　　)②

【解析】法律意识是指人们对于法律现象的思想、观念、知识和心理的总称,其区别于法律规范、法律制度和法律行为。A项是立法活动,属于法律行为,不入选。B项、C项和D项均属于思想观念、理念的层次,符合题目要求。

2. 下列何种表述属于法律意识的范畴?(2003－1－82)
A. 郭某感觉到中国法官的腐败行为越来越少了
B. 贾某因卡式炉爆炸而毁容,向法院起诉要求酒店支付50万元精神损害赔偿金
C. 梅某认为偷几本书不构成盗窃罪
D. 进城务工的农民周某拿不到用人单位报酬,自认倒霉

答案(　　)③

【解析】法律意识是指人们关于法律现象的思想、观念、知识和心理的总称,是社会意识的一种特殊形式。A项中的"感觉"、C项中的"认为"、D项中的"自认"均是法律意识的提示语。贾某因卡式炉爆炸而毁容,向法院起诉要求酒店支付50万元精神损害赔偿金,已经不是法律意识层面的问题,而是法律行为了,故B选项不应选。

3. 中国传统戏剧多有剧目涉及中国古代法律观念和法律制度。对此,下列哪些说法是成立的?(2010－1－57)
A. 越剧《梁山伯与祝英台》中,祝父强许祝英台婚配马文才的情节,反映了东晋仍然沿袭西周确立的父母之命婚姻缔结原则
B. 粤剧《斩娥》中,窦娥被无赖诬陷又被官府错判斩刑的案件,反映了元代对诬告等行为严加处罚

参考答案:①AD　②BCD　③ACD

的具体法律规范

C. 昆曲《十五贯》中,况钟对娄阿鼠偷盗十五贯杀死店主尤葫芦案调查取证的故事,反映了清初明律令、重调查、唯证据的审案观念

D. 京剧《徐九经升官记》中,徐九经当官不为民作主,不如回家卖红薯的唱词,反映了清末为官清明、为民父母的法律思想和观念

答案( )①

【解析】 A项所体现的是东晋时代的婚姻法观念和婚姻制度,入选;B项体现了中国古代对于诬告罪为犯罪加以处罚的制度,符合题目要求;C项反映了当时的司法法律观念和制度,入选;D项则体现了为官清明、为民父母的法律思想和观念,亦符合题目要求。

4. 中国古代社会一些启蒙作品多涉及当世的法律观念和司法制度,这在下列的哪些表述中有所体现?(2011－1－56)

A.《幼学琼林》:"世人惟不平则鸣,圣人以无讼为贵"
B.《弟子规》:"财物轻,怨何生,言语忍,忿自泯"
C.《增广贤文》:"礼义生于富足、盗出于贫穷"
D.《女儿经》:"遵三从,行四德,习礼义,看古人,多贤德,为法则"

答案( )②

【解析】 "世人惟不平则鸣,圣人以无讼为贵"反映了"无讼是求"的思想。选项A正确。"财物轻,怨何生,言语忍,忿自泯"反映了轻视权利、忍让、息讼的法律思想。选项B正确。C项引文强调,只有实现物质和精神的共同富足,才能产生礼义,否则就会滋生盗贼,这反映出法制必须建立在一定经济基础之上。选项C正确。D项中的引文则要求女子遵守三从四德,学习礼义,温良贤德,这是古代法律对女子行为品德的要求。选项D正确。

第二章 中国古代法制史

第一节 西周以降的法制思想与法律

一、西周时期

1.《左传》云:"礼,所以经国家,定社稷,序民人,利后嗣者也",系对周礼的一种评价。关于周礼,下列哪一表述是正确的?(2015－1－16)

A. 周礼是早期先民祭祀风俗自然流传到西周的产物
B. 周礼仅属于宗教、伦理道德性质的规范
C. "礼不下庶人"强调"礼"有等级差别
D. 西周时期"礼"与"刑"是相互对立的两个范畴

答案( )③

【解析】 礼是中国古代社会长期存在的、维护血缘宗法关系和宗法等级制度的一系列精神原

参考答案:①ABCD ②ABCD ③C

则以及言行规范的总称,是对社会生活起着调整作用的习惯法,其起源于原始社会祭祀鬼神时所举行的仪式。"礼起于祀",周礼的确立基于早期先民的祭祀风俗,但是却经过了周公的总结升华。西周初年,成王年幼即位,周公辅政,通过制礼作乐的立法活动,建立起一套以《周礼》为核心的礼乐典章制度和礼仪道德规范。因此,A项错在"自然流传"。礼在当时已经具备了习惯法的性质。质言之,西周时期的礼已具备法的性质。首先,其完全具有法的三个基本特性,即规范性、国家意志性和强制性。其次,对社会生活各个方面都有着实际的调整作用。B项错误。"礼不下庶人"强调的是礼有等级差别,禁止任何越礼的行为;"刑不上大夫"强调的是贵族官僚在适用刑罚上的特权。C项正确。西周时强调"出礼入刑"。"礼"正面、积极规范人们的言行,而"刑"则对一切违背礼的行为进行处罚。其关系正如《汉书·陈宠传》所说的"礼之所去,刑之所取,失礼则入刑,相为表里",两者共同构成西周法律的完整体系。质言之,如有人有超出礼节规定和有悖于道义的行为,就会受到刑罚的制裁。可见,礼与刑是相辅相成、不可分割的关系。D项错误。

2. 西周时,格伯以良马四匹折价,购买佣生三十亩。双方签订买卖契约,刻写竹简之上,中破为两半,双方各执一半。依西周礼法,该契约的称谓是下列哪一种?(2008-1-8)

A. 傅别 B. 质剂 C. 券书 D. 书券

答案( )①

【解析】西周的买卖契约称为"质剂",这种契约写在简牍上,一分为二,双方各执一份。而"傅别"乃是指借贷契约。题干中的契约是买卖马匹和田地,所以属于"质剂"。B为正确选项。

3. 关于西周法制的表述,下列哪一选项是正确的?(2013-1-16)

A. 周初统治者为修补以往神权政治学说的缺陷,提出了"德主刑辅,明德慎罚"的政治法律主张
B. 《汉书·陈宠传》称西周时期的礼刑关系为"礼之所去,刑之所取,失礼则入刑,相为表里"
C. 西周的借贷契约称为"书约",法律规定重要的借贷行为都须订立书面契约
D. 西周时期在宗法制度下已形成子女平均继承制

答案( )②

【解析】西周初期统治者的基本政治观和治国方针是"以德配天,明德慎罚"。汉代中期以后,这一思想才被儒家发挥成"德主刑辅,礼刑并用"的基本策略。所以,A项错误。西周时期的买卖契约称为"质剂",借贷契约称为"傅别",C项错误。西周时期的继承制度是嫡长子继承制,主要是政治身份的继承,土地、财产的继承是其次。D项错误。

4. 西周商品经济发展促进了民事契约关系的发展。《周礼》载:"听买卖以质剂"。汉代学者郑玄解读西周买卖契约形式:"大市谓人民、牛马之属,用长券;小市为兵器、珍异之物,用短券。"对此,下列哪一说法是正确的?(2016-1-15)

A. 长券为"质",短券为"剂"
B. "质"由买卖双方自制,"剂"由官府制作
C. 契约达成后,交"质人"专门管理
D. 买卖契约也可采用"傅别"形式

答案( )③

【解析】在西周时期,借贷契约称为"傅别",买卖契约称为"质剂"。D项错误。买卖奴隶、牛马等大市用的较长的契券称为"质",买卖兵器、珍异之物等小市用的较短的契券称为"剂"。A项正确。"质""剂"均由官府制作,并由"质人"专门管理。B项错误。"质人"对"质""剂"的管理,不以契约达成为条件。C项错误。

参考答案:①B ②B ③A

5. 下列哪一选项不属于我国西周婚姻制度中婚姻缔结的原则？（2004-1-15）

A. 一夫一妻制　　　　　　　　　　　B. 同姓不婚

C. "父母之命，媒妁之言"　　　　　　D. "七出""三不去"

答案（　　）①

【解析】西周婚姻缔结的三大原则是：一夫一妻、同姓不婚、父母之命。本题为考生设了一个陷阱，即D项，D项虽是西周婚姻制度的内容之一，但却是婚姻的解除制度。因此，本题既是送分题，又是绊脚石。

二、春秋、战国时期

1. 郑国执政子产于公元前536年"铸刑书"，这是中国历史上第一次公布成文法的活动。对此，晋国大夫叔向曾写信痛斥子产："昔先王议事以制，不为刑辟，惧民之有争心也……民知有辟，则不忌于上，并有争心，以征于书，而徼幸以成之，弗可为矣。"关于"不为刑辟"的含意，下列哪一选项是正确的？（2008-1-10）

A. 不制定法律　　B. 不规定刑罚种类　　C. 不需要判例法　　D. 不公布成文法

答案（　　）②

【解析】所谓"刑辟"就是刑法、刑律，"不为刑辟"就是不公布成文刑法。所以本题应选D项。

2. 春秋时期，针对以往传统法律体制的不合理性，出现了诸如晋国赵鞅"铸刑鼎"，郑国执政子产"铸刑书"等变革活动。对此，下列哪一说法是正确的？（2016-1-16）

A. 晋国赵鞅"铸刑鼎"为中国历史上首次公布成文法

B. 奴隶主贵族对公布法律并不反对，认为利于其统治

C. 打破了"刑不可知，则威不可测"的壁垒

D. 孔子作为春秋时期思想家，肯定赵鞅"铸刑鼎"的举措

答案（　　）③

【解析】公元前536年，郑国执政子产将郑国的法律条文铸在象征诸侯权位的鼎上，向社会公布，这是中国历史上第一次公布成文法的活动。公元前513年，晋国赵鞅把前任执政范宣子所编刑书正式铸于鼎上，公之于众，这是中国历史上第二次公布成文法的活动。A项错误。成文法的公布，否定了"刑不可知，则威不可测"的旧传统，对奴隶主旧贵族操纵和使用法律的特权是严重的冲击，是新兴地主阶级的一次重大胜利，遭到了奴隶主贵族的反对。B项错误，C项正确。孔子对晋国赵鞅"铸刑鼎"予以激烈批判，甚至说"晋其亡乎，失其度矣"，意即晋国要亡国了，因为赵鞅"铸刑鼎"公布成文法，打破了传统的不公布法律的法度。D项错误。

3. 《法经》在中国法律制度史上具有重要的地位。下列有关《法经》的表述哪一项是不准确的？（2003-1-6）

A. 《法经》为李悝所制定

B. 《盗法》《贼法》两篇列为《法经》之首，体现了"王者之政莫急于盗贼"的思想

C. 《法经》的篇目为秦汉律及以后封建法律所继承并不断发展

D. 《法经》系中国历史上第一部成文法典

答案（　　）④

【解析】《法经》是中国历史上第一部比较系统的成文法典。故D项不准确。它是战国时期魏

参考答案：①D　②D　③C　④D

国李悝在总结春秋以来各国公布成文经验的基础上制定的。故 A 项是准确的。《法经》共六篇:《盗法》《贼法》《网法》《捕法》《杂法》《具法》。其中《盗法》《贼法》是关于惩罚危害国家安全、危害他人及侵犯财产的法律规定。李悝认为"王者之政莫急于盗贼",所以将此两篇列为法典之首。故 B 项准确。《法经》的体例和内容,为后世封建成文法典的进一步完善奠定了重要的基础。故 C 项准确。

4. 关于公元前359年商鞅在秦国变法,下列哪一选项是正确的?(2007-1-8)

A. 商鞅取消郡县制,实行分封制,剥夺了旧贵族对地方政权的垄断权
B. 商鞅"改法为律",突出了法律规范的伦理基础
C. 商鞅推行"连坐"制度,鼓励臣民相互告发奸谋
D. 商鞅提出"轻罪重刑",反对赦免罪犯,认为凡有罪者皆应受罚

答案( )①

【解析】 商鞅取消分封制,建立了郡县制。A 项错误。商鞅改法为律,扩充了法律的内容,强调法律规范的普遍性,具有"范天下不一而归于一"的功能。作为法家的代表,商鞅也不强调法律规范的伦理基础。B 项错误。商鞅变法的内容之一,就是实行连坐制度,其具体内容包括邻伍连坐、军事连坐、职务连坐、家庭连坐等,而鼓励告奸并非连坐制度的内容。可见,C 项存在一定的缺陷。而 D 项完全没有问题,为应选项。

三、秦代法制

1. 秦律明确规定了司法官渎职犯罪的内容。关于秦朝司法官渎职的说法,下列哪一选项是不正确的?(2014-1-16)

A. 故意使罪犯未受到惩罚,属于"纵囚"
B. 对已经发生的犯罪,由于过失未能揭发、检举,属于"见知不举"
C. 对犯罪行为由于过失而轻判者,属于"失刑"
D. 对犯罪行为故意重判者,属于"不直"

答案( )②

【解析】 秦代有关司法官吏渎职的犯罪,主要包括四种:其一是"见知不举"罪,即明知犯罪行为的存在,但不去举发;其二是"不直"罪,即罪应重而故意轻判,应轻而故意重判;其三是"纵囚"罪,指应当论罪而故意不论罪,以及设法减轻案情,故意使案犯达不到定罪标准,从而判其无罪;最后是"失刑"罪,指因过失而量刑不当。若系故意量刑不当,则构成"不直"。可见,四种司法官吏渎职犯罪中,只有失刑属于过失犯罪,其他均为故意犯罪。B 项错误。

2. 据史书载,以下均为秦朝刑事罪名。下列哪一选项最不具有秦朝法律文化的专制特色?(2011-1-16)

A."偶语诗书"　　B."以古非今"　　C."非所宜言"　　D."失刑"

答案( )③

【解析】 题干询问体现秦朝法律文化的专制特色,A、B、C 三项均与维护皇权专制有关,只有 D 项属于司法官员的渎职犯罪,专制特色极轻,故而入选。

3. 秦汉时期的刑罚主要包括笞刑、徒刑、流放刑、肉刑、死刑、羞辱刑等,下列哪些选项属于徒刑?(2012-1-56)

A. 候　　　　B. 隶臣妾　　　　C. 弃市　　　　D. 鬼薪白粲

答案( )④

参考答案:①D ②B ③D ④ABD

【解析】 徒刑属于在剥夺人身自由的同时强制其服劳役的刑罚。在秦代,徒刑包括城旦舂、鬼薪白粲、隶臣妾、司寇和候等。A、B、D三项正确。弃市属于死刑,不符合题意。

4. 秦始皇时期,某地有甲、乙两家相邻而居,但积怨甚深。有一天,该地发生了一起抢劫杀人案件,乙遂向官府告系甲所为。甲遭逮捕并被定为死罪。不久案犯被捕获,始知甲无辜系被乙诬告。依据秦律,诬告者乙应获下列哪种刑罚?(2006-1-15)

A. 死刑　　　　　B. 迁刑　　　　　C. 城旦舂　　　　　D. 笞一百

答案( )①

【解析】 秦律规定,故意捏造事实与罪名诬告他人,即构成诬告罪。诬告者实行反坐原则,即以被诬告人所受的处罚,反过来制裁诬告者。本题案例中甲被乙诬告而被定为死罪,根据秦代诬告反坐的刑罚适用原则,对乙应以甲被判处的刑罚加以制裁,即乙应当被判处死刑。故本题选A。

四、汉代法制

1. 汉代曾发生这样一件事情:齐太仓令获罪当处墨刑,其女缇萦上书请求将自己没为官奴,替父赎罪。这一事件导致了下列哪一项法律制度改革?(2005-1-17)

A. 汉高祖规定"上请"制度　　　　B. 汉文帝废除肉刑
C. 汉文帝确立"官当"制度　　　　D. 汉景帝规定"八议"制度

答案( )②

【解析】 汉代中期,汉文帝鉴于当时继续沿用秦代黥、劓、斩左右趾等肉刑,不利于政权的稳固,而且当时经济发展,社会稳定,出现了前所未有的盛世,也为改革刑制提供了良好的社会条件。因此,汉文帝以缇萦上书为契机,开始实行刑制改革,逐步废除肉刑。选项B明显正确。另外,汉代的上请制度是通过请示皇帝给有罪贵族官僚某些优待的制度。官当是封建社会允许官吏以官职爵位折抵徒刑的一种特权制度。它正式出现在《北魏律》与《陈律》中。选项C本身错误。曹魏时期的"八议"制度是对封建特权人物犯罪后实行减免处罚的法律规定。它包括议亲、议故、议贤、议能、议功、议贵、议勤、议宾。八议制度在曹魏律首次入律,选项D本身错误。

2. 汉宣帝地节四年下诏曰:自今子首匿父母、妻匿夫、孙匿大父母,皆勿坐。其父母匿子、夫匿妻、大父母匿孙,罪殊死,皆上请廷尉以闻。亲亲得相首匿正式成为中国封建法律原则和制度。对此,下列哪一选项是错误的?(2010-1-13)

A. 近亲属之间相互首谋隐匿一般犯罪行为,不负刑事责任
B. 近亲属之间相互首谋隐匿所有犯罪行为,不负刑事责任
C. 亲亲得相首匿的本意在于尊崇伦理亲情
D. 亲亲得相首匿的法旨在于宽宥缘自亲情发生的隐匿犯罪亲属的行为

答案( )③

【解析】 汉宣帝时期确立了"亲亲得相首匿"的原则,主张亲属间首谋藏匿犯罪可以不负或减轻刑事责任。具体而言,对卑幼亲属首匿尊长亲属的犯罪行为,不追究刑事责任;但尊长亲属首匿卑幼亲属,则应减轻,罪应处死的,可上请廷尉或皇帝宽贷。B项表述没有区分上述两种具体情况,表述错误。

3. 西汉末年,某地一男子偷盗他人一头牛并贩卖到外乡,回家后将此事告诉了妻子。其妻隐瞒未向官府举报。案发后,该男子受到惩处。依照汉代法律,其妻的行为应如何处理?(2005-1-15)

A. 完全不负刑事责任　　　　B. 按包庇罪论处

参考答案:①A　②B　③B

C. 与其丈夫同罪　　　　　　　　D. 按其丈夫之罪减一等处罚

答案（　　）①

【解析】汉宣帝时,正式确立"亲亲得相首匿"原则。根据"亲亲得相首匿"原则,亲属之间可以相互首谋隐匿犯罪行为,不予告发和作证;亲属间首谋隐匿犯罪,可以不负或减轻刑事责任。具体而言,对卑幼亲属首匿尊长亲属的犯罪行为,不追究刑事责任;但尊长亲属首匿卑幼亲属,则应减轻,罪应处死的,可上请廷尉或皇帝宽贷。本案中,妻子隐匿丈夫,妻子为卑,丈夫为尊,卑幼匿尊长,不追究刑事责任。据此,选项A正确。

4. 汉武帝时,有甲、乙二人争言相斗,乙以佩刀刺甲,甲之子丙慌忙以杖击乙,却误伤甲。有人认为丙"殴父也,当枭首。"董仲舒引用《春秋》事例,主张"论心定罪",认为丙"非律所谓殴父,不当坐"。关于此案的下列哪种评论是错误的?（2006-1-16）
A. "论心定罪"是儒家思想在刑事司法领域的运用
B. 以《春秋》经义决狱的主张是旨在建立一种司法原则
C. "论心定罪"仅为一家之言,历史上不曾被采用
D. "论心定罪"有可能导致官吏审判案件的随意性

答案（　　）②

【解析】《春秋》决狱是法律儒家化在司法领域的体现,在汉代被采用为司法原则,其特点是根据儒家的经典《春秋》等著作中提倡的精神原则审判案件,而不仅仅依据汉律审案。故而,A、B项正确,C项错误。《春秋》决狱实行"论心定罪"原则,其要旨是必须根据案情事实,追究行为人的动机,如犯罪人主观动机符合"忠""孝"精神,即使其行为构成社会危害,也可以减免刑事处罚。相反,犯罪人主观动机严重违背儒家倡导的精神,即使没有造成严重危害后果,也要认定犯罪给予严惩。以《春秋》经义决狱为司法原则,对传统的司法和审判是一种积极的补充。但如果仅以主观动机的善、恶判断有罪无罪或者罪行轻重,也会为司法官吏主观擅断提供依据。据此,D项表述正确。

5. 董仲舒解说"《春秋》决狱":"春秋之听狱也,必本其事而原其志;志邪者不待成,首恶者罪特重,本直者其论轻。"关于该解说之要旨和倡导,下列哪些表述是正确的?（2013-1-57）
A. 断案必须根据事实,要追究犯罪人的动机,动机邪恶者即使犯罪未遂也不免刑责
B. 在着重考察动机的同时,还要依据事实,分别首犯、从犯和已遂、未遂
C. 如犯罪人主观动机符合儒家"忠""孝"精神,即使行为构成社会危害,也不给予刑事处罚
D. 以《春秋》经义决狱为司法原则,对当时传统司法审判有积极意义,但某种程度上为司法擅断提供了依据

答案（　　）③

【解析】《春秋》决狱强调审断时应重视行为人在案情中的主观动机;在着重考察动机的同时,还要依据事实,分别首犯、从犯和已遂、未遂;实行"论心定罪"原则,如犯罪人主观动机符合儒家"忠""孝"精神,即使其行为构成社会危害,也可以减免刑事处罚。相反,犯罪人主观动机严重违背儒家倡导的精神,即使没有造成严重危害后果,也要认定犯罪给予严惩。客观上,《春秋》决狱对传统的司法和审判是一种积极的补充;但是,如果专以主观动机"心""志"的"善恶",判断有罪无罪或罪行轻重,某种程度上也为司法擅断提供了依据。C项说法错误。

参考答案:①A　②C　③ABD

五、魏晋南北朝法制

魏晋南北朝时期法律发生了许多发展变化,对后世法律具有重要影响。下列哪些表述正确揭示了这些发展变化?(2004-1-60)

A.《北齐律》共12篇,首先将刑名与法例律合为名例律一篇
B.《魏律》以《周礼》"八辟"为依据,正式规定了"八议"制度
C.《北周律》首次规定了"重罪十条"
D.《北魏律》与《陈律》正式确立了"官当"制度

答案(　　)①

【解析】 C项错在"重罪十条"首次规定在《北齐律》中,而不是《北周律》。北齐为维护封建国家根本利益,在《北齐律》中首次规定"重罪十条",是对危害统治阶级根本利益的十种重罪的总称。把"重罪十条"置于律首,作为严厉打击的对象,增加了法律的威慑力量。A、B、D项均表述正确。

第二节　唐宋至明清时期的法制

一、唐律与中华法系

1. 关于中国古代社会几部法典的结构体例,下列哪一选项是错误的?(2008-1-9)

A.《法经》中相当于近代刑法典总则部分的"具法"被置于六篇中的最后一篇
B.《魏律》对秦汉旧律有较大改革,如将"具律"改为"刑名",并将其置于律首
C.《晋律》将刑名与法例律合为"名例律"一篇,并将法典篇章数定为二十篇
D.《永徽律疏》将疏议分附于律文之后颁行,分为十二篇三十卷

答案(　　)②

【解析】《法经》共六篇:《盗法》《贼法》《网法》《捕法》《杂法》《具法》。"具法"类似于近代刑法的总则,放在最后一篇,故 A 项正确。《魏律》将《法经》中的"具律"改为"刑名律",置于律首,B 项正确。《晋律》在"刑名律"后增加"法例律";而《北齐律》最终将"刑名"与"法例律"合为"名例律"。故 C 项错误。D 项说法正确。

2.《唐律疏议》又称《永徽律疏》,是唐高宗永徽年间完成的一部极为重要的法典。下列关于《唐律疏议》的表述哪些是正确的?(2003-1-38)

A.《唐律疏议》是由张斐、杜预完成的法律注释
B.《唐律疏议》引用儒家经典作为律文的理论依据
C.《唐律疏议》奠定了中华法系的传统
D.《唐律疏议》对唐代的《武德律》等法典有很深的影响

答案(　　)③

【解析】 由张斐、杜预完成法律注释的是《晋律》,因此 A 项错误。《唐律疏议》又称为《永徽律疏》,其不仅对主要的法律原则和制度作了精确的解释与说明,而且尽可能引用儒家经典作为律文的理论根据。B 项正确。《永徽律疏》全面体现了中国古代法律制度的水平、风格和基本特征,成为中华法系的代表性法典。C 项正确。《武德律》是唐代的首部法典,《永徽律疏》颁行在后。因此,D 项表述错误。

3. 关于《永徽律疏》,下列哪些选项是错误的?(2008-1-58)

参考答案:①ABD　②C　③BC

A.《永徽律疏》又称《唐律疏议》,是唐太宗在位时制定的
B.《永徽律疏》首次确立了"十恶"即"重罪十条"制度
C.《永徽律疏》对主要的法律原则和制度做了精确的解释,而且尽可能以儒家经典为根据
D.《永徽律疏》是对《贞观律》的解释,在中国立法史上的地位不如《贞观律》

答案(　　)①

【解析】《唐律疏议》(《永徽律疏》)是唐高宗李治在位时期完成的,并非在唐太宗在位时制定。唐太宗在位时制定的法典名叫《贞观律》。A项是错误。《北齐律》首次确立了"重罪十条"制度,隋《开皇律》在"重罪十条"的基础上正式确定了"十恶"制度,"十恶"与"重罪十条"并不等同。所以B项也是错误的。《永徽律疏》总结了汉魏晋以来的立法和法律的经验,不仅对主要的法律原则和制度做了精确的解释,而且尽可能以儒家经典为根据,C项正确。《永徽律疏》是针对高宗永徽二年修订的《永徽律》进行的逐条逐句的解释,而不是对《贞观律》进行的解释。《贞观律》确定了《唐律》的主要内容和风格,但是历史地位上是不如《永徽律疏》的,因为《永徽律疏》的完成标志着中国古代立法达到了最高水平。所以D项错误。

4. 关于唐律中五刑,下列哪一选项是正确的?（2007-1-9）
A. 笞刑、羞辱刑、流放刑、经济刑、死刑
B. 笞刑、徒刑、流放刑、株连刑、死刑
C. 笞刑、杖刑、徒刑、流刑、死刑
D. 杖刑、徒刑、流刑、肉刑、死刑

答案(　　)②

【解析】《唐律》中的五刑,又称为封建五刑,包括:笞刑、杖刑、徒刑、流刑、死刑。奴隶制五刑则包括墨、劓、刖、宫、大辟。因此正确答案是C项。

5. 永徽四年(公元653年),唐高宗李治的妹夫房遗爱谋反案发,犯"十恶"罪。依《永徽律疏》的规定,对房遗爱应作何处置?（2007-1-57）
A. 可适用"八议"免于死刑
B. 应被判处死刑
C. 可以赦免
D. 不适用自首

答案(　　)③

【解析】《唐律》将"十恶"罪规定在《名例律》之首,并在分则各篇中对这些犯罪相应规定了最严厉的刑罚。《唐律》规定凡犯"十恶"者,不适用"八议"等规定,且为常赦所不原。《唐律》规定,谋反等重罪或造成严重危害后果无法挽回的犯罪不适用自首。因为房遗爱犯的是谋反之罪,所以对房遗爱不可以适用"八议"免于死刑,应判处死刑,不可以赦免,并且不适用自首。

6. 唐朝开元年间,旅居长安的突某(来自甲国)将和某(来自乙国)殴打致死。根据唐律关于"化外人"犯罪适用法律的原则,下列哪一项是正确的?（2006-1-17）
A. 适用当时甲国的法律
B. 适用当时乙国的法律
C. 当时甲国或乙国的法律任选其一
D. 适用唐朝的法律

答案(　　)④

【解析】《唐律·名例律》规定:"诸化外人,同类自相犯者,各依本俗法;异类相犯者,以法律论",即同国籍外国侨民在中国犯罪的,按其所属本国法律处理,实行属人主义原则;不同国籍侨民在中国犯罪的,按《唐律》处罚,实行属地主义原则。故本题答案为D项。

7.《唐律·名例律》规定:"诸断罪而无正条,其应出罪者,则举重以明轻;其应入罪者,则举轻以明

参考答案:①ABD　②C　③BD　④D

重"。关于唐代类推原则,下列哪一说法是正确的?(2014-1-17)

A. 类推是适用法律的一般形式,有明文规定也可"比附援引"
B. 被类推定罪的行为,处罚应重于同类案件
C. 被类推定罪的行为,处罚应轻于同类案件
D. 唐代类推原则反映了当时立法技术的发达

答案(　　)①

【解析】《唐律·名例律》规定:"诸断罪而无正条,其应出罪者,则举重以明轻;其应入罪者,则举轻以明重",也就是说,对律文无明文规定的同类案件,凡应减轻处罚的,则列举重罪处罚规定,比照以解决轻案;凡应加重处罚的罪案,则列举轻罪处罚规定,比照以解决重案。可见,类推针对的是法无明文规定的情形。A项错误。类推定罪,既可能举轻以明重,也可能举重以明轻,也就是说对系争犯罪行为的处罚既可能重于同类案件,也可能轻于同类案件。B、C两项错误。但认为唐代类推原则的完善反映了当时立法技术的发达,是没有错误的。D项正确。

8. 《唐律疏议·贼盗》载"祖父母为人杀私和"疏:"若杀祖父母、父母应偿死者,虽会赦,仍移乡避仇。以其与子孙为仇,故令移配。"下列哪些理解是正确的?(2013-1-56)

A. 杀害同乡人的祖父母、父母依律应处死刑者,若遇赦虽能免罪,但须移居外乡
B. 该条文规定的移乡避仇制体现了情法并列、相互避让的精神
C. 该条文将法律与社会生活相结合统一考虑,表现出唐律较为高超的立法技术
D. 该条文侧面反映了唐律"礼律合一"的特点,为法律确立了解决亲情与法律相冲突的特殊模式

答案(　　)②

【解析】A项属于对题干本身的理解、解释,正确。该条文规定的移乡避仇制非常鲜明地体现了《唐律》在依法处理的同时考虑到天理人情,考虑到受害人家属的情感需要,因此B项正确。这种做法既考虑到法律规范的要求,又考虑到实际社会生活,自然体现了唐律高超的立法技术。C项正确。该条文确立了解决亲情与法律相冲突的特殊模式,具有中国特色,也从侧面反映了唐律"礼律合一"的特点,D项正确。

9. 元代人在《唐律疏议序》中说:"乘之(指唐律)则过,除之则不及,过与不及,其失均矣。"表达了对唐律的敬畏之心。下列关于唐律的哪一表述是错误的?(2016-1-17)

A. 促使法律统治"一准乎礼",实现了礼律统一
B. 科条简要、宽简适中、立法技术高超,结构严谨
C. 是我国传统法典的楷模与中华法系形成的标志
D. 对古代亚洲及欧洲诸国产生了重大影响,成为其立法渊源

答案(　　)③

【解析】《唐律疏议》总结了汉魏晋以来立法和注律的经验,不仅对主要的法律原则和制度做了精确的解释与说明,而且尽可能地引用了儒家经典作为律文的理论根据。这使得唐朝承袭和发展了以往礼法并用的统治方法,使得法律统治"一准乎礼",真正实现了礼与律的统一。如同唐太宗所说:"失礼之禁,著在刑书。"A项正确。唐朝立法以科条简要,宽简适中为特点。在立法技术上表现出高超的水平,如自首、化外人有犯、类推原则的确定都有充分的表现。《唐律》结构严谨,为举世所公认。B项正确。唐律是中国传统法典的楷模与中华法系形成的标志。《唐律》是我国传统法典的楷模,在中国

参考答案:①D　②ABCD　③D

146

法制史上具有继往开来、承前启后的重要地位。唐朝承袭秦汉立法成果,吸收汉晋律学成就,使《唐律》表现出高度的成熟性。《唐律》因具有传统法律的典型性,故对宋元明清产生了深刻影响。C项正确。作为中华法系的代表作,《唐律》超越国界,对亚洲诸国产生了重大影响,但其影响力并未达到欧洲。D项错误。

10.《折狱龟鉴》载一案例:张泳尚书镇蜀日,因出过委巷,闻人哭,惧而不哀,遂使讯之。云:"夫暴卒。"乃付吏穷治。吏往熟视,略不见其要害。而妻教吏搜顶发,当有验。乃往视之,果有大钉陷其脑中。吏喜,辄矜妻能,悉以告泳。泳使呼出,厚加赏方,问所知之由,并令鞫其事,盖尝害夫,亦用此谋。发棺视尸,其钉尚在,遂与哭妇俱刑于市。关于本案,张泳运用了下列哪一断案方法?(2012-1-17)

A.《春秋》决狱　　B."听讼""断狱"　　C."据状断之"　　D.九卿会审

答案(　　)①

【解析】张泳并没有根据《春秋》断案,题干中也没有强调审断案件时应重视行为人在案情中的主观动机。因此,A项错误。"听讼""断狱"是西周时期审理民事案件和刑事案件的不同称谓,并非断案方法。B项错误。九卿会审是明代著名的会审制度,本案中,只有张泳一人审案,故D项错误。唐宋律中规定,对于那些人赃并获,经拷讯仍拒不认罪的,也可"据状断之"。而本案中,张泳是在广泛搜集证据,并根据证据定罪的,因此属于"据状断之"。

11.《疑狱集》载:"张举,吴人也。为句章令。有妻杀夫,因放火烧舍,乃诈称火烧夫死。夫家疑之,诣官诉妻,妻拒而不认。举乃取猪二口,一杀之,一活之,乃积薪烧之,察杀者口中无灰,活者口中有灰。因验夫口中,果无灰,以此鞫之,妻乃伏罪。"下列关于这一事例的哪些表述是不成立的?(2006-1-63)

A. 作为县令的张举重视证据,一般用猪来作为证据
B. 张举之所以采取"积薪烧猪"的方法来查验证据,乃因当时的法律没有规定刑讯的程序
C. 该案杀人者未受刑而伏罪,因其符合当时法律规定禁止使用刑讯的一般条件
D. 张举在这个案件中对事实的判断体现了当时法律所规定的"据状断之"的要求

答案(　　)②

【解析】用猪来作为证据,很明显只是针对本案的特殊情况而使用的,并非一般案件都如此,A项错误。《唐律》确认了刑讯逼供的合法性,但是对刑讯手段的使用却作了严格限定:要求承审官员在拷问之前,必须先审核证据的真实性,然后反复查验证据;证据确凿,仍狡辩否认的,经过主审官与参审官共同决定,可以使用刑讯;未依法定程序拷讯的,承审官要负刑事责任。同时规定对那些人赃俱获、经拷讯仍不认罪的,也可以"据状断之",即根据证据定罪。可见,B项错误,D项正确。《唐律》规定对两类人禁止使用刑讯,只能根据证据来定罪:一是具有特权身份的人,如应议、请、减之人;二是老幼废疾之人,指年70岁以上15岁以下、一肢废、腰脊折、痴哑、侏儒等。对上述两种人,《唐律》规定,"不合拷讯,皆据众证定罪",即必须有3人以上证实其犯罪事实,才能定罪。由此可知,C项错误。

12. 唐永徽年间,甲由祖父乙抚养成人。甲好赌欠债,多次索要乙一祖传玉坠未果,起意杀乙。某日,甲趁乙熟睡,以木棒狠击乙头部,以为致死(后被救活),遂夺玉坠逃走。唐律规定,谋杀尊亲处斩,但无致伤如何处理的规定。对甲应当实行下列哪一处罚?(2015-1-17)

A. 按"诸断罪而无正条,其应入罪者,则举轻以明重",应处斩刑
B. 按"诸断罪而无正条,其应出罪者,则举重以明轻",应处绞刑

参考答案:①C　②ABC

C. 致伤未死,应处流三千里
D. 属于"十恶"犯罪中的"不孝"行为,应处极刑

答案(①)

【解析】本题考查的是"十恶"。在"十恶"当中,殴打或谋杀祖父母、父母等尊亲属的行为被称为"恶逆";而控告、咒骂祖父母、父母,未经祖父母、父母同意私立门户、分异财产,对祖父母、父母供养有缺,为父母尊长服丧不如礼等行为,则被称为"不孝"。本题中的行为明显属于"恶逆",D项错误。由于"十恶"属于大罪,处罚极重,不能赦免,也不适用自首,所以有"十恶不赦"之说。因此,题干中的情形必定是死刑,C项错误。就 A、B 项而言,斩、绞都是死刑,但是 B 项中所谓的"出罪",是指不追究刑事责任,与判处绞刑自相矛盾,因此只能选 A 项。

二、两宋的法律

1. 关于宋代法律和法制,下列哪一选项是错误的?(2009-1-14)
A.《宋刑统》为我国历史上第一部刊印颁行的法典
B. 宋代法律因袭唐制,对借与贷作了区分
C. 宋仁宗朝敕、例地位提高,"凡律所不载者,一断于敕、例"
D. 宋建隆四年颁行"折杖法"

答案(②)

【解析】《宋刑统》由宋太祖建隆四年(公元963年)修订,成为历史上第一部刊印颁行的法典,全称《宋建隆重详定刑统》,简称《宋刑统》。选项 A 正确。宋代法律因袭唐制,对借与贷作了区分。借指使用借贷,而贷则指消费借贷。当时把不付息的使用借贷称为负债,把付息的消费借贷称为出举。选项 B 正确。仁宗前基本是"敕律并行";宋神宗朝敕地位提高,"凡律所不载者,一断于敕",敕已达到足以破律、代律的地步。选项 C 错误。宋建隆四年颁行"折杖法",意在笼络人心,改变五代以来刑罚严苛的弊端。选项 D 正确。

2. 下列有关我国唐宋时期法制的表述哪些是正确的?(2004-1-59)
A.《永徽律疏》不仅是中华法系的代表性法典,也是中国封建法制的最高成就
B.《宋刑统》不仅是一部具有统括性和综合性的法典,也是中国历史上第一部刊印颁行的法典
C. 自首、类推、化外人、区分公罪与私罪等原则都是唐律中重要的刑罚原则
D. 唐代和宋代在中央司法机构的设置上是一致的,即在皇帝以下设置大理寺、刑部、御史台三大司法机构,分掌中央司法审判职权

答案(③)

【解析】《永徽律疏》总结了汉魏晋以来立法和注律的经验,不仅对主要的法律原则和制度作了精确的解释与说明,而且尽可能地引用了儒家经典作为律文的理论根据。《永徽律疏》的完成,标志着中国古代立法达到了最高水平。故 A 项正确。宋太祖建隆四年(公元963年),在窦仪等人的奏请下,开始修订宋朝新的法典,同年7月完成,由太祖诏"付大理寺刻板摹印,颁行天下",成为历史上第一部刊印颁行的法典。B 项正确。C 项表述正确。唐代沿袭隋制,皇帝以下设置大理寺、刑部、御史台三大司法机构,执行各自的司法职能。宋沿唐制,在中央设置大理寺、刑部、御史台,分掌中央司法审判职权。所以 D 项也正确。

3. 杜甫有诗云:"朝回日日典春衣,每日江头尽醉归。酒债寻常行处有,人生七十古来稀。"对诗歌

参考答案:①A ②C ③ABCD

涉及的典当制度,下列哪一选项可以成立?(2009—1—13)

　　A. 唐代的典当形成了明确的债权债务关系　　B. 唐代的典当契约称为"质剂"

　　C. 唐代的典当称为"活卖"　　D. 唐代法律规定开典当行者构成"坐赃"

答案(　　)①

【解析】"质剂"是西周时买卖契约的称法,所以选项B错误。宋代买卖契约分为"绝卖""活卖"和"赊卖"。绝卖是一般买卖;活卖是附条件的买卖,当所附条件完成时,买卖才算最终成立。可见,"活卖"是宋代的制度,唐代尚无此概念,选项C错误。《唐律》中的"坐赃",指官吏或常人非因职权之便非法收受财物的行为。《唐律·杂律》中规定,官吏因事接受他人财物的即构成"坐赃",同时禁止监临主守官在辖区内役使百姓、借贷财物,违者以"坐赃"论处。可见,坐赃罪与开典当行无关。选项D错误。从杜甫的诗歌中可以看出,在唐代,典当比较普遍,典衣所得去买酒,说明典当在唐代已经形成了明确的债权债务关系。

4. 关于中国古代婚姻家庭与继承法律制度,下列哪一选项是错误的?(2007—1—10)

　　A. 西周时期"七出""三不去"的婚姻解除制度为宗法制度下夫权专制的典型反映,然而"三不去"制度更着眼于保护妻子权益

　　B. 西周的身份继承实行嫡长子继承制,而财产继承则实行诸子平分制

　　C. 宋承唐律,但也有变通,如《宋刑统》规定,夫外出3年不归、6年不通问,准妻改嫁或离婚

　　D. 宋代法律规定遗产除由兄弟均分外,允许在室女享有部分的财产继承权

答案(　　)②

【解析】女子若有"三不去"的理由,夫家即不能随意休弃。可见,"三不去"是对妻子权利的保护。所以A项正确。西周时期,在宗法制下形成嫡长子继承制。这种继承主要是政治身份的继承,土地、财产的继承是其次。故B项错误。在离婚方面,宋仍然实行唐制"七出"与"三不去"制度,但是也有少许变通。例如《宋刑统》规定:夫外出3年不归,6年不通问,准妻改嫁或离婚。所以C项正确。宋代法律在继承关系上,有较大的灵活性,除沿袭以往遗产兄弟均分制外,允许在室女享有部分财产继承权。所以D项正确。

5. 宋承唐律,仍实行唐制"七出""三不去"的离婚制度,但在离婚或改嫁方面也有变通。下列哪一选项不属于变通规定?(2012—1—16)

　　A. "夫外出三年不归,六年不通问"的,准妻改嫁或离婚

　　B. "妻擅走者徒三年,因而改嫁者流三千里,妾各减一等"

　　C. 夫亡,妻"若改适(嫁),其见在部曲、奴婢、田宅不得费用"

　　D. 凡"夫亡而妻在",立继从妻

答案(　　)③

【解析】A、B、C三项均符合题意要求。D项中的"夫亡而妻在",立继从妻的规定,属于继承制度,不能归入离婚或改嫁的范围。D项错误。

6. 南宋时,富人甲去世,妻已亡,家中有继子乙及在室女丙。关于甲的遗产继承,依当时法律,下列哪一选项是正确的?(2008 四川—1—9)

　　A. 乙享有全部财产继承权,丙没有继承权

　　B. 丙享有全部财产继承权,乙没有继承权

参考答案:①A　②B　③D

C. 乙享有1/4财产的继承权,丙享有3/4财产的继承权

D. 乙、丙都没有继承权,财产收为官府所有

答案( )①

【解析】 根据南宋法律的规定,对于无男子承继的家庭,确立继承人有两种方式:一是"夫亡而妻在",立继从妻,称为"立继";凡"夫妻俱亡",立继从其尊长亲属,称为"命继"。继子与绝户之女均享有继承权,但只有在室女的,在室女享有3/4的财产继承权,继子享有1/4的财产继承权;只有出嫁女的,出嫁女享有1/3的财产继承权,继子享有1/3的财产继承权,另外1/3收为官府所有。所以在有继子和在室女的情况下,作为继子的乙有1/4的财产继承权,而作为在室女的丙有3/4的财产继承权。因此,本题的正确答案是C项。

7. 南宋时,霍某病故,留下遗产值银9000两。霍某妻子早亡,夫妻二人无子,只有一女霍甲,已嫁他乡。为了延续霍某姓氏,霍某之叔霍乙立本族霍丙为霍某继子。下列关于霍某遗产分配的哪一说法是正确的?(2016-1-18)

A. 霍甲9000两

B. 霍甲6000两,霍丙3000两

C. 霍甲、霍乙、霍丙各3000两

D. 霍甲、霍丙各3000两,余3000两收归官府

答案( )②

【解析】 南宋时,在分割财产的问题上,继子与户绝之女均享有继承权。如果只有在室女的,在室女享有3/4的财产继承权,继子享有1/4的财产继承权。只有出嫁女(已婚女)的,出嫁女享有1/3的财产继承权,继子享有1/3,另外的1/3收为官府所有。因此,A、B、C项错误,D项正确。

8. 中国南宋规定户绝指家无男子承继。按照南宋的继承制度,若出现户绝,立继承人的方式有哪些?(2003-1-39)

A. "立继" B. "祖继" C. "嗣继" D. "命继"

答案( )③

【解析】 南宋"户绝"立继承人的方式有二:一是"立继",即"夫亡而妻在",立继从妻;二是"命继",即"夫妻俱亡",立继从其尊长。

9. 南宋庆元年间,某地发生一桩"杀妻案"。死者丈夫甲被当地州府逮捕,受尽拷掠,只得招认"杀妻事实"。但在该案提交本路(路为宋代设置的地位高于州县的地方行政区域)提刑司审核时,甲推翻原口供,断然否认杀妻指控。提刑司对本案可能做出的下列处置中,哪一种做法符合当时"翻异别勘"制度的规定?(2005-1-16)

A. 发回原审州府重审

B. 指定本路管辖的另一州级官府重审

C. 直接上报中央刑部审理

D. 直接上报中央御史台审理

答案( )④

【解析】 "翻异别勘",是指犯人否认其口供,且"所翻情节,实碍重罪"时,案件则改由平级的另一法官或另一司法机关重审。改换法官审理为"别推",改换司法机关审理为"别移"。为了防止犯人"妄行翻异",宋代法律规定,翻异一般不超过三次。此制度在一定程度上防止了冤案的发生和审判权的滥用。本案原由州府审理,因此选项B正确。

三、明代的法律

1. 中国古代关于德与刑的关系理论,经历了一个长期的演变和发展过程。下列哪些说法是正确

参考答案:①C ②D ③AD ④B

的?(2014-1-56)

A. 西周时期确立了"以德配天,明德慎罚"的思想,以此为指导,道德教化与刑罚处罚结合,形成了当时"礼""刑"结合的宏观法制特色

B. 秦朝推行法家主张,但并不排斥礼,也强调"德主刑辅,礼刑并用"

C. 唐律"一准乎礼,而得古今之平",实现了礼与律的有机统一,成为了中华法系的代表

D. 宋朝以后,理学强调礼和律对治理国家具有同等重要的地位,二者"不可偏废"

答案(　　)①

【解析】法家强调"以法治国",不强调礼。而且秦代实施焚书坑儒的措施;"德主刑辅"的思想是在汉代才提出来的。这些信息都说明B项错误。朱熹有意提高了礼、刑关系中刑的地位,认为礼、律二者对治国同等重要,"不可偏废";又从"礼律合一"角度对"明刑弼教"进一步说明:"故圣人之治,为之教以明之,为之刑以弼之,虽其所施或先或后或缓或急。"D项正确。

2. 明太祖朱元璋在洪武十八年(公元1385年)至洪武二十年(公元1387年)间,手订四编《大诰》,共236条。关于明《大诰》,下列哪些说法是正确的?(2014-1-57)

A.《大明律》中原有的罪名,《大诰》一般都加重了刑罚

B.《大诰》的内容也列入科举考试中

C."重典治吏"是《大诰》的特点之一

D. 朱元璋死后《大诰》被明文废除

答案(　　)②

【解析】《大诰》是明初的一种特别刑事法规。"大诰"之名来自儒家经典《尚书·大诰》,原为周公东征殷遗民时对臣民的训诫。朱元璋为防止"法外遗奸",将其亲自审理的案例加以整理汇编,并加上因案而发的"训导",作为训诫臣民的特别法令颁布天下。《大诰》具有与《大明律》相同的法律效力。《大诰》对于律中原有的罪名,一般都加重处罚,集中体现了朱元璋"重典治世"的思想。A项正确。"重典治吏"是《大诰》的又一特点,其中大多数条文专为惩治贪官污吏而定,以此强化统治效能。C项正确。《大诰》的另一特点是滥用法外之刑:四编《大诰》中开列的刑罚如族诛、枭首、断手、斩趾等,都是汉律以来久不载于法令的酷刑。《大诰》也是中国法制史上空前普及的法规,每户人家必须有一本《大诰》,科举考试中也列入《大诰》的内容。B项正确。明太祖死后,《大诰》被束之高阁,不具法律效力。可见,朱元璋去世后,《大诰》只是被搁置,而非明文废除,D项错误。

3. 下列中国古代法律制度,哪些是直接受儒家思想的影响而形成的?(2005-1-64)

A. 汉代的《春秋》决狱

B. 明代的"九卿会审"

C.《魏律》规定的"八议"制度

D.《晋律》和《北齐律》确立的"准五服制罪"制度

答案(　　)③

【解析】汉代中期以后,随着儒家正统思想的确立,汉代实行《春秋》决狱、"论心定罪"的原则。三国两晋南北朝时期,体现儒家思想的伦理纲常观念进一步体现在法律中:曹魏统治时期,"八议"入律;其后,《晋律》与《北齐律》中相继确立"准五服制罪"的制度。因此,A、C、D项都选。明代的"九卿会审"是审理皇帝交办的案件,以及罪犯不服判决案件,由六部尚书、大理寺卿、左都御史、通政使九卿

参考答案:①ACD　②ABC　③ACD

联合审判,最后报奏皇帝裁决。这是一种慎刑思想的反映。而慎刑思想在西周时期就有渊源,即所谓"明德慎罚"思想。因此,B项不是直接受儒家思想的影响而形成的。

4. 关于《明大诰》,下列哪些选项是正确的?(2008 四川 - 1 - 58)
A.《明大诰》是朱元璋在位时,为防止"法外遗奸"而制定的
B.《明大诰》强调"重典治吏",其中多数条文是专为惩治贪官污吏而定
C.《明大诰》对《大明律》中原有的罪名,一般都加重了处罚
D.《明大诰》在当时家喻户晓,是中国法制史上空前普及的法规

答案（　　）①

【解析】《大诰》是明初的一种特别刑事法规。"大诰"之名来自儒家经典《尚书·大诰》,原为周公东征殷遗民时对臣民的训诫。为防止"法外遗奸",明太祖将其亲自审理的案例加以整理汇编,并加上因案而发的"训导",作为训诫臣民的特别法令颁布天下。《大诰》具有与《大明律》相同的法律效力,集中体现了朱元璋"重典治世"的思想。《大诰》对于律中原有的罪名,一般都加重处罚。《大诰》的另一特点是滥用法外之刑,如族诛、枭首、断手、斩趾等,都是汉律以来久不载于法令的酷刑。"重典治吏"是《大诰》的又一特点,其中大多数条文专为惩治贪官污吏而定,以此强化统治效能。《大诰》也是中国法制史上空前普及的法规,每户人家必须有一本《大诰》,科举考试中也列入《大诰》的内容。明太祖死后,《大诰》被束之高阁,不具法律效力。因此,本题A、B、C、D四项均为正确表述。

5. 关于中国古代法律历史地位的表述,下列哪一选项是正确的?(2012 - 1 - 18)
A.《法经》是中国历史上第一部比较系统的成文法典
B.《北魏律》在中国古代法律史上起着承先启后的作用
C.《宋刑统》是中国历史上第一部刊印颁行的仅含刑事内容的法典
D.《大明会典》以《元典章》为渊源,为《大清会典》所承继

答案（　　）②

【解析】《法经》是中国历史上第一部比较系统的成文法典,是战国时期魏文侯的相李悝制定的。故A项正确。在中国法律史上起着承前启后作用的是《北齐律》,而非《北魏律》。B项错误。《宋刑统》是一部统合性、综合性的法典,是中国历史上第一部刊印颁行的法典,可见并非仅含有刑法内容。C项错误。《大明会典》基本仿照《唐六典》,以六部官制为纲,分述其执掌和事例。其内容、性质和作用,说明其仍属于行政法典。D项错误。

6. 关于明代法律制度,下列哪一选项是错误的?(2011 - 1 - 17)
A. 明朱元璋认为,"夫法度者,朝廷所以治天下也"
B. 明律确立"重其所重,轻其所轻"刑罚原则
C.《大明会典》仿《元六典》,以六部官制为纲
D. 明会审制度为九卿会审、朝审、大审

答案（　　）③

【解析】《大明会典》基本仿照《唐六典》,以六部官制为纲,分述其职权和事例,在每一官职之下,先载律令,次载事例。所以,《大明会典》就其内容、性质与作用而言,仍属行政法典,起着调整国家行政法律关系的作用。因此,C项明显错误,当选。

7. 关于中国古代刑罚制度的说法,下列哪一选项是错误的?(2010 - 1 - 15)

参考答案:①ABCD　②A　③C

A. "八议"制度自曹魏《魏律》正式入律,其思想渊源为《周礼·秋官》的"八辟丽邦法"之说
B. "秋冬行刑"制度自唐代始,其理论渊源为《礼记·月令》关于秋冬季节"戮有罪,严断刑"之述
C. "大诰"是明初的一种特别刑事法规,其法律形式源自《尚书·大诰》周公对臣民之训诫
D. "明刑弼教"作为明清推行重典治国政策的思想基础,其理论依据源自《尚书·大禹谟》"明于五刑,以弼五教"之语

答案( )①

【解析】"八议"在《曹魏律》正式入律,乃是一种对封建特权人物犯罪实行减免处罚的法律规定,其思想渊源为《周礼》的"八辟"。故 A 说法正确。汉代统治者根据"天人感应"理论,对死刑的执行,实行"秋冬行刑"制度。秋冬行刑制度,对后世有深远影响,《唐律》规定"立春后不决死刑"亦溯源于此。故 B 项"秋冬行刑"制度自唐代始说法错误,应是汉代。《明大诰》是朱元璋创立的刑事特别法,其名来源于《尚书·大诰》,"重典治吏"是其一大特点,故 C 项正确。"明刑弼教"一词最早见于《尚书·大禹谟》,朱熹加以新的阐释,有意提高了刑的地位,刑不再是次要地位、从属地位,而是可以"先刑后教",这为明清推行重典治国提供了理论基础,故 D 说法正确。

8. 关于明清时期的司法制度,下列哪些选项是正确的?(2008 四川-1-59)
A. 明清时期各中央司法机构的职能与隋唐时期相反,刑部负责审判,大理寺负责复核
B. 明朝的廷杖之制是根据皇帝意志而形成的法外用刑惯例
C. 明清会审制度是慎刑思想的反映,但是导致多方干预司法,使实际执法与法律制度日益脱节
D. "申明亭"为明代法定的基层调解机构,对维护社会秩序有一定积极作用

答案( )②

【解析】明清时期刑部负责审理中央百官犯罪、审核地方上报的重案(死刑交大理寺复核)、审理发生在京师的笞杖刑以上的案件、处理地方上诉案及秋审事宜、主持司法行政与律例修订事宜。大理寺掌管复核驳正,以及死刑复核。而隋唐时期的大理寺掌管审判,而刑部掌管案件复核。可见,明清时期大理寺和刑部的职能与隋唐正好相反。因此,A 项说法正确。廷杖是由皇帝下令,锦衣卫施刑,司礼监监刑,在朝堂上杖责大臣的制度。因此,B 项说法正确。明清时期的会审制度是一种慎刑思想的反映,但却导致多方干预司法的结果,以致皇帝家奴也插手司法;最终结果是司法更加宽滥,法律制度与实际执法日益脱节,加速了王朝整个政体的腐朽。因此,C 项说法正确。申明亭是明太祖朱元璋于洪武五年(1372)创建的读法、明理、彰善抑恶、剖决争讼小事、辅弼刑治之所。每里推选一年高有德之人掌其事,曰"老人",老人除执掌教化外,还要剖断里中人户争讼之事。可见,老人有调解中间人的作用,在创立之初,申明亭对维护社会秩序有一定积极作用。因此,D 项说法正确。

四、清代的法制(近代以前)

1. 根据清朝的会审制度,案件经过秋审或朝审程序之后,分四种情况予以处理:情实、缓决、可矜、留养承嗣。对此,下列哪一说法是正确的?(2014-1-18)
A. 情实指案情属实、罪名恰当者,奏请执行绞监候或斩监候
B. 缓决指案情虽属实,但危害性不能确定者,可继续调查,待危害性确定后进行判决
C. 可矜指案情属实,但有可矜或可疑之处,免于死刑,一般减为徒、流刑罚
D. 留养承嗣指案情属实、罪名恰当,但被害人有亲老丁单情形,奏请皇帝裁决

答案( )③

参考答案:①B ②ABCD ③C

【解析】本题命题人挖坑很深,难度极高。案件经过秋审或朝审复审程序后,分为四种情况分别处理:其一"情实",指案情属实、罪名恰当者,奏请执行死刑;其二为"缓决",指案情虽属实,但危害性不大者,可减为流三千里,或发烟瘴极边充军,或再押监候;其三为"可矜",指案情属实,但有可矜或可疑之处,可免于死刑,一般减为徒、流刑罚;其四为"留养承嗣",指案情属实、罪名恰当,但有亲老丁单情形,合乎申请留养条件者,按留养奏请皇帝裁决。可见,C 项表述正确。A 项错在"情实"应奏请执行死刑,而非"监候";B 项错在"缓决"危害性不大,而非危害性不能确定;D 项错在"留养承嗣"针对的是被告人,而非被害人。

2. "名例律"作为中国古代律典的"总则"篇,经历了发展、变化的过程。下列哪一表述是不正确的?(2013 - 1 - 18)

A.《法经》六篇中有"具法"篇,置于末尾,为关于定罪量刑中从轻从重法律原则的规定

B.《晋律》共 20 篇,在刑名律后增加了法例律,丰富了刑法总则的内容

C.《北齐律》共 12 篇,将刑名与法例律合并为名例律一篇,充实了刑法总则,并对其进行逐条逐句的疏议

D.《大清律例》的结构、体例、篇目与《大明律》基本相同,名例律置首,后为吏律、户律、礼律、兵律、刑律、工律

答案(　　)①

【解析】对法典进行逐条逐句的疏议的是《唐律疏议》。唐高宗在永徽三年下令召集律学通才和一些重要臣僚对《永徽律》进行逐条逐句的解释,继承汉晋以来,特别是晋代张斐、杜预注释律文的已有成果,历时 1 年,撰《律疏》30 卷,与《永徽律》合编,后经高宗批准,将疏议分附于律文之后颁行。计分 12 篇,共 30 卷,称为《永徽律疏》。至元代后,人们以疏文皆以"议曰"二字始,故又称《唐律疏议》。C 项错误。其他各项均正确。

3. 清乾隆年间,甲在京城天安门附近打伤乙被判笞刑,甲不服判决,要求复审。关于案件的复审,下列哪些选项是正确的?(2012 - 1 - 57)

A. 应由九卿、詹事、科道及军机大臣、内阁大学士等重要官员会同审理

B. 应在霜降后 10 日举行

C. 应由大理寺官员会同各道御史及刑部承办司会同审理

D. 应在小满后 10 日至立秋前 1 日举行

答案(　　)②

【解析】热审是对发生在京师的笞杖刑案件进行重审的制度,于每年小满后 10 日至立秋前 1 日,由大理寺官员会同各道御史及刑部承办司会同审理,快速决放在监笞杖刑案犯。题干中的信息,说明本题适用热审。因此,选 C、D 两项。A 项属于秋审,B 项属于朝审。

4. 乾隆年间,四川重庆府某甲"因戏而误杀旁人",被判处绞监候。依据清代的会审制度,对某甲戏杀案的处理,适用下列哪一项程序?(2006 - 1 - 18)

A. 上报中央列入朝审复核定案　　　　B. 上报中央列入秋审复核定案

C. 移送京师列入热审复核定案　　　　D. 上报中央列入三司会审复核定案

答案(　　)③

【解析】秋审是最重要的死刑复审制度,因在每年秋天(农历八月)举行得名。秋审审理对象

参考答案:①C　②CD　③B

是全国上报的斩、绞监候案件。朝审是对刑部判决的重案及京师附近的斩、绞监候案件进行的复审,于每年霜降后10日举行。热审是对发生在京师的笞杖刑案件进行重审的制度,于每年小满后10日至立秋前1日举行而得名。三司会审是指由刑部、大理寺、都察院组成的中央三大司法机关(称为三司)对重大疑难案件的共同会审。题干中的信息说明,本案属于全国上报的绞监候案件,因此适用秋审。故本题选B项。

5. 中国古代社会的死刑复奏制度是指奏请皇帝批准执行死刑判决的制度。关于这一制度,下列哪些选项是正确的?(2008-1-57)

A. 北魏太武帝时正式确立了死刑复奏制度
B. 唐朝的死刑案件在地方实行"三复奏",在京师实行"五复奏"
C. 明清时期的朝审制度取代了死刑复奏制度
D. 死刑复奏制度的建立和完善既加强了皇帝对司法、审判的控制,又体现了皇帝对民众的体恤

答案(　①　)

【解析】 死刑复奏制度是指奏请皇帝批准执行死刑判决的制度。北魏太武帝时正式确立这一制度。所以A项是正确的。在死刑的执行上,唐代沿用了隋朝的死刑复奏制度,在地方实行三复奏,在京师实行五复奏。B项说法正确。明清时期的朝审制度始于明天顺三年(1459年),明英宗命每年霜降之后,三法司会同公侯、伯爵、在吏部尚书(或户部尚书)主持下会审重案囚犯,从此形成制度。可见,朝审制度只是对死刑的复审,并不涉及死刑的执行制度,所以C项是错误的。死刑复奏制度的建立和完善,一方面加强了皇帝对司法、审判的控制,另一方面也体现了皇帝对民众的体恤,因此D项所述正确。

6. 乾隆五十一年,四川发生一起杀人案:唐达根与宋万田本不相识,因赴集市买苞谷遂结伴同行。途中山洞避雨,宋万田提议二人赌钱。后宋万田得赢,唐达根将钱如数送上。归途,宋万田再次提议赌钱,唐达根得赢。宋万田声称唐达根耍骗不肯给钱,唐达根与之争吵进而双方互殴,争斗中唐达根将宋万田打死。依据《大清律例》及《大清律辑注》,你认为唐达根有可能被官府认定犯下列哪些罪行?(2010-1-58)

A. 唐达根系没有预谋、临时起意将宋万田打死,应定"故杀"
B. 唐达根系恼羞成怒,欲夺赌钱故意将宋万田打死,应定"谋杀"
C. 唐达根系无心之下,斗殴中不期将宋万田打死,应定"斗殴杀"
D. 唐达根系无怨恨杀人动机,"以力共戏"将宋万田打死,应定"戏杀"

答案(　②　)

【解析】《唐律》贼盗、斗讼篇中依犯罪人主观意图区分了"六杀",即"谋杀""故杀""斗杀""误杀""过失杀""戏杀"。"谋杀"是指预谋杀人;"故杀"是指事先虽无预谋,但情急杀人时已有杀人的意念;二者的区别标准是有无事先预谋。"斗杀"指在斗殴中出于激愤失手将人杀死;"误杀"指由于种种原因错置了杀人对象;"过失杀"指"耳目所不及,思虑所不到",即出于过失杀人;"戏杀"指"以力共戏"而导致杀人。该原则被后来的法律继承,包括《大清律例》。从本题中可以看出,唐达根并无事先预谋,而是情急时临时起意杀人,应为"故杀",故A项正确,B项错误。唐达根和宋万田属于斗殴而非嬉戏中产生了杀人的后果,应当定"斗杀",故C项正确,D项错误。

【一招制敌】 只看是否事前有预谋,即可区分"谋杀"与"故杀"。

参考答案:①ABD　②AC

7. 清乾隆律学家、名幕王又槐对谋杀和故杀的有关论述：

①"谋杀者，蓄念于未杀之先；故杀者，起意于殴杀之时。"

②"谋杀则定计而行，死者猝不及防、势不能敌，或以金刃，或以毒药，或以他物，或驱赴水火，或伺于隐蔽处所，即时致死，并无争斗情形，方为谋杀。"

③"故杀乃因斗殴、谋殴而起，或因忆及夙嫌，或因畏其报复，或虑其控官难制，或恶其无耻滋事，或恐其遗祸受害。在兄弟，或利其货财肥己；在夫妻，或恨其妒悍不逊。临时起意，故打重伤、多伤，伤多及致死处所而死者是也。"

据此，下列最可能被认定为谋杀者的是哪一选项？（2011－1－18）

A. 张某将浦某拖倒在地，骑于身将其打伤。浦某胞弟见状，情急之下用木耙击中张某顶心，张某立时毙命

B. 洪某因父为赵某所杀，立志复仇。后，洪某趁赵某独自上山之机，将其杀死

C. 卢某欲拉林某入伙盗窃，林某不允并声称将其送官。卢某恐其败露欲杀之，当即将林某推倒在地，掐伤其咽喉并用腰带套其脖颈，林某窒息而死

D. 雇主李朱氏责骂刘某干活不勤，刘某愧忿不甘，拿起菜刀将李朱氏砍倒。刘某逃跑之际，被李朱氏4岁的外孙韩某拉住衣服并大声呼救，刘某将其推倒在地并连砍数刀，致其立时毙命

答案(①)

【解析】根据王又槐对"谋杀"和"故杀"的有关论述，"谋杀"是有预谋的故意杀人；"故杀"是没有预谋、突然起意的故意杀人。A项中，浦某胞弟见浦某被张某殴打，为解救浦某而上前攻击张某，过失造成其死亡，这里并无事先预谋，故成立"故杀"。选项B中，"洪某因父为赵某所杀，立志复仇"，属于事先有预谋的故意杀人，应认定为"谋杀"。选项C中，"卢某恐其败露欲杀之"，属于临时起意的故意杀人，应认定为"故杀"。选项D中，刘某为逃匿而临时起意杀人，并无事先预谋，应认定为"故杀"。

第三章　清末、民国时期的法制

第一节　法的现代化

1. 关于法的发展、法的传统与法的现代化，下列说法正确的是：(2014－1－93)

A. 中国的法的现代化是自发的、自下而上的、渐进变革的过程

B. 法律意识是一国法律传统中相对比较稳定的部分

C. 外源型法的现代化进程带有明显的工具色彩，一般被要求服务于政治、经济变革

D. 清末修律标志着中国法的现代化在制度层面上的正式启动

答案(②)

【解析】根据法的现代化的动力来源，法的现代化过程大体上可以分为内发型法的现代化和外源型法的现代化两种。内发型法的现代化是指由特定社会自身力量产生的法的内部创新。这种现代化是一个自发的、自下而上的、缓慢的、渐进变革的过程。外源型法的现代化是指在外部环境影响

参考答案：①B　②BCD

下,社会受外力冲击,引起思想、政治、经济领域的变革,最终导致法律文化领域的革新。在这种法的现代化过程中,外来因素是最初的推动力。中国法的现代化是外源型的法的现代化,不是自发的、自下而上变革。所以,A项错误。

外源型法的现代化一方面具有被动性,即一般都是在外部因素的压力下(或由于外来干涉,或由于殖民统治,或由于经济上的依附关系),本民族的有识之士希望通过变法以图民族强盛;另一方面也具有依附性,即带有明显的工具色彩,一般被要求服务于政治、经济变革。C项正确。

1902年,张之洞以兼办通商大臣的身份,与各国修订商约。英、日、美、葡四国表示,在清政府改良司法、"皆臻完善"之后,愿意放弃领事裁判权。为此,清政府下诏,派沈家本、伍廷芳主持修律。自此,以收回领事裁判权为契机,中国法的现代化在制度层面上正式启动了。D项正确。

法律意识是指人们关于法律现象的思想、观念、知识和心理的总称,是社会意识的一种特殊形式。法的传统之所以可以延续,在很大程度上是因为法律意识强有力的传承作用,即一个国家的法律制度可以经常随着国家制度和政权结构的变化而变化,但是人们的法律意识却相对比较稳定,具有一定的连续性。因此,法律意识可以使一个国家的法律传统得以延续。可见,B项正确。

2. 关于法律发展、法律传统、法律现代化,下列哪些选项可以成立?(2007-1-56)

A. 中国法律的现代化的启动形式是立法主导型

B. 进入20世纪以后,各国、各民族法律的特殊性逐渐受到普遍关注,民族历史传统可能构成现实法律制度的组成部分

C. 在当今经济全球化的背景下,对各国法律进行法系划分已失去了意义

D. 法的继承体现时间上的先后关系,法的移植反映一个国家对同时代其他国家法律制度的吸收和借鉴

答案(①)

【解析】从起因看,中国的法治现代化明显属于外源型法的现代化,启动形式是立法主导型,法制建设具有浓厚的"工具"性和"功利"性。A项正确。进入20世纪以后,由于比较法学的迅速发展,各国、各民族法律的特殊性逐渐受到普遍关注;而民族历史传统的不同,正是各国法律,尤其是法律技术与意识领域存在种种差异的重要原因之一。因此,传统之于法,就不仅具有经验意义上的历史价值,也可能构成现实法律制度的组成部分。B项正确。法的继承体现时间上的先后关系,法的移植反映一个国家对同时代其他国家法律制度的吸收和借鉴。D项正确。在当今经济全球化的背景下,各国法律之间的移植变得频繁,各国法律呈现趋同的趋势,但是,差异依然存在并且非常重要,所以对各国法律进行法系划分依然具有重要意义。因此,正确选项为A、B、D项。

第二节 清末改革

一、清末"预备立宪"

1. 关于清末变法修律,下列哪些选项是正确的?(2011-1-57)

A. 在指导思想上,清末修律自始至终贯穿着"仿效外国资本主义法律形式,固守中国封建法制传统"的原则

B. 在立法内容上,清末修律一方面坚行君主专制体制和封建伦理纲常"不可率行改变",一方面标榜"吸引世界大同各国之良规,兼采近世最新之学说"

参考答案:①ABD

C. 在编纂形式上,清末修律改变了传统的"诸法合体"形式,明确了实体法之间、实体法与程序法之间的差别,形成了近代法律体系的雏形

D. 在法系承袭上,清末修律标志着延续几千年的中华法系开始解体,为中国法律的近代化奠定了初步基础

答案(　　)①

【解析】本题各项是教材原话,均表述正确,考生可以直接记忆各项。

2. 下列哪一个法律文件是中国近现代历史上第一部宪法性文件?(2008-1-13)

A.《重大信条十九条》　　　　　B.《钦定宪法大纲》
C.《中华民国约法》　　　　　　D.《中华苏维埃共和国宪法大纲》

答案(　　)②

【解析】清廷宪政编查馆于1908年8月颁布了以君上大权为核心的《钦定宪法大纲》,是中国近代史上第一部宪法性文件,是中国历史上第一次将君主的权力写入了一个明确的文件,这本身就是对君主权力的限制;而且还破天荒地将民众的权利作为附则写入。《宪法重大信条十九条》是清政府于辛亥革命武昌起义爆发后抛出的又一个宪法性文件,其形式上被迫缩小了皇帝的权力,相对扩大了议会和总理的权力,但仍强调皇权至上,且对人民权利只字未提,更暴露其虚伪性,也未能挽回清王朝的败局。中华民国北京政府于1914年5月1日公布的《中华民国约法》(袁记约法),共10章68条,受袁世凯一手操纵制定。它与《临时约法》有着根本性的差别:其一,以根本法的形式彻底否定了《临时约法》确立的民主共和制度,代之以个人独裁;其二,用总统独裁否定了责任内阁制;其三,用有名无实的立法院取消了国会制;其四,为限制、否定《临时约法》规定的人民基本权利提供了宪法根据。它是对《临时约法》的反动,是军阀专制全面确立的标志。《中华苏维埃共和国宪法大纲》是1931年11月在江西瑞金由第一次全国苏维埃代表大会通过的。因此,本题的正确答案是B项。

3. 武昌起义爆发后,清王朝于**1911年11月3日**公布了《宪法重大信条十九条》。关于该宪法性文件,下列哪一说法是错误的?(2014-1-19)

A. 缩小了皇帝的权力　　　　　B. 扩大了人民的权利
C. 扩大了议会的权力　　　　　D. 扩大了总理的权力

答案(　　)③

【解析】清政府于辛亥革命武昌起义爆发后,匆匆命令资政院迅速起草宪法以应对危机。资政院仅用3天时间即拟定,并于11月3日公布,此即《宪法重大信条十九条》,简称"十九信条"。"十九信条"在形式上被迫缩小了皇帝的权力,相对扩大了议会和总理的权力,但仍强调皇权至上,且对人民权利只字未提,彻底暴露了其虚伪性。可见,B项错误明显。

4. 下列关于中国古代法制思想和法律制度的说法,哪些是正确的?(2005-1-63)

A. "礼法结合"为中国古代法制的基本特征
B. 夏商时代的法律制度明显受到神权观念的影响
C. 西周的"以德配天、明德慎罚"思想到汉代中期以后被儒家发挥成为"德主刑辅、礼刑并用"的策略
D. 清末修律使中华法系"依伦理而轻重其刑"的特点没有受到冲击

答案(　　)④

参考答案:①ABCD　②B　③B　④ABC

【解析】礼在中国古代社会具有重要地位。礼是中国古代社会长期存在的、维护血缘宗法等级制度的一系列精神原则以及言行规范的总称,以"亲亲"、"尊尊"为基本原则。西周时期,规定了"出礼入刑"、"礼不下庶人,刑不上大夫"。以后的古代法制受此影响极大。魏晋南北朝时期,法律内容的变化表明礼法结合进一步发展;唐朝承袭并发展了礼法并用的统治方法,使得法律统治"一准乎礼",真正实现了礼法统一。因此,A项表述正确。夏商时期强调奉天伐罪,假托神意压服臣民,明显受到神权观念影响。B项正确。西周统治者提出了"以德配天、明德慎罚"思想,这在汉代中期以后,被儒家发挥成为"德主刑辅、礼刑并用"的基本策略,从而为礼法结合的中国传统法制奠定了理论基础。C项正确。清末变法修律,参照西方资产阶级法律体系和法律原则建立起来的一整套法律制度和司法体制,导致中华法系走向解体。随着修律过程中一系列新的法典法规的出现,中国封建法律制度的传统格局开始被打破。可见,清末修律使中华法系"依伦理而轻重其刑"的特点受到了冲击。因此,D项错误。

5. 关于清末"预备立宪",下列哪一选项可以成立?(2007-1-11)

A. 1908年颁布的《钦定宪法大纲》作为中国近代史上第一部宪法性文件,确立了资产阶级民主共和国的国家制度

B.《十九信条》取消了皇权至上,大大缩小了皇帝的权力,扩大了国会与内阁总理的权力

C. 清末成立的资政院是中国近代第一届国家议会

D. 清末各省成立了谘议局作为地方督抚的咨询机关,权限包括讨论本省兴革事宜、预决算等

答案( )①

【解析】1908年颁布的《钦定宪法大纲》自始至终贯穿着"君为臣纲"、"皇权至高无上"的中心内容,其实质是给封建君主专制制度披上"宪法"的外衣,以法律的形式确认君主的绝对权力,谈不上确立了资产阶级民主共和国的国家制度。所以A项错误。《十九信条》其内容,在形式上被迫缩小了皇帝的权力,相对扩大了议会和总理的权力,但仍强调皇权至上。所以B项错误。清末的资政院其性质是承旨办事的御用机构,与近代社会的国家议会有根本性的不同。所以C项错误。清末的谘议局是清政府在"预备立宪"期间设立的各省督抚控制的地方咨询机关。其权限包括讨论本省兴革事宜、决算预算、选举资政院议员、申复资政院或本省督抚的咨询等。所以D项是正确的。

6. 关于中国法律制度的发展和演进,下列哪些表述是正确的?(2009-1-57)

A. 商鞅"改法为律"扩充了法律内容,强调了法律规范的普遍性

B. 汉武帝顺应历史发展废除肉刑进行刑制改革,为建立封建刑罚制度奠定了重要基础

C. 三国两晋南北朝时期更广泛、更直接地把儒家的伦理规范上升为法律规范,使礼、法更大程度上实现融合

D. 清末变法修律基本上是仿效外国资本主义的法律形式,固守中国的封建法制传统

答案( )②

【解析】商鞅的"改法为律"强调法律规范的普遍性,强调"一律",具有"范天下不一而归于一"的功能。选项A正确。废除肉刑的是汉文帝和汉景帝,不是汉武帝。选项B错误。三国两晋南北朝时期,法律内容有所发展,主要表现在礼法结合的进一步发展。在汉代中期以后的法律儒家化的基础上,更广泛、更直接地把儒家的伦理规范上升为法律规范,使礼、法更大程度上实现融合。比如"八议"入律,"官当"制度确立,"重罪十条"的产生,"准五服制罪"的确立,死刑复奏制度等。选项C正确。在立法指导思想上,清末修律自始至终贯穿着"仿效外国资本主义法律形式,固守中国封建法制传统"

参考答案:①D ②ACD

的方针。选项 D 正确。

二、清末主要修律内容

1. 下列有关清末制定的刑事法典的表述何者为正确?(2004-1-86)

A. 清末刑法典修订的成果是《大清律例》和《大清新刑律》

B.《大清新刑律》结构分总则和分则两篇,后附《暂行章程》

C.《大清新刑律》完成前的过渡性法典为《大清现行刑律》

D.《大清律例》是中国历史上第一部近代意义上的专门刑法典

答案(①)

【解析】清末刑法典修订的成果是《大清现行刑律》与《大清新刑律》,《大清律例》是清初的立法成功。A 项错误。《大清现行刑律》是清政府在《大清律例》的基础稍加修改,作为《大清新刑律》完成前的一部过渡性法典,于 1910 年 5 月 15 日颁行。起草工作始于 1906 年,由于引发了礼教派的攻击和争议,至 1911 年 1 月才正式公布,但并未真正施行。C 项正确。《大清新刑律》是清廷于 1911 年 1 月 25 日公布的中国历史上第一部近代意义上的专门刑法典,但仍保持着旧律维护专制制度和封建伦理的传统。D 项错误。《大清新刑律》分总则和分则两篇,后附《暂行章程》5 条。B 项正确。在内容方面,其抛弃了旧律诸法合体的编纂形式,以罪名和刑罚等专属刑法范畴的条文作为法典的唯一内容;在体例上抛弃了旧律的结构形式,将法典分为总则和分则;确立了新刑罚制度,规定刑罚分主刑、从刑;采用了一些近代西方资产阶级的刑法原则和刑法制度,如罪刑法定原则和缓刑制度等。

【特别提示】《大清新刑律》为历年考察重点,请考生务必重点记忆。

2. 关于《大清新刑律》,下列哪一选项是错误的?(2008 四川-1-8)

A.《大清新刑律》是中国刑法史上第一部具有近代意义的法典

B.《大清新刑律》规定刑罚分主刑、从刑

C.《大清新刑律》的内容完全属于资本主义刑法性质的内容

D.《大清新刑律》于 1911 年公布,但没有实施

答案(②)

【解析】《大清新刑律》是清廷与 1911 年 1 月 25 日公布的中国历史上第一部近代意义上的专门刑法典,但仍然保持着旧律维护专制制度和封建伦理的传统,可见《大清新刑律》并不是完全属于资本主义刑法性质的内容。A 项正确,C 项表述有问题。《大清新刑律》抛弃了旧律诸法合体的编纂形式,以罪名和刑罚等专属刑罚范畴的条文作为法典的唯一内容。在体例上抛弃了旧律的结构,将法典分为总则和分则;确立了新的刑罚制度,规定刑罚分为主刑、从刑;采用了一些诸如罪刑法定原则和缓刑制度等近代西方资产阶级的刑法原则和刑罚制度,所以 B 项正确。该刑律公布后并没有真正施行,D 项正确。

3. 中国历史上曾进行多次法制变革以适应社会的发展。关于这些法制变革的表述,下列哪一选项是错误的?(2013-1-19)

A. 秦国商鞅实施变法改革,全面贯彻法家"明法重刑"的主张,加大量刑幅度,对轻罪也施以重刑,以实现富国强兵目标

B. 西汉文帝为齐太仓令之女缇萦请求将自己没官为奴、替父赎罪的行为所动,下令废除肉刑

C. 唐代废除了宫刑制度,创设了鞭刑和杖刑,以宽减刑罚,缓解社会矛盾

参考答案:①BC ②C

D.《大清新刑律》抛弃了旧律诸法合体的编纂形式,采用了罪刑法定原则,规定刑罚分为主刑、从刑

答案(　　)①

【解析】 北朝与南朝相继宣布废除宫刑制度,结束了使用宫刑的历史。北魏时期开始改革以往五刑制度,增加鞭刑与杖刑,后北齐、北周相继采用。因此C项错误。其他各项均无误。

4. 中国清末修订法律馆于1911年8月完成《大清民律草案》。下列有关该草案的表述哪一项是错误的?（2003-1-7）

A.《大清民律草案》的结构顺序是:总则、债、物权、亲属、继承

B. 日本法学家参与了《大清民律草案》的起草工作

C.《大清民律草案》的基本思路体现了"中学为体、西学为用"的精神

D.《大清民律草案》经正式公布,但未及实施,清王朝即告崩溃

答案(　　)②

【解析】《大清民律草案》只是停留在"草案"层次上,并没有正式颁布与施行,因此D选项错误。

5. 清末修律时,修订法律大臣俞廉三在"奏进民律前三编草案折"中表示:"此次编辑之旨,约分四端:(一)注重世界最普通之法则。(二)原本后出最精确之法理。(三)求最适于中国民情之法则。(四)期于改进上最有利益之法则。"关于清末修订民律的基本思路,下列哪一表述是最合适的?（2013-1-17）

A. 西学为体、中学为用　　　　　　　　B. 中学为体、西学为用

C. 坚持德治、排斥法治　　　　　　　　D. 抛弃传统、尽采西说

答案(　　)③

【解析】 俞廉三的奏章体现出修订民律的基本思路,仍然没有超出"中学为体、西学为用"的思想格局。B项当选。

6. 1903年,清廷发布上谕:"通商惠工,为古今经国之要政,急应加意讲求,著派载振、袁世凯、伍廷芳,先定商律,作为则例。"下列哪一说法是正确的?（2016-1-19）

A.《钦定大清商律》为清朝第一部商律,由《商人通例》《公司律》和《破产律》构成

B. 清廷制定商律,表明随着中国近代工商业发展,其传统工商政策从"重农抑商"转为"重商抑农"

C. 商事立法分为两阶段,先由新设立商部负责,后主要商事法典改由修订法律馆主持起草

D.《大清律例》《大清新刑律》《大清民律草案》与《大清商律草案》同属清末修律成果

答案(　　)④

【解析】 清末的商事立法,大致可以分为前后两个阶段:1903—1907年为第一阶段;1907—1911年为第二阶段。在第一阶段,商事立法主要由新设立的商部负责,其修订的《商人通例》9条和《公司律》131条,在1904年1月(清光绪二十九年十二月)奏准颁行,定名为《钦定大清商律》,是为清朝第一部商律。此外,清政府还陆续颁布了《公司注册试办章程》《商标注册试办章程》《破产律》等。可见,《破产律》并不在《钦定大清商律》之中。A项错误。在清末商事立法的第二阶段,主要商事法典改由修订法律馆主持起草;单行法规仍由各有关机关拟订,经宪政编查馆和资政院审议后请旨颁行。C项正确。《大清律例》于乾隆元年开始重新修订,于乾隆五年完成,颁行天下。它是封建性质的传统法

参考答案:①C　②D　③B　④C

典,并非清末修律的产物。D项错误。清末修律具有不彻底性,其自然未能摆脱重农抑商的传统国策,相关立法也属于半殖民地半封建性质,而非资本主义法律。B项错误。

三、清末司法体制的变化

1. 鸦片战争后,清朝统治者迫于内外压力,对原有的法律制度进行了不同程度的修改与变革。关于清末法律制度的变革,下列哪一选项是正确的?(2015-1-18)

A.《大清现行刑律》废除了一些残酷的刑罚手段,如凌迟

B.《大清新刑律》打破了旧律维护专制制度和封建伦理的传统

C. 改刑部为法部,职权未变

D. 改四级四审制为四级两审制

答案(①)

【解析】《大清现行刑律》是在《大清律例》的基础上稍加修改,作为《大清新刑律》完成前的过渡性法典,于1910年5月15日颁行。与《大清律例》相比,其有如下变化:改律名为"刑律";取消了六律总目,将法典各条按性质分隶30门;对纯属民事性质的条款不再科刑;废除了一些残酷的刑罚手段,如凌迟;增加了一些新罪名,如妨害国交罪等。但在表现形式和内容上,其都不能说是一部近代意义的专门刑法典。可见,A项正确。整体的清末变法改革都是中学为体、西学为用,打破专制制度和封建伦理是不可能的。B项错误。清政府对旧的诉讼体制和审判制度进行了一系列改革,但也仅流于形式。在司法机关的变化方面,主要是改刑部为法部,由原先的审判机关改为掌管全国司法行政事务;改大理寺为大理院,为全国最高审判机关;实行审检合署。C项错误。在诉讼制度方面,确立一系列近代意义上的诉讼制度,实行四级三审制;规定了刑事案件公诉制度、证据、保释制度;审判制度上实行公开、回避等制度;初步规定了法官及检察官考试任用制度;改良监狱及狱政管理制度。D项错误。

2. 关于中国古代诉讼、审判制度的说法,下列哪些选项是正确的?(2009-1-58)

A. 西周时期"听讼"为审理民事案件,"断狱"为审理刑事案件

B. 唐代县以下乡官、里正对犯罪案件具有纠举责任,对轻微犯罪与民事案件具有调解处理的权力

C. 明代的大审是一种会审制度,每三年举行一次

D. 清末改大理寺为大理院,为全国最高审判机关

答案(②)

【解析】西周时期区分"狱"与"讼"。民事案件称为"讼",刑事案件称为"狱",审理民事案件称为"听讼",审理刑事案件叫做"断狱"。选项A正确。唐代地方司法机关仍由行政长官兼理。州县长官在进行司法审判时,均设佐史协助处理。州一级设法曹参军或司法参军,县一级设司法佐、史等。县以下乡官、里正对犯罪案件具有纠举责任,对轻微犯罪与民事案件具有调解处理的权力,结果须呈报上级。选项B正确。明代的大审,始于成化十七年(公元1481年),宪宗命司礼监(宦官二十四衙之首)一员在堂居中而坐,尚书各官列居左右,从此"九卿抑于内官之下"。《明史·刑法志》载"自此定例,每五年辄大审。"可见,大审是每五年一次。选项C错误。清末司法机关的变化,改刑部为法部,掌管全国司法行政事务;改大理寺为大理院,为全国最高审判机关;实行审检合署。选项D正确。

【特别提示】清末改革中司法体制的变迁,是历年考试考察的重点,请考生重点记忆。

3. 下列有关清末变法修律和司法体制变革的表述哪一项是错误的?(2004-1-16)

A. 清末修律在法典编纂形式上改变了传统的"诸法合体"形式,明确了实体法之间、实体法与程序

参考答案:①A ②ABD

法之间的差别

　　B. 清末修律使延续了几千年的中华法系开始解体,同时也为中国法律的近代化奠定初步基础

　　C. 在司法机关改革方面,清末将大理寺改为大理院,作为全国最高审判机关;改刑部为法部,掌管全国检察和司法行政事务,实行审检分立

　　D. 清末初步规定了法官及检察官考试任用制度

答案(　　)①

【解析】 A、B、D 均正确表达了清末变法修律和司法体制变革的内容。清末在司法机关的改革方面,改刑部为法部,掌管全国司法行政事务;改大理寺为大理院,为全国最高审判机关;实行审检合署。C 项错误。

4. 1903 年 5 月 1 日,在上海英租界发行的《苏报》刊载邹容的《革命军》自序和章炳麟的《客帝篇》,公开倡导革命,排斥满人。5 月 14 日,《苏报》又指出:《革命军》宗旨专在驱除满族,光复中国。清廷谕令两江总督照会租界当局严加查办,于 6 月底逮捕章炳麟,不久,邹容自动投案。由谳员孙建臣、上海知县汪瑶庭、英国副领事三人组成的审判庭对邹容等人进行审理,最后判处章炳麟徒刑三年,邹容徒刑两年。对这一案件的说法,下列哪一选项是正确的?（2009 - 1 - 15）

　　A. 这表明清廷实行公开审判原则
　　B. 这表明外国人在租界内对中国司法裁判权的直接干涉
　　C. 这表明外国人在租界内的领事裁判权受到了限制
　　D. 这表明清廷变法修律得到了国际社会的承认

答案(　　)②

【解析】 由谳员孙建臣、上海知县汪瑶庭、英国副领事三人组成的审判庭对邹容等人进行审理,而不是由清廷独立审理,表明了外国人在租界内对中国司法裁判权的直接干涉,反映了领事裁判权的某种特别表现形式。因此,B 项最为准确地表现了这一点。

5. 清末外国在华领事裁判权制度中设有一种特殊的审判机构,即"会审公廨"。下列关于这一机构的表述哪些是正确的?（2003 - 1 - 36）

　　A. 会审公廨是 1864 年清廷与欧洲列强协议建立的
　　B. 在会审公廨中,凡涉及外国人案件,必须有领事官员参加会审
　　C. 在会审公廨中,凡中国人与外国人间诉讼案,由本国领事裁判或陪审
　　D. 会审公廨设在租界内

答案(　　)③

【解析】 会审公廨是 1864 年清廷与英美法三国驻上海领事协议在租界内设立的特殊审判机构。而 A 选项称"清廷与欧洲列强协议建立的",并不确切,不应选。其他各项均表述正确。

第三节　民国时期的宪法

1. 关于《中华民国临时约法》,下列哪一选项是正确的?（2011 - 1 - 21）

　　A.《临时约法》是辛亥革命后正式颁行的宪法
　　B.《临时约法》设立临时大总统,采行总统制

参考答案：①C　②B　③BCD

C.《临时约法》是中国历史上唯一一部具有资产阶级共和国性质的宪法性文件
D.《临时约法》确立了五权分离的原则

答案（　　）①

【解析】辛亥革命后首部正式颁行的宪法是"贿选宪法"，即北洋政府1923年10月10日公布的《中华民国宪法》。A项错误。当时革命党人企图利用《临时约法》制约袁世凯，保护革命成果，所以在国家政权体制上，改总统制为责任内阁制，以限制袁世凯的权力。B项错误。《临时约法》依照资产阶级三权分立原则，采用责任内阁制，规定临时大总统、副总统和国务院行使行政权力，参议院是立法机关，法院是司法机关。因此，D项表述错误。C项表述正确无误，为当选项。

2. 南京国民政府于1947年公布和实施《中华民国宪法》。下列哪些是对这部宪法的正确表述？（2003－1－35）

A. 该法规定了选举、罢免、创制、复决等制度
B. 该法的基本精神沿袭《训政时期约法》和"五五宪草"
C. 该法体现了《动员戡乱时期临时条款》的立法原则
D. 该法确立的政权体制既不是内阁制，也不是总统制

答案（　　）②

【解析】《动员戡乱时期临时条款》是1948年颁布施行的，1947年《中华民国宪法》的当然谈不上体现该"临时条款"的立法原则。其他各项均正确无误。

3. 中国法制近代化经历了曲折的渐进过程，贯穿着西方法律精神与中国法律传统的交汇与碰撞。关于中国法制近代化在修律中的特点，下列哪一选项是不正确的？（2010－1－14）

A. 1910年《大清民律草案》完成后，修律大臣俞廉三上陈奏进民律前三编草案折，认为民律修订仍然没有超出中学为体、西学为用的思想格局
B. 1911年《大清新刑律》作为中国第一部近代意义的专门刑法典，在吸纳近代资产阶级罪刑法定等原则的同时，仍然保留了部分不必科刑的民事条款
C. 1910年颁行的《法院编制法》规定，国家司法审判实行四级三审制
D. 1947年颁行的《中华民国宪法》，所列各项民主自由权利比以往任何宪法性文件都充分

答案（　　）③

【解析】《大清民律草案》完成后，修订法律大臣俞廉三上陈"奏进民律前三编草案折"中表示："此次编辑之旨，约分四端：（一）注重世界最普遍之法则。（二）原本后出最精确之法理。（三）求最适于中国民情之法则。（四）期于改进上最有利益之法则。"很显然，其上书修订民律的基本思路，没有超出"中学为体，西学为用"的思想格局，故选项A正确。《大清新刑律》是一部近现代意义上的新式法典。在编纂体例上，法典采取了近代西方刑法典的模式，分为总则和分则两个部分，在内容上，不再纳入民法、诉讼法等方面的内容，突破了传统法法合典诸体的形式，是一部纯粹的刑法典。故B说法错误。清末改革中，确立一系列近代意义上的诉讼制度，实行四级三审制，规定了刑事案件公诉制度、证据、保释制度；审判制度上实行公开、回避等制度。故C项说法正确。《中华民国宪法》内容的主要特点有表面上的"民有、民治、民享"和实际上的个人独裁。它罗列人民各项民主自由权利，比以往任何宪法性文件都充分。但依据宪法第23条颁布的《维持社会秩序的临时办法》、《戒严法》、《紧急治罪法》等，把宪法抽象的民主自由条款加以具体切实的否定。故D项说法正确。

参考答案：①C　②ABD　③B

【点睛之笔】请考生务必注意,《大清新刑律》的纯粹刑法性。

第四章 外国法制史

第一节 西方两大法系

1. 法系是法学上的一个重要概念。关于法系,下列哪些选项是正确的?（2008－1－55）
　A. 法系是一个比较法学上的概念,是根据历史传统和外部特征的不同对法所作的分类
　B. 历史上曾经存在很多个法系,但大多都已经消亡,目前世界上仅存的法系只有民法法系和普通法系
　C. 民法法系有编纂成文法典的传统,因此,有成文法典的国家都属于民法法系
　D. 法律移植是一国对外国法的借鉴、吸收和摄取,因此,法律移植是法系形成和发展的重要途径

答案（　①　）

【解析】法系是比较法学上的基本概念,具体指根据法的历史传统和外部特征的不同,对法所做的分类。据此分类标准,凡属于同一传统的法律就构成一个法系。因此,A 项说法正确。在历史上,世界各主要地区曾经存在过许多法系,诸如印度法系、中华法系、伊斯兰法系、民法法系和普通法系,等等。当今世界上最有影响的是民法法系和普通法系,此外还存在社会主义法系、伊斯兰法系等。因此,B 项说法错误。民法法系,是指以古罗马法,特别是以 19 世纪初《法国民法典》为传统产生和发展起来的法律的总称。由于该法系的影响范围主要是在欧洲大陆国家,特别是法国和德国,且主要法律的表现形式均为法典,所以又称为大陆法系、罗马－德意志法系、法典法系。大陆法系有编纂成文法的传统,但并非所有有成文法的国家都属于民法法系,美国便有成文宪法典,但是属于英美法系。因此,C 项错误。法的移植是指在鉴别、认同、调适、整合的基础上,引进、吸收、采纳、摄取、同化外国法,使之成为本国法律体系的有机组成部分,为本国所用。正是通过法律移植,某些国家才逐渐地形成共同的法律传统和文化,并在法学上被归入一个法系。因此,D 项说法是正确的。

2. 大陆法系和英美法系的主要区别表现在哪些方面?（2002－1－37）
　A. 法律渊源　　　　B. 法的分类　　　　C. 法典编纂　　　　D. 诉讼程序和判决程式

答案（　②　）

【解析】民法法系与普通法系因各自的传统不同,有一定的区别:第一,在法律思维方式方面,民法法系属于演绎型思维,而普通法系属于归纳式思维,注重类比推理;第二,在法的渊源方面,民法法系中法的正式渊源只是制定法,而普通法系中制定法、判例法都是法的正式渊源;第三,在法律的分类方面,民法法系国家一般都将公法与私法的划分作为法律分类的基础,而普通法系则是以普通法与衡平法为法的基本分类;第四,在诉讼程序方面,民法法系与教会法程序接近,属于纠问制诉讼,普通法系则采用对抗制诉讼程序;第五,在法典编纂方面,民法法系的主要发展阶段都有代表性的法典,特别是

参考答案:①AD　②ABCD

近代以来,进行了大规模的法典编纂活动。普通法系在都铎王朝时期曾进行过较大规模的立法活动,近代以来制定法的数量也在增加,但从总体上看,不倾向进行系统的法典编纂。另外,两大法系在法院体系、法律概念、法律适用技术及法律观念等方面还存在许多差别。

3. "在中国法的发展历史上,追求'民族化'显然是一个主线,形成了'尚古主义'取向的具有保守性格的中华法系。只是到了清末出现一批主张借鉴西方法律制度的学者和政治家如沈家本之后,法的民族化受到部分冲击。西方近代以后两大法系基本形成,两大法系的发达程度之高已被国际公认,其原因不得不归结为法的民族化与国际化的协调一致。"基于这段引文,下列表述正确的是:(2008 四川-1-91)

A. 无论中华法系还是西方的两大法系都包含各自的法律文化
B. 中华法系具有保守性格,追求"民族化",与其他法系的文化之间没有形成交流与融合
C. 西方的两大法系在历史发展的过程中逐渐实现了与国际化的协调一致,但与中华法系相比,却又失去了"民族化"特色
D. 沈家本是倾向于法律移植的法学家

答案( )①

【解析】无论中华法系还是西方的两大法系都体现着各自独特的法律文化。A项说法明显正确。选项B的说法太过绝对,不能说中华系与其他法系的文化之间没有丝毫的交流与融合。选项C,西方的两大法系在历史发展的过程中逐渐实现了与国际化的协调一致,这只能表明民族化受到冲击,而不能说失去了"民族化"的特色。事实上,两大法系仍然保留着各自的特色。C项错误。法律移植讲的就是引进、吸收、采纳、摄取、同化外国法,使之成为本国法律体系的有机组成部分,为本国所用。而沈家本主张借鉴西方法律制度。因此,D项正确。

第二节 罗 马 法

1. 关于古罗马的《十二表法》,下列哪些选项是正确的?(2008 四川-1-57)
A.《十二表法》是罗马帝国时期的立法成果
B.《十二表法》是在总结习惯法的基础上制定的成文法
C.《十二表法》的"十二表",是指该法的十二个编目
D.《十二表法》的特点是诸法合体、私法为主,实体法优于程序法

答案( )②

【解析】《十二表法》是罗马国家第一部成文法,也就是说是罗马国家时期的立法成果,而不是罗马帝国时期的立法成果。因此,A项说法错误。《十二表法》是罗马国家第一部成文法,它总结了前一阶段的习惯法,并为罗马法的发展奠定了基础。因此,B项说法正确。《十二表法》的"十二表",是指该法的十二个编目,依次是传唤、审理、索债、家长权、继承和监护、所有权和占有、土地和房屋、私犯、公法、宗教法、前五表的追补及后五表的追补。因此,C项说法正确。《十二表法》的特点是诸法合体、私法为主,程序法优于实体法。因此,D项说法错误。

2. 下列有关古罗马《国法大全》的说法哪些是正确的?(2004-1-61)
A.《国法大全》包括《查士丁尼法典》、《法学阶梯》、《法学汇编》、《查士丁尼新律》

参考答案:①AD ②BC

B.《国法大全》是由乌尔比安主持编纂的

C.《国法大全》的问世,标志着罗马法达到了最发达、最完备的阶段

D. 12世纪意大利注释法学派将《国法大全》的研究变成一门科学,为罗马法复兴作出了开创性的贡献

答案(　　)①

【解析】 查士丁尼皇帝(公元527—565年)为重建和振兴罗马帝国,成立了法典编纂委员会,进行法典编纂工作。从公元528—534年,先后完成了三部法律法规汇编。第一部是《查士丁尼法典》,这是公元528—529年编出的一部法律汇编,是将历代罗马皇帝颁布的敕令进行整理、审订和取舍而成。第二部是《查士丁尼法学总论》,又译为《法学阶梯》,是以盖尤斯的《法学阶梯》为基础加以改编而成,是阐述罗马法原理的法律简明教本,也是官方指定的"私法"教科书,具有法律效力。第三部是《查士丁尼学说汇纂》,又译为《法学汇编》,于公元530—533年编成。这是一部法学著作的汇编,将历代罗马著名法学家的学说著作和法律解答分门别类地汇集、整理,进行摘录,凡收入的内容,均具有法律效力。公元565年,法学家又汇集了公元535—565年查士丁尼皇帝在位时所颁布的敕令168条,称为《查士丁尼新律》。以上四部法律编,至公元12世纪统称为《国法大全》或《民法大全》。《国法大全》的问世,标志着罗马法已发展到最发达、最完备阶段。根据以上内容可知本题选ACD。

3. 罗马法的渊源有哪些?(2003-1-34)

A. 民众大会等制定的法律　　　B. 最高裁判官等发布的告示

C. 五大法学家(盖尤斯等)的解答与著述　　D. 元老院决议、皇帝敕令

答案(　　)②

【解析】 罗马法的渊源包括:①习惯法;②议会制定的法律;③元老院决议;④长官的告示;⑤皇帝敕令;⑥具有法律解答权的法学家的解答著述。

4. 关于罗马法的法律分类,下列哪一类是以法律的适用范围为根据划分的?(2008-1-11)

A. 公法和私法　　　　　　　　B. 人法、物法和诉讼法

C. 自然法、市民法和万民法　　D. 市民法与长官法

答案(　　)③

【解析】 罗马法根据不同的标准有不同的分类:根据法律所调整的不同对象可划分为公法与私法;依照法律的表现形式可划分为成文法与不成文法;根据罗马法的适用范围可划分为自然法、市民法和万民法;根据立法方式不同可划分为市民法与长官法;按照权利主体、客体和私权保护为内容可划分为人法、物法、诉讼法。所以本题选C。

5. 下列关于罗马私法的哪一表述是错误的?(2006-1-20)

A. 罗马法有市民法和长官法之分,其中长官法的内容多为私法

B. 在罗马,早期采取"限定继承"的原则,后来逐步确立"概括继承"的原则

C. 在罗马私法上,自然人的人格由自由权、市民权和家庭权三种身份权构成

D. 罗马法的婚姻包括"有夫权婚姻"和"无夫权婚姻"两种

答案(　　)④

【解析】 根据立法方式的不同,罗马法有市民法和长官法之分。长官法专指由古罗马的高级官吏发布的告示、命令等构成的法律,内容多为私法。因其主要靠裁判官的司法实践活动形成,最高裁判官颁布的告示构成长官法的主体,所以长官法又称为裁判官法。故选项A正确。在继承方面,罗马

参考答案:①ACD　②ABCD　③C　④B

法早期采取"概括继承"的原则,后来逐步确立了"限定继承"的原则。故选项B的表述不正确。在罗马私法上,自然人的人格由自由权、市民权和家庭权三种身份权构成。只有同时具备上述三种身份权的人,才能在法律上享有完全的权利能力。上述三种身份权全部或者部分丧失,人格即发生变化,罗马法称之为"人格减等"。故选项C正确。在婚姻家庭法方面,罗马法上的婚姻包括"有夫权婚姻"和"无夫权婚姻"两种。故选项D正确。故本题答案为B。

6. 关于罗马法,下列哪一选项是正确的?(2008 四川-10)

A. 在公元前450年以前,成文法律是罗马法的一个主要渊源

B. 关于法定继承人的顺序以及遗嘱继承的方式,罗马法的规定不完备

C. 罗马法上的人格仅由自由权和市民权构成

D. 注释法学派在复兴罗马法的运动中起了开创作用,为人们运用罗马法奠定了基础

答案( )①

【解析】 在公元前450年以前,罗马国家法律的基本渊源是习惯法,而不是成文法。一直到公元前451年,《十二表法》中的前"十表"颁布,那时才正式出现了成文法,所以不能认为成文法是主要渊源。因此,A项说法错误。在罗马法中,继承分为遗嘱继承和法定继承,遗嘱继承优于法定继承。早期采用的是"概括继承"的原则,后来逐步确立了"限定继承"的原则。关于法定继承人的顺序及遗嘱继承的方式等问题,罗马法上均有比较完备的规定。因此,B项说法错误。罗马法上的人格由自由权、市民权和家庭权三种身份权构成,只有同时具备上述三种身份权的人才能在法律上享有完全的权利能力。因此,C项说法错误。

7. 下列有关罗马法复兴运动的表述,哪一项是不正确的?(2003-1-8)

A. 意大利的波伦亚是罗马法复兴运动的发源地

B. 14世纪的评论法学派在罗马法复兴运动中起了开创性的作用

C. 经过罗马法复兴运动,在中世纪后期形成了一个世俗的法学家阶层

D. 罗马法的复兴构成近代自然法学说的思想来源之一

答案( )②

【解析】 意大利波伦亚大学最先开始了对罗马法的研究。故A正确。注释法学派在复兴罗马法的运动中,起了开创作用。故B错误。经过罗马法复兴,法学蓬勃发展起来,形成了一个世俗的法学家阶层,改变了教会僧侣掌握法律知识的情况,故C正确。近代自然法学说的思想渊源正是罗马时代的自然法思想及自由人在私法关系上地位平等原则。故D正确。

8. 在罗马法的复兴和传播过程中,法学研究起了重要的推动作用。关于罗马法复兴和传播的说法,下列哪些选项是正确的?(2014-1-58)

A. 罗马法复兴的原因,在于西欧当时的法律极不适应商品经济发展的需要

B. 为改造落后的封建地方习惯法,在对罗马法与西欧社会司法实践结合的研究过程中,形成了"社会法学派"和"注释法学派"

C. 罗马法的研究,形成了世俗的法学家阶层,将罗马法运用于实践,为成长中的资本主义关系提供了现成的法律形式

D. 在全面继承罗马法的基础上,形成了大陆法系和英美法系

答案( )③

参考答案:①D ②B ③AC

【解析】12世纪初,西欧各国先后出现了一个研究和采用罗马法的热潮,史称"罗马法复兴"。罗马法的复兴不是偶然的,其根本原因在于当时西欧的法律状况同商品经济发展及社会生活极不适应。而罗马法是资本主义社会以前调整商品生产者关系的最完备的法律,这一法律遗产可以满足当时西欧各国一般财产和契约关系的发展变化的需要。所以,A项正确。

在罗马法复兴过程中,先后出现的两大法学派是"注释法学派"和"评论法学派"。B项错误。其中的"社会法学派"是在19世纪末20世纪初才形成的。

经过罗马法复兴,以研究《国法大全》为突破口和中心,法学蓬勃发展起来,形成了一个世俗的法学家阶层,改变了教会僧侣掌握法律知识的情况。这就为把罗马法运用于实践准备了条件,从而为正在成长中的资本主义关系提供了现成的法律形式。C项正确。

罗马法对后世法律制度的发展影响是很大的,尤其是对欧洲大陆的法律制度影响更为直接。正是在全面继承罗马法的基础上,形成了当今世界两大法系之一的大陆法系,亦称为罗马法系或者民法法系。而英美法系的历史渊源是日耳曼习惯法。D项错误。

第三节 英美法系

一、英国法

1. 衡平法是判例法的一种形式。下列有关衡平法的表述哪一项是不正确的?(2004-1-17)

A. 衡平法是通过大法官法院的审判活动,以法官的"良心"和"正义"为基础发展起来的
B. 英国15世纪正式形成了衡平法院,并逐渐发展为一个独立于普通法的衡平法体系
C. 衡平法程序简便、灵活,法官判案有很大的自由裁量权
D. 衡平法对普通法来说是一种"补偿性"的制度,所以当二者的规则发生冲突时,普通法优先

答案( )①

【解析】现代意义上的衡平法指的是英美法渊源中独立于普通法的另一种形式的判例法,它通过大法官法院,即衡平法院的审判活动,以法官的"良心"和"正义"为基础发展起来。其程序简便、灵活,法官判案有很大的自由裁量权,因此,衡平法被称为"大法官的脚",可大可小,具有很大的伸缩性。与普通法相比,它只是一种"补偿性"的制度,但当二者的规则发生冲突时,衡平法优先。所以D项表述错误。

2. 英国是普通法系的发源地,下列关于英国普通法和衡平法的哪些表述是正确的?(2006-1-64)

A. 普通法具有"程序先于权利"的特点
B. 普通法的形成是中央集权和司法统一的直接后果
C. 衡平法重实质而轻形式,审判时既不需要令状也不采用陪审制,程序简便灵活
D. 当衡平法与普通法的规则发生冲突时,衡平法优先

答案( )②

【解析】普通法是英国法最重要的渊源。从法源的意义来看,普通法是指由普通法院创立并发展起来的一套普遍适用于英国全境的法律规则。其形成自然与中央集权和司法统一有关,所以B项正确。普通法最重要、影响最大的特征是"程序先于权利"。普通法实行令状制度,要求原告只有在申

参考答案:①D ②ABCD

请到特定的以国王名义签发的令状后才能向法院主张实体权利保护;令状成为诉权凭证,无令状就不能起诉。由此形成普通法"程序先于权利"的特点。A项正确。现代意义上的衡平法指的是英美法渊源中独立于普通法的另一种形式的判例法,它通过大法官法院,即衡平法院的审判活动,以法官的"良心"和"正义"为基础发展起来。其程序简便、灵活,法官判案有很大的自由裁量权,因此,衡平法被称为"大法官的脚",可大可小,具有很大的伸缩性。相对于普通法,衡平法重实质而轻形式,诉讼程序简便灵活,审判时既不需要令状也不采用陪审制。当衡平法与普通法的规则发生冲突时,衡平法优先适用。C、D两项正确。

3. 关于英国陪审制度,下列哪一选项是错误的?（2007-1-13）

A. 陪审制度是民主原则在英国司法中的具体体现

B. 陪审团既可以就案件事实部分进行判决,又可以对法律的适用提出意见

C. 陪审团的裁决一般不能上诉,但当法官认为陪审团的裁决存在重大错误时,可以撤销该陪审团,重新组织陪审团审判

D. 进入现代社会以来,由于对司法效率的日益重视,陪审制度的运用逐渐受到了限制

答案（　　）①

【解析】 英国是现代陪审制度的发源地。这种制度在英国历史上被长期作为一种民主的象征广泛运用。A项正确。陪审团的职责是就案件事实部分进行裁决,法官则在陪审团裁决的基础上就法律问题进行判决。B项错误。陪审团的裁决一般不允许上诉,但当法官认为陪审团的裁决存在重大错误的时,可以加以撤销,重新组织陪审团审判。C项正确。但随着社会的发展,审判节奏也要求效率化,逐渐限制了陪审制度的运用。D项正确。

4. 现代陪审制发源于英国并长期作为一种民主的象征被广泛运用。关于英国陪审制度,下列哪一说法是正确的?（2015-1-19）

A. 陪审团职责是就案件的程序部分进行裁决

B. 法官在陪审团裁决基础上就事实和法律适用进行判决

C. 对陪审团裁决一般不允许上诉

D. 法官无权撤销陪审团裁决

答案（　　）②

【解析】 英国是现代陪审制的发源地。陪审团裁决案件的事实部分,法官判决法律问题。A、B两项错误。陪审团裁决一般不许上诉;法官认为该裁决有重大错误,可撤销,组织新陪审团审判。C项正确,D项错误。随着社会的发展,审判节奏也要求效率化,限制了陪审制的运用。

二、美国法

1. 下列有关美国法的历史地位的何种表述是不正确的?（2003-1-85）

A. 美国制定了世界第一部资产阶级成文宪法,奠定了资产阶级宪法的基本格局

B. 美国刑法率先创造了赎刑制度

C. 美国创造了立法和司法的双轨制

D. 美国最早建立了反垄断法制

答案（　　）③

【解析】 美国法是在批判吸收英国法的基础上建立的适合美国国情的具有美国特色的法律制

参考答案:①B　②C　③B

度,在英美法系中占有重要地位。其体现在:(1)美国创造了对宪法产生深刻影响的近代宪政思想和制度,制定了世界上第一部资产阶级成文宪法,奠定了资产阶级宪法的基本格局,并对整个近代时期的宪法实践产生了深刻影响。(2)创造了立法和司法的双轨制。这种体制及其运作为中央和地方关系的协调提供了经验。(3)美国刑法率先创造了缓刑制度,并将教育观念和人道主义观念引入刑法的改革。(4)最早建立了反垄断法制。可见,ACD 三项正确。而 B 项中,美国刑法率先创造了缓刑制度,而非赎刑制度。赎刑制度,在中国古代就早已存在,并不是美国首创的制度。因此,B 项错误。

2. 一般说来,规定国家权力的正确行使和公民权利的有效保障应是宪法基本内容的两个方面。下列哪一部宪法没有明确规定公民的基本权利?(2006 - 1 - 8)

A. 1918 年的《苏俄宪法》　　　　　　B. 1789 年的《美国宪法》

C. 1791 年的《法国宪法》　　　　　　D. 1923 年的《中华民国宪法》

答案(　　)①

【解析】1787 年《联邦宪法》由序言和 7 条本文组成。根据联邦法院解释,序言虽在宪法全文中,但不是宪法的组成部分,在审判活动中不能被引用。宪法的主要内容包括:立法权、行政权、司法权、授予各州的权力、宪法修正案提出和通过的程序、强调宪法和根据宪法制定的法律以及缔结的条约是"全国最高法律"、宪法本身的批准问题。可见,《美国宪法》只规定了国家基本制度的内容,关于公民权利的内容没有规定,而是后来增补在其修正案中。B 项当选。

3. 美国佐治亚州亚特兰大市公民安娜认为,其州议会颁布的关于禁止黑人进入白人学校学习的法律违反宪法的"平等保护"条款。根据美国法律,安娜应该向下列哪一法院起诉?(2008 四川 - 1 - 11)

A. 联邦最高法院　　　　　　　　　　B. 位于亚特兰大的联邦地区法院

C. 佐治亚州地区法院　　　　　　　　D. 联邦权利申诉法院

答案(　　)②

【解析】美国有两套法院组织系统:联邦法院组织系统和州法院组织系统。联邦法院系统包括联邦最高法院、联邦上诉法院和联邦地区法院。联邦法院负责审查和裁决立法和行政是否违宪。因为安娜认为佐治亚州颁布的法律违反联邦宪法,因此她应该到联邦法院起诉,所以本题应该选 B 项。

第四节　大陆法系

关于外国法律制度,下列哪些表述是正确的?(2013 - 1 - 58)

A. 按照罗马私法,私诉是根据个人的申诉对有关私人利益案件的审理,这是保护私权的法律手段,相当于后世的民事诉讼

B. 直到 1875 年司法改革前,普通法院与衡平法院的并列一直是英国司法的显著特征

C. 在法国,判例从来不被作为正式法律渊源,对法院判决无拘束力

D. 从诉讼程序传统来看,大陆法系倾向于职权主义,法官在诉讼中起积极主动的作用

答案(　　)③

【解析】在罗马法中,公诉是对直接损害国家利益案件的审理;私诉是根据个人的申诉,对有关私人利益案件的审理。A 项正确。直到 1875 年司法改革前,普通法与衡平法的并立一直是英国法的显著特征。B 项正确。在诉讼程序传统上,大陆法系倾向于职权主义,法官在诉讼中起积极主动的

参考答案:①B　②B　③ABD

作用。D项正确。就大陆法系而言,制定法为其主要法律渊源,除行政案件外,判例一般不被作为正式法律渊源,对法院审判无拘束力。在法国,第二次世界大战之后,判例作用有所提高。C项太过绝对,错误。

一、法国法

1. "凡权利无保障和分权未确立的社会就没有宪法"的论断是由下列哪一部宪法文件予以明文规定的?（2006－1－11）

A. 1789年的法国《人权与公民权利宣言》

B. 1776年的北美《独立宣言》

C. 1688年的英国《权利法案》

D. 1918年的苏俄《被剥削劳动人民权利宣言》

答案( )①

【解析】1789年的法国《人权与公民权利宣言》明文规定,凡权利无保障和分权未确立的社会就没有宪法。1776年的北美《独立宣言》规定了北美殖民地脱离英国殖民统治,建立独立自主的国家。1688年的英国《权利法案》确认了英国人民自古以来应该享有的13项权利,没有明确分权原则。1918年的苏俄《被剥削劳动人民权利宣言》主要是宣布了被剥削劳动人民取得了国家政权,成为国家主人,并建立了社会主义联邦。

2. 关于中外法律制度的发展演变,下列哪一表述是错误的?（2011－1－19）

A. 西周"七出"、"三不去"、"六礼"等婚姻法律的原则和制度,多为后世法律所继承和采用

B. 汉代"秋冬行刑"的死刑执行制度,对唐、明、清的法律制度有着深远影响

C. 清末规定的法官和检察官考试任用制度、监狱及狱政管理的改良制度,是清末司法体制上的重大变化

D. 法国国民会议于1787年8月26日通过《独立宣言》,这一划时代的历史性文件第一次明确而系统地提出了资产阶级民主和法制的基本原则

答案( )②

【解析】西周"七出"、"三不去"、"六礼"制度是宗法制度下夫权专制的典型反映,西周婚姻立法的原则和制度多为后世法律所继承和采用,成为中国传统法律的重要组成部分。选项A说法正确。汉代确立的"秋冬行刑"的死刑执行制度,对后世有着深远影响,唐律规定"立春后不决死刑",明清律中的"秋审"制度均渊源于此。选项B说法正确。清末新政时期,参照西方法律制度,改革了法官和检察官考试任用制度,改良监狱及狱政管理的制度,这是清末司法体制上的重大变化。选项C说法正确。法国国民会议于1787年8月26日通过《人权宣言》,第一次明确而系统地提出了资产阶级民主和法制的基本原则。《独立宣言》是一份于1776年7月4日由托马斯·杰斐逊起草,并由其他13个殖民地代表签署的最初声明美国从英国独立的文件。选项D混淆了这两个文件。

3. 1804年的《法国民法典》是世界近代法制史上的第一部民法典,是大陆法系的核心和基础。下列关于《法国民法典》的哪一项表述不正确?（2005－1－18）

A. 该法典体现了"个人最大限度的自由,法律最小限度的干涉"这一立法精神

B. 该法典具有鲜明的革命性和时代性

C. 该法典的影响后来传播到美洲、非洲和亚洲广大地区

参考答案:①A ②D

D. 该法典首次全面规定了法人制度

答案( )①

【解析】《法国民法典》没有规定法人制度,1900年起实施的《德国民法典》在资产阶级民法史上第一次全面规定了法人制度,因此 D 项错误。其他各项均表述正确。

4. 关于《法国民法典》有关规定所体现的资产阶级民法基本原则,下列哪一说法是不正确的?(2016-1-20)

A. "所有法国人都享有民事权利","满 21 岁为成年,到此年龄后,除结婚章中规定的例外,有能力为一切民事生活上的行为"——民事权利地位平等原则

B. "所有权是对物有绝对无限制地使用、收益及处分的权利,但法令所禁止的使用不在此限"——私有财产权不可侵犯和部分有限原则

C. "契约是一种合意,依此合意,一人或数人对其他一人或数人负担给付、作为或不作为的债务","依法成立的契约,在缔结契约的当事人间有相当于法律的效力"——契约自由原则

D. "任何行为使他人受损害时,因自己的过失而致行为发生之人对该他人负赔偿的责任","任何人不仅对其行为所致的损害,而且对其过失或懈怠所致的损害负赔偿责任"——过失(错)责任原则

答案( )②

【解析】《法国民法典》规定了四个基本原则:(1)全体公民民事权利平等的原则:这是"天赋人权"理论在民法中的体现;(2)资本主义私有财产权无限制和不可侵犯的原则;(3)契约自由的原则,即契约一经有效成立,不得随意变动,当事人须依约定,善意履行;(4)过失责任原则,即承担损害赔偿责任以过失为基础。"所有法国人都享有民事权利","满 21 岁为成年,到此年龄后,除结婚章中规定的例外,有能力为一切民事生活上的行为",这很明显表达的是民事权利地位平等原则。A 项正确。"所有权是对物有绝对无限制地使用、收益及处分的权利,但法令所禁止的使用不在此限",这分明表达的是私有财产权不可侵犯和绝对无限制原则,B 项错误。"契约是一种合意,依此合意,一人或数人对其他一人或数人负担给付、作为或不作为的债务","依法成立的契约,在缔结契约的当事人间有相当于法律的效力",这表达的是契约自由原则,C 项正确。"任何行为使他人受损害时,因自己的过失而致行为发生之人对该他人负赔偿的责任","任何人不仅对其行为所致的损害,而且对其过失或懈怠所致的损害负赔偿责任",这表达的是过失(错)责任原则,D 项正确。

5. 关于外国法律制度,下列哪些选项是正确的?(2010-1-59)

A. 罗马法规定年满 25 岁的成年男子享有完全行为能力

B. 《法国民法典》体现了"个人最大限度的自由、法律最小限度的干涉"的立法精神

C. 美国《联邦宪法》序言是宪法的组成部分,具有法律效力,可以在审判活动中被援引

D. 英国国会立法是英国近现代最重要的制定法,被称为"基本立法"

答案( )③

【解析】罗马法对自然人的行为能力,作了详细规定,规定年满 25 岁的成年男子才享有完全的行为能力,但奴隶即便年满 25 周岁也不享有权利能力和行为能力。故 A 项不够完善。《法国民法典》是一部典型的资产阶级早期的民法典。在法典中,与自由竞争经济条件相适应,体现了"个人最大限度的自由、法律最小限度的干涉"这一立法精神,故 B 项正确。美国《联邦宪法》由序言和 7 条文本组成。根据联邦法院解释,序言虽然在宪法全文中但不是宪法的组成部分,在审判活动中不能被引用。

参考答案:①D ②B ③BD

故 C 项错误。英国制定法在法律渊源中的重要性不如普通法和衡平法两种判例法，但其效力和地位很高，可对判例法进行调整、修改，现代一些重要的法律部门如社会立法是在制定法的基础上发展起来的。制定法的种类有：欧洲联盟法、国会立法、委托立法。其中国会立法是英国近现代最重要的制定法，被称为"基本立法"。故 D 项正确。

6. 关于思想家、法学家在法律发展中的作用，下列哪些陈述是正确的？（2011-1-58）

A. 在中国古代法律的发展中，汉代董仲舒提出依据《春秋》等儒家经典的精神和原则判案，而不仅仅依据汉律判案

B. 在罗马法的发展中，盖尤斯、伯比尼安、保罗、乌尔比安、莫迪斯蒂努斯等法学家起过十分重要的作用

C. 在法国法律的发展中，前后近一个世纪拿破仑与法学家之争，促使《法国民法典》具有了较高的科学性和学理性

D. 在普通法和衡平法的发展中，英国法学家对法律发展所起的作用举足轻重

答案（　　）①

【解析】《春秋》决狱又称"经义决狱"，是董仲舒提出来的，是一种审判案件的推理判断方式，主要用《春秋》等著作中提倡的精神原则审判案件，而不仅仅依据法律。选项 A 正确。盖尤斯、伯比尼安、保罗、乌尔比安、莫迪斯蒂努斯五大法学家为代表的法学家，在罗马法的发展史上起到了重要的作用，他们解答法律、参与诉讼、著书立说、编纂法典、参与立法活动，推动了罗马法和罗马法学的发达。选项 B 正确。在德国法律的发展中，前后近一个世纪法学界的争论，促使《德国民法典》具有了较高的科学性和学理性，而不是法国民法典。选项 C 混淆了法国与德国。在普通法和衡平法的发展中，法官（而非法学家）对法律发展所起的作用举足轻重。选项 D 错误。

【点睛之笔】英美法系，法官重要；大陆法系，法学家重要。

二、德国法

1. 关于历史上法学家法律解释、法学著作的效力，下列哪些选项是正确的？（2007-1-58）

A. 中国西晋及唐朝，律学家、官员对法律的解释经皇帝批准颁行以后，具有法律效力

B. 古代罗马帝国时代，经皇帝授权的法学家的解释具有法律效力

C. 美国有许多著名的法学家同时为杰出法官，他们的法学作品具有立法的意义

D. 在现代德国，法学教授的著述是法官适用民事法律时的重要参考材料

答案（　　）②

【解析】在中国古代，律学家、官员对法律的解释经皇帝批准颁行以后，具有法律效力，比如著名的张杜律和唐律疏议。A 项正确。而在古代罗马帝国时代，经皇帝授权的法学家的解释具有法律效力，其中著名的是当时的五大法学家（盖尤斯、乌尔比安、伯比尼安、保罗、莫迪斯蒂努斯）。B 项正确。美国法学家的法学作品对法律发展具有影响，但不能说具有立法的意义，因为法学家没有立法权。C 项错误。在现代德国，其法律体系属于大陆法系。在德国根据"有法律依法律，无法律依习惯，无习惯依法理"的法律适用原则进行裁判，因此法学教授的著述是法官适用民事法律时的重要参考材料。D 项正确。

参考答案：①AB　②ABD

2. 下列有关《德国民法典》的表述,哪些是错误的?(2003-1-37)

A. 该法典主要体现了自由资本主义时期的法律精神

B. 该法典较全面地规定了法人制度

C. 在立法技术上,该法典逻辑体系严密、用语精确

D. 该法典基本上是在日耳曼法的基础上形成的

答案( )①

【解析】《德国民法典》是19世纪末自由资本主义向垄断资本主义过渡时期的法典,也是德国资产阶级和容克贵族相妥协的产物,因此A选项错误。法典适应垄断资本主义经济发展需要,在贯彻资产阶级民法基本原则方面有所变化。首先,法典肯定了公民私有财产权不受限制的原则;其次,法典肯定了资本主义"契约自由"原则,并直接保护资产阶级和容克贵族对雇佣劳动者的剥削;最后,法典在民事责任方面,也确认了"过失责任"原则。《德国民法典》中单独规定了法人制度,承认法人为民事权利主体,依法独立享有民事权利和承担民事义务。这是资产阶级民法史上第一部全面规定法人制度的民法典。B项正确。法典保留了浓厚的封建传统。其主要表现在:第一,以大量篇幅对容克贵族的土地所有权以及基于土地私有而产生的其他权利,如对地上权、地役权等加以特别保护;第二,在亲属法方面保留有中世纪家长制传统。法典在立法技术上,逻辑体系严密、概念科学、用语精确。C项正确。《德国民法典》也继受了罗马法,当然也在很大程度上保留了较多固有的日耳曼法因素;但不管怎么说,罗马法是《德国民法典》的基础,因此D选项也是错误的。

3. 下列关于德国法律制度形成与发展的哪一表述是错误的?(2006-1-19)

A. 1532年颁布的《加洛林纳法典》是一部刑法和刑事诉讼法方面的法律,对德国封建法的发展具有重要影响

B. "潘德克顿学派"的思想构成《德国民法典》的理论基础

C. 希特勒当政期间的德国法坚持维护资产阶级议会制和联邦制

D. 魏玛共和国时期的法律强调"社会本位"

答案( )②

【解析】在整个德国的封建时代,法律的分散性和法律渊源的多元化是德国法的最基本的特点。封建时代后期1532年出现了一部以帝国名义颁布的刑法典《加洛林纳法典》,主要包括刑法和刑事诉讼法方面的内容,被多数邦国长期援用,在德国封建法的发展中具有重要影响。A项表述正确。"潘德克顿学派"是由罗马法发展而成的体大思精的德国民法学,其中聚集了德国一些有很深造诣的民法学家。其代表人物温德莎德,其代表作就是三卷本的《潘德克顿教科书》。在起草《德国民法典》第一草案的委员会中,温德莎德担任委员长,花了13年时间,草拟了第一草案。以后虽经过修改,但民法典无疑是在潘德克顿法学的基础上完成的,民法典的编制、语言、结构、概念,完全是潘德克顿法学的结晶。因此,B项表述正确。C项错误明显,希特勒上台后,废止共和国,改称德意志第三帝国,自称"元首",解散国会,取缔纳粹党之外的一切政党,迫害和屠杀共产党人、进步人士和犹太人,实行法西斯独裁专政。魏玛共和国时期,德国加快了民主政治的进程,在沿用原有法律的同时,颁布了大量的"社会化"法律,开始强调"社会本位"。故选项D的表述是正确的。

4. 关于德国法律制度,下列哪一表述是正确的?(2009-1-16)

A. 德国统一前普鲁士曾制定过《禁止组织新党法》

参考答案:①AD ②C

B. 德国1877年《民事诉讼法》确认了司法独立原则
C. 德国1900年《民法典》被誉为19世纪"德国法律科学之大成"
D. 希特勒统治时期颁布了以种族主义和恐怖主义为指导的《加洛林纳法典》

答案（　①　）

【解析】选项A错误明显，《禁止组织新党法》是希特勒统治时期颁布的。德意志帝国建立后，于1877年1月27日颁布《法院组织法》，确认了司法独立原则，规定审判权由独立的法院行使，审判只服从法律，法官实行终身制。选项B错误。英国法学家梅特兰评价《德国民法典》说："从未有过如此丰富的一流智慧被投放到一次立法行为当中。"该法典用语精确、体系完整，是资本主义世界出现的最有影响的民法典，被誉为19世纪"德国法律科学之大成"。选项C正确。《加洛林纳法典》是德国封建时代后期出现的一部以帝国名义颁布的刑法典。选项D错误。

5. 关于古罗马法与近代欧洲大陆法律制度的关系，下列哪一选项是正确的？（2007-1-12）
　　A. 在罗马法复兴运动中成长起来的法学家阶层，为近代民法的形成发挥了重要的作用
　　B. 大陆法系国家民法中的法人制度和民商分立制度发源于古代罗马法时代
　　C. 近现代法律中的"法律面前人人平等"原则之规定没有受到罗马私法精神的影响
　　D.《德国民法典》采用了潘德克顿法学派按照《十二铜表法》阐发的民法体例

答案（　②　）

【解析】在罗马法的复兴运动中，注释法学派和评论法学派先后发挥过重要作用；在此过程中，法学家阶层成长了起来，改变了教会僧侣掌握法律知识的情况，为近代民法的形成发挥了重要作用。所以A正确。罗马法并没有明确提出"法人"概念，但有了初步的法人制度；但"民商分立"只有在法典化时代才可能出现。因此，B项错误。罗马法时代的自然法思想为近代自然法学说和"法律面前人人平等"口号的提出奠定了基础。C项错误。《德国民法典》采用了潘德克顿学派按照《学说汇纂》阐发的"五编制"体例，D项错误。

6. 下列有关德国法和法国法的表述哪一项是正确的？（2004-1-18）
　　A. 德国封建时代最著名的习惯法汇编是1220年的《加洛林纳法典》
　　B. 在拿破仑统治时期，法国制定了《民法典》、《商法典》、《刑法典》、《民事诉讼法典》和《刑事诉讼法典》，但尚未形成"六法"体系
　　C. 魏玛共和国时期颁布了大量的"社会化"法律，如《消除人民和国家痛苦法》、《德国改造法》等
　　D. 由于德国民法具有"潘德克顿学派"的理论基础，相对于19世纪大陆法系其他国家而言，其结构更加严谨，概念更加准确

答案（　③　）

【解析】在德国的整个封建时代，法律的分散性和法律渊源的多元化是德国法最基本的特点。习惯法、地方法、教会法、罗马法以及帝国法令长期并存。封建时代最著名的习惯法汇编是《萨克森法典》，大约编纂于1220年，其内容主要是关于民事、刑事问题的地方习惯法和诉讼规则，以及调整封建关系的采邑法。封建时代后期出现了一部以帝国名义颁布的刑法典——《加洛林纳法典》。该法典主要包括刑法和刑事诉讼法方面的内容，被多数邦国长期援用，在德国封建法的发展中具有重要影响。A项错误。在拿破仑统治时期，法国制定了《民法典》、《商法典》、《刑法典》、《民事诉讼法典》和《刑事诉讼法典》五部重要法典，再加上《宪法》，构成了法国"六法"体系。因此，B项错误。1919年，战败的德

参考答案：①C　②A　③D

国进入魏玛共和国时期。由于政体的变化和社会化思潮的影响,德国加快了民主政治的进程,在沿用原有法律的同时,颁布了大量的"社会化"法律,如调整社会经济的法律和保障劳工利益的法律,使德国成为经济立法和劳工立法的先导,而《清除人民和国家痛苦法》、《德国改造法》表明的是法西斯专政时期德国法的蜕变。因此 C 项错误。D 项表述正确。

7. 关于外国法律制度,下列哪些选项是正确的?(2008-1-59)

A. 罗马法中的继承分为遗嘱继承和法定继承,早期采取"限定继承"的原则,后来逐步确立了"概括继承"的原则

B. 法国 1875 年宪法由《参议院组织法》、《政权组织法》和《国家政权机关相互关系法》三部宪法性文件组成,不是一部系统完整的宪法法典

C. 英国制定法在法律渊源中的重要性不如普通法和衡平法,但其效力和地位很高,可对判例法进行调整、修改

D. 德意志帝国于 1877 年 1 月 27 日颁布《法院组织法》,确认了司法独立原则,规定审判权由独立的法院行使,审判只服从法律,法官实行终身制

答案(①)

【解析】罗马法中的继承分为遗嘱继承和法定继承,遗嘱继承优于法定继承。早期采取"概括继承"的原则,后来逐步确立"限定继承"的原则。所以 A 错误。法国 1875 年宪法由三个宪法性文件组成,分别是《参议院组织法》《政权组织法》和《国家政权机关相互关系法》。它是法国历史上实施时间最长的一部宪法,最终确立了资产阶级共和制。所以 B 项正确。英国制定法在法律渊源中的重要性不如普通法和衡平法两种判例法,但其效力和地位很高,可对判例法进行调整、修改,现代一些重要的法律部门如社会立法是在制定法的基础上发展起来的。因此,C 项正确。德意志帝国建立后,于 1877 年 1 月 27 日颁布《法院组织法》,确认了司法独立原则。规定审判权由独立的法院行使,审判只服从法律,法官实行终身制;设置了由区法院、地方法院、高等法院和帝国法院构成的普通法院体系,帝国法院为全国的最高司法审级。因此,D 项正确。

8. 关于中外法律制度中的习惯法,下列哪一表述是不正确的?(2010-1-16)

A. 中国西周时期的礼是对社会生活起着调整作用的习惯法

B. 英国法的源头是盎格鲁·撒克逊时代的习惯法

C. 法国公元九世纪至十三世纪是以习惯法为主的时期

D. 德国学者萨维尼认为法律是分阶段发展的,最初是自然法或学术法阶段,接下来便形成了习惯法阶段

答案(②)

【解析】礼是中国古代社会长期存在、维护血缘宗法关系和宗法等级制度的一系列精神原则以及言行规范的总称。在当时对社会生活各个方面都有着实际的调节作用,具有法律的规范性和国家强制性。故选项 A 正确。英国法的源头是盎格鲁·撒克逊时代的习惯法。随着王权的强大和完善、司法机构的建立,逐渐形成了普通法、衡平法和制定法三大法律渊源。故选项 B 正确。在法国封建制法的形成和发展中,历经的第一个阶段就是公元 9 世纪到 13 世纪以习惯法为主的时期,故 C 项正确。在德国民法典制定过程中,历史法学派的代表萨维尼反对匆忙制定民法典,其主要观点是:第一,法律是民族精神的产物,每个民族都有其特有的法律制度。法律应该是被发现而不是被制定出来的。第

参考答案:①BCD ②D

二,法律是分阶段发展的,最初是自然法或习惯法阶段,接着是学术法阶段,第三阶段才谈得上法典编纂。德国仍处于第二阶段,制定民法典为时尚早。第三,法典这种法律形式本身存在局限性,任何法典都不可能涵盖全部社会生活和预知一切未来。无论编纂者如何努力,法典都会留有空白与遗漏。认为《法国民法典》没有任何创新,只是已有法律的编纂。这场学术争论的实质是以何种法律学说作为编纂德国民法典的指导思想。历史法学派一度占据上风。该学派关于法律本质、法典化社会条件等问题的观念,对德国民法典的制定及技术风格有重要影响。选项D颠倒了学术法和习惯法的先后顺序。

9. 18至20世纪,英美法德等国在宪法和法律中,分别对公民选举权作出规定,其中影响深远的是一些国家在法律上确立了男女平等权利。分析西方法律制度,下列哪一情形可以成立?(2012-1-19)

A. 1791年,法国某地区身无分文流浪汉以"特别公民"身份当选为国民议会代表

B. 1932年,英国某地区一女店主参加了该区下院议员选举的投票

C. 1936年,德国某些地区仍有少量共产党人当选为联邦议会议员

D. 1975年,美国某地区一女职员要求根据国会参众两院通过的修正案取得男女平等权利

答案(　　)①

【解析】 法国1791年宪法以《人权宣言》为序言,正文由前言和8篇组成。其基本内容是:①以孟德斯鸠的君主立宪和分权思想为指导,宣布法国为君主立宪国,实行三权分立。立法权由选举产生的一院制的国民议会行使,它是最高权力机关。行政权由国王行使,他是行政最高首脑、海陆军最高首长。司法权由选举产生的法官行使。②确认资产阶级的各项权利。宣布取消封建贵族爵位和特权,废除等级制、卖官和官职世袭制,规定了若干公民的自由和权利,肯定了私有财产的神圣不可侵犯。③把公民划分为"积极公民"和"消极公民"。④继续维护法国殖民统治。因此,1791年法国并没有所谓的"特别公民"之说,A项错误。

两次世界大战后,英国的国际地位发生了很大变化,与此相适应,法律制度也产生了深刻的变化:立法程序简化,委托立法大增;选举制进一步完善,基本确立了普遍、秘密、平等、公正的选举制度;社会立法和科技立法活动加强;欧盟法成为英国法的重要渊源。因此,1932年,英国某地区一女店主参加了该区下院议员选举的投票,这是可能的。

在德国,1933年,纳粹党头目希特勒出任总理,开始了法西斯独裁统治。希特勒颁布了一系列法律、法令,将国家政治生活全面纳入战时轨道。在宪政方面,颁布了《消除人民和国家痛苦法》、《保护德意志人民紧急条例》、《禁止组织新党法》、《德国改造法》等一系列法西斯法令,废除了资产阶级议会民主制和联邦制,维护希特勒个人独裁和纳粹一党专政。因此,1936年,德国某些地区仍有少量共产党人当选为联邦议会议员,这是不可能的。

宪法参正案是美国宪法规定的唯一正式改变宪法的形式。其中影响最大的是关于公民权利的宪法前10条修正案(即"权利法案")、南北战争后关于废除奴隶制并承认黑人选举权的修正案、20世纪以降关于扩大选举权、男女享受平等权利的修正案。但是平等权利修正案1975年获得国会参众两院过后,却因在规定时间内未获得3/4以上州通过成为废案。因此,D项表述是不可能的。

10. 关于法律权利的表述,下列哪些选项是正确的?(2009-1-59)

A. 平民为争取权利同贵族进行的长期斗争,客观上加速了罗马氏族制度的瓦解,促进了罗马奴隶制国家与法律的形成

B. 美国宪法修正案中影响较大的是关于公民权利的宪法前10条修正案、南北战争后关于废除奴

参考答案:①B

隶制并承认黑人选举权的修正案、20世纪以来关于扩大选举权男女享受平等权利的修正案等

C.《法国民法典》根据"天赋人权"理论规定了全体公民民事权利平等的原则

D. 1888年完成的《德国民法典》第一草案被认为过于追求罗马法化而忽视民族传统,注重资本家的利益而缺乏对弱者权利的保护而受到多方批评

答案( )①

【解析】 公元前7世纪后,随着私有制的出现,罗马社会产生了奴隶主和奴隶两个基本对立的阶级,氏族制度趋于解体。与此同时,"平民"阶层逐渐形成。平民承担罗马大部分的税收和军事义务,但因其不是氏族公社成员,不能享有政治权利。平民为争取权利同贵族进行长期斗争,客观上加速了罗马氏族制度的瓦解,促进了罗马奴隶制国家与法律的形成。选项A正确。宪法修正案是美国宪法规定的唯一正式改变宪法的形式。其中影响最大的是关于公民权利的宪法前10条修正案(即"权利法案")、南北战争后关于废除奴隶制并承认黑人选举权的修正案、20世纪以来关于扩大选举权、男女享受平等权利的修正案。选项B正确。《法国民法典》所确认的四项基本原则中,全体公民民事权利平等的原则为其中之一,这是"天赋人权"理论在民法中的体现。在法典中,与自由竞争经济条件相适应,体现了"个人最大限度的自由,法律最小限度的干涉"这一立法精神。选项C正确。在德国民法典的制定过程中,历经13年于1888年完成《德国民法典》第一草案受到多方批评,认为它过于追求罗马法化而忽视民族传统,注重资本家的利益而缺乏对弱者的保护,还有人认为语言过于专业化导致普通民众难以理解。选项D正确。

三、日本宪法

1. 司法制度是一国法律制度的重要组成部分。下列有关各国司法制度的表述哪些是正确的?(2005-1-65)

A. 19世纪后期司法改革后,英国取消了普通法和衡平法两大法院系统的区别,统一了法院组织体系

B. "马伯里诉麦迪逊案"对美国违宪审查制度的确立具有重要意义

C. 日本明治宪法颁行后,按法国和德国的模式建立了普通法院和行政法院系统

D. 中国清末的司法制度改革与废除领事裁判权有直接关系

答案( )②

【解析】 1875年,英国进行司法改革,取消了普通法和衡平法两大法院系统的区别,统一了法院组织体系。A项正确。联邦最高法院的司法审查权乃是美国法的独创性制度,1803年的马伯里诉麦迪逊案对美国违宪审查制度的确立具有重要意义。B项正确。明治宪法颁行后,日本按法国和德国的模式建立了普通法院和行政法院系统,并于1890年颁布《裁判所构成法》和《行政裁判法》。C项正确。正是以收回领事裁判权为契机,清政府下诏,派沈家本、伍廷芳主持修律,中国法的现代化才在制度层面上正式启动了。因此,D项正确。

2. ①美国《独立宣言》与《美国联邦宪法》给予了人权充分保障

②法国《人权宣言》明确宣布"人们生来并且始终是自由的,并在权利上是平等的",该宣言成为此后多部法国宪法的序言

③日本《明治宪法》对公民自由权作出充分规定,促进了日本现代民主政体的建立

④德国《魏玛宪法》扩大了人权范围,将"社会权"纳入到宪法保护范围

参考答案:①ABCD ②ABCD

关于各国"人权与宪法"问题的说法,下列哪些选项不成立?(2012－1－58)

A. ①②　　　　B. ③④　　　　C. ①③　　　　D. ②④

答案(①)

【解析】《独立宣言》的主要内容在于宣告美国的独立,并没有过多地涉及人权内容。《美国联邦宪法》正文中并没有涉及人权的内容,其对人权的保障最早是通过1791年批准生效的十条修正案来实现的。因此,①表述错误。

法国《人权宣言》宣布人权是"天赋的",是"神圣不可侵犯的"。宣言第1条明确指出人们生来并且始终是自由的,在权利上是平等的。第2条规定:"一切政治结合的目的都在于保护人的天赋和不可侵犯的权利;这些权利是:自由、财产、安全和反抗压迫。"《人权宣言》不仅奠定了法国宪政制度的基础,而且是多部法国宪法的序言。因此,②表述正确。

1889年《大日本帝国宪法》(后通称"明治宪法")是基于君主主权思想制定的一部"钦定"宪法;其深受德国宪法的影响,有46个条文抄自普鲁士宪法,仅有3条为日本所独创;其带有"大纲目"性质,对一些问题没有作出明确规定;其对公民自由权利的规定,不仅范围狭窄,而且随时可加以限制。因此,渊源谈不上充分规定。③表述错误。

1919年,战败的德国进入魏玛共和国时期。由于政体的变化和社会化思潮的影响,德国加快了民主政治的进程;在沿用原有法律的同时,颁布了大量的"社会化"法律,如调整社会经济的法律和保障劳工利益的法律,使德国成为经济立法和劳工立法的先导。《魏玛宪法》将国家的作用由传统的政治领域扩展到经济社会文化领域,规定了"社会权",要求国家积极作为。因此,④表述正确。

参考答案:①ABC

第四编 宪法学

第一章 宪法的基本理论

第一节 宪法的概念

1. 坚持党的事业至上、人民利益至上、宪法法律至上是社会主义法治的必然要求。根据《宪法》规定,对于"宪法法律至上"中"法律"的理解,下列哪一选项是正确的?(2011-1-20)

A. 是指具有法的一般特征的规范性文件 B. 是指全国人大制定的基本法律
C. 是指全国人大常委会制定的法律 D. 是指全国人大及其常委会制定的法律

答案( )①

【解析】在我国现行宪法中,"法律"一词出现频率较高。在认识宪法与法律关系时,需要区分文本中的不同规定与表述。首先,以"以法律的形式"、"法律效力"的形式出现时,通常指法的一般特征,即具有一般性、规范性、抽象性、强制性等。其次,**当宪法和法律连在一起使用时,"法律"通常指由全国人大及其常委会制定的法律**。其三,当与行政法规等相连使用时,"法律"仅指全国人大及其常委会制定的法律。其四,宪法文本还采用了"依照法律规定"、"依照法律"、"依照……法律的规定"等形式,此时的"法律"指全国人大及其常委会制定的法律。如《宪法》第2条第3款规定,人民依照法律规定,通过各种途径和形式,管理国家事务,管理经济和文化事业,管理社会事务。可见,本题选D项。

【一招制敌】考试中一出现宪法法律并用,直接就选全国人大及其常委会制定的法律。

2. 宪法具有最高法律效力。宪法的最高法律效力主要包括以下哪些方面的含义?(2002-1-38)

A. 宪法是制定普通法律的依据,任何普通法律、法规都不得与宪法相抵触
B. 宪法是一切国家机关、社会团体和全体公民的最高行为准则
C. 在制定和修改程序上,宪法比其他法律的要求更加严格
D. 在内容上,宪法规定国家最根本、最重要的问题

答案( )②

参考答案:①D ②AB

【解析】 宪法作为国家的根本法体现为三个方面：其一，宪法在内容上规定国家最根本、最核心的问题；其二，宪法具有最高法律效力；其三，宪法的制定和修改程序复杂。其中，宪法具有最高法律效力主要包括三个方面：一是宪法是制定普通法律的依据；二是任何普通法律、法规都不得与宪法的原则和精神相违背；三是宪法是一切国家机关、社会团体和全体公民的最高行为准则。选项C、D分别属于宪法的制定和修改程序复杂和宪法内容特殊的体现，不符合题意，应予以排除。

3. 下列有关宪法与宪政的表述，哪些是正确的？（2003-1-45）
A. 宪法是宪政的前提
B. 近代的宪法与宪政以限制国家权力、保障人权为目的
C. 树立宪法的最高权威是宪政的集中体现
D. 近代的宪法与宪政是商品经济发展的产物

答案（　　）①

【解析】 宪政是以宪法为前提，以民主政治为核心，以法治为基石，以保障人权为目的的政治形态或政治过程，因此A选项正确。一般说来，宪法与宪政都是商品经济发展的产物，都是民主政治建设和法治国家建设的重要表现，都以限制国家权力、保障人权为目的。因此B、D选项正确。只有真正树立起宪法的最高权威，公共权力的限制、公民权利的实现也才能有坚实的保障，因此树立宪法的最高权威是宪政的集中体现，C选项正确。

4. 根据宪法分类理论，下列哪一选项是正确的？（2012-1-21）
A. 成文宪法也叫文书宪法，只有一个书面文件
B. 1215年的《自由大宪章》是英国宪法的组成部分
C. 1830年法国宪法是钦定宪法
D. 柔性宪法也具有最高法律效力

答案（　　）②

【解析】 成文宪法是指具有统一法典形式的宪法，但并不意味着只有一个书面文件。比如法国1875年宪法，就是由《参议院组织法》、《政权组织法》和《国家政权机关相互关系法》三个宪法性文件组成。因此，A项错误。英国是典型的不成文宪法国家。英国宪法的主体由各个不同历史时期颁布的宪法性文件构成，包括1215年《自由大宪章》，1628年的《权利请愿书》，1679年的《人身保护法》，1689年的《权利法案》，1701年的《王位继承法》，1911年的《国会法》，1918年的《国民参政法》，1928年的《男女选举平等法》，1969年的《人民代表法》等等。可见，B项正确。钦定宪法是指由君主或以君主的名义制定和颁布的宪法。协定宪法指由君主与国民或者国民的代表机关协商制定的宪法。协定宪法往往是阶级妥协的产物，当新兴资产阶级尚无足够力量推翻君主统治，而封建君主又不能实行绝对专制统治的情况下，协定宪法也就成为必然。如1215年英国的《自由大宪章》就是英王约翰在贵族、教士、骑士和城市市民的强大压力下签署的；法国1830年宪法就是在1830年革命中，国会同国王路易·菲利浦共同颁布的，等等。因此，C项错误。柔性宪法是指制定、修改的机关和程序与一般法律相同的宪法。在柔性宪法国家中，由于宪法和法律由同一机关根据同样的程序制定或者修改，因而它们的法律效力和权威并无差异。实行不成文宪法的国家往往也是柔性宪法的国家，英国即其典型。因此，D项错误。

5. 下列哪一选项是成文宪法与不成文宪法的分类标准？（2008 四川-1-12）

参考答案：①ABCD　②B

A. 宪法文件的有无 B. 制定主体的特定性
C. 制定程序的严格与否 D. 宪法典的有无

答案（　①　）

【解析】成文宪法与不成文宪法的分类是英国学者J·蒲莱士1884年在牛津大学讲学时首次提出的宪法分类,这种宪法分类所依据的标准是宪法是否具有统一的法典形式,即统一宪法典的有无而不是宪法文件的有无。此点请特别注意。所以本题应该选D项。

6. 根据宪法制定的机关不同,可以把宪法分为民定宪法、钦定宪法和协定宪法。下列哪一部宪法是协定宪法?（2006-1-10）

A. 1830年法国宪法 B. 1779年美国《邦联条例》
C. 1889年日本宪法 D. 1919年德国魏玛宪法

答案（　②　）

【解析】根据宪法制定的机关不同,可以把宪法分为民定宪法、钦定宪法和协定宪法。所谓民定宪法是指由民意机关或者全民公决制定的宪法。钦定宪法是指由君主或以君主名义制定和颁布的宪法。协定宪法是指由君主与国民或者与国民代表机关协商制定的宪法。就各项而言,1830年法国宪法是由法国人民代表与君主协商制定的宪法,是协定宪法;1830年美国《邦联条例》、1919年德国魏玛宪法是由人民或人民代表机关制定的,属于民定宪法;1889年日本宪法是以日本明治天皇名义颁布的宪法,属于钦定宪法。故本题答案为A。

第二节 宪法的历史发展

1. 关于宪法的历史发展,下列哪一选项是不正确的?（2014-1-21）

A. 资本主义商品经济的普遍化发展,是近代宪法产生的经济基础
B. 1787年美国宪法是世界历史上的第一部成文宪法
C. 1918年《苏俄宪法》和1919年德国《魏玛宪法》的颁布,标志着现代宪法的产生
D. 行政权力的扩大是中国宪法发展的趋势

答案（　③　）

【解析】此题为超纲题目,三大本上未有相关知识点,请考生务必注意。我国宪法的发展趋势主要表现为如下六个方面:1.行政权力将受到限制,行政指导在经济管理中的作用日益重要;2.司法权将得到强化;3.中共领导的多党合作与政治协商制度将得到进一步加强和发展;4.公民基本权利将得到重大发展;5.宪法监督制度将进一步完善;6.宪法的灵活性将进一步增强。可见,D项错误。

【设题陷阱和常见错误分析】许多考生认为,美国宪法是1789年,而非1787年,因此选择B项。这是一种典型的误解。其实,1787年美国宪法和1789年美国宪法是同一部宪法,只不过1787年是制定的时间,1789年是该宪法正式生效的时间。

【未来命题趋势预测】"我国宪法的发展趋势"这一知识点为首次考察,今后一定会再考察一次,请考生注意。1918年《苏俄宪法》和1919年德国《魏玛宪法》的颁布,标志着现代宪法的产生。这一知识点作为常识,也是第一次出现在司法考试的试卷中,请考生务必牢记。

2. 关于现代宪法的发展趋势,下列哪些说法是正确的?（2010-1-60）

参考答案: ①D ②A ③D

A. 重视保障人权是宪法发展的共识
B. 重视宪法实施保障,专门宪法监督成为宪法发展的潮流
C. 通过加强司法审查弱化行政权力逐步成为宪法发展的方向
D. 寻求与国际法相结合成为宪法发展的趋势

答案(①)

【解析】 现代宪法越来越重视公民基本权利的保护,主要表现为:①宪法对经济和文化权利的规定,是对以往只规定政治权利和自由权的发展;②宪法对社会权利的规定;③对环境权的规定。因此,A项正确。宪法保障加强,建立专门的宪法监督机关成为一种潮流。因此,B项正确。现代宪法在对社会制度的安排上,加强行政权力及中央集权的趋势明显。行政权扩大的表现:①行政权干预立法权;②紧急命令权;③委托立法权,即行政机关经委托享有一定的立法权。因此,C项表述有误。宪法发展的国际化趋势也进一步扩大,主要表现为:①对国际法的直接承认和接受;②对国家主权作有条件的限制;③人权是国际法的一个重要领域,围绕人权问题签署了许多公约。可见,D项也可成立。

3. 当代宪法呈现出多种发展趋势,下列哪些选项体现了宪法在配置国家权力方面的发展趋势?(2006-1-57)

A. 行政权力扩大　　B. 中央权力扩大　　C. 议会主权　　D. 地方自治

答案(②)

【解析】 当代宪法呈现出多种发展趋势,主要表现为:行政权力扩大和中央集权的趋势明显;宪法内容的更加丰富完备;重视公民基本权利的保护;重视宪法保障;宪法发展国际化趋势加强;形式上的发展趋势,如宪法渊源的多样化趋势和宪法修改比较频繁。所以,A、B两项正确。

4. 下列有关中国宪法发展史的表述,何者为正确?(2005-1-94)

A.《中华民国临时约法》是中国历史上唯一的一部资产阶级共和国性质的宪法性文件
B. 1949年《中国人民政治协商会议共同纲领》是中国历史上的第一部社会主义类型的宪法
C. 1982年宪法是中华人民共和国成立后制定的第三部宪法
D.《钦定宪法大纲》是中国历史上的第一部宪法性文件

答案(③)

【解析】《中华民国临时约法》是以孙中山为首的民族资产阶级推翻清朝封建统治之后,制定的第一部也是唯一一部资产阶级共和国性质的宪法性文件。A项正确。1949年《中国人民政治协商会议共同纲领》的性质是新民主主义,而非社会主义性质。中国历史上的第一部社会主义类型的宪法是1954年《中华人民共和国宪法》。选项B错误。1982年宪法新中国成立以来颁布的第四部宪法。选项C错误。《钦定宪法大纲》是中国历史上第一部具有近代意义宪法性质的宪法性文件,其颁布标志着近代意义的宪法在中国出现。选项D正确。

5. 宪法的制定是指制宪主体按照一定程序创制宪法的活动。关于宪法的制定,下列哪一选项是正确的?(2015-1-20)

A. 制宪权和修宪权是具有相同性质的根源性的国家权力
B. 人民可以通过对宪法草案发表意见来参与制宪的过程
C. 宪法的制定由全国人民代表大会以全体代表的三分之二以上的多数通过

参考答案:①ABD　②AB　③AD

D. 1954年《宪法》通过后,由中华人民共和国主席根据全国人民代表大会的决定公布

答案(①　)

【解析】修宪权依据制宪权而产生,受制宪权约束,不得违背制宪权的基本精神和原则。可见,二者性质并不相同。制宪权和修宪权的共同点在于,二者都是根源性的国家权力,能够创造立法权、行政权、司法权等其他具体组织性的国家权力的权力。A项错误。人民既可能直接参与制宪过程,也可能间接参与制宪过程,即可能通过各种制宪机构(如宪法起草机关、宪法通过机关等)来完成制宪活动。B项正确。我国的制宪主体是人民;制宪机关是第一届全国人大第一次全体会议;我国1954宪法是第一届全国人大第一次全体会议以全国人大公告的形式公布,自通过之日起生效。C、D两项错误。

6. 按照宪法的理论,制宪主体不同于制宪机关。下列关于我国宪法的制宪主体或制宪机关的哪一表述是正确的?(2006-1-9)
A. 全国人民代表大会和地方各级人民代表大会是我国的制宪主体
B. 全国人民代表大会是我国的制宪主体,全国人民代表大会常务委员会是我国的制宪机关
C. 全国人民代表大会是我国的制宪机关,宪法起草委员会是它的具体工作机关
D. 第一届全国人民代表大会第一次全体会议是我国的制宪机关

答案(②　)

【解析】制宪主体是国家主权的所有者。在我国,人民是制宪主体,只不过是间接行使该项权力而已。制宪机关是指一国有权制定宪法的国家机关,制宪机关是特定的国家机关,并且是拥有制定宪法的权力的国家机关。中华人民共和国第一届全国人民代表大会第一次全体会议通过了《中华人民共和国宪法》,这意味着第一届全国人民代表大会是我国的制宪机关。故D项表述正确。

7. 将国家建立健全同经济发展水平相适应的社会保障制度载入现行宪法的是下列哪一宪法修正案?(2010-1-18)
A. 1988年宪法修正案　　　　　　B. 1993年宪法修正案
C. 1999年宪法修正案　　　　　　D. 2004年宪法修正案

答案(③　)

【解析】2004年宪法修正案第23条规定:"宪法第十四条增加一款,作为第四款:'国家建立健全同经济发展水平相适应的社会保障制度。'"但就各年修正案的具体内容,请考生务必结合授课口诀记忆。

8. 根据宪法和法律的规定,下列哪些选项是错误的?(2007-1-64)
A. 2004年宪法修正案明确规定"非公有制经济的从业人员"是"我国社会主义事业的建设者"
B. 1999年宪法修正案明确规定非公有制经济是社会主义市场经济的组成部分
C. 1999年宪法修正案将国家保障公民的合法的私有财产权神圣不可侵犯写进宪法
D. 1988年宪法修正案明确规定集体土地所有权可以依法出租或者转让

答案(④　)

【解析】就各年修正案的具体内容,为历年考查重点和难点,请考生务必结合授课口诀记忆。2004年宪法修正案将"社会主义事业的建设者"加入了统一战线,但并没有对其内涵和范围作出明确规定。A项错误。1999年宪法修正案将非公有制经济的地位规定为"是社会主义市场经济的重要组成部分",可见B项正确。规定保护公民的私有财产权是2004年宪法修正案,其中规定了"公民的合法的私有财产不受侵犯。"可见,C项错误。1988年宪法修正案仅仅规定"土地的使用权可以依照法律的

参考答案:①B　②D　③D　④ACD

规定转让",而不是"所有权",因此 D 项错误。

9.《中华人民共和国宪法修正案》第 2 条、第 20 条分别对宪法第 10 条第 4 款、第 3 款进行了修改。关于这些修改,下列哪些说法是正确的?(2006-1-59)

A. 明确了土地的使用权可以依照法律的规定转让

B. 确认了国家对土地所有权和土地使用权的支配权力

C. 明令禁止侵占、买卖、出租或者以其他形式非法转让土地

D. 明确了国家对土地实行征收或者征用的公共目的和补偿义务

答案( )①

【解析】 宪法第 2 修正案规定,原第 10 条第 4 款修改为:"任何组织或者个人不得侵占、买卖或者以其他形式非法转让土地。土地的使用权可以依照法律的规定转让。"可见,A 项正确,C 项错误。宪法第 20 修正案规定,原第 10 条第 3 款修改为:"国家为了公共利益的需要,可以依照法律规定对土地实行征收或者征用并给予补偿。"可见,D 项正确。在我国,土地的所有权归国家和集体,个人可以拥有使用权。B 项错误。

10. 根据 2004 年通过的《中华人民共和国宪法修正案》,下列有关国家对个体经济等非公有制经济实行的政策的文字表述,哪些是正确的?(2005-1-58)

A. 国家通过行政管理,指导、帮助和监督个体经济

B. 国家对个体经济、私营经济实行引导、监督和管理

C. 国家鼓励、支持和引导非公有制经济的发展

D. 国家对非公有制经济依法实行监督和管理

答案( )②

【解析】2004 年宪法修正案规定:"国家保护个体经济、私营经济的合法的权利和利益。国家鼓励、支持和引导非公有制经济的发展,并对非公有制经济依法实行监督和管理。"因此,C、D 两项入选。

11. 我国 1993 年的宪法修正案涉及下列哪些方面的内容?(2003-1-40)

A. 明确把"坚持改革开放"写进宪法

B. 增加规定"土地的使用权可以依照法律的规定转让"

C. 明确把"我国将长期处于社会主义初级阶段"写进宪法

D. 把县级人民代表大会的任期由 3 年改成 5 年

答案( )③

【解析】 B 项属于 1988 年宪法修正的内容;C 项属于 1999 年宪法修正的内容。就各年修正案的具体内容,为历年考察重点和难点,请考生务必结合授课口诀准确记忆。

12. 1999 年九届全国人大通过的宪法修正案对我国宪法作了重要修改,下列哪些内容是这一修正案包括的主要内容?(2002-1-49)

A. 明确把"发展社会主义市场经济"写进宪法

B. 明确把"依法治国,建设社会主义法治国家"写进宪法

C. 明确规定"国家加强立法,完善宏观调控"

D. 明确规定"国家保护个体经济、私营经济的合法的权利和利益"

答案( )④

参考答案:①AD ②CD ③AD ④ABD

【解析】 1993年宪法修正案规定:"国家实行社会主义市场经济。""国家加强经济立法,完善宏观调控。""国家依法禁止任何组织或者个人扰乱社会经济秩序。"所以,C项不属于1999年修正内容。其他各项均属于1999年修正案的内容。

第三节 宪法的基本原则

1. 关于如何根据社会主义法治理念完善我国宪法的权力制约原则,下列哪些选项是正确的?(2012-1-59)
  A. 从法律上构建起权力制约监督体系与机制　B. 从制度上为各种监督的实施提供条件和保障
  C. 完善权力配置,恰当地建构各种权力关系　D. 限制和缩小国家权力范围,扩大公民权利

答案(　　)①

【解析】 根据社会主义法治理念完善我国宪法的权力制约原则,首要的就是要根据依法治国来完善宪法中的权力制约原则,从法律上构建起权力制约监督体系与机制是完善宪法的权力制约原则的应有之义。A项正确。完善宪法的权力制约原则离不开一定的制度环境,特别是各种监督制度。只有从制度上为各种监督的实施提供条件和相应的保障,才能使监督发挥其应有的作用。B项正确。国家机关之间的权力配置以及权力机关之间的相互关系问题,涉及政权组织形式和国家结构形式两个方面。完善宪法的权力制约原则,就是要完善好纵向和横向的权力配置及相互关系,使其运行能够法治化。C项正确。区别于将国家定位为"夜警国家"的近代宪法,现代宪法特别强调国家的作用不仅仅应当局限于政治领域,而应扩展到经济社会文化领域,要求国家积极作为。因此,D项错误。

2. 马克思主义关于"人民主权"的论述是社会主义法治理念的理论渊源之一。下列哪一宪法原则准确体现了人民主权思想?(2011-1-6)
  A. 国家尊重和保障人权
  B. 中华人民共和国的一切权力属于人民
  C. 中华人民共和国公民在法律面前一律平等
  D. 中华人民共和国实行依法治国,建设社会主义法治国家

答案(　　)②

【解析】 人民主权原则在我国宪法中的主要体现包括:宪法第1条第1款明确规定中华人民共和国是工人阶级领导的、以工农联盟为基础的人民民主专政的社会主义国家;第2条第1款规定:"中华人民共和国的一切权力属于人民。"宪法同时规定了实现人民主权的具体形式与途径,宪法第2条第2、3款规定:"人民行使国家权力的机关是全国人民代表大会和地方各级人民代表大会。""人民依照法律规定,通过各种途径和形式,管理国家事务,管理经济和文化事业,管理社会事务。"此外,宪法对公民基本权利和义务的规定也是人民主权原则的具体体现;为了体现人民主权原则,我国宪法规定了选举制度的主要程序,以实现宪法的基本原则。可见,B项最为直接准确地体现了人民主权思想。

3. 依法治国是社会主义法治理念的核心内容。根据《宪法》的规定,关于实施依法治国的要求,下列哪些选项是不正确的?(2013-1-59)
  A. 落实宪法规定的"中华人民共和国实行依法治国,建设社会主义法治国家"的原则
  B. 建立和完善以宪法为统帅的中国特色社会主义法律体系

参考答案:①ABC　②B

C. 建立以司法独立为基础的公正高效权威的司法体制

D. 充分运用法律手段,在社会政治经济管理中确立"法律中心主义"的观念

答案( )①

【解析】我国的法院和检察院独立于行政机关、社会团体和个人,但要接受党的领导和人大的监督。因此C项不正确。社会主义法治理念不认同"法律万能"的思想偏向,这与西方资本主义法治理论中片面、绝对化的"法律中心主义"具有重要区别。因此D项错误。

4. 我国宪法规定了"一切权力属于人民"的原则。关于这一规定的理解,下列选项正确的是:(2016-1-91)

A. 国家的一切权力来自并且属于人民

B. "一切权力属于人民"仅体现在直接选举制度之中

C. 我国的人民代表大会制度以"一切权力属于人民"为前提

D. "一切权力属于人民"贯穿于我国国家和社会生活的各领域

答案( )②

【解析】"一切权力属于人民"的原则简称人民主权原则,这一原则是现代宪法为国家组织规定的一个基本原则,它主要阐明了国家权力的来源和归属的问题。因此,"一切权力属于人民"意味着国家的一切权力来自并且属于人民。A项正确。宪法规定"人民依照法律规定,通过各种途径和形式,管理国家事务,管理经济和文化事业,管理社会事务。"这充分说明"一切权力属于人民"贯穿于我国国家和社会生活的方方面面,体现在国家和社会生活的各个领域、各个层次和各个方面,而不是仅体现在直接选举制度之中,更何况间接选举也体现人民主权。D项正确,B项错误。现行宪法第2条第1、2款规定,"中华人民共和国的一切权力属于人民";"人民行使国家权力的机关是全国人民代表大会和地方各级人民代表大会"。在这个意义上说,人民代表大会制度以主权在民为逻辑起点,而人民主权构成了人民代表大会制度的最核心的基本原则。这说明我国的人民代表大会制度以"一切权力属于人民"为逻辑前提。C项正确。

5. 权力制约是依法治国的关键环节。下列哪些选项体现了我国宪法规定的权力制约原则?(2011-1-59)

A. 全国人大和地方各级人大由民主选举产生,对人民负责,受人民监督

B. 法院、检察院和公安机关办理刑事案件,应当分工负责,互相配合,互相制约

C. 地方各级人大及其常委会依法对"一府两院"监督

D. 法院对法律合宪性审查

答案( )③

【解析】权力制约原则是指国家权力的各个部分之间相互监督、彼此牵制,以保障公民权利的原则。它既包括公民权利对国家权力的制约,也包括国家权力相互之间的制约。社会主义国家的宪法中,权力制约原则主要表现为监督原则。具体而言,其在我国宪法中主要表现为三个方面:一是人民对国家权力活动的监督制度,既包括人民对国家权力机关活动的直接监督,也包括人民首先选举各级人民代表大会,再由后者对国家行政机关、审判机关和检察机关进行监督;二是宪法规定的个别公民对于国家机关及其工作人员的监督权,主要包括批评建议、申诉、检举和控告权;三是不同国家机关之间、国家机关内部不同的监督形式,如公检法在办理刑事案件中的分工负责,互相配合,互相制约。因此,A、

参考答案:①CD ②ACD ③ABC

B、C三项符合题意。就D项而言，因为我国的宪法实施保障模式属于立法机关保障模式，即由全国人大及其常委会监督宪法的实施，审查各种法律文件的合宪性，所以我国法院没有对法律进行合宪性审查的权力。D项错误。

> **【点睛之笔】** 我国法院对法律无违宪审查权。

第四节 宪法的作用

1. 下列有关宪法的指引作用的表述中，哪些说法是正确的？（2002-1-85）
A. 宪法指引的主体包括国家机构、社会组织和个人
B. 宪法指引的范围涉及政治、经济、文化和社会生活各方面
C. 宪法指引的效力具有最高性
D. 宪法的指引贯穿着民主的基本精神

答案（　　）①

【解析】 指引作用是所有法律规范都共同具有的作用，是指法律规范对人们的行为起导向作用。宪法作为国家的根本大法，当然具有指引作用，但宪法的地位和内容，却决定了宪法的指引作用具有自身的特点：①就指引的行为主体而言，它既包括国家机关、社会组织，也包括公民个人；②就指引的范围来说，它涉及政治、经济、文化和社会生活各个方面；③就指引的效力来看，宪法作为国家的根本法、母法，具有至高无上的法律效力；④就指引的思想基础来讲，宪法是民主事实法律化的基本形式、公民权利的保障书，宪法对机关、组织和个人行为的指引，实际上贯穿着民主的基本精神，或者说是通过对人们行为的正确指引，促进民主的真正实现。

2. 关于宪法在立法中的作用，下列哪一说法是不正确的？（2010-1-19）
A. 宪法确立了法律体系的基本目标
B. 宪法确立了立法的统一基础
C. 宪法规定了完善的立法体制与具体规划
D. 宪法规定了解决法律体系内部冲突的基本机制

答案（　　）②

【解析】 宪法是国家根本法，不可能事无巨细地规定所有内容，所以其条文具有抽象性、宏观性和稳定性；在对国家机构职权的规定中确立了基本的立法体制以及法律体系内部冲突的基本解决机制，但并未确立具体的立法规划，因为立法规划是随着国家社会的不断发展而变化的。如果已经有了完善的立法体制和具体规划，那么就不需要再制定《立法法》等法律了。C项错误。

第五节 宪法的渊源与宪法典的结构

1. 宪法的渊源即宪法的表现形式。关于宪法渊源，下列哪一表述是错误的？（2015-1-21）
A. 一国宪法究竟采取哪些表现形式，取决于历史传统和现实状况等多种因素
B. 宪法惯例实质上是一种宪法和法律条文无明确规定、但被普遍遵循的政治行为规范
C. 宪法性法律是指国家立法机关为实施宪法典而制定的调整宪法关系的法律

参考答案：①ABCD　②C

D. 有些成文宪法国家的法院基于对宪法的解释而形成的判例也构成该国的宪法渊源

答案（　　）①

【解析】所谓的宪法渊源就是宪法的表现形式。一国的宪法采取哪些渊源形式,取决于其本国的历史传统和现实政治状况等综合因素。A项正确。宪法惯例是指宪法条文虽无明确规定,但在实际政治生活中已经存在,并为国家机关、政党及公众所普遍遵循,且与宪法具有同等效力的习惯或传统。宪法惯例的特点是:(1)其无具体法律形式,散见于法院的判例及政治实践之中;(2)内容涉及最根本的宪法问题;(3)依靠公众舆论而非国家强制力保障实施。B项正确。宪法性法律主要有两种情况:一是指在不成文宪法国家中,国家最根本、最重要的问题不采用宪法典的形式,而是由多部单行法律文书予以规定;二是指在成文宪法国家,既存在根本法意义上的宪法,即宪法典,也存在部门法意义上的宪法,即普通法律中有关规定宪法内容的法律,如组织法、选举法、代表法、代议机关议事规则等。C项说宪法性法律是为实施宪法典而制定的,明显错误,英国就有宪法性法律,但没有宪法典。宪法判例是指宪法条文无明文规定,而由司法机关在审判实践中逐步形成并具有实质性宪法效力的判例。它也包括两种情况:其一,在不成文宪法国家,法律没有明文规定的前提下,判决乃是宪法的表现形式;其二,某些成文法国家,法院享有宪法解释权,其判决对下级法院具有拘束力。D项正确。

2. 关于宪法表现形式的说法,下列哪些选项是正确的?（2010－1－62）
A. 宪法典是所有国家宪法结构体系的核心,均具有内容完整、逻辑严谨的特征
B. 宪法判例主要存在于普通法系国家,这些国家具有"遵从先例"的司法传统
C. 宪法判例在美国只能通过联邦最高法院新的宪法判例才能推翻
D. 宪法判例在英国有着调整英王、议会、内阁之间关系的决定性作用

答案（　　）②

【解析】在成文宪法国家,宪法典是宪法结构体系的核心,具有内容完整、逻辑结构严谨的特征;但在不成文宪法国家,不存在形式上的宪法典,所以不能说宪法典是所有国家宪法结构体系的核心。选项A错误。宪法判例是指宪法条文无明文规定,而由司法机关在审判实践中逐渐形成并具有宪法效力的判例,主要存在于普通法系国家,这些国家有"遵从先例"的传统,宪法判例通过约束法院进而对其他宪法主体产生约束力。选项B、D正确。在美国,美国联邦最高法院的宪法判例,除了能通过新的宪法判例加以推翻之外,宪法修正案也是推翻最高法院宪法判例的民主途径。选项C错误。

3. 下列哪些选项属于我国宪法的渊源?（2007－1－59）
A. 中华人民共和国现行宪法及其修正案
B. 中华人民共和国地方各级人民代表大会和地方各级人民政府组织法
C. 中华人民共和国立法法
D. 宪法判例

答案（　　）③

【解析】宪法渊源包括:宪法典、宪法性法律、宪法惯例、宪法判例和国际条约、国际习惯。而宪法判例多是普通法系国家的宪法渊源。我国宪法的渊源主要包括:宪法典、宪法性法律。后者指那些除了宪法和宪法修正案之外的各种组织共同体和建构共同体基本制度的法律规则。B、C两项中的《中华人民共和国地方各级人民代表大会和地方各级人民政府组织法》和《中华人民共和国立法法》均属于宪法性法律,所以属于我国宪法的渊源。所以A、B、C三项是正确的。目前我国的宪法仍然是不

参考答案:①C　②BD　③ABC

能在日常审判事务中直接适用的,因此我国不存在宪法判例。D项错误。

4. 宪法结构指宪法内容的组织和排列形式。关于我国宪法结构,下列哪一选项是不正确的?（2011-1-22）

A. 宪法序言规定了宪法的根本法地位和最高法律效力

B. 现行宪法正文的排列顺序是:总纲、公民的基本权利和义务、国家机构以及国旗、国歌、国徽、首都

C. 宪法附则没有法律效力

D. 宪法没有附则

答案（　　）①

【解析】宪法附则是指宪法对于特定事项需要特殊规定而作出的附加条款。由于附则是宪法的一部分,因而其法律效力与一般条文相同,但具有特定性和临时性两大特点。因此,C项表述错误,应当选。

相关法条　　《宪法》

序言第十三自然段　本宪法以法律的形式确认了中国各族人民奋斗的成果,规定了国家的根本制度和根本任务,是国家的根本法,具有最高的法律效力。全国各族人民、一切国家机关和武装力量、各政党和各社会团体、各企业事业组织,都必须以宪法为根本的活动准则,并且负有维护宪法尊严、保证宪法实施的职责。

5. 综观世界各国成文宪法,结构上一般包括序言、正文和附则三大部分。对此,下列哪一表述是正确的?（2016-1-21）

A. 世界各国宪法序言的长短大致相当

B. 我国宪法附则的效力具有特定性和临时性两大特点

C. 国家和社会生活诸方面的基本原则一般规定在序言之中

D. 新中国前三部宪法的正文中均将国家机构置于公民的基本权利和义务之前

答案（　　）②

【解析】从形式上看,各国宪法序言的长短不尽相同。美国宪法的序言只有一段话,我国宪法序言有13自然段。A项错误。我国现行宪法包括序言、正文两大部分,没有规定附则。B项错误。宪法序言规定的内容是多种多样的,其基本特点是体现了宪法基本理念和精神。简言之,宪法序言是宪法精神和内容的高度概括,其内容包括揭示制宪的机关和依据、揭示制宪的基本原则、揭示制宪的目的和价值体系等。国家和社会生活诸方面的基本原则主要规定在正文第一章的总纲部分,C项错误。新中国成立后的前三部宪法均将国家机构置于公民的基本权利和义务之前,1982年宪法调整了这种结构,将公民的基本权利和义务一章提到国家机构之前。这一调整充分表明,对公民权利的保护居于宪法的核心地位,合理定位了公民与国家之间的关系,符合人民主权原则。D项正确。

6. 关于我国1982年《宪法》的结构,下列哪一选项是正确的?（2008-1-12）

A. 这部宪法只有正文

B. 这部宪法由序言和正文构成

C. 这部宪法由序言、正文和附则构成

D. 国旗、国徽、国歌和首都规定在这部宪法的附则中

答案（　　）③

参考答案:①C　②D　③B

【解析】 我国的82年《宪法》分为序言和正文两部分,其中正文部分包括：第一章总纲、第二章公民的基本权利和义务、第三章国家机构、第四章国旗、国歌、国徽、首都。可见,并没有附则,而国旗、国徽、国歌和首都规定在《宪法》正文的第四章。因此,本题的正确答案是B项。

7. 宪法附则是指宪法对于特定事项需要特殊规定而作出的附加条款。下列关于宪法附则的表述哪一项是错误的？（2002—1—7）

A. 附则是宪法的一部分,因而其法律效力当然应与一般条款相同

B. 附则是宪法的特定条款,因而仅对特定事项具有法律效力

C. 附则是宪法的临时条款,因而仅在特定的时限内具有法律效力

D. 附则是宪法的特别条款,根据特别法优于普通法的原则,因而其法律效力高于宪法一般条款

答案（　　）①

【解析】 宪法附则是指宪法对于特定事项需要特殊规定而作出的附加条款。由于附则是宪法的一部分,因而其法律效力当然也应该与宪法的一般条文相同,因此A项正确,D项错误。同时附则的法律效力还有两大特点：一是特定性,即附则只对特定的条文或者事项适用；二是临时性,即附则只对特定的时间或者情况适用,有时间限制,一旦时间届满或情况发生变化,其法律效力自然应当终止。因此B、C两项正确。

第六节　宪法规范

1. 关于宪法规范的特性,下列哪一项表述不成立？（2005—1—13）

A. 根本性　　B. 原则性　　C. 无制裁性　　D. 相对稳定性

答案（　　）②

【解析】 宪法规范是宪法最基本的要素和最基本的构成单位,是由国家制定或认可的、宪法主体参与国家和社会生活最基本社会关系的行为规范。宪法规范与其他法律规范相比,则具有以下五个特点：(1)根本性,即宪法只规定国家生活和社会生活中的根本性问题；(2)最高性,即宪法规范的地位和效力高于其他法律规范,具有最高法律效力；在整个国家的法律体系中,宪法是母法、基础法,其他法律都必须以宪法为制定的依据；其他法律规范不能与宪法规范相抵触,否则无效；(3)原则性,即宪法规范只规定有关问题的基本原则,其文字表述简明概括；(4)纲领性,即宪法规范明确表明对未来目标的追求,为未来的发展指明方向；不仅确认统治阶级的治国思想和建国方案,而且确认国家的发展目标和宏观发展思路；(5)稳定性,即宪法规范虽然要随着社会历史条件的不断变化而发展变化,但不能轻易修改,应当保持相对的稳定。因此,A、B、D三项正确。

既然一切机关、组织和公民个人都必须以宪法为根本的活动准则,那么一切违反宪法的行为,就都必须予以追究。对违宪行为进行追究的方式包括直接制裁和间接制裁两个方面。直接制裁是指直接根据宪法来追究违宪行为的法律责任,主要适用于国家机关以及国家机关负责人的违宪行为。在我国,直接制裁主要表现为对国家机关违反宪法的法律以及规范性文件、决议、决定和命令等宣布无效,并加以撤销；对违法失职的国家机关负责人根据宪法规定予以罢免。间接制裁则指宪法对违宪行为不直接规定制裁措施,而是通过具体法律来追究法律责任。也就是说,它是直接根据具体法律,对违反宪法原则同时又违反具体法律的行为作出的制裁。这类制裁相对于具体法律是直接的,而相对于宪法来

参考答案：①D　②C

说则是间接的。因此,C项不成立,应选。

【一招制敌】宪法也有制裁。

2. 关于宪法规范,下列哪一说法是不正确的?(2013-1-22)
A. 具有最高法律效力
B. 在我国的表现形式主要有宪法典、宪法性法律、宪法惯例和宪法判例
C. 是国家制定或认可的、宪法主体参与国家和社会生活最基本社会关系的行为规范
D. 权利性规范与义务性规范相互结合为一体,是我国宪法规范的鲜明特色

答案(　　)①

【解析】宪法规范是宪法最基本的要素和最基本的构成单位,是由国家制定或认可的、宪法主体参与国家和社会生活最基本社会关系的行为规范。C项正确。A项明显正确。宪法的渊源主要有宪法典、宪法性法律、宪法惯例、宪法判例、国际条约和国际惯例等。但我国没有宪法判例。因此,B项错误。在我国宪法中,存在一些权利性与义务性规范相互结合为一体的规定。如宪法规定,中华人民共和国公民有劳动的权利和义务;中华人民共和国公民有受教育的权利和义务。在这类规范中,权利与义务互为一体,表现其特殊的调整方式。在宪法运行中,权利性规范与保障性规范是结合在一起的。特定的宪法规范既是对权利的保障,同时也是对特定国家行为的一种限制。D项正确。

第七节　宪法效力

1. 关于宪法效力的说法,下列选项正确的是:(2014-1-94)
A. 宪法修正案与宪法具有同等效力
B. 宪法不适用于定居国外的公民
C. 在一定条件下,外国人和法人也能成为某些基本权利的主体
D. 宪法作为整体的效力及于该国所有领域

答案(　　)②

【解析】宪法修正案乃是宪法修改的一种方式,其构成现行宪法的有机组成部分。所以,一旦生效通过,其与宪法具有同等效力。A项正确。

中华人民共和国宪法适用于所有中国公民。而且,我国宪法明确规定了对于华侨的正当权益的保护。华侨是指定居在国外的中国公民,他们也受中国宪法的保护。B项错误。

此外,外国人和法人在一定的条件下成为行使某些基本权利的主体,在享有基本权利的范围内,宪法效力适用于外国人和法人的活动。C项正确。

任何一个主权国家的宪法的空间效力都及于国土的所有领域,这是由主权的唯一性和不可分割性所决定的,也是由宪法的根本法地位所决定的。D项正确。

2. 我国《立法法》明确规定:"宪法具有最高的法律效力,一切法律、行政法规、地方性法规、自治条例和单行条例、规章都不得同宪法相抵触。"关于这一规定的理解,下列哪一选项是正确的?(2016-1-22)

参考答案:①B　②ACD

A. 该条文中两处"法律"均指全国人大及其常委会制定的法律
B. 宪法只能通过法律和行政法规等下位法才能发挥它的约束力
C. 宪法的最高法律效力只是针对最高立法机关的立法活动而言的
D. 维护宪法的最高法律效力需要完善相应的宪法审查或者监督制度

答案（　①　）

【解析】题干中第一处"法律效力"中的"法律"泛指法的一般特征，即具有一般性、规范性、抽象性、强制性等。第二处"法律"与行政法规等相连使用，仅指全国人大及其常委会制定的法律，即狭义的法律。A项错误。宪法效力具有最高性与直接性。在整个法律体系中，宪法效力是最高的，不仅成为立法的基础，同时对立法行为与依据宪法进行的各种行为产生直接的约束力。我国宪法序言最后一个自然段明确规定了这一点。可见，宪法也具有直接约束力，B项错误。宪法的最高法律效力包括三个方面含义：其一，宪法是制定普通法律的依据，普通法律是宪法的具体化；其二，任何普通法律都不得与宪法的内容、原则和精神相违背；其三，宪法是一切国家机关、社会团体和全体公民的最高行为准则。C项错误。维护宪法的最高法律效力需要完善相应的宪法审查或者监督制度，追究和纠正一切违反宪法的行为，捍卫宪法的尊严，保证宪法的实施。D项正确。

3. 关于《宪法》对自然人的适用效力，下列哪一选项是错误的？（2008 四川－1－18）
　　A. 我国宪法适用于一切拥有中国国籍的人
　　B. 对于因出生取得国籍的确定，我国采取出生地主义和血统主义相结合的原则
　　C. 侨居在国外的华侨受中国宪法保护
　　D. 宪法也同等地适用于居住在中国境内的外国人

答案（　②　）

【解析】我国的宪法适用于所有中国公民，《宪法》第33条规定，凡具有中华人民共和国国籍的人都是中华人民共和国公民。所以我国宪法适用于一切拥有中国国籍的人，所以A项正确。国籍的取得方式主要有两种：一种是因出生而取得，一种是加入国籍。我国《国籍法》第4条规定，父母双方或一方为中国公民，本人出生在中国，具有中国国籍。第5条规定，父母双方或一方为中国公民，本人出生在外国，具有中国国籍；但父母双方或一方为中国公民并定居在外国，本人出生时即具有外国国籍的，不具有中国国籍。第6条规定，父母无国籍或国籍不明，定居在中国，本人出生在中国，具有中国国籍。可见，对于因出生取得国籍，我国采用出生地主义和血统主义相结合的原则。所以B项也是正确的。因为我国宪法适用于所有具有中国国籍的中国公民，所以侨居在外国的华侨也受中国宪法的保护。我国《宪法》第50条明确规定："中华人民共和国保护华侨的正当的权利和利益，保护归侨和侨眷的合法的权利和利益。"所以C项也是正确的。外国人和外国法人**在一定的条件**下成为基本权利主体。可见，外国人在享有基本权利的范围方面，较本国公民为窄，如其并不享有我国宪法规定的选举权与被选举权等政治权利。所以D项所表述的"宪法也同等地适用于居住在中国境内的外国人"的表述是错误的。

4. 宪法是国家根本法，具有最高法律效力。下列有关宪法法律效力的哪一项表述是正确的？（2005－1－11）
　　A. 在不成文宪法的国家中，宪法的法律效力高于其他法律
　　B. 在我国，任何法律法规都不得与宪法规范、宪法基本原则和宪法精神相抵触

参考答案：①D　②D

C. 宪法的法律效力主要表现为对公民的行为约束
D. 宪法的法律效力不具有任何强制性

答案（　　）①

【解析】 在不成文宪法国家，没有统一的宪法典，没有根本法意义上的宪法，只存在宪法性法律、宪法性惯例、宪法性判例、国际条约和国际习惯等；其宪法性法律与其他法律的效力完全相同。因此，选项A错误。根据《宪法》序言第十三自然段第一句和第5条第3款，选项B正确。宪法的核心价值取向在于限制国家权力以保障人权，因此宪法的法律效力主要表现于对国家机关的行为约束。据此，选项C错误。宪法由国家制定或者认可，体现国家意志，当然具有国家强制性；违背宪法也会受到制裁，只是制裁方式比较特别而已。据此，选项D错误。

5. 关于我国宪法对领土的效力，下列表述正确的是：(2012-1-89)
　　A. 领土包括一个国家的陆地、河流、湖泊、内海、领海以及它们的底床、底土和上空（领空）
　　B. 领土是国家的构成要素之一，是国家行使主权的空间，也是国家行使主权的对象
　　C.《宪法》在国土所有领域的适用上无任何差异
　　D.《宪法》的空间效力及于国土全部领域，是由主权的唯一性和不可分割性决定的

答案（　　）②

【解析】 领土包括一个国家的陆地、河流、湖泊、内海、领海以及它们的底床、底土和上空（领空），是主权国管辖的国家全部疆域。A项正确。领土是国家的构成要素之一，是国家行使主权的空间，也是国家行使主权的对象。B项正确。任何一个主权国家的宪法的空间效力都及于国土的所有领域，这是由主权的唯一性和不可分割性所决定的，也是由宪法的根本法地位所决定的。D项正确。宪法是一个整体，具有一种主权意义上的不可分割性。由于宪法本身的综合性和价值多元性，宪法在不同领域的适用上是有所差异的。例如，在不同的经济形态之间、在普通行政区和民族自治地方之间当然有所区别，但这种区别绝不是说宪法在某些区域有效力而有些区域没有效力。宪法是一个整体，任何组成部分上的特殊性并不意味着对这个整体的否定，宪法作为整体的效力是及于中华人民共和国的所有领域的。因此，C项错误。

6. 宪法效力是指宪法作为法律规范所具有的约束力与强制性。关于我国宪法效力，下列哪一选项是不正确的？(2011-1-23)
　　A. 侨居国外的华侨受中国宪法保护
　　B. 宪法的效力及于中华人民共和国的所有领域
　　C. 宪法的最高法律效力首先源于宪法的正当性
　　D. 宪法对法院的审判活动没有约束力

答案（　　）③

【解析】 由于《宪法》规定宪法的效力适用于所有中国公民，因此侨居在国外的华侨也受宪法保护，因此A表述正确。宪法的效力及于中华人民共和国的所有领域，因此B表述正确。宪法之所以具有最高法律效力，首先是宪法具有正当性基础，即：1.宪法制定权的正当性，2.宪法内容的合理性，3.宪法程序的正当性。因此C项表述正确。宪法序言明确规定，一切国家机关（包括法院）都必须以宪法为根本的活动准则。另外，宪法第5条规定："一切国家机关都必须遵守宪法和法律"。因此，宪法对法院的审判活动当然具有约束力。选项D表述错误，应当选。

参考答案：①B　②ABD　③D

第二章 国家的基本制度(上)

第一节 人民民主专政制度

1. 根据《宪法》,关于中国人民政治协商会议,下列哪些选项是正确的?（2013－1－62）

A. 中国人民政治协商会议是具有广泛代表性的统一战线组织

B. 中国人民政治协商会议是重要的国家机关

C. 中国共产党领导的多党合作和政治协商制度将长期存在和发展

D. 中国共产党领导的爱国统一战线将继续巩固和发展

答案（　　）①

【解析】政协是爱国统一战线的组织形式。从本质上讲,政协不是国家机关,但是,政协也不同于一般的人民团体,它同我国国家权力机关的活动有着极为密切的联系。因此,B项错误。

2. 根据我国宪法的规定,下列哪些选项是正确的?（2007－1－62）

A. 中国人民政治协商会议是我国统一战线的组织形式

B. 中国人民政治协商会议是我国国家机构体系的重要组成部分

C. 1993年我国通过的宪法修正案将"中国共产党领导的多党合作和政治协商制度将长期存在和发展"写进了宪法

D. 中国人民政治协商会议有权审议政府工作报告

答案（　　）②

【解析】根据我国宪法的规定,我国国家机构包括:国家权力机关、国家元首、国家行政机关、国家军事机关、国家审判机关和检察机关。政治协商会议是国家统一战线组织,但不是国家机构。所以A正确,B错误。1993年《宪法修正案》第四条规定,在《宪法》序言第十自然段末尾增加:"中国共产党领导的多党合作和政治协商制度将长期存在和发展。"所以C正确。政协不是国家机关,政协委员列席全国人民代表大会,听取政府工作报告,参加对某项问题的讨论,但是没有审议政府工作报告的权力。D项错误。

第二节 国家的基本经济制度

1. 根据《宪法》规定,关于我国基本经济制度的说法,下列选项正确的是:（2014－1－95）

A. 国家实行社会主义市场经济

B. 国有企业在法律规定范围内和政府统一安排下,开展管理经营

C. 集体经济组织实行家庭承包经营为基础、统分结合的双层经营体制

D. 土地的使用权可以依照法律的规定转让

答案（　　）③

参考答案:①ACD　②AC　③AD

【解析】1993年全国人大通过了对1982年宪法第15条的修正案,明确规定"国家实行社会主义市场经济";1999年全国人大再次通过对宪法序言的修正案,将"发展社会主义市场经济"作为一项重要的国家任务写进宪法。可见,A项正确。

1993年全国人大通过的宪法修正案将"国营经济"修改为"国有经济"。其原因之一在于,随着经济体制改革的不断深入,许多大中型全民所有制企业经营体制发生了变化,不再由国家统一进行经营管理。现行《宪法》第十六条第一款也规定,国有企业在法律规定的范围内有权自主经营。可见,B项所言,国有企业的经营管理由政府统一安排,很明显是不妥当的。

集体经济组织可以分为城市集体经济和农村集体经济两大类型。《宪法》第八条规定,农村集体经济组织实行家庭承包经营为基础、统分结合的双层经营体制。C项错误。

《宪法修正案》第2条规定,任何组织或个人不得侵占、买卖或者以其他形式非法转让土地,土地的使用权可以依照法律的规定转让。D项正确。

2. 我国宪法第六至十八条对经济制度作了专门规定。关于《宪法修正案》就我国经济制度规定所作的修改,下列哪些选项是正确的?（2011-1-60）

A. 中华人民共和国实行依法治国,建设社会主义法治国家
B. 国家实行社会主义市场经济
C. 除第九、十二、十八条外,其他各条都进行过修改
D. 农村中的生产、供销、信用、消费等各种形式的合作经济,是社会主义劳动群众集体所有制经济

答案（　　　）①

【解析】"中华人民共和国实行依法治国,建设社会主义法治国家",该条说的是法律制度,而非经济制度。选项A错误。《宪法修正案》(1993)第七条将《宪法》第十五条修改为:"国家实行社会主义市场经济。""国家加强经济立法,完善宏观调控。""国家依法禁止任何组织或者个人扰乱社会经济秩序。"选项B正确。现行宪法第六至十八条的对经济制度的规定,仅第九、十二、十八条没有被修过。选项C正确。《宪法修正案》(1993)第六条将宪法第八条第一款修改为:"农村中的家庭联产承包为主的责任制和生产、供销、信用、消费等各种形式的合作经济,是社会主义劳动群众集体所有制经济……"选项D正确。

3. 下列关于矿产资源的说法中,哪一项是正确的?（2002-1-9）

A. 任何矿产资源一律属于国家所有
B. 关系国计民生的矿产资源归国家所有,一般矿产资源可以由集体所有
C. 除依法由集体所有的以外,矿产资源一律属于国家所有
D. 个人不能成为开采国有矿产资源的主体

答案（　　　）②

【解析】《宪法》第九条规定,矿藏、水流、森林、山岭、草原、荒地、滩涂等自然资源,都属于国家所有,即全民所有。由法律规定属于集体所有的森林和山岭、草原、荒地、滩涂等除外。据此可见,森林、山岭、草原、荒地和滩涂可能由法律另行规定属于集体所有,但矿藏和水流只能属于国家所有。故选项A正确。

相关法条　　　　　　　　《宪法》

第六条第一款　中华人民共和国的社会主义经济制度的基础是生产资料的社会主义公有制,即全民所有制和劳动群众集体所有制。社会主义公有制消灭人剥削人的制度,实行各尽所能、按劳分配的原则。

参考答案:①BCD　②A

第九条第一款 矿藏、水流、森林、山岭、草原、荒地、滩涂等自然资源,都属于国家所有,即全民所有;由法律规定属于集体所有的森林和山岭、草原、荒地、滩涂除外。

第十条 城市的土地属于国家所有。

农村和城市郊区的土地,除由法律规定属于国家所有的以外,属于集体所有;宅基地和自留地、自留山,也属于集体所有。

国家为了公共利益的需要,可以依照法律规定对土地实行征收或者征用并给予补偿。

任何组织或者个人不得侵占、买卖或者以其他形式非法转让土地。土地的使用权可以依照法律的规定转让。

一切使用土地的组织和个人必须合理地利用土地。

4. 张家村与李家村毗邻,李家村的用水取自流经张家村的小河,多年来两村经常因用水问题发生冲突。2001年春,为根本解决问题,县政府决定将这条小河的水流交给乡水管站统一调配。张家村人认为:小河历史上就属于张家村所有,县政府无权将这条河的水流交乡水管站统一调配,遂将县政府告上法院。请问:根据现行宪法和法律,下列哪一说法是正确的?(2002-1-6)

  A. 张家村告得有理,因为水流属于村民集体所有,政府无权收归国有

  B. 张家村告得有理,因为这条小河的河床属于张家村集体所有,这条小河里的水流当然也属于村民集体支配

  C. 县政府的决定合法,因为水流属于国家所有,政府当然有权调配河水的供应

  D. 县政府的决定合法,因为水流虽然居于张家村所有,但李家村人也应享有喝水用水的权利,为解决李家村用水问题,政府可以将水流供应统一调配

答案(　　)①

【解析】《宪法》第9条规定:"矿藏、水流、森林、山岭、草原、荒地、滩涂等自然资源,都属于国家所有,即全民所有;由法律规定属于集体所有的森林和山岭、草原、荒地、滩涂除外。国家保障自然资源的合理利用,保护珍贵的动物和植物。禁止任何组织或者个人用任何手段侵占或者破坏自然资源。"因此,水流属于国家所有,政府有权根据需要合理调配河水的供给。

5. 社会主义公有制是我国经济制度的基础。根据现行《宪法》的规定,关于基本经济制度的表述,下列哪一选项是正确的?(2016-1-23)

  A. 国家财产主要由国有企业组成

  B. 城市的土地属于国家所有

  C. 农村和城市郊区的土地都属于集体所有

  D. 国营经济是社会主义全民所有制经济,是国民经济中的主导力量

答案(　　)②

【解析】 在我国,国有企业和国有自然资源是国家财产的主要部分。此外,国家机关、事业单位、部队等全民单位的财产也是国有财产的重要组成部分。A项错误。根据《宪法》第10条的规定,城市的土地属于国家所有;农村和城市郊区的土地原则上属于集体所有,但由法律规定属于国家所有的,属于国家所有。B项正确,C项错误。在1993年以前,社会主义全民所有制经济一般被称为国营经济。1993年3月29日第八届全国人民代表大会第一次通过的《宪法修正案》将"国营经济"修改为"国有经济"。国有经济,即社会主义全民所有制经济,是国民经济中的主导力量。国家保障国有经济的巩固和

参考答案:①C　②B

发展。D项错误。

6. 根据我国宪法的规定,下列哪一种说法不正确?（2005-1-9）

A. 城市的土地属于国家所有,农村和城市郊区的土地,除有法律规定属于国家所有的以外,属于集体所有

B. 宅基地、自留地、自留山属于集体所有

C. 国家为了公共利益的需要,可以对土地实行征收或征用

D. 土地的所有权可以依照法律的规定转让

答案（　　）①

【解析】根据《宪法》第10条的规定,选项A、B、C正确。特别是第10条第4款明确规定,任何组织或者个人不得侵占、买卖或者以其他形式非法转让土地,土地的使用权可以依照法律规定转让。可见,土地所有权不得转让,可以转让的是土地的使用权。据此,选项D错误。

【特别提示】我国土地的所有权禁止转让,属于国家和集体所有,可以转让的是土地的使用权。

7. 根据《宪法》的规定,下列哪些选项是正确的?（2012-1-60）

A. 社会主义的公共财产神圣不可侵犯

B. 社会主义的公共财产包括国家的和集体的财产

C. 国家可以对公民的私有财产实行无偿征收或征用

D. 土地的使用权可以依照法律的规定转让

答案（　　）②

【解析】根据现行宪法第12条、第6条第一款、第10条第四款的规定,A、B、D三项正确。C项表述不符合我国宪法第13条第三款的规定,即国家为了公共利益的需要,可以依照法律规定对公民的私有财产实行征收或者征用并给予补偿。

相关法条　　　　　　　　　　《宪法》

第十二条　社会主义的公共财产神圣不可侵犯。

国家保护社会主义的公共财产。禁止任何组织或者个人用任何手段侵占或者破坏国家的和集体的财产。

第九条第二款　国家保障自然资源的合理利用,保护珍贵的动物和植物。禁止任何组织或者个人用任何手段侵占或者破坏自然资源。

第十三条　公民的合法的私有财产不受侵犯。

国家依照法律规定保护公民的私有财产权和继承权。

国家为了公共利益的需要,可以依照法律规定对公民的私有财产实行征收或者征用并给予补偿。

8. 关于经济制度与宪法关系,下列哪一选项是错误的?（2009-1-22）

A. 自德国魏玛宪法以来,经济制度便成为现代宪法的重要内容之一

B. 宪法对经济关系特别是生产关系的确认与调整构成一国的基本经济制度

C. 我国宪法修正案第十六条规定,法律范围内的非公有制经济是社会主义市场经济的重要组成部分

D. 私有财产神圣不可侵犯是我国宪法的一项基本原则

答案（　　）③

参考答案：①D　②ABD　③D

【解析】《宪法》第12条规定：社会主义公共财产神圣不可侵犯。国家保护社会主义的公共财产。第13条规定：公民的合法的私有财产不受侵犯。因此，选项D错误明显。

第三节 国家的基本文化制度

1. 关于国家文化制度，下列哪些表述是正确的？（2015－1－62）
A. 我国宪法所规定的文化制度包含了爱国统一战线的内容
B. 国家鼓励自学成才，鼓励社会力量依照法律规定举办各种教育事业
C. 是否较为系统地规定文化制度，是社会主义宪法区别于资本主义宪法的重要标志之一
D. 公民道德教育的目的在于培养有理想、有道德、有文化、有纪律的社会主义公民

答案（　　）①

【解析】爱国统一战线是我国人民民主专政制度的主要特色之一，属于政治制度。A项错误。现行宪法第19条第3款规定，国家发展各种教育设施，扫除文盲，对工人、农民、国家工作人员和其他劳动者进行政治、文化、科学、技术、业务的教育，鼓励自学成才。可见，B项表述无误。近代意义的宪法产生以来，虽然各国宪法在不同时期的规定有很大差异，但文化制度一直是宪法不可缺少的重要内容。魏玛宪法第一次系统规定了文化制度，其是典型的资本主义宪法。所以，C项表述错误。宪法第二十四条规定，"国家通过普及理想教育、道德教育、文化教育、纪律和法制教育，通过在城乡不同范围的群众中制定和执行各种守则、公约，加强社会主义精神文明的建设。国家提倡爱祖国、爱人民、爱劳动、爱科学、爱社会主义的公德，在人民中进行爱国主义、集体主义和国际主义、共产主义的教育，进行辩证唯物主义和历史唯物主义的教育，反对资本主义的、封建主义的和其他的腐朽思想。"可见，D项表述整体上无误。

2. 近代意义宪法产生以来，文化制度便是宪法的内容。关于两者的关系，下列哪一选项是不正确的？（2013－1－23）
A. 1787年美国宪法规定了公民广泛的文化权利和国家的文化政策
B. 1919年德国魏玛宪法规定了公民的文化权利
C. 我国现行宪法对文化制度的原则、内容等做了比较全面的规定
D. 公民的文化教育权、国家机关的文化教育管理职权和文化政策，是宪法文化制度的主要内容

答案（　　）②

【解析】1787年《美国宪法》只规定了国家基本制度的内容，没有关于公民基本权利的规定。所以，A项错误明显。其他各项正确。

3. 关于宪法与文化制度的关系，下列哪一选项是不正确的？（2012－1－23）
A. 宪法规定的文化制度是基本文化制度
B. 《魏玛宪法》第一次比较全面系统规定了文化制度
C. 宪法规定的公民文化教育权利是文化制度的重要内容
D. 保护知识产权是我国宪法规定的基本文化权利

答案（　　）③

【解析】宪法规定一国最基本的政治经济文化制度，因此，宪法规定的文化制度当然是基本文

参考答案：①BD　②A　③D

化制度。A项正确。1919年德国魏玛宪法不仅详尽地规定公民的文化权利,而且还明确地规定了国家的基本文化政策。这部宪法第一次比较全面系统地规定了文化制度,后为许多资本主义国家宪法所效仿。因此,B项正确。文化制度范围广泛,既包括公民文化权利的规定,也包括国家文化政策的规定。C项正确。我国宪法没有规定知识产权,因此D项错误。

第四节 国家的基本社会制度

1. 我国的基本社会制度是基于经济、政治、文化、社会、生态文明五位一体的社会主义建设的需要,在社会领域所建构的制度体系。关于国家的基本社会制度,下列哪些选项是正确的?(2016-1-62)

A. 我国的基本社会制度是国家的根本制度
B. 社会保障制度是我国基本社会制度的核心内容
C. 职工的工作时间和休假制度是我国基本社会制度的重要内容
D. 加强社会法的实施是发展与完善我国基本社会制度的重要途径

答案(　　)①

【解析】宪法第一条第2款规定,"社会主义制度是中华人民共和国的根本制度。禁止任何组织或者个人破坏社会主义制度。"A项错误。社会保障制度是基本社会制度的核心内容,甚至说狭义上的社会制度就是指社会保障制度。B项正确。我国现行宪法对基本社会制度的规定主要包括以下方面:(一)社会保障制度(二)医疗卫生事业(三)劳动保障制度(四)人才培养制度(五)计划生育制度(六)社会秩序及安全维护制度。就劳动保障制度而言,职工的工作时间和休假制度由宪法加以明确规定,宪法第四十三条规定,"中华人民共和国劳动者有休息的权利。国家发展劳动者休息和休养的设施,规定职工的工作时间和休假制度。"C项正确。随着社会的发展,"法律社会化"现象的出现,又形成了一种新的法律即社会法,如社会保障法等。因此,加强社会法的实施顺理成章地成为发展与完善我国基本社会制度的重要途径。D项正确。

2. 国家的基本社会制度是国家制度体系中的重要内容。根据我国宪法规定,关于国家基本社会制度,下列哪一表述是正确的?(2015-1-22)

A. 国家基本社会制度包括发展社会科学事业的内容
B. 社会人才培养制度是我国的基本社会制度之一
C. 关于社会弱势群体和特殊群体的社会保障的规定是对平等原则的突破
D. 社会保障制度的建立健全同我国政治、经济、文化和生态建设水平相适应

答案(　　)②

【解析】社会制度是国家制度中的基本组成部分,是相对于政治制度、经济制度、文化制度、生态制度而言的,为保障社会成员基本的生活权利,以及为营造公平、安全、有序的生活环境而建构的制度体系。发展社会科学事业属于文化制度。A项错误。我国宪法关于基本社会制度的规定包括了社会保障制度(狭义的社会制度)、医疗卫生事业、劳动保障制度、社会人才培养制度、计划生育制度、社会秩序及安全维护制度等六方面的内容,B项正确。社会制度以保障公平为核心,其以相应的价值体系与规则体系引领与营造公平的社会环境之形成,以其弱势群体扶助制度体系的建构促进社会实质公平的形成,并以其相应的收入再分配调节机制,在一定程度上缩小差别,促进相对分配公平的实现。可

参考答案:①BCD ②B

见,C项表述错误。根据宪法的规定,国家建立健全同经济发展水平相适应的社会保障制度。社会保障制度和生态建设水平的关系似乎不大。D项错误。

第三章 国家的基本制度(下)

第一节 人民代表大会制度

根据《宪法》和法律规定,关于人民代表大会制度,下列哪一选项是不正确的?（2011-1-24）
A. 人民代表大会制度体现了一切权力属于人民的原则
B. 地方各级人民代表大会是地方各级国家权力机关
C. 全国人民代表大会是最高国家权力机关
D. 地方各级国家权力机关对最高国家权力机关负责,并接受其监督

答案( )①

【解析】全国人大与地方各级人大之间以及地方各级人大之间并没有隶属关系,上级人大只是有权依照宪法和法律监督、指导下级人大的工作。所以地方各级人大并不需要对全国人大负责,上级人大只是有权依照宪法和法律监督、指导下级人大的工作。因此D项不正确,应当选。

相关法条 《宪法》

第五十七条 中华人民共和国全国人民代表大会是最高国家权力机关。它的常设机关是全国人民代表大会常务委员会。

第五十八条 全国人民代表大会和全国人民代表大会常务委员会行使国家立法权。

第九十六条 地方各级人民代表大会是地方国家权力机关。
县级以上的地方各级人民代表大会设立常务委员会。

第二节 选举制度

1. 根据我国《宪法》和《选举法》的规定,下列哪些选项是正确的?（2008-1-61）
A. 全国人民代表大会常务委员会主持全国人民代表大会代表的选举工作
B. 县级以上地方各级人民代表大会常务委员会主持本级人民代表大会代表的选举工作
C. 乡、民族乡、镇设立选举委员会,主持本级人民代表大会代表的选举工作
D. 乡、民族乡、镇设立的选举委员会受不设区的市、市辖区、县、自治县的人民代表大会常务委员会的领导

答案( )②

【解析】根据《选举法》第8条规定,省、自治区、直辖市、设区的市、自治州的人民代表大会代表的选举由其本级人民代表大会常务委员会主持;不设区的市、市辖区、县、自治县、乡、民族乡、镇的人民代表大会代表的选举要由专门设立的选举委员会主持。所以,B项的"县级以上"表述错误,没有仔

参考答案: ①D ②ACD

细区分上述两种情况。其余各项正确。

相关法条　　《全国人民代表大会和地方各级人民代表大会选举法》

第八条　全国人民代表大会常务委员会主持全国人民代表大会代表的选举。省、自治区、直辖市、设区的市、自治州的人民代表大会常务委员会主持本级人民代表大会代表的选举。

不设区的市、市辖区、县、自治县、乡、民族乡、镇设立选举委员会,主持本级人民代表大会代表的选举。不设区的市、市辖区、县、自治县的选举委员会受本级人民代表大会常务委员会的领导。乡、民族乡、镇的选举委员会受不设区的市、市辖区、县、自治县的人民代表大会常务委员会的领导。

省、自治区、直辖市、设区的市、自治州的人民代表大会常务委员会指导本行政区域内县级以下人民代表大会代表的选举工作。

2. 乡、民族乡、镇设立选举委员会主持本级人民代表大会的选举。根据选举法,该委员会受下列哪一机构的领导?（2008 四川－1－15）

A. 乡、民族乡、镇的人民代表大会

B. 不设区的市、市辖区、县、自治县的人大常委会

C. 乡、民族乡、镇的人民代表大会主席团

D. 不设区的市、市辖区、县、自治县的选举委员会

答案（　　）①

【解析】根据《全国人民代表大会和地方各级人民代表大会选举法》第8条第2款、第3款规定,乡、民族乡、镇的选举委员会受不设区的市、市辖区、县、自治县的人民代表大会常务委员会的领导,受省、自治区、直辖市、设区的市、自治州的人民代表大会常务委员会指导。所以本题应选B项。

3. 根据《选举法》和相关法律的规定,关于选举的主持机构,下列哪一选项是正确的?（2016－1－24）

A. 乡镇选举委员会的组成人员由不设区的市、市辖区、县、自治县的人大常委会任命

B. 县级人大常委会主持本级人大代表的选举

C. 省人大在选举全国人大代表时,由省人大常委会主持

D. 选举委员会的组成人员为代表候选人的,应当向选民说明情况

答案（　　）②

【解析】在实行直接选举的地方,设立选举委员会主持本级人大代表的选举。不设区的市、市辖区、县、自治县的选举委员会的组成人员由本级人民代表大会常务委员会任命;乡、民族乡、镇的选举委员会的组成人员由不设区的市、市辖区、县、自治县的人民代表大会常务委员会任命。A项正确。县级人大代表选举属于直接选举,根据A选项理由,直接选举由本地选举委员会主持。B项错误。县级以上的地方各级人民代表大会在选举上一级人民代表大会代表时,由各该级人民代表大会主席团主持。省级人大在选举全国人大代表时,其主持机关是该省人大主席团。C项错误。选举法第九条第2款规定,选举委员会的组成人员为代表候选人的,应当辞去选举委员会的职务。D项错误。

4. 根据《选举法》的规定,关于选举机构,下列哪一选项是不正确的?（2011－1－25）

A. 特别行政区全国人大代表的选举由全国人大常委会主持

B. 省、自治区、直辖市、设区的市、自治州的人大常委会领导本行政区域内县级以下人大代表的选举工作

参考答案:①B　②A

C. 乡、民族乡、镇的选举委员会受不设区的市、市辖区、县、自治县人大常委会的领导
D. 选举委员会对依法提出的有关选民名单的申诉意见,应在 3 日内作出处理决定

答案（　　）①

【解析】 省、自治区、直辖市、设区的市、自治州的人大常委会是"指导"本行政区域内县级以下人大代表的选举工作,而并非"领导"。领导选举委员会工作的是县级人大常委会。因此选 B。

5. 根据《宪法》和《选举法》规定,下列哪一选项是正确的?（2009-1-21）
   A. 选民登记按选区进行,每次选举前选民资格都要进行重新登记
   B. 选民名单应在选举日的十五日以前公布
   C. 对于公布的选民名单有不同意见的,可以向选举委员会申诉或者直接向法院起诉
   D. 法院对于选民名单意见的起诉应在选举日以前作出判决

答案（　　）②

【解析】 根据《选举法》第 26 条规定,选民登记是:一次登记,长期有效。选项 A 错误。根据《选举法》第 27 条规定,选民名单应在选举日的二十日以前公布,选项 B 错误。根据《选举法》第 28 条规定,涉及选民资格的诉讼为申诉前置程序,选项 C 错误。选项 D 正确。

相关法条　　《全国人民代表大会和地方各级人民代表大会选举法》

第二十六条　选民登记按选区进行,经登记确认的选民资格长期有效。每次选举前对上次选民登记以后新满十八周岁的、被剥夺政治权利期满后恢复政治权利的选民,予以登记。对选民经登记后迁出原选区的,列入新迁入的选区的选民名单;对死亡的和依照法律被剥夺政治权利的人,从选民名单上除名。

精神病患者不能行使选举权利的,经选举委员会确认,不列入选民名单。

第二十七条　选民名单应在选举日的二十日以前公布,实行凭选民证参加投票选举的,并应当发给选民证。

第二十八条　对于公布的选民名单有不同意见的,可以在选民名单公布之日起五日内向选举委员会提出申诉。选举委员会对申诉意见,应在三日内作出处理决定。申诉人如果对处理决定不服,可以在选举日的五日以前向人民法院起诉,人民法院应在选举日以前作出判决。人民法院的判决为最后决定。

6. 关于各少数民族人大代表的选举,下列哪一选项是不正确的?（2012-1-24）
   A. 有少数民族聚居的地方,每一聚居的少数民族都应有代表参加当地的人民代表大会
   B. 散居少数民族应选代表,每一代表所代表的人口数可少于当地人民代表大会每一代表所代表的人口数
   C. 聚居境内同一少数民族的总人口占境内总人口数 30% 以上的,每一代表所代表的人口数应相当于当地人民代表大会每一代表所代表的人口数
   D. 实行区域自治人口特少的自治县,每一代表所代表的人口数可以少于当地人民代表大会每一代表所代表的人口数的 1/2

答案（　　）③

【解析】 根据《选举法》第 18 条第 3 款,实行区域自治的民族人口特少的自治县,只有经省、自治区的人民代表大会常务委员会决定,方可以少于二分之一。因此,D 项表述不够严密。

参考答案:①B　②D　③D

相关法条 　　《全国人民代表大会和地方各级人民代表大会选举法》

第十八条　有少数民族聚居的地方,每一聚居的少数民族都应有代表参加当地的人民代表大会。

聚居境内同一少数民族的总人口数占境内总人口数百分之三十以上的,每一代表所代表的人口数应相当于当地人民代表大会每一代表所代表的人口数。

聚居境内同一少数民族的总人口数不足境内总人口数百分之十五的,每一代表所代表的人口数可以适当少于当地人民代表大会每一代表所代表的人口数,但不得少于二分之一;实行区域自治的民族人口特少的自治县,经省、自治区的人民代表大会常务委员会决定,可以少于二分之一。人口特少的其他聚居民族,至少应有代表一人。

聚居境内同一少数民族的总人口数占境内总人口数百分之十五以上、不足百分之三十的,每一代表所代表的人口数,可以适当少于当地人民代表大会每一代表所代表的人口数,但分配给该少数民族的应选代表名额不得超过代表总名额的百分之三十。

第二十条　散居的少数民族应选当地人民代表大会的代表,每一代表所代表的人口数可以少于当地人民代表大会每一代表所代表的人口数。

7. 我国选举法规定,由选民直接选举的人大代表候选人,由下列哪些方式提名推荐?(2003－1－44)

A. 选民10人以上联名推荐

B. 各政党、各人民团体单独提名推荐

C. 人民代表5人以上联名推荐

D. 各政党、各人民团体联合提名推荐

答案(　　)①

【解析】依《选举法》第29条第2款,各政党、各人民团体,可以联合或者单独推荐代表候选人。选民或者代表十人以上联名,也可以推荐代表候选人。所以正确选项为A、B、D三项。

相关法条 　　《全国人民代表大会和地方各级人民代表大会选举法》

第二十九条　全国和地方各级人民代表大会的代表候选人,按选区或者选举单位提名产生。

各政党、各人民团体,可以联合或者单独推荐代表候选人。选民或者代表,十人以上联名,也可以推荐代表候选人。推荐者应向选举委员会或者大会主席团介绍代表候选人的情况。接受推荐的代表候选人应当向选举委员会或者大会主席团如实提供个人身份、简历等基本情况。提供的基本情况不实的,选举委员会或者大会主席团应当向选民或者代表通报。

各政党、各人民团体联合或者单独推荐的代表候选人的人数,每一选民或者代表参加联名推荐的代表候选人的人数,均不得超过本选区或者选举单位应选代表的名额。

8. 根据《选举法》的规定,关于选举制度,下列哪些选项是正确的?(2014－1－62)

A. 全国人大和地方人大的选举经费,列入财政预算,由中央财政统一开支

B. 全国人大常委会主持香港特别行政区全国人大代表选举会议第一次会议,选举主席团,之后由主席团主持选举

C. 县级以上地方各级人民代表大会举行会议的时候,三分之一以上代表联名,可以提出对由该级人民代表大会选出的上一级人大代表的罢免案

D. 选民或者代表10人以上联名,可以推荐代表候选人

答案(　　)②

参考答案:①ABD　②BD

【解析】全国人民代表大会和地方各级人民代表大会的选举经费,列入财政预算,由国库开支。A 项错误。县级以上地方各级人民代表大会举行会议的时候,主席团或者十分之一以上代表联名,可以提出对由该级人民代表大会选出的上一级人大代表的罢免案。C 项错误明显。

根据《选举法》,全国和地方各级人民代表大会的代表候选人,按选区或者选举单位提名产生。各政党、各人民团体,可以联合或者单独推荐代表候选人。选民或者代表,10 人以上联名,也可以推荐代表候选人。D 项正确。

根据《中华人民共和国香港特别行政区选举第十二届全国人民代表大会代表的办法》第六条的规定,"选举会议第一次会议由全国人民代表大会常务委员会召集,根据全国人民代表大会常务委员会委员长会议的提名,推选十九名选举会议成员组成主席团。主席团从其成员中推选常务主席一人。主席团主持选举会议。主席团常务主席主持主席团会议。"根据原文的表述,选举会议的第一次会议由全国人大常委会"召集",而不是"主持"。因此,B 项也不够精确。但因为本题是多选题,至少有两项是正确的,而 A、C 两项明显错误,B 项错误的隐蔽性高,所以答案圈定为 B、D。

9. 选民王某,35 岁,外出打工期间本村进行乡人民代表的选举。王因路途遥远和工作繁忙不能回村参加选举,于是打电话嘱咐 14 岁的儿子帮他投本村李叔 1 票。根据上述情形,下列哪些说法是正确的?(2005-1-61)

   A. 王某仅以电话通知受托人的方式,尚不能发生有效的委托投票授权
   B. 王某必须同时以电话通知受托人和村民委员会,才能发生有效的委托投票授权
   C. 王某以电话委托他人投票,必须征得选举委员会的同意
   D. 王某不能电话委托儿子投票,因为儿子还没有选举权

答案(①)

【解析】根据《选举法》第 40 条的规定,选民如果在选举期间外出,经选举委员会同意,可以书面委托其他选民代为投票。每一选民接受的委托不得超过三人,并应当按照委托人的意愿代为投票。本案中,王某电话委托投票是不合法的,应以书面形式委托,而且王某的儿子年仅 14 周岁,没有选举权,不能作为选民。据此,选项 A、D 正确。

相关法条 《全国人民代表大会和地方各级人民代表大会选举法》

第三十八条第二款 选民如果是文盲或者因残疾不能写选票的,可以委托他信任的人代写。

第四十条 选民如果在选举期间外出,经选举委员会同意,可以书面委托其他选民代为投票。每一选民接受的委托不得超过三人,并应当按照委托人的意愿代为投票。

10. 某选区选举地方人民代表,代表名额 2 人,第一次投票结果,候选人按得票多少排序为甲、乙、丙、丁,其中仅甲获得过半数选票。对此情况的下列处理意见哪一项符合法律的规定?(2004-1-11)

    A. 宣布甲、乙当选
    B. 宣布甲当选,同时以乙为候选人另行选举
    C. 宣布甲当选,同时以乙、丙为候选人另行选举
    D. 宣布无人当选,以甲、乙、丙为候选人另行选举

答案(②)

【解析】《选举法》第 43 条第 4 款规定:获得过半数选票的当选代表的人数少于应选代表的名额时,不足的名额另行选举。另行选举时,根据在第一次投票时得票多少的顺序,按照本法第三十条规

参考答案:①AD ②C

定的差额比例,确定候选人名单。如果只选一人,候选人应为二人。C项正确。

相关法条　《全国人民代表大会和地方各级人民代表大会选举法》

第四十三条　在选民直接选举人民代表大会代表时,选区全体选民的过半数参加投票,选举有效。代表候选人获得参加投票的选民过半数的选票时,始得当选。

县级以上的地方各级人民代表大会在选举上一级人民代表大会代表时,代表候选人获得全体代表过半数的选票时,始得当选。

获得过半数选票的代表候选人的人数超过应选代表名额时,以得票多的当选。如遇票数相等不能确定当选人时,应当就票数相等的候选人再次投票,以得票多的当选。

获得过半数选票的当选代表的人数少于应选代表的名额时,不足的名额另行选举。另行选举时,根据在第一次投票时得票多少的顺序,按照本法第三十条规定的差额比例,确定候选人名单。如果只选一人,候选人应为二人。

依照前款规定另行选举县级和乡级的人民代表大会代表时,代表候选人以得票多的当选,但是得票数不得少于选票的三分之一;县级以上的地方各级人民代表大会在另行选举上一级人民代表大会代表时,代表候选人获得全体代表过半数的选票,始得当选。

11. 某选区共有选民13679人,高先生是数位候选人之一。请问根据现行宪法和选举法律,在下列何种情况下,高先生可以当选?(2002-1-86)

　　A. 参加投票的人数为6835人,高获得选票6831张
　　B. 参加投票的人数为6841人,高获得选票3421张
　　C. 参加投票的人数为13643人,高获得选票6749张
　　D. 参加投票的人数为13685人,高获得选票13073张

答案(　　)①

【解析】 本题中该选区共有选民13679人,过半数至少为6840人。根据上述规定,A项中参加投票人数未过半数,选举无效。B项中参加投票人数过半,选举有效,高获得选票最低当选票数为3421票,依法得当选。C项中选举有效,但最低当选票数应为6822票,高未达到此数,依法不得当选。D项中参加投票人数甚至多于选民人数,选举当然无效。

相关法条　《全国人民代表大会和地方各级人民代表大会选举法》

第四十二条　每次选举所投的票数,多于投票人数的无效,等于或者少于投票人数的有效。

每一选票所选的人数,多于规定应选代表人数的作废,等于或者少于规定应选代表人数的有效。

12.《选举法》以专章规定了对代表的监督、罢免和补选的措施。关于代表的罢免,下列哪些选项符合《选举法》的规定?(2008四川-1-64)

　　A. 罢免直接选举产生的代表须经原选区过半数的选民通过
　　B. 罢免直接选举产生的代表,须将决议报送上一级人大常委会备案
　　C. 罢免间接选举产生的代表须经原选举单位过半数的代表通过
　　D. 罢免间接选举产生的代表,在代表大会闭会期间,须经常委会成员2/3多数通过

答案(　　)②

【解析】 根据《选举法》第50条规定,罢免县级和乡级的人民代表大会代表,须经原选区过半

参考答案:①B　②AC

数的选民通过，A 项说法正确；罢免间接选举的代表，在人大或其常委会过半数通过之后，才需要报上一级人大常委会备案、公告，B 项说法错误，C 项说法正确。

相关法条　《全国人民代表大会和地方各级人民代表大会选举法》

第四十六条　全国和地方各级人民代表大会的代表，受选民和原选举单位的监督。选民或者选举单位都有权罢免自己选出的代表。

第四十七条　对于县级的人民代表大会代表，原选区选民五十人以上联名，对于乡级的人民代表大会代表，原选区选民三十人以上联名，可以向县级的人民代表大会常务委员会书面提出罢免要求。

罢免要求应当写明罢免理由。被提出罢免的代表有权在选民会议上提出申辩意见，也可以书面提出申辩意见。

县级的人民代表大会常务委员会应当将罢免要求和被提出罢免的代表的书面申辩意见印发原选区选民。

表决罢免要求，由县级的人民代表大会常务委员会派有关负责人员主持。

第四十八条　县级以上的地方各级人民代表大会举行会议的时候，主席团或者十分之一以上代表联名，可以提出对由该级人民代表大会选出的上一级人民代表大会代表的罢免案。在人民代表大会闭会期间，县级以上的地方各级人民代表大会常务委员会主任会议或者常务委员会五分之一以上组成人员联名，可以向常务委员会提出对由该级人民代表大会选出的上一级人民代表大会代表的罢免案。罢免案应当写明罢免理由。

县级以上的地方各级人民代表大会举行会议的时候，被提出罢免的代表有权在主席团会议和大会全体会议上提出申辩意见，或者书面提出申辩意见，由主席团印发会议。罢免案经会议审议后，由主席团提请全体会议表决。

县级以上的地方各级人民代表大会常务委员会举行会议的时候，被提出罢免的代表有权在主任会议和常务委员会全体会议上提出申辩意见，或者书面提出申辩意见，由主任会议印发会议。罢免案经会议审议后，由主任会议提请全体会议表决。

第五十条　罢免县级和乡级的人民代表大会代表，须经原选区过半数的选民通过。

罢免由县级以上的地方各级人民代表大会选出的代表，须经各该级人民代表大会过半数的代表通过；在代表大会闭会期间，须经常务委员会组成人员的过半数通过。罢免的决议，须报送上一级人民代表大会常务委员会备案、公告。

第五十一条　县级以上的各级人民代表大会常务委员会组成人员，全国人民代表大会和省、自治区、直辖市、设区的市、自治州的人民代表大会专门委员会成员的代表职务被罢免的，其常务委员会组成人员或者专门委员会成员的职务相应撤销，由主席团或者常务委员会予以公告。

乡、民族乡、镇的人民代表大会主席、副主席的代表职务被罢免的，其主席、副主席的职务相应撤销，由主席团予以公告。

13. 甲市乙县人民代表大会在选举本县的市人大代表时，乙县多名人大代表接受甲市人大代表候选人的贿赂。对此，下列哪些说法是正确的？（2015－1－63）

　　A. 乙县选民有权罢免受贿的该县人大代表

　　B. 乙县受贿的人大代表应向其所在选区的选民提出辞职

　　C. 甲市人大代表候选人行贿行为属于破坏选举的行为，应承担法律责任

D. 在选举过程中,如乙县人大主席团发现有贿选行为应及时依法调查处理

答案(　　)①

【解析】 全国和地方各级人民代表大会的代表,受选民和原选举单位的监督。选民或者选举单位都有权罢免自己选出的代表。对于县级的人民代表大会代表,原选区选民五十人以上联名,对于乡级的人民代表大会代表,原选区选民三十人以上联名,可以向县级的人民代表大会常务委员会书面提出罢免要求。可见,A项正确。根据《选举法》的规定,全国人民代表大会代表,省、自治区、直辖市、设区的市、自治州的人民代表大会代表,可以向选举他的人民代表大会的常务委员会书面提出辞职。常务委员会接受辞职,须经常务委员会组成人员的过半数通过。接受辞职的决议,须报送上一级人民代表大会常务委员会备案、公告。而县级的人民代表大会代表可以向本级人民代表大会常务委员会书面提出辞职,乡级的人民代表大会代表可以向本级人民代表大会书面提出辞职。县级的人民代表大会常务委员会接受辞职,须经常务委员会组成人员的过半数通过。乡级的人民代表大会接受辞职,须经人民代表大会过半数的代表通过。接受辞职的,应当予以公告。可见,县级人大代表辞职是向人大常委会,B项肯定不对。贿选行为必然属于破坏选举行为,C项正确。根据选举法的规定,主持选举的机构发现有破坏选举的行为或者收到对破坏选举行为的举报,应当及时依法调查处理;需要追究法律责任的,及时移送有关机关予以处理。根据题意,本次选举的主持机构是县级人大主席团,所以D项正确。

14. 根据《宪法》和法律的规定,关于选举程序,下列哪些选项是正确的?(2013-1-60)
A. 乡级人大接受代表辞职,须经本级人民代表大会过半数的代表通过
B. 经原选区选民30人以上联名,可以向县级的人民代表大会常务委员会书面提出罢免乡级人大代表的要求
C. 罢免县级人民代表大会代表,须经原选区三分之二以上的选民通过
D. 补选出缺的代表时,代表候选人的名额必须多于应选代表的名额

答案(　　)②

【解析】 乡镇人大的代表可向本级人大书面辞职,乡级人大经代表的过半数通过。A正确。根据《选举法》第47条第1款,B项正确。罢免直接选举的代表,须经原选区过半数选民通过。C项错误。补选出缺的代表,既可以差额选举,也可以等额选举。D项错误。

相关法条　　《全国人民代表大会和地方各级人民代表大会选举法》

第五十二条　全国人民代表大会代表,省、自治区、直辖市、设区的市、自治州的人民代表大会代表,可以向选举他的人民代表大会的常务委员会书面提出辞职。常务委员会接受辞职,须经常务委员会组成人员的过半数通过。接受辞职的决议,须报送上一级人民代表大会常务委员会备案、公告。

县级的人民代表大会代表可以向本级人民代表大会常务委员会书面提出辞职,乡级的人民代表大会代表可以向本级人民代表大会书面提出辞职。县级的人民代表大会常务委员会接受辞职,须经常务委员会组成人员的过半数通过。乡级的人民代表大会接受辞职,须经人民代表大会过半数的代表通过。接受辞职的,应当予以公告。

第五十四条　代表在任期内,因故出缺,由原选区或者原选举单位补选。

地方各级人民代表大会代表在任期内调离或者迁出本行政区域的,其代表资格自行终止,缺额另行补选。

参考答案:①ACD　②AB

县级以上的地方各级人民代表大会闭会期间,可以由本级人民代表大会常务委员会补选上一级人民代表大会代表。

补选出缺的代表时,代表候选人的名额可以多于应选代表的名额,也可以同应选代表的名额相等。补选的具体办法,由省、自治区、直辖市的人民代表大会常务委员会规定。

第三节 国家结构形式

1. 根据《宪法》和法律法规的规定,关于我国行政区划变更的法律程序,下列哪一选项是正确的?(2015-1-23)

  A. 甲县欲更名,须报该县所属的省级政府审批
  B. 乙省行政区域界线的变更,应由全国人大审议决定
  C. 丙镇与邻近的一个镇合并,须报两镇所属的县级政府审批
  D. 丁市部分行政区域界线的变更,由国务院授权丁市所属的省级政府审批

答案(　　)①

【解析】我国的行政区域变更的法律程序,根据宪法和法律的规定,审批权限如下:全国人大审批省、自治区和直辖市的建置(设立、撤销和更名)以及特别行政区的设立及其制度;国务院负责审批省、自治区、直辖市的区域划分(行政区域界限变更)、政府驻地的迁移,自治州、县、自治县、市、市辖区的建置和区域划分(设立、撤销、更名或隶属关系、行政区域界线的变更);省级人民政府负责审批乡、民族乡、镇的建置和区域划分(设立、撤销、更名或行政区域变更),特殊情况下根据国务院的授权,还有权审批县、市、市辖区的部分行政区域界线的变更。可见,A项错误,县的更名由国务院审批;B项错误,省行政区域界线的变更,由国务院审批;C项错误,镇的合并,报省级人民政府审批;D项正确。

2. 根据《宪法》规定,关于行政建置和行政区划,下列选项正确的是:(2014-1-96)
  A. 全国人大批准省、自治区、直辖市的建置
  B. 全国人大常委会批准省、自治区、直辖市的区域划分
  C. 国务院批准自治州、自治县的建置和区域划分
  D. 省、直辖市、地级市的人民政府决定乡、民族乡、镇的建置和区域划分

答案(　　)②

【解析】省、自治区、直辖市的设立、撤销、更名,特别行政区的成立,应由全国人大审议决定。A项正确。省、自治区、直辖市行政区域界线的变更,自治州、县、自治县、市、市辖区的设立、撤销、更名或者隶属关系的变更,自治州、自治县的行政区域界线的变更,县、市的行政区域界线的重大变更,都须经国务院审批。据此,B项错误,C项正确。县、市、市辖区部分行政区域界线的变更,由国务院授权省、自治区、直辖市人民政府审批。而乡、民族乡、镇的设立、撤销、更名或者变更行政区域的界线,则由省、自治区、直辖市人民政府审批,而地级市的人民政府无权决定。所以,D项错误。

【一招制敌】在行政区划的审批过程中,全国人大常委会和地级市的人民政府无权。

3. 关于我国的国家结构形式,下列选项正确的是:(2012-1-90)

参考答案:①D　②AC

A. 我国实行单一制国家结构形式
B. 维护宪法权威和法制统一是国家的基本国策
C. 在全国范围内实行统一的政治、经济、社会制度
D. 中华人民共和国是一个统一的国际法主体

答案（　　）①

【解析】单一制是我国的国家结构形式,我国只有一套以宪法为基础的法律体系,只有一套中央国家机关体系,各级各类地方都是中央政府领导下的地方行政区域,公民具有统一的国籍等等。但是由于历史渊源,我国在港澳设立特别行政区,特别行政区实行不同于普通地方的政治、经济制度,保留资本主义制度和生活方式50年不变。因此,C项错误。

4. 关于我国的行政区域划分,下列说法不成立的是:(2012-1-91)
A. 是国家主权的体现　　　　B. 属于国家内政
C. 任何国家不得干涉　　　　D. 只能由《宪法》授权机关进行

答案（　　）②

【解析】我国现行宪法规定了行政区划问题,但有关的法律法规也对此进行了规定,如《国务院关于行政区划管理的规定》等。D项说法太过绝对,错误。

5. 根据《宪法》的规定,关于国家结构形式,下列哪一选项是正确的?(2013-1-24)
A. 从中央与地方的关系上看,我国有民族区域自治和特别行政区两种地方制度
B. 县、市、市辖区部分行政区域界线的变更由省、自治区、直辖市政府审批
C. 经济特区是我国一种新的地方制度
D. 行政区划纠纷或争议的解决是行政区划制度内容的组成部分

答案（　　）③

【解析】从中央与地方的关系上看,除民族区域自治和特别行政区两种地方制度外,我国还有普通的省、县、乡行政区域。A项错误。县、市、市辖区部分行政区域界线的变更由国务院审批。因此,B项错误。根据不同区域所实行的不同地方制度,可将我国行政区划分为:普通行政区划、民族自治地方区划和特别行政区划三种。因此C项错误。从内容上看,行政区域划分制度包括行政区域划分的机关、原则、程序以及行政区域边界争议的处理等内容。

6. 根据我国现行宪法和有关法律规定,下列有关行政区域划分、行政区域边界争议处理的主管部门的表述中,哪一种说法是正确的?(2002-1-5)
A. 行政区域边界争议的主管部门无权进行行政区划
B. 有权进行行政区划的部门,也就是行政区域边界争议的主管部门
C. 主管行政区域边界争议的部门,也有权处理行政区划问题
D. 主管行政区域边界争议的部门,也是行政区域边界争议的处理决定机关

答案（　　）④

【解析】根据我国现行宪法和相关组织法的规定,有权进行行政区划的部门包括全国人大、国务院和省、自治区、直辖市的人民政府。而根据《行政区域边界争议处理条例》第6条的规定:"民政部门是国务院处理边界争议的主管部门。县级以上的地方各级人民政府的民政部门是本级人民政府处理边界争议的主管部门。"可见,行政区域边界争议的主管部门与有权进行行政区域划分的机关并不

参考答案：①ABD　②D　③D　④A

相同,前者只是人民政府的一个职能部门即民政部门。因此,A项正确,B、C两项错误。而行政区域边界争议的处理决定机关是国务院和争议双方的上一级人民政府,和作为主管部门的民政部门有重大区别。因此,D项错误。

7. 根据经济和社会发展的需要,某市拟将所管辖的一个县变为市辖区。根据宪法规定,上述改变应由下列哪一机关批准?(2007-1-17)

  A. 全国人民代表大会　　　　　　　B. 全国人民代表大会常务委员会
  C. 国务院　　　　　　　　　　　　D. 所在的省人民代表大会常务委员会

答案(　　)①

【解析】《宪法》第89条规定,"国务院行使下列职权:……(十五)批准省、自治区、直辖市的区域划分,批准自治州、县、自治县、市的建置和区域划分"。所以,C项符合题意。

第四节　民族区域自治制度

1. 我国是统一的多民族国家。下列关于我国国家结构形式的表述哪些是正确的?(2004-1-58)

  A. 我国是单一制的国家
  B. 我国的国家结构形式是由我国的历史传统和民族状况决定的
  C. 民族区域自治以少数民族聚居区为基础,实行民族自治
  D. 民族自治地方设立自治机关,行使自治权

答案(　　)②

【解析】大多数考生对A、B、D选项入选应无疑问,关键是C项。解答此题的关键在于理解我国的民族区域自治制度并不等于民族自治。民族区域自治制度是指在国家的统一领导下,以少数民族聚居区为基础,建立相应的自治地方,设立自治机关,行使自治权,使实行区域自治的民族的人民自主地管理本民族地方性事务的制度。在这一制度下,民族自治地方的自治权是有法律明文规定的,是要受到一定限制的,而不是绝对的民族自治。

2. 根据《中华人民共和国民族区域自治法》的规定,下列哪一机关不享有自治条例、单行条例的制定权?(2005-1-14)

  A. 自治区人民代表大会　　　　　　B. 自治州人民代表大会
  C. 自治县人民代表大会　　　　　　D. 辖区内有自治州、自治县的省人民代表大会

答案(　　)③

【解析】制定自治条例、单行条例是民族自治地区权力机关的权利,包括自治区人民代表大会、自治州人民代表大会、自治县人民代表大会。但是,辖区内有自治州、自治县的省人民代表大会,不属于民族区域自治机关,不享有自治条例、单行条例的制定权。

相关法条　　　　　　　　　　《民族区域自治法》

第十九条　民族自治地方的人民代表大会有权依照当地民族的政治、经济和文化的特点,制定自治条例和单行条例。自治区的自治条例和单行条例,报全国人民代表大会常务委员会批准后生效。自治州、自治县的自治条例和单行条例报省、自治区、直辖市的人民代表大会常务委员会批准后生效,并

参考答案:①C　②ABD　③D

报全国人民代表大会常务委员会和国务院备案。

3. 民族自治地方的自治机关依法行使自治权。根据我国宪法规定,下列哪一机关不享有自治条例、单行条例制定权?(2004-1-12)

A. 自治区人大常委会
B. 自治区人民代表大会
C. 自治州人民代表大会
D. 自治县人民代表大会

答案( )①

【解析】民族自治法规的制定主体只有民族自治地方的人大,没有其常委会。因此自治区的人大常委会无自治条例、单行条例的制定权。

4. 关于民族自治地方财政的说法,下列哪些选项符合《民族区域自治法》规定?(2009-1-63)

A. 国家财政体制下属于民族自治地方的财政收入,由自治机关自主地安排使用
B. 民族自治地方的财政预算支出,按国家规定设机动资金,但预备费在预算中不得高于一般地区
C. 自治机关对本地方的各项开支标准、定员、定额,按照国家规定的原则,结合本地方的实际情况,可以制定补充规定和具体办法,并须分别报国务院、省、自治区、直辖市批准
D. 民族自治地方在全国统一的财政体制下,通过国家实行的规范的财政转移支付制度,享受上级财政的照顾

答案( )②

【解析】根据《民族区域自治法》的规定,民族自治地方的财政预算支出,按国家规定,设机动资金,预备费在预算中所占比例高于一般地区。因此,选项B错误。第33条规定,民族自治地方的自治机关对本地方的各项开支标准、定员、定额,根据国家规定的原则,结合本地方的实际情况,可以制定补充规定和具体办法。自治区制定的补充规定和具体办法,报国务院备案;自治州、自治县制定的补充规定和具体办法,须报省、自治区、直辖市人民政府批准。因此,选项C错误。A、D两项符合规定。

相关法条　　　　　　　　《民族区域自治法》

第三十二条　民族自治地方的财政是一级财政,是国家财政的组成部分。

民族自治地方的自治机关有管理地方财政的自治权。凡是依照国家财政体制属于民族自治地方的财政收入,都应当由民族自治地方的自治机关自主地安排使用。

民族自治地方在全国统一的财政体制下,通过国家实行的规范的财政转移支付制度,享受上级财政的照顾。

民族自治地方的财政预算支出,按照国家规定,设机动资金,预备费在预算中所占比例高于一般地区。

民族自治地方的自治机关在执行财政预算过程中,自行安排使用收入的超收和支出的节余资金。

第三十三条　民族自治地方的自治机关对本地方的各项开支标准、定员、定额,根据国家规定的原则,结合本地方的实际情况,可以制定补充规定和具体办法。自治区制定的补充规定和具体办法,报国务院**备案**;自治州、自治县制定的补充规定和具体办法,须报省、自治区、直辖市人民政府**批准**。

第三十四条　民族自治地方的自治机关在执行国家税法的时候,除应由国家统一审批的减免税收项目以外,对属于地方财政收入的某些需要从税收上加以照顾和鼓励的,可以实行减税或者免税。**自治州、自治县决定减税或者免税,须报省、自治区、直辖市人民政府批准**。

第三十一条　民族自治地方依照国家规定,可以开展对外经济贸易活动,经国务院批准,可以开辟

参考答案:①A　②AD

对外贸易口岸。

与外国接壤的民族自治地方经国务院批准,开展边境贸易。

5. 根据《宪法》和法律的规定,关于民族自治地方自治权,下列哪一表述是正确的?(2015-1-24)

A. 自治权由民族自治地方的权力机关、行政机关、审判机关和检察机关行使

B. 自治州人民政府可以制定政府规章对国务院部门规章的规定进行变通

C. 自治条例可以依照当地民族的特点对宪法、法律和行政法规的规定进行变通

D. 自治县制定的单行条例须报省级人大常委会批准后生效,并报全国人大常委会备案

答案(①)

【解析】 民族自治地方的自治机关只有人大和政府,司法机关没有自治权,A项错误。《民族区域自治法》第二十条规定,上级国家机关的决议、决定、命令和指示,如有不适合民族自治地方实际情况的,自治机关可以报经该上级国家机关批准,变通执行或者停止执行;该上级国家机关应当在收到报告之日起六十日内给予答复。自治州的人民政府作为自治机关,当然有权变通,但是国务院各部委和地方政府属于同级,不存在上下级关系,B项错误。根据宪法和法律的规定,民族自治法有三种内容不能变通:1. 宪法和民族区域自治法的规定;2. 法律或行政法规的基本原则;3. 有关法律、行政法规专门就民族自治地方所作的规定。可见,C项宪法的规定不能变通,错误。《民族区域自治法》第19条规定,自治州、自治县的自治条例和单行条例报省级人大常委会批准后生效,并报全国人大常委会和国务院备案。所以D项不全面,缺了国务院。《立法法》规定,自治州、自治县的自治条例和单行条例,由省级人大常委会报全国人大常委会和国务院备案。此条体现了备案的间接性,D项也没有体现。可见,A、B、C、D四项均有缺陷,相对而言D项错误比较轻微。

6. 根据《宪法》和法律的规定,关于民族区域自治制度,下列哪些选项是正确的?(2014-1-63)

A. 民族自治地方法院的审判工作,受最高法院和上级法院监督

B. 民族自治地方的政府首长由实行区域自治的民族的公民担任,实行首长负责制

C. 民族自治区的自治条例和单行条例报全国人大批准后生效

D. 民族自治地方自主决定本地区人口政策,不实行计划生育

答案(②)

【解析】根据《民族区域自治法》第四十六条的规定,民族自治地方的人民法院和人民检察院对本级人民代表大会及其常务委员会负责。民族自治地方的人民检察院并对上级人民检察院负责。民族自治地方人民法院的审判工作,受最高人民法院和上级人民法院监督。民族自治地方的人民检察院的工作,受最高人民检察院和上级人民检察院领导。民族自治地方的人民法院和人民检察院的领导成员和工作人员中,应当有实行区域自治的民族的人员。A项正确。

根据《民族区域自治法》第十七条第一款的规定,自治区主席、自治州州长、自治县县长由实行区域自治的民族的公民担任。自治区、自治州、自治县的人民政府的其他组成人员,应当合理配备实行区域自治的民族和其他少数民族的人员。B项正确。

根据《民族区域自治法》第十九条的规定,民族自治地方的人民代表大会有权依照当地民族的政治、经济和文化的特点,制定自治条例和单行条例。自治区的自治条例和单行条例,报全国人民代表大会常务委员会批准后生效。自治州、自治县自治条例和单行条例报省、自治区、直辖市的人民代表大

参考答案:①D ②AB

会常务委员会批准后生效,并报全国人民代表大会常务委员会和国务院备案。可见,自治区的自治法规的批准主体是全国人大常委会。C项错误明显。

根据《民族区域自治法》第44条的规定,民族自治地方实行计划生育和优生优育,提高各民族人口素质。民族自治地方的自治机关根据法律规定,结合本地方的实际情况,制定实行计划生育的办法。D项错误。

7. 关于民族自治地方的自治权,下列哪些说法是正确的?(2010 - 1 - 63)
   A. 民族自治地方有权自主管理地方财政
   B. 自治州人大有权制定自治条例和单行条例
   C. 自治县政府有权自主安排本县经济建设事业
   D. 自治区政府有权保护和整理民族的文化遗产

答案( )①

【解析】 根据《民族区域自治法》的规定,民族自治地方的自治权主要有以下几方面:(1)制定自治条例和单行条例,故选项B正确;(2)根据当地民族的实际情况,贯彻执行国家的法律和政策;(3)自主地管理地方财政,故选项A正确;(4)自主地管理地方性经济建设,故选项C正确;(5)自主地管理教育、科学、文化、卫生、体育事业,故选项D正确;(6)组织维护社会治安的公安部队;(7)使用本民族的语言文字。

相关法条　　　　　　　　　　《民族区域自治法》

第二十条　上级国家机关的决议、决定、命令和指示,如有不适合民族自治地方实际情况的,自治机关可以报经该上级国家机关批准,变通执行或者停止执行;该上级国家机关应当在收到报告之日起六十日内给予答复。

第二十一条　民族自治地方的自治机关在执行职务的时候,依照本民族自治地方自治条例的规定,使用当地通用的一种或者几种语言文字;同时使用几种通用的语言文字执行职务的,可以以实行区域自治的民族的语言文字为主。

第二十二条第2款　民族自治地方的自治机关录用工作人员的时候,对实行区域自治的民族和其他少数民族的人员应当给予适当的照顾。

第二十四条　民族自治地方的自治机关依照国家的军事制度和当地的实际需要,经国务院批准,可以组织本地方维护社会治安的公安部队。

第四十二条第2款　自治区、自治州的自治机关依照国家规定,可以和国外进行教育、科学技术、文化艺术、卫生、体育等方面的交流。

第四十四条　民族自治地方实行计划生育和优生优育,提高各民族人口素质。
民族自治地方的自治机关根据法律规定,结合本地方的实际情况,制定实行计划生育的办法。

8. 根据《宪法》和《民族区域自治法》的规定,下列选项不正确的是?(2011 - 1 - 87)
   A. 民族区域自治以少数民族聚居区为基础,是民族自治与区域自治的结合
   B. 民族自治地方的国家机关既是地方国家机关,又是自治机关
   C. 上级国家机关应该在收到自治机关变通执行或者停止有关决议、决定执行的报告之日起60日内给予答复
   D. 自治地方的自治机关依照国家规定,可以和外国进行教育、科技、文化等方面的交流

答案( )②

参考答案:①ABCD　②BD

【解析】 根据《宪法》和《民族区域自治法》的规定,民族自治地方的自治机关是人民代表大会和人民政府,而民族自治地方的人民法院和检察院等国家机关虽是地方国家机关,但不是自治机关。B项表述错误。根据《民族区域自治法》第42条第2款的规定,可以依照国家规定和外国进行科教文卫等方面的交流并不是选项D中表述的"自治地方的自治机关",而只是"自治区、自治州的自治机关",自治县的自治机关并无此项权力。因此D项表述错误。A、C两项表述正确。

9. 依照法律规定的权限,民族乡的人民代表大会可以从事下列哪一行为? (2007-1-19)

A. 制定自治条例和单行条例　　B. 制定具有民族特点的政府规章
C. 自行确定经济社会发展政策　　D. 采取适合民族特点的具体措施

答案( )①

【解析】 根据宪法规定,民族乡的人民代表大会可以依法采取适合民族特点的具体措施。所以D项正确。

相关法条　　《宪法》

第九十九条第三款　民族乡的人民代表大会可以依照法律规定的权限采取适合民族特点的具体措施。

第五节　特别行政区制度

【判断】 货币发行权是香港特别行政区依法享有的高度自治权之一( )

答案( )②

【解析】《香港特别行政区基本法》第111条第1款和第2款规定,港元为香港特别行政区法定货币,继续流通。港币的发行权属于香港特别行政区政府。港币的发行须有百分之百的准备金。港币的发行制度和准备金制度,由法律规定。所以,正确。

1. 关于特别行政区制度,下列哪些说法是不正确的? (2010-1-65)

A. 香港特别行政区行政长官任职须年满四十五周岁
B. 香港特别行政区司法机关由其法院和检察院组成
C. 香港和澳门特别行政区的各级法院都有权解释本特别行政区基本法
D. 国务院有权对香港和澳门特别行政区的部分地区宣布进入紧急状态

答案( )③

【解析】 根据《香港基本法》第44条的规定,香港特别行政区行政长官任职时年满四十周岁即可。因此,A选项说法错误。根据第80条,香港特别行政区各级法院是香港特别行政区的司法机关。可见,没有检察院。所以,B选项说法不正确。根据第158条和《澳门基本法》第143条的规定,特别行政区法律解释权归于全国人大常委会,但可授权各级法院对在特别行政区自治范围的条款进行解释。因此,C选项说法正确。根据《香港基本法》第18条和《澳门基本法》第18条的规定,宣布香港和澳门特别行政区的部分地区进入紧急状态的权力属于全国人大常委会。因此D选项说法错误。

相关法条　　《香港特别行政区基本法》

第十八条第四款　全国人民代表大会常务委员会决定宣布战争状态或因香港特别行政区内发生香港特别行政区政府不能控制的危及国家统一或安全的动乱而决定香港特别行政区进入紧急状态,中

参考答案:①D　②正确　③ABD

央人民政府可发布命令将有关全国性法律在香港特别行政区实施。

第四十三条 香港特别行政区行政长官是香港特别行政区的首长,代表香港特别行政区。

香港特别行政区行政长官依照本法的规定对中央人民政府和香港特别行政区负责。

第四十四条 香港特别行政区行政长官由年满四十周岁,在香港通常居住连续满二十年并在外国无居留权的香港特别行政区永久性居民中的中国公民担任。

第六十三条 香港特别行政区律政司主管刑事检察工作,不受任何干涉。

第八十条 香港特别行政区各级法院是香港特别行政区的司法机关,行使香港特别行政区的审判权。

第八十一条 香港特别行政区设立终审法院、高等法院、区域法院、裁判署法庭和其他专门法庭。高等法院设上诉法庭和原讼法庭。

原在香港实行的司法体制,除因设立香港特别行政区终审法院而产生变化外,予以保留。

第八十二条 香港特别行政区的终审权属于香港特别行政区终审法院。终审法院可根据需要邀请其他普通法适用地区的法官参加审判。

第一百五十八条 本法的解释权属于全国人民代表大会常务委员会。

全国人民代表大会常务委员会授权香港特别行政区法院在审理案件时对本法关于香港特别行政区自治范围内的条款自行解释。

香港特别行政区法院在审理案件时对本法的其他条款也可解释。但如香港特别行政区法院在审理案件时需要对本法关于中央人民政府管理的事务或中央和香港特别行政区关系的条款进行解释,而该条款的解释又影响到案件的判决,在对该案件作出不可上诉的终局判决前,应由香港特别行政区终审法院请全国人民代表大会常务委员会对有关条款作出解释。如全国人民代表大会常务委员会作出解释,香港特别行政区法院在引用该条款时,应以全国人民代表大会常务委员会的解释为准。但在此以前作出的判决不受影响。

全国人民代表大会常务委员会在对本法进行解释前,征询其所属的香港特别行政区基本法委员会的意见。

2. 根据《香港特别行政区基本法》和《澳门特别行政区基本法》的规定,下列哪些选项是正确的?(2013—1—61)

A. 对世界各国或各地区的人入境、逗留和离境,特别行政区政府可以实行入境管制

B. 特别行政区行政长官依照法定程序任免各级法院法官、任免检察官

C. 香港特别行政区立法会议员因行为不检或违反誓言而经出席会议的议员三分之二通过谴责,由立法会主席宣告其丧失立法会议员资格

D. 基本法的解释权属于全国人大常委会

答案(　　)①

【解析】 所有法官都要根据当地法官和法律界及其他方面知名人士组成的独立委员会推荐,由行政长官任命。香港特区立法会还有权同意终审法院法官和高等法院首席法官的任免。澳门特区的检察长由澳门永久性居民中的中国公民担任,由行政长官提名,报中央人民政府任命;检察官经检察长提名,由行政长官任命。香港没有检察官。因此 B 项错误。

参考答案:①ACD

相关法条　　　　　　　　《香港特别行政区基本法》

第七十九条　香港特别行政区立法会议员如有下列情况之一，由立法会主席宣告其丧失立法会议员的资格：

（一）因严重疾病或其他情况无力履行职务；

（二）未得到立法会主席的同意，连续三个月不出席会议而无合理解释者；

（三）丧失或放弃香港特别行政区永久性居民的身份；

（四）接受政府的委任而出任公务人员；

（五）破产或经法庭裁定偿还债务而不履行；

（六）在香港特别行政区区内或区外被判犯有刑事罪行，判处监禁一个月以上，并经立法会出席会议的议员三分之二通过解除其职务；

（七）行为不检或违反誓言而经立法会出席会议的议员三分之二通过谴责。

第八十八条　香港特别行政区法院的法官，根据当地法官和法律界及其他方面知名人士组成的独立委员会推荐，由行政长官任命。

第八十九条　香港特别行政区法院的法官只有在无力履行职责或行为不检的情况下，行政长官才可根据终审法院首席法官任命的不少于三名当地法官组成的审议庭的建议，予以免职。

香港特别行政区终审法院的首席法官只有在无力履行职责或行为不检的情况下，行政长官才可任命不少于五名当地法官组成的审议庭进行审议，并可根据其建议，依照本法规定的程序，予以免职。

第一百五十四条第二款　对世界各国或各地区的人入境、逗留和离境，香港特别行政区政府可实行出入境管制。

3. 依据《澳门特别行政区基本法》的有关规定，下列表述哪些是正确的？（2004－1－56）

A. 中央人民政府所属各部门，各省、自治区、直辖市均不得干预澳门特别行政区依基本法自行管理的事务

B. 澳门特别行政区各级法院的法官，根据当地法官、律师和知名人士组成的独立委员会的推荐，由行政长官任命

C. 澳门特别行政区检察长由澳门特别行政区永久性居民中的中国公民担任，由行政长官提名，报中央人民政府任命

D. 澳门特别行政区可以"中国澳门"的名义参加不以国家为单位参加的国际组织和国际会议

答案（　　）①

【解析】A项表述符合《澳门特别行政区基本法》第22条第1款的规定；B项表述符合该法第87条第1款之规定；C项表述符合该法第90条第2款之规定；D项表述符合该法第137条第2款之规定。因此，A、B、C、D全入选。

相关法条　　　　　　　　《澳门特别行政区基本法》

第二十二条　中央人民政府所属各部门、各省、自治区、直辖市均不得干预澳门依照本法自行管理的事务。中央各部门、各省、自治区、直辖市如需在澳门设立机构，须征得澳门政府同意并经中央人民政府批准。中央各部门、各省、自治区、直辖市在澳门设立的一切机构及其人员均须遵守澳门的法律。各省、自治区、直辖市的人进入澳门须办理批准手续，其中进入澳门定居的人数由中央人民政府主管部门征求澳门政府的意见后确定。澳门可在北京设立办事机构。

参考答案：①ABCD

第八十七条 澳门各级法院的法官,根据当地法官、律师和知名人士组成的独立委员会的推荐,由行政长官任命。法官的选用以其专业资格为标准,符合标准的外籍法官也可聘用。法官只有在无力履行其职责或行为与其所任职务不相称的情况下,行政长官才可根据终审法院院长任命的不少于3名当地法官组成的审议庭的建议,予以免职。终审法院法官的免职由行政长官根据澳门立法会议员组成的审议委员会的建议决定。终审法院法官的任命和免职须报全国人民代表大会常务委员会备案。

第八十八条 澳门各级法院的院长由行政长官从法官中选任。终审法院院长由澳门永久性居民中的中国公民担任。**终审法院院长的任命和免职须报全国人民代表大会常务委员会备案。**

第九十条 澳门检察院独立行使法律赋予的检察职能,不受任何干涉。**澳门检察长由澳门永久性居民中的中国公民担任,由行政长官提名,报中央人民政府任命**。检察官经检察长提名,由行政长官任命。检察院的组织、职权和运作由法律规定。

第一百三十七条 对以国家为单位参加的、同澳门有关的、适当领域的国际组织和国际会议,澳门政府可派遣代表作为中华人民共和国代表团的成员或以中央人民政府和上述有关国际组织或国际会议允许的身份参加,并以"中国澳门"的名义发表意见。**澳门可以"中国澳门"的名义参加不以国家为单位参加的国际组织和国际会议**。对中华人民共和国已参加而澳门也以某种形式参加的国际组织,中央人民政府将根据情况和澳门的需要采取措施,使澳门以适当形式继续保持在这些组织中的地位。对中华人民共和国尚未参加而澳门已以某种形式参加的国际组织,中央人民政府将根据情况和需要使澳门以适当形式继续参加这些组织。

4. 根据香港特别行政区基本法和澳门特别行政区基本法,下列有关特别行政区立法权的表述哪一项是不正确的?(2004-1-9)

A. 特别行政区立法机关制定的法律须报全国人民代表大会常务委员会备案。备案不影响该法律的生效

B. 全国人民代表大会常务委员会在征询其所属的特别行政区基本法委员会的意见后,如认为特别行政区立法机关制定的法律不符合基本法关于中央管理的事务及中央和特别行政区关系的条款,可以将该法律发回,但不作修改

C. 经全国人民代表大会常务委员会发回的特别行政区的法律立即失效

D. 经全国人民代表大会常务委员会发回的特别行政区的法律一律具有溯及力

答案(　　)①

【解析】 根据《香港基本法》第17条的规定,A、B、C三项正确;经发回的法律,虽然立即失效,但是,除特别行政区的法律另有规定外,无溯及力。所以,D项错误。

相关法条　　　　　《香港特别行政区基本法》

第十七条 香港特别行政区享有立法权。

香港特别行政区的立法机关制定的法律须报全国人民代表大会常务委员会备案。备案不影响该法律的生效。

全国人民代表大会常务委员会在征询其所属的香港特别行政区基本法委员会后,如认为香港特别行政区立法机关制定的任何法律不符合本法关于中央管理的事务及中央和香港特别行政区的关系的条款,可将有关法律发回,但不作修改。经全国人民代表大会常务委员会发回的法律立即失效。该法律的失效,除香港特别行政区的法律另有规定外,无溯及力。

参考答案:①D

5. 依据我国特别行政区基本法,下列哪些选项的表述是正确的? (2003-1-41)

　　A. 特别行政区的立法不需要报全国人大常委会批准

　　B. 不服特别行政区法院的判决,可以上诉至我国最高人民法院

　　C. 特别行政区可以自主决定外交、经济、财政等事项

　　D. 中央人民政府可授权特别行政区依照基本法自行处理有关对外事务

答案(　①　)

【解析】特别行政区享有立法权。虽然立法机关制定的法律须报全国人大常委会备案,但并不影响该法律的生效。故 A 正确。特别行政区法院独立进行审判,不受任何干涉;特别行政区的终审法院为最高审级,该终审法院的判决为最终判决。故 B 错误。中央政府负责管理与特区有关的外交事务;除国防、外交以及其他根据基本法应当由中央人民政府处理的行政事务外,特别行政区有权依照基本法的规定,自行处理有关经济、财政、金融、贸易、工商业、土地、教育、文化等方面的行政事务。因此 C 错误。根据规定,中央人民政府可授权特别行政区依照基本法自行处理有关对外事务。故 D 正确。

相关法条　　　　　　　　　　《香港特别行政区基本法》

第十三条　中央人民政府负责管理与香港特别行政区有关的外交事务。

中华人民共和国外交部在香港设立机构处理外交事务。

中央人民政府授权香港特别行政区依照本法自行处理有关的对外事务。

第十九条　香港特别行政区享有独立的司法权和终审权。

香港特别行政区法院除继续保持香港原有法律制度和原则对法院审判权所作的限制外,对香港特别行政区所有的案件均有审判权。

香港特别行政区法院对国防、外交等国家行为无管辖权。香港特别行政区法院在审理案件中遇有涉及国防、外交等国家行为的事实问题,应取得行政长官就该等问题发出的证明文件,上述文件对法院有约束力。行政长官在发出证明文件前,须取得中央人民政府的证明书。

第八十二条　香港特别行政区的终审权属于香港特别行政区终审法院。终审法院可根据需要邀请其他普通法适用地区的法官参加审判。

6. 根据我国宪法和港、澳基本法规定,关于港、澳基本法的修改,下列哪一选项是不正确的? (2011-1-26)

　　A. 在不同港、澳基本法基本原则相抵触的前提下,全国人大常委会在全国人大闭会期间有权修改港、澳基本法

　　B. 港、澳基本法的修改提案权属于全国人大常委会、国务院和港、澳特别行政区

　　C. 港、澳特别行政区对基本法的修改议案,由港、澳特别行政区出席全国人大会议的代表团向全国人大会议提出

　　D. 港、澳基本法的任何修改,不得同我国对港、澳既定的基本方针政策相抵触

答案(　②　)

【解析】港澳基本法的修改权属于全国人大。全国人大常委会在全国人大闭会期间无权修改港澳基本法。因此 A 项错误。其他各项符合规定。

参考答案:①AD　②A

相关法条 《香港特别行政区基本法》

第一百五十九条 本法的修改权属于全国人民代表大会。

本法的修改提案权属于全国人民代表大会常务委员会、国务院和香港特别行政区。香港特别行政区的修改议案，须经香港特别行政区的全国人民代表大会代表三分之二多数、香港特别行政区立法会全体议员三分之二多数和香港特别行政区行政长官同意后，交由香港特别行政区出席全国人民代表大会的代表团向全国人民代表大会提出。

本法的修改议案在列入全国人民代表大会的议程前，先由香港特别行政区基本法委员会研究并提出意见。

本法的任何修改，均不得同中华人民共和国对香港既定的基本方针政策相抵触。

7. 根据《宪法》和法律的规定，关于特别行政区，下列哪一选项是正确的？（2014-1-23）
A. 澳门特别行政区财政收入全部由其自行支配，不上缴中央人民政府
B. 澳门特别行政区立法会举行会议的法定人数为不少于全体议员的三分之二
C. 非中国籍的香港特别行政区永久性居民不得当选为香港特别行政区立法会议员
D. 香港特别行政区廉政公署独立工作，对香港特别行政区立法会负责

答案（　　）①

【解析】 特别行政区通用自己的货币，财政独立，收入全部用于自身需要，不上缴中央政府。A项正确。特别行政区立法会举行会议的法定人数为不少于全体议员的二分之一。B项错误。香港立法会由在外国无居留权的永久性居民中的中国公民组成。但非中国籍的香港特别行政区永久性居民和在外国有居留权的香港特别行政区永久性居民也可以当选为香港特别行政区立法会议员，其所占比例不得超过立法会全体议员的20%。澳门特区立法会议员不要求有"无外国居留权"和"中国公民"的限制。C项错误。香港特别行政区设立廉政公署和审计署，独立工作，对行政长官负责。D项错误。

【设题陷阱和常见错误分析】 全国人大所有的会议需有三分之二以上的代表出席始得举行。此点仅局限于全国人大，其他会议均是过半数。

【未来命题趋势预测】 特别行政区的财政权只有两个考点：其一是货币发行权；其二是财政独立，收入全部用于自身需要，不上缴中央政府。请考生熟记。

8. 根据《宪法》和有关法律的规定，下列哪一选项是正确的？（2008 四川-1-16）
A. 矿藏和水流归国家和集体所有
B. 在直接选举中，人大代表正式候选人名单应当在选举日的3日以前公布
C. 货币发行权是香港特别行政区依法享有的高度自治权之一
D. 民族自治地方的自治机关依照国家军事制度和当地的实际需要，经中央军委批准，可以组织本地方维护社会治安的公安部队

答案（　　）②

【解析】 根据《宪法》第9条，矿藏与水流专属于国家所有，所以，A项说法错误。根据《选举法》规定，正式代表候选人名单应当在选举日的7日以前公布。所以，B项错误。根据《香港特别行政区基本法》第111条第1款和第2款规定，港元为香港特别行政区法定货币，继续流通。港币的发行权属于香港特别行政区政府。港币的发行须有百分之百的准备金。港币的发行制度和准备金制度，由法律规定。所以，C项正确。根据《民族区域自治法》第24条规定，民族自治地方的自治机关依照国家的

参考答案：①A　②C

军事制度和当地的实际需要,经国务院批准,可以组织本地方维护社会治安的公安部队。所以,D项错误。

9. 香港特别行政区的下列哪一项职务可由特区非永久性居民担任?(2008-1-16)
   A. 行政长官
   B. 政府主要官员
   C. 立法会议员
   D. 法院法官

答案(①)

【解析】香港特别行政区行政长官由年满四十周岁,在香港通常居住连续满二十年并在外国无居留权的香港特别行政区永久性居民中的中国公民担任。因此,A项错误。香港特别行政区的主要官员由在香港通常居住连续满十五年并在外国无居留权的香港特别行政区永久性居民中的中国公民担任。因此,B项错误。香港特别行政区立法会由在外国无居留权的香港特别行政区永久性居民中的中国公民组成。但非中国籍的香港特别行政区永久性居民和在外国有居留权的香港特别行政区永久性居民也可以当选为香港特别行政区立法会议员,其所占比例不得超过立法会全体议员的百分之二十。因此,C项错误。香港特别行政区法院的法官,根据当地法官和法律界及其他方面知名人士组成的独立委员会推荐,由行政长官任命。香港终审法院和高等法院的首席法官,应由在外国无居留权的香港特别行政区永久性居民中的中国公民担任;其他法官未作要求。D项正确。

10. 根据香港、澳门特别行政区基本法的规定,下列哪一选项是正确的?(2007-1-20)
   A. 香港特别行政区终审法院和高等法院的法官,应由在外国无居留权的香港特别行政区永久性居民中的中国公民担任
   B. 香港特别行政区的法官,根据当地法官和法律界及其他方面知名人士组成的独立委员会推荐,由行政长官征得立法会同意后任命,并报全国人民代表大会常务委员会备案
   C. 澳门特别行政区检察长由澳门特别行政区永久性居民中的中国公民担任,由行政长官提名,报中央人民政府任命
   D. 澳门特别行政区设立行政法院。行政法院是管辖行政诉讼和税务诉讼的法院。不服行政法院裁决者,可向终审法院上诉

答案(②)

【解析】香港特别行政区终审法院和高等法院的首席法官,应由在外国无居留权的香港特别行政区永久性居民中的中国公民担任。所以A项错误。香港特别行政区法院的法官,根据当地法官和法律界及其他方面知名人士组成的独立委员会推荐,由行政长官任命。需要行政长官征得立法会同意后任命,并报全国人民代表大会常务委员会备案的,只有终审法院的法官和高等法院的首席法官。所以B项错误。澳门特别行政区检察长由澳门特别行政区永久性居民中的中国公民担任,由行政长官提名,报中央人民政府任命。C项正确。澳门特别行政区设立行政法院。行政法院是管辖行政诉讼和税务诉讼的法院。不服行政法院裁决者,可向中级法院上诉。所以D项错误。

11. 依据《香港特别行政区基本法》的有关规定,香港居民享有下列哪些自由?(2004-1-55)
   A. 言论、新闻、出版自由
   B. 通讯自由
   C. 移居其他国家和出入境的自由
   D. 公开传教的自由

答案(③)

【解析】本题A、B、C三项显然正确。而根据《香港特别行政区基本法》第32条,"香港居民有信仰的自由。香港居民有宗教信仰的自由,有公开传教和举行、参加宗教活动的自由",因此,本题A、

参考答案:①D　②C　③ABCD

B、C、D 都正确。

12. 澳门特别行政区依照《澳门基本法》的规定实行高度自治,享有行政管理权、立法权、独立的司法权和终审权。关于中央和澳门特别行政区的关系,下列哪一选项是正确的?(2016-1-25)

　　A. 全国性法律一般情况下是澳门特别行政区的法律渊源
　　B. 澳门特别行政区终审法院法官的任命和免职须报全国人大常委会备案
　　C. 澳门特别行政区立法机关制定的法律须报全国人大常委会批准后生效
　　D.《澳门基本法》在澳门特别行政区的法律体系中处于最高地位,反映的是澳门特别行政区同胞的意志

答案( )①

【解析】 全国性法律是全国人大及其常委会制定的法律。由于特别行政区将保持其原有的法律制度,因而全国性法律一般不在特别行政区实施。但特别行政区作为中华人民共和国不可分离的一部分,有些体现国家主权和统一的全国性法律又有必要在特别行政区实施。可见,一般情况下,全国性法律不是澳门特别行政区的法律渊源。A 项错误。澳门基本法第87条规定,终审法院法官的免职由行政长官根据立法会议员组成的审议委员会建议决定。终审法院法官的任免须报全国人大常委会备案。B 项正确。根据基本法的规定,立法会制定的法律须由行政长官签署、公布方有法律效力,并须报全国人大常委会备案,备案不影响该法律的生效。C 项错误。在我国社会主义法律体系中,基本法地位仅低于宪法,但在特别行政区法律体系中,基本法又处于最高的法律地位。但是,特别行政区基本法是根据我国宪法,由全国人大制定的一部基本法律,它反映了包括香港同胞和澳门同胞在内的全国人民的意志和利益。因此 D 项错误。

13. 根据香港特别行政区基本法的规定,下列哪些选项是正确的?(2007-1-61)

　　A. 香港特别行政区行政长官如认为立法会通过的法案不符合香港特别行政区的整体利益,可在3个月内将法案发回立法会重议
　　B. 如果立法会拒绝通过政府提出的财政预算案或其他重要法案,香港特别行政区行政长官在征询行政会议的意见之后可解散立法会
　　C. 因立法会拒绝通过财政预算案或其他重要法案而解散立法会,重选的立法会继续拒绝通过所争议的原案,香港特别行政区行政长官必须辞职
　　D. 香港特别行政区行政长官因两次拒绝签署立法会通过的法案而解散立法会后,重选的立法会仍通过原法案,行政长官与立法会协商不成的,行政长官有权再次解散立法会

答案( )②

【解析】 行政长官在其一任任期内只能解散立法会一次。所以,D 项错误。其他各项正确。

相关法条　　　　　　　　《香港特别行政区基本法》

　　第七十六条　香港特别行政区立法会通过的法案,须经行政长官签署、公布,方能生效。
　　第四十九条　香港特别行政区行政长官如认为立法会通过的法案不符合香港特别行政区的整体利益,可在三个月内将法案发回立法会重议,立法会如以不少于全体议员三分之二多数再次通过原案,行政长官必须在一个月内签署公布或按本法第五十条的规定处理。
　　第五十条　香港特别行政区行政长官如拒绝签署立法会再次通过的法案或立法会拒绝通过政府提出的财政预算案或其他重要法案,经协商仍不能取得一致意见,行政长官可解散立法会。

参考答案:①B　②ABC

行政长官在解散立法会前,须征询行政会议的意见。行政长官在其一任任期内只能解散立法会一次。

第五十二条 香港特别行政区行政长官如有下列情况之一者必须辞职:

(一)因严重疾病或其他原因无力履行职务;

(二)因两次拒绝签署立法会通过的法案而解散立法会,重选的立法会仍以全体议员三分之二多数通过所争议的原案,而行政长官仍拒绝签署;

(三)因立法会拒绝通过财政预算案或其他重要法案而解散立法会,重选的立法会继续拒绝通过所争议的原案。

第六节 基层群众性自治组织

1. 根据《宪法》的规定,关于宪法文本的内容,下列哪一选项是正确的?(2013-1-21)

A.《宪法》明确规定了宪法与国际条约的关系

B.《宪法》明确规定了宪法的制定、修改制度

C. 作为《宪法》的《附则》,《宪法修正案》是我国宪法的组成部分

D.《宪法》规定了居民委员会、村民委员会的性质和产生,两者同基层政权的相互关系由法律规定

答案( )①

【解析】 现行《宪法》没有明确规定了宪法与国际条约的关系,因此 A 项错误。现行《宪法》明确规定了宪法的修改制度,但没有规定宪法制定制度。B 项错误。我国宪法没有附则。C 项错误。宪法第一百一十一条规定,"城市和农村按居民居住地区设立的居民委员会或者村民委员会是基层群众性自治组织。居民委员会、村民委员会的主任、副主任和委员由居民选举。居民委员会、村民委员会同基层政权的相互关系由法律规定。"因此,D 项正确。

2. 根据《宪法》和法律的规定,关于自治和自治权,下列哪些选项是正确的?(2013-1-63)

A. 特别行政区依照法律规定实行高度自治,享有行政管理权、立法权、独立的司法权和终审权

B. 民族区域自治地方的法院依法行使自治权

C. 民族乡依法享有一定的自治权

D. 村民委员会是基层群众性自治组织

答案( )②

【解析】 民族自治地方包括自治区、自治州和自治县(旗),不包括民族乡。因此 C 项错误。民族自治地方的自治机关是自治区、自治州和自治县的人民代表大会和人民政府,不包括法院和检察院。因此,B 项错误。

相关法条　　　　　　《宪法》

第一百一十一条 城市和农村按居民居住地区设立的居民委员会或者村民委员会是基层群众性自治组织。居民委员会、村民委员会的主任、副主任和委员由居民选举。居民委员会、村民委员会同基层政权的相互关系由法律规定。

3. 宪法规定,居民委员会、村民委员会同基层政权的相互关系由法律规定。下列哪一项不属于基层政权的范畴?(2006-1-12)

参考答案:①D　②AD

A. 乡、民族乡、镇的人民政府　　　　B. 不设区的市、市辖区的人民政府
C. 不设区的市、市辖区人民政府的派出机构　　D. 县人民政府

答案( )①

【解析】不设区的市、市辖区人民政府或者它的派出机关对居民委员会的工作给予指导、支持和帮助,居民委员会协助不设区的市、市辖区人民政府或者它的派出机关开展工作。乡、民族乡、镇人民政府对村民委员会的工作给予指导、支持和帮助,但不得干预依法属于村民自治范围内的事项。可见,不设区的市、市辖区人民政府或者它的派出机关,乡、民族乡、镇人民政府都是基层政权,而县人民政府不属于基层政权的范畴。故本题答案为D项。

4. 根据我国《村民委员会组织法》的规定,关于村民委员会的范围调整,下列哪一选项是正确的?(2008-1-15)
A. 由村民委员会主任提出,经村民会议讨论同意后,报乡级人民政府批准
B. 由村民委员会主任提出,经村民会议讨论同意后,报乡级人民代表大会批准
C. 由乡级人民政府提出,经村民会议讨论同意后,报县级人民政府批准
D. 由乡级人民政府提出,经村民会议讨论同意后,报县级人民代表大会批准

答案( )②

【解析】村民委员会的设立、撤销、范围调整,由乡、民族乡、镇的人民政府提出,经村民会议讨论同意后,报县级人民政府批准。所以本题选C。此处宜结合授课口诀记忆。

相关法条　　　　　　　　　　　《村民委员会组织法》

第三条　村民委员会根据村民居住状况、人口多少,按照便于群众自治,有利于经济发展和社会管理的原则设立。

村民委员会的设立、撤销、范围调整,由乡、民族乡、镇的人民政府提出,经村民会议讨论同意,报县级人民政府批准。

村民委员会可以根据村民居住状况、集体土地所有权关系等分设若干村民小组。

第五条　乡、民族乡、镇的人民政府对村民委员会的工作给予指导、支持和帮助,但是不得干预依法属于村民自治范围内的事项。

村民委员会协助乡、民族乡、镇的人民政府开展工作。

5. 根据《村民委员会组织法》的规定,下列哪一选项是正确的?(2012-1-26)
A. 村民委员会每届任期3年,村民委员会成员连续任职不得超过2届
B. 罢免村民委员会成员,须经投票的村民过半数通过
C. 村民委员会选举由乡镇政府主持
D. 村民委员会成员丧失行为能力的,其职务自行终止

答案( )③

【解析】村委会每届任期三年,但村委会成员可以连选连任。A项错误。村委会的选举和罢免均采双过半制,B项错误。村委会的选举工作由村民选举委员会主持,C项错误。村民委员会成员丧失行为能力或者被判处刑罚的,其职务自行终止。D项正确。

参考答案:①D　②C　③D

相关法条 　　　　　　　　　　　《村民委员会组织法》

第十一条　村民委员会主任、副主任和委员，由村民直接选举产生。任何组织或者个人不得指定、委派或者撤换村民委员会成员。

村民委员会每届任期三年，届满应当及时举行换届选举。村民委员会成员可以连选连任。

第十二条第一款　村民委员会的选举，由村民选举委员会主持。

第十六条　本村五分之一以上有选举权的村民或者三分之一以上的村民代表联名，可以提出罢免村民委员会成员的要求，并说明要求罢免的理由。被提出罢免的村民委员会成员有权提出申辩意见。

罢免村民委员会成员，须有登记参加选举的村民过半数投票，并须经投票的村民过半数通过。

第十八条　村民委员会成员丧失行为能力或者被判处刑罚的，其职务自行终止。

6. 关于村民委员会，下列哪一说法是正确的？（2010－1－21）

A. 村民委员会实行村务公开制度，涉及财务的事项至少每年公布一次
B. 村民委员会决定问题，采取村民委员会主任负责制
C. 村民委员会根据需要设人民调解、治安保卫、公共卫生委员会
D. 村民委员会由主任、副主任和村民小组长若干人组成

答案（ ①　）

【解析】就村务公开而言，一般事项至少每季度公布一次；集体财务往来较多的，财务收支情况应当每月公布一次；涉及村民利益的重大事项应当随时公布。A项错误。村民委员会应当实行少数服从多数的民主决策机制，因此B项错误。C项表述正确。村委会由主任、副主任和委员组成，不涉及村民小组长。D项表述错误。

相关法条 　　　　　　　　　　　《村民委员会组织法》

第六条　村民委员会由主任、副主任和委员共三至七人组成。

村民委员会成员中，应当有妇女成员，多民族村民居住的村应当有人数较少的民族的成员。

对村民委员会成员，根据工作情况，给予适当补贴。

第七条　村民委员会根据需要设人民调解、治安保卫、公共卫生与计划生育等委员会。村民委员会成员可以兼任下属委员会的成员。人口少的村的村民委员会可以不设下属委员会，由村民委员会成员分工负责人民调解、治安保卫、公共卫生与计划生育等工作。

第二十九条　村民委员会应当实行少数服从多数的民主决策机制和公开透明的工作原则，建立健全各种工作制度。

第三十条　村民委员会实行村务公开制度。

村民委员会应当及时公布下列事项，接受村民的监督：

（一）本法第二十三条、第二十四条规定的由村民会议、村民代表会议讨论决定的事项及其实施情况；

（二）国家计划生育政策的落实方案；

（三）政府拨付和接受社会捐赠的救灾救助、补贴补助等资金、物资的管理使用情况；

（四）村民委员会协助人民政府开展工作的情况；

（五）涉及本村村民利益，村民普遍关心的其他事项。

前款规定事项中，一般事项至少每季度公布一次；集体财务往来较多的，财务收支情况应当每月公

参考答案：①C

布一次;涉及村民利益的重大事项应当随时公布。

村民委员会应当保证所公布事项的真实性,并接受村民的查询。

7. 根据村民委员会组织法的规定,有关村规民约的下列哪一选项是正确的?(2007-1-18)

A. 村民委员会有权制定村规民约,报乡、民族乡、镇的人民政府批准生效

B. 村民会议有权制定村规民约,报乡、民族乡、镇的人民代表大会备案

C. 村规民约由村民会议制定,报乡、民族乡、镇的人民政府备案

D. 村规民约由村民委员会制定,报乡、民族乡、镇的人民政府备案

答案(　　)①

【解析】村民会议可以制定和修改村民自治章程、村规民约,并报乡、民族乡、镇的人民政府备案。所以 C 是正确的。

相关法条　　　　　《村民委员会组织法》

第二十七条　村民会议可以制定和修改村民自治章程、村规民约,并报乡、民族乡、镇的人民政府备案。

村民自治章程、村规民约以及村民会议或者村民代表会议的决定不得与宪法、法律、法规和国家的政策相抵触,不得有侵犯村民的人身权利、民主权利和合法财产权利的内容。

村民自治章程、村规民约以及村民会议或者村民代表会议的决定违反前款规定的,由乡、民族乡、镇的人民政府责令改正。

8. 根据《宪法》和《村民委员会组织法》的规定,下列哪些选项是正确的?(2011-1-63)

A. 村民会议由本村 18 周岁以上,没有被剥夺政治权利的村民组成

B. 乡、民族乡、镇的人民政府不得干预依法属于村民自治范围内的事项

C. 罢免村民委员会成员,须经参加投票的村民过半数通过

D. 村民委员会成员实行任期和离任经济责任审计

答案(　　)②

【解析】村民会议是由本村 18 周岁以上的村民自然组成的,不涉及选举和被选举问题,因此不要求"未被剥夺政治权利"。"年满 18 周岁且未被剥夺政治权利"是参加村委会选举的主体资格要求。因此 A 项表述错误。根据村委会组织法,乡、民族乡、镇的人民政府对村民委员会的工作给予指导、支持和帮助,但是不得干预依法属于村民自治范围内的事项,因此,B 项表述正确。根据村委会组织法,罢免村委会成员采"双过半制",即选民过半数参加投票并经参加投票的选民过半数通过,因此 C 项错误。村委会组织法规定:村民委员会成员实行任期和离任经济责任审计。因此 D 项正确。

相关法条　　　　　《村民委员会组织法》

第二十一条　村民会议由本村十八周岁以上的村民组成。

村民会议由村民委员会召集。有十分之一以上的村民或者三分之一以上的村民代表提议,应当召集村民会议。召集村民会议,应当提前十天通知村民。

第三十五条　村民委员会成员实行任期和离任经济责任审计,审计包括下列事项:

(一)本村财务收支情况;

(二)本村债权债务情况;

参考答案:①C　②BD

（三）政府拨付和接受社会捐赠的资金、物资管理使用情况；

（四）本村生产经营和建设项目的发包管理以及公益事业建设项目招标投标情况；

（五）本村资金管理使用以及本村集体资产、资源的承包、租赁、担保、出让情况，征地补偿费的使用、分配情况；

（六）本村五分之一以上的村民要求审计的其他事项。

村民委员会成员的任期和离任经济责任审计，由县级人民政府农业部门、财政部门或者乡、民族乡、镇的人民政府负责组织，审计结果应当公布，其中离任经济责任审计结果应当在下一届村民委员会选举之前公布。

9. 某村开始了三年一次的村委会选举，推选以下四位村民为村委会主任候选人。根据我国宪法和法律，你认为下列四位村民中哪几位可以被推荐为村委会主任候选人？（2003-1-42）

A. 李小波，刚过完17岁生日，初中毕业后成为家里的主要劳力，田里地里都是一把好手。可其父亲素有小偷小摸的毛病，去年偷了吕家的一条黄牛被处罚

B. 刘光华，23岁，为人忠厚，写得一手好字。但跟着他爷爷学了一些占卜、算卦之类的"技术"

C. 周秋兰，现任村妇女主任，热情大方，精明能干。只是经常与那些年轻后生嘻嘻哈哈，其丈夫死后，她与比自己小好几岁的小伙子周小满谈恋爱，被老辈人说成是有伤风化

D. 丁长生，原为村里的民办教师，因犯罪被判有期徒刑3年。在服刑期间，他学会了多种果树栽培技术和特种养殖技术。提前释放回来后便搞起特种养殖和果园开发

答案（　①　）

【解析】 根据《宪法》第34条和《村民委员会法》第12条的规定，享有选举权利的村民就可以被推荐为村委会主任候选人。A选项的李小波不满十八周岁，依法不享有选举权利，因此不能推荐为村委会主任候选人。D选项的丁长生尽管犯过罪，但没有被剥夺政治权利，仍享有选举权利，可以被推荐为村委会主任候选人。

10. 某村村委会未经村民会议讨论，制定了土地承包经营方案，侵害了村民的合法权益，引发了村民的强烈不满。根据《村民委员会组织法》的规定，下列哪些做法是正确的？（2015-1-64）

A. 村民会议有权撤销该方案

B. 由该村所在地的乡镇级政府责令改正

C. 受侵害的村民可以申请法院予以撤销

D. 村民代表可以就此联名提出罢免村委会成员的要求

答案（　②　）

【解析】 村委会对村民会议负责并报告工作，村民会议有权审议村民委员会的年度工作报告，评议村民委员会成员的工作；有权撤销或者变更村民委员会不适当的决定；有权撤销或者变更村民代表会议不适当的决定。村民会议可以授权村民代表会议审议村民委员会的年度工作报告，评议村民委员会成员的工作，撤销或者变更村民委员会不适当的决定。可见，A项正确。根据《村民委员会组织法》的规定，村民委员会不依照法律、法规的规定履行法定义务的，由乡、民族乡、镇的人民政府责令改正。B项正确。村民委员会或者村民委员会成员作出的决定侵害村民合法权益的，受侵害的村民可以申请人民法院予以撤销，责任人依法承担法律责任。C项正确。本村1/5以上有选举权的村民或者1/3以上的村民代表联名，可以提出罢免村民委员会成员的要求，并说明要求罢免的理由。被提出罢免的

参考答案：①BCD　②ABCD

成员有权提出申辩意见。罢免村民委员会成员也采"双过半制",须有登记参加选举的村民过半数投票,并须经投票的村民过半数通过。可见,D项正确。

11. 某乡政府为有效指导、支持和帮助村民委员会的工作,根据相关法律法规,结合本乡实际作出了下列规定,其中哪一规定是合法的?(2016-1-26)

A. 村委会的年度工作报告由乡政府审议

B. 村民会议制定和修改的村民自治章程和村规民约,报乡政府备案

C. 对登记参加选举的村民名单有异议并提出申诉的,由乡政府作出处理并公布处理结果

D. 村委会组成人员违法犯罪不能继续任职的,由乡政府任命新的成员暂时代理至本届村委会任期届满

答案(　　)①

【解析】村民会议审议村民委员会的年度工作报告,评议村民委员会成员的工作。村委会属于基层群众性自治组织,乡政府无权审议其工作报告,A项错误。村民自治章程、村规民约由村民会议制定和修改,并报乡、民族乡、镇的人民政府备案。村民自治章程、村规民约以及村民会议或者村民代表会议的决定不得与宪法、法律、法规和国家的政策相抵触,不得有侵犯村民的人身权利、民主权利和合法财产权利的内容,否则,由乡、民族乡、镇的人民政府责令改正。B项正确。选举法第十四条规定,对登记参加选举的村民名单有异议的,应当自名单公布之日起五日内向村民选举委员会申诉,村民选举委员会应当自收到申诉之日起三日内作出处理决定,并公布处理结果。C项错误。《村民委员会组织法》第十八条规定,村民委员会成员丧失行为能力或者被判处刑罚的,其职务自行终止。任何组织或者个人不得指定、委派或者撤换村民委员会成员。D项错误。

12. 根据《宪法》和法律的规定,关于基层群众自治,下列哪一选项是正确的?(2014-1-25)

A. 村民委员会的设立、撤销,由乡镇政府提出,经村民会议讨论同意,报县级政府批准

B. 有关征地补偿费用的使用和分配方案,经村民会议讨论通过后,报乡镇政府批准

C. 居民公约由居民会议讨论通过后,报不设区的市、市辖区或者它的派出机关批准

D. 居民委员会的设立、撤销,由不设区的市、市辖区政府提出,报市政府批准

答案(　　)②

【解析】城市和农村按居民居住地区设立的居民委员会或者村民委员会是基层群众性自治组织。村民委员会的设立、撤销、范围调整,由乡、民族乡、镇的政府提出,经村民会议讨论同意后,报县级人民政府批准。A项正确。根据《村委会组织法》第24条的规定,征地补偿费的使用、分配方案等涉及村民利益的事项,必须经村民会议讨论决定后方可办理。可见,村民委员会属于基层群众性自治组织,除组织外,相关事项不需要政府批准。B项错误。居民公约由居民会议讨论制定,报不设区的市、市辖区的人民政府或者它的派出机关备案,由居民委员会监督执行。C项错误。居民委员会的设立、撤销、规模调整,由不设区的市、市辖区的人民政府决定。D项错误。

【未来命题趋势预测】村民会议可以制定和修改村民自治章程、村规民约,并报乡、民族乡、镇的人民政府备案。可见,制定村规民约、居民公约属于村民、居民自治权力范畴,不需要报送政府批准,只需报送备案即可。

参考答案:①B　②A

第四章 公民的基本权利与义务

第一节 公民基本权利与义务概述

1. 下列哪一项是我国宪法界定公民资格的依据？（2006-1-14）

A. 出生地主义原则　　　　　　　　B. 血统主义原则

C. 国籍　　　　　　　　　　　　　D. 以血统主义为主、以出生地主义为辅的原则

答案（　①　）

【解析】根据《宪法》第33条第1款的规定，"凡具有中华人民共和国国籍的人都是中华人民共和国公民"，因此判断一个人是否为中华人民共和国公民的标准是他是否具有中华人民共和国的国籍。由此可知，本题答案为C。

相关法条　　　　　　　　　　　　《宪法》

第三十三条　凡具有中华人民共和国国籍的人都是中华人民共和国公民。

中华人民共和国公民在法律面前一律平等。

国家尊重和保障人权。

任何公民享有宪法和法律规定的权利，同时必须履行宪法和法律规定的义务。

2. 我国宪法明确规定："国家为了公共利益的需要，可以依照法律规定对公民的私有财产实行征收或者征用并给予补偿。"关于公民财产权限制的界限，下列选项正确的是：（2016-1-92）

A. 对公民私有财产的征收或征用构成对公民财产权的外部限制

B. 对公民私有财产的征收或征用必须具有明确的法律依据

C. 只要满足合目的性原则即可对公民的财产权进行限制

D. 对公民财产权的限制应具有宪法上的正当性

答案（　②　）

【解析】基本权利内在限制主要指基本权利内部已确定限制的范围，而不是从外部设定条件。内部限制主要分为两种情况：一是通过概念自身的表述对基本权利加以限定，比如把住宅不受侵犯定义为"禁止非法搜查或者非法侵入"；二是通过具体附加的文句对基本权利加以限定，如对于集会游行示威权利附加"不得侵犯他人的权利与自由"的文句。外部限制则指宪法和法律的限制，包括宪法的限制和法律的限制。宪法的限制意指宪法为基本权利的行使确定了总的原则与程序（我国宪法51条）。法律的限制则指通过法律的限制：（1）通过一般法律保留：法律规定的保留适用于所有基本权利；（2）通过个别保留：根据法律的具体条文而对基本权利进行限制。征收征用公民的私有财产属于法律保留的范围，属于外部限制。A项正确。我国宪法的这一规定首先明确了公民私有财产保护的宪法基础，即国家只有在为了公共利益的前提下，才可以对公民的私有财产进行征收或征用。并且，征收或者征用私有财产属于法律保留范围，因此必须严格依照法律，同时按照法律规定给予补偿后才能进行。B项正确。"合目的性原则"一般等同于"合理性原则"，强调目的正当。但就公民的财产权限制而言，限

参考答案：①C　②ABD

制不仅要合理、合乎"维护公共利益"目的,更要合法,依法给予补偿,C 项错误。公民财产权是一种宪法基本权利,对其作出限制当然要具有宪法上的正当性。D 项正确。

3. 公民基本权利也称宪法权利。关于公民基本权利,下列哪些选项是正确的?(2011-1-62)

A. 人权是基本权利的来源,基本权利是人权宪法化的具体表现

B. 基本权利的主体主要是公民,在我国法人也可以作为基本权利的主体

C. 我国公民在行使自由和权利的时候,不得损害国家的、社会的、集体的利益和其他公民的合法的自由和利益

D. 权利和义务的平等性是我国公民基本权利和义务的重要特点

答案( )①

【解析】人权作为自然权利,具有道德和价值上的效力,源于自然法;基本权利为实定法上的权利,由法律和制度加以保障,具有实定性,源于人权。可见,人权是基本权利的来源,基本权利是人权宪法化的具体表现。因此,A 项正确。《宪法》第 51 条规定,"中华人民共和国公民在行使自由和权利的时候,不得损害国家的、社会的、集体的利益和其他公民的合法的自由和权利。"所以,C 项没有错误。我国公民的基本权利具有广泛性、平等性、现实性和一致性四大特点。平等性体现在两大方面:其一,公民在享有权利和履行义务方面一律平等;其二,司法机关在适用法律上一律平等。可见,D 项表述也没有问题。

基本权利的主体主要是公民。有些国家的宪法规定,法人和外国人也可以成为基本权利的主体。但在我国,法人并不可以成为基本权利的主体。宪法第二章"公民的基本权利和义务"规定了公民的基本权利和义务,并没有规定法人也可以作为主体。因此 B 项错误。

【设题陷阱和常见错误分析】只要不专门局限于我国,单说"法人和外国人在一定条件下可以作为基本权利的主体",便是正确的。

第二节 我国公民的基本权利

1. 公平正义是社会主义法治的价值追求。关于我国宪法与公平正义的关系,下列哪一选项是不正确的?(2013-1-20)

A. 树立与强化宪法权威,必然要求坚定地守持和维护公平正义

B. 法律面前人人平等原则是公平正义在宪法中的重要体现

C. 宪法对妇女、老人、儿童等特殊主体权利的特别保护是实现公平正义的需要

D. 禁止一切差别是宪法和公平正义的要求

答案( )②

【解析】宪法禁止的是不合理的差别对待,而非一切差别。因此,D 项错误。

2. 法律面前人人平等是公平正义的首要内涵。关于它的具体内容,下列哪一选项是不准确的?(2011-1-3)

A. 社会成员享有相同的立法表决权

B. 法律以同样的标准对待所有社会成员

C. 反对任何在宪法和法律之外的特殊权利

参考答案:①ACD ②D

D. 禁止歧视任何在社会关系中处于弱势的社会成员

答案（　①　）

【解析】法律面前人人平等是社会主义法治理念中公平正义的首要内涵,也是实现公平正义的前提和基础。法律面前人人平等的具体内容为:(1)平等对待:法律对所有社会成员一视同仁,以同样的标准对待;(2)反对特权;(3)禁止歧视,不允许任何在社会关系中处于弱势地位的公民受到歧视待遇。因此,B、C、D三项表述正确。而立法表决权,则只有人大代表方才享有,普通公民没有相应的权利,所以A项明显错误,应选。

3. 法律格言说:"法律不能使人人平等,但在法律面前人人是平等的。"关于该法律格言,下列哪一说法是正确的?（2014－1－9）
  A. 每个人在法律面前事实上是平等的
  B. 在任何时代和社会,法律面前人人平等都是一项基本法律原则
  C. 法律可以解决现实中的一切不平等问题
  D. 法律面前人人平等原则并不禁止在立法上作出合理区别的规定

答案（　②　）

【解析】法的平等是一种规范上的平等,属于应然范畴,不是事实平等。A项错误。法律面前人人平等只是人类社会发展到了近代资本主义社会之后才提出来的基本法律原则,在奴隶社会和封建社会不可能存在。B项错误。社会主义法治理念不认同"法律万能"的思维偏向,强调要全面发挥各种社会规范的调整作用,综合协调地运用多元化的手段和方式来实现对国家的治理和管理,要坚持依法治国与以德治国的有机统一。可见,C项认为,法律可以解决一起不平等问题,犯了法律万能论的错误。法律面前人人平等原则只是禁止不合理的差别对待,而不是禁止任何差别对待,合理的差别对待是允许的。D项正确。

4. 中华人民共和国公民在法律面前一律平等。关于平等权,下列哪一表述是错误的?（2015－1－25）
  A. 我国宪法中存在一个关于平等权规定的完整规范系统
  B. 犯罪嫌疑人的合法权利应该一律平等地受到法律保护
  C. 在选举权领域,性别和年龄属于宪法所列举的禁止差别理由
  D. 妇女享有同男子平等的权利,但对其特殊情况可予以特殊保护

答案（　③　）

【解析】《宪法》第三十四条规定,中华人民共和国年满十八周岁的公民,不分民族、种族、性别、职业、家庭出身、宗教信仰、教育程度、财产状况、居住期限,都有选举权和被选举权;但是依照法律被剥夺政治权利的人除外。可见,享有选举权和被选举权要求权利人年满18周岁,故而,立法者可以依据年龄对公民的选举权和被选举权进行差别对待。C项错误。

5. 根据《宪法》的规定,下列哪些权利属于公民的政治自由?（2008 四川－1－62）
  A. 言论自由   B. 出版自由
  C. 集会、结社、游行、示威的自由   D. 宗教信仰自由

答案（　④　）

【解析】政治自由是指公民表达自己政治意愿的自由。公民的政治自由包括:言论自由,出版

参考答案：①A ②D ③C ④ABC

自由,结社自由,集会、游行、示威自由。而宗教信仰并不属于政治的范畴,因此宗教信仰自由不是政治自由。所以本题的正确选项是 A、B、C 三项。

相关法条 《宪法》

第三十五条 中华人民共和国公民有言论、出版、集会、结社、游行、示威的自由。

6. 根据《集会游行示威法》,举行集会、游行、示威,应当遵守下列哪些规定?(2008 四川-1-65)
A. 必须有负责人
B. 必须在举行日期的 5 日前向主管机关递交书面申请
C. 公民不得在其居住地以外的城市发动、组织、参加当地公民的集会、游行、示威
D. 国家机关工作人员不得组织或参加任何集会、游行、示威

答案( )①

【解析】国家机关工作人员不得组织或者参加违背有关法律、法规规定的国家机关工作人员职责、义务的集会、游行、示威,而不是不得组织或参加任何集会游行示威。因此,D 项说法错误。其他各项均符合规定。

7. 根据宪法和法律,下列哪些表述是不正确的?(2002-1-42)
A. 被剥夺政治权利的公民不再享有科学研究的自由
B. 被剥夺政治权利的公民不再享有艺术创作的自由
C. 被剥夺政治权利的公民不再享有出版著作的自由
D. 被剥夺政治权利的公民不再享有宗教信仰的自由

答案( )②

【解析】《宪法》规定的公民政治权利和自由包括:(1)选举权和被选举权;(2)政治自由,包括言论、出版、集会、结社、游行、示威的自由。而其他经济文化和社会生活领域的权利和自由如科学研究、艺术创作、宗教信仰等不属于政治范畴,而与政治权利并列属于公民的基本权利。另外,《刑法》第 54 条规定:"剥夺政治权利剥夺下列权利:(一)选举权和被选举权;(二)言论、出版、集会、结社、游行、示威自由的权利;(三)担任国家机关职务的权利;(四)担任国有公司、企业、事业单位和人民团体领导职务的权利。"可见,A、B、D 三项错误。

8. 某县政府以较低补偿标准进行征地拆迁。张某因不同意该补偿标准,拒不拆迁自己的房屋。为此,县政府责令张某的儿子所在中学不为其办理新学期注册手续,并通知财政局解除张某的女婿李某(财政局工勤人员)与该局的劳动合同。张某最终被迫签署了拆迁协议。关于当事人被侵犯的权利,下列选项正确的是:(2015-1-92)
A. 张某的住宅不受侵犯权   B. 张某的财产权
C. 李某的劳动权   D. 张某儿子的受教育权

答案( )③

【解析】"县政府责令张某的儿子所在中学不为其办理新学期注册手续",这种做法侵害了其子的受教育权,D 项正确。"通知财政局解除张某的女婿李某(财政局工勤人员)与该局的劳动合同",这种做法侵害了李某的劳动权。"张某最终被迫签署了拆迁协议",很明显财产权受到了侵害,B 项正确。本题中不涉及住宅的非法侵入、非法搜查的问题,A 项错误。

9. 关于《宪法》对人身自由的规定,下列哪一选项是不正确的?(2013-1-25)

参考答案:①ABC ②ABD ③BCD

A. 禁止用任何方法对公民进行侮辱、诽谤和诬告陷害
B. 生命权是《宪法》明确规定的公民基本权利,属于广义的人身自由权
C. 禁止非法搜查公民身体
D. 禁止非法搜查或非法侵入公民住宅

答案( )①

【解析】《宪法》没有明确规定生命权。B项错误。考生需要熟悉现行宪法规定了哪些基本权利,没有规定哪些基本权利。

相关法条　　　　　　　　　　《宪法》

第三十七条　中华人民共和国公民的人身自由不受侵犯。

任何公民,非经人民检察院批准或者决定或者人民法院决定,并由公安机关执行,不受逮捕。

禁止非法拘禁和以其他方法非法剥夺或者限制公民的人身自由,禁止非法搜查公民的身体。

第三十八条　中华人民共和国公民的人格尊严不受侵犯。禁止用任何方法对公民进行侮辱、诽谤和诬告陷害。

第三十九条　中华人民共和国公民的住宅不受侵犯。禁止非法搜查或者非法侵入公民的住宅。

第四十条　中华人民共和国公民的通信自由和通信秘密受法律的保护。除因国家安全或者追查刑事犯罪的需要,由公安机关或者检察机关依照法律规定的程序对通信进行检查外,任何组织或者个人不得以任何理由侵犯公民的通信自由和通信秘密。

10. 根据《宪法》的规定,下列哪些权利属于公民的人格尊严?（2008 四川-1-63）
A. 公民的姓名权　　　　　　　　B. 公民的肖像权
C. 公民的名誉权和隐私权　　　　D. 公民的荣誉权

答案( )②

【解析】人格尊严是指公民作为平等的人的资格和权利应该受到国家的承认和尊重,包括与公民人身存在密切联系的名誉、姓名、肖像等不容侵犯的权利。人格尊严的法律表现是公民的人格权,即姓名权、肖像权、名誉权、荣誉权、隐私权。因此本题的正确答案是A、B、C、D四项。但必须注意的是,我国宪法并没有明文规定这几种权利。

11. 我国《宪法》第三十八条明确规定:"中华人民共和国公民的人格尊严不受侵犯。"关于该条文所表现的宪法规范,下列哪些选项是正确的?（2015-1-61）
A. 在性质上属于组织性规范
B. 通过《民法通则》中有关姓名权的规定得到了间接实施
C. 法院在涉及公民名誉权的案件中可以直接据此作出判决
D. 与法律中的有关规定相结合构成一个有关人格尊严的规范体系

答案( )③

【解析】宪法中既包括关于国家机构组织及其职权的规范(组织性规范),也包括公民基本权利的规范(人权规范)。题干中关于人格尊严的规定,分明是人权规范,和国家机构组织无关。A项错误。就实施方式而言,其他法律的实施都具有直接性,但宪法的实施方式的间接性特点更为突出。这实际上是由宪法作为"母法"的特点所决定的。也就是说,宪法在实施过程中,主要是通过具体法律规范来作用于具体的人和事,国家的其他法律和法律性文件是以宪法为基础并且不能与宪法相抵触。B项

参考答案:①B　②ABCD　③BD

表述无误。在我国,法院不能直接引用宪法裁判案件。C项错误。宪法中的人格尊严条款与民法通则中的人格权条款等一系列条款共同构成了一个有关人格尊严的完整规范体系。D项正确。

12. 我国《宪法》规定公民的住宅不受侵犯。下列哪些选项属于侵犯公民住宅的行为?(2008-1-60)

  A. 非法侵入公民住宅   B. 非法搜查公民住宅
  C. 非法买卖公民住宅   D. 非法出租公民住宅

答案( )①

【解析】《宪法》第39条规定,中华人民共和国公民的住宅不受侵犯。禁止非法搜查或者非法侵入公民的住宅。所以宪法层面上规定的侵犯公民住宅包括非法搜查公民住宅和非法侵入公民住宅,所以本题的正确选项是A、B。必须注意,本条保护的是公民的住宅自由,即住宅之安宁与隐私免于国家公权力或他人干扰的法益,区别于公民对于住宅的财产权。因此,C、D两项理解有误。

13. 根据我国宪法规定,关于公民住宅不受侵犯,下列哪些选项是正确的?(2012-1-61)
  A. 该规定要求国家保障每个公民获得住宅的权利
  B.《治安管理处罚法》第40条规定,非法侵入他人住宅的,视情节给予不同时日的行政拘留和罚款。该条规定体现了宪法保障住宅不受侵犯的精神
  C.《刑事诉讼法》第69条规定,被取保候审的犯罪嫌疑人、被告人未经执行机关批准不得离开所居住的市、县。该条规定是对《宪法》规定的公民住宅不受侵犯的合理限制
  D. 住宅自由不是绝对的,公安机关、检察机关为了收集犯罪证据、查获犯罪嫌疑人,严格依法对公民住宅进行搜查并不违宪

答案( )②

【解析】住宅不受侵犯属于消极受益权,重在强调"不受侵犯",即在没有法律的许可或者户主等居住者的同意的情况下,任何机关、团体或者个人都不能以各种形式如随意进入、查封、搜查等"侵犯"公民的住宅。A项错在将其理解为一种积极受益权。《治安管理处罚法》依据宪法制定,其第40条相应地也体现了宪法关于住宅不受侵犯的精神。B项正确。C项中的取保候审与住宅不受侵犯没有关系,可以排除。D项的说法正确,住宅自由可以依法限制。

14. 根据我国宪法和法律的规定,下列哪些说法不正确?(2005-1-60)
  A. 为了收集"第三者插足"的证据,公民可以委托私人调查机构以各种形式对"第三者"进行跟踪
  B. 为了收集犯罪证据,公民可以委托法官对犯罪嫌疑人的通信进行监听
  C. 商场保安人员有权根据商场的规定,对"盗窃嫌疑人"当场进行搜身检查
  D. 商场保安人员有权对拒绝搜身检查的顾客采取限制人身自由的措施

答案( )③

【解析】根据《宪法》第37条规定,禁止非法拘禁和以其他方法非法剥夺或者限制公民的人身自由,禁止非法搜查公民的身体。可知,C、D两项错误。根据宪法第40条,对通信进行检查只能由公安机关或者检察机关依法进行,法院无权进行,选项B错误。根据《最高人民法院关于民事诉讼证据的若干规定》第58条规定:"以违反法律禁止性规定或者侵犯他人合法权益的方法取得的证据,不能作为认定案件事实的依据。"可见,A项错误。

15. 某县人民法院审理一民事案件过程中,要求县移动通信营业部提供某通信用户的电话详单。

参考答案:①AB ②BD ③ABCD

根据我国宪法的规定,下列说法何者为正确?（2004-1-85）
A. 用户电话详单属于宪法保护的公民通信秘密的范围
B. 县人民法院有权要求县移动通信营业部提供任何移动通信用户的电话详单
C. 县移动通信营业部有义务保护通信用户的通信自由和通信秘密
D. 县人民法院有权检查任何移动通信用户的电话详单

答案( )①

【解析】《宪法》第40条规定:"中华人民共和国公民的通信自由和通信秘密受法律的保护。除因国家安全或者追查刑事犯罪的需要,由公安机关或者检察机关依照法律规定的程序对通信进行检查外,任何组织或者个人不得以任何理由侵犯公民的通信自由和通信秘密。"可见,只有在特定情况下公安机关或检察机关才有权对通信进行检查,人民法院无权检查。故本题应该选A、C。

16. 根据我国宪法规定,下列关于私有财产权的表述哪一项是不正确的?（2004-1-7）
A. 公民合法的私有财产不受侵犯
B. 国家依照法律规定保护公民的私有财产权和继承权
C. 任何人不得剥夺公民的私有财产
D. 国家为了公共利益的需要,可以依照法律规定对公民的私有财产实行征收或者征用并给予补偿

答案( )②

【解析】根据《宪法》第13条规定,A、B、D三项正确；C项表述过于绝对,"国家为了公共利益的需要,可以依照法律规定对公民的私有财产实行征收或者征用并给予补偿。"

相关法条　　　　　　　　《宪法》

第十三条　公民的合法的私有财产不受侵犯。
国家依照法律规定保护公民的私有财产权和继承权。
国家为了公共利益的需要,可以依照法律规定对公民的私有财产实行征收或者征用并给予补偿。

17. 根据我国宪法规定,下列选项中哪一种情况不是公民获得物质帮助权的条件?（2002-1-8）
A. 公民在年老时
B. 公民在疾病时
C. 公民在遭受自然灾害时
D. 公民在丧失劳动能力时

答案( )③

【解析】根据《宪法》第45条第1款规定,A、B、D三项正确。

相关法条　　　　　　　　《宪法》

第四十五条第一款　中华人民共和国公民在年老、疾病或者丧失劳动能力的情况下,有从国家和社会获得物质帮助的权利。国家发展为公民享受这些权利所需要的社会保险、社会救济和医疗卫生事业。

18. 根据我国宪法关于公民基本权利的规定,下列哪一说法是正确的?（2010-1-17）
A. 我国公民在年老、疾病或者遭受自然灾害时有获得物质帮助的权利
B. 我国公民被剥夺政治权利的,其出版自由也被剥夺
C. 我国公民有信仰宗教与公开传教的自由

参考答案:①AC　②C　③C

D. 我国公民有任意休息的权利

答案( )①

【解析】根据宪法规定,我国公民在年老、疾病或者丧失劳动能力的情况下,有从国家和社会获得物质帮助的权利。选项A错误。在我国,出版自由属于政治自由,因此选项B正确。宪法没有规定我国公民有公开传教的自由。选项C错误。劳动者根据国家法律和制度的有关规定享有休息权。选项D错误。

相关法条 《宪法》

第三十六条 中华人民共和国公民有宗教信仰自由。

任何国家机关、社会团体和个人不得强制公民信仰宗教或者不信仰宗教,不得歧视信仰宗教的公民和不信仰宗教的公民。

国家保护正常的宗教活动。任何人不得利用宗教进行破坏社会秩序、损害公民身体健康、妨碍国家教育制度的活动。

宗教团体和宗教事务不受外国势力的支配。

第四十三条 中华人民共和国劳动者有休息的权利。

国家发展劳动者休息和休养的设施,规定职工的工作时间和休假制度。

19. 根据现行《宪法》规定,关于公民权利和自由,下列哪一选项是正确的?(2008-1-17)

A. 劳动、受教育和依法服兵役既是公民的基本权利又是公民的基本义务

B. 休息权的主体是全体公民

C. 公民在年老、疾病或者未丧失劳动能力的情况下,有从国家和社会获得物质帮助的权利

D. 2004年《宪法修正案》规定,国家尊重和保障人权

答案( )②

【解析】劳动、受教育既是公民的基本权利也是公民的基本义务,但是服兵役明显是公民的义务而非权利,所以A是错误的。《宪法》第43条规定,中华人民共和国劳动者有休息的权利。可见休息权的主体是劳动者而非全体公民,所以B错误。《宪法》第45条规定,中华人民共和国公民在年老、疾病或者丧失劳动能力的情况下,有从国家和社会获得物质帮助的权利,C项错误。2004年《宪法修正案》第24条和《宪法》第33条第3款规定,国家尊重和保障人权。所以D是正确的。

相关法条 《宪法》

第四十二条 中华人民共和国公民有劳动的权利和义务。

国家通过各种途径,创造劳动就业条件,加强劳动保护,改善劳动条件,并在发展生产的基础上,提高劳动报酬和福利待遇。

劳动是一切有劳动能力的公民的光荣职责。国有企业和城乡集体经济组织的劳动者都应当以国家主人翁的态度对待自己的劳动。国家提倡社会主义劳动竞赛,奖励劳动模范和先进工作者。国家提倡公民从事义务劳动。

国家对就业前的公民进行必要的劳动就业训练。

20. 关于文化教育权利是公民在教育和文化领域享有的权利和自由的说法,下列哪一选项是错误的?(2009-1-23)

参考答案:①B ②D

A. 受教育既是公民的权利,又是公民的义务
B. 宪法规定的文化教育权利是公民的基本权利
C. 我国公民有进行科学研究、文学艺术创作和其他文化活动的自由
D. 同社会经济权利一样,文化教育权利属于公民的积极受益权

答案（　　）①

【解析】根据《宪法》第46条第1款规定,选项A正确。在公民享有的各种文化教育权利中,凡是宪法规定的,便是公民的基本权利。选项B正确。根据《宪法》第47条规定,选项C正确。除财产权和继承权外,公民的社会经济、文化教育权利都属于公民的积极受益权,即公民可以积极主动地向国家提出请求,国家也应积极予以保障。选项D错误。

相关法条　　　　　　　　　　　　　　　　　《宪法》

第四十六条　中华人民共和国公民有受教育的权利和义务。
国家培养青年、少年、儿童在品德、智力、体质等方面全面发展。

第四十七条　中华人民共和国公民有进行科学研究、文学艺术创作和其他文化活动的自由。国家对于从事教育、科学、技术、文学、艺术和其他文化事业的公民的有益于人民的创造性工作,给以鼓励和帮助。

21. 宪法规定公民享有的下列社会经济权利、文化教育权利中,哪些不属于公民可以积极主动地向国家提出请求的权利?（2007-1-60）
A. 受教育权　　　B. 财产权　　　C. 继承权　　　D. 劳动权

答案（　　）②

【解析】社会经济权利是指公民根据宪法规定享有的具有物质经济利益的权利,是公民实现基本权利的物质上的保障。文化教育权利则是公民根据宪法规定,在教育和文化领域享有的权利和自由。除财产权利和继承权外,公民的社会经济、文化教育权利都属于公民的积极受益权,即公民可以积极主动地向国家提出请求。

22. 根据我国宪法的规定,下列有关公民基本权利的宪法保护的表述,哪一个是正确的?（2003-1-10）
A. 一切公民都有选举权和被选举权
B. 宪法规定了对华侨、归侨权益的保护,但没有规定对侨眷权益的保护
C. 宪法对建立劳动者休息和休养的设施未加以规定
D. 公民合法财产的所有权和私有财产的继承权规定在宪法"总纲"部分

答案（　　）③

【解析】根据宪法第三十四条的规定,享有选举权利必须满足以下三个条件:(1)中国公民;(2)年满十八周岁;(3)没有被依法剥夺政治权利。据此,A项错误。根据宪法第五十条,国家不仅对华侨、归侨的权益保护,也对侨眷权益进行保护。据此,B项错误。根据宪法第四十三条第二款规定了"国家发展劳动者休息和休养的设施"。据此,C项错误。宪法总纲部分第十三条规定了公民合法财产的所有权和私有财产的继承权,D项正确。

参考答案：①D　②BC　③D

相关法条　　　　　　　　　　《宪法》

第三十四条　中华人民共和国年满十八周岁的公民,不分民族、种族、性别、职业、家庭出身、宗教信仰、教育程度、财产状况、居住期限,都有选举权和被选举权;但是依照法律被剥夺政治权利的人除外。

第五十条　中华人民共和国保护华侨的正当的权利和利益,保护归侨和侨眷的合法的权利和利益。

23. 刘某系某乡女村民,已生育三个女儿,现在又怀上了第四胎。乡、村两级干部决心把她作典型处理。于是,在某日一大早便破门而入,将还在睡梦中未及穿戴整齐的刘某强行带到村委会教育了一整天,并决定取消其读小学三年级的女儿"三好学生"的称号。根据我国宪法和法律,乡村干部的行为侵犯了刘某作为公民的哪些宪法权利?（2003－1－43）

A. 人身自由　　　B. 住宅不受侵犯　　　C. 受教育的权利　　　D. 人格尊严

答案（　　）①

【解析】"破门而入"侵犯了《宪法》第39条赋予公民的住宅不受侵犯权;"将还在睡梦中未及穿戴整齐的刘某强行带到村委会"侵犯了宪法第38条所确认的人格尊严;"教育了一整天",侵犯了《宪法》第37条所确认的人身自由。因此,A、B、D选项应选。"取消其读小学三年级的女儿'三好学生'的称号",这是侵犯了其女儿的荣誉权,而非其女儿的受教育权,更不是刘某的受教育权。因此C选项不应选。

24. 根据《宪法》和法律的规定,下列哪些选项是不正确的?（2012－1－63）

A. 生命权是我国宪法明确规定的公民基本权利
B. 监督权包括批评建议权、控告检举权和申诉权
C. 《宪法》第43条第1款规定,中华人民共和国公民有休息的权利
D. 受教育既是公民的权利也是公民的义务

答案（　　）②

【解析】我国宪法并未明文规定生命权,A项错误。我国宪法规定,劳动者有休息权,可见,宪法休息权的主体并非全体公民。C项错误。

相关法条　　　　　　　　　　《宪法》

第四十一条　中华人民共和国公民对于**任何国家机关和国家工作人员**,有提出批评和建议的权利;对于任何国家机关和国家工作人员的**违法失职行为**,有向有关国家机关提出申诉、控告或者检举的权利,但是不得捏造或者歪曲事实进行诬告陷害。

对于公民的申诉、控告或者检举,**有关国家机关**必须查清事实,负责处理。任何人不得压制和打击报复。

由于国家机关和国家工作人员侵犯公民权利而受到损失的人,有依照法律规定取得赔偿的权利。

25. 根据《宪法》规定,下列哪些权利是公民享有的监督权?（2009－1－64）

A. 罢免权　　　　　　　　　　　　B. 集会、游行、示威自由
C. 批评和建议的权利　　　　　　　D. 申诉、控告或者检举的权利

答案（　　）③

【解析】监督权是指宪法赋予公民监督国家机关及其工作人员的活动的权利,其内容包括批

参考答案:①ABD　②AC　③CD

评建议权、控告检举权和申诉权。选项C、D正确。选项A不属于普通公民的监督权,其享有主体限于人大代表。选项B属于政治自由。

26. 下列有关我国公民权利的表述哪些符合宪法的规定?(2004-1-57)
　　A. 公民对于任何国家机关和国家工作人员,有提出批评和建议的权利
　　B. 公民对任何国家机关和国家工作人员的违法失职行为,有提出申诉、控告或者检举的权利
　　C. 任何国家机关在接到公民提出的申诉、控告或者检举后,都必须查清事实,负责处理
　　D. 国家机关和国家工作人员侵犯公民权利造成损失的,受害人有依法请求赔偿的权利

答案( )①

【解析】根据《宪法》第41条规定,A、B、D三项正确。C项错在对于公民的申诉、控告或者检举,有关国家机关必须查清事实,负责处理,而不是所有机关。

27. 张某对当地镇政府干部王某的工作提出激烈批评,引起群众热议,被公安机关以诽谤他人为由行政拘留5日。张某的精神因此受到严重打击,事后相继申请行政复议和提起行政诉讼,法院依法撤销了公安机关《行政处罚决定书》。随后,张某申请国家赔偿。根据《宪法》和法律的规定,关于本案的分析,下列哪些选项是正确的?(2016-1-63)
　　A. 王某因工作受到批评,人格尊严受到侵犯　　B. 张某的人身自由受到侵犯
　　C. 张某的监督权受到侵犯　　D. 张某有权获得精神损害抚慰金

答案( )②

【解析】监督权是宪法赋予公民监督国家机关及其工作人员的活动的权利,其内容包括批评建议权、控告检举权和申诉权。本案中,张某批评王某,其实是张某行使监督权的表现。虽然公安机关错误地以诽谤他人为由行政拘留张某,但是,法院已经依法撤销了公安机关的这一行政处罚决定,这充分说明了张某并未捏造或者歪曲事实诬告陷害王某,因此,王某人格尊严并未受到侵犯。A项错误。教材指出,人身自由是指公民的身体不受非法侵犯,即不受非法限制、搜查、拘留和逮捕。题干表明,法院依法撤销了公安机关的这一行政处罚决定,这充分说明了公安机关行政拘留张某是违法的,因此,张某的人身自由受到侵犯。B项正确。为了保障公民监督权的有效行使,《宪法》第41条第1款规定:"中华人民共和国公民对于任何国家机关和国家工作人员,有提出批评和建议的权利;对于任何国家机关和国家工作人员的违法失职行为,有向有关国家机关提出申诉、控告或者检举的权利。"公安机关并未查清事实就对张某予以行政拘留,后被法院依法撤销,这说明公安机关的这一行政行为当然侵犯了张某的监督权。C项正确。宪法规定了公民的获得赔偿权。教材指出,现行的《国家赔偿法》在归责原则方面改变了之前采用的严格的违法原则,第2条第1款规定:"国家机关和国家机关工作人员行使职权,有本法规定的侵犯公民、法人和其他组织合法权益的情形,造成损害的,受害人有依照本法取得国家赔偿的权利。"并首次明确,致人精神损害、造成严重后果的,赔偿义务机关应当支付"精神损害抚慰金"。D项正确。

28. 下列哪一项不属于宪法规定的公民的基本权利?(2004-1-10)
　　A. 环境权　　B. 平等权　　C. 出版自由　　D. 受教育权

答案( )③

【解析】根据《宪法》规定,我国公民的基本权利包括平等权,政治权利和自由,宗教信仰自由,人身自由,社会经济、文化教育方面的权利。由此可知,环境权不属于我国宪法规定的公民的基本权利。

参考答案:①ABD　②BCD　③A

第三节　我国公民的基本义务

1. 根据《宪法》的规定,关于公民纳税义务,下列哪些选项是正确的?（2012-1-62）
A. 国家在确定公民纳税义务时,要保证税制科学合理和税收负担公平
B. 要坚持税收法定原则,税收基本制度实行法律保留
C. 纳税义务直接涉及公民个人财产权,宪法纳税义务具有防止国家权力侵犯其财产权的属性
D. 履行纳税义务是公民享有其他权利的前提条件

答案（　　）①

【解析】纳税义务具有双重性:一方面,纳税是国家财政的主要来源,具有形成国家财力的属性,也是国家进行宏观调控的重要经济杠杆;另一方面,纳税义务具有防止国家权力侵犯其财产权的属性。与纳税义务相对的是国家的课税权。依法纳税是保护公民财产权的重要保证。因此,C项正确。国家在确定公民纳税义务时,要保证税制的科学合理和税收负担的公平;既要保证国家财政需要,又要使纳税人有实际的承受能力。A项正确。《立法法》规定,税收的基本制度只能制定法律。据此,B项正确。宪法并没有规定履行义务是公民享有其他权利的前提条件。所以,D项错误。

2. 王某为某普通高校应届毕业生,23岁,尚未就业。根据《宪法》和法律的规定,关于王某的权利义务,下列哪一选项是正确的?（2014-1-24）
A. 无须承担纳税义务
B. 不得被征集服现役
C. 有选举权和被选举权
D. 有休息的权利

答案（　　）②

【解析】根据宪法规定,中华人民共和国公民有纳税的义务。每个公民都是纳税人,此身份与是否直接向税务机关缴纳税款无关。因此,A项错误。在我国,依法被剥夺政治权利的人不得服兵役;应征公民被羁押,正在受侦查、起诉、审判的,或者被判处徒刑、拘役、管制在服刑的,不征集服兵役;应征公民是维持家庭生活的唯一劳动力或者是正在全日制学校就学的学生,可以缓征。据此可见,23周岁的王某已经从高校毕业,既不具备缓征的条件,也不满足不得服兵役、不征集服现役的情形,而是属于应当被征集服现役的范围。B项错误。选举权的普遍性要求,只要符合三大基本条件就有选举权和被选举权,与是否就业无关。C项正确。现行《宪法》第43条第1款规定,中华人民共和国劳动者有休息的权利。王某尚未就业,因此谈不上享有宪法上的休息的权利。D项错误。

第五章　国家机构

第一节　国家机构概述

我国宪法第3条规定:"中华人民共和国的国家机构实行民主集中制的原则。"这项原则的内容主要体现在下列哪些方面?（2003-1-46）

参考答案:①ABC　②C

A. 在国家机构与人民的关系方面,体现了国家权力来自人民,由人民组织国家机构
B. 在同级国家机构中,国家权力机关居于主导地位
C. 在中央和地方机构的关系方面,实行中央和地方的国家机构和职权的划分,遵循在中央的统一领导下,充分发挥地方的主动性、积极性的原则
D. 各国家机关在行使职权时实行集体负责制

答案（　　）①

【解析】在我国,不同性质的国家机关采取不同的责任制形式。各级人民代表大会及其常务委员会、人民法院和人民检察院等是实行集体负责制的机关;而国务院及其各部、委,中央军委以及地方各级人民政府等都实行个人负责制。因此,D项错误。

第二节　全国人民代表大会及其常务委员会

1. 根据《宪法》和法律规定,关于人民代表大会制度,下列哪一选项是不正确的？（2011-1-24）
A. 人民代表大会制度体现了一切权力属于人民的原则
B. 地方各级人民代表大会是地方各级国家权力机关
C. 全国人民代表大会是最高国家权力机关
D. 地方各级国家权力机关对最高国家权力机关负责,并接受其监督

答案（　　）②

【解析】地方各级全国权力机关(地方各级人大)与最高国家权力机关(全国人大)一起构成我国国家权力机关体系。但全国人大和地方各级人大之间以及地方各级人大之间并没有隶属关系,上级人大只是有权依照宪法和法律监督、指导下级人大的工作。地方各级人大是本地方人民行使国家权力的机关,依照法律规定的权限决定本行政区域内的重大事项。所以,地方各级人大不需要对全国人大负责。D项错误。其他各项表述正确。

2. 根据1954年宪法和现行宪法有关立法的规定,下列哪些选项是正确的？（2007-1-63）
A. 1954年宪法规定全国人民代表大会是行使国家立法权的唯一机关
B. 现行宪法则规定全国人民代表大会和全国人民代表大会常务委员会行使国家立法权
C. 1954年宪法没有授予国务院制定行政法规的权力
D. 现行宪法则明确规定了国务院有根据宪法和法律制定行政法规的权力

答案（　　）③

【解析】根据1954年宪法第二十二条,全国人民代表大会是行使国家立法权的唯一机关。A项正确;根据现行宪法第五十八条,全国人民代表大会和全国人民代表大会常务委员会行使国家立法权。B项正确;根据1954宪法第四十九条,国务院有根据宪法、法律和法令,规定行政措施,发布决议和命令,并且审查这些决议和命令的实施情况。可见,C项正确;根据现行宪法第八十九条,国务院有权根据宪法和法律,规定行政措施,制定行政法规,发布决定和命令。D项正确。

3. 根据《全国人大组织法》规定,在必要的时候,下列哪一机构有权决定全国人民代表大会会议秘密举行？（2010-1-20）
　　A. 十个以上代表团联名　　　　　　　B. 全国人大常委会委员长会议

参考答案:①ABC　②D　③ABCD

C. 全国人大主席团和各代表团团长会议   D. 全国人大常委会和全国人大主席团

答案(　　)①

【解析】 根据《全国人大组织法》第20条规定，主席团和各代表团团长会议可以决定举行秘密会议。因此，只有C项正确。

相关法条　　　　　　　　　　　　《全国人大组织法》

第二十条　全国人民代表大会会议公开举行；在必要的时候，经主席团和各代表团团长会议决定，可以举行秘密会议。

4. 关于全国人大职权，下列哪些说法是正确的？（2010－1－64）
A. 选举国家主席、副主席
B. 选举国务院总理、副总理
C. 选举最高人民法院院长、最高人民检察院检察长
D. 决定特别行政区的设立与建置

答案(　　)②

【解析】 根据《宪法》第62条的规定，中华人民共和国主席、副主席由全国人大选举；国务院总理的人选根据中华人民共和国主席的提名，由全国人大决定；最高人民法院院长、最高人民检察院检察长由全国人大选举。A、C两项正确，B项错误。全国人大有权批准省、自治区和直辖市的建置，有权决定特别行政区的设立及其制度。D项表述错误，混淆了一般省级地方和特别行政区。

相关法条　　　　　　　　　　　　《宪法》

第六十二条　全国人民代表大会行使下列职权：

（一）修改宪法；

（二）监督宪法的实施；

（三）制定和修改刑事、民事、国家机构的和其他的基本法律；

（四）选举中华人民共和国主席、副主席；

（五）根据中华人民共和国主席的提名，决定国务院总理的人选；根据国务院总理的提名，决定国务院副总理、国务委员、各部部长、各委员会主任、审计长、秘书长的人选；

（六）选举中央军事委员会主席；根据中央军事委员会主席的提名，决定中央军事委员会其他组成人员的人选；

（七）选举最高人民法院院长；

（八）选举最高人民检察院检察长；

（九）审查和批准国民经济和社会发展计划和计划执行情况的报告；

（十）审查和批准国家的预算和预算执行情况的报告；

（十一）改变或者撤销全国人民代表大会常务委员会不适当的决定；

（十二）批准省、自治区和直辖市的建置；

（十三）决定特别行政区的设立及其制度；

（十四）决定战争和和平的问题；

（十五）应当由最高国家权力机关行使的其他职权。

参考答案：①C　②AC

5. 根据《宪法》和法律的规定,下列哪一职位由全国人民代表大会选举产生?（2008 四川-1-13）
A. 国务院总理　　B. 国家副主席　　C. 军委副主席　　D. 国务院副总理

答案（　①　）

【解析】《宪法》第79条规定,中华人民共和国主席、副主席由全国人民代表大会选举。B项正确。根据《宪法》第62条第(五)项的规定,根据中华人民共和国主席的提名,决定国务院总理的人选;根据国务院总理的提名,决定国务院副总理、国务委员、各部部长、各委员会主任、审计长、秘书长的人选。所以A项的国务院总理和D项的国务院副总理,是由全国人民代表大会决定。根据《宪法》第62条第(六)项的规定,全国人民代表大会选举中央军事委员会主席;根据中央军事委员会主席的提名,决定中央军事委员会其他组成人员的人选。所以C项错误。

6. 下列法律中,哪一部不属于我国的基本法律?（2008 四川-1-14）
A.《中华人民共和国人民法院组织法》　　B.《中华人民共和国人民检察院组织法》
C.《中华人民共和国国家赔偿法》　　D.《中华人民共和国刑法》

答案（　②　）

【解析】我国的基本法律,是指由全国人民代表大会制定和修改的法律。本题中,《中华人民共和国人民法院组织法》、《中华人民共和国人民检察院组织法》和《中华人民共和国刑法》都是由全国人民代表大会制定的法律,属于我国的基本法律。而《国家赔偿法》是由全国人民代表大会常务委员会制定的,所以不是我国的基本法律。因此,本题应该选C项。

7. 关于全国人大及其常委会的质询权,下列说法正确的是?（2010-1-93）
A. 全国人大会议期间,一个代表团可书面提出对国务院的质询案
B. 全国人大会议期间,三十名以上代表联名可书面提出对国务院各部的质询案
C. 全国人大常委会会议期间,常委会组成人员十人以上可书面提出对国务院各委员会的质询案
D. 全国人大常委会会议期间,委员长会议可书面提出对国务院的质询案

答案（　③　）

【解析】根据《全国人大组织法》第16条规定,A、B两项正确。根据第33条规定,C项正确。

相关法条　　　　　　《宪法》

第七十三条　全国人民代表大会代表在全国人民代表大会开会期间,全国人民代表大会常务委员会组成人员在常务委员会开会期间,有权依照法律规定的程序提出对国务院或者国务院各部、各委员会的质询案。受质询的机关必须负责答复。

相关法条　　　　　　《全国人大组织法》

第十六条　在全国人民代表大会会议期间,一个代表团或者三十名以上的代表,可以书面提出对国务院和国务院各部、各委员会的质询案,由主席团决定交受质询机关书面答复,或者由受质询机关的领导人在主席团会议上或者有关的专门委员会会议上或者有关的代表团会议上口头答复。在主席团会议或者专门委员会会议上答复的,提质询案的代表团团长或者提质询案的代表可以列席会议,发表意见。

第三十三条　在常务委员会会议期间,常务委员会组成人员十人以上,可以向常务委员会书面提出对国务院和国务院各部、各委员会的质询案,由委员长会议决定交受质询机关书面答复,或者由受质

参考答案:①B　②C　③ABC

询机关的领导人在常务委员会会议上或者有关的专门委员会会议上口头答复。在专门委员会会议上答复的,提质询案的常务委员会组成人员可以出席会议,发表意见。

相关法条　　　　　　　　　　　　　《常委会监督法》

第三十五条　全国人民代表大会常务委员会组成人员十人以上联名,省、自治区、直辖市、自治州、设区的市人民代表大会常务委员会组成人员五人以上联名,县级人民代表大会常务委员会组成人员三人以上联名,可以向常务委员会书面提出对**本级人民政府及其部门和人民法院、人民检察院**的质询案。

质询案应当写明质询对象、质询的问题和内容。

第三十六条　质询案由委员长会议或者主任会议决定交由受质询的机关答复。

委员长会议或者主任会议可以决定由受质询机关在常务委员会会议上或者有关专门委员会会议上口头答复,或者由受质询机关书面答复。在专门委员会会议上答复的,提质询案的常务委员会组成人员有权列席会议,发表意见。委员长会议或者主任会议认为必要时,可以将答复质询案的情况报告印发常务委员会会议。

第三十七条　提质询案的常务委员会组成人员的过半数对受质询机关的答复不满意的,可以提出要求,经委员长会议或者主任会议决定,由受质询机关再作答复。

第三十八条　质询案以口头答复的,由受质询机关的负责人到会答复。质询案以书面答复的,由受质询机关的负责人签署。

8. 全国人大常委会的职权之一是监督国家机关的工作。根据宪法和法律,下列有关全国人大常委会行使监督权的表述中哪些是正确的?(2002-1-43)

A. 全国人大常委会组成人员10人以上联名有权提出对国务院的质询案

B. 全国人大常委会组成人员10人以上联名无权提出对中央军事委员会的质询案

C. 全国人大常委会组成人员10人以上联名有权提出对最高人民法院的质询案

D. 全国人大常委会组成人员10人以上联名无权提出对国家主席的质询案

答案(　　)①

【解析】根据《全国人大组织法》第33条和《常委会监督法》第35条的规定,在常委会开会期间,常务委员会组成人员10人以上联名可以向常务委员会书面提出对国务院或者国务院各部、各委员会和最高人民法院、最高人民检察院的质询案。因此,A、B、C、D四项均正确。

9. 根据《宪法》和《监督法》的规定,关于各级人大常委会依法行使监督权,下列选项正确的是:(2013-1-91)

A. 各级人大常委会行使监督权的情况,应当向本级人大报告,接受监督

B. 全国人大常委会可以委托下级人大常委会对有关法律、法规在本行政区域内的实施情况进行检查

C. 质询案以书面答复的,由受质询的机关的负责人签署

D. 依法设立的特定问题调查委员会在调查过程中,可以不公布调查的情况和材料

答案(　　)②

【解析】根据《监督法》第6条,A项正确。根据同法第25条,全国人大常委会和省级人大常委会根据需要,可以委托下一级人大常委会对有关法律、法规在本行政区域内的实施情况进行检查。因此,B项错误。根据同法第38条,质询案以口头答复的,由受质询机关的负责人到会答复;质询案以

参考答案:①ABCD　②ACD

书面答复的,由受质询机关的负责人签署。C项正确。根据同法第42条,D项正确。

相关法条　　　　　　　　　　　《常委会监督法》

第六条　各级人民代表大会常务委员会行使监督职权的情况,应当向本级人民代表大会报告,接受监督。

第二十五条　全国人民代表大会常务委员会和省、自治区、直辖市的人民代表大会常务委员会根据需要,可以委托下一级人民代表大会常务委员会对有关法律、法规在本行政区域内的实施情况进行检查。受委托的人民代表大会常务委员会应当将检查情况书面报送上一级人民代表大会常务委员会。

第四十二条　调查委员会进行调查时,有关的国家机关、社会团体、企业事业组织和公民都有义务向其提供必要的材料。

提供材料的公民要求对材料来源保密的,调查委员会应当予以保密。

调查委员会在调查过程中,可以不公布调查的情况和材料。

10. 根据《全国人大组织法》规定,下列关于全国人大代表团的哪一说法是正确的?(2009-1-20)

　　A. 代表团团长、副团长由各代表团全体成员选举产生

　　B. 两个代表团以上可以向全国人大提出属于全国人大职权范围内的议案

　　C. 三个以上的代表团可以提出对于全国人大常委会的组成人员,国家主席、副主席,国务院和中央军事委员会的组成人员,最高人民法院院长和最高人民检察院检察长的罢免案

　　D. 一个代表团和三十名以上的代表可以联合提出对国务院及其各部、各委员会的质询案

答案(　①　)

【解析】 根据《全国人大组织法》第4条规定,各代表团**分别推选**代表团团长、副团长,而不是由各代表团全体成员**选举**产生。所以,选项A错误。根据第10条规定,一个代表团就可以提出议案,所以选项B错误。根据第15条规定,选项C正确。根据第16条规定,"一个代表团"和"三十名以上代表"二者均有权提出,不必联名。况且,代表团和代表也没有办法联名。选项D错误。

相关法条　　　　　　　　　　　《全国人大组织法》

第四条　全国人民代表大会代表按照选举单位组成代表团。各代表团分别推选代表团团长、副团长。

代表团在每次全国人民代表大会会议举行前,讨论全国人民代表大会常务委员会提出的关于会议的准备事项;在会议期间,对全国人民代表大会的各项议案进行审议,并可以由代表团团长或者由代表团推派的代表,在主席团会议上或者大会全体会议上,代表代表团对审议的议案发表意见。

第五条　全国人民代表大会每次会议举行预备会议,选举本次会议的主席团和秘书长,通过本次会议的议程和其他准备事项的决定。

预备会议由全国人民代表大会常务委员会主持。每届全国人民代表大会第一次会议的预备会议,由上届全国人民代表大会常务委员会主持。

第六条　主席团主持全国人民代表大会会议。

主席团互推若干人轮流担任会议的执行主席。

主席团推选常务主席若干人,召集并主持主席团会议。

第十条　一个代表团或者三十名以上的代表,可以向全国人民代表大会提出属于全国人民代表大

参考答案:①C

会职权范围内的议案,由主席团决定是否列入大会议程,或者先交有关的专门委员会审议、提出是否列入大会议程的意见,再决定是否列入大会议程。

第十一条 向全国人民代表大会提出的议案,在交付大会表决前,提案人要求撤回的,对该议案的审议即行终止。

第十五条 全国人民代表大会三个以上的代表团或者十分之一以上的代表,可以提出对于全国人民代表大会常务委员会的组成人员,中华人民共和国主席、副主席,国务院和中央军事委员会的组成人员,最高人民法院院长和最高人民检察院检察长的罢免案,由主席团提请大会审议。

11. 根据《全国人民代表大会组织法》的规定,下列哪些选项是错误的?（2008 四川-1-61）

A. 全国人民代表大会每次会议举行预备会议,选举本次会议的主席团和秘书长,通过本次会议的议程和其他准备事项的决定

B. 会议主席团设常务主席若干人,轮流担任会议执行主席

C. 30 名以上的代表,可以就国家生活和国计民生的任何问题,向全国人民代表大会提出议案

D. 向全国人民代表大会提出的议案,在交付大会表决前,提案人要求撤回的,由大会主席团审议决定是否终止审议

答案（　　）①

【解析】根据《全国人民代表大会组织法》第5条第1款规定,A项表述正确。根据同法第6条规定,执行主席主持的是人大会议,而常务主席召集并主持的是主席团会议。B项表述错误。根据同法第10条规定,全国人民代表大会只能审议其职权范围内的事项;所以,30名以上的代表可以向全国人民代表大会提出属于全国人民代表大会职权范围内的议案,而不能就国家生活和国计民生的任何问题提案。所以C项的表述是错误的。向全国人民代表大会提出的议案,在交付大会表决前,提案人要求撤回的,应当说明理由,经主席团同意,并向大会报告,对该议案的审议即行终止,可见,并不是由大会主席团审议决定。所以D项的表述也是错误的。

12. 根据《宪法》和有关法律的规定,关于全国人大审议立法议案的法定通过人数,下列哪一选项是正确的?（2008 四川-1-17）

A. 宪法的修改,须由全国人民代表大会全体代表的过半数通过

B. 宪法的修改,须由全国人大常委会全体成员的三分之二以上通过

C. 法律的制定,须由全国人民代表大会全体代表的过半数通过

D. 法律的制定,须由全国人大常委会全体成员的三分之二以上通过

答案（　　）②

【解析】根据《宪法》第64条的规定,A、B、D三项的表述错误,C项的表述正确。

相关法条　　　　　　　　　　　《宪法》

第六十四条 宪法的修改,由全国人民代表大会常务委员会或者五分之一以上的全国人民代表大会代表提议,并由全国人民代表大会以全体代表的三分之二以上的多数通过。

法律和其他议案由全国人民代表大会以全体代表的过半数通过。

13. 根据《宪法》和《立法法》规定,关于全国人大常委会委员长会议,下列哪些选项是正确的?（2011-1-61）

A. 委员长会议可以向常委会提出法律案

参考答案:①BCD　②C

B. 列入常委会会议议程的法律案,一般应当经3次委员长会议审议后再交付常委会表决
C. 经委员长会议决定,可以将列入常委会会议议程的法律案草案公布,征求意见
D. 专门委员会之间对法律草案的重要问题意见不一致时,应当向委员长会议报告

答案(①　　)

【解析】根据《立法法》的规定,委员长会议有权向常务委员会提出法律案。选项A正确。三读是指三次常委会全体会议审议,而非委员长会议审议。选项B错误。根据新修订的《立法法》的规定,常委会的工作机构应当在常委会会议后将法律草案及其起草、修改的说明等向社会公布,征求意见,但是经委员长会议决定不公布的除外;向社会公布征求意见的时间一般不少于三十日;征求意见的情况应当向社会通报。可见,为贯彻民主立法原则,法律草案原则上应当向社会公布、征求意见;特殊情况下不公布的,需要经委员长会议作出决定。可见,C项错误。根据《立法法》规定,专门委员会之间对法律草案的重要问题意见不一致时,应当向委员长会议报告。选项D正确。

14. 根据我国宪法和有关法律的规定,下列有关全国人民代表专门委员会的表述哪一项是正确的? (2005-1-8)
A. 全国人民代表大会专门委员会是最高国家权力机关的非常设机关
B. 全国人民代表大会专门委员会负责审议与其职权有关的法律草案
C. 全国人民代表大会专门委员会的组成人选,由主席团在代表中提名,大会通过
D. 全国人民代表大会专门委员会只能审议全国人民代表大会主席团交付的议案

答案(②　　)

【解析】根据《全国人大组织法》第35条的规定,全国人大专门委员会属于常设机关,因此选项A错误。根据新修订的《立法法》第十九条和第二十条的规定,列入全国人民代表大会会议议程的法律案,由有关的专门委员会进行审议,向主席团提出审议意见,并印发会议;列入全国人民代表大会会议议程的法律案,由法律委员会根据各代表团和有关的专门委员会的审议意见,对法律案进行统一审议,向主席团提出审议结果报告和法律草案修改稿,对重要的不同意见应当在审议结果报告中予以说明,经主席团会议审议通过后,印发会议。可见,专门委员会有权审议与其职权有关的法律案。选项B正确。B项符合《立法法》的规定。根据《全国人民代表大会组织法》第35条第3款,专门委员会的主任委员、副主任委员和委员的人选,由主席团在代表中提名,大会通过;在大会闭会期间,全国人大常委会可以补充任命专门委员会的个别副主任委员和部分委员,由委员长会议提名,常委会会议通过。选项C正确。根据《全国人民代表大会组织法》第37条第1款第1项,专门委员会不仅能审议全国人大主席团交付的议案,而且能审议全国人大常委会交付的议案,选项D错误。

15. 根据《宪法》规定,关于全国人大的专门委员会,下列哪一选项是正确的? (2013-1-26)
A. 各专门委员会在其职权范围内所作决议,具有全国人大及其常委会所作决定的效力
B. 各专门委员会的主任委员、副主任委员由全国人大及其常委会任命
C. 关于特定问题的调查委员会的任期与全国人大及其常委会的任期相同
D. 全国人大及其常委会领导专门委员会的工作

答案(③　　)

【解析】专门委员会是全国人大的辅助性的工作机构,在全国人大及其常委会的领导下,研究、审议、拟订有关议案。A项错误,D项正确。各委员会由主任1人、副主任和委员若干人组成;人选

参考答案:①AD　②BC　③D

由主席团从代表中提名,大会通过;在全国人大闭会期间,常委会可以补充任命专门委员会的个别副主任委员和部分委员。B项错误。调查委员会属于临时委员会,无一定任期,调查任务一经完成,该委员会即予撤销。C项错误。

16. 根据《宪法》和法律的规定,关于立法权权限和立法程序,下列选项正确的是:(2013-1-89)

A. 全国人大常委会在人大闭会期间,可以对全国人大制定的法律进行部分补充和修改,但不得同该法律的基本原则相抵触

B. 全国人大通过的法律由全国人民代表大会主席团予以公布

C. 全国人大法律委员会审议法律案时,应邀请有关专门委员会的成员列席会议,发表意见

D. 列入全国人大常委会会议议程的法律案,除特殊情况外,应当在举行会议七日前将草案发给常委会组成人员

答案(①)

【解析】基本法律原则上由全国人大制定和修改。但在全国人大闭会期间,全国人大常委会有权对基本法律进行部分的补充和修改,但不得同该法律的基本原则相抵触。A项正确。不论是全国人大制定的基本法律,还是全国人大常委会制定的非基本法律,通过之后都应由国家主席发布主席令加以公布。B项表述错误。根据新修订的《立法法》的规定,有关的专门委员会审议法律案时,可以邀请其他专门委员会的成员列席会议,发表意见。但是,法律委员会审议法律案时,**应当邀请有关的专门委员会的成员列席会议,发表意见。**所以,C项表述正确。法律案列入全国人大常委会会议议程之后,除特殊情况外,应当在会议举行的七日前将法律草案发给常委会组成人员。D项所表述的信息正确无误。

【评价及预测】1.《立法法》对于宪法修正案的公布主体并无规定,但实践中形成的宪法惯例是,宪法修正案通过之后由全国人大主席团公布。2.关于诸种"列席",请根据《冲刺篇(背诵版)》中整理的专题记忆。

17. 各级人民代表大会常务委员会有权审查和批准决算、听取预算的执行情况报告。根据《宪法》和《监督法》的规定,下列表述正确的是?(2008-1-93)

A. 县级以上地方各级人民政府应当在每年六月至九月期间,将上一年度的本级决算草案提请本级人大常委会审查和批准

B. 国务院应当在每年六月至九月期间向全国人大常委会报告本年度上一阶段预算的执行情况

C. 预算安排的农业、教育、科技、文化、卫生、社会保障等资金需要调减的,国务院和县级以上地方各级人民政府应当提请本级人大常委会审查和批准

D. 上级财政补助资金的安排和使用情况,是地方各级人大常委会对决算草案和预算执行情况重点审查的内容之一

答案(②)

【解析】根据《常务委员会监督法》第15条第2款规定,A项说法正确。根据第16条规定,B项说法正确。根据第17条第2款规定,C项说法正确。根据第18条规定,D项说法正确。

相关法条 　　　　　　　《常委会监督法》

第十五条 国务院应当在每年六月,将上一年度的中央决算草案提请全国人民代表大会常务委员会审查和批准。

参考答案:①ACD　②ABCD

县级以上地方各级人民政府应当在每年六月至九月期间,将上一年度的本级决算草案提请本级人民代表大会常务委员会审查和批准。

决算草案应当按照本级人民代表大会批准的预算所列科目编制,按预算数、调整数或者变更数以及实际执行数分别列出,并作出说明。

第十六条 国务院和县级以上地方各级人民政府应当在每年六月至九月期间,向本级人民代表大会常务委员会报告本年度上一阶段国民经济和社会发展计划、预算的执行情况。

第十七条 国民经济和社会发展计划、预算经人民代表大会批准后,在执行过程中需要作部分调整的,国务院和县级以上地方各级人民政府应当将调整方案提请本级人民代表大会常务委员会审查和批准。

严格控制不同预算科目之间的资金调整。预算安排的农业、教育、科技、文化、卫生、社会保障等资金需要调减的,国务院和县级以上地方各级人民政府应当提请本级人民代表大会常务委员会审查和批准。

国务院和县级以上地方各级人民政府有关主管部门应当在本级人民代表大会常务委员会举行会议审查和批准预算调整方案的一个月前,将预算调整初步方案送交本级人民代表大会财政经济委员会进行初步审查,或者送交常务委员会有关工作机构征求意见。

第十八条 常务委员会对决算草案和预算执行情况报告,重点审查下列内容:

(一)预算收支平衡情况;

(二)重点支出的安排和资金到位情况;

(三)预算超收收入的安排和使用情况;

(四)部门预算制度建立和执行情况;

(五)向下级财政转移支付情况;

(六)本级人民代表大会关于批准预算的决议的执行情况。

除前款规定外,全国人民代表大会常务委员会还应当重点审查国债余额情况;县级以上地方各级人民代表大会常务委员会还应当重点审查上级财政补助资金的安排和使用情况。

第十九条 常务委员会每年审查和批准决算的同时,听取和审议本级人民政府提出的审计机关关于上一年度预算执行和其他财政收支的审计工作报告。

18. 全国人大常委会是全国人大的常设机关,根据宪法规定,全国人大常委会行使多项职权,但下列哪一职权不由全国人大常委会行使?(2007-1-16)

　　A. 解释宪法,监督宪法的实施

　　B. 批准省、自治区、直辖市的建置

　　C. 废除同外国缔结的条约和重要协定

　　D. 审批国民经济和社会发展计划以及国家预算部分调整方案

　　　　　　　　　　　　　　　　　　　　　　　　　　答案(①)

【解析】《宪法》第62条规定,批准省、自治区和直辖市的建置属于全国人民代表大会的职权。所以,B项不属于人大常委会行使职权的范围。

相关法条　　　　　　　《宪法》

第六十七条 全国人民代表大会常务委员会行使下列职权:

(一)解释宪法,监督宪法的实施;

参考答案:①B

(二)制定和修改除应当由全国人民代表大会制定的法律以外的其他法律;

(三)在全国人民代表大会闭会期间,对全国人民代表大会制定的法律进行部分补充和修改,但是不得同该法律的基本原则相抵触;

(四)解释法律;

(五)在全国人民代表大会闭会期间,审查和批准国民经济和社会发展计划、国家预算在执行过程中所必须作的部分调整方案;

(六)监督国务院、中央军事委员会、最高人民法院和最高人民检察院的工作;

(七)撤销国务院制定的同宪法、法律相抵触的行政法规、决定和命令;

(八)撤销省、自治区、直辖市国家权力机关制定的同宪法、法律和行政法规相抵触的地方性法规和决议;

(九)在全国人民代表大会闭会期间,根据国务院总理的提名,决定部长、委员会主任、审计长、秘书长的人选;

(十)在全国人民代表大会闭会期间,根据中央军事委员会主席的提名,决定中央军事委员会其他组成人员的人选;

(十一)根据最高人民法院院长的提请,任免最高人民法院副院长、审判员、审判委员会委员和军事法院院长;

(十二)根据最高人民检察院检察长的提请,任免最高人民检察院副检察长、检察员、检察委员会委员和军事检察院检察长,并且批准省、自治区、直辖市的人民检察院检察长的任免;

(十三)决定驻外全权代表的任免;

(十四)决定同外国缔结的条约和重要协定的批准和废除;

(十五)规定军人和外交人员的衔级制度和其他专门衔级制度;

(十六)规定和决定授予国家的勋章和荣誉称号;

(十七)决定特赦;

(十八)在全国人民代表大会闭会期间,如果遇到国家遭受武装侵犯或者必须履行国际间共同防止侵略的条约的情况,决定战争状态的宣布;

(十九)决定全国总动员或者局部动员;

(二十)决定全国或者个别省、自治区、直辖市进入紧急状态;

(二十一)全国人民代表大会授予的其他职权。

19. 根据我国宪法规定,关于决定特赦,下列哪一选项是正确的?(2007-1-15)

A. 中华人民共和国国家主席决定特赦

B. 全国人民代表大会常务委员会决定特赦

C. 全国人民代表大会决定特赦

D. 决定特赦是我国最高行政机关的专有职权

答案(　①　)

【解析】《宪法》第67条第17项规定,全国人民代表大会常务委员会行使下列职权:决定特赦。所以 B 正确。

20. 根据《宪法》和法律的规定,下列表述错误的是?(2008-1-94)

A. 全国人大代表在全国人大各种会议上的活动不受法律追究

参考答案:①B

B. 在全国人大闭会期间,全国人大代表未经选举单位人大常委会批准,不受逮捕和刑事审判

C. 全国人大代表受原选举单位的监督

D. 全国人大代表在全国人民代表大会开会期间,有权提出对国务院或者国务院各部、各委员会的质询案

答案（　　）①

【解析】 根据《宪法》第75条的规定,全国人民代表大会代表在全国人民代表大会各种会议上,只是发言和表决不受法律的追究,并非是所有的活动不受法律的追究,因此A项说法错误。根据宪法第74条规定,在全国人民代表大会闭会期间,对其代表的逮捕或者刑事审判,应该是必须"经全国人民代表大会常务委员会许可",而不是"经选举单位人大常委会批准"。因此,B项说法错误。根据宪法第77条规定,全国人民代表大会代表受原选举单位的监督。原选举单位有权依法罢免之。因此,C项说法正确。根据宪法第73条规定,全国人民代表大会代表有权依法提出对国务院或者国务院各部、各委员会的质询案。受质询的机关必须负责答复。因此,D项说法正确。

相关法条　　　　　　　　　　《宪法》

第七十四条　全国人民代表大会代表,非经全国人民代表大会会议主席团许可,在全国人民代表大会闭会期间非经全国人民代表大会常务委员会许可,不受逮捕或者刑事审判。

第七十五条　全国人民代表大会代表在全国人民代表大会各种会议上的发言和表决,不受法律追究。

第七十七条　全国人民代表大会代表受原选举单位的监督。原选举单位有权依照法律规定的程序罢免本单位选出的代表。

21. 黄某系全国人大代表,因正常履行职务受到诬陷,被某市公安机关刑事拘留。根据我国宪法和法律,下列何种表述是正确的?（2003－1－87）

A. 该公安机关无权拘留黄某,除非得到全国人大会议主席团的许可

B. 该公安机关无权拘留黄某,除非得到全国人大常委会的许可

C. 该公安机关有权拘留黄某,但须立即向全国人大会议主席团或者全国人大常委会报告

D. 该公安机关有权拘留黄某,但须立即向最高人民检察院报告

答案（　　）②

【解析】 根据《各级人大法》第30条的规定,人大代表如果因为是现行犯被拘留,执行拘留的公安机关应当立即向该级人民代表大会主席团或者常务委员会报告。据此,C选项是正确的。

相关法条　　　　　　　　　　《各级人大代表法》

第三十条　县级以上的各级人民代表大会代表,非经本级人民代表大会主席团许可,在本级人民代表大会闭会期间,非经本级人民代表大会常务委员会许可,不受逮捕或者刑事审判。如果因为是现行犯被拘留,执行拘留的机关应当立即向该级人民代表大会主席团或者人民代表大会常务委员会报告。

对县级以上的各级人民代表大会代表,如果采取法律规定的其他限制人身自由的措施,应当经该级人民代表大会主席团或者人民代表大会常务委员会许可。

乡、民族乡、镇的人民代表大会代表,如果被逮捕、受刑事审判,或者被采取法律规定的其他限制人

参考答案：①AB　②C

身自由的措施,执行机关应当立即报告乡、民族乡、镇的人民代表大会。

22. 根据《宪法》和法律的规定,关于全国人大代表的权利,下列哪些选项是正确的？(2016－1－64)

A. 享有绝对的言论自由

B. 有权参加决定国务院各部部长、各委员会主任的人选

C. 非经全国人大主席团或者全国人大常委会许可,一律不受逮捕或者行政拘留

D. 有五分之一以上的全国人大代表提议,可以临时召集全国人民代表大会会议

答案(　　)①

【解析】宪法规定,全国人大代表在全国人大各种会议上的发言和表决不受法律追究。可见,全国人大代表并没有绝对的言论自由,只有在全国人大各种会议上的言论不受法律追究,在其他场合的言论当然应当受到追究。A项错误。全国人大代表有权参加各项选举和表决。全国人大代表参加决定国务院组成人员(各部部长、各委员会主任在内)和中央军事委员会副主席、委员的人选,参加表决通过全国人大各专门委员会组成人员的人选。B项正确。全国人大代表有人身受特别保护权。根据宪法和全国人民代表大会组织法、代表法的规定,在全国人大开会期间,没有经过全国人大会议主席团的许可,在全国人大闭会期间,没有经过全国人大常委会的许可,全国人大代表不受逮捕或者刑事审判。C项错误。根据宪法的规定,全国人大会议每年举行一次。如果全国人大常委会认为有必要或者1/5以上的全国人大代表提议,可以临时召集。D项正确。

23. 人民代表应当出席本级人民代表大会会议,依法行使代表的职权。根据《中华人民共和国全国人民代表大会和地方各级人民代表大会代表法》的规定,下列哪一种说法是正确的？(2005－1－12)

A. 未经批准两次不出席本级人民代表大会会议的代表,终止代表资格

B. 因刑事案件被羁押正在受侦查、起诉、审判的代表,终止代表资格

C. 因违法受劳动教养处分一年以上的代表,暂时停止代表资格

D. 因故一年内不能出席本级人民代表大会会议的代表,暂时停止代表资格

答案(　　)②

【解析】根据《全国人民代表大会和地方各级人民代表大会代表法》第41条第3项,选项A正确。根据该法第40条第1款第1项,选项B的情形是暂时停止执行代表职务,而非代表资格终止。选项C、D的情形不属于该法第40条列举的暂时停止执行代表职务的情形,错误。

相关法条	《各级人大代表法》

第四十条 代表有下列情形之一的,暂时停止执行代表职务:

(一)因刑事案件被羁押正在受侦查、起诉、审判的;

(二)被依法判处管制、拘役或者有期徒刑而没有附加剥夺政治权利,正在服刑的。

前款所列情形在代表任期内消失后,恢复其执行代表职务,但代表资格终止者除外。

第四十一条 代表有下列情形之一的,其代表资格终止:

(一)地方各级人民代表大会代表迁出或者调离本行政区域的;

(二)辞职被接受的;

(三)未经批准两次不出席本级人民代表大会会议的;

(四)被罢免的;

(五)丧失中华人民共和国国籍的;

参考答案:①BD　②A

(六)依照法律被剥夺政治权利的。

第三节　中华人民共和国主席

1. 根据《宪法》的规定,无须全国人大常委会决定,国家主席即可行使下列哪些职权?(2008 四川-1-60)

A. 代表中华人民共和国接受外国使节
B. 代表中华人民共和国进行国事活动
C. 派遣和召回驻外全权代表
D. 授予国家的勋章和荣誉称号

答案(　　)①

【解析】根据《宪法》第80条和第81条的规定,进行国事活动、接受外国使节属于中华人民共和国主席的固有职权,不需要根据全国人民代表大会常务委员会的决定进行。所以本题应选A、B两项。

相关法条　　《宪法》

第七十九条　中华人民共和国主席、副主席由全国人民代表大会选举。

有选举权和被选举权的年满四十五周岁的中华人民共和国公民可以被选为中华人民共和国主席、副主席。

中华人民共和国主席、副主席每届任期同全国人民代表大会每届任期相同,连续任职不得超过两届。

第八十条　中华人民共和国主席根据全国人民代表大会的决定和全国人民代表大会常务委员会的决定,公布法律,任免国务院总理、副总理、国务委员、各部部长、各委员会主任、审计长、秘书长,授予国家的勋章和荣誉称号,发布特赦令,宣布进入紧急状态,宣布战争状态,发布动员令。

第八十一条　中华人民共和国主席代表中华人民共和国,进行国事活动,接受外国使节;根据全国人民代表大会常务委员会的决定,派遣和召回驻外全权代表,批准和废除同外国缔结的条约和重要协定。

2. 根据我国现行宪法规定,担任下列哪一职务的人员,应由国家主席根据全国人大和全国人大常委会的决定予以任免?(2005-1-10)

A. 国家副主席
B. 国家军事委员会副主席
C. 最高人民法院副院长
D. 国务院副总理

答案(　　)②

【解析】根据宪法第80条的规定,国务院的组成人员在全国人大或其常委会决定之后,由国家主席任免。因此,D项入选。国家副主席,由全国人大选举;国家的中央军事委员会副主席,由全国人大或全国人大常委会根据中央军委主席的提名决定其人选;最高人民法院副院长,由全国人大常委会根据最高人民法院院长的提请决定任免。

第四节　国　务　院

1. 预算制度的目的是规范政府收支行为,强化预算监督。根据《宪法》和法律的规定,关于预算,

参考答案:①AB　②D

下列表述正确的是:(2015-1-93)

A. 政府的全部收入和支出都应当纳入预算
B. 经批准的预算,未经法定程序,不得调整
C. 国务院有权编制和执行国民经济和社会发展计划、国家预算
D. 全国人大常委会有权审查和批准国家的预算和预算执行情况的报告

答案(　　)①

【解析】政府的全部收入和支出都应当纳入预算。A项无误。政府编制预算之后,必须报经人大批准后方才具有法律效力,一经批准,未经法定程序,不得调整。B项正确。在人大批准之后,再由政府去执行落实。C项正确。就预算的审批权而言,全国的审批权在人大手里,在执行过程中需要作部分调整的,审批权在常委会手里。D项表述错误。

2. 根据宪法和法律,下列有关国家机构职权的表述中哪些是错误的?(2002-1-88)

A. 全国人民代表大会无权决定设立国务院各部、各委员会
B. 国务院有权决定自治州的设立
C. 自治区人民代表大会常务委员会有权决定民族乡的设立
D. 全国人民代表大会常委会有权决定大赦

答案(　　)②

【解析】根据《国务院组织法》第8条的规定,全国人民代表大会有权决定国务院各部、各委员会的设立、撤销或者合并。故选项A错误。根据《宪法》第89条第15项的规定,自治州、县、自治县、市的建置和区域划分由国务院批准。故选项B表述正确。根据《宪法》第107条第3款的规定,民族乡的设立由省、直辖市的人民政府决定。故选项C错误。根据《宪法》第67条第17项的规定,全国人大常委会行使的职权是特赦而不是大赦。故选项D错误。

相关法条　　　　　　《国务院组织法》

第八条　国务院各部、各委员会的设立、撤销或者合并,经总理提出,由全国人民代表大会决定;在全国人民代表大会闭会期间,由全国人民代表大会常务委员会决定。

相关法条　　　　　　《宪法》

第八十九条　国务院行使下列职权:
(一)根据宪法和法律,规定行政措施,制定行政法规,发布决定和命令;
(二)向全国人民代表大会或者全国人民代表大会常务委员会提出议案;
(三)规定各部和各委员会的任务和职责,统一领导各部和各委员会的工作,并且领导不属于各部和各委员会的全国性的行政工作;
(四)统一领导全国地方各级国家行政机关的工作,规定中央和省、自治区、直辖市的国家行政机关的职权的具体划分;
(五)编制和执行国民经济和社会发展计划和国家预算;
(六)领导和管理经济工作和城乡建设;
(七)领导和管理教育、科学、文化、卫生、体育和计划生育工作;
(八)领导和管理民政、公安、司法行政和监察等工作;

参考答案:①ABC　②ACD

(九)管理对外事务,同外国缔结条约和协定;

(十)领导和管理国防建设事业;

(十一)领导和管理民族事务,保障少数民族的平等权利和民族自治地方的自治权利;

(十二)保护华侨的正当的权利和利益,保护归侨和侨眷的合法的权利和利益;

(十三)改变或者撤销各部、各委员会发布的不适当的命令、指示和规章;

(十四)改变或者撤销地方各级国家行政机关的不适当的决定和命令;

(十五)批准省、自治区、直辖市的区域划分,批准自治州、县、自治县、市的建置和区域划分;

(十六)依照法律规定决定省、自治区、直辖市的范围内部分地区进入紧急状态;

(十七)审定行政机构的编制,依照法律规定任免、培训、考核和奖惩行政人员;

(十八)全国人民代表大会和全国人民代表大会常务委员会授予的其他职权。

第一百零七条 县级以上地方各级人民政府依照法律规定的权限,管理本行政区域内的经济、教育、科学、文化、卫生、体育事业、城乡建设事业和财政、民政、公安、民族事务、司法行政、监察、计划生育等行政工作,发布决定和命令,任免、培训、考核和奖惩行政工作人员。

乡、民族乡、镇的人民政府执行本级人民代表大会的决议和上级国家行政机关的决定和命令,管理本行政区域内的行政工作。

省、直辖市的人民政府决定乡、民族乡、镇的建置和区域划分。

3. 关于国家机关的职权,下列表述错误的是?(2008 四川-1-93)

A. 全国人民代表大会无权决定设立国务院各部、各委员会

B. 国务院有权批准自治州的建置和区域划分

C. 省人民政府有权决定民族乡的建置和区域划分

D. 国家主席有权决定特赦

答案(①)

【解析】根据《国务院组织法》第8条的规定,全国人民代表大会有权决定国务院各部、各委员会的设立、撤销或者合并。故选项A错误。根据《宪法》第89条第15项的规定,自治州、县、自治县、市的建置和区域划分由国务院批准。故选项B表述正确。根据《宪法》第107条第3款的规定,民族乡的设立由省、直辖市的人民政府决定,故选项C正确。《宪法》第67条第17项规定,全国人民代表大会常务委员会决定特赦。所以D项表述错误,应选。

4. 根据我国《宪法》的规定,关于动员和紧急状态的决定权,下列哪些选项是正确的?(2008-1-62)

A. 全国人民代表大会常务委员会有权决定全国总动员

B. 全国人民代表大会常务委员会有权决定全国进入紧急状态

C. 国务院有权决定个别省、自治区、直辖市进入紧急状态

D. 国务院有权决定局部动员

答案(②)

【解析】根据《宪法》第67条规定,全国人民代表大会常务委员会有权决定全国总动员或者局部动员;有权决定全国或者个别省、自治区、直辖市进入紧急状态。可见,A、B是正确的,C、D是错误的。

5. 根据《宪法》规定,关于国务院的说法,下列哪些选项是正确的?(2010-1-61)

参考答案:①AD ②AB

A. 国务院由总理、副总理、国务委员、秘书长组成
B. 国务院常务会议由总理、副总理、国务委员、秘书长组成
C. 国务院有权改变或者撤销地方各级国家行政机关的不适当的决定和命令
D. 国务院依法决定省、自治区、直辖市的范围内部分地区进入紧急状态

答案（　　）①

【解析】 根据《宪法》第86条规定，国务院的组成人员除总理，副总理若干人，国务委员若干人，秘书长之外，还包括各部部长，各委员会主任，审计长。所以，选项A错误。根据《宪法》第88条第2款规定，总理、副总理、国务委员、秘书长组成国务院常务会议。所以，选项B正确。根据《宪法》第89条规定，国务院有权改变或者撤销地方各级国家行政机关的不适当的决定和命令；有权依照法律规定决定省、自治区、直辖市的范围内部分地区进入紧急状态。所以，选项C、D正确。

相关法条　　　　　　　　　　《宪法》

第八十五条　中华人民共和国国务院，即中央人民政府，是最高国家权力机关的执行机关，是最高国家行政机关。

第八十六条　国务院由下列人员组成：总理，副总理若干人，国务委员若干人，各部部长，各委员会主任，审计长，秘书长。

国务院实行总理负责制。各部、各委员会实行部长、主任负责制。

国务院的组织由法律规定。

第八十七条　国务院每届任期同全国人民代表大会每届任期相同。

总理、副总理、国务委员连续任职不得超过两届。

第八十八条　总理领导国务院的工作。副总理、国务委员协助总理工作。

总理、副总理、国务委员、秘书长组成国务院常务会议。

总理召集和主持国务院常务会议和国务院全体会议。

6. 根据我国《宪法》和法律的规定，下列哪些人员是国务院组成人员？（2008-1-65）
A. 外交部副部长
B. 国家发展和改革委员会主任
C. 审计署审计长
D. 国有资产监督管理委员会主任

答案（　　）②

【解析】《宪法》第86条规定："国务院由下列人员组成：总理，副总理若干人，国务委员若干人，各部部长，各委员会主任，审计长，秘书长。国务院实行总理负责制。各部、各委员会实行部长、主任负责制。国务院的组织由法律规定。"所以A错，B、C正确。C项国有资产监督管理委员会是国务院直属特设机构，并非《宪法》规定的"各委员会"，所以国有资产监督管理委员会主任不是国务院组成人员。

7. 国家实行审计监督制度。为加强国家的审计监督，全国人大常委会于1994年通过了《审计法》，并于2006年进行了修正。关于审计监督制度，下列哪些理解是正确的？（2016-1-65）
A.《审计法》的制定与执行是在实施宪法的相关规定
B. 地方各级审计机关对本级人大常委会和上一级审计机关负责
C. 国务院各部门和地方各级政府的财政收支应当依法接受审计监督
D. 国有的金融机构和企业事业组织的财务收支应当依法接受审计监督

答案（　　）③

参考答案：①BCD　②BC　③ACD

【解析】宪法实施既有直接实施,也有间接实施。宪法的间接实施主要是指宪法通过法律规范的具体化来作用于具体的人和事,国家的其他法律和法律性文件是以宪法为基础并且不能与宪法相抵触。A项表述符合法理。地方各级审计机关属于本级人民政府的工作部门,实行双重负责制,因此应对本级人民政府和上一级审计机关负责并报告工作,审计业务以上级审计机关领导为主。B项错误。审计机关对国务院各部门和地方各级人民政府的财政收支,对国家的财政金融机构和企事业组织的财务收支,实行审计监督。C、D项正确。

8. 根据我国宪法规定,下列有关审计机关的表述哪一项是错误的?(2004-1-8)

A. 县级以上的地方各级人民政府设立审计机关

B. 国务院审计机关对国务院各部门和地方各级政府的财政收支,对国家的财政金融机构和企业事业组织的财政收支进行审计监督

C. 国务院审计机关在国务院总理领导下,依照法律规定独立行使审计监督权,不受其他行政机关、社会团体和个人的干涉

D. 地方各级审计机关依照法律规定独立行使审计监督权,不对同级人民政府负责

答案( )①

【解析】根据《宪法》第109条规定,A项正确,D项错误。根据《宪法》第91条规定,B、C两项正确。

相关法条 《宪法》

第九十一条 国务院设立审计机关,对国务院各部门和地方各级政府的财政收支,对国家的财政金融机构和企业事业组织的财务收支,进行审计监督。

审计机关在国务院总理领导下,依照法律规定独立行使审计监督权,不受其他行政机关、社会团体和个人的干涉。

第一百零九条 县级以上的地方各级人民政府设立审计机关。地方各级审计机关依照法律规定独立行使审计监督权,对本级人民政府和上一级审计机关负责。

第五节 中央军事委员会

中华人民共和国中央军事委员会领导全国武装力量。关于中央军事委员会,下列哪一表述是错误的?(2015-1-26)

A. 实行主席负责制 B. 每届任期与全国人大相同

C. 对全国人大及其常委会负责 D. 副主席由全国人大选举产生

答案( )②

【解析】中央军委作为军事机关,实行首长负责制,所以A项正确。中央军委每届任期五年,与全国人大相同。B项正确。根据宪法规定,中央军委主席对全国人大及其常委会负责,注意宪法说的是中央军委主席而不是中央军委,所以C项存在缺陷。军委主席由全国人大选举产生,并向它负责。全国人大根据军委主席的提名,决定副主席、委员等其他组成人员的人选。可见,军委副主席是决定而非选举,D项错误。相对而言,C项错误比较隐蔽,D项错误更为明显,选D。

参考答案:①D ②D

第六节 地方各级人民代表大会和地方各级人民政府

1. 我国《宪法》第二条明确规定:"人民行使国家权力的机关是全国人民代表大会和地方各级人民代表大会。"关于全国人大和地方各级人大,下列选项正确的是:(2015-1-91)

A. 全国人大代表全国人民统一行使国家权力
B. 全国人大和地方各级人大是领导与被领导的关系
C. 全国人大在国家机构体系中居于最高地位,不受任何其他国家机关的监督
D. 地方各级人大设立常务委员会,由主任、副主任若干人和委员若干人组成

答案(　　)①

【解析】全国人大是最高国家权力机关,代表全国人民统一行使国家权力。A项无误。B项错误,因为上下级人大之间没有隶属关系,是监督与被监督的关系。全国人大受人民的监督,但不受任何"其他国家机关"的监督,因为从宪法的文面以及全国人大作为最高国家权力机关的性质来说,这就是正确的。D项错误明显,乡级人大不设立常委会。

2. 根据我国宪法和法律,下列选项哪一个是正确的?(2003-1-11)

A. 县级以上各级人大选举本级人民法院院长,须报上级人民法院院长提请该级人大常委会批准
B. 县级以上各级人大罢免本级人民检察院检察长,须报上级人民检察院检察长提请该级人大常委会准
C. 县级以上各级人大罢免本级人民政府行政首长,须报上级人民政府行政首长提请该级人大常委会批准
D. 县级以上各级人大选举本级人民政府行政首长,须报上级党委批准

答案(　　)②

【解析】根据宪法第101条,地方各级法院院长一般由本级人大选举和罢免,无须报批,A错误;地方各级检察院检察长一般由本级人大选举和罢免,但须报上级人民检察院检察长提请该级人大常委会批准,B正确;地方各级人民政府行政首长由本级人大选举和罢免,无须报批,C、D项错误。

相关法条　　《宪法》

第一百零一条　地方各级人民代表大会分别选举并且有权罢免本级人民政府的省长和副省长、市长和副市长、县长和副县长、区长和副区长、乡长和副乡长、镇长和副镇长。

县级以上的地方各级人民代表大会选举并且有权罢免本级人民法院院长和本级人民检察院检察长。选出或者罢免人民检察院检察长,须报上级人民检察院检察长提请该级人民代表大会常务委员会批准。

3. 县级以上人大代表有权依法向本级人大提出属于其职权范围内的议案。根据现行宪法和法律,这类议案至少应当经过下列哪些程序方可通过?(2002-1-44)

A. 书面提出议案
B. 由主席团决定是否列入大会议程
C. 全体代表过半数以上赞成
D. 以法律的形式予以公布

答案(　　)③

【解析】根据《地方人大和政府组织法》,县级以上人大代表10名以上、乡、镇人大代表5名以

参考答案:①AC　②B　③ABC

上联名,可以向人大提出属于本级人大职权范围内的议案,该类议案处理方式有两种:一是由主席团直接决定是否列入大会议程;二是先交有关的专门委员会审议,提出是否列入议程的意见,然后再由主席团决定是否列入大会议程。

4. 根据我国有关法律规定,下列做法错误的是?(2008 四川-1-94)

A. 某县共有人大代表500名,经其中的101名代表提议,临时召集本级人民代表大会会议

B. 某直辖市人大依法罢免该市某一失职的中级人民法院院长

C. 全国人大常委会撤销同法律相抵触的地方性法规

D. 全国人大专门委员会认为地方性法规同法律相抵触,向制定机关提出书面审查意见

答案(①)

【解析】根据《地方各级人民代表大会和地方各级人民政府组织法》规定,经过五分之一以上代表提议,可以临时召集本级人民代表大会会议。A项表述正确。对于直辖市内中级人民法院院长的任免权归于直辖市的人大常委会,而不是人大行使。所以,B项表述错误。根据《宪法》第67条第(八)项规定,全国人大常委会有权撤销省、自治区、直辖市国家权力机关制定的同宪法、法律和行政法规相抵触的地方性法规和决议。所以,C项表述正确。根据《立法法》的规定,全国人民代表大会专门委员会在审查中认为行政法规、地方性法规、自治条例和单行条例同宪法或者法律相抵触的,可以向制定机关提出书面审查意见。所以,D项正确。

5. 根据《地方组织法》规定,关于乡镇人大主席,下列选项正确的是?(2009-1-93)

A. 乡镇人大主席、副主席由乡镇人大从本级人大代表中选出

B. 乡镇人大主席、副主席主持乡镇人大会议

C. 乡镇人大主席在乡镇人大闭会期间,可以担任国家行政机关的职务

D. 乡镇人大主席、副主席为乡镇人大会议主席团成员

答案(②)

【解析】根据《地方各级人民代表大会和地方各级人民政府组织法》规定,乡、民族乡、镇的人民代表大会从代表中选出主席、副主席。选项A正确。乡、民族乡、镇的人民代表大会主席、副主席不得担任国家行政机关的职务;如果担任国家行政机关的职务,必须向本级人民代表大会辞去主席、副主席的职务。选项C错误。根据同法第15条的规定,乡镇人大会议的主持者是主席团,乡、民族乡、镇的人民代表大会主席、副主席为主席团的成员。选项B错误,选项D正确。

6. 根据我国《宪法》和法律的规定,下列关于地方各级人民代表大会会议的哪些说法是正确的?(2006-1-61)

A. 地方各级人民代表大会每次会议举行预备会议,预备会议由本级人民代表大会常委会主持

B. 乡、民族乡、镇的人民代表大会举行会议时,选举主席团。乡、民族乡、镇的人民代表大会的主席、副主席为主席团成员

C. 地方各级人民代表大会每届第一次会议,由上届本级人民代表大会常务委员会或者乡、民族乡、镇的上届人民代表大会主席团主持

D. 地方各级人民代表大会会议每年至少举行一次

答案(③)

【解析】根据《地方各级人大和政府组织法》规定,只有县级以上地方各级人民代表大会每次

参考答案:①B ②AD ③BD

会议前举行预备会议,乡镇人大不举行。A项错误。根据同法第15条规定,B项正确。根据同法第16条规定,地方各级人民代表大会每届第一次会议,在本届人民代表大会代表选举完成后的两个月内,由上届本级人民代表大会常务委员会或者乡、民族乡、镇的上届人民代表大会主席团召集,而非主持,所以C项错误。根据同法第11条规定,D项正确。

7. 根据《宪法》和法律的规定,关于国家机构,下列哪些选项是正确的?(2014－1－60)

A. 全国人民代表大会代表受原选举单位的监督

B. 中央军事委员会实行主席负责制

C. 地方各级审计机关依法独立行使审计监督权,对上一级审计机关负责

D. 市辖区的政府经本级人大批准可设立若干街道办事处,作为派出机关

答案( )①

【解析】全国和地方各级人民代表大会的代表受选民和原选举单位的监督。选民或者选举单位都有权罢免自己选出的代表。A项正确。

现行宪法规定,中央军事委员会实行主席负责制。中央军事委员会主席有权对中央军事委员会职权范围内的事务作出最后决策。当然,中央军事委员会是作为一个集体来领导我国武装力量的,主席负责制并不否定民主集中制。中央军事委员会主席在对重大问题作出决策之前,必须进行集体研究和讨论,然后再集中正确的意见作出决策。B项正确。

县级以上人民政府设审计机关,依法独立行使审计监督权。审计机关实行双重负责制,同时对本级人民政府和上一级审计机关负责。C项错误。

市辖区、不设区的市的人民政府,经上一级人民政府批准,可以设立若干街道办事处,作为它的派出机关。可见,设立街道办属于行政系统内部事务,不需要经过人大批准。D项错误。

8. 根据《监督法》的规定,关于监督程序,下列哪一选项是不正确的?(2014－1－26)

A. 政府可委托有关部门负责人向本级人大常委会作专项工作报告

B. 以口头答复的质询案,由受质询机关的负责人到会答复

C. 特定问题调查委员会在调查过程中,应当公布调查的情况和材料

D. 撤职案的表决采用无记名投票的方式,由常委会全体组成人员的过半数通过

答案( )②

【解析】各级人民代表大会常务委员会每年选择若干关系改革发展稳定大局和群众切身利益、社会普遍关注的重大问题,有计划地安排听取和审议本级人民政府、人民法院和人民检察院的专项工作报告。专项工作报告由人民政府、人民法院或者人民检察院的负责人向本级人民代表大会常务委员会报告,人民政府也可以委托有关部门负责人向本级人民代表大会常务委员会报告。A项正确。质询案以口头答复的,由受质询机关的负责人到会答复。质询案以书面答复的,由受质询机关的负责人签署。B项正确。特定问题调查委员会在调查过程中,可以不公布调查的情况和材料。C项错误。撤职案的表决采用无记名投票的方式,由常务委员会全体组成人员的过半数通过。D项正确。

9. 甲市政府对某行政事业性收费项目的依据和标准迟迟未予公布,社会各界意见较大。关于这一问题的表述,下列哪些选项是正确的?(2016－1－66)

A. 市政府应当主动公开该收费项目的依据和标准

B. 市政府可向市人大常委会要求就该类事项作专项工作报告

参考答案:①AB ②C

C. 市人大常委会组成人员可依法向常委会书面提出针对市政府不公开信息的质询案

D. 市人大举行会议时,市人大代表可依法书面提出针对市政府不公开信息的质询案

答案(　　)①

【解析】《政府信息公开条例》第十条规定,县级以上各级人民政府及其部门应当在各自职责范围内确定主动公开的政府信息的具体内容,……(五)行政事业性收费的项目、依据、标准……。A项正确。县级以上地方各级人大常委会有权监督本级政府、法院和检察院的工作。其形式之一就是听取和审议"一府两院"的专项工作报告。与此相适应,《各级人民代表大会常务委员会监督法》第九条规定,"人民政府、人民法院和人民检察院可以向本级人民代表大会常务委员会要求报告专项工作。"B项正确。省、自治区、设区的市的人大常委会组成人员5人以上联名,县级人大常委会组成人员3人以上联名,可以提出对本级政府、法院、检察院的质询案,由主任会议决定交受质询机关答复。C项正确。人大代表有权提出议案、质询案、罢免案等。县级以上地方各级人大代表10人以上联名,有权提出对本级人民政府及其所属各工作部门、人民法院、人民检察院的质询案。D项正确。

10. 某县召开第十届人民代表大会第一次会议,选举产生新一届县人民政府。根据我国《宪法》和法律的规定,下列何种做法是错误的? (2006 - 1 - 93)

A. 李某被人民代表联名提名为县长候选人,但大会主席团认为李某已连任两届县长,不能再担任新一届政府的县长,决定取消其候选人资格

B. 王某被人民代表大会选举为县长后,提名张某为副县长候选人

C. 县人民代表大会决定,根据本县经济不发达的实际情况,不设立交通局、商业局和审计局

D. 根据经济发展的需要,县人民代表大会通过决议,授权新一届县政府决定本县预算的变更

答案(　　)②

【解析】《地方人民代表大会和地方人民政府组织法》没有对县长连选连任的限制,故选项A错误。根据规定,县长、副县长人选由本级人民代表大会主席团或者代表联名提出。可见,县长没有提名权,故选项B错误。根据该法规定,县级以上的地方各级人民政府设立审计机关,县人民代表大会无权自己决定不设立审计机关。故选项C错误。县的预算由县人民代表大会审查、批准、变更;县政府对预算只有执行权,故选项D错误。

11. 根据我国宪法和法律,下列选项哪一个是正确的? (2003 - 1 - 11)

A. 县级以上各级人大选举本级人民法院院长,须报上级人民法院院长提请该级人大常委会批准

B. 县级以上各级人大罢免本级人民检察院检察长,须报上级人民检察院检察长提请该级人大常委会准

C. 县级以上各级人大罢免本级人民政府行政首长,须报上级人民政府行政首长提请该级人大常委会批准

D. 县级以上各级人大选举本级人民政府行政首长,须报上级党委批准

答案(　　)③

【解析】根据《地方人大与政府组织法》的规定,地方各级人大选举本级法院院长、人民政府行政首长,无须报批,A、D两项错误。根据该法的规定,地方各级人大罢免本级政府行政首长、检察院检察长,但检察长的罢免须报上级人民检察院检察长提请该级人大常委会批准。B正确,C项错误。

12. 根据我国宪法和有关法律的规定,我国县级人民代表大会或人民政府可以设立哪些机构?

参考答案:①ABCD　②ABCD　③B

(2005—1—57)

  A. 专门委员会
  B. 特定问题的调查委员会
  C. 审计机关
  D. 区公所

答案(　　)①

【解析】根据《地方各级人民代表大会和地方各级人民政府组织法》，可以设立专门委员会的地方人大包括省、自治区、直辖市、设区的市和自治州人大、县级人大。A 项正确。根据该法，县级以上的地方各级人大可以组织调查委员会，B 项正确。县级以上的地方各级人民政府设立审计机关。C 项正确。县、自治县的人民政府可以设立若干区公所作为它的派出机关。D 项正确。

13. 根据《地方组织法》规定，关于地方各级人民政府工作部门的设立，下列选项正确的是？（2009—1—94）

  A. 县人民政府设立审计机关
  B. 县人民政府工作部门的设立、增加、减少或者合并由县人大批准，并报上一级人民政府备案
  C. 县人民政府在必要时，经上级人民政府批准，可以设立若干区公所作为派出机关
  D. 县人民政府的工作部门受县人民政府统一领导，并且依照法律或者行政法规的规定受上级人民政府主管部门的业务指导或者领导

答案(　　)②

【解析】根据《地方各级人民代表大会和地方各级人民政府组织法》规定，县级以上的地方各级人民政府设立审计机关；审计机关依照法律规定独立行使审计监督权，对本级人民政府和上一级审计机关负责。选项 A 正确。根据该法规定，自治州、县、自治县、市、市辖区的人民政府的局、科等工作部门的设立、增加、减少或者合并，由本级人民政府报请上一级人民政府批准，并报本级人民代表大会常务委员会备案。故选项 B 错误。县、自治县的人民政府在必要的时候，**经省、自治区、直辖市的人民政府批准**，可以设立若干区公所，作为它的派出机关。选项 C 错误。自治州、县、自治县、市、市辖区的人民政府的各工作部门受人民政府统一领导，并且依照法律或者行政法规的规定受上级人民政府主管部门的业务指导或者领导。选项 D 正确。

14. 根据我国《宪法》和法律的规定，下列选项中某市市长的哪些意见是错误的？（2006—1—60）

  A. 某县为了大力发展科技，请市政府选派 1 名博士来挂职担任科技副县长。有人提出，副县长应通过人大选举。市长答复：县长需要通过选举产生，而副县长可以由上级委派
  B. 某县刚被确定为民族自治县，市长指示：根据《民族区域自治法》的规定，县法院和县检察院的院长和检察长应当更换为自治民族的公民
  C. 某县地域宽广，为了便于经济建设和行政管理，县政府请示市政府：拟设立 5 个区公所，分别管辖所属的 30 余个乡镇。市长答复：此事经县人大通过即可
  D. 市长指示：为了提高村民委员会整体素质，市里抽调一批应届高校毕业生担任村民委员会主任或副主任

答案(　　)③

【解析】根据《宪法》101 条第 1 款规定："地方各级人民代表大会分别选举并有权罢免本级人民政府的省长和副省长、市长和副市长、县长和副县长、乡长和副乡长。"所以，副县长也必须经过选举产生，A 项错误。根据《民族区域自治法》第 15 条的规定，民族自治地方的自治机关是指自治区、自治

参考答案：①ABCD　　②AD　　③ABCD

州、自治县人民代表大会和人民政府。根据第17条的规定,自治区主席、自治州州长、自治县县长由实行民族区域自治的民族的公民担任。可见,民族自治地方的法院和检察院不是民族自治机关,院长和检察长不是必须由自治民族的公民担任,B项错误。根据《地方人民代表大会和人民政府组织法》的规定,区公所的设立,需要**经省、自治区、直辖市人民政府批准**。C项错误。根据《村民委员会组织法》的规定,村民委员会主任、副主任和委员均由村民直接选举产生,任何组织或者个人不得指定、委派或者撤换村民委员会成员。D项错误。

15. 根据《宪法》和《地方组织法》规定,下列哪一选项是正确的?(2010-1-22)
   A. 县级以上的地方各级人民代表大会常务委员会由主任、副主任若干人,秘书长、委员若干人组成
   B. 县级以上的地方各级人民代表大会常务委员会根据需要,可以设法制委员会等专门委员会
   C. 县级以上的地方各级人民代表大会可以组织关于特定问题的调查委员会
   D. 县级以上的地方各级人民代表大会会议由本级人民代表大会常务委员会召集并主持

答案( )①

【解析】根据《地方人大和政府组织法》规定,县级人大常务委员会由主任、副主任若干人和委员若干人组成,省、自治区、直辖市、自治州、设区的市的人大常委会的组成人员除主任、副主任和委员之外,还包括秘书长。可见,县级人大常委会不设秘书长。选项A错误。同法第三十条规定:"省、自治区、直辖市、自治州、设区的市的人民代表大会根据需要,可以设法制委员会、财政经济委员会、教育科学文化卫生委员会等专门委员会;县、自治县、不设区的市、市辖区的人民代表大会根据需要,可以设法制委员会、财政经济委员会等专门委员会。各专门委员会受本级人民代表大会领导;在大会闭会期间,受本级人民代表大会常务委员会领导。"可见,县级以上地方各级人大根据需要,均可以设专门委员会,故而选项B正确。同法第三十一条规定:"县级以上的地方各级人民代表大会可以组织关于特定问题的调查委员会。主席团或者十分之一以上代表书面联名,可以向本级人民代表大会提议组织关于特定问题的调查委员会,由主席团提请全体会议决定。"可见,选项C正确。

同法第十二条规定:"县级以上的地方各级人民代表大会会议由本级人民代表大会常务委员会召集。"第十六条规定:"地方各级人民代表大会每届第一次会议,在本届人民代表大会代表选举完成后的两个月内,由上届本级人民代表大会常务委员会或者乡、民族乡、镇的上次人民代表大会主席团召集。"第十三条规定:"县级以上的地方各级人民代表大会举行会议的时候,由主席团主持会议。"可见,县级以上的地方各级人民代表大会会议由本级人民代表大会常务委员会召集,选举主席团主持会议。选项D错误。

16. 根据我国宪法,乡、民族乡、镇的人民代表大会每届任期几年?(2004-1-14)
   A. 3年   B. 4年   C. 5年   D. 6年

答案( )②

【解析】2004年宪法修正案第30条规定,宪法第九十八条"省、直辖市、县、市、市辖区的人民代表大会每届任期五年。乡、民族乡、镇的人民代表大会每届任期三年。"修改为:"地方各级人民代表大会每届任期五年。"所以本题应选C。

17. 关于撤职案的审议和决定,下列哪些选项符合《监督法》规定?(2009-1-61)
   A. 县长可以向县人大常委会提出撤销个别副县长职务的撤职案

参考答案:①BC ②C

B. 县级以上地方各级人大常委会主任会议可以依法向本级人大常委会提出撤职案

C. 撤职案应当写明撤职的对象和理由并提供有关材料

D. 撤职案由人大常委会全体组成人员的三分之二以上的多数通过

答案（　　）①

【解析】根据《各级人民代表大会常务委员会监督法》第45条第1款的规定,县级以上地方各级人民政府、人民法院和人民检察院,常委会主任会议,常委会1/5以上组成人员联名,可以向本级人民代表大会常务委员会提出对政府副职首长和其他组成人员、两院组成人员的撤职案。可见,县长不属于提案主体。A项错误,选项B正确。根据同法第46条第1款,选项C正确。根据同法第46条第3款,撤职案的表决采用无记名投票的方式,由常务委员会全体组成人员的过半数通过。选项D错误。

相关法条 《各级人大常委会监督法》

第四十四条 县级以上地方各级人民代表大会常务委员会在本级人民代表大会闭会期间,可以决定撤销本级人民政府个别副省长、自治区副主席、副市长、副州长、副县长、副区长的职务;可以撤销由它任命的本级人民政府其他组成人员和人民法院副院长、庭长、副庭长、审判委员会委员、审判员,人民检察院副检察长、检察委员会委员、检察员,中级人民法院院长,人民检察院分院检察长的职务。

第四十五条 县级以上地方各级人民政府、人民法院和人民检察院,可以向本级人民代表大会常务委员会提出对本法第四十四条所列国家机关工作人员的撤职案。

县级以上地方各级人民代表大会常务委员会主任会议,可以向常务委员会提出对本法第四十四条所列国家机关工作人员的撤职案。

县级以上地方各级人民代表大会常务委员会五分之一以上的组成人员书面联名,可以向常务委员会提出对本法第四十四条所列国家机关工作人员的撤职案,由主任会议决定是否提请常务委员会会议审议;或者由主任会议提议,经全体会议决定,组织调查委员会,由以后的常务委员会会议根据调查委员会的报告审议决定。

第四十六条 撤职案应当写明撤职的对象和理由,并提供有关的材料。

撤职案在提请表决前,被提出撤职的人员有权在常务委员会会议上提出申辩意见,或者书面提出申辩意见,由主任会议决定印发常务委员会会议。

撤职案的表决采用无记名投票的方式,由常务委员会全体组成人员的过半数通过。

18. 根据《宪法》和《监督法》的规定,下列选项正确的是?（2011-1-88）

A. 县级以上地方各级政府应当在每年6月至9月期间,将上一年度的本级决算草案提请本级人大常委会审查和批准

B. 人大常委会认为必要时,可以对审计工作报告作出决议;本级政府应在决议规定的期限内,将执行决议的情况向常委会报告

C. 最高法院作出的属于审判工作中具体应用法律的解释,应当在公布之日起30日内报全国人大常委会备案

D. 撤职案的表决采取记名投票的方式,由常委会全体组成人员的过半数通过

答案（　　）②

【解析】根据《监督法》第15条第2款,A项表述正确。根据同法第20条第1款,B项正确。根据同法第31条规定,C项正确。根据同法第46条的规定,撤职案的表决采取"无记名"投票的方式,

参考答案：①BC　②ABC

由常委会全体组成人员的过半数通过,而不是采取"记名"投票的方式。D项错误。

相关法条 　　　　　　　　　　　　　　**《各级人大常委会监督法》**

第十五条 国务院应当在每年六月,将上一年度的中央决算草案提请全国人民代表大会常务委员会审查和批准。

县级以上地方各级人民政府应当在每年六月至九月期间,将上一年度的本级决算草案提请本级人民代表大会常务委员会审查和批准。

决算草案应当按照本级人民代表大会批准的预算所列科目编制,按预算数、调整数或者变更数以及实际执行数分别列出,并作出说明。

第十六条 国务院和县级以上地方各级人民政府应当在每年六月至九月期间,向本级人民代表大会常务委员会报告本年度上一阶段国民经济和社会发展计划、预算的执行情况。

第十七条 国民经济和社会发展计划、预算经人民代表大会批准后,在执行过程中需要作部分调整的,国务院和县级以上地方各级人民政府应当将调整方案提请本级人民代表大会常务委员会审查和批准。

严格控制不同预算科目之间的资金调整。预算安排的农业、教育、科技、文化、卫生、社会保障等资金需要调减的,国务院和县级以上地方各级人民政府应当提请本级人民代表大会常务委员会审查和批准。

国务院和县级以上地方各级人民政府有关主管部门应当在本级人民代表大会常务委员会举行会议审查和批准预算调整方案的一个月前,将预算调整初步方案送交本级人民代表大会财政经济委员会进行初步审查,或者送交常务委员会有关工作机构征求意见。

第十八条 常务委员会对决算草案和预算执行情况报告,重点审查下列内容:

(一)预算收支平衡情况;

(二)重点支出的安排和资金到位情况;

(三)预算超收收入的安排和使用情况;

(四)部门预算制度建立和执行情况;

(五)向下级财政转移支付情况;

(六)本级人民代表大会关于批准预算的决议的执行情况。

除前款规定外,全国人民代表大会常务委员会还应当重点审查国债余额情况;县级以上地方各级人民代表大会常务委员会还应当重点审查上级财政补助资金的安排和使用情况。

第十九条 常务委员会每年审查和批准决算的同时,听取和审议本级人民政府提出的审计机关关于上一年度预算执行和其他财政收支的审计工作报告。

第二十条 常务委员会组成人员对国民经济和社会发展计划执行情况报告、预算执行情况报告和审计工作报告的审议意见交由本级人民政府研究处理。人民政府应当将研究处理情况向常务委员会提出书面报告。常务委员会认为必要时,可以对审计工作报告作出决议;本级人民政府应当在决议规定的期限内,将执行决议的情况向常务委员会报告。

常务委员会听取的国民经济和社会发展计划执行情况报告、预算执行情况报告和审计工作报告及审议意见,人民政府对审议意见研究处理情况或者执行决议情况的报告,向本级人民代表大会代表通报并向社会公布。

第三十一条 最高人民法院、最高人民检察院作出的属于审判、检察工作中具体应用法律的解释,应当自公布之日起三十日内报全国人民代表大会常务委员会备案。

19. 根据《各级人民代表大会常务委员会监督法》的规定,各级人大常务委员会对属于其职权范围内的事项,需要作出决议、决定,但对有关重大事实不清的,可以组织特定问题的调查委员会。关于特定问题的调查委员会,下列哪一选项是正确的?(2008—1—18)

A. 经五分之一以上常务委员会组成人员书面联名提议或有关专门委员会提议,可以组织关于特定问题的调查委员会

B. 经调查委员会聘请,有关专家可以作为调查委员会的委员参加调查工作

C. 调查委员会在调查过程中,可以不公布调查的情况和材料

D. 调查委员会应当向有关专门委员会提出调查报告

答案( )①

【解析】 根据《各级人民代表大会常务委员会监督法》第40条第2款规定,五分之一以上常务委员会组成人员书面联名,可以向本级人民代表大会常务委员会提议组织关于特定问题的调查委员会。但"有关专门委员会提议"不会产生类似后果,故A项错误。根据同法第41条规定,调查委员会可以聘请有关专家参加调查工作,但是该专家不是以调查委员会委员的身份参加。故B项错误。根据同法第42条第3款规定,调查委员会在调查过程中,可以不公布调查的情况和材料。所以C是正确的。根据同法第43条规定,调查委员会应当向产生它的常务委员会提出调查报告。可见,D项错误。

相关法条　　　　　　　　　　　　《各级人大常委会监督法》

第三十九条　各级人民代表大会常务委员会对属于其职权范围内的事项,需要作出决议、决定,但有关重大事实不清的,可以组织关于特定问题的调查委员会。

第四十条　委员长会议或者主任会议可以向本级人民代表大会常务委员会提议组织关于特定问题的调查委员会,提请常务委员会审议。

五分之一以上常务委员会组成人员书面联名,可以向本级人民代表大会常务委员会提议组织关于特定问题的调查委员会,由委员长会议或者主任会议决定提请常务委员会审议,或者先交有关的专门委员会审议、提出报告,再决定提请常务委员会审议。

第四十一条　调查委员会由主任委员、副主任委员和委员组成,由委员长会议或者主任会议在本级人民代表大会常务委员会组成人员和本级人民代表大会代表中提名,提请常务委员会审议通过。调查委员会可以聘请有关专家参加调查工作。

与调查的问题有利害关系的常务委员会组成人员和其他人员不得参加调查委员会。

第四十二条　调查委员会进行调查时,有关的国家机关、社会团体、企业事业组织和公民都有义务向其提供必要的材料。

提供材料的公民要求对材料来源保密的,调查委员会应当予以保密。

调查委员会在调查过程中,可以不公布调查的情况和材料。

第四十三条　调查委员会应当向产生它的常务委员会提出调查报告。常务委员会根据报告,可以作出相应的决议、决定。

20. 某市人民代表大会常务委员会准备在一次会议中审议以下事项,根据宪法的规定,下列哪些事项符合该委员会的权限范围?(2005—1—59)

A. 撤销本市人民政府的一项不适当的决议

B. 撤销本市某区人民代表大会的一项不适当的决议

参考答案:①C

C. 责成本市人民法院重新审理一起有重大社会影响的刑事案件
D. 罢免犯受贿罪的陈某的省人民代表大会代表资格

答案（　　）①

【解析】宪法第104条规定："县级以上的地方各级人民代表大会常务委员会讨论、决定本行政区域内各方面工作的重大事项；监督本级人民政府、人民法院和人民检察院的工作；撤销本级人民政府的不适当的决定和命令；撤销下一级人民代表大会的不适当的决议；依照法律规定的权限决定国家机关工作人员的任免；**在本级人民代表大会闭会期间，罢免和补选上一级人民代表大会的个别代表**。"据此，选项A、B、D应选。而根据《刑事诉讼法》的规定，人大常务会无权直接启动审判监督程序，选项C错误。

第七节　人民法院与人民检察院

1. 关于专门人民法院，下列哪一选项是正确的？（2009-1-18）
A. 专门人民法院是设在特定部门或针对特定案件而设立，受理与设立部门相关的专业性案件的法院
B. 军事法院负责审判军事人员犯罪的刑事案件，军事法院的基层法院设在师级
C. 海事法院判决和裁定的上诉案件，由最高法院管辖
D. 铁路运输法院、森林法院只设基层法院

答案（　　）②

【解析】这是三大本对专门人民法院的定义，选项A正确。军事法院的基层法院设在军级。选项B错误。对海事法院判决和裁定的上诉案件，由海事法院所在地的高级人民法院管辖。选项C错误。铁路运输法院、森林法院都分为基层、中级两级。选项D错误。

2. 关于省内按地区设立的中级人民法院院长、副院长的任免，下列哪些表述是正确的？（2006-1-58）
A. 中级人民法院院长由省高级人民法院任免
B. 中级人民法院院长由省人民代表大会选举
C. 中级人民法院副院长由省人民代表大会常务委员会任免
D. 中级人民法院副院长由省高级人民法院任免

答案（　　）③

【解析】在省、自治区内按地区设立的和在直辖市内设立的中级人民法院院长，由省级人大常委会根据主任会议的提名决定任免；副院长、审判委员会委员、庭长、副庭长和审判员由高级法院院长提请省级人大常委会任免。本题答案为C。

相关法条	《人民法院组织法》

第三十四条　地方各级人民法院院长由地方各级人民代表大会选举，副院长、庭长、副庭长和审判员由地方各级人民代表大会常务委员会任免。

在省、自治区内按地区设立的和在直辖市内设立的中级人民法院院长、副院长、庭长、副庭长和审判员，由省、自治区、直辖市的人民代表大会常务委员会任免。

参考答案：①ABD　②A　③C

在民族自治地方设立的地方各级人民法院的院长,由民族自治地方各级人民代表大会选举,副院长、庭长、副庭长和审判员由民族自治地方各级人民代表大会常务委员会任免。

最高人民法院院长由全国人民代表大会选举,副院长、庭长、副庭长、审判员由全国人民代表大会常务委员会任免。

3. 根据《宪法》和法律的规定,关于国家机关组织和职权,下列选项正确的是:(2013-1-90)
   A. 全国人民代表大会修改宪法、解释宪法、监督宪法的实施
   B. 国务院依照法律规定决定省、自治区、直辖市的范围内部分地区进入紧急状态
   C. 省、自治区、直辖市政府在必要的时候,经国务院批准,可以设立若干派出机构
   D. 地方各级检察院对产生它的国家权力机关和上级检察院负责

答案(①)

【解析】解释宪法的职权归全国人大常委会。A项错误。省、自治区政府在必要的时候,经国务院批准,可以设立行政公署;直辖市无权。因此C项错误。

相关法条　　　　　　　　　《宪法》

第一百二十九条　中华人民共和国人民检察院是国家的法律监督机关。

第一百三十条　中华人民共和国设立最高人民检察院、地方各级人民检察院和军事检察院等专门人民检察院。

最高人民检察院检察长每届任期同全国人民代表大会每届任期相同,连续任职不得超过两届。

人民检察院的组织由法律规定。

第一百三十一条　人民检察院依照法律规定独立行使检察权,不受行政机关、社会团体和个人的干涉。

第一百三十二条　最高人民检察院是最高检察机关。

最高人民检察院领导地方各级人民检察院和专门人民检察院的工作,上级人民检察院领导下级人民检察院的工作。

第一百三十三条　最高人民检察院对全国人民代表大会和全国人民代表大会常务委员会负责。地方各级人民检察院对产生它的国家权力机关和上级人民检察院负责。

4. 根据《宪法》和法律规定,下列哪些选项是正确的?(2009-1-65)
   A. 中华人民共和国主席对全国人大及其常委会负责
   B. 国务院对全国人大负责并报告工作,在全国人大闭会期间对全国人大常委会负责并报告工作
   C. 最高人民法院、最高人民检察院对全国人大及其常委会负责
   D. 中央军事委员会对全国人大负责并报告工作,在全国人大闭会期间对全国人大常委会负责并报告工作

答案(②)

【解析】国家主席不参与行政工作,不对全国人大负行政责任。选项A错误。《宪法》第92条规定,国务院对全国人民代表大会负责并报告工作;在全国人民代表大会闭会期间,对全国人民代表大会常务委员会负责并报告工作。选项B正确。《宪法》第128条规定,最高人民法院对全国人民代表大会和全国人民代表大会常务委员会负责。同时,第133条规定,最高人民检察院对全国人民代表大会和全国人民代表大会常务委员会负责。选项C正确。根据《宪法》第94条,中央军事委员会主席对全

参考答案:①BD　②BC

国人大及其常委会负责,但是不报告工作。另外,《宪法》仅是对军事委员会主席作出了"对全国人大及其常委会负责"的规定,而没有针对军事委员会是否向全国人大及其常委会负责进行规定。选项D错误。

相关法条　　　　　　　　　　　　　《宪法》

第九十二条　国务院对全国人民代表大会负责并报告工作;在全国人民代表大会闭会期间,对全国人民代表大会常务委员会负责并报告工作。

第九十三条　中华人民共和国中央军事委员会领导全国武装力量。

中央军事委员会由下列人员组成:主席,副主席若干人,委员若干人。

中央军事委员会实行主席负责制。

中央军事委员会每届任期同全国人民代表大会每届任期相同。

第九十四条　中央军事委员会主席对全国人民代表大会和全国人民代表大会常务委员会负责。

第一百二十三条　中华人民共和国人民法院是国家的审判机关。

第一百二十四条　中华人民共和国设立最高人民法院、地方各级人民法院和军事法院等专门人民法院。

最高人民法院院长每届任期同全国人民代表大会每届任期相同,连续任职不得超过两届。

人民法院的组织由法律规定。

第一百二十五条　人民法院审理案件,除法律规定的特别情况外,一律公开进行。被告人有权获得辩护。

第一百二十六条　人民法院依照法律规定独立行使审判权,不受行政机关、社会团体和个人的干涉。

第一百二十七条　最高人民法院是最高审判机关。

最高人民法院监督地方各级人民法院和专门人民法院的审判工作,上级人民法院监督下级人民法院的审判工作。

第一百二十八条　最高人民法院对全国人民代表大会和全国人民代表大会常务委员会负责。地方各级人民法院对产生它的国家权力机关负责。

第六章　宪法的实施及其保障

第一节　宪法实施概述

关于宪法实施,下列哪一选项是不正确的?(2012-1-22)

A. 宪法的遵守是宪法实施最基本的形式　　B. 制度保障是宪法实施的主要方式
C. 宪法解释是宪法实施的一种方式　　D. 宪法适用是宪法实施的重要途径

答案(　　)①

【解析】宪法实施是宪法规范在实际生活中的贯彻落实,主要包括宪法的执行、适用和遵守。

参考答案:①B

而在执行、适用和遵守的过程中均离不开解释。所以,A、C、D三项表述正确。

第二节 宪法的修改

1. 关于我国宪法修改,下列哪一选项是正确的?(2014-1-22)
A. 我国修宪实践中既有对宪法的部分修改,也有对宪法的全面修改
B. 经十分之一以上的全国人大代表提议,可以启动宪法修改程序
C. 全国人大常委会是法定的修宪主体
D. 宪法修正案是我国宪法规定的宪法修改方式

答案(　　)①

【解析】我国的修宪实践中,1975年、1978年和1982年均属于全面修改,1988年、1993年、1999年和2004年则属于部分修改。A项正确。宪法修正案的提案主体包括全国人大常委会或者五分之一以上的全国人大代表。B错误。全国人大是我国法定的修宪主体,全国人大常委会只是修宪的提案主体。C项错误。宪法修正案是实践中形成的修宪方式,并非为宪法明文规定。D项错误。

【设题陷阱和常见错误分析】关于制宪主体、制宪机关、修宪主体、修宪提案主体、释宪主体之间的区别一定要掌握。绝对是命题中的热门。

2. 关于我国宪法的修改,下列哪一说法是错误的?(2010-1-23)
A.《宪法》没有专章规定修改程序
B.《宪法》规定的修宪机关是全国人民代表大会
C.《立法法》规定,宪法修正案由国家主席令公布
D.《全国人大议事规则》规定,宪法修改以投票方式表决

答案(　　)②

【解析】在《宪法》中,没有对宪法的修改程序作专章的规定,因此A选项说法正确。根据《宪法》第62条的规定全国人民代表大会行使下列职权:"(一)修改宪法;……"可知,我国拥有修改宪法权的机关是全国人民代表大会。因此B选项说法正确。根据《立法法》的规定,全国人民代表大会通过的法律由国家主席签署主席令予以公布。但是,关于宪法修正案的公布由主席团公布。C选项说法不正确。根据《全国人大议事规则》第53条第2款,宪法的修改,采用投票方式表决。因此D选项说法正确。

3. 宪法修改是指有权机关依照一定的程序变更宪法内容的行为。关于宪法的修改,下列选项正确的是:(2016-1-93)
A. 凡宪法规范与社会生活发生冲突时,必须进行宪法修改
B. 我国宪法的修改可由五分之一以上的全国人大代表提议
C. 宪法修正案由全国人民代表大会公告公布施行
D. 我国1988年《宪法修正案》规定,土地的使用权可依照法律法规的规定转让

答案(　　)③

【解析】宪法修改的基本原因主要表现在两方面:一是为了使宪法的规定适应社会实际的发展和变化;二是为了弥补宪法规范在实施过程中出现的漏洞。但是当宪法规范与社会生活发生冲突

参考答案:①A　②C　③BC

时,除了宪法修改,还可能通过宪法解释的方式来解决矛盾。A 项错误。现行宪法规定,宪法的修改,由全国人大常委会或者1/5以上的全国人大代表提议。B 项正确。在我国,现行宪法并未明确规定宪法修正案的公布机关。但是,目前已经形成了公布修正案的宪法惯例,即由全国人大主席团以《中华人民共和国全国人民代表大会公告》的形式公布宪法修正案。以1988 年宪法修改为例,1988 年4 月12 日第七届全国人民代表大会第一次会议通过了宪法修正案,1988 年4 月12 日第七届全国人民代表大会第一次会议主席团公告第八号公布施行,公告的名称便是《中华人民共和国全国人民代表大会公告》。可见,C 项正确。1988 年宪法修正案规定土地的使用权可以依照"法律"的规定转让,可见"法规"并非土地使用权转让的依据。D 项错误。

4. 关于我国《宪法》的修改,下列哪些选项是正确的?（2009 - 1 - 60）
A. 1954 年《宪法》明确规定了宪法修改的提案主体
B. 1982 年《宪法》是对1954 年《宪法》的全面修改
C. 我国现行宪法共进行了四次修改,通过了31 条宪法修正案
D. "国家尊重和保障人权"是2004 年《宪法修正案》规定的内容

答案（　　）①

【解析】 宪法的修改的提案主体是1982 年《宪法》的规定。选项 A 错误。1982 年宪法是对1978 年的全面修改。我国宪法共经过了三次全面修改,六次部分修改:第一次全面修改是对1954 年宪法的修改,通过并颁布了1975 年宪法;第二次全面修改是对1975 年宪法的修改,通过了1978 年宪法;第三次全面修改是对1978 年宪法的修改,通过了1982 年宪法。选项 B 错误。目前是1988 年、1993 年、1999 年和2004 年四次修改,通过了共31 条修正案。选项 C 正确。有关宪法修正案的内容注意看"宪法的历史发展"部分。选项 D 正确。

第三节　宪法解释

宪法解释是保障宪法实施的一种手段和措施。关于宪法解释,下列选项正确的是:（2015 - 1 - 94）
A. 由司法机关解释宪法的做法源于美国,也以美国为典型代表
B. 德国的宪法解释机关必须结合具体案件对宪法含义进行说明
C. 我国的宪法解释机关对宪法的解释具有最高的、普遍的约束力
D. 我国国务院在制定行政法规时,必然涉及对宪法含义的理解,但无权解释宪法

答案（　　）②

【解析】 由司法机关按照司法程序解释宪法的体制起源于美国。1803 年美国联邦最高法院首席法官马歇尔在马伯里诉麦迪逊一案中确立了"违宪的法律不是法律"、"阐释宪法是法官的职责"的宪法规则,从此开创了司法审查制度的先河。目前,世界上60 多个国家采用司法机关解释宪法的制度。A 项正确。德国属于宪法法院模式,不一定非得结合具体个案方才开展解释。只有美国的司法解释模式才需要结合司法个案开展解释。所以 B 项不对。我国由全国人大常委会解释宪法,属于立法机关解释宪法的体制。这种体制首先是在1978 年宪法予以确认规定的,在此之前的历部宪法均没有关于宪法解释的规定。D 项正确。全国人大常委会既可以在出现具体宪法争议时解释宪法,也可以在没有出现宪法争议时抽象地解释宪法,它对宪法的解释应具有最高的、普遍的约束力。C 项正确。

参考答案:①CD　　②ACD

第四节 宪法监督

1. 律师潘某认为《母婴保健法》与《婚姻登记条例》关于婚前检查的规定存在冲突,遂向全国人大常委会书面提出了进行审查的建议。对此,下列哪一说法是错误的?(2015-1-11)
  A.《母婴保健法》的法律效力高于《婚姻登记条例》
  B. 如全国人大常委会审查后认定存在冲突,则有权改变或撤销《婚姻登记条例》
  C. 全国人大相关专门委员会和常务委员会工作机构需向潘某反馈审查研究情况
  D. 潘某提出审查建议的行为属于社会监督

答案( )①

【解析】《母婴保健法》是全国人大常委会制定的法律,《婚姻登记条例》是国务院制定的行政法规。法律的效力高于行政法规。A项正确。B项涉及规范性法文件的审查,全国人大常委会和国务院之间是监督关系,只能撤销而不能改变,B项说法错误。就C项而言,《立法法》新增了对于提出审查建议的主体的反馈工作。《立法法》第101条规定:"全国人民代表大会有关的专门委员会和常务委员会工作机构应当按照规定要求,将审查、研究情况向提出审查建议的国家机关、社会团体、企业事业组织以及公民反馈,并可以向社会公开。"所以,C项正确。法律监督分为国家监督和社会监督。国家监督是指国家机关运用国家公权力实施的监督。社会监督是指公民、法人、其他社会主体实施的监督。D项正确。

2. 根据《立法法》的规定,下列哪些选项是不正确的?(2014-1-61)
  A. 国务院和地方各级政府可以向全国人大常委会提出法律解释的要求
  B. 经授权,行政法规可设定限制公民人身自由的强制措施
  C. 专门委员会审议法律案的时候,应邀请提案人列席会议,听取其意见
  D. 地方各级人大有权撤销本级政府制定的不适当的规章

答案( )②

【解析】国务院、中央军事委员会、最高人民法院、最高人民检察院和全国人民代表大会各专门委员会以及省、自治区、直辖市的人民代表大会常务委员会可以向全国人民代表大会常务委员会提出法律解释的要求。可见,有权提出法律解释要求的是六个主体,不包括地方各级政府。A项错误。

我国《立法法》规定,限制人身自由的强制措施属于绝对保留的范畴,不能授权。B项错误。

根据《立法法》,专门委员会审议法律案的时候,"可以"邀请提案人列席会议,听取其意见。可见,不是"应当邀请"。C项错误。

就D项而言,则死抠了《立法法》的字眼,该法原文规定的是"地方人大常委会有权撤销本级政府制定的不适当的规章",所以命题人认为地方人大无权撤销。此点在学理上存在一定的争议。

3. 备案审查是宪法监督的重要内容和环节。根据中国特色社会主义法治理论有关要求和《立法法》规定,对该项制度的理解,下列哪些表述是正确的?(2015-1-52)
  A. 建立规范性文件备案审查机制,要把所有规范性文件纳入审查范围
  B. 地方性法规和地方政府规章应纳入全国人大常委会的备案审查范围
  C. 全国人大常委会有权依法撤销和纠正违宪违法的规范性文件

参考答案:①B ②ABCD

D. 提升备案审查能力,有助于提高备案审查的制度执行力和约束力

答案(　　)①

【解析】十八届四中全会的决定中有"完善全国人大及其常委会宪法监督制度,健全宪法解释程序机制。加强备案审查制度和能力建设,把所有规范性文件纳入备案审查范围,依法撤销和纠正违宪违法的规范性文件,禁止地方制发带有立法性质的文件"的表述,A项正确。根据《立法法》的规定,部门规章和地方政府规章报国务院备案;地方政府规章应当同时报本级人民代表大会常务委员会备案;设区的市、自治州的人民政府制定的规章应当同时报省、自治区的人民代表大会常务委员会和人民政府备案。可见,地方政府规章不纳入全国人大常委会备案审查范围。B项错误。全国人大及其常委会有权监督宪法的实施,因此对于违宪违法的规范性法文件自然有权依法撤销和纠正。C项正确。提升备案审查能力,很明显有助于提高备案审查制度的执行力和约束力。D项正确。

4. 由专门机关负责保障宪法实施的规定始于下列哪一部宪法?(2009-1-17)
   A. 1958年法国宪法　　B. 1787年美国宪法　　C. 1799年法国宪法　　D. 1908年苏俄宪法

答案(　　)②

【解析】本题考核宪法实施保障的体制。由专门机关负责保障宪法实施的体制起源于1799年法国宪法设立的护法元老院。

5. 专门机关负责保障宪法实施是宪法实施保障体制的重要形式。有关专门机关负责保障宪法实施的体制,下列哪些表述是正确的?(2006-1-62)
   A. 专门机关负责宪法实施的体制起源于1799年法国宪法设立的护法元老院
   B. 宪法法院和宪法委员会是专门机关负责保障宪法实施体制的两种主要形式
   C. 我国负责保障宪法实施的专门机关是全国人民代表大会及其常务委员会
   D. 最早提出设立宪法法院的是奥地利规范法学派代表人物汉斯·凯尔森

答案(　　)③

【解析】由专门机关负责保障宪法实施的体制起源于1799年法国宪法设立的护法元老院。从发展趋势来看,由专门机关负责保障宪法实施的体制,已受到许多国家的重视,并有可能成为占主导地位的体制之一。其中,宪法法院和宪法委员会是专门机关负责保障宪法实施体制的两种主要形式。我国没有负责保障宪法实施的专门机关,全国人民代表大会及其常务委员会负责监督宪法的实施。奥地利规范法学派代表人物汉斯·凯尔森最早提出设立宪法法院。由此可知,本题答案为A、B、D。

6. 根据我国宪法的规定,下列关于宪法监督制度的表述,哪些是正确的?(2005-1-62)
   A. 全国人民代表大会常务委员会对省人大制定的地方性法规的撤销属于事后监督
   B. 我国的宪法监督体制以附带性审查为主
   C. 全国人民代表大会常务委员会有权撤销国务院制定的同宪法、法律相抵触的行政法规
   D. 全国人民代表大会常务委员会批准自治区的自治条例属于事先监督

答案(　　)④

【解析】我国宪法监督采取事前审和事后审相结合的方式。事前审查通常适用于法律法规的制定过程中,是在法律规范尚未生效之前由有权机关对其是否合宪进行审查。事后审查是指在法律、法规和其他规律性文件颁布实施以后,由有权机关对其是否合宪进行审查。全国人民代表大会常务委员会对省人大制定的地方性法规的撤销,很明显是生效之后的撤销,属于事后监督,A项正确。自治区的

参考答案:①ACD　②C　③ABD　④ACD

自治条例报经全国人民代表大会常务委员会批准后生效,明显属于事先监督,D正确。同时,依据宪法规定,全国人民代表大会常务委员会有权撤销国务院制定的同宪法、法律相抵触的行政法规,C正确。附带性审查是指司法机关在审理案件过程中,因提出对所适用的法律法规和法律性文件是否违宪的问题而对法律法规和法律性文件所进行的合宪性审查。在我国,行使宪法监督权的是全国人大及其常委会,司法机关无违宪审查权,B错。

7. 根据省政府制定的地方规章,省质监部门对生产销售不合格产品的某公司予以行政处罚。被处罚人认为,该省政府规章违反《产品质量法》规定,不能作为处罚依据,遂向法院起诉,请求撤销该行政处罚。关于对该省政府规章是否违法的认定及其处理,下列哪一选项是正确的?(2012-1-25)
  A. 由审理案件的法院进行审查并宣告其是否有效
  B. 由该省人大审查是否违法并作出是否改变或者撤销的决定
  C. 由国务院将其提交全国人大常委会进行审查并作出是否撤销的决定
  D. 由该省人大常委会审查其是否违法并作出是否撤销的决定

答案( )①

【解析】我国法院无权对政府的规章进行审查,并宣告其无效。因此,A项错误,地方人大一般只有权改变改变或者撤销它的常委会制定的和批准的不适当的地方性法规。因此,B项错误,而对于省政府制定的不适当的规章,一般而言,应当由本级人大常委会撤销,或者由上级政府来改变或撤销。因此,C项错误,对于省政府的规章,国务院作为上级行政机关,有权直接改变或撤销,没必要将其提交全国人大常委会审查。D项正确,对于地方政府的规章,本级人大常委会有权审查,并作出是否撤销的决定。

8. 在一起行政诉讼案件中,被告进行处罚的依据是国务院某部制定的一个行政规章,原告认为该规章违反了有关法律。根据我国宪法规定,下列哪一机关有权改变或者撤销不适当的规章?(2004-1-13)
  A. 国务院   B. 全国人民代表大会常务委员会
  C. 最高人民法院   D. 全国人民代表大会法律委员会

答案( )②

【解析】对于国务院各部委的部门规章,其合法性或者适当性只有国务院有权通过改变或者撤销的方式加以监督,因此,A项正确。全国人大常委会、国务院、全国人大法律委员会均与其不发生关系。

9. 按照我国宪法的规定,下列何种选项属于需要作出改变或者撤销决定的情形?(2003-1-86)
  A. 全国人大对全国人大常委会不适当的决定
  B. 国务院对市、县、乡政府不适当的决定和命令
  C. 全国人大常委会对省人大制定的同宪法、法律和行政法规相抵触的地方性法规和决议
  D. 省人大常委会对省政府的不适当的决定和命令

答案( )③

【解析】根据《立法法》的规定,全国人民代表大会有权改变或者撤销全国人民代表大会常务委员会不适当的决定,故A选项正确;国务院有权改变或者撤销地方各级国家行政机关的不适当的决定和命令,故B项正确;全国人大常委会有权撤销省、自治区、直辖市国家权力机关制定的同宪法、法律

参考答案:①D ②A ③AB。【司法部答案】ABCD

和行政法规相抵触的地方性法规和决议,无权改变,因此C项错误;县级以上的地方各级人民代表大会常务委员会有权撤销本级人民政府的不适当的决定和命令,无权改变,因此D项错误。严格说来,C、D不是应选项,但司法部公布的答案也选上了C、D。

10. 关于改变或者撤销法律、法规、自治条例和单行条例、规章的权限,下列哪一选项符合《立法法》的规定?（2008-1-14）

　　A. 全国人民代表大会有权改变或者撤销全国人民代表大会常务委员会批准的违背《宪法》和《立法法》相关规定的自治条例和单行条例

　　B. 省、自治区、直辖市的人民代表大会有权改变或者撤销其常务委员会制定的和批准的不适当的地方性法规

　　C. 地方人民代表大会常务委员会有权改变或者撤销本级人民政府制定的不适当的规章

　　D. 授权机关有权改变被授权机关制定的超越授权范围或者违背授权目的的法规

　　【答案】（　　）①

　　【解析】根据《立法法》规定,全国人民代表大会有权撤销全国人民代表大会常务委员会批准的违背宪法和法律的自治条例和单行条例,无权改变,A项错误;省、自治区、直辖市的人民代表大会有权改变或者撤销它的常务委员会制定的和批准的不适当的地方性法规,B项正确;地方人民代表大会常务委员会有权撤销本级人民政府制定的不适当的规章,无权改变,C项错误;授权机关有权撤销被授权机关制定的超越授权范围或者违背授权目的的法规,必要时可以撤销授权,但无权改变,D项错误。

11. 某设区的市的市政府依法制定了《关于加强历史文化保护的决定》。关于该决定,下列哪些选项是正确的?（2015-1-65）

　　A. 市人大常委会认为该决定不适当,可以提请上级人大常委会撤销

　　B. 法院在审理案件时发现该决定与上位法不一致,可以作出合法性解释

　　C. 与文化部有关文化保护的规定具有同等效力,在各自的权限范围内施行

　　D. 与文化部有关文化保护的规定之间对同一事项的规定不一致时,由国务院裁决

　　【答案】（　　）②

　　【解析】地方人民代表大会常务委员会有权撤销本级人民政府制定的不适当的规章。自己就可以撤销,没必要非得提请上级来撤销,A项错误。在我国,普通法院没有正式的法律解释权。B项错误。部门规章和地方政府规章在效力上处于同一位阶,因此C项正确。部门规章之间、部门规章与地方政府规章之间对同一事项的规定不一致时,由国务院裁决。D项正确。

12. 根据《宪法》和法律,关于我国宪法监督方式的说法,下列选项正确的是:（2016-1-94）

　　A. 地方性法规报全国人大常委会和国务院备案,属于事后审查

　　B. 自治区人大制定的自治条例报全国人大常委会批准后生效,属于事先审查

　　C. 全国人大常委会应国务院的书面审查要求对某地方性法规进行审查,属于附带性审查

　　D. 全国人大常委会只有在相关主体提出对某规范性文件进行审查的要求或建议时才启动审查程序

　　【答案】（　　）③

　　【解析】在宪法监督的方式上,我国采取事先审查与事后审查相结合的方式。事先审查是指在规范性法文件生效之前便进行合法性审查,如"批准";事后审查是指在规范性法文件生效之后在进

参考答案:①B　②CD　③AB

行合法性审查,如"备案"、"改变"、"撤销"。A、B两项正确。附带性审查是指司法机关在审理案件过程中,因提出对所适用的法律、法规和法律性文件是否违宪的问题,而对该法律、法规和规范性文件所进行的合宪性审查。附带性审查往往以争讼事件为前提,所审查的也是与诉讼有关的法律、法规和法律性文件。全国人大常委会的审查,并不属于附带性审查。C项错误。立法法规定,有关的全国人大专门委员会和全国人大常务委员会工作机构可以对报送备案的规范性文件进行主动审查。可见,全国人大常委会除了根据要求或建议进行被动审查之外,还可以主动启动审查程序。D项错误。

13. 某法院在审理一行政案件中认为某地方性法规与国家法律相抵触。根据我国宪法和法律的规定,下列表述何者为正确?(2004-1-84)

A. 法官审理行政案件,如发现地方性法规与国家法律相抵触,可以对地方性法规的合宪性和合法性进行审查

B. 法官审理行政案件,如发现地方性法规与国家法律相抵触,应当适用国家法律进行审判

C. 法官审理行政案件,如发现地方性法规与国家法律相抵触,可以通过所在法院报请最高人民法院,由最高人民法院依法向全国人民代表大会常务委员会书面提出进行审查的要求

D. 法官审理行政案件,如发现地方性法规与国家法律相抵触,可以公民的名义向全国人民代表大会常务委员会书面提出进行审查的建议

答案(①)

【解析】众所周知,我国不存在司法审查,故而普通法院的法官无权对地方性法规进行审查。故A项错误。我国《宪法》、《立法法》规定了宪法、法律、法规、规章的位阶制度,据此,依据上位法优于下位法的原理,在地方性法规与法律相抵触的情况下,法官引用上位法进行裁判,是没有问题的,因此B项正确。根据《立法法》规定,有权向全国人大常委会提出审查要求的主体是有限的,在法院系统中只有最高人民法院有权,所以C项做法正确;而提出审查建议,却是任何普通公民、社会团体和组织都可以,所以D项正确。

参考答案:①BCD

第五编 司法制度与法律职业道德

第一章 概 述

第一节 司法与司法制度的概念

1. 司法与行政都是国家权力的表现形式,但司法具有一系列区别于行政的特点。下列哪些选项体现了司法区别于行政的特点?(2014－1－83)

A. 甲法院审理一起民事案件,未按照上级法院的指示作出裁判

B. 乙法院审理一起刑事案件,发现被告人另有罪行并建议检察院补充起诉,在检察院补充起诉后对所有罪行一并作出判决

C. 丙法院邀请人大代表对其审判活动进行监督

D. 丁法院审理一起行政案件,经过多次开庭审理,在原告、被告及其他利害关系人充分举证、质证、辩论的基础上作出判决

答案(　　)①

【解析】A项体现了司法独立。B项体现了被动性。D项体现了交涉性。C项不是司法所特有的,行政活动也要受人大监督。

2. 下列有关审判制度的哪种说法是错误的?(2006－1－47)

A. 我国的审判制度是在"议行合一"的制度框架下建立的

B. 按照我国现行法律的规定,独立行使审判权的主体是法院

C. 世界上许多国家的诉讼活动实行审判中心主义,其侦查起诉程序被称为"审判前程序"

D. 实行三权分立的国家,其法院和政府均隶属于议会,议会对它们的权力进行制约

答案(　　)②

【解析】我国的国体是人民民主专政,政体是人民代表大会制度。人民代表大会是国家的议行机关,代表人民行使权力。我国的审判机关是由人民代表大会选举产生的,因此,审判制度是在"议行合一"的制度框架下建立的。故A正确。《法院组织法》第4条规定:"人民法院依照法律规定独立行使审判权,不受行政机关、社会团体和个人的干涉。"故B正确。许多国家刑事诉讼的目的是为了查明犯罪事实,追究刑事责任。而查明犯罪事实,追究刑事责任是审判机关的职责。侦查起诉只是帮助法

参考答案:①ABD　②D

院查明犯罪事实,正确追究刑事责任而已。故C正确。实行三权分立的国家,其法院、政府和议会是相互独立的,相互制衡的,三者互不隶属。故D错误。

3. 下列关于司法制度和司法权的哪些表述是正确的?(2006-1-87)
A. 在中国古代,没有司法的概念,也没有司法的活动
B. 我国清朝末年引进西方的司法制度,将行使检察权的机关附设在大理院或同级审判厅
C. 新中国的司法制度是独立创建的,没有受到其他国家的影响
D. 按照对司法特性的理解,我国检察院作出的决定有时也具有终局性

答案( )①

【解析】 在中国古代,虽没有司法的概念,但实践中是存在司法活动,故A错误;清末改大理寺为大理院,为全国最高审判机关,实行审检合署,将行使检察权的机关附设在大理院或同级审判厅,故B正确;新中国的司法制度是在吸收和借鉴本国和他国先进成果的基础上创建的,故C错误;司法包含着最终裁决的意思,故作为司法机关的检察院作出的决定有时也具有终局性,故D正确。

4. 我国司法承担着实现公平正义的使命,据此,下列哪些说法能够成立?(2013-1-83)
A. 中国特色社会主义司法制度是我国实现公平正义的重要保障
B. 司法通过解决纠纷这一主要功能,维持社会秩序和正义
C. 没有司法效率,谈不上司法公正,公平正义也将难以实现,因此应当选择"公正优先,兼顾效率"的价值目标
D. 在符合法律基本原则的前提下,司法兼顾法理和情理更利于公平正义的实现

答案( )②

【解析】 司法是解决纠纷、保证公平正义的最后一道防线,可见在我国,要想实现公平正义必然离不开我国的司法制度。A项正确。司法在社会生活中承担着广泛的功能,其中解决纠纷是司法的主要功能。司法通过解决纠纷,既实现了正义,又维护了秩序。B项正确。司法公正与司法效率相伴相随、两位一体,司法公正本身就含有对司法效率的要求,没有效率,谈不上公正;不公正,效率也没有意义。公正优先、兼顾效率,这是我国司法的重要价值立场。C项正确。我国法律反映了社会公平正义的主要方面,但并不能覆盖社会公平正义的全部内容。因此,社会主义公平正义的实现,必须注重法理与情理的相互统一,用法理为情理提供正当性支持,以情理强化法理施行的社会效果。在不违背基本原则的情况下,如果能兼顾法理和情理,寻求相关利益的平衡和妥协,则无疑更有助于实现实质性的公平正义。D项正确。

5. 关于司法功能的表述,下列哪一选项是错误的?(2010-1-47)
A. 司法具有解决纠纷、调整社会关系的直接功能和解释、补充法律及形成公共政策、秩序维持、文化支持等间接功能
B. 司法要求司法活动的公开性、裁判人员的中立性、当事人地位的平等性、司法过程的参与性、司法活动的合法性、案件处理的正确性
C. 我国晋代刘颂认为应该严格区分君臣在实现司法公正方面的职责
D. 英国哲学家培根强调司法公正的重要性:"一次不公的判断比多次不平的举动为祸尤烈。因为这些不平的举动不过弄脏了水流,而不公的判断则把水源败坏了"

答案( )③

参考答案:①BD ②ABCD ③A

【解析】 司法具有解决纠纷的直接功能和调整社会关系、解释和补充法律、形成公共政策、秩序维持、文化支持等间接功能。可见，只有解决纠纷属于直接功能，其他均属于间接功能。因此，很明显，A项错误。刘颂严格区分了君臣在司法公正方面各自的职责，即"主者守文"、"大臣释滞"、"人主权断"。选项C说法正确。选项BD说法正确。

6. 关于司法和司法制度，下列哪一选项是正确的？（2008－1－47）

　　A. 效率是司法的内在要求和本质反映，是法治的灵魂和核心，强调的是尽可能地快速解决纠纷、多解决纠纷，尽可能地节省和充分利用各种司法资源

　　B. 从总体上看，司法具有解决纠纷的直接功能和调整社会关系、解释和补充法律、形成公共政策、秩序维持、文化支持等间接功能

　　C. 根据现代司法的独立性特点，一切案件或纠纷，一旦进入司法程序，由司法机关依法作出生效的判决、裁定或决定，任何机关和个人都不应再作处理

　　D. 德国和法国虽然政治制度相同，但德国建立了联邦和州两套法院机构，法国则建立了全国统一的法院机构

答案（　　）①

【解析】 与司法公正相比，效率更具有实在性和可见性。但是效率不是司法的内在要求和本质反映。公正是人民所追求的崇高理想、价值和目标，也是法治的灵魂和核心。司法公正正是法律精神的内在要求。因此A项错误。B项对司法的功能表述是正确的。司法独立性强调的是在组织技术上，司法机关只服从于法律，不受上级机关、行政机关的干涉。而C项中的表述，体现的是司法的"终局性"，而非"独立性"。故C错。法国、德国、日本等许多国家建立了全国统一的法院机构，而美国等一些国家则建立了联邦和州两套法院机构。德国虽然存在着联邦法院和州法院，但联邦最高法院仍然是最高的司法机构，可见，依然是全国统一的法院机构。故D错误。

7. 关于司法、司法制度的特征和内容，下列哪一表述不能成立？（2012－1－45）

　　A. 中国特色社会主义司法制度包括司法规范体系、司法组织体系、司法制度体系、司法人员管理体系

　　B. 法院已成为现代社会最主要的纠纷解决主体，表明司法的被动性特点已逐渐被普遍性特点所替代

　　C. 解决纠纷是司法的主要功能，它构成司法制度产生的基础、决定运作的主要内容和直接任务，也是其他功能发挥的先决条件

　　D. "分权学说"作为西方国家一项宪法原则，进入实践层面后，司法的概念逐步呈现技术性、程序性特征

答案（　　）②

【解析】 ACD三项没有问题。被动性是司法的根本属性之一，法律适用活动的惯常机制是"不告不理"，司法程序的启动离不开权利人或特定机构的提请或诉求，所以司法者从来都不能主动发动一个诉讼，因为这与司法权的性质相悖，这在现代社会会更加强化，不会被替代。B项表述错误。

【特别注意】 分权学说是在1787年被载入美国宪法之后，才完成由学术层面进入现实层面的。

8. 关于司法公正的理解和看法，下列哪些选项是正确的？（2008四川－1－89）

　　A. 司法公正是法律精神的内在要求，是法治的组成部分和基本内容

参考答案：①B　②B

B. 司法公正要求裁判者与裁判的结果没有利益相关性,否则不可能客观、中立地解决纠纷

C. 司法公正要求法官在解决纠纷过程中要充分倾听双方当事人的主张,平等保障当事人的司法参与权

D. 司法公正要求法官在核实证据和认定事实的基础上,正确适用程序法和实体法,对案件做出恰当的处理

答案（　　）①

【解析】 司法公正是法律精神的内在要求,是法治的组成部分和基本内容,是民众对法制的必然要求。公正意味着司法判决在诉讼两造之间不偏不倚。这种不偏不倚的状态只能由以下两种情况促成:(1)裁判人员与案件利益无相关性;(2)司法官的情感自控性。因此,A、B 项正确。司法公正要求法官在解决纠纷过程中平等的保障当事人在诉讼中的法律地位,充分倾听双方当事人的主张。因此,C 项说法正确。司法公正要求法官对案件的处理具有正确性,而案件处理的正确性要求司法人员通过诉讼活动,在核实证据和认定事实的基础上,正确适用实体法和程序法,对案件做出恰当的处理。因此,D 项说法正确。

9. 关于司法公正及实体公正、程序公正问题的理解,下列哪些表述是正确的？（2011-1-84）

A. 司法公正是法治的组成部分和基本内容,是民众对法制的必然要求,司法公正包括实体公正和程序公正两个方面

B. 追求实体公正,是我国司法制度和法律职业道德的基本准则,主要指努力发现案件事实真相和正确适用实体法律

C. 程序公正包括当事人平等地参与、严格遵循法定程序及法官的居中裁判等,保证当事人受到公平对待

D. 根据形势及效率需要,可在有关司法过程中将"类推"和"自由心证"作为司法公正的补充手段

答案（　　）②

【解析】 司法公正是指司法权运作过程中各种因素达到的理想状态,是现代社会政治民主、进步的重要标志,也是现代国家经济发展和社会稳定的重要保证。它是法律的自身要求,也是依法治国的要求,其基本内涵是要求在司法活动的过程和结果中体现公平、平等、正当、正义的精神。选项 A 正确。公正是法治的灵魂和核心,司法公正是法治精神的内在要求,司法公正是法治的组成部分和基本内容,是民众对法制的必然要求。其中,司法公正包括实体公正和程序公正。选项 B、C 正确。司法公正包括实体公正和程序公正。实体公正,主要是指案件事实真相的发现和对实体法的正确适用,其中发现案件事实真相是正确适用实体法的前提,这就要求首先必须正确地认定案件事实。程序公正主要是指司法程序具有正当性和合理性,当事人在司法过程中受到公平的对待。选项 D 错误。司法应当节约成本,提高效率,但必须坚持以公正为前提。最高法院《关于民事诉讼证据的若干规定》第 64 条规定部分地肯定了自由心证原则。但是,我国刑法规定了罪刑法定原则,禁止"类推",因其违背了法治精神,应当排除类推的适用。

相关法条　《关于民事诉讼证据的若干规定》

第六十四条　审判人员应当依照法定程序,全面、客观地审核证据,依据法律的规定,遵循法官职业道德,运用逻辑推理和日常生活经验,对证据有无证明力和证明力大小独立进行判断,并公开判断的理由和结果。

参考答案:①ABCD　②ABC

10. 保证公正司法,提高司法公信力,一个重要的方面是加强对司法活动的监督。下列哪一做法属于司法机关内部监督?(2015-1-45)

A. 建立生效法律文书统一上网和公开查询制度

B. 逐步实行人民陪审员只参与审理事实认定、不再审理法律适用问题

C. 检察院办案中主动听取并重视律师意见

D. 完善法官、检察官办案责任制,落实谁办案谁负责

答案( )①

【解析】《中共中央关于全面推进依法治国若干重大问题的决定》强调要构建开放、动态、透明、便民的阳光司法机制,推进审判公开、检务公开、警务公开、狱务公开,依法及时公开执法司法依据、程序、流程、结果和生效法律文书,杜绝暗箱操作。加强法律文书释法说理,建立生效法律文书统一上网和公开查询制度。A项正确。《中共中央关于全面推进依法治国若干重大问题的决定》强调,要坚持人民司法为人民,依靠人民推进公正司法,通过公正司法维护人民权益。在司法调解、司法听证、涉诉信访等司法活动中保障人民群众参与。完善人民陪审员制度,保障公民陪审权利,扩大参审范围,完善随机抽选方式,提高人民陪审制度公信度。逐步实行人民陪审员不再审理法律适用问题,只参与审理事实认定问题。B项正确。检察院办案中主动听取并重视律师意见属于保障律师权益,强化社会对司法活动的监督,C项正确。《中共中央关于全面推进依法治国若干重大问题的决定》强调,要明确司法机关内部各层级权限,健全内部监督制约机制。司法机关内部人员不得违反规定干预其他人员正在办理的案件,建立司法机关内部人员过问案件的记录制度和责任追究制度。完善主审法官、合议庭、主任检察官、主办侦查员办案责任制,落实谁办案谁负责。D项表述正确。可见,A、B、C、D四项均正确,但题干要求的是选择属于内部监督的选项,可见,只能选择D项。

11. 司法公正体现在司法活动各个方面和对司法人员的要求上。下列哪一做法体现的不是司法公正的内涵?(2014-1-45)

A. 甲法院对社会关注的重大案件通过微博直播庭审过程

B. 乙法院将本院公开审理后作出的判决书在网上公布

C. 丙检察院为辩护人查阅、摘抄、复制案卷材料提供便利

D. 丁检察院为暴力犯罪的被害人提供医疗和物质救助

答案( )②

【解析】司法公正包括六大构成要素:公开性、中立性、平等性、参与性、合法性和案件处理的正确性。A、B两项涉及的是司法公开,正确。C项中,检察院为辩护人提供便利,一方面体现了程序合法,另一方面也体现了司法为民,自然体现了司法公正的要求,因此也正确。D项中,检察院所为并不属于司法职权范围,也并非司法活动,而属于伦理道德范畴,与"司法"公正无关,错误。

12. 关于法官在司法活动中如何理解司法效率,下列哪一说法是不正确的?(2014-1-46)

A. 司法效率包括司法的时间效率、资源利用效率和司法活动的成本效率

B. 在遵守审理期限义务上,对法官职业道德上的要求更加严格,应力求在审限内尽快完成职责

C. 法官采取程序性措施时,应严格依法并考虑效率方面的代价

D. 法官应恪守中立,不主动督促当事人或其代理人完成诉讼活动

答案( )③

参考答案:①D ②D ③D

【解析】 司法效率强调的是司法机关在司法活动中,提高办案效率,不拖延积压案件,及时审理和结案,合理利用和节约司法资源;不断改进工作,迅速及时进行司法活动,在司法、诉讼的各个具体环节都要遵守法定的时限。司法效率包括司法的时间效率、资源利用效率和司法活动的成本效率三个方面。A项正确。近年来我国法院努力提高司法效率,强化审限意识,严格禁止超审限审理案件。B项正确。在司法过程中,"公正优先、兼顾效率"是基本原则,因此自然要求合理地进行诉讼程序的制度设计,在采取程序性措施时,严格依法并考虑效率方面的代价。C项正确。法官在保障司法公正的同时,也应提高司法效率,严格遵守法定办案时限,节约司法资源,监督当事人及时完成诉讼活动。法官在审判活动中特别是在法庭上的一项重要职责就是监督当事人遵守诉讼程序和各种时限规定,有效控制各项诉讼活动的时间,掌握案件审理的合理进度,避免因当事人的原因或法官指挥不当而导致的拖延。法官应在不违反其中立地位的前提下,积极督促当事人或其代理人提高效率,减少拖延。D项错误。

13. 关于司法和司法制度,下列哪一选项是错误的?(2009-1-47)

A. 现代社会,司法构成社会纠纷解决体系中最具普适性的方式,法院已成为最主要的纠纷解决主体

B. 法官自由裁量应力求达到合法与合理高度统一,尽可能地减少法律适用过程中的不确定性,防止司法擅断与专横

C. 通过对不同的案件采用不同的诉讼费用分担机制,能够影响诉讼各方的行为方式,实现诉讼费用的"配置效率"

D. 司法机关特别是最高法院参与公共政策的制定,表现出司法权在国家权力配置与运作中的越位

答案( )①

【解析】 司法不仅具有形式上的普遍性,在实质意义上,司法可以解决其他机关所不能解决的纠纷,司法管辖的范围是包括外国人在内的所有人,是管辖范围最广泛的审判机关,任何人都有权向法院申请对某一纠纷作出决定、给予权利救济。在现代社会,司法构成社会纠纷解决体系中最具普适性的方式,法院已成为最主要的纠纷解决主体。选项A正确。选项B明显正确。在民事诉讼和行政诉讼中,应当实行"败诉方承担为主,受益方承担为辅"的收费原则;在形式诉讼中,考虑对一些特定的犯罪人征收诉讼费,以起到节省"正义成本"的作用。选项C正确。现代法治社会,司法机关特别是最高法院参与公共政策的制定,并不属于司法权在国家权力配置与运作中的越位,反而是其更好地行使司法权的必然要求。

14. 效率与公正都是理想型司法追求的目标,同时也是理想型司法应具备的两个基本要素。关于两者的关系,下列哪一说法是错误的?(2009-1-48)

A. 司法效率和司法公正是相辅相成的

B. 根据我国司法现状应当作出"公正优先、兼顾效率"的价值选择

C. 细化诉讼程序通常导致效率低下,效率和公正难以兼得

D. 司法工作人员提高业务水平,勤勉敬业,有利于促进司法公正和效率

答案( )②

【解析】 效率与公正都是理想型司法所追求的目标,同时也是理想型司法所必备的两个基本要素,因而有其相辅相成的一面;但由于效率具有绝对性而公正具有相对性,所以司法效率与司法公正

参考答案:①D ②C

又存在内在的紧张关系。选项A正确。我国的司法现状决定了我们应当作出"公正优先,兼顾效率"的价值选择。选项B正确,C错误。法官勤勉敬业,恪尽职守,其直接作用便是司法效率的提高,同时也会促进司法公正。选项D正确。

15. 关于司法和司法制度,下列哪一表述不成立?(2011－1－45)

A. 司法历来以解决社会冲突为己任,与社会冲突相伴相随。从古至今,司法一直为一种独立的解纷形态和制度

B. 司法和司法权曾是反对专制、对抗王权的一道屏障,负责监督政府、保护人民,同时也能有效地保护法官

C. 晋刘颂上疏惠帝,论及司法制度时说:"君臣之分,各有所司。法欲人奉,故令主者守之;理有穷,故使大臣释滞;事有时立,故人主权断"

D. 美国法学家亨利·米斯认为,"在法官做出判断的瞬间被别的观点或者被任何形式的外部权势或压力所控制和影响,法官就不复存在……法官必须摆脱不受任何的控制和影响,否则便不再是法官了"

答案( )①

【解析】在人类的早期社会,司法是依附于行政活动的。比如我国古代,长期以来,司法职能是由行政长官行使的。选项A说法错误。司法和司法权曾是反对专制、对抗王权的一道屏障,负责监督政府、保护人民,维护公平正义。选项B说法正确。刘颂认为,对具体案件的审断,司法官吏必须依律办事,严格执法,做到"主者守文,死生以之,不敢错思于成制之外以差轻重"。若有少数案件,"事无正据,名例不及",法律明文又没有规定,则由"大臣论当,以释不滞",这就是说,只有中央主管司法的大臣有一定的解释、变通之权。至于超出法律之外的"非常之断、出法赏罚",那就"唯人主专之,非奉职之臣所得拟议"了。选项C正确。选项D说法正确。

16. 司法活动的公开性是体现司法公正的重要方面,要求司法程序的每一阶段和步骤都应以当事人和社会公众看得见的方式进行。据此,按照有关文件和规定精神,下列哪一说法是正确的?(2016－1－45)

A. 除依法不在互联网公布的裁判文书外,法院的生效裁判文书均应在互联网公布

B. 检察院应通过互联网、电话、邮件、检察窗口等方式向社会提供案件程序性信息查询服务

C. 监狱狱务因特殊需要不属于司法公开的范围

D. 律师作为诉讼活动的重要参与者,其制作的代理词、辩护词等法律文书应向社会公开

答案( )②

【解析】阳光是最好的防腐剂,诉讼程序的每一阶段和步骤都应当以当事人和社会公众看得见的方式进行。最高院全面推进审判流程公开、裁判文书公开、执行信息公开三大平台建设,明确要求法院的生效裁判文书应当在互联网公布,但有涉及国家秘密、个人隐私,涉及未成年人违法犯罪,以调解方式结案或者其他不宜在互联网公布的裁判文书除外。A项正确。检察院应当通过互联网、电话、邮件、检察服务窗口等方式,向相关人员提供案件程序性信息查询服务,向社会公开重要案件信息和法律文书以及办理其他案件信息公开工作。可见,提供案件程序性信息查询服务是向相关人员,向社会公开的是重要案件信息和法律文书。B项错误。党的十八届四中全会的《决定》,明确规定:构建开放、动态、透明、便民的阳光司法机制,推进审判公开、检务公开、警务公开、狱务公开,依法及时公开执法司

参考答案:①A ②A

法依据、程序、流程、结果和生效法律文书,杜绝暗箱操作。加强法律文书释法说理,建立生效法律文书统一上网和公开查询制度。可见,狱务也要公开,C项错误;律师制作的法律文书不属于司法公开的范围,D项错误。

17. 关于司法、司法制度的表述,下列哪些选项是正确的?(2008 四川-1-88)

A. 当代中国的律师在保障公民权利、实现司法公正、推进社会发展方面正起着越来越重要的作用
B. 法官职业要求慎独,以免影响中立审判
C. 西方资本主义国家的检察机关大多隶属于行政机关的司法行政部门,主要任务是进行刑事诉讼
D. 与司法公正相比,司法效率更具有实在性和可见性

答案( )①

【解析】 A项说法明显正确。法官应当谨慎出入社交场合,谨慎交友,谨慎对待与当事人、律师以及可能影响法官形象的人员单独接触和交往,以免给公众造成不公正或不廉洁的印象,并避免在履行职责时影响中立地位。因此,B项说法正确。在西方一些国家,实行"三权分立"的宪政结构,国家权力被划分为立法权、行政权、司法权,分别由立法机关、行政机关和审判机关行使,检察机关属于行政机关。在具体的机构设置上,有的隶属于司法行政部门;有的则设在法院。主要认为是进行刑事诉讼。因此,C项说法正确。与司法公正相比,司法效率更具有实在性和可见性。因此,D项说法正确。

第二节 法律职业道德的概念和特征

1. 关于法律职业道德,下列哪一表述是不正确的?(2013-1-45)

A. 基于法律和法律职业的特殊性,法律职业人员被要求承担更多的社会义务,具有高于其他职业的职业道德品行
B. 互相尊重、相互配合为法律职业道德的基本原则,这就要求检察官、律师尊重法官的领导地位,在法庭上听从法官的指挥
C. 选择合适的内化途径和适当的内化方法,才能使法律职业人员将法律职业道德规范融进法律职业精神中
D. 法律职业道德教育的途径和方法,包括提高法律职业人员道德认识、陶冶法律职业人员道德情感、养成法律职业人员道德习惯等

答案( )②

【解析】 在现代社会中,法律职业是一种高度专业化的职业。与一般社会道德相比,法律职业道德具有主体的特定性、职业的特殊性和更强的约束性等特征。所谓的更强的约束性,意味着法律职业人员一旦违反职业道德,将可能承担更大范围的责任。这自然也就要求法律职业人员承担更多的社会义务,要求他们具有高于其他职业的职业道德素养和品行。选项A说法正确。

互相尊重、相互配合是法律职业道德的基本原则,法律职业人员一方面不应超越职权擅自干预和妨碍其他法律职业人员的正常办案,另一方面也要谦恭有礼,遵守有关法庭礼仪。但检察官、律师和法官在法庭上不是领导与被领导的关系。法律职业人员在人格和依法履行职责上是平等的。互相尊重、互相配合并非要求检察官、律师在法庭上听从法官的指挥。因此,B项错误明显。

参考答案:①ABCD ②B

在现代社会生活中,道德具有教育示范、调节规范和潜移默化影响人们行为和意识的作用,只有通过选择合适的内化途径和适当的外化方法,才能使法律职业人员将法律职业道德规范融进法律职业精神中。法律职业者作为内化的主体,应当有意识地将被动学习和主动学习结合起来。选项C说法正确。

法律职业道德教育的途径和方法,主要包括提高法律职业人员道德认识、陶冶法律职业人员道德情感、锻炼法律职业人员道德意志、养成法律职业人员道德习惯等方面。选项D说法正确。

2. 关于法律职业道德的理解,下列哪一说法不能成立?(2012-1-46)
A. 法律职业道德与其他职业道德相比,具有更强的公平正义象征和社会感召作用
B. 法律职业道德与一般社会道德相比,具有更强的约束性
C. 法律职业道德的内容多以纪律规范形式体现,具有更强的操作性
D. 法律职业道德通过严格程序实现,具有更强的外在强制性

答案(　①　)

【解析】与法律的外在强制性不同,道德主要用于自律,是对自己内心的约束。在实践中,只有选择合适的内化途径和适当的内化方法才能够使法律职业者将法律职业道德融进法律职业精神中。所以,法律职业道德的实现,既包括外在监督,也包括法律职业者的自律;后者并非通过严格程序来实现,而且其不具有强制性。选项D说法不能成立。

3. 下列关于法律职业道德的表述哪一项是不正确的?(2004-1-47)
A. 法律职业道德是法律职业人员所应遵循的行为规范的总和
B. 法律职业道德是社会道德体系的重要组成部分,与一般社会道德相比具有职业特殊性
C. 法律职业道德具有规范作用和法律上的普遍强制作用
D. 法律职业道德在一定层面上可以表现为特定的法律规范

答案(　②　)

【解析】与一般社会道德相比,法律职业道德具有主体的特定性、职业的特殊性和更强的约束性的特征。主体的特定性是指法律职业道德所规范的是专门从事法律工作的法官、检察官、律师等法律职业人员。由以上特性可知,法律职业道德不具有法律上的普遍强制作用,故选C项。职业的特殊性是指上述主体由于所从事的工作直接关系到国家法律制度的实施和保障,对于这些职业的道德规范就应该体现职业的特点,这样才有可能保持职业的先进性和树立职业的良好社会形象。更强的约束性是指,法律职业道德相对于一般社会道德而言,具有更强的约束性。违反职业道德的法律从业人员要承担更大范围的责任。

4. 根据有关规定,我国法律职业人员因其职业的特殊性,业外活动也要受到约束。下列哪些说法是正确的?(2014-1-85)
A. 法律职业人员在本职工作和业外活动中均应严格要求自己,维护法律职业形象和司法公信力
B. 业外活动是法官、检察官行为的重要组成部分,在一定程度上也是司法职责的延伸
C. 《律师执业行为规范》规定了律师在业外活动中不得为的行为
D. 《公证员职业道德基本准则》要求公证员应当具有良好的个人修养和品行,妥善处理个人事务

答案(　③　)

【解析】法律职业道德既调整法律职业人员的业务内的活动,也调整业务外的活动。本题的

参考答案:①D　②C　③ABCD

四个选项均符合法律职业道德的要求。

5. 法律在社会中负有分配社会资源、维持社会秩序、解决社会冲突、实现社会正义的功能,这就要求法律职业人员具有更高的法律职业道德水准。据此,关于提高法律职业道德水准,下列哪些表述是正确的?(2016-1-83)

A. 法律职业道德主要是法律职业本行业在职业活动中的内部行为规范,不是本行业对社会所负的道德责任和义务

B. 通过长期有效的职业道德教育,使法律职业人员形成正确的职业道德认识、信念、意志和习惯,促进道德内化

C. 以法律、法规、规范性文件等形式赋予法律职业道德以更强的约束力和强制力,并加强道德监督,形成他律机制

D. 法律职业人员违反法律职业道德和纪律的,应当依照有关规定予以惩处,通过惩处教育本人及其他人员

答案(　　)①

【解析】职业道德是人们在职业实践活动中形成的行为规范,体现职业活动的客观要求。职业道德既是本行业人员在职业活动中的行为规范,又是行业对社会所负的道德责任和义务。A 项错误。

法律职业道德教育的途径和方法,主要包括提高法律职业人员的道德认识、确立法律职业人员的道德信念、陶冶法律职业人员的道德情感、锻炼法律职业人员的道德意志、养成法律职业人员的道德习惯等方面。通过这些途径和渠道,外在的法律职业道德规范会和法律人自己原有的观点、信念,结合在一起,内化为自己人格的一部分。B 项正确。

法律职业道德具有正式性,其表现形式较正式,除了一般的规章制度、工作守则、行为须知之外,还通过法律、法规等规范性文件的形式表现出来。相应地,法律职业道德也具有了更高性,其要求法律职业人员具有更高的法律职业道德水准,要求较为明确,约束力和强制力也更为明显。法律职业人员违反了法律职业道德和纪律,应当依照有关规定予以惩处,通过惩处教育本人及其他人员。C、D 两项正确。

6. 司法人员恪守司法廉洁,是司法公正与公信的基石和防线。违反有关司法廉洁及禁止规定将受到严肃处分。下列属于司法人员应完全禁止的行为是:(2016-1-98)

A. 为当事人推荐、介绍诉讼代理人、辩护人

B. 为律师、中介组织介绍案件

C. 在非工作场所接触当事人、律师、特殊关系人

D. 向当事人、律师、特殊关系人借用交通工具

答案(　　)②

【解析】党的十八届四中全会的《决定》明确规定,要"依法规范司法人员与当事人、律师、特殊关系人、中介组织的接触、交往行为。严禁司法人员私下接触当事人及律师、泄露或者为其打探案情、接受吃请或者收受其财物、为律师介绍代理和辩护业务等违法违纪行为,坚决惩治司法掮客行为,防止利益输送。"A、B 两项即属于此类被严格禁止的行为。

司法人员在案件办理过程中,应当在工作场所、工作时间接待当事人、律师、特殊关系人、中介组

参考答案:①BCD ②ABD

织。因办案需要,确需与当事人、律师、特殊关系人、中介组织在非工作场所、非工作时间接触的,应依照相关规定办理审批手续并获批准;因不明情况或者其他原因在非工作时间或非工作场所接触当事人、律师、特殊关系人、中介组织的,应当在三日内向本单位纪检监察部门报告有关情况。可见,司法人员在非工作场所接触当事人、律师、特殊关系人,是难以完全避免的,C 项错误。

司法人员应当避免与案件产生任何实质性的利益联系,不得向当事人、律师、特殊关系人、中介组织借款、租借房屋、借用交通工具、通讯工具或者其他物品。D 项符合题意,属于完全禁止的行为。

7. 下列关于法律职业道德基本原则的表述,哪一项是不正确的?（2003-1-29）
   A. 法律职业道德的基本原则是法律职业道德的基本尺度、基本纲领和基本要求
   B. 法律职业道德的基本原则可以直接作为确定法律职业人员具体职业责任的法律依据
   C. 由于法律职业道德基本原则是共同的,它们就构成法律职业人员共同遵循的基本要求
   D. 在不同的社会制度中,法律职业道德基本原则的要求有不同的内容

答案（　　）①

【解析】法律职业道德的基本原则是指法律职业道德的基本尺度、基本纲领和基本要求,是为法律职业的法律规范和道德规范提供某种基础的综合性、指导性的规范。但它不能直接作为确定法律职业人员具体职业责任的法律依据。法律职业道德原则的基本内容构成了法律职业人员共同遵循的基本要求。不同的社会制度,法律职业道德的原则要求有不同的内容。故 B 项入选。

第三节 法律职业道德的基本原则

1. 法官、检察官、律师等法律职业主管机关就 3 个职业在诉讼活动中的相互关系,出台了一系列规定。下列哪一说法是正确的?（2012-1-47）
   A. 这些规定的目的是加强职业纪律约束,促进维护司法公正
   B. 这些规定具有弥补履行职责上地位不平等,利于发挥各自作用的意义
   C. 这些规定允许必要时适度突破职权限制、提高司法效率
   D. 这些规定主要强调配合,不涉及互相制约关系的内容

答案（　　）②

【解析】法官、检察官和律师按照法律规定分别履行着各自的职责,这些规定不是用来弥补履行职责上的地位不平等,相反其地位是平等的,大家三者各司其职,相互协助,各自发挥各自的作用。选项 B 错误。法官、检察官和律师的职责范围均是由法律规定的,这些规定不允许公检法部门肆意违背法律,突破其职权限制,而是要求其恪尽职守,不渎职、不越权。选项 C 错误。作为监督法院的检察机关,其职责正是履行着监督法官和律师行为的责任,这就是一种典型的制约关系。选项 D 错误。

2. 法律职业责任是法律职业人员违反有关法律职业人员的法律和道德规范所应承担的责任。这一责任的范围包括哪些方面?（2002-1-74）
   A. 刑事责任　　　B. 民事责任　　　C. 行政责任　　　D. 纪律处分

答案（　　）③

【解析】法律职业责任是法律职业人员违反有关法律和道德规范而应承担的不利后果。其责

参考答案：①B　②A　③ABCD

任形式是多样性的,包括纪律处分、行政责任、民事责任和刑事责任。

第二章 审判制度和法官职业道德

第一节 审判制度概述

1. 72 岁村民甲以其子乙长期不提供衣食、不送医院治病为由,诉请法院判令乙履行赡养义务。为宣传法律、教育群众,法院决定将该案在当事人所在村庄公开审理,村民均可旁听。乙提出法院侵犯其隐私,剥夺其司法民主方面的有关权利。下列哪些说法是正确的?(2011-1-83)

A. 司法民主要求所有案件均应无例外公开审理,以促进人民当家作主权利的实现
B. 法院就地审理体现了司法目的民主,体现司法为民理念
C. 法院公开审判遵循了司法公开制度的规定,符合司法程序民主要求
D. 法院就地审理未经乙同意,违反司法主体民主和司法体制民主

答案( )①

【解析】司法的民主性是指司法应充分体现人民的意志和利益,审判活动应体现民主性,并应受到人民的有效监督。但是,并非所有案件均应公开审理,根据法律规定,有些案件不应当公开审理,如涉及国家秘密的案件。选项 A 错误。本题中法院为宣传法律、教育群众而就地公开审判,体现了司法目的的民主,体现司法为民理念。选项 B 正确。根据法律规定,除特定案件外,民事案件一律公开审判,而本案不属于依法不公开审理的案件,因此,法院公开审判遵循了司法公开制度的规定,符合司法程序民主要求。选项 C 正确,选项 D 错误。

2. 李法官在审理一起二审民事案件中的哪一种做法违反了维护审判独立的原则?(2005-1-48)

A. 某市领导电话暗示此案只能判原告胜诉,李法官表示理解,但未作任何承诺,事后也没有采纳这位领导的意见
B. 就案件中的一个疑难问题,李法官查阅了资料,但对其中几个概念不甚明了,于是就此向某大学教授请教
C. 本案一审法官张某来访,李法官予以接待并宴请,席间张某就此案发表了个人意见,李法官表示"可以考虑",并在数日后制作判决书时打电话征求张某意见
D. 原告上书市人大对本案审理程序提出异议,市人大常委会向法院提出询问,李法官根据院长指示,向市人大提交了一份书面报告,就有关问题作出解释

答案( )②

【解析】法官在审判活动中应当独立思考;应当尊重其他法官对审判职权的独立行使,并做到不得向上级人民法院就二审案件提出个人的处理建议和意见。选项 C 违反上述规定,应选。选项 A 的"未作任何承诺,事后也没有采纳",选项 B 的"请教不明概念",都表明没有违反审判独立原则;选项 D "根据院长指示,向市人大提交书面报告,就有关问题作出解释",符合人民法院对本级人大负责的法律

参考答案:①BC ②C

要求,而且仅是"解释"而已,因此也没有违反审判独立原则。

3. 下列有关法官行为的论述中,哪些体现了审判独立的原则? (2002-1-75)
   A. 法官在审理案件的过程中,应当避免受到新闻媒体和公众舆论的不当影响
   B. 法官应当尊重其他法官对审判职权的独立行使
   C. 法官在履行职责时,应当忠实于宪法和法律,不受任何行政机关、社会团体和个人的干涉,不受来自法律规定之外的影响
   D. 法官在审判活动中,应当独立思考、自主判断,敢于坚持正确的意见

答案( )①

【解析】根据《中华人民共和国法官职业道德基本准则》第12条规定,法官在审理案件的过程中,应当避免受到新闻媒体和公众舆论的不当影响。A项正确。根据同法第14条规定,法官应当尊重其他法官对审判职权的依法行使。B项正确。根据同法第8条规定,法官在履行职责时,应当独立思考、自主判断,敢于坚持原则,不受任何行政机关、社会团体和个人的干涉,不受权势、人情等因素的影响。C、D两项正确。

相关法条　　　　　　　　　《法官职业道德基本准则》

第四条 牢固树立社会主义法治理念,忠于党、忠于国家、忠于人民、忠于法律,做中国特色社会主义事业建设者和捍卫者。

第八条 坚持和维护人民法院依法独立行使审判权的原则,客观公正审理案件,在审判活动中独立思考、自主判断,敢于坚持原则,不受任何行政机关、社会团体和个人的干涉,不受权势、人情等因素的影响。

第十二条 认真贯彻司法公开原则,尊重人民群众的知情权,自觉接受法律监督和社会监督,同时避免司法审判受到外界的不当影响。

第十四条 尊重其他法官对审判职权的依法行使,除履行工作职责或者通过正当程序外,不过问、不干预、不评论其他法官正在审理的案件。

4. 下列关于审判制度基本原则的哪些理解是正确的? (2006-1-89)
   A. 不告不理原则体现了审判权的被动性,是审判中立的根本要求
   B. 一切审判程序都必须适用直接原则和言词原则
   C. 审判权独立行使原则与法律监督之间在根本点上不存在矛盾
   D. 审判及时原则体现了现代审判活动的效率价值

答案( )②

【解析】不告不理原则,是指未经控诉一方提起控诉,法院不得自行主动对案件进行裁判的一项审判基本原则。具体包括两层含义:一是没有原告的起诉,法院不得启动审判程序,即原告的起诉是法院启动审判程序的先决条件;二是法院审判的范围应与原告起诉的范围相一致,法院不得对原告未提出诉讼请求的事项进行审判。故A项正确。直接原则,又称直接审理原则、直接审理主义,其基本内容包括直接审理与直接受证两方面。言词原则,是指法庭对案件的审理,对证据的调查采取言词陈述的方式进行。被告人、被害人进行口头陈述,证人、鉴定人进行口头作证,检察官、辩护人进行口头询问和辩论。直接原则与言词原则互相贯通,互相融合。直接原则是言词原则的基础,言词原则是直接原则的补充,在一定意义上二者可合为一项原则。但在确立直接言词原则的时候,还应当合理规定该原

参考答案:①ABCD　②ACD

则的适用例外。故B错误。审判独立包括外部独立与内部独立两重含义。外部独立是指法院独立依法行使审判权,不受各种社会力量的法外干预。内部独立是指法官在执行审判职务过程中应独立于其同事和上级法院法官。但独立并不意味着不受监督。因此,C项正确。审判及时原则,是指人民法院审判案件应在法律规定的期限内进行,而且应尽量做到快速结案。审判及时是现代审判活动的重要特征,体现了国家、当事人和社会公众对审判过程和审判结果在时间上的期望与要求。故D正确。

5. 法院的下列哪些做法是符合审判制度基本原则的?(2016-1-84)
   A. 某法官因病住院,甲法院决定更换法官重新审理此案
   B. 某法官无正当理由超期结案,乙法院通知其三年内不得参与优秀法官的评选
   C. 对某社会高度关注案件,当地媒体多次呼吁法院尽快结案,丙法院依然坚持按期审结
   D. 因人身损害纠纷,原告要求被告赔付医疗费,丁法院判决被告支付全部医疗费及精神损害赔偿金

答案（　　）①

【解析】我国审判制度的基本原则包括审判独立原则、不告不理原则、直接言词原则、及时审判原则等等。本题涉及如下三项原则:

(1)不告不理原则:未经控诉一方提起控诉,法院不得自行主动对案件进行裁判;法院审理案件的范围(诉讼内容与标的)由当事人确定,法院无权变更、撤销当事人的诉讼请求;案件在审理中,法院只能按照当事人提出的诉讼事实和主张进行审理,对超过当事人诉讼主张的部分不得主动审理。D项中,丁法院判决的内容超出了当事人的诉讼请求,违背了不告不理原则,因此错误;

(2)及时审判原则:人民法院应当及时审理案件,提高办案效率;但是,法院要坚持公正优先,兼顾效率的原则,不能单纯为了追求效率,放弃司法公正的要求。B项中,某法官无正当理由超期结案,拖延办案,贻误工作,违背了及时审判原则,所以乙法院通知其三年内不得参与优秀法官的评选,这种处理方式是正确的;C项中,对于社会高度关注的案件,法院顶住压力,坚持依照法定程序、按照法定审理时限的要求审结,避免受到媒体的不当影响,是正确的;

(3)集中审理原则,又称不中断审理原则,是指法院开庭审理案件,应当在不更换审判人员的条件下连续进行,不得中断审理的诉讼原则。该原则主要包括以下几个方面:一个案件组成一个审判庭进行审理,每起案件自始至终应由同一法庭进行审判;在案件审理开始后尚未结束前不允许法庭再审理其他任何案件;法庭成员不得更换,对于因故不能继续参加审理的,应由始终在场的候补法官、候补陪审员替换,否则应重新审判;集中证据调查与法庭辩论;庭审不中断并迅速作出裁判。《最高人民法院关于人民法院合议庭工作的若干规定》第3条就体现了集中审理原则,其中规定:"合议庭组成人员确定后,除因回避或者其他特殊情况,不能继续参加案件审理的之外,不得在案件审理过程中更换。更换合议庭成员,应当报请院长或者庭长决定。合议庭成员的更换情况应当及时通知诉讼当事人。"A项中,某法官因病住院,这属于特殊情况,甲法院决定更换法官的,因为新换的法官对此前的程序不熟悉,因此安排其重新审理此案,符合集中审理原则,是妥当的。

6. 2015年4月,最高法院发布了《关于人民法院推行立案登记制改革的意见》。关于立案登记制,下列理解正确的是:(2015-1-87)
   A. 有利于做到有案必立,保障当事人诉权
   B. 有利于促进法院案件受理制度的完善
   C. 法院对当事人的起诉只进行初步的实质审查,当场登记立案

参考答案:①ABC

D. 适用于民事起诉、强制执行和国家赔偿申请,不适用于行政起诉

答案(①)

【解析】2015年4月1日,中央全面深化改革领导小组第十一次会议审议通过了《关于人民法院推行立案登记制改革的意见》。改革人民法院案件受理制度,变立案审查制为立案登记制,对依法应该受理的案件,做到有案必立、有诉必理,保障当事人诉权,方便当事人诉讼,其实施将有利于促进法院案件受理制度的完善,A、B两项正确。《意见》规定,登记立案针对的是人民法院的初始案件,对上诉、申请再审和申诉,不适用登记立案。人民法院对符合法律规定条件的民事起诉、行政起诉、刑事自诉、强制执行和国家赔偿申请,一律接收诉状,当场登记立案。可见,D项错误,行政诉讼也采立案登记制。《意见》规定,当场不能判定的,应当在法律规定的期限内决定是否立案。在法律规定期限内无法判定的,先行立案。不符合形式要件的,人民法院应当及时释明,以书面形式一次性全面告知应当补正的材料和期限。不符合法律规定条件的,应当依法作出裁决。当事人不服的,可以提起上诉或者申请复议。对违法起诉或者不符合法定起诉条件的,涉及危害国家主权和领土完整、危害国家安全、破坏国家统一和民族团结、破坏国家宗教政策的,以及其他不属于人民法院主管的所诉事项,不予登记立案。可见,改革之后,法院对当事人的起诉只进行初步的形式审查,C项错误。

7. 根据刑事诉讼法、民事诉讼法和行政诉讼法的规定,有四类案件实行不公开审理。下列哪一项不属于不公开审理的范围?(2006-1-48)

A. 已满16周岁的张某抢劫案
B. 刘某以性生活不和谐提出与丈夫离婚且申请不公开审理的案件
C. 著名艺人王某起诉某报社和厂家侵犯其肖像权且以涉及个人隐私为由申请不公开审理的案件
D. 甲公司起诉陈某和乙公司侵犯其技术秘密且申请不公开审理的案件

答案(②)

【解析】根据《刑事诉讼法》第274条的规定,不满十八岁的未成年人犯罪的案件,不公开审理。故A不公开审理。根据《民事诉讼法》134条的规定,离婚案件,涉及商业秘密的案件,当事人申请不公开审理的,可以不公开审理。故B和D都不公开审理。隐私是指当事人不愿意公开的个人秘密,为大众所不知的个人情况。而艺人的肖像,常常曝光于媒体,因此不属于个人隐私。所以本题答案为C。

相关法条 《刑事诉讼法》

第十一条 人民法院审判案件,除本法另有规定的以外,一律公开进行。被告人有权获得辩护,人民法院有义务保证被告人获得辩护。

第一百八十三条 人民法院审判第一审案件应当公开进行。但是有关国家秘密或者个人隐私的案件,不公开审理;涉及商业秘密的案件,当事人申请不公开审理的,可以不公开审理。

不公开审理的案件,应当当庭宣布不公开审理的理由。

第二百七十四条 审判的时候被告人不满十八周岁的案件,不公开审理。但是,经未成年被告人及其法定代理人同意,未成年被告人所在学校和未成年人保护组织可以派代表到场。

相关法条 《民事诉讼法》

第一百三十四条 人民法院审理民事案件,除涉及国家秘密、个人隐私或者法律另有规定的以外,应当公开进行。

参考答案:①AB ②C

离婚案件,涉及商业秘密的案件,当事人申请不公开审理的,可以不公开审理。

相关法条 　　　　　　　　　　《行政诉讼法》

第五十四条　人民法院公开审理行政案件,但涉及国家秘密、个人隐私和法律另有规定的除外。

第二节　审判机关

1. 审判组织是我国法院行使审判权的组织形式。关于审判组织,下列说法错误的是:(2015－1－98)

　　A. 独任庭只能适用简易程序审理民事案件,但并不排斥普通程序某些规则的运用
　　B. 独任法官发现案件疑难复杂,可以转为普通程序审理,但不得提交审委会讨论
　　C. 再审程序属于纠错程序,为确保办案质量,应当由审判员组成合议庭进行审理
　　D. 不能以审委会名义发布裁判文书,但审委会意见对合议庭具有重要的参考作用

　　答案(　　)①

【**解析**】独任庭是由一名审判员对案件进行审理的组织形式,根据法律,独任庭审判以下几种案件:1.第一审刑事自诉案件和其他轻微的刑事案件;2.第一审的简单民事案件和经济纠纷案件;3.适用特别程序审理的案件,除选民资格案件或者其他重大疑难案件由审判员组成合议庭审判外,其他案件由独任庭审判。可见,民事案件分为诉讼案件和非诉讼案件,独任庭除了适用简易程序审理民事诉讼案件外,还可以适用特别程序、督促程序等审理民事非讼案件。此外,适用简易程序审理刑事案件,对可能判处3年有期徒刑以下刑罚的,可以由独任庭审理。适用简易程序审理的行政案件,由独任庭审理。A项错误,独任庭不仅适用于民事案件。

　　人民法院在审理过程中,发现案件不宜适用简易程序的,裁定转为普通程序。独任审判员认为确有必要,也可以提请院长决定提交审判委员会讨论决定。可见,B项错误,案件疑难复杂当然可以提交审判委员会讨论。

　　再审程序属于纠错程序,为保证办案质量,法律规定只能由合议庭审理。但是合议庭的组成情况,要根据再审案件所适用的审理程序而定。原生效判决是一审的,适用一审程序;原生效判决是二审的,适用二审程序。当适用一审程序审理再审案件时,可以允许陪审员参与组成合议庭。C项错误。

　　审判委员会的决定,合议庭应当执行。审判委员会讨论决定的案件的判决书和裁定书,应当以审理该案件的合议庭的成员的名义发布。D项错误,审委会的决定具有拘束力,而不仅仅是参考作用。

2. 2015年1月,最高法院巡回法庭先后在深圳、沈阳正式设立,负责审理跨行政区域重大行政和民商事案件。关于设立巡回法庭的意义,下列哪些理解是正确的?(2015－1－54)

　　A. 有利于保证公正司法和提高司法公信力
　　B. 有助于消除审判权运行的行政化问题
　　C. 有助于节约当事人诉讼成本,体现了司法为民的原则
　　D. 有利于就地化解纠纷,减轻最高法院本部办案压力

　　答案(　　)②

【**解析**】《中共中央关于全面推进依法治国若干重大问题的决定》指出:"最高人民法院设立巡回法庭,审理跨行政区域重大行政和民商事案件。探索设立跨行政区划的人民法院和人民检察院,办

参考答案:①ABCD　　②ABCD

理跨地区案件。完善行政诉讼体制机制,合理调整行政诉讼案件管辖制度,切实解决行政诉讼立案难、审理难、执行难等突出问题。"设立巡回法庭的意义主要体现在如下几个方面:(1)有利于审判机关重心下移,就地解决纠纷,方便当事人诉讼;(2)有利于避免地方保护主义干扰,保证案件审判更加公平公正;(3)有利于最高法院本部集中精力制定司法政策和司法解释,审理对统一法律适用有重大指导意义的案件。据此观察,A、B、C、D四项均符合题意。

3. 我国诉讼案件的审判程序有刑事审判程序、民事审判程序和行政审判程序三种。关于审判程序,下列哪一选项是正确的?(2008 四川 -1 -47)

A. 我国三种审判程序的基本原则和基本制度都是一样的
B. 刑事审判程序的地位优于民事审判程序
C. 我国三种审判程序的进程划分有所不同
D. 民事审判程序与行政审判程序的证明责任的分配相同

答案( )①

【解析】 三大诉讼法有着不同的任务和性质,因此其基本原则和制度自然有所不同。因此,A项说法错误。三大诉讼的任务不同,审判的案件种类不同,均是国家和社会不可缺少的法律制度,因此,无法区分其地位的优先顺序。因此,B项说法错误。刑事审判的进程划分为第一审程序、第二审程序、死刑复核程序和审判监督程序;民事审判的进程分为第一审程序、第二审程序、再审程序和特别程序;行政审判的进程分为第一审程序、第二审程序和审判监督程序。因此,三种审判程序的进程划分有所不同,C项说法正确。在民事审判程序中的,一般情况下是由原告承担举证责任,而在行政审判程序中,一般由被告承担举证责任。因此,D项说法错误。

4. 关于深化法院人事管理改革措施的表述,下列选项正确的是:(2016 -1 -99)

A. 推进法院人员分类管理制度改革,将法院人员分为法官、法官助理和书记员三类,实行分类管理
B. 建立法官员额制,对法官在编制限额内实行员额管理
C. 拓宽法官助理和书记员的来源渠道,建立法官助理和书记员的正常增补机制
D. 配合省以下法院人事改革,设立省市两级法官遴选委员会

答案( )②

【解析】 最高人民法院发布了《人民法院第四个五年改革纲要(2014 - 2018)》,其中提出的主要改革措施包括:

(1)配合省以下法院人事统管改革,推动在省一级设立法官遴选委员会,从专业角度提出法官人选,由组织人事、纪检监察部门在政治素养、廉洁自律方面考察把关,人大依照法律程序任免;D项错误,法官遴选委员会设在省一级。

(2)推进法院人员分类管理制度改革,将法院人员分为法官、审判辅助人员和司法行政人员,实行分类管理;拓宽审判辅助人员的来源渠道,建立审判辅助人员的正常增补机制,减少法官事务性工作负担;其中的审判辅助人员,主要包括法官助理、书记员等;所以,C项正确,A项错误。

(3)建立法官员额制,对法官在编制限额内实行员额管理,确保法官主要集中在审判一线,高素质人才能够充实到审判一线;B项正确。

(4)完善法官等级定期晋升机制,确保一线办案法官即使不担任领导职务,也可以正常晋升至较高

参考答案:①C ②BC

的法官等级;

(5)完善法官选任制度,针对不同层级的法院,设置不同的法官任职条件。初任法官首先到基层法院任职,上级法院法官原则上从下一级法院遴选产生。

5. 关于我国司法制度,下列哪一选项是错误的?(2011-1-46)

A. 我国实行两审终审、人民陪审员、审判公开等审判制度,促进实现审判活动科学化、规范化

B. 基层法院除审判案件外,还处理不需要开庭审判的民事纠纷和轻微的刑事案件,但不能指导人民调解委员会的工作

C. 我国实行立案监督、侦查监督、审判监督等检察制度,实现对诉讼活动的法律监督

D. 检察官独立不同于"除了法律没有上司"的法官独立,要受到"检察一体化"的限制

答案(　　)①

【解析】 选项A说法明显正确。基层人民法院的职权除了审判刑事、民事和行政的第一审案件,处理不需要开庭审判的民事纠纷和轻微的刑事案件之外,还应指导人民调解委员会的工作。因此,B项错误。根据《人民法院组织法》第21条的规定,基层人民法院对人民调解委员会调解民间纠纷进行业务指导。检察机关作为法律监督机关,有权对诉讼活动进行法律监督,包括立案监督、侦查监督和审判监督等。选项C说法正确。我国的检察体制实行"检察一体化",上级检察院领导下级检察院的工作。选项D说法正确。

相关法条　　　　　　　　　　《人民法院组织法》

第二十一条　基层人民法院除审判案件外,并且办理下列事项:

(一)处理不需要开庭审判的民事纠纷和轻微的刑事案件;

(二)指导人民调解委员会的工作。

第三节　法　官

1. 职业保障是确保法官、检察官队伍稳定、发展的重要条件,是实现司法公正的需要。根据中央有关改革精神和《法官法》、《检察官法》规定,下列哪一说法是错误的?(2015-1-46)

A. 对法官、检察官的保障由工资保险福利和职业(履行职务)两方面保障构成

B. 完善职业保障体系,要建立符合职业特点的法官、检察官管理制度

C. 完善职业保障体系,要建立法官、检察官专业职务序列和工资制度

D. 合理的退休制度也是保障制度的重要组成部分,应予高度重视

答案(　　)②

【解析】 根据《法官法》的有关规定,对法官的保障主要为职业保障、工资保险福利保障、人身和财产保障等。其中职业保障包括:法官履行职责应当具有的职权和条件;法官依法审判案件不受行政机关、社会团体和个人的干涉;非因法定程序、法定事由,不被免职、降职、辞退或者处分等。人身和财产保障包括:法官依法履行职责,受法律保护;法官的人身、财产和住所安全受法律保护。工资保险福利保障包括:法官实行定期增资制度;法官享受国家规定的审判津贴、地区津贴、其他津贴以及保险和福利待遇。故而,A项认识不够全面。

2. 关于法律职业人员权利的表述,下列哪一选项不能成立?(2010-1-50)

参考答案:①B　②A

A. 王法官在办理案件时,脸部被当事人泼洒硫酸致伤,要求享受工伤待遇。因所在法院不予批准,王法官向上一级法院提出申诉

B. 刘检察官工作不负责任,在生效的起诉意见书中出现了文字表述错误,后果严重。为此,刘检察官当年考核结果为不称职。刘检察官对考核结果有异议,申请复议

C. 皮法官作为妻子的代理人向另一法院起诉,要求妻子就职的公司给付被拖欠的十四个月工资

D. 毛律师在接待一起离婚案咨询时,以没时间为由拒绝当事人希望其担任代理人的委托要求

答案( )①

【解析】 根据《法官法》第44条,法官只有对人民法院关于本人的处分、处理决定不服的,才可以向原处分、处理机关申请复议,并有权向原处分、处理机关的上级机关申诉。A项中,王法官要求的是享受工伤待遇而法院不予批准的情况,不符合规定,因此错误。根据《检察官法》第28条的规定,检察官对考核结果如有异议,可以申请复议。故B项说法正确。法官作为公民也享有作为公民的权利,依法维护自己和近亲属的合法权益。选项C中,皮法官作为妻子的代理人向另一法院起诉,寻求司法救济,这是其作为公民享有的权利,因此正确。根据《律师法》第32条第2款的规定,律师接受委托后,无正当理由,不得拒绝辩护。但选项D中,属于接受委托之前,属于双向选择的过程,故律师可以拒绝委托要求,正确。

相关法条 《法官法》

第十七条 法官从人民法院离任后二年内,不得以律师身份担任诉讼代理人或者辩护人。

法官从人民法院离任后,不得担任原任职法院办理案件的诉讼代理人或者辩护人。

法官的配偶、子女不得担任该法官所任职法院办理案件的诉讼代理人或者辩护人。

第四十四条 法官对人民法院关于本人的处分、处理不服的,自收到处分、处理决定之日起三十日内可以向原处分、处理机关申请复议,并有权向原处分、处理机关的上级机关申诉。

受理申诉的机关必须按照规定作出处理。

复议和申诉期间,不停止对法官处分、处理决定的执行。

相关法条 《检察官法》

第二十六条 对检察官的考核内容包括:检察工作实绩,思想品德,检察业务和法学理论水平,工作态度和工作作风。重点考核检察工作实绩。

第二十七条 年度考核结果分为优秀、称职、不称职三个等次。

考核结果作为对检察官奖惩、培训、免职、辞退以及调整级和工资的依据。

第二十八条 考核结果以书面形式通知本人。本人对考核结果如有异议,可以申请复议。

相关法条 《律师法》

第三十二条 委托人可以拒绝已委托的律师为其继续辩护或者代理,同时可以另行委托律师担任辩护人或者代理人。

律师接受委托后,无正当理由的,不得拒绝辩护或者代理。但是,委托事项违法、委托人利用律师提供的服务从事违法活动或者委托人故意隐瞒与案件有关的重要事实的,律师有权拒绝辩护或者代理。

参考答案:①A

第四节　法官职业道德

1. 法官职业道德适用的对象包括下列哪些人员？（2002-1-76）
A. 各级法官
B. 人民法院的行政人员
C. 人民陪审员
D. 退休的法官

答案（　　）①

【解析】法官退休后应当遵守国家相关规定，不利用自己的原有身份和便利条件过问、干预执法办案，避免因个人不当言行对法官职业形象造成不良影响。人民陪审员依法履行审判职责期间，应当遵守《法官职业道德准则》。人民法院其他工作人员参照执行《法官职业道德准则》。

2. 下列关于法官应当遵守的职业道德准则的表述哪一项是不正确的？（2004-1-48）
A. 法官在审判过程中可以用适当方式向双方当事人表明自己对案件审理结果的观点或态度
B. 法官对与当事人实体权利和诉讼权利有关的措施和裁判应当依法说明理由
C. 法官不得向上级人民法院就二审案件提出个人的处理建议和意见
D. 法官不得擅自过问下级人民法院正在审理的案件

答案（　　）②

【解析】A项表述违背了法官审理案件应当保持中立的职业道德准则要求。法官审理案件应当保持中立。法官在宣判前，不得通过言语、表情或者行为流露自己对裁判结果的观点或者态度。

相关法条　《法官职业道德基本准则》·第三章　保证司法公正

第八条　坚持和维护人民法院依法独立行使审判权的原则，客观公正审理案件，在审判活动中独立思考、自主判断，敢于坚持原则，不受任何行政机关、社会团体和个人的干涉，不受权势、人情等因素的影响。

第九条　坚持以事实为根据，以法律为准绳，努力查明案件事实，准确把握法律精神，正确适用法律，合理行使裁量权，避免主观臆断、超越职权、滥用职权，确保案件裁判结果公平公正。

第十条　牢固树立程序意识，坚持实体公正与程序公正并重，严格按照法定程序执法办案，充分保障当事人和其他诉讼参与人的诉讼权利，避免执法办案中的随意行为。

第十一条　严格遵守法定办案时限，提高审判执行效率，及时化解纠纷，注重节约司法资源，杜绝玩忽职守、拖延办案等行为。

第十二条　认真贯彻司法公开原则，尊重人民群众的知情权，自觉接受法律监督和社会监督，同时避免司法审判受到外界的不当影响。

第十三条　自觉遵守司法回避制度，审理案件保持中立公正的立场，平等对待当事人和其他诉讼参与人，不偏袒或歧视任何一方当事人，不私自单独会见当事人及其代理人、辩护人。

第十四条　尊重其他法官对审判职权的依法行使，除履行工作职责或者通过正当程序外，不过问、不干预、不评论其他法官正在审理的案件。

3. 法官李某的下列哪些行为违反了法官职业道德规范？（2010-1-89）
A. 庭审时，发现当事人高某聘请的律师赵某明显不负责任，提醒高某可另行委托律师钱某
B. 办案时，发现原告律师程某系自己高中同学，主动提出回避申请

参考答案：①ABCD　②A

C. 庭审前,向所办案件当事人委托的张律师指出某一证据效力不足
D. 讲座时,提出司法腐败主要是当事人行贿所致

答案（_____）①

【解析】法官在履行职责时,应当切实做到实体公正和程序公正,并通过自己在法庭内外的言行体现出公正,避免公众对司法公正产生合理的怀疑。选项A、C违反法官职业道德规范。法官在审判活动中,除了应当自觉遵守法定回避制度外,如果认为自己审理某案件时可能引起公众对该案件公正裁判产生合理怀疑的,应当提出不宜审理该案件的请求。选项B不违反法官职业道德规范。法官从事各种职务外活动,应当避免使公众对法官的公正司法和清正廉洁产生合理怀疑,避免影响法官职责的正常履行,避免对人民法院的公信力产生不良影响。选项D违反法官职业道德规范。

4. 下列哪些情形违反了有关规范法官与律师相互关系的规定?（2004-1-78）
   A. 律师陈某在接案时称该案主办法官是其大学同学
   B. 法官王某让被告去找律师田某咨询
   C. 某律师事务所邀请法官杨某参加该所庆典
   D. 某律师事务所邀请某法院审判庭全体人员外出旅游

答案（_____）②

【解析】律师在代理案件之前及其代理过程中,不得向当事人宣称自己与受理案件法院的法官具有亲朋、同学、师生、曾经同事等关系,并不得利用这种关系或者以法律禁止的其他形式干涉或者影响案件的审判。故A的做法不正确。法官不得为当事人推荐、介绍律师作为其代理人、辩护人,或者暗示更换承办律师,或者为律师介绍代理、辩护等法律服务业务,并且不得违反规定向当事人及其委托的律师提供咨询意见或者法律意见。B项做法不妥当。C项律师事务所邀请法官参加该所庆典,应当认定为是一种礼仪性的行为。中国人图吉利,讲排场,开业大吉或周年庆典时有邀请名人助兴的风俗,以期待前景兴旺。所以律所为了这种庆典,邀请法官只是声望和排场或表示尊重,没有直接的利益上的图谋。该行为未违反律师与法官相互关系的规定。法官不得接受当事人及其代理人、辩护人的款待、财物和其他利益。D项律师事务所邀请审判庭全体人员外出旅游,是对法官的款待和金钱上的支付,有贿赂的嫌疑。据此,D项不妥。

相关法条 《法官职业道德基本准则》·第四章 确保司法廉洁

第十五条 树立正确的权力观、地位观、利益观,坚持自重、自省、自警、自励,坚守廉洁底线,依法正确行使审判权、执行权,杜绝以权谋私、贪赃枉法行为。

第十六条 严格遵守廉洁司法规定,不接受案件当事人及相关人员的请客送礼,不利用职务便利或者法官身份谋取不正当利益,不违反规定与当事人或者其他诉讼参与人进行不正当交往,不在执法办案中徇私舞弊。

第十七条 不从事或者参与营利性的经营活动,不在企业及其他营利性组织中兼任法律顾问等职务,不就未决案件或者再审案件给当事人及其他诉讼参与人提供咨询意见。

第十八条 妥善处理个人和家庭事务,不利用法官身份寻求特殊利益。按规定如实报告个人有关事项,教育督促家庭成员不利用法官的职权、地位谋取不正当利益。

5. 法官的下列哪些做法体现了执法为民的要求?（2013-1-84）
   A. 民庭段法官加班加点,春节前及时审结拖欠农民工工资案件

参考答案：①ACD ②ABD

B. 刑庭范法官拒绝承办案件辩护律师的宴请
C. 立案庭刘法官将收案材料细化分类整理,方便群众查询
D. 执行庭肖法官多方调查被执行人财产,成功执行赡养费支付判决

答案( )①

【解析】B项体现的是法官的清正廉洁,体现了公平正义的要求。因此不当选。而选项A、C、D中法官的做法则体现了执法为民的理念。

相关法条　　　《法官职业道德基本准则》·第五章　坚持司法为民

第十九条　牢固树立以人为本、司法为民的理念,强化群众观念,重视群众诉求,关注群众感受,自觉维护人民群众的合法权益。

第二十条　注重发挥司法的能动作用,积极寻求有利于案结事了的纠纷解决办法,努力实现法律效果与社会效果的统一。

第二十一条　认真执行司法便民规定,努力为当事人和其他诉讼参与人提供必要的诉讼便利,尽可能降低其诉讼成本。

第二十二条　尊重当事人和其他诉讼参与人的人格尊严,避免盛气凌人、"冷硬横推"等不良作风;尊重律师,依法保障律师参与诉讼活动的权利。

6. 法院领导在本院初任法官任职仪式上,就落实法官职业道德准则中的"文明司法"和践行执法为民理念的"理性文明执法"提出要求。下列哪些选项属于"文明执法"范围?(2012—1—83)
　　A. 提高素质和修养,遵守执法程序,注重执法艺术　　B. 仪容整洁、举止得当、言行文明
　　C. 杜绝与法官职业形象不相称的行为　　D. 严守办案时限,禁止拖延办案

答案( )②

【解析】"严格遵守法定办案时限,提高审判执行效率,及时化解纠纷,注重节约司法资源,杜绝玩忽职守、拖延办案等行为。"属于公正司法的范畴,不属于文明司法。其他各项均入选。

相关法条　　　《法官职业道德基本准则》·第六章　维护司法形象

第二十三条　坚持学习,精研业务,忠于职守,秉公办案,惩恶扬善,弘扬正义,保持昂扬的精神状态和良好的职业操守。

第二十四条　坚持文明司法,遵守司法礼仪,在履行职责过程中行为规范、着装得体、语言文明、态度平和,保持良好的职业修养和司法作风。

第二十五条　加强自身修养,培育高尚道德操守和健康生活情趣,杜绝与法官职业形象不相称、与法官职业道德相违背的不良嗜好和行为,遵守社会公德和家庭美德,维护良好的个人声誉。

第二十六条　法官退休后应当遵守国家相关规定,不利用自己的原有身份和便利条件过问、干预执法办案,避免因个人不当言行对法官职业形象造成不良影响。

7. 下列哪一项表述是严格约束法官职务外活动的基本出发点?(2005—1—47)
　　A. 维护法官形象和司法尊严　　B. 维护司法独立
　　C. 有利于法律监督　　D. 有利于公开审判

答案( )③

【解析】严格约束法官职务外活动的基本出发点是维护法官形象和司法尊严。选项B、C、D与

参考答案:①ACD　②ABC　③A

严格约束法官职务外活动的关系不紧密。

8. 关于法官任免和法官行为,下列哪一说法是正确的?(2013-1-46)

A. 唐某系某省高院副院长,其子系该省某县法院院长。对唐某父子应适用任职回避规定

B. 楼法官以交通肇事罪被判处有期徒刑一年、缓刑一年。对其无须免除法官职务

C. 白法官将多年办案体会整理为《典型案件法庭审理要点》,被所在中级人民法院推广到基层法院,收效显著。对其应予以奖励

D. 陆法官在判决书送达后,发现误将上诉期15日写成了15月,立即将判决收回,做出新判决书次日即交给当事人。其行为不违反法官职业规范规定

答案(①)

【解析】有夫妻关系、直系血亲关系、三代以内旁系血亲以及近姻亲关系的,不得同时担任上下相邻两级法院的院长、副院长。而省高院和县法院不属于上下相邻两级法院,因此A项错误。

《法官法》第16条规定,曾因犯罪受过刑事处罚的,或者曾被开除公职的人员,不得担任法官。这里的犯罪既包括故意犯罪,也包括过失犯罪。这说明,人民法院工作人员被依法判处刑罚的,必须依法免除其职务。B项错误。

法官应当牢固树立程序意识,坚持实体公正与程序公正并重,严格按照法定程序执法办案,避免办案中的随意行为。而判决书中出现笔误,依法应当通过裁定书加以补正。因此,D项错误。

相关法条 《法官法》

第十六条 法官之间有夫妻关系、直系血亲关系、三代以内旁系血亲以及近姻亲关系的,不得同时担任下列职务:

(一)同一人民法院的院长、副院长、审判委员会委员、庭长、副庭长;

(二)同一人民法院的院长、副院长和审判员、助理审判员;

(三)同一审判庭的庭长、副庭长、审判员、助理审判员;

(四)上下相邻两级人民法院的院长、副院长。

9. 某非法吸收公众存款刑事案件,因涉及人数众多,影响面广,当地领导私下曾有"必须重判"的说法。①主审李法官听此说法即向院长汇报。②开庭,李法官对律师提出的非法证据排除的请求不予理睬。③李法官对刘检察官当庭反驳律师无罪辩护意见、严斥该律师立场有问题的做法不予制止。④李法官几次打断律师用方言发言,让其慢速并重复。⑤律师对法庭上述做法提出异议,遭拒后当即退庭抗议。⑥刘检察官大声对律师说:"你太不成熟,本地没你的饭吃了。"⑦律师担心报复,向当事人提出解除委托关系。⑧李法官、刘检察官应邀参加该律师所在律所的十周年所庆,该律师向李、刘赠送礼品。关于法律职业人员的不当行为,下列哪些选项是正确的?(2012-1-84)

A. ①④⑤　　B. ②③④　　C. ②⑥⑦　　D. ③⑦⑧

答案(②)

【解析】这种类型的题目,做对的关键在于寻找题眼。题目问哪些属于不当行为,因此考生只需要找出肯定是正确的行为即可。④中,李法官几次打断律师用方言发言,让其慢速并重复。这并非对律师的不尊重,反而是为了让其发表代理意见更有效,因此属于正当行为。据此,A、B中均有④,不当选。

10. 下列哪一选项属于违反法官职业道德规范的情形?(2011-1-47)

参考答案:①C　②CD

A. 甲市中级人民法院陈法官的妹妹接到乙县法院开庭传票,晚上到哥哥家咨询开庭注意事项。陈法官只叮嘱其妹庭上发言要有针对性,不要滔滔不绝
B. 乙市某法学院针对甲市中级人民法院在审案件组织模拟法庭,乙市中级人民法院钱法官应邀担任审判长。庭审后,钱法官就该案件审理和判决向同学们谈了看法
C. 林法官担任某法学院兼职博士生导师,每年招收法学博士研究生 1 名
D. 某省高级法院朱院长担任法学会法律文书学研究会副会长

答案（ ）①

【解析】 参加学术活动并不违反职业道德,反而属于法官自觉提高业务水平、追求进步的表现。因此,C、D 两项所述情形没有问题。A 项属于人之常情,且陈法官并没有就案件的实体问题发表意见,只是谈了形式性的法庭发言注意事项,可以容许。B 项错在就所在法院尚未判决的在审案件发表个人看法,为职业道德规范所禁止。

11. 邱法官在出席会议期间,参加会议组织的联欢活动,发现会务组安排她与自己正在审理的案件的被告代理律师同桌相邻而坐。此时全体代表已就座,除了给邱法官安排的座位之外已无空位。在这种情况下,邱法官的下列哪一做法最符合法官职业道德规范?（2008-1-50）
A. 按号就座,但装作与律师不认识,与其不说一句话
B. 按号就座,可以与律师寒暄,但是不交谈案件事务
C. 仅与同桌的人调换座位,但桌号不变
D. 马上与会务人员联系调换座位,不与律师同坐一桌

答案（ ）②

【解析】 法官从事各种职务外活动,应当避免使公众对法官的公正司法和清正廉洁产生合理怀疑,避免影响法官职责的正常履行,避免对人民法院的公信力产生不良影响。法官应当谨慎出入社交场合,谨慎交友,慎重对待与当事人、律师以及可能影响法官形象的人员的接触和交往,以免给公众造成不公正或者不廉洁的印象,并避免在履行职责时可能产生的困扰和尴尬。因此,邱法官应避免与被告律师有交流,所以 D 项是最符合法官职业道德规范的。

12. 依据法官职业道德规范,关于法官行为,下列哪些评论是正确的?（2008-1-89）
A. 徐法官在接待当事人的过程中,针对当事人对判决书提出的质疑,以不屑的口吻说:"你一个文盲加法盲,有什么资格来质问我？"评论:徐法官的行为不符合司法礼仪
B. 蓝法官在开庭调解时,为营造轻松和谐的气氛,身着便装,谈笑风生。评论:蓝法官的行为违反法庭规则
C. 周法官在当地出席大学同学私人投资的公司开业典礼,并在被公开介绍法官身份后登台致贺辞。评论:周法官的此行为违反了不得以职业、身份、声誉谋取利益的义务
D. 谢法官正在承办一宗合同纠纷案件。该案被告向谢法官的配偶林某任职的 A 公司表示,愿将一个工程项目发包给该公司,条件是让林某任该项目的主管。林某将此事告诉了谢法官,并提及发包人是该案的被告。谢法官听后未置一词。评论:谢法官的行为违反了约束家庭成员的义务

答案（ ）③

【解析】 法官应当尊重当事人和其他诉讼参与人的人格尊严,认真、耐心地听取当事人和其他诉讼参与人发表意见;除非因维护法庭秩序和庭审的需要,开庭时不得随意打断或者制止当事人和其

参考答案: ①B　②D　③ABD

他诉讼参与人的发言;使用规范、准确、文明的语言,不得对当事人或其他诉讼参与人有任何不公的训诫和不恰当的言辞。A 项中徐法官接待当事人的时候所说的话是不规范、不文明的语言,属于不符合司法礼仪的行为。法官开庭时应当遵守法庭规则,并监督法庭内所有人员遵守法庭规则,保持法庭的庄严,按照有关规定穿着法官袍或者法官制服、佩戴徽章,并保持整洁;准时出庭,不缺席、迟到、早退、不随意出进;集中精力,专注庭审,不做与审判活动无关的事。B 项中蓝法官没有按照要求着装,属于违反法庭规则的行为。法官应当妥善处理个人事务,不得为了获得特殊照顾而有意披露自己的法官身份;不得利用法官的声誉和影响为自己、亲属或者他人谋取私人利益。C 项中周法官并未谋取利益,也不违反相应准则。所以 C 是错误的。法官必须向其家庭成员告知法官行为守则和职业道德的要求,并督促其家庭成员不得违反有关规定。谢法官的配偶林某接受了案件被告的好处,而林某也将情况向谢法官说出,谢法官并没有回绝。谢法官的行为违反了约束家庭成员的义务。因此 D 是正确的,应该选。

13. 下列哪些属于法官张某违反法官职业道德规定的情形?(2007-1-88)

A. 年底前,张某要求当事人撤诉,明年再起诉,理由是年底不结案就会影响全年结案率
B. 张某之妻从事律师职业
C. 张某私下通知当事人王某接受对方的调解意见,否则将败诉
D. 张某与对方当事人同时出现在某研讨会上

答案( )①

【解析】法官应当遵守法律规定的诉讼期限,在法定期限内尽快地立案、审理、判决。张某要求当事人撤诉明年再起诉,该行为是违反法官职业道德的,A 项当选。我国法律并不禁止配偶从事律师职业。因此,B 项不当选。法官不得违背当事人的意愿,以不正当的手段迫使当事人撤诉或者接受调解。因此,张某私下通知当事人王某接受对方的调解意见,否则将败诉的做法违反法官职业道德,C 项当选。法官可以参加有助于法制建设和司法改革的学术研究和其他社会活动,只要这些活动符合法律规定、不妨碍公正司法和维护司法权威、不影响审判工作即可。因此,D 项不当选。

14. 法官王某的下列哪些行为违反了法官职业道德规范?(2005-1-88)

A. 根据领导批条办案,谁的官大就按谁的批示办理
B. 同学朋友问案,总能仗义地告之案件审理和合议情况
C. 对双方律师宣称:该吃可以吃、该喝可以喝,案子该怎么办还怎么办
D. 一方托情相约,在承诺保密的情况下,同意私下单独接触

答案( )②

【解析】法官在履行职责时,应当忠实于宪法和法律,坚持和维护审判独立的原则,不受任何行政机关、社会团体和个人的干涉,不受来自法律规定之外的影响。A 项错误。法官在职务外活动中,不得披露或者使用非公开的审判信息和在审判过程中获得的商业秘密、个人隐私以及其他非公开的信息。B 项错误。法官应当谨慎出入社交场合,谨慎交友,慎重对待与当事人、律师以及可能影响法官形象的人员的接触和交往,以免给公众造成不公正或者不廉洁的印象,并避免在履行职责时可能产生的困扰和尴尬。C 项错误。法官在审判活动中,不得私自单独会见一方当事人及其代理人。D 项错误。

15. 法官与律师的相互关系应当遵守最高人民法院与司法部制定发布的有关规定,下列哪些做法违反了相关规定?(2005-1-90)

A. 法官开庭时发现一方的律师沈某是其过去的同事,没有主动回避

参考答案:①AC ②ABCD

B. 律师袭某约请主办法官童某吃饭,了解所代理案件的案情
C. 某律师事务所主办的所刊发表法官彭某的文章
D. 某律师事务所举办法律实务研讨会,邀请法官周某出席演讲

答案( )①

【解析】法官应当严格执行回避制度,如果与本案当事人委托的律师有亲朋、同学、师生、曾经同事等关系,可能影响案件公正处理的,应当自行申请回避,是否回避由本院院长或者审判委员会决定。律师因法定事由或者根据相关规定不得担任诉讼代理人或者辩护人的,应当谢绝当事人的委托,或者解除委托代理合同。因此,A项错误。法官不得私自单方面会见当事人及其委托的律师。律师不得违反规定单方面会见法官。B项错误。法官可以参加有助于法制建设和司法改革的学术研究和其他社会活动。但是,这些活动应当以符合法律规定、不妨碍公正司法和维护司法权威、不影响审判工作为前提。法官发表文章或者接受媒体采访时,应当保持谨慎的态度,不得针对具体案件和当事人进行不适当的评论,避免因言语不当使公众对司法公正产生合理的怀疑。C、D两项没有明显违反规范。

16. 在我国,下列哪些属于法官职业道德规范所禁止的不当行为?(2003-1-74)
A. 受当事人之托探询其他法官承办案件的审理情况
B. 庭长要求某法官汇报案件的审理期限问题
C. 与案件无涉的法官将当事人的诉讼理由书转交给承办该案件的法官
D. 法官告知当事人其案件准备提交审判委员会讨论

答案( )②

【解析】法官除履行审判职责或者管理职责外,不得探询其他法官承办案件的审理情况和有关信息。A项错误。法官不得向当事人或者其代理人、辩护人泄露或者提供有关案件的审理情况、承办案件法官的联系方式和其他有关信息。D项错误。法官不得为当事人或者其代理人、辩护人联系和介绍承办案件的法官。C项错误。B选项中庭长是基于管理职责,因此是正当的行为,不应选。

17. 法官应当自觉避免受到媒体的不当影响。下列哪些行为不利于实现这一目标?(2003-1-80)
A. 仔细分析媒体上对案件事实问题发表的评论,并作笔记,而且在形成判决过程中作为参考
B. 媒体上关于自己负责的案件的相关报道、评论一概不读
C. 将媒体上关于案件法律问题的研究与评论加以认真研究
D. 发现媒体的报道有明显失实之处,便在媒体上公开发表言论予以评论

答案( )③

【解析】法律职业道德的基本原则之一是以事实为根据,以法律为准绳,案件的事实恰恰是法官通过庭审来认定的,而不能以媒体上的评论作为形成判决的参考。故A项错误。法官在审理案件的过程中,应当避免受到新闻媒体和公众舆论的不当影响。法官不论在何种情况下,都应当有独立意识,运用自己的法律智慧对案件作出判断,排除各种不当影响,并有勇气坚持自己认为正确的观点。故B项正确。业务素质的高低直接影响着法官履行审判职责的质量与水平,法官必须具备与职业需要相适应的业务素质,包括:扎实的法学理论基础、良好的法律意识和丰富的法律知识,这些则是需要法官自身的不断学习研究来提高的,故C项做法正确。法官发表文章或者接受媒体采访时,应当保持谨慎的态度,不得针对具体案件和当事人进行不适当的评论,避免因言语不当使公众对司法公正产生合理的

参考答案:①AB ②ACD ③AD

怀疑。故 D 项行为错误。

18. 按照我国法官职业道德基本准则的规定,以下哪些情况违反了法官在审理案件中应当保持中立地位的要求?(2003-1-77)

A. 在法庭上对当事人态度不够礼貌

B. 警告当事人如果不按有关规定及时举证则必然败诉

C. 在法庭调解过程中告诉当事人一方:如果不接受调解则肯定败诉

D. 在法庭外与当事人一方就城市交通问题短暂闲聊

答案(①)

【解析】法官在宣判前,不得通过言语、表情或者行为流露自己对裁判结果的观点或态度。据此,B、C 明显违反了司法中立原则。A 选项属于不遵守司法礼仪的行为,不应选。D 选项的情形无碍司法中立和司法公正。

第五节 法官职业责任

1. 法官违反职业道德应承担责任。下列哪一做法不是法官违反职业道德承担道义责任的基本方式?(2002-1-28)

A. 法院通报批评   B. 同行的批评   C. 社会舆论的谴责   D. 自我良心的谴责

答案(②)

【解析】法官因违反职业道德而承担道义责任的基本方式,包括受到同行的批评、社会舆论的监督和自我良心的谴责三种。选项 A 法院通报批评属于法官承担轻微违法责任的必要方式。要区分道义责任和法律责任。

2. 银行为孙法官提供了利率优惠的房屋抵押贷款,银行王经理告知孙法官,是感谢其在一年前的合同纠纷中作出的公正判决而进行的特殊安排,孙法官接受该笔贷款。关于法院对孙法官行为的处理,下列说法正确的是:(2016-1-100)

A. 法院认为孙法官的行为系违反廉政纪律的行为

B. 如孙法官主动交代,并主动采取措施有效避免损失的,法院应从轻给予处分

C. 由于孙法官行为情节轻微,如经过批评教育后改正,法院可免予处分

D. 确认属于违法所得的部分,法院可根据情况作出责令退赔的决定

答案(③)

【解析】《人民法院工作人员处分条例》第59条规定,法官接受案件当事人、相关中介机构及其委托人的财物、宴请或者其他利益的,给予警告、记过或者记大过处分;情节较重的,给予降级或者撤职处分;情节严重的,给予开除处分。违反规定向案件当事人、相关中介机构及其委托人借钱、借物的,给予警告、记过或者记大过处分。本题中,银行是孙法官审理的一起合同纠纷案件的当事人,其为感谢孙法官的公正裁判,而提供了利率优惠的房屋抵押贷款。孙法官接受该优惠,属于违反廉政纪律的行为。A 项正确。

《人民法院工作人员处分条例》第13条规定,有下列情形之一的,应当在本条例分则规定的处分幅度以内从轻处分:(一)主动交代违纪违法行为的;(二)主动采取措施,有效避免或者挽回损失的;

参考答案:①BC ②A ③ACD

(三)检举他人重大违纪违法行为,情况属实的;(四)法律、法规和本条例分则中规定的其他从轻情节。第14条规定,主动交代违纪违法行为,并主动采取措施有效避免或者挽回损失的,应当在本条例分则规定的处分幅度以外降低一个档次给予减轻处分;如果应当给予警告处分,又有减轻处分情形的,免予处分。就本题而言,B项称,孙法官主动交代,并主动采取措施有效避免损失的,则属于应当减轻处分的情况,法院应在本条例分则规定的处分幅度以外降低一个档次给予减轻处分。B项错误。

《人民法院工作人员处分条例》第15条规定,违纪违法行为情节轻微,经过批评教育后改正的,可以免予处分。C项表述符合法律规定。

《人民法院工作人员处分条例》第18条规定,对违纪违法取得的财物和用于违纪违法的财物,应当没收、追缴或者责令退赔。没收、追缴的财物,一律上缴国库;对违纪违法获得的职务、职称、学历、学位、奖励、资格等,应当建议有关单位、部门按规定予以纠正或者撤销。D项中法院的处理符合法律规定。

3. 根据《法官法》及《人民法院工作人员处分条例》对法官奖惩的有关规定,下列哪一选项不能成立?(2012-1-48)

A. 高法官在审判中既严格程序,又为群众行使权利提供便利;既秉公执法,又考虑情理,案结事了成绩显著。法院给予其嘉奖奖励

B. 黄法官就民间借贷提出司法建议被采纳,对当地政府完善金融管理、改善服务秩序发挥了显著作用。法院给予其记功奖励

C. 许法官违反规定会见案件当事人及代理人,此事被对方当事人上网披露,造成不良影响。法院给予其撤职处分

D. 孙法官顺带某同学(律师)参与本院法官聚会,半年后该同学为承揽案件向聚会时认识的某法官行贿。法院领导严告孙法官今后注意

答案(　①　)

【解析】违反规定会见案件当事人及其辩护人、代理人、请托人的,给予警告处分;造成不良后果的,给予记过或者记大过处分。本题中据此可知,许法官因为已经造成了不良影响,故依法应给予记过或者记大过处分,而不是撤职。故选项C不能成立。

第三章　检察制度和检察官职业道德

第一节　概　述

1.《中共中央关于全面深化改革若干重大问题的决定》提出,应当改革司法管理体制,推动省以下地方检察院人财物统一管理,探索建立与行政区划适当分离的司法管辖制度。关于上述改革措施,下列哪些理解是正确的?(2014-1-84)

A. 有助于检察权独立行使
B. 有助于检察权统一行使
C. 有助于检务公开
D. 有助于强化检察机关的法律监督作用

答案(　②　)

参考答案:①C　②ABD

【解析】题干中所列的改革措施包括"省以下地方检察院人财物统一管理"、"建立与行政区划适当分离的司法管辖制度",其目的即在确保检察权独立行使、统一行使,避免检察权的行使过程受到地方政府的干扰,很明显有助于强化检察机关的法律监督作用。A、B、D 三项正确。但题干中的改革措施在直观上与检务公开无关。C 项错误。

2. 关于司法制度与法律职业的表述,下列哪一选项不能成立?(2011-1-49)

A. 为了客观、中立、公正地进行事实判断、解决纷争,在组织技术上,司法机关只服从法律,不受上级机关、行政机关的干涉

B. 根据检察权统一行使原则,我国各级检察机关构成不可分割的统一整体,其特点是在行使职权、执行职务时实行"上命下从";每个检察机关和检察官的活动是检察机关全部活动的有机组成部分,均需依照法律赋予的权力进行

C. 法律职业以法官、检察官、律师为代表,法律职业之间具备同质性而无行业属性,因此多数国家规定担任法官、检察官、律师须通过专门培养和训练

D. 法律职业道德的基本原则是指法律职业道德的基本尺度、基本纲领和基本要求。法律职业道德的基本原则主要包括忠实执行宪法和法律、互相尊重互相配合、清正廉洁遵纪守法等方面

答案( )①

【解析】人民法院、人民检察院独立行使审判权、检察权,不受行政机关、社会团体和个人的干涉。选项 A 表述成立。C 项的错误非常明显,在各种法律职业中,律师、法官、检察官既有同质性,也有不同的行业属性。检察权统一行使原则,又称检察一体原则,是指各级检察机关、检察官依法构成统一的整体,在行使职权、执行职务的过程中实行"上命下从",即根据上级检察机关、检察官的指示和命令进行工作。选项 B 表述成立。我国法律职业道德的基本原则主要有以下几项:忠实执行宪法和法律,维护法律的尊严;以法律为根据,以法律为准绳;严明纪律,保守秘密;互相尊重,相互配合;恪尽职守,勤勉尽责;清正廉洁,遵纪守法。选项 D 表述成立。

3. 检察一体原则是指各级检察机关、检察官依法构成统一的整体,下级检察机关、下级检察官应当根据上级检察机关、上级检察官的批示和命令开展工作。据此,下列哪一表述是正确的?(2016-1-47)

A. 各级检察院实行检察委员会领导下的检察长负责制

B. 上级检察院可建议而不可直接变更、撤销下级检察院的决定

C. 在执行检察职能时,相关检察院有协助办案检察院的义务

D. 检察官之间在职务关系上可相互承继而不可相互移转和代理

答案( )②

【解析】检察一体原则,又称为检察权统一行使原则,是指各级检察机关、检察官依法构成统一的整体,上下级检察机关、检察官之间存在着上命下从的领导关系;各地各级检察机关之间具有职能协助的义务;检察官之间和检察院之间在职务上可以发生相互承继、移转、代理关系;等等。C 项正确,D 项错误。检察一体原则具体而言,包括以下内容:

(1)人民检察院内部实行的是检察长负责制与检察委员会集体领导相结合的领导体制。检察长是人民检察院的首长,统一领导检察院的工作,对检察院的工作享有组织领导权、决定权、任免权、提请任免权、代表权等权力,负有全面的领导责任;

(2)检察委员会实行民主集中制,在检察长的主持下,讨论决定重大案件和问题;如果检察长在重

参考答案:①C ②C

大问题上不同意多数人的决定,可以报请本级人大常委会决定;可见,不能将检察委员会和检察长理解为领导关系,A项错误。

(3)各级检察机关、检察官依法构成统一的整体,在行使职权、执行职务的过程中实行"上命下从",即上级检察院领导下级检察院的工作,下级检察院根据上级检察机关、检察官的指示和命令进行工作。比如上级检察院有权通过指示、批复、规范性文件指导工作;有权领导下级检察院办案,包括决定案件的管辖和指挥其办案,纠正或撤销下级检察院的决定;等等。检察官独立行使检察权,要受到检察一体原则的限制。B项错误。

4. 根据中央司法体制改革要求及有关检察制度规定,人民监督员制度得到进一步完善和加强。关于深化人民监督员制度,下列哪一表述是错误的?(2015-1-47)

A. 是为确保职务犯罪侦查、起诉权的正确行使,根据有关法律结合实际确定的一种社会民主监督制度

B. 重点监督检察机关查办职务犯罪的立案、羁押、扣押冻结财物、起诉等环节的执法活动

C. 人民监督员由司法行政机关负责选任管理

D. 参与具体案件监督的人民监督员,由选任机关从已建立的人民监督员信息库中随机挑选

答案( )①

【解析】人民监督员制度属于检察制度之一。十八届四中全会的《中共中央关于全面推进依法治国若干重大问题的决定》强调:"完善人民监督员制度,重点监督检察机关查办职务犯罪的立案、羁押、扣押冻结财物、起诉等环节的执法活动。"2014年9月10日,最高人民检察院、司法部印发《关于人民监督员选任管理方式改革试点工作的意见》,指出人民监督员将由司法行政机关负责选任管理,参与具体案件监督的则由检察机关从司法行政机关建立的人民监督员信息库中随机抽选确定。D项错误明显。

第二节 检察机关和检察官

1. 下列说法,哪个是正确的?(2002-1-29)
A. 检察官从人民检察院离任后,不得以律师身份担任诉讼代理人或者辩护人
B. 检察官从人民检察院离任后,不得在原任职的地区担任诉讼代理人或者辩护人
C. 检察官从人民检察院离任后,不得担任原任职检察院办理案件的诉讼代理人或者辩护人
D. 检察官从人民检察院离任后,其配偶、子女不得担任该检察官原任职检察院办理案件的诉讼代理人或者辩护人

答案( )②

【解析】根据《检察官法》第20条的规定,检察官从人民检察院离任后,2年内不得以律师身份担任诉讼代理人或者辩护人,但并非永远不得以律师身份担任诉讼代理人或者辩护人。A项错误。检察官从人民检察院离任后,不得担任原任职检察院办理案件的诉讼代理人或者辩护人,但不是不得在原任职地区担任诉讼代理人或者辩护人。B项错误,C项正确。检察官在职期间,其配偶、子女不得担任该检察官原任职检察院办理案件的诉讼代理人或者辩护人,这并不意味着检察官从人民检察院离任后其配偶、子女仍受此限制。选项D错误。

参考答案:①D ②C

相关法条 《检察官法》

第二十条 检察官从人民检察院离任后二年内,不得以律师身份担任诉讼代理人或者辩护人。

检察官从人民检察院离任后,不得担任原任职检察院办理案件的诉讼代理人或者辩护人。

检察官的配偶、子女不得担任该检察官所任职检察院办理案件的诉讼代理人或者辩护人。

2. 关于检察官的行为,下列哪一观点是正确的?(2012-1-49)

A. 房检察官在同乡聚会时向许法官打听其在办案件审理情况,并让其估计判处结果。根据我国国情,房检察官的行为可以被理解

B. 关检察长以暂停工作要挟江检察官放弃个人意见,按照陈科长的判断处理某案。关检察长的行为与依法独立行使检察权的要求相一致

C. 容检察官在本地香蕉滞销、蕉农面临重大损失时,多方奔走将10万斤香蕉销往外地,为蕉农挽回了损失,本人获辛苦费5000元。容检察官没有违反有关经商办企业、违法违规营利活动的规定

D. 成检察官从检察院离任5年后,以律师身份担任各类案件的诉讼代理人或者辩护人,受到当事人及其家属的一致肯定。成检察官的行为符合《检察官法》的有关规定

答案( )①

【解析】检察官从人民检察院离任后二年内,不得以律师身份担任诉讼代理人或者辩护人。检察官从人民检察院离任后,不得担任原任职检察院办理案件的诉讼代理人或者辩护人。检察官的配偶、子女不得担任该检察官所任职检察院办理案件的诉讼代理人或者辩护人。可见,离任后5年后以律师身份担任诉讼代理人和辩护人,符合职业道德要求。

3. 根据我国检察官法有关任职回避的规定,下列表述哪一项是不正确的?(2004-1-49)

A. 杨某和蒋某系夫妻,二人不得同时在同一人民检察院担任检察员

B. 何甲和何乙系姐弟,二人不得同时在同一人民检察院起诉科担任助理检察员

C. 检察官袁某从人民检察院离任后2年内,不得担任诉讼代理人或者辩护人

D. 林某为县人民检察院检察官,其子小林不得担任该县人民检察院办理案件的辩护人

答案( )②

【解析】根据《检察官法》第19条的规定,检察官之间有夫妻关系、直系血亲关系、三代以内旁系血亲以及近姻亲关系的,不得同时担任同一检察院的领导职务,不得一方担任领导职务、另一方担任非领导职务,不得同时在同一业务部门担任非领导职务。因此,原理上,A项夫妻只要不在同一业务部门,可以同时担任检察员。B项正确。根据同法第20条,检察官从人民检察院离任后二年内,不得以律师身份担任诉讼代理人或者辩护人,但可以非律师身份担任诉讼代理人或辩护人。C项表述不正确。检察官的配偶、子女不得担任该检察官所任职检察院办理案件的诉讼代理人或者辩护人。D项正确。

相关法条 《检察官法》

第十九条 检察官之间有夫妻关系、直系血亲关系、三代以内旁系血亲以及近姻亲关系的,不得同时担任下列职务:

(一)同一人民检察院的检察长、副检察长、检察委员会委员;

(二)同一人民检察院的检察长、副检察长和检察员、助理检察员;

(三)同一业务部门的检察员、助理检察员;

参考答案:①D ②AC。【司法部答案】只选择了C。

(四)上下相邻两级人民检察院的检察长、副检察长。

第三节 检察官职业道德

1. 根据我国相关法律规定,为保证检察官的公正与廉洁,检察官不得兼任下列哪些职务?(2007 - 1 - 87)

A. 行政机关职务
B. 审判机关职务
C. 人民代表大会常务委员会委员
D. 政协委员

答案( )①

【解析】根据《中华人民共和国检察官法》第18条的规定,检察官不得兼任人民代表大会常务委员会的组成人员,不得兼任行政机关、审判机关以及企业、事业单位的职务,不得兼任律师。因此,A、B、C是正确答案,D项错误,检察官兼任政协委员并不为法律所禁止。

相关法条 《检察官法》

第十八条 检察官不得兼任人民代表大会常务委员会的组成人员,不得兼任行政机关、审判机关以及企业、事业单位的职务,不得兼任律师。

相关法条 《法官法》

第十五条 法官不得兼任人民代表大会常务委员会的组成人员,不得兼任行政机关、检察机关以及企业、事业单位的职务,不得兼任律师。

2. 关于检察官职业道德和纪律,下列哪一做法是正确的?(2014 - 1 - 47)

A. 甲检察官出于个人对某类案件研究的需要,私下要求邻县检察官为其提供正在办理的某案情况
B. 乙检察官与其承办案件的被害人系来往密切的邻居,因此提出回避申请
C. 丙检察官发现所办案件存在应当排除的证据而未排除,仍将其作为起诉意见的依据
D. 丁检察官为提高效率,在家里会见本人所承办案件的被告方律师

答案( )②

【解析】检察官应自觉维护程序公正和实体公正,不私自探询其他检察官、其他人民检察院或者其他司法机关正在办理的案件情况和有关信息;不违反规定会见案件当事人、诉讼代理人、辩护人及其他与案件有利害关系的人员。AD项错误。检察官应当客观求实,以事实作为处理案件的客观基础,以证据作为认定事实的客观依据。C项错误。检察人员如果与本案当事人有其他关系(如本题B项中的密切近邻),可能影响公正处理案件的,应当自行回避,当事人及其法定代理人也有权要求他们回避。B项正确。

3. 检察官职业道德的主要内容概括为"忠诚、公正、清廉、文明",下列哪一选项体现了"文明"的要求?(2013 - 1 - 47)

A. 检察官不得散布有损国家声誉的言论
B. 检察院内部严格执行"案件查处由不同机构承办、互相制约"的制度
C. 检察官应当树立证据意识、程序意识,全面、客观依照程序收集证据

参考答案:①ABC ②B

D. 检察官本人或亲属与他人发生矛盾,应当通过合法途径解决,不得以检察官身份寻求照顾

答案( )①

【解析】忠诚是我国社会主义制度下检察官职业道德的本质要求,也是检察官的政治品格。检察官应当忠于国家、忠于人民、忠于党、忠于事实和法律、忠于检察事业。"检察官不得散布有损国家声誉的言论",而是要忠于国家,这是忠诚义务的表现。A项错误。

公正是司法工作的灵魂和最高价值追求,是检察官职业道德的核心内容。公正包括实体公正和程序公正两个方面。B项"检察院内部严格执行'案件查处由不同机构承办、互相制约'的制度",C项"检察官应当树立证据意识、程序意识,全面、客观依照程序收集证据",二者都体现了程序公正原则的要求。

检察官应文明办案,敢于监督,勇于纠错,做到执法理念文明、执法行为文明、执法作风文明、执法语言文明。D项中,检察官"应当通过合法途径解决,不得以检察官身份寻求照顾"体现了文明方面的要求。

4. 加强检察官职业道德建设是保障法律正确统一实施的需要。下列哪些是检察官职业道德的主要规范?(2002-1-77)

A. 爱检敬业,恪尽职守
B. 严格执法,文明办案
C. 刚正不阿,护法为民
D. 文明高效,热情服务

答案( )②

【解析】本题考查检察官职业道德主要规范的知识。主要包括以下五项:①爱检敬业,恪尽职守;②严格执法,文明办案;③守法遵纪,清正廉明;④刚正不阿,护法为民;⑤文明高效,热情服务。

5. 检察官职业道德的基本原则包括下列哪些方面的内容?(2002-1-78)

A. 服从命令听指挥
B. 忠实于党和国家,全心全意为人民服务
C. 忠实于宪法和法律
D. 忠实于客观事实

答案( )③

【解析】检察官职业道德基本原则,是指在一个道德规范体系中的那些最根本的道德规范,是检察官职业道德活动的最高价值准则,具体包括以下三项原则:①忠实于党和国家,全心全意为人民服务;②忠实于宪法和法律;③忠实于客观事实。

6. 主诉检察官陈某办理某单位的一起走私案。此时,他应当遵循的基本要求是下列哪一项?(2003-1-30)

A. 兼顾国家利益和单位利益
B. 充分考虑走私单位职工的经济利益要求
C. 以事实为根据,以法律为准绳
D. 综合各方面的意见,权衡利弊

答案( )④

【解析】《检察官法》第8条要求检察官,履行职责必须以事实为根据,以法律为准绳,秉公执法,不得徇私枉法,故选C。

7. 王检察官的下列哪一行为符合检察官职业道德的要求?(2011-1-48)

A. 穿着检察正装、佩戴检察标识参加单位组织的慰问孤寡老人的公益活动
B. 承办一起两村械斗引起的伤害案,受害人系密切近邻,但为早日结案未主动申请回避
C. 参加朋友聚会,谈及在办案件犯罪嫌疑人梁某交代包养了4个情人,但嘱咐朋友不要外传

参考答案:①D ②ABCD ③BCD ④C

D. 业余时间在某酒吧任萨克斯管主奏,对其检察官身份不予否认,收取适当报酬

答案( )①

【解析】检察官不得穿着检察正装、佩戴检察标识到营业性娱乐场所进行娱乐、休闲活动或者在公共场所饮酒,不参与赌博、色情、封建迷信活动。但,穿着正装学雷锋做好事,这是允许的。A项正确。

8. 下列选项中,哪些属于检察官违反忠诚规范的行为?(2003－1－79)
   A. 参加反对国家的集会、游行、示威等活动
   B. 收取当事人钱财,私放在押犯罪嫌疑人
   C. 从事经商、办企业或者参与其他营利性活动
   D. 因玩忽职守,造成错案

答案( )②

【解析】B项违反"保持清正廉洁"的"清廉"要求和"严格执法"的"严明"要求;C项违反"保持清正廉洁"的"清廉"要求。检察官的忠诚规范要求:忠于党、忠于国家、忠于人民、忠于事实和法律、忠于人民检察事业、恪尽职守、乐于奉献。A选项违反了"忠于国家"的要求;D选项违反了"忠于事实和法律"和"忠于人民检察事业"的要求。因此,A、D应选。

9. 关于检察官的行为,下列哪一选项是正确的?(2009－1－49)
   A. 甲检察官业余时间担任某中学法制辅导员,在推辞无效的情况下收下学校付给的每年1000元的酬金
   B. 乙检察官办理余某涉嫌贪污案时,针对余某所在单位财务管理方面的问题以个人名义向该单位领导提出了改进建议
   C. 丙检察官下班后未及换下检察官制服即赶往饭店宴请来访的外地检察院同学
   D. 丁检察官办理一起交通肇事案件时,对不配合调查的目击证人周某实施了拘传

答案( )③

【解析】检察官不得非法接受财物。选项A错误。以个人名义提出改进建议是可以的。选项B正确。检察官不得在工作日饮酒或者着检察制服在公共场所饮酒。选项C错误。根据《刑事诉讼法》,拘传是公安机关、人民检察院、人民法院对未被羁押的犯罪嫌疑人、被告人强制其到案接受讯问的一种强制措施。属于强制措施的一种,只能对犯罪嫌疑人采取,不能对证人采用。选项D错误。

第四节 检察官职业责任

1. 检察官徐某因泄露国家秘密构成犯罪而被追诉。下列关于徐某纪律责任的说法哪些是正确的?
(2004－1－80)
   A. 无论徐某主观上是否出于故意,只要被判处3年以上有期徒刑,即应予开除
   B. 如果徐某主观上出于故意,被判处3年以下有期徒刑或者判处管制拘役,即应予开除
   C. 如果徐某主观上出于过失,被判处3年以下有期徒刑宣告缓刑,不一定予以开除
   D. 如果徐某被依法免于刑事处罚,应予降级或撤职处分

答案( )④

【解析】《检察人员纪律处分条例(试行)》第19条规定:"凡被判处三年以上有期徒刑的,给

参考答案:①A ②AD ③B ④ABCD

予开除处分。故意犯罪被判处三年以下有期徒刑或者被判处管制、拘役的,给予开除处分。过失犯罪被判处三年以下有期徒刑宣告缓刑的,视情节可以不给予开除处分,但应当给予撤职处分。被免予刑事处罚的,给予降级或者撤职处分。"可见,A、B、C、D四项均表述正确。

2. 根据法官、检察官纪律处分有关规定,下列哪一说法是正确的?(2016-1-46)

A. 张法官参与迷信活动,在社会中造成了不良影响,可予提醒劝阻,其不应受到纪律处分

B. 李法官乘车时对正在实施的盗窃行为视而不见,小偷威胁失主仍不出面制止,其应受到纪律处分

C. 何检察官在讯问犯罪嫌疑人时,反复提醒犯罪嫌疑人注意其聘请的律师执业不足2年,其行为未违反有关规定

D. 刘检察官接访时,让来访人前往国土局信访室举报他人骗取宅基地使用权证的问题,其做法是恰当的

答案( )①

【解析】《人民法院工作人员处分条例》分别从政治纪律、办案纪律、廉政纪律、组织人事纪律、财经纪律、失职行为、违反管理秩序和社会道德的行为等方面,对法院工作人员的职务行为和日常生活行为进行了全面的规范。参与迷信活动,属于违反管理秩序和社会道德的行为,如果造成不良影响,应给予警告、记过或记大过处分。可见,A项错误,张法官参与迷信活动,已然在社会中造成了不良影响,因此应当给予纪律处分。

维持社会治安属于公安机关的职权范围,而且法官的特点是不告不理,主动出手施救并非法官的长项。B项中,李法官乘车时对正在实施的盗窃行为视而不见,小偷威胁失主也不出面制止,这属于违背日常社会道德规范的行为,但与其职业道德没有关系,批评教育即可,不应受到纪律处分。B项错误。需要注意的是,《检察人员纪律处分条例(试行)》第97条规定,遇到国家财产和人民群众生命财产受到严重威胁时,能救而不救,情节较重,给予警告、记过或者记大过处分;情节严重,给予降级、撤职或者开除处分。可见,如果是检察人员遇到了B项中的情况,则有施救的义务,否则应当受到纪律处分。

检察官在职业活动中要尊重律师的职业尊严,支持律师履行法定职责,依法保障和维护律师参与诉讼活动的权利;秉持清正廉洁的职业操守,理性履职,不私下为所办案件的当事人介绍辩护人或者诉讼代理人。C项中,何检察官在讯问犯罪嫌疑人时,反复提醒犯罪嫌疑人注意其聘请的律师执业不足2年,暗示犯罪嫌疑人聘请的律师能力不足,试图诱导当事人更换律师,明显不妥当,C项错误。

检察机关作为国家的法律监督机关,主要是监督相应的国家机关及其工作人员依法履职。对于私人的违法行为,原则上应根据法律规定由有关机关依法处理。来访人举报他人骗取宅基地使用权证,属于行使检举权的范畴,应向有关机关提出。刘检察官接访时,发现该事项不属于检察院职权范围,让来访人前往国土局信访室举报,其做法是恰当的。D项正确。

3. 下列选项中,检察官违反职业道德规范,可以直接给予开除处分的情形有哪些?(2003-1-78)

A. 对待证人态度粗暴的

B. 故意拖延办案、贻误工作,情节严重的

C. 违反枪支管理规定鸣枪的

D. 干预他人办案,情节严重的

答案( )②

【解析】A项无法律依据。《检察人员纪律处分条例(试行)》规定,不积极履行职责,拖延办案,贻误工作的,给予警告、记过或者记大过处分;情节严重的,给予降级或者撤职处分。故B项不符合题意。违反枪支管理规定,示枪恫吓他人或者随意鸣枪的,给予记过或者记大过处分;造成严重后果或

参考答案:①D ②BD

者恶劣影响的,给予降级、撤职或者开除处分。仅仅鸣枪,不能直接给予降级、撤职或者开除处分。故C项不符合题意。私自办理案件或者干预办案的,给予记过或者记大过处分;情节较重的,给予降级或者撤职处分;情节严重的,给予开除处分。故选D项。

第四章 律师制度与律师职业道德

第一节 律　师

1. 下列哪一种情况不违反《律师法》的规定?（2008 四川-1-49）

　　A. 甲律师原在深圳某律师事务所执业,迁居后转入北京某律师事务所,同时仍在深圳某律师事务所执业

　　B. 大学教授乙在学校不知道的情况下,申请兼职律师执业并要求受理机关保密

　　C. 丙律师在担任县人大常委会委员期间,代理了一起为农民工追讨工资的诉讼

　　D. 丁先生法律本科毕业后,尚未取得律师执业证书,在一家律师事务所参与非诉讼法律事务

答案（　　）①

【解析】根据《律师法》第10条,律师只能在一个律师事务所执业。A项违反规定。根据同法第12条,高等院校、科研机构中从事法学教育、研究工作的人员,必须经所在单位同意后,方可申请兼职律师执业。B项违反《律师法》的规定。根据同法第11条第2款,律师担任各级人民代表大会常务委员会组成人员的,任职期间不得从事诉讼代理或者辩护业务。因此,C项违反《律师法》的规定。没有取得律师执业证书的人员,不得以律师名义从事法律服务业务。D项中,丁虽然未取得律师职业证书,但是,他并没有以律师名义从事法律服务,也没有以律师名义代理诉讼或辩护业务,而仅是参与一些非诉法律事务,此种行为不违反《律师法》的规定。

相关法条　　　　　　　　　　《律师法》

　　第十条　律师只能在一个律师事务所执业。律师变更执业机构的,应当申请换发律师执业证书。律师执业不受地域限制。

　　第十一条　公务员不得兼任执业律师。

　　律师担任各级人民代表大会常务委员会组成人员的,任职期间不得从事诉讼代理或者辩护业务。

　　第十二条　高等院校、科研机构中从事法学教育、研究工作的人员,符合本法第五条规定条件的,经所在单位同意,依照本法第六条规定的程序,可以申请兼职律师执业。

　　第十三条　没有取得律师执业证书的人员,不得以律师名义从事法律服务业务;除法律另有规定外,不得从事诉讼代理或者辩护业务。

2. 为促进规范司法,维护司法公正,最高检察院要求各级检察院在诉讼活动中切实保障律师依法行使执业权利。据此,下列选项正确的是:（2015-1-100）

　　A. 检察院在律师会见犯罪嫌疑人时,不得派员在场

　　B. 检察院在案件移送审查起诉后律师阅卷时,不得派员在场

参考答案:①D

C. 律师收集到犯罪嫌疑人不在犯罪现场的证据,告知检察院的,其相关办案部门应及时审查
D. 法律未作规定的事项,律师要求听取意见的,检察院可以安排听取

答案（　①　）

【解析】 最高人民检察院2014年12月16日通过了《关于依法保障律师执业权利的规定》,其中第5条规定,人民检察院应当依法保障律师在刑事诉讼中的会见权。人民检察院办理直接受理立案侦查案件,除特别重大贿赂犯罪案件外,其他案件依法不需要经许可会见。律师在侦查阶段提出会见特别重大贿赂案件犯罪嫌疑人的,人民检察院应当严格按照法律和相关规定及时审查决定是否许可,并在三日以内答复;有碍侦查的情形消失后,应当通知律师,可以不经许可会见犯罪嫌疑人;侦查终结前,应当许可律师会见犯罪嫌疑人。人民检察院在会见时不得派员在场,不得通过任何方式监听律师会见的谈话内容。可见,A项正确。

同法第6条规定,人民检察院应当依法保障律师的阅卷权。自案件移送审查起诉之日起,人民检察院应当允许辩护律师查阅、摘抄、复制本案的案卷材料;经人民检察院许可,诉讼代理人也可以查阅、摘抄、复制本案的案卷材料。人民检察院应当及时受理并安排律师阅卷,无法及时安排的,应当向律师说明并安排其在三个工作日以内阅卷。人民检察院应当依照检务公开的相关规定,完善互联网等律师服务平台,并配备必要的速拍、复印、刻录等设施,为律师阅卷提供尽可能的便利。律师查阅、摘抄、复制案卷材料应当在人民检察院设置的专门场所进行。必要时,人民检察院可以派员在场协助。B项表述有误。

同法第7条规定,人民检察院应当依法保障律师在刑事诉讼中的申请收集、调取证据权。律师收集到有关犯罪嫌疑人不在犯罪现场、未达到刑事责任年龄、属于依法不负刑事责任的精神病人的证据,告知人民检察院的,人民检察院相关办案部门应当及时进行审查。可见,C项正确。

该法同时规定,"法律未作规定但律师要求听取意见的,也应当及时安排听取。"D项错误,不是"可以",而是"应当"。

3. 根据律师法、刑事诉讼法、民事诉讼法和行政诉讼法的规定,我国律师在执业过程中享有11个方面的权利。下列哪种权利在这些法律中没有明确规定?（2006-1-49）

A. 同犯罪嫌疑人、被告人通信的权利
B. 提出新证据的权利
C. 执业活动中人身权利不受侵犯的权利
D. 要求法官签发调查令的权利

答案（　②　）

【解析】 在《律师法》、《刑事诉讼法》、《民事诉讼法》和《行政诉讼法》的相关规定中,我国律师在执业过程中享有以下11个方面的权利:查阅案卷权;同犯罪嫌疑人、被告人会见和通信权;调查取证权;拒绝辩护或代理权;得到人民法院开庭通知权;在法庭审理阶段的权利,如对法庭的不当询问的拒绝回答权、发问权、提出新证据的权利、质证权、参加法庭辩论的权利;代为上诉的权利;代理申诉或控告权;依法执行职务受法律保障的权利;获取本案诉讼文书副本的权利;为犯罪嫌疑人、被告人申请取保候审或解除强制措施的权利。可见,A、B、C三项均有根据;D项并没有明确规定。本题的答案为D项。

4. 法院、检察院、公安机关、国家安全机关、司法行政机关应当尊重律师,健全律师执业权利保障制度。下列哪一做法是符合有关律师执业权利保障制度的?（2016-1-48）

A. 县公安局仅告知涉嫌罪名,而以有碍侦查为由拒绝告知律师已经查明的该罪的主要事实
B. 看守所为律师提供网上预约会见平台服务,并提示律师如未按期会见必须重新预约方可会见
C. 国家安全机关在侦查危害国家安全犯罪期间,多次不批准律师会见申请并且说明理由

参考答案：①AC　②D

D. 在庭审中,作无罪辩护的律师请求就被告量刑问题发表辩护意见,合议庭经合议后当庭拒绝律师请求

答案( )①

【解析】辩护律师接受犯罪嫌疑人、被告人委托或者法律援助机构的指派后,应当告知办案机关,并可以依法向办案机关了解犯罪嫌疑人、被告人涉嫌或者被指控的罪名及当时已查明的该罪的主要事实,犯罪嫌疑人、被告人被采取、变更、解除强制措施的情况,侦查机关延长侦查羁押期限等情况,办案机关应当依法及时告知辩护律师。可见,律师受委托或指派后,告知办案机关,这是义务;受托后,是否向办案机关了解相关信息,这是律师的权利,可以了解,也可以不了解;但一旦律师要求了解,对办案机关来说,依法及时告知相关信息就是义务,所以是应当,不得拒绝。A项错误。

看守所应当设立会见预约平台,采取网上预约、电话预约等方式为辩护律师会见提供便利,但不得以未预约会见为由拒绝安排辩护律师会见。可见,会见预约平台是所有的看守所都必须设立的;其次,设立会见预约平台是为了给辩护律师提供便利;但未预约,也可会见,看守所不得拒绝。预约并非会见的必要条件。B项错误。

辩护律师在侦查期间要求会见危害国家安全犯罪、恐怖活动犯罪、特别重大贿赂犯罪案件在押的犯罪嫌疑人的,应当向侦查机关提出申请;侦查机关应当依法及时审查辩护律师提出的会见申请,在三日以内将是否许可的决定书面答复辩护律师,并明确告知负责与辩护律师联系的部门及工作人员的联系方式:(1)对许可会见的,应当向辩护律师出具许可决定文书;(2)因有碍侦查或者可能泄露国家秘密而不许可会见的,应当向辩护律师说明理由。有碍侦查或者可能泄露国家秘密的情形消失后,应当许可会见,并及时通知看守所和辩护律师。可见,三类犯罪在侦查阶段的会见,应当申请;既然要申请,侦查机关就应当审查。不论许可不许可,都要书面答复,不许可要说明理由。C项正确。

法庭审理过程中,律师就回避、案件管辖、非法证据排除、申请通知证人、鉴定人、有专门知识的人出庭、申请通知新的证人到庭、调取新的证据、申请重新鉴定、勘验等问题当庭提出申请,或者对法庭审理程序提出异议的,法庭原则上应当休庭进行审查,依照法定程序作出决定:(1)其他律师有相同异议的,应一并提出,法庭一并休庭审查;(2)法庭决定驳回申请或者异议的,律师可当庭提出复议。经复议后,律师应当尊重法庭的决定,服从法庭的安排。可见,庭审中,律师就重要事项提出申请或异议,法庭原则上应当"休庭"去审查。D项当庭拒绝申请是错误的。

5. 骆律师代理甲公司与乙公司签订货物运输合同。甲公司与骆律师所在律师事务所签订的委托代理合同约定,如果甲公司因该货物运输合同的履行发生纠纷,亦由骆律师所在的律师事务所代理。后因乙公司未履行合同义务,甲公司起诉乙公司,骆律师以业务繁忙为由不愿代理该案件。在此情形下,骆律师所在的律师事务所能否拒绝该案件的代理?(2005-1-49)

A. 能,因为甲公司的委托不成立
B. 能,因为甲公司与骆律师所在的律师事务所之间的代理关系已经终止
C. 不能,但是需要事先取得乙公司的同意
D. 不能,因为甲公司与骆律师所在的律师事务所之间的委托代理合同合法有效

答案( )②

【解析】《律师法》第25条和第32条的规定,甲公司与骆律师所在律师事务所之间的委托代理合同合法有效,因此,骆律师所在的律师事务所不能拒绝该案件的代理。

参考答案:①C ②D

相关法条　　　　　　　　　　　《律师法》

第二十五条　律师承办业务,由律师事务所统一接受委托,与委托人签订书面委托合同,按照国家规定统一收取费用并如实入账。

律师事务所和律师应当依法纳税。

第三十二条　委托人可以拒绝已委托的律师为其继续辩护或者代理,同时可以另行委托律师担任辩护人或者代理人。

律师接受委托后,无正当理由的,不得拒绝辩护或者代理。但是,委托事项违法、委托人利用律师提供的服务从事违法活动或者委托人故意隐瞒与案件有关的重要事实的,律师有权拒绝辩护或者代理。

6. 根据《律师法》,下列哪些选项是错误的?（2008-1-88）

A. 受委托担任辩护人的律师自人民检察院对案件审查起诉之日起,有权查阅、摘抄和复制与案件有关的所有材料

B. 律师担任辩护人的,有权持律师执业证书、律师事务所证明和委托书或者法律援助公函,依照刑事诉讼法的规定会见在押或者被监视居住的犯罪嫌疑人、被告人。律师会见犯罪嫌疑人、被告人,不被监听

C. 律师在法庭上发表的代理、辩护意见不受法律追究。但是,发表危害国家安全、恶意诽谤他人、严重扰乱法庭秩序、泄露商业秘密的言论除外

D. 律师是维护当事人合法权益、维护法律正确实施、维护社会公平和正义的国家法律工作人员

答案（　　）①

【解析】根据《律师法》第34条规定,律师担任辩护人的,自人民检察院对案件审查起诉之日起,有权查阅、摘抄、复制本案的案卷材料。案卷材料主要是指诉讼文书和相应的证据材料。法院合议庭、审判委员会的讨论记录以及其他依法不公开的材料不接受阅卷。可见,A项对阅卷范围的描述是错误的。

根据同法第33条规定,律师担任辩护人的,有权持律师执业证书、律师事务所证明和委托书或者法律援助公函,依照《刑事诉讼法》的规定会见在押或者被监视居住的犯罪嫌疑人、被告人。辩护律师会见犯罪嫌疑人、被告人时不被监听。B项是正确的。

《律师法》第37条规定,"律师在执业活动中的人身权利不受侵犯。律师在法庭上发表的代理、辩护意见不受法律追究。但是,发表危害国家安全、恶意诽谤他人、严重扰乱法庭秩序的言论除外。律师在参与诉讼活动中涉嫌犯罪的,侦查机关应当及时通知其所在的律师事务所或者所属的律师协会;被依法拘留、逮捕的,侦查机关应当依照《刑事诉讼法》的规定通知该律师的家属。"可见,律师不得在法庭上发表危害国家安全、恶意诽谤他人、严重扰乱法庭秩序的言论,"泄露商业秘密的言论"并未纳入禁止范围,因此C项错误。

根据《律师法》第2条规定,"本法所称律师,是指依法取得律师执业证书,接受委托或者指定,为当事人提供法律服务的执业人员。律师应当维护当事人合法权益,维护法律正确实施,维护社会公平和正义。"可见,律师是提供法律服务的自由执业人员,不是国家法律工作人员。所以D项错误。

7. 我国律师法和有关法律的规定,律师在执业活动中应保守的秘密事项有哪些?（2003-1-75）

A. 关系国家的安全和利益的信息　　　　B. 关系当事人的商业秘密

参考答案：①ACD

C. 关系当事人的隐私　　　　　　D. 合议庭成员名单

答案（　　）①

【解析】《律师法》第38条规定，"律师应当保守在执业活动中知悉的国家秘密、商业秘密，不得泄露当事人的隐私。律师对在执业活动中知悉的委托人和其他人不愿泄露的有关情况和信息，应当予以保密。但是，委托人或者其他人准备或者正在实施危害国家安全、公共安全以及严重危害他人人身安全的犯罪事实和信息除外。"可见，A、B、C三项为应选项。

8. 刘律师出身建筑世家并曾就读建筑专业，现主要从事施工纠纷法律服务。开发商李某因开发的楼房倒塌被诉至法院，欲委托刘律师代理诉讼。关于接受委托和代理案件，刘律师的下列哪些做法符合律师职业有关规定？（2009-1-88）

A. 接受委托，了解并运用建筑和房地产知识分析案件，寻求对李某有利的理由
B. 接受委托，告知李某楼房倒塌系建筑风水原因，使其接受败诉结果
C. 明知不懂房地产开发业务会影响代理效果，但为经济效益极力宣扬建筑世家背景并接受委托
D. 考虑到不懂房地产业务会影响代理效果，决定不接受委托

答案（　　）②

【解析】根据《律师执业行为规范》第35条的规定，律师应当充分运用自己的专业知识，根据法律的规定完成委托事项，维护委托人的利益。因此，A项正确；B项中刘律师依据封建迷信思想要求委托人接受败诉结果，不符合律师执业有关规定；D项中如果刘律师专业知识欠缺，考虑到不能更好地维护委托人的合法利益的情况下拒绝委托是符合律师职业有关规定的，D项正确。律师在执业推广中，不得提供虚假信息或者夸大自己的专业能力，不得明示或者暗示与司法、行政等关联机关的特殊关系。据此可知，C项中刘律师为了谋取代理业务而向委托人作出虚假宣传的行为是不符合律师执业有关规定的。因此，C项错误。

相关法条　　　　　　　　《律师执业行为规范》

第三十五条　律师应当充分运用专业知识，依照法律和委托协议完成委托事项，维护委托人或者当事人的合法权益。

第二节　禁止虚假承诺

第四十三条　律师根据委托人提供的事实和证据，依据法律规定进行分析，向委托人提出分析性意见。

第四十四条　律师的辩护、代理意见未被采纳，不属于虚假承诺。

第七十八条　有下列情形之一的，属于律师执业不正当竞争行为：

（一）诋毁、诽谤其他律师或者律师事务所信誉、声誉；
（二）无正当理由，以低于同地区同行业收费标准为条件争揽业务，或者采用承诺给予客户、中介人、推荐人回扣、馈赠金钱、财物或者其他利益等方式争揽业务；
（三）故意在委托人与其代理律师之间制造纠纷；
（四）向委托人明示或者暗示自己或者其所属的律师事务所与司法机关、政府机关、社会团体及其工作人员具有特殊关系；
（五）就法律服务结果或者诉讼结果作出虚假承诺；

参考答案：①ABC　②AD

（六）明示或者暗示可以帮助委托人达到不正当目的，或者以不正当的方式、手段达到委托人的目的。

9. 法官在主持开庭审理某一刑事案件过程中，检察官与律师就案件的焦点问题展开激烈的辩论，法官多次制止律师的发言。律师对此提出异议，遭到法官拒绝后随即退庭。检察官对正走出法庭的律师说："你要小心点。"事后，律师担心遭报复，向当事人提出解除代理关系。上述案例中，法律职业人员存在的不当行为有哪些？（2003－1－76）

A. 法官多次制止律师的发言的行为 　　B. 律师退庭的行为
C. 检察官对律师的言行 　　D. 律师向当事人提出解除代理关系的行为

答案（　　　）①

【解析】法官应当尊重当事人和其他诉讼参与人的人格尊严，认真、耐心地听取当事人和其他诉讼参与人发表意见；除非因维护法庭秩序和庭审的需要，开庭时不得随意打断或者制止当事人和其他诉讼参与人的发言。故 A 项错误。律师应遵守法庭、仲裁庭纪律，尊重法官和仲裁员；应当遵守出庭时间、提交法律文书期限及其他与履行职务有关的程序规定。故 B 项错误。检察官职业道德规范的基本内容可以概括为"忠诚、公正、清廉、严明"八个字。其中，公正对检察官的具体要求之一是：平等尊重和充分保障所有诉讼参与人，特别是双方当事人及其法定代理人和他们所委托的人的诉讼权利，不得给予任何诉讼参与人歧视性对待或者任意限制和剥夺其权利，充分关注和正确对待与案件处理存在着法律上利害关系的人及其所委托的人的陈述和意见。故 C 项做法错误。律师接受委托后无正当理由不得拒绝为委托人代理。故 D 项做法错误。

第二节　律师事务所

1. 根据我国《律师法》的规定，下列哪一选项是正确的？（2008－1－48）

A. 律师事务所变更名称、负责人、章程、合伙协议的，应当报原审核部门备案
B. 律师服务机构一般采用公司形式，但在经济社会发展欠发达地区仍可保留少数合作制律师事务所
C. 个人律师事务所实行无限责任，因此在成立条件上比合伙律师事务所要宽松
D. 律师事务所采用特殊的普通合伙形式的，当个别合伙人因故意或重大过失造成对外债务时，其他合伙人不承担对外责任

答案（　　　）②

【解析】根据《律师法》第 21 条的规定，律师事务所变更名称、负责人、章程、合伙协议的，应当报原审核部门批准，而非备案。所以 A 项错误的。根据同法第 15 条、第 16 条和第 17 条的规定，律师服务结构最常见的组织形式是合伙制而不是公司制。所以 B 是错误的。而设立个人律师事务所，设立人还应当是具有五年以上执业经历的律师，且设立人对律师事务所的债务承担无限责任，可见，设立个人律师事务所的条件要严于合伙律师事务所，C 项错误。根据同法第 15 条第 2 款的规定，合伙律所是依法成立的由合伙人依照合伙协议约定，共同出资、共同管理、共同收益、共担风险的律师执业机构；而在特殊的普通合伙律所中，一个合伙人或者数个合伙人在执业活动中因故意或者重大过失造成合伙企业债务的，应当承担无限责任或者无限连带责任，其他合伙人不承担对外责任，只以其在合伙企业中的

参考答案：①ABCD　②D

财产份额为限承担责任。因此 D 项的说法是正确的。

相关法条　　　　　　　　　　《律师法》

第二十一条　律师事务所变更名称、负责人、章程、合伙协议的,应当报原审核部门批准。

律师事务所变更住所、合伙人的,应当自变更之日起十五日内报原审核部门备案。

第十五条　设立合伙律师事务所,除应当符合本法第十四条规定的条件外,还应当有三名以上合伙人,设立人应当是具有三年以上执业经历的律师。

合伙律师事务所可以采用普通合伙或者特殊的普通合伙形式设立。合伙律师事务所的合伙人按照合伙形式对该律师事务所的债务依法承担责任。

第十六条　设立个人律师事务所,除应当符合本法第十四条规定的条件外,设立人还应当是具有五年以上执业经历的律师。设立人对律师事务所的债务承担无限责任。

第十七条　申请设立律师事务所,应当提交下列材料:

(一)申请书;

(二)律师事务所的名称、章程;

(三)律师的名单、简历、身份证明、律师执业证书;

(四)住所证明;

(五)资产证明。

设立合伙律师事务所,还应当提交合伙协议。

第五十四条　律师违法执业或者因过错给当事人造成损失的,由其所在的律师事务所承担赔偿责任。律师事务所赔偿后,可以向有故意或者重大过失行为的律师追偿。

2. 以下哪一种行为违反了律师管理规定?(2005 – 1 – 50)

A. 苏律师在看守所会见犯罪嫌疑人时,接受其投诉办案人员刑讯逼供的控告材料并转送有关机关

B. 某律师事务所为开拓业务,在全国十个城市申请开设了分所

C. 某律师事务所在办理购房按揭贷款业务时,凡客户以现金交纳代理费的,只出具本所内部收据不开发票

D. 某律师事务所代为保管委托人的资金,并约定将存款利息作为律师费

答案(　　)①

【解析】根据《律师法》第 28 条和第 30 条的规定,选项 A 合法。根据《律师法》第 19 条的规定,选项 B 合法。根据《律师收费管理办法》第 18 条的规定,律师事务所收取律师服务费,应向委托人开具合法票据。据此,选项 C 错误。选项 D"约定将存款利息作为律师费"的规定符合自愿原则,合法。

相关法条　　　　　　　　　　《律师法》

第二十八条　律师可以从事下列业务:

(一)接受自然人、法人或者其他组织的委托,担任法律顾问;

(二)接受民事案件、行政案件当事人的委托,担任代理人,参加诉讼;

(三)接受刑事案件犯罪嫌疑人的委托,为其提供法律咨询,代理申诉、控告,为被逮捕的犯罪嫌疑人申请取保候审,接受犯罪嫌疑人、被告人的委托或者人民法院的指定,担任辩护人,接受自诉案件自诉人、公诉案件被害人或者其近亲属的委托,担任代理人,参加诉讼;

参考答案:①C

（四）接受委托，代理各类诉讼案件的申诉；

（五）接受委托，参加调解、仲裁活动；

（六）接受委托，提供非诉讼法律服务；

（七）解答有关法律的询问、代写诉讼文书和有关法律事务的其他文书。

第三十条 律师担任诉讼法律事务代理人或者非诉讼法律事务代理人的，应当在受委托的权限内，维护委托人的合法权益。

第十九条 成立三年以上并具有二十名以上执业律师的合伙律师事务所，可以设立分所。设立分所，须经拟设立分所所在地的省、自治区、直辖市人民政府司法行政部门审核。申请设立分所的，依照本法第十八条规定的程序办理。

合伙律师事务所对其分所的债务承担责任。

| 相关法条 | 《律师收费管理办法》 |

第十八条 律师事务所向委托人收取律师服务费，应当向委托人出具合法票据。

| 相关法条 | 《律师执业行为规范》 |

第四十六条 律师和律师事务所不得违法与委托人就争议的权益产生经济上的联系，不得与委托人约定将争议标的物出售给自己；不得委托他人为自己或为自己的近亲属收购、租赁委托人与他人发生争议的标的物。

第四十七条 律师事务所可以依法与当事人或委托人签订以回收款项或标的物为前提按照一定比例收取货币或实物作为律师费用的协议。

第五十三条 律师事务所可以与委托人签订书面保管协议，妥善保管委托人财产，严格履行保管协议。

第五十四条 律师事务所受委托保管委托人财产时，应当将委托人财产与律师事务所的财产、律师个人财产严格分离。

第三节 律师职业道德

1. 王某和李某斗殴，李某与其子李二将王某打伤。李某在王某提起刑事自诉后聘请省会城市某律师事务所赵律师担任辩护人。关于本案，下列哪一做法符合相关规定？（2015－1－48）

　　A. 赵律师同时担任李某和李二的辩护人，该所钱律师担任本案王某代理人

　　B. 该所与李某商定辩护事务按诉讼结果收取律师费

　　C. 该所要求李某另外预交办案费

　　D. 该所指派实习律师代赵律师出庭辩护

答案（　①　）

【解析】同一律所的不同律师同时担任同一刑事案件的被害人的代理人和犯罪嫌疑人、被告人的辩护人。A项错误。刑事诉讼、行政诉讼、国家赔偿案件以及群体性诉讼案件不得适用风险代理收费，因此B项错误。律师收取的费用可以分为律师费和办案费用。律师费是指律所因本所执业律师为当事人提供法律服务，而根据国家法律规定或双方的自愿协商，向当事人收取的一定数量的费用。办案费用是指律师事务所在提供法律服务过程中代委托人支付的诉讼费、仲裁费、鉴定费、公证费和查

参考答案：①C

档费等费用,其不属于律师服务费,由委托人另行支付。主要包括:(1)司法、行政、仲裁、鉴定、公证等部门收取的费用;(2)合理的通讯费、复印费、翻译费、交通费、食宿费等;(3)经委托人同意的专家论证费;(4)委托人同意支付的其他费用。律师需要由委托人负担的律师费以外的费用,应本着节俭的原则合理使用。C项做法并无不妥。辩护人只能由律师担任,实习律师不可。D项错误。

2. 被告人周某被公诉机关以犯诈骗罪为由提起公诉。鉴于周某年龄尚不满18周岁,人民法院通过有关程序指定某律师事务所指派律师为周某辩护。该律师事务所指派路律师担任周某的辩护律师后,路律师不得以哪些理由拒绝为周某辩护?(2002-1-79)

A. 周某本人没有提出委托律师为其辩护的请求
B. 周某没有直接与律师事务所办理委托手续,也没有缴纳委托费用
C. 根据刑法关于诈骗罪的规定,周某不会被判处死刑
D. 本人与本案合议庭组成人员陈法官是同学,可能影响本案的公正审理

答案( )①

【解析】根据我国《律师法》的规定,律师一般只能在委托事项违法、委托人利用律师提供的服务从事违法活动或者委托人故意隐瞒与案件有关的重要事实的三种情况下,方才有权拒绝为当事人辩护或代理。本题中的四个选项均不属于可拒绝辩护的情况。

相关法条　　《律师法》

第三十二条　委托人可以拒绝已委托的律师为其继续辩护或者代理,同时可以另行委托律师担任辩护人或者代理人。

律师接受委托后,无正当理由的,不得拒绝辩护或者代理。但是,委托事项违法、委托人利用律师提供的服务从事违法活动或者委托人故意隐瞒与案件有关的重要事实的,律师有权拒绝辩护或者代理。

3. 律师接受委托人的委托后,发现委托人的行为或者要求具有哪些情形,应当及时终止委托关系?(2002-1-80)

A. 委托人所提出的要求不仅过分,而且带有欺诈的性质
B. 委托人向人民法院提交的所谓证据是伪造的,会影响到案件的公正审理
C. 委托人的要求有可能会给他人造成重大经济损失
D. 委托人隐瞒案件的重要事实,其所提供的证人证言是通过贿买的方法获得的

答案( )②

【解析】根据《律师法》第32条,A、B、D三项符合要求。

4. 律师在执业活动中禁止采用各种手段进行不正当竞争。以下哪种情况不属于不正当竞争?(2002-1-30)

A. 某律师以给他人介绍费的方式获取业务来源
B. 某律师事务所因与某业务部门关系密切,请求该部门发文要求其下属单位所发生的法律事务均委托该律师事务所处理
C. 某律师事务所通过新闻媒介介绍了该事务所的业务特长
D. 某律师在当事人面前炫耀自己,贬低其他律师

答案( )③

【解析】根据《律师法》第26条,A项属于不正当竞争行为。根据《律师执业行为规范》第79

参考答案:①ABCD　②ABD　③C

条的规定,律所不得利用行政机关及有关组织的关系进行业务垄断,B项属于不正当竞争行为;根据同法第78条第1项的规定,D项属于不正当竞争行为。选项C不属于不正当竞争行为,这是因为其只是在新闻媒介介绍自己的业务而不是炫耀自己。

相关法条　　　　　　　　　　　　《律师法》

第二十六条　律师事务所和律师不得以诋毁其他律师事务所、律师或者支付介绍费等不正当手段承揽业务。

相关法条　　　　　　　　　　　　《律师执业行为规范》

第十七条　律师和律师事务所可以依法以广告方式宣传律师和律师事务所以及自己的业务领域和专业特长。

第十八条　律师和律师事务所可以通过发表学术论文、案例分析、专题解答、授课、普及法律等活动,宣传自己的专业领域。

第十九条　律师和律师事务所可以通过举办或者参加各种形式的专题、专业研讨会,宣传自己的专业特长。

第二十条　律师可以以自己或者其任职的律师事务所名义参加各种社会公益活动。

第三十一条　律师和律师事务所不得进行歪曲事实和法律,或者可能使公众对律师产生不合理期望的宣传。

第三十二条　律师和律师事务所可以宣传所从事的某一专业法律服务领域,但不得自我声明或者暗示其被公认或者证明为某一专业领域的权威或专家。

第三十三条　律师和律师事务所不得进行律师之间或者律师事务所之间的比较宣传。

第七十七条　律师和律师事务所不得采用不正当手段进行业务竞争,损害其他律师及律师事务所的声誉或者其他合法权益。

第七十八条　有下列情形之一的,属于律师执业不正当竞争行为:

(一)诋毁、诽谤其他律师或者律师事务所信誉、声誉;

(二)无正当理由,以低于同地区同行业收费标准为条件争揽业务,或者采用承诺给予客户、中介人、推荐人回扣、馈赠金钱、财物或者其他利益等方式争揽业务;

(三)故意在委托人与其代理律师之间制造纠纷;

(四)向委托人明示或者暗示自己或者其属的律师事务所与司法机关、政府机关、社会团体及其工作人员具有特殊关系;

(五)就法律服务结果或者诉讼结果作出虚假承诺;

(六)明示或者暗示可以帮助委托人达到不正当目的,或者以不正当的方式、手段达到委托人的目的。

第七十九条　律师和律师事务所在与行政机关、行业管理部门以及企业的接触中,不得采用下列不正当手段与同行进行业务竞争:

(一)通过与某机关、某部门、某行业对某一类的法律服务事务进行垄断的方式争揽业务;

(二)限定委托人接受其指定的律师或者律师事务所提供法律服务,限制其他律师或律师事务所正当的业务竞争。

第八十条　律师和律师事务所在与司法机关及司法人员接触中,不得采用利用律师兼有的其他身份影响所承办业务正常处理和审理的手段进行业务竞争。

5. 王律师为扩大业务范围采用的下列哪一做法是错误的?(2007-1-48)

A. 在晚报上发布介绍自己专业范围、所在律师事务所和联系方法的广告
B. 加入当地的企业家协会并免费提供法律咨询服务
C. 向所有的同学发函,承诺给介绍案源者10%的回报
D. 参加房地产专题研讨会,在会上发表"按揭"法律问题研究报告,并向与会者派发名片

答案(　　　)①

【解析】 律师进行执业推广,可以通过简介等方式介绍自己的业务领域和专业特长;可以举办或者参加各种形式的专题、专业研讨会,以推荐自己的专业特长;可以以自己或者律师事务所的名义参加各种社会公益活动,参加各类依法成立的社团组织。律师在执业推广中,不得向中介人或者推荐人以许诺兑现任何物质利益或者非物质利益的方式,获得有偿提供法律服务的机会。所以C项是正确选项。

6. 王某因抢劫被一审法院判处四年有期徒刑后提出上诉。王父从报上看到张律师专打刑事诉讼官司的广告后,找到张律师。张律师称其有多年办理刑事上诉案件的经验,胜诉率在90%以上,而且二审法院的承办法官是他的同学,有把握争取改判。经张律师提议,王父同意聘请张律师为王某的二审辩护人,律师费为3万元,如果改判无罪另付7万元,改判缓刑则另付5万元。在张律师暗示下,王父去做受害人杨某工作,希望杨某私了,如改变证词则付4万元。根据上述事实,张律师的下列哪些行为违反了律师执业行为规范?(2005-1-89)

A. 明示与司法机关的特殊关系
B. 为承揽业务作虚假承诺,对委托人进行误导
C. 对刑事案件根据诉讼结果协议收费
D. 怂恿委托人制造伪证

答案(　　　)②

【解析】 根据《律师执业行为规范》第78条第4项,律师在执业活动中不得向委托人明示或者暗示自己或者其所属的律师事务所与司法机关、政府机关、社会团体及其工作人员具有特殊关系。A项错误。律师不得为谋取代理或辩护业务而向委托人作虚假承诺,接受委托后也不得违背事实和法律规定作出承诺。B项错误。禁止刑事诉讼案件、行政诉讼案件、国家赔偿案件以及群体性诉讼案件实行风险代理收费。C项错误。律师不得协助或怂恿司法、行政人员或仲裁人员进行违反法律的行为。D项违反了律师执业行为规范。

相关法条　　　　　　　　　　《律师收费管理办法》

第十一条 办理涉及财产关系的民事案件时,委托人被告知政府指导价后仍要求实行风险代理的,律师事务所可以实行风险代理收费,但下列情形除外:

(一)婚姻、继承案件;
(二)请求给予社会保险待遇或者最低生活保障待遇的;
(三)请求给付赡养费、抚养费、扶养费、抚恤金、救济金、工伤赔偿的;
(四)请求支付劳动报酬的等。

第十二条 禁止刑事诉讼案件、行政诉讼案件、国家赔偿案件以及群体性诉讼案件实行风险代理收费。

第十三条 实行风险代理收费,律师事务所应当与委托人签订风险代理收费合同,约定双方应承担的风险责任、收费方式、收费数额或比例。

实行风险代理收费,最高收费金额不得高于收费合同约定标的额的30%。

参考答案:①C　②ABCD

7. 律师的下列哪些行为构成对委托人的虚假承诺？（2007-1-89）

A. 依据事实、证据和担保法的有关规定，在诉讼中主张全部免除委托人的担保责任，但法院未采纳其意见

B. 与当事人签订法律服务合同前讨论案情时表示："如果此案交给我办，至少能追回一百万元"

C. 接受辩护委托后，经过与被告人见面、详细查阅案卷、调查证据后，被告人尚有犯罪疑点的情况下，向委托人表示一定能让被告人无罪释放

D. 在分析案情的基础上向当事人提出案件很难胜诉，建议当事人争取和解

答案（　）①

【解析】律师依法辩护、代理案件提出的正确意见未被采纳或因枉法裁判，使律师的预先分析意见没有实现，不能认为律师的意见是虚假承诺。A正确。律师不得为谋取代理或辩护业务而向委托人作虚假承诺。B项错误。律师在接受刑事辩护委托后，应当依据事实和法律提出无罪、罪轻或减轻、免除其刑事责任的辩护意见；刑事辩护证据不足以否认有罪指控，不得承诺经过辩护必然获得无罪结果。因此，C项错误。律师根据委托人提供的事实和证据，依据法律规定对案件进行分析后，应向委托人提出预见性、分析性的结论意见，但应避免虚假承诺。因此，D项正确。

相关法条　《律师执业行为规范》

第二节　禁止虚假承诺

第四十三条　律师根据委托人提供的事实和证据，依据法律规定进行分析，向委托人提出分析性意见。

第四十四条　律师的辩护、代理意见未被采纳，不属于虚假承诺。

8. 下列关于律师执业行为规范的表述哪一项是正确的？（2004-1-50）

A. 律师可以根据案件的进展情况，适时就某一案件的判决结果向委托人作出承诺

B. 律师依法辩护、代理案件提出的预先分析意见没有实现，可以认定律师的意见是虚假承诺

C. 律师接受委托时必须与委托人明确规定包括程序法和实体法两方面的委托权限。委托权限不明确的，视为全权委托

D. 律师可以公开委托人授权同意披露的信息

答案（　）②

【解析】根据《律师执业行为规范》第78条第5项的规定，律师不得就法律服务结果或者诉讼结果作出虚假承诺。A项错误。根据同法第44条的规定，B项所述行为不属于虚假承诺。律师接受委托时必须与委托人明确规定包括程序法和实体法两方面的委托权限。委托权限不明确的，律师应主动提示，而不能视为全权委托。C项错误。根据《律师法》第38条第2款，委托人同意披露的信息，律师当然可以公开。

相关法条　《律师法》

第三十八条　律师应当保守在执业活动中知悉的国家秘密、商业秘密，不得泄露当事人的隐私。

律师对在执业活动中知悉的委托人和其他人不愿泄露的有关情况和信息，应当予以保密。但是，委托人或者其他人准备或者正在实施危害国家安全、公共安全以及严重危害他人人身安全的犯罪事实

参考答案：①BC　②D

和信息除外。

9. 律师接受律师事务所安排办理业务后,律师事务所可以因某些情况的出现终止其代理工作。但发生下列哪一种情况时,不得终止承办律师的代理工作?(2007-1-50)

A. 发现了不可克服的利益冲突
B. 承办律师另有一重大案件需要办理
C. 承办律师突发急病无法继续工作
D. 承办律师被管理机关中止执业资格

答案( )①

【解析】《律师执业行为规范》第58条规定:"有下列情形之一的,律师事务所应当终止委托关系:(一)委托人提出终止委托协议的;(二)律师受到吊销执业证书或者停止执业处罚的,经过协商,委托人不同意更换律师的;(三)当发现有本规范第五十条规定的利益冲突情形的;(四)受委托律师因健康状况不适合继续履行委托协议的,经过协商,委托人不同意更换律师的;(五)继续履行委托协议违反法律、法规、规章或者本规范的。"根据该条的规定,B项是不符合法律规定的,所以B项应选。

10. 下列哪些行为违反了律师执业行为规范?(2004-1-79)

A. 律师申某主动向当事人出具意见,论证一审判决错误应予改判
B. 律师潘某向多个法院的院长、庭长写信,承诺介绍案件将提供中介费
C. 律师刘某明知当事人提供的证据是编造的,仍向法院提交
D. 律师韩某的名片上印有"某法院经济庭前庭长"

答案( )②

【解析】根据常识即可判断A项正确。律师和律师事务所不能向中介人或者推荐人以许诺兑现任何物质利益或者非物质利益的方式,获得有偿提供法律服务的机会。B项明显错误。律师不得向司法机关和仲裁机构提交已明知是由他人提供的虚假证据。故C项错误。律师不得在名片上印有各种学术、学历、非律师业职称、社会职务以及所获荣誉等。因此D项错误。

11. 某律师事务所一审代理了原告张某的案件。一年后,该案再审。该所的下列哪一做法与律师执业规范相冲突?(2014-1-48)

A. 在代理原告案件时,拒绝与该案被告李某建立委托代理关系
B. 在拒绝与被告李某建立委托代理关系时,承诺可在其他案件中为其代理
C. 得知该案再审后,主动与原告张某联系
D. 张某表示再审不委托该所,该所遂与被告李某建立委托代理关系

答案( )③

【解析】律所接受委托前,应进行利益冲突审查并作出是否接受委托的决定。律师与委托人存在利益关系或利益冲突的,不得承办该业务并主动提出回避。律所或律师不得在同一案件中为双方当事人担任代理人,或代理与本人或近亲属有利益冲突的法律事务。可见,A项做法正确。B项中只是承诺可在"其他案件中"代理被告,与本案没有利益冲突,正确。律师承办业务,应及时向委托人通报委托实现办理进展情况;需要变更委托事项、权限的,需要征得委托人同意和授权;对于已经出现的和可能出现的不可克服的困难、风险,应及时通知委托人,并向律所报告。C项中,对于案件出现的新的进展,律师积极与委托人联系,明显正确。在委托关系终止后,同一律所或同一律师在同一案件后续审理或处理中不得再接受对方当事人委托。D项错误。

参考答案:①B ②BCD ③D

12. 关于我国法律职业人员的入职条件与业内、业外行为的说法:①法官和检察官的任职禁止条件完全相同;②被辞退的司法人员不能担任律师和公证员;③王某是甲市中院的副院长,其子王二不能同时担任甲市乙县法院的审判员;④李法官利用业余时间提供有偿网络法律咨询,应受到惩戒;⑤刘检察官提出检察建议被采纳,效果显著,应受到奖励;⑥张律师两年前因私自收费被罚款,目前不能成为律所的设立人。对上述说法,下列判断正确的是:(2015-1-99)

    A. ①⑤正确   B. ②④错误   C. ②⑤正确   D. ③⑥错误

答案(①)

【解析】《法官法》第6章以专章规定了法官的任职回避,即法官之间有夫妻关系、直系血亲关系、三代以内旁系血亲以及近姻亲关系的,不得同时担任下列职务:(1)同一人民法院的院长、副院长、审判委员会委员、庭长、副庭长;(2)同一人民法院的院长、副院长和审判员、助理审判员;(3)同一审判庭的庭长、副庭长、审判员、助理审判员;(4)上下相邻两级人民法院的院长、副院长。可见,题干中③表述错误。

《检察官法》第6章专章规定了检察官的任职回避,检察官之间有夫妻关系、直系血亲关系、三代以内旁系血亲以及近姻亲关系的,不得同时担任下列职务:(1)同一人民检察院的检察长、副检察长、检察委员会委员;(2)同一人民检察院的检察长、副检察长和检察员、助理检察员;(3)同一业务部门的检察员、助理检察员;(4)上下相邻两级人民检察院的检察长、副检察长。可见,题干中①说"法官和检察官的任职禁止条件完全相同"应该是正确的。

辞退是用人单位解雇职工的一种行为,是指用人单位由于某种原因与职工解除劳动关系的一种强制措施。根据原因的不同,可分为违纪辞退和正常辞退。违纪辞退是指用人单位对严重违反劳动纪律或企业内部规章,但未达到被开除、除名程度的职工,依法强行解除劳动关系的一种行政处理措施。正常辞退是指用人单位根据生产经营状况和职工的情况,依据改革过程中国家和地方有关转换企业经营机制,安置富余人员的政策规定解除与职工劳动关系的一种措施。可见,正常辞退后的从事律师和公证员职业并无不妥。②错误。

法官不得从事经营营利活动,④中法官提供有偿法律咨询,肯定不行,所以受到惩戒是对的。

⑤中,刘检察官提出检察建议被采纳,效果显著,理应受到奖励,肯定是对的。

律所的设立人应当是具有一定的执业经历,且3年内未受过停止执业处罚的律师。⑥中,张律师只是两年前因私自收费被罚款,不影响成为律所的设立人。所以,⑥错误。

13. 某律师事务所律师代理原告诉被告买卖合同纠纷案件,下列哪一做法是正确的?(2016-1-49)

    A. 该律师接案时,得知委托人同时接触他所律师,私下了解他所报价后以较低收费接受委托

    B. 在代书起诉状中,律师提出要求被告承担精神损害赔偿20万元的诉讼请求

    C. 在代理合同中约定,如胜诉,在5万元律师代理费外,律师事务所可按照胜诉金额的一定比例另收办案费用

    D. 因律师代理意见未被法庭采纳,原告要求律师承担部分诉讼请求损失,律师事务所予以拒绝

答案(②)

【解析】律师业既存在全行业的整体利益,也存在律师的个体利益,二者相辅相成。律师之间客观上存在竞争,但也需要合作,二者缺一不可。必须防止律师采用不正当手段与同行进行业务竞争,

参考答案: ①AD   ②D

损害其他律师及律师事务所合法权益和律师业形象行为的出现。为了争揽业务,不正当地获取其他律师和律师事务所收费报价或其他提供法律服务的条件,再以较低收费揽收业务,这属于以不正当的竞争手段排挤对手的做法,违背了公平竞争的理念。A项错误。

律师代书是以委托人的名义书写,反映了委托人的合法意志。律师代书,是以当事人名义写的,写完后交给当事人凭它去进行法律行为,当事人自己承担由此引起的法律后果。律师除了按当事人需求书写文书之外,并不进行任何法律行为,对其书写的法律文书引起的后果不负责任。所以,律师代写的法律文书应当反映当事人的意志和要求,不能超越、缩小和曲解当事人的要求。但律师代书只能反映委托人的合法意志,对当事人提出的一些无理、非法的要求,律师应予以说服、规劝,甚至拒绝代书。B项中,律师在代书起诉状时,超越了当事人的要求,增加了诉讼请求,是错误的。

律师收取的费用可以分为律师费和办案费用。律师费是指律所因本所执业律师为当事人提供法律服务,而根据国家法律规定或双方的自愿协商,向当事人收取的一定数量的费用。办案费用是指律师事务所在提供法律服务过程中代委托人支付的诉讼费、仲裁费、鉴定费、公证费和查档费等费用,其不属于律师服务费,由委托人另行支付。主要包括:(1)司法、行政、仲裁、鉴定、公证等部门收取的费用;(2)合理的通讯费、复印费、翻译费、交通费、食宿费等;(3)经委托人同意的专家论证费;(4)委托人同意支付的其他费用。可见,C项表述有问题,按照胜诉金额收取的只能是律师服务费,而不能是办案费用,后者只能是律师代为支付了多少,委托人就另行支付多少,不能按比例收取。

律师的辩护、代理意见未被采纳,不属于虚假承诺,律师事务所当然有权拒绝当事人的无理要求。D项正确。

14. 下列哪一情形下律师不得与当事人建立或维持委托关系?(2013-1-48)
   A. 律师与委托当事人系多年好友
   B. 接受民事诉讼一方当事人委托,同一律师事务所其他律师系该案件对方当事人的近亲属,但委托人知悉且同意
   C. 同一律师事务所不同律师同时担任同一民事案件争议双方当事人代理人
   D. 委托关系停止后二年,律师就同一法律业务接受与原委托人有利害关系的对方当事人委托

答案(①)

【解析】律师与委托人或当事人的委托代理关系从形式上讲,是一种合同关系。办理委托事务的律师与委托人之间存在利害关系或利益冲突的,不得承办该业务并应主动提出回避。《律师执业行为规范》第50条规定了律师或律师事务所不得与当事人建立或维持委托关系的诸种情形,第51条规定了律师应告知委托人并主动提出回避,但委托人同意其代理或者继续承办的,律师不需要回避的情形。其中,根据第50条第5项的规定,C项当选。

相关法条　　《律师执业行为规范》

第五十条　有下列情形之一的,律师及律师事务所不得与当事人建立或维持委托关系:
   (一)律师在同一案件中为双方当事人担任代理人,或代理与本人或者其近亲属有利益冲突的法律事务的;
   (二)律师办理诉讼或者非诉讼业务,其近亲属是对方当事人的法定代表人或者代理人的;
   (三)曾经亲自处理或者审理过某一事项或者案件的行政机关工作人员、审判人员、检察人员、仲裁员,成为律师后又办理该事项或者案件的;

参考答案:①C

（四）同一律师事务所的不同律师同时担任同一刑事案件的被害人的代理人和犯罪嫌疑人、被告人的辩护人，但在该县区域内只有一家律师事务所且事先征得当事人同意的除外；

（五）在民事诉讼、行政诉讼、仲裁案件中，同一律师事务所的不同律师同时担任争议双方当事人的代理人，或者本所或其工作人员为一方当事人，本所其他律师担任对方当事人的代理人的；

（六）在非诉讼业务中，除各方当事人共同委托外，同一律师事务所的律师同时担任彼此有利害关系的各方当事人的代理人的；

（七）在委托关系终止后，同一律师事务所或同一律师在同一案件后续审理或者处理中又接受对方当事人委托的；

（八）其他与本条第（一）至第（七）项情形相似，且依据律师执业经验和行业常识能够判断为应当主动回避且不得办理的利益冲突情形。

第五十一条　有下列情形之一的，律师应当告知委托人并主动提出回避，但委托人同意其代理或者继续承办的除外：

（一）接受民事诉讼、仲裁案件一方当事人的委托，而同所的其他律师是该案件中对方当事人的近亲属的；

（二）担任刑事案件犯罪嫌疑人、被告人的辩护人，而同所的其他律师是该案件被害人的近亲属的；

（三）同一律师事务所接受正在代理的诉讼案件或者非诉讼业务当事人的对方当事人所委托的其他法律业务的；

（四）律师事务所与委托人存在法律服务关系，在某一诉讼或仲裁案件中该委托人未要求该律师事务所律师担任其代理人，而该律师事务所律师担任该委托人对方当事人的代理人的；

（五）在委托关系终止后一年内，律师又就同一法律事务接受与原委托人有利害关系的对方当事人的委托的；

（六）其他与本条第（一）至第（五）项情况相似，且依据律师执业经验和行业常识能够判断的其他情形。

律师和律师事务所发现存在上述情形的，应当告知委托人利益冲突的事实和可能产生的后果，由委托人决定是否建立或维持委托关系。委托人决定建立或维持委托关系的，应当签署知情同意书，表明当事人已经知悉存在利益冲突的基本事实和可能产生的法律后果，以及当事人明确同意与律师事务所及律师建立或维持委托关系。

第五十二条　委托人知情并签署知情同意书以示豁免的，承办律师在办理案件的过程中应对各自委托人的案件信息予以保密，不得将与案件有关的信息披露给相对人的承办律师。

第四节　律师职业责任

某开发商以其员工和关系人的名义冒充客户，虚构了250余份商品房买卖合同、个人收入证明和首付款证明，骗取个人住房贷款7亿多元。两家律师事务所的律师甲和乙作为银行按揭的主办律师，对数百份身份证、商品房买卖合同、签名和相关证明文件未作调查，就向银行出具法律意见书，证明贷款申请人符合申请贷款条件，具备偿还贷款能力。检察院在以贷款诈骗罪起诉开发商的同时，以提供虚假证明文件罪起诉了甲和乙。下列哪些表述是错误的？（2006－1－88）

A. 律师违反敬业尽职义务的，只有其客户才有权向律师协会投诉和向法院起诉

B. 如果甲和乙构成了该项犯罪，对律师事务所收取的律师费予以没收

C. 如果甲和乙构成了该项犯罪，司法行政机关可以吊销其律师执业证

D. 如果甲和乙构成的是过失犯罪,可以向其投保的保险公司请求赔付

答案（　　）①

【解析】律师违反敬业尽职义务的,其客户、律师事务所都有权向律师协会投诉和向法院起诉。故 A 错误。律师收取费用从事违法犯罪行为时,对律师事务所收取的律师费予以没收。故 B 正确;律师因故意犯罪受刑事处罚的,省、自治区、直辖市人民政府司法行政部门吊销其律师职业证书。故 C 正确。提供虚假证明文件罪为故意犯罪,而非过失犯罪,而且保险公司一般对于犯罪行为造成的损失不予赔偿。故 D 错误。

相关法条　　　《律师法》

第四十九条第二款　律师因故意犯罪受到刑事处罚的,由省、自治区、直辖市人民政府司法行政部门吊销其律师执业证书。

第五节　法律援助制度

1. 某检察院对王某盗窃案提出二审抗诉,王某未委托辩护人,欲申请法律援助。对此,下列哪一说法是正确的?（2015－1－49）

　　A. 王某申请法律援助只能采用书面形式
　　B. 法律援助机构应当严格审查王某的经济状况
　　C. 法律援助机构只能委派律师担任王某的辩护人
　　D. 法律援助机构决定不提供法律援助时,王某可以向该机构提出异议

答案（　　）②

【解析】法律援助的申请应当采用书面形式,填写申请表;以书面形式提出申请确有困难的,可以口头申请,由法律援助机构工作人员或者代为转交申请的有关机构工作人员作书面记录。A 项错误。下列四种情形,属于经济困难以外的其他原因,犯罪嫌疑人、被告人具有这四种情形申请法律援助的,法律援助机构无须进行经济状况审查:1."有证据证明犯罪嫌疑人、被告人属于一级或者二级智力残疾的";2."共同犯罪案件中,其他犯罪嫌疑人、被告人已委托辩护人的";3."人民检察院抗诉的";4."案件具有重大社会影响的"。可见,B 项错误。刑事辩护的援助只能委托律师。C 项正确。申请人对法律援助机构不予援助或者终止援助的决定有异议的,可以向主管该法律援助机构的司法行政机关提出。司法行政机关应当在收到异议之日起 5 个工作日内进行审查,经审查认为申请人符合法律援助条件的,应当以书面形式责令法律援助机构及时对该申请人提供法律援助,同时通知申请人;认为申请人不符合法律援助条件的,应当维持法律援助机构不予援助的决定,并书面告知申请人。可见,D 项错误。

2. 下列哪一种情况不构成法律援助机构拒绝为申请人提供法律援助的理由?（2008 四川－1－48）

　　A. 申请代理的事项是主张因见义勇为行为产生的民事权益
　　B. 申请人提交的证明材料不齐全,又未按要求作出补充
　　C. 申请人提出申请后,自行委托了其他代理人
　　D. 申请人提出申请后,继承了一大笔遗产

答案（　　）③

参考答案:①AD　②C　③A

【解析】 根据《法律援助条例》第10条规定,A项属于法律援助的范围,法律援助机构不能拒绝提供法律援助。申请法律援助的申请人有义务提供相关的证明文件,如果申请人不提交或提交的不齐全,且未按照要求提交或补齐的,法律援助机构有权拒绝提供法律援助。因此,B项不选。C项中说申请人自行委托了其他的代理人,已经不符合《法律援助条例》第10条规定的"没有委托代理人"的条件了,因此,法律援助机构可以拒绝提供法律援助,C项不选。D项中的申请人继承了一大笔遗产,已经不符合《法律援助条例》第10条规定的"经济困难委托不起代理人"的条件了,因此,法律援助机构可以拒绝提供法律援助,D项不选。

相关法条　　　　　　　　**《法律援助条例》**

第十条　公民对下列需要代理的事项,因经济困难没有委托代理人的,可以向法律援助机构申请法律援助:

(一)依法请求国家赔偿的;
(二)请求给予社会保险待遇或者最低生活保障待遇的;
(三)请求发给抚恤金、救济金的;
(四)请求给付赡养费、抚养费、扶养费的;
(五)请求支付劳动报酬的;
(六)主张因见义勇为行为产生的民事权益的。

省、自治区、直辖市人民政府可以对前款规定以外的法律援助事项作出补充规定。
公民可以就本条第一款、第二款规定的事项向法律援助机构申请法律咨询。

3. 根据司法制度的有关规定,下列哪些选项是正确的?(2010-1-90)
A. 沈律师从2003年至今专职从事律师业务,未受过停止执业处罚,可成为律师事务所的设立人
B. 孙检察官工作勤奋,业务水平高,是检察院公认的业务骨干,虽然曾经为办案而违反有关警车、警械、警具管理规定,年终考核仍可得到优秀的考核结果
C. 郭法官认真总结审判经验,成果突出,对审判工作有指导作用,根据《法官法》的规定他应受到奖励
D. 曾某为刑事被告人,四十六岁且有身孕,因经济困难未聘请辩护律师,可通过申请获得法律援助

答案(①　)

【解析】 律师事务所的设立人应当具有一定的执业经历,且三年内未受过停止执业处罚的律师,故A项正确。检察官违反有关警车、警械、警具管理规定,应给予警告、记过或者记大过处分;因为有处分,故年终考核仍不可能得到优秀的考核结果,故B项不正确。选项C正确。根据《法律援助条例》第11条规定,犯罪嫌疑人在被侦查机关第一次讯问后或者采取强制措施之日起,因经济困难没有聘请律师的,可以向法律援助机构申请法律援助,故D项说法正确。

相关法条　　　　　　　　**《法律援助条例》**

第十一条　刑事诉讼中有下列情形之一的,公民可以向法律援助机构申请法律援助:

(一)犯罪嫌疑人在被侦查机关第一次讯问后或者采取强制措施之日起,因经济困难没有聘请律师的;
(二)公诉案件中的被害人及其法定代理人或者近亲属,自案件移送审查起诉之日起,因经济困难

参考答案:①ACD

没有委托诉讼代理人的;

(三)自诉案件的自诉人及其法定代理人,自案件被人民法院受理之日起,因经济困难没有委托诉讼代理人的。

第十二条 公诉人出庭公诉的案件,被告人因经济困难或者其他原因没有委托辩护人,人民法院为被告人指定辩护时,法律援助机构应当提供法律援助。

被告人是盲、聋、哑人或者未成年人而没有委托辩护人的,或者被告人可能被判处死刑而没有委托辩护人的,人民法院为被告人指定辩护时,法律援助机构应当提供法律援助,无须对被告人进行经济状况的审查。

4. 我国法律援助制度因其保障人权而体现司法正义,因其救助贫困而体现社会公平。关于该制度,下列哪一表述是不正确的?(2011-1-49)

A. 我国法律援助是政府的一项重要职责,在性质上是一种社会保障制度

B. 实施法律援助的既有律师、法援机构,也有社会组织,形式上包括诉讼法律援助、非诉讼法律援助及公证、法律咨询

C. 对公民的法律援助申请和法院指派的法律援助案件,由法援机构统一受理、审查、指派、监督,必要时可以委托慈善机构协助受理事宜

D. 法援对象包括符合法定受援条件的经济困难者、残疾者、弱者,及符合规定的外国公民及无国籍人

答案(①)

【解析】法律援助是一项规范化、制度化的法律制度,不同于一般的社会道义行为和慈善行为。因此,在我国的法律援助制度中,应当坚持"四统一":统一受理、统一审查、统一指派、统一监督。不存在委托慈善机构协助受理事宜的情况。C项表述错误。

5. 根据《法律援助条例》和《关于刑事诉讼法律援助工作的规定》,下列哪些表述是正确的?(2016-1-85)

A. 区检察院提起抗诉的案件,区法院应当通知区法律援助中心为被告人甲提供法律援助

B. 家住A县的乙在邻县涉嫌犯罪被邻县检察院批准逮捕,其因经济困难可向A县法律援助中心申请法律援助

C. 县公安局没有通知县法律援助中心为可能被判处无期徒刑的丙提供法律援助,丙可向市检察院提出申诉

D. 县法院应当准许强制医疗案件中的被告丁以正当理由拒绝法律援助,并告知其可另行委托律师

答案(②)

【解析】《关于刑事诉讼法律援助工作的规定》中明确规定,下列四种情形,属于经济困难以外的其他原因,犯罪嫌疑人、被告人具有这四种情形申请法律援助的,法律援助机构无须进行经济状况审查:"有证据证明犯罪嫌疑人、被告人属于一级或者二级智力残疾的";"共同犯罪案件中,其他犯罪嫌疑人、被告人已委托辩护人的";"人民检察院抗诉的";"案件具有重大社会影响的"。可见,检察院抗诉的案件,仍然属于申请援助的范围,只是不需要审查经济条件。A项错误。

就刑事案件而言,当事人及其法定代理人或其近亲属申请法律援助的,应当向办理案件的人民法

参考答案:①C　②CD

院、人民检察院、公安机关所在地的法律援助机构提出申请。B项中，家住A县的乙在邻县涉嫌犯罪被邻县检察院批准逮捕，其因经济困难申请援助，应当向B县法律援助中心申请法律援助，可见B项错误。

犯罪嫌疑人、被告人及其近亲属、法定代理人，强制医疗案件中的被申请人、被告人的法定代理人认为公安机关、人民检察院、人民法院应当告知其可以向法律援助机构申请法律援助而没有告知，或者应当通知法律援助机构指派律师为其提供辩护或者诉讼代理而没有通知的，有权向同级或者上一级人民检察院申诉或者控告。人民检察院应当对申诉或者控告及时进行审查，情况属实的，通知有关机关予以纠正。C项做法符合要求。

人民法院审理强制医疗案件，被申请人或被告人没有委托诉讼代理人的，法院应当通知法律援助机构指派律师为其提供辩护。对应当指定辩护的情形，犯罪嫌疑人、被告人拒绝法律援助机构指派的律师为其辩护的，人民法院、人民检察院、公安机关应当查明拒绝的原因，有正当理由的，应当准许，同时告知犯罪嫌疑人、被告人需另行委托辩护人。犯罪嫌疑人、被告人未另行委托的，法院、检察院、公安机关应当及时通知法律援助机构另行指派律师为其提供辩护。D项说法正确。

6. 法律援助制度是世界上许多国家普遍采用的一项司法救济制度。下列关于我国法律援助制度的哪一表述是错误的？（2006-1-50）

A. 律师和律师事务所是法律援助的责任主体

B. 法律援助机构既包括四级政府的法律援助组织，也包括社会团体、民间组织的法律援助组织

C. 法律援助的实施形式包括法律援助咨询、刑事代理、民事代理、行政代理、仲裁代理、刑事辩护、调解和公证等方式

D. 在办理法律援助事项时，法律援助人员未经法律援助机构批准，不得终止法律援助或者委托他人代为办理法律援助事项

📖 答案（ ① ）

【解析】根据《法律援助条例》第3条规定，法律援助的责任主体是政府，A错误。根据同法第4条第1款、第5条第1款的规定，B正确。法律援助的方式很多，包括法律咨询、代拟法律文书；刑事辩护和刑事代理；民事代理和行政诉讼代理；非诉讼法律事务代理；公证证明以及其他形式法律服务等。故C正确。根据同法第23条规定，D正确。

相关法条 　　　　　　　　　　　《法律援助条例》

第三条 法律援助是政府的责任，县级以上人民政府应当采取积极措施推动法律援助工作，为法律援助提供财政支持，保障法律援助事业与经济、社会协调发展。

法律援助经费应当专款专用，接受财政、审计部门的监督。

第四条 国务院司法行政部门监督管理全国的法律援助工作。县级以上地方各级人民政府司法行政部门监督管理本行政区域的法律援助工作。

中华全国律师协会和地方律师协会应当按照律师协会章程对依据本条例实施的法律援助工作予以协助。

第五条 直辖市、设区的市或者县级人民政府司法行政部门根据需要确定本行政区域的法律援助机构。

法律援助机构负责受理、审查法律援助申请，指派或者安排人员为符合本条例规定的公民提供法

参考答案：①A

律援助。

第六条 律师应当依照律师法和本条例的规定履行法律援助义务,为受援人提供符合标准的法律服务,依法维护受援人的合法权益,接受律师协会和司法行政部门的监督。

第二十三条 办理法律援助案件的人员遇有下列情形之一的,应当向法律援助机构报告,法律援助机构经审查核实的,应当终止该项法律援助:

(一)受援人的经济收入状况发生变化,不再符合法律援助条件的;

(二)案件终止审理或者已被撤销的;

(三)受援人又自行委托律师或者其他代理人的;

(四)受援人要求终止法律援助的。

7. 某法律援助机构实施法律援助的下列做法,哪一项是正确的?（2014-1-50）

A. 经审查后指派律师担任甲的代理人,并根据甲的经济情况免除其80%的律师服务费

B. 指派律师担任乙的辩护人以后,乙自行另外委托辩护人,故决定终止对乙的法律援助

C. 为未成年人丙指派熟悉未成年人身心特点但无律师执业证的本机构工作人员担任辩护人

D. 经审查后认为丁的经济状况较好,不符合法律援助的经济条件,故拒绝向其提供法律咨询

答案（   ）①

【解析】我国的法律援助不是"缓交费",也不是"减费",而是完全免费的。A项错误。《法律援助条例》第23条规定:"办理法律援助案件的人员遇有下列情形之一的,应当向法律援助机构报告,法律援助机构经审查核实的,应当终止该项法律援助:(一)受援人的经济收入状况发生变化,不再符合法律援助条件的;(二)案件终止审理或者已被撤销的;(三)受援人又自行委托律师或者其他代理人的;(四)受援人要求终止法律援助的。"可见,B项正确。根据《关于刑事诉讼法律援助工作的规定》第9条,犯罪嫌疑人、被告人是未成年人没有委托辩护人的,公安机关、检察院、法院应当自发现该情形之日起3日内,通知所在地同级司法行政机关所属法律援助机构指派律师为其提供辩护。可见,法律援助机构不得指派无律师执业证的工作人员担任辩护人。C项错误。同理,并非任何法律援助案件均需要对被告人进行经济状况审查。根据《关于刑事诉讼法律援助工作的规定》第2条第2款,"有证据证明犯罪嫌疑人、被告人属于一级或者二级智力残疾的;共同犯罪案件中,其他犯罪嫌疑人、被告人已委托辩护人的;人民检察院抗诉的;案件具有重大社会影响的"四种情形,属于经济困难以外的其他原因,犯罪嫌疑人、被告人具有这四种情形申请法律援助的,法律援助机构无须进行经济状况审查。可见,仅因经济状况较好、不符合申请法律援助的经济条件,就全然拒绝法律援助,并不妥当。D项错误。

相关法条　　**《关于刑事诉讼法律援助工作的规定》**

第九条 犯罪嫌疑人、被告人具有下列情形之一没有委托辩护人的,公安机关、人民检察院、人民法院应当自发现该情形之日起3日内,通知所在地同级司法行政机关所属法律援助机构指派律师为其提供辩护:

(一)未成年人;

(二)盲、聋、哑人;

(三)尚未完全丧失辨认或者控制自己行为能力的精神病人;

(四)可能被判处无期徒刑、死刑的人。

8. 根据《法律援助条例》的规定,下列关于法律援助的哪一说法是不能成立的?（2013-1-50）

参考答案:①B

A. 在共同犯罪案件中,其他犯罪嫌疑人、被告人已委托辩护人的,本人及其近亲属可向法律援助机构提出法律援助申请,法律援助机构无须进行经济状况审查

B. 律师事务所拒绝法律援助机构的指派,不安排本所律师办理法律援助案件的,由司法行政部门给予警告,责令改正

C. 我国的法律援助实行部分无偿服务、部分为"缓交费"或"减费"形式有偿服务的制度

D. 检察院审查批准逮捕时,认为公安机关对犯罪嫌疑人应当通知辩护而没有通知的,应当通知公安机关予以纠正,公安机关应当将纠正情况通知检察院

答案(　　)①

【解析】法律援助制度是指由国家设立专门机构,为经济困难或者特殊案件的当事人减免费用提供法律方面帮助的一项法律制度。根据《关于刑事诉讼法律援助工作的规定》第2条第2款,"有证据证明犯罪嫌疑人、被告人属于一级或者二级智力残疾的;共同犯罪案件中,其他犯罪嫌疑人、被告人已委托辩护人的;人民检察院抗诉的;案件具有重大社会影响的"四种情形,属于经济困难以外的其他原因,犯罪嫌疑人、被告人具有这四种情形申请法律援助的,法律援助机构无须进行经济状况审查。A项正确。

《法律援助条例》第27条规定,律师事务所拒绝法律援助机构的指派,不安排本所律师办理法律援助案件的,由司法行政部门给予警告、责令改正;情节严重的,给予1个月以上3个月以下停业整顿的处罚。可见,B项说法正确。

《法律援助条例》第2条规定,"符合本条例规定的公民,可以依照本条例获得法律咨询、代理、刑事辩护等无偿法律服务。"可见,我国的法律援助不像有些国家那样实行"缓交费",也不是"减费",而是完全无偿的,即"免费"。所以,C项不正确。

根据《关于刑事诉讼法律援助工作的规定》第16条的规定,人民检察院审查批准逮捕时,认为犯罪嫌疑人具有应当通知辩护的情形,公安机关未通知法律援助机构指派律师的,应当通知公安机关予以纠正,公安机关应当将纠正情况通知人民检察院。可见,D项正确。

【设题陷阱和常见错误分析】为具体落实《法律援助条例》,相关部门颁布了一系列规范性文件,如司法部2012年7月起施行的《办理法律援助案件程序规定》,两高、公安部、司法部新修订、2013年3月起施行的《关于刑事诉讼法律援助工作的规定》等。这些新增规范性文件的内容,考生多不熟悉,容易成为考察重点。

相关法条　　　　《关于刑事诉讼法律援助工作的规定》

第二条　犯罪嫌疑人、被告人因经济困难没有委托辩护人的,本人及其近亲属可以向办理案件的公安机关、人民检察院、人民法院所在地同级司法行政机关所属法律援助机构申请法律援助。

具有下列情形之一,犯罪嫌疑人、被告人没有委托辩护人的,可以依照前款规定申请法律援助:

(一)有证据证明犯罪嫌疑人、被告人属于一级或者二级智力残疾的;

(二)共同犯罪案件中,其他犯罪嫌疑人、被告人已委托辩护人的;

(三)人民检察院抗诉的;

(四)案件具有重大社会影响的。

参考答案:①C

第五章　公证制度与公证员职业道德

第一节　公证员与公证机构

1. 关于法律职业的有关表述,下列哪些选项可以成立?(2008-1-90)

A. 两名法学院的学生讨论从事法律职业的条件。左同学认为:曾因犯罪受过刑事处罚者不能担任检察官。孔同学认为:年龄二十三周岁以上六十五周岁以下者可以担任公证员。左同学的说法正确,而孔同学的说法不正确

B. 甲市中级法院审判委员会讨论曾某强奸案。田法官认为:市中级法院李院长因病不能参加会议,委托不是常务副院长的孙副院长主持会议,委托无效。林检察官认为:市检察院王检察长在审判委员会讨论此案时可以列席,但不能发表意见,也不能参加表决。田法官的说法正确,而林检察官的说法不正确

C. 乙县法院孙法官在审理某承揽合同纠纷案件时,遗漏主要证据、重要情节导致裁判错误,造成了严重后果,受到警告处分。乙县检察院检察官张某在办理案件中非法拘禁当事人,受到记过处分。对这二人违反工作纪律行为的处罚正确

D. 丙律师事务所是一家有60名执业律师的合伙所,为扩展业务决定到某沿海城市设立分支结构,并委派专人办理有关审核事宜。法律援助对象鄂某要求丙律师事务所的法律援助服务人员尊重和保护自己的隐私权。这两个行为均符合法律的规定

答案(　　)①

【解析】根据《检察官法》第11条的规定,曾因犯罪受过刑事处罚的人员不得担任检察官。所以左同学的说法是正确的。根据《公证法》第18条的规定,担任公证员,要求年龄在二十五周岁以上六十五周岁以下。因此,孔同学的说法不正确。综上所述,A项是正确的。审判委员会会议必须由半数以上的委员出席方能举行。会议由院长主持,院长因故不能参加时,可以委托一名副院长主持,不一定要是常务副院长。田法官的说法错误。根据《法院组织法》第11条规定,各级人民法院审判委员会会议由院长主持,本级人民检察院检察长可以列席。B项中,林检察官的说法是正确的,因此B项说法错误。根据《法官法》第32条、第33条、第34条的规定,法官玩忽职守,造成错案或者给当事人造成严重损失,应当给予处分(警告、记过、记大过、降级、撤职、开除);构成犯罪的,依法追究刑事责任。因此,对孙法官的处分是合法的。根据《检察官法》第35条、第36条的规定,滥用职权,侵犯自然人、法人或者其他组织的合法权益的,应给予处分(警告、记过、记大过、降级、撤职、开除)。C项是正确的。根据《律师法》第19条第1款规定,成立三年以上并具有二十名以上执业律师的合伙律师事务所,可以设立分所。因此,丙所设立分所是符合法律规定的。根据《律师法》第42条规定,律师、律师事务所应当按照国家规定履行法律援助义务,为受援人提供符合标准的法律服务,维护受援人的合法权益。因此,鄂某的行为也是合法的。D项正确。

2. 盘叔系某山村农民,为人正派,热心公益,几十年来为村邻调解了许多纠纷,也无偿代理了不少

参考答案:①ACD

案件,受到普遍肯定。下列哪一说法是正确的?(2013-1-49)

A. 法官老林说盘叔是个"土法官",为充分发挥作用,可临时聘请其以人民陪审员身份参与审判活动
B. 检察官小张说盘叔见多识广,检察院可以聘请其为检察监督员
C. 律师小李说盘叔扰乱了法律服务秩序,应该对其进行批评教育,并禁止其继续代理案件
D. 公证员老万说盘叔熟悉法律法规,有几十年处理纠纷经验,经考核合格,可以担任公证员

答案(　　)①

【解析】符合担任人民陪审员条件的公民,可以由其所在单位或者户籍所在地的基层组织向基层人民法院推荐,或者本人提出申请,由基层人民法院会同同级人民政府司法行政机关进行审查,并由基层人民法院院长提出人民陪审员人选,提请同级人民代表大会常务委员会任命。人民陪审员的任期为五年。因此,A项中的"临时聘请"不合法,明显错误。

人民监督员制度是最高人民检察院为了确保职务犯罪侦查、起诉权的正确行使,根据有关法律结合实际制定的一种社会民主监督制度。省级以下人民检察院人民监督员由上一级人民检察院组织选任;有条件的省、自治区、直辖市,可以由省级人民检察院统一组织选任人民监督员。省级、地市级人民检察院可以商请机关、团体、企业事业单位和基层组织推荐人民监督员人选;公民个人可以向本人工作单位所在地或者住所地的人民检察院自荐报名。人民监督员每届任期五年,连续任职不得超过两届。B项正确。

我国《民事诉讼法》并未彻底取消公民代理,第58条第2款第3项规定,"当事人所在社区、单位以及有关社会团体推荐的公民"可以被委托为诉讼代理人。可见,盘叔多年来"无偿代理了不少案件"本身是法律允许的,谈不上"扰乱了法律服务秩序",C项表述错误。

除国籍、年龄条件之外,担任公证员需要:(1)通过国家司法考试;(2)在公证机构实习2年以上或者具有3年以上其他法律职业经历并在公证机构实习1年以上,经考核合格。盘叔没有通过国家司法考试,不符合担任公证员的业务条件。因此D项错误。

3. 根据我国《公证法》规定,对下列哪一事项公证机关可予办理公证?(2008-1-49)

A. 马某拿着一份合同复印件到公证机关要求公证,经公证人员审查发现该合同有多处涂改痕迹
B. 女青年李某29岁,至今未婚,到公证机关办理处女公证
C. 张某与王某大学毕业工作多年,各自都有些积蓄,为避免婚后因财产问题发生纠纷,双方决定到公证机关办理婚前财产公证
D. 杨父因正在读初中的儿子整天沉迷于网络游戏,多次劝说无效,遂决定与儿子解除父子关系,到公证机关申请公证

答案(　　)②

【解析】《公证法》第2条规定:"公证是公证机构根据自然人、法人或者其他组织的申请,依照法定程序对民事法律行为、有法律意义的事实和文书的真实性、合法性予以证明的活动。"所以公证就是要证明文书的真实性、合法性。A项中马某的合同复印件有多处涂改,不能判断合同的真实性,所以公证机关不予办理公证。选项B,"处女公证"不属于公证机构的公证事项范围,正规医疗机构出具的相关证明完全可以证明一个人是否为处女。C项属于对财产分割的公证,公证机构自然可给予公证。我国现行法律规定,生父母与亲生子女是不能解除父母子女关系的,因此公证机构不会给予公证。所以D是错误的。

参考答案:①B　②C

第二节 公证程序与公证效力

1. 关于我国公证的业务范围、办理程序和效力,下列哪一选项符合《公证法》的规定? (2015-1-50)

A. 申请人向公证机关提出保全网上交易记录,公证机关以不属于公证事项为由拒绝

B. 自然人委托他人办理财产分割、赠与、收养关系公证的,公证机关不得拒绝

C. 因公证具有较强的法律效力,要求公证机关在办理公证业务时不能仅作形式审查

D. 法院发现当事人申请执行的公证债权文书确有错误的,应裁定不予执行并撤销该公证书

答案( )①

【解析】证据保全属于公证的业务范围。在证据有灭失或难以获得的危险,如证物容易腐烂、变质,证人长期出国等情况时,为了将来进行诉讼的需要,可以申请对相关的证人证言、书证、物证、视听资料、现场情况等进行证据保全。公证机构依法采取一定措施收集、固定并保管,以保持证据的真实性和证明力。可见,A项错误。当事人申请办理公证,可以委托他人代理,但申办遗嘱、遗赠扶养协议、赠与、认领亲子、收养关系、解除收养关系、生存状况、委托、声明、保证及其他与自然人人身有密切关系的公证事项,应当由其本人亲自申办。B项错误。英美法系国家的公证制度侧重于形式证明,只证明真实性,即证明当事人在公证人面前签署文件的行为属实;大陆法系国家则侧重于证明真实性与合法性。我国属于后一公证体系,既做形式审查,也做实质审查。C项正确。《公证法》第37条第2款规定,债权文书确有错误的,人民法院裁定不予执行,并将裁定书送达双方当事人和公证机构。可见,法院不会直接撤销该公证书,D项错误。

2. 甲病危,欲将部分财产留给保姆,咨询如何处理。下列哪一意见是正确的? (2011-1-50)

A. 甲行走不便,可由身为公证员的侄子办理公证遗嘱

B. 甲提出申请,可由公证机构到医院办理公证遗嘱

C. 公证机构无权办理甲的遗嘱文书及财产保管事务

D. 甲如对该财产曾有其他形式遗嘱,以后公证的遗嘱无效

答案( )②

【解析】申办遗嘱、遗赠扶养协议、赠与、认领亲子、收养关系、解除收养关系、生存状况、委托、声明、保证及其他与自然人人身有密切关系的公证事项,应当由其本人亲自申办,不得委托。选项A错误。公证人员可以前往现场办理公证业务,这是为人民服务的表现。选项B正确。《公证法》第12条第3款规定,根据自然人、法人或者其他组织的申请,公证机构可以办理保管遗嘱、遗产或者其他与公证事项有关的财产、物品、文书。选项C错误。遗嘱人以不同形式立有数份内容相抵触的遗嘱,其中有公证遗嘱的,以最后所立公证遗嘱为准。选项D错误。

3. 关于我国公证制度,下列哪一选项是错误的? (2007-1-49)

A. 公证机构不以营利为目的

B. 经过公证的以给付为内容并载明债务人愿意接受强制执行承诺的债权文书具有强制执行效力

C. 当事人、公证事项的利害关系人对公证书内容有争议的,可以就该争议向法院提起民事诉讼

D. 自然人、法人或者其他组织办理公证,均可委托他人办理

答案( )③

参考答案:①C ②B ③D

【解析】根据《公证法》第6条,公证机构是依法设立,不以营利为目的,依法独立行使公证职能、承担民事责任的证明机构。A项说法正确。第37条,对经公证的以给付为内容并载明债务人愿意接受强制执行承诺的债权文书,债务人不履行或者履行不适当的,债权人可以依法向有管辖权的人民法院申请执行。B项说法正确。第40条,当事人、公证事项的利害关系人对公证书的内容有争议的,可以就该争议向人民法院提起民事诉讼。C项说法正确。第26条,自然人、法人或者其他组织可以委托他人办理公证,但遗嘱、生存、收养关系等应当由本人办理公证的除外。所以D项说法错误。

4. 下列哪些判断可以成立?（2008 四川－1－90）
   A. 王说:对曾因故意犯罪受过刑事处罚的申请人不予颁发律师执业证书。判断:这个说法正确
   B. 对于某法院讨论郑某杀人案的审判委员会会议,任法官认为,审判委员会委员共有13人,虽实际只有8人到会,会议能够召开。判断:任法官的说法正确
   C. 公证员马某利用职务之便将公证费7000余元据为己有,被法院判决职务侵占罪成立,免于刑事处罚,并被司法行政部门处以罚款3000元和停止执业3个月。判断:对马某的处罚正确
   D. 某高级法院刑一庭的何庭长以其审理中的案件的具体情况为例,在家里对正在读法学本科的儿子讲解某一刑法原理。判断:这种行为符合法律的规定

答案（　　）①

【解析】根据《律师法》第7条规定,除过失犯罪的外,受过刑事处罚的,不予颁发律师执业证书。A项正确。审判委员会会议必须由半数以上的委员出席方能举行,B项中实际8人出席已经超过了13人的半数,可以召开审判委员会会议。因此,B说法正确。根据《公证法》第42条的规定,侵占、挪用公证费或者侵占、盗窃公证专用物品的,由省、自治区、直辖市或者设区的市人民政府司法行政部门对公证员给予警告,并处二千元以上一万元以下罚款,并可以给予三个月以上十二个月以下停止执业的处罚;情节严重的,由省、自治区、直辖市人民政府司法行政部门吊销公证员执业证书;构成犯罪的,依法追究刑事责任。根据上述规定可知,C项说法正确。根据《法官法》第14条第2款的规定,法官不得向当事人或其代理人、辩护人泄露或者提供有关案件的审理情况、承办案件法官的联系方式和其他有关信息。而何庭长在家以审判的案件为例为自己的儿子讲解法理不属于该条规定的禁止范围,因此,D项说法是正确的。

相关法条　　　　《律师法》

第七条　申请人有下列情形之一的,不予颁发律师执业证书:
（一）无民事行为能力或者限制民事行为能力的;
（二）受过刑事处罚的,但过失犯罪的除外;
（三）被开除公职或者被吊销律师执业证书的。

5. 关于公证制度和业务,下列哪一选项是正确的?（2016－1－50）
   A. 依据统筹规划、合理布局设立的公证处,其名称中的字号不得与国内其他公证处的字号相同或者相近
   B. 省级司法行政机关有权任命公证员并颁发公证员执业证书,变更执业公证处
   C. 黄某委托其子代为办理房屋买卖手续,其住所地公证处可受理其委托公证的申请
   D. 王某认为公证处为其父亲办理的放弃继承公证书错误,向该公证处提出复议的申请

答案（　　）②

参考答案：①ABCD　②C

【解析】公证机构名称中的字号,应当由两个以上文字组成,并不得与所在省、自治区、直辖市内设立的其他公证机构的名称中的字号相同或者近似。A项错在"国内"。担任公证员,应当由符合公证员条件的人员提出申请,经公证机构推荐,由所在地的司法行政部门报省、自治区、直辖市人民政府司法行政部门审核同意后,报请国务院司法行政部门任命,并由省、自治区、直辖市人民政府司法行政部门颁发公证员执业证书。B项说由省级司法行政机关任命,是错误的。

我国公证机构的主要公证业务是证明民事法律行为,如合同、继承、委托、声明、赠与、遗嘱、财产分割、招标投标、拍卖等。公证机构根据当事人的申请办理相关公证事项,对民事法律行为的真实性、合法性予以证明。其中,委托公证证明的是委托人的授权委托行为真实、合法,属于公证的业务范围。申请办理涉及不动产的公证,应当向不动产所在地的公证机构提出,但申请办理涉及不动产的委托、声明、赠与、遗嘱的公证,可以向住所地、经常居住地、行为地或事实发生地的公证机构提出。C项正确。

当事人、公证事项的利害关系人认为公证书有错误的,可以向出具该公证书的公证机构提出复查。公证书的内容违法或者与事实不符的,公证机构应当撤销该公证书并予以公告,该公证书自始无效;公证书有其他错误的,公证机构应当予以更正。可见,D项表述有误,规范的表述是申请复查,而非申请复议。

6. 关于司法制度与法律职业的表述,下列哪些选项是正确的?(2009 - 1 - 90)

A. 关于从事法律职业的条件:①曾因犯罪受过刑事处罚者不能担任公证员;②年龄二十三周岁者可以担任检察官。①正确;②不正确

B. 关于律师承办业务:①律师承办业务,应告知委托人可能出现的法律风险;②律师承办业务,可根据情况决定是否向委托人通报委托事项办理进展情况。①正确;②不正确

C. 关于检察制度的发展和特征:①资本主义国家的检察机关多隶属于行政机关的司法行政部门;②我国实行的是检察长负责和检察委员会集体领导相结合的检察院负责制。①正确;②不正确

D. 关于我国的法官制度:①法官之间有夫妻关系、直系血亲关系、三代以内旁系血亲以及近姻亲关系的,不得同时担任同一法院的院长、副院长和审判员、助理审判员;②法官的考核内容包括审判工作实绩、思想品德、审判业务和法学理论水平、工作态度和审判作风,重点考核工作态度和审判作风。①正确;②不正确

答案（ ）①

【解析】根据《公证法》第20条规定,因故意犯罪或者职务过失犯罪受过刑事处罚的,不得担任公证员。这意味着,如果是普通过失犯罪,仍然可以。选项A错误。律师承办业务,应当及时向委托人通报委托事项办理进展情况。选项B正确。在检察机关内部,我国实行的不是单一的检察长负责制,而是检察长负责制和检察委员会负责制相结合的检察院负责制。选项C错误。法官考核重点考核的是审判工作实绩。选项D正确。

第三节 公证员职业道德

1. 关于法律职业人员职业道德,下列哪一说法是不正确的?(2014 - 1 - 49)

A. 法官职业道德更强调法官独立性、中立地位

B. 检察官职业道德是检察官职业义务、职业责任及职业行为上道德准则的体现

C. 律师职业道德只规范律师的执业行为,不规范律师事务所的行为

参考答案:①BD

D. 公证员职业道德应得到重视,原因在于公证证明活动最大的特点是公信力

答案( )①

【解析】法律职业队伍中存在法官、检察官、律师、公证员等具体行业之分,在职业道德上有不同要求。由于法官职业的特殊性,决定了对法官职业道德在独立性、中立性方面的要求较其他职业道德更高、更严格。A项正确。检察官的职业道德是检察官职业义务、职业责任及职业行为上道德准则的体现。B项正确。律师职业道德既规范律师(包括了公职律师、实习律师、律师助理),也规范律所。C项错误。公证是公证机构或公证员对公民、法人及其他组织的法律行为、有法律意义的文书和事实的真实性、合法性进行证明,其最大的特点是公信力。正因为公信力才更强调公证员的职业道德。所以,D项正确。

【未来命题趋势预测】法官职业道德既规范职业内活动,也规范职业外行为。检察职业道德既调整检察机关内部关系,培养检察官的共同体意识;也用来调整检察机关及检察官与其服务对象即民众之间的关系。

2. 下列哪一选项属于违反律师或公证有关制度及执业规范规定的情形?(2012-1-50)

A. 刘律师受当事人甲委托为其追索1万元欠款,因该事项与另一委托事项时间冲突,经甲同意后另交本所律师办理,但未告其支出增加

B. 李律师承办当事人乙的继承纠纷案,表示乙依法可以继承2间房屋,并作为代理意见提交法庭,未被采纳,乙仅分得万元存款

C. 林公证员对丙以贵重金饰用于抵押的事项,办理了抵押登记

D. 王公证员对丁代理他人申办合同和公司章程公证的事项,出具了公证书

答案( )②

【解析】依据《律师执业行为规范》第90条的规定,非经委托人的同意,律师不能因为转委托而增加委托人的经济负担。故据此可知,刘律师其未告知支出增加的情形违反了该规定。选项A违反规定。

3. 关于司法职业,下列哪一选项是错误的?(2008四川-1-50)

A. 检察官不得兼任人民代表大会常务委员会的组成人员,不得兼任行政机关、审判机关以及企业、事业单位的职务,不得兼任律师

B. 担任最高人民法院法官应当从事法律工作满三年

C. 受委托担任辩护人的律师,有权凭律师执业证书、律师事务所证明和委托书或者法律援助公函,有权会见犯罪嫌疑人并了解有关案件情况。律师会见犯罪嫌疑人时,侦查机关可以监听

D. 公证机构不得以诋毁其他公证机构、公证员或者支付回扣、佣金等不正当手段争揽公证业务

答案( )③

【解析】《律师法》规定,律师担任辩护人的,有权持律师执业证书、律师事务所证明和委托书或者法律援助公函,有权会见犯罪嫌疑人、被告人并了解有关案件情况。辩护律师会见犯罪嫌疑人、被告人时不被监听。因此,C说法错误。

4. 关于法律从业人员的职业道德和职业责任,甲、乙、丙、丁四人的下列何种说法是正确的?(2006-1-96)

A. 甲说,依我的意见,律师做广告、乱许诺、高收费、搞风险代理、不敬业尽职、挖墙脚争案源的,都

参考答案:①C ②A ③C

应开除出律师队伍,情节恶劣的要严打

B. 乙说,法官就应该深居简出,高薪高福利,终身任职,任凭自己内心确信去独立判案

C. 丙说,新的《公证法》对私自出证、出假证、篡改公证书各泄露当事人商业秘密或隐私的,处罚很重,对公证处罚款可高到10万元,还可以没收违法所得,还可以吊销公证员执照,有的还可追究刑事责任

D. 丁说,对法律职业人员来说,总的要求就是忠实于事实,忠实于法律

答案( )①

【解析】律师可以做广告,但不得乱许诺、高收费、搞风险代理、不敬业尽职、挖墙脚争案源,故A错误。法官应忠实于事实,忠实于法律,依据法律作出判断。故B错误。根据《公证法》42条的规定,C项正确。忠实于事实,忠实于法律是对法律工作者的一般要求。故D正确。

相关法条   《公证法》

第四十二条 公证机构及其公证员有下列行为之一的,由省、自治区、直辖市或者设区的市人民政府司法行政部门对公证机构给予警告,并处二万元以上十万元以下罚款,并可以给予一个月以上三个月以下停业整顿的处罚;对公证员给予警告,并处二千元以上一万元以下罚款,并可以给予三个月以上十二个月以下停止执业的处罚;有违法所得的,没收违法所得;情节严重的,由省、自治区、直辖市人民政府司法行政部门吊销公证员执业证书;构成犯罪的,依法追究刑事责任:

(一)私自出具公证书的;

(二)为不真实、不合法的事项出具公证书的;

(三)侵占、挪用公证费或者侵占、盗窃公证专用物品的;

(四)毁损、篡改公证文书或者公证档案的;

(五)泄露在执业活动中知悉的国家秘密、商业秘密或者个人隐私的;

(六)依照法律、行政法规的规定,应当给予处罚的其他行为。

因故意犯罪或者职务过失犯罪受刑事处罚的,应当吊销公证员执业证书。

5. 下列哪些行为违反了相关法律职业规范规定?(2013-1-85)

A. 某律师事务所明知李律师的伯父是甲市中院领导,仍指派其到该院代理诉讼

B. 检察官高某在办理一起盗车并杀害车内行动不便的老人案件时,发现网上民愤极大,即以公诉人身份跟帖向法院建议判处被告死刑立即执行

C. 在法庭上,公诉人车某发现李律师发微博,当庭予以训诫,审判长怀法官未表明态度

D. 公证员张某根据甲公司董事长申请,办理了公司章程公证,张某与该董事长系大学同学

答案( )②

【解析】法律禁止法官的配偶、子女担任该法官所任职单位办理案件的诉讼代理人或者辩护人。据此,A项的做法没有问题。公证员不得为本人及近亲属办理公证或者办理与本人及近亲属有利害关系的公证。D项中,公证员张某与该公司董事长仅是大学同学,且只是根据其申请办理公司章程公证,并无不妥。

检察官应依法独立行使检察权,独立于行政机关、企事业单位、社会团体、其他社会成员个人以及新闻媒体、公正舆论,不受任何外在的非法干预、不为人情所利用、不受社会舆论所干扰。B项中高某已然明显受到网络舆论的影响。根据《法官法》,法官应充分保障当事人和其他诉讼参与人的诉讼权

参考答案:①CD ②BC

利,避免办案中的随意行为。C项中,公诉人训诫李律师,双方发生直接冲突,而审判长竟然不表明态度,不符合职业道德规范。

6. 法律职业人员在业内、业外均应注重清正廉洁,严守职业道德和纪律规定。下列哪些行为违反了相关职业道德和纪律规定?(2015-1-84)

A. 赵法官参加学术研讨时无意透露了未审结案件的内部讨论意见
B. 钱检察官相貌堂堂,免费出任当地旅游局对外宣传的"形象大使"
C. 孙律师在执业中了解到委托人公司存在严重的涉嫌偷税犯罪行为,未向税务机关举报
D. 李公证员代其同学在自己工作的公证处申办学历公证

答案(①)

【解析】法官应当保守审判工作秘密,A项赵法官泄露了内部讨论意见,错误。B项中,检察官担任本地形象大使,是积极正面的形象,而且免费担任,做法并无不妥。律师应当保守在执业活动中知悉的国家秘密、商业秘密,不得泄露当事人的隐私。律师对在执业活动中知悉的委托人和其他人不愿泄露的有关情况和信息,应当予以保密。但是委托人或者其他人准备或者正在实施危害国家安全、公共安全以及严重危害他人人身安全的犯罪事实和信息除外。涉嫌偷税犯罪,不属于危害国家安全、公共安全的事项,可以不举报。C项正确。《公证程序规则》第11条规定:"公证员、公证机构的其他工作人员不得代理当事人在本公证机构申办公证。"因此,就D项而言,公证员代理当事人在自己工作的公证处申办公证,很明显不妥当。

7. 法律职业人员应自觉遵守回避制度,确保司法公正。关于法官、检察官、律师和公证员等四类法律职业人员的回避规定,下列哪些判断是正确的?(2015-1-85)

A. 与当事人(委托人)有近亲属关系,是法律职业人员共同的回避事由
B. 法律职业人员的回避,在其《职业道德基本准则》中均有明文规定
C. 法官和检察官均有任职回避的规定,公证员则无此要求
D. 不同于其他法律职业,律师回避要受到委托人意思的影响

答案(②)

【解析】本题难度较高。律师很明显可以与当事人(委托人)有近亲属关系,A项错误明显。中华全国律协2014年6月5日制定的《律师职业道德基本准则》,只有6条,其中没有规定回避制度。B项错误。就C项而言,《法官法》第6章专章规定了法官的任职回避,《检察官法》第6章专章规定了检察官的任职回避,分别规定了法官(检察官)之间在存在夫妻关系、直系血亲关系、三代以内旁系血亲以及近姻亲关系时,不得同时担任的职务。但公证员对于任职回避没有要求。C项正确。就D项而言,《律师执业行为规范》第51条罗列了在哪些情形下,律师应当告知委托人并主动提出回避,但委托人同意其代理或者继续承办的除外。也就是说,律师和律师事务所发现存在上述情形的,应当告知委托人利益冲突的事实和可能产生的后果,由委托人决定是否建立或维持委托关系。委托人决定建立或维持委托关系的,应当签署知情同意书,表明当事人已经知悉存在利益冲突的基本事实和可能产生的法律后果,以及当事人明确同意与律师事务所及律师建立或维持委托关系。委托人知情并签署知情同意书以示豁免的,承办律师在办理案件的过程中应对各自委托人的案件信息予以保密,不得将与案件有关的信息披露给相对人的承办律师。可见,D项表述正确。

参考答案:①AD ②CD

第四节　公证职业责任

1. 下列哪一法律职业人员的行为不违背相应职业纪律要求？（2009-1-50）
   A. 金法官向自己审理案件中受尽屈辱的原告推荐社会知名律师为其代理诉讼
   B. 闻律师在办理无偿的法律援助案件后，收取受援人交通费
   C. 公证员黄某在派发的名片上印有"法学硕士、法学副教授"的头衔
   D. 曾律师发起举办了"金融危机下律师业的挑战"研讨会并邀请一些教授、法官、检察官、公证员朋友出席

答案（　　）①

【解析】法律职业者参加学术会议、发表论文等学术活动，不违背相关职业道德。

2. 律师除特殊情况外,应当保守在执业活动中知悉的国家秘密和当事人的商业秘密,不得泄露当事人的隐私。下列情况中,律师的哪些做法是正确的？（2007-1-90）
   A. 在庭审中出具了委托人提供的包含有商业秘密的董事会会议记录作为证据
   B. 将十年来办结的案例汇编出版,其中包含了客户的商业秘密资料
   C. 发现委托人正在进行的行为将会发生致人伤亡的严重犯罪,立即将此情况向有关单位反映
   D. 代理海关关税事务时发现委托人的行为属于走私犯罪,确信自己将被无辜地牵涉其中,遂将情况向有关单位反映

答案（　　）②

【解析】律师应当保守在执业活动中知悉的国家秘密和当事人的商业秘密，不得泄露当事人的隐私。律师事务所、律师及其辅助人员不得泄露委托人的商业秘密、隐私，以及通过办理委托人的法律事务所了解的委托人的其他信息。但是律师认为保密可能会导致无法及时阻止发生人身伤亡等严重犯罪及可能导致国家利益受到严重损害的除外。C项正确。可见，律师可以公开委托人授权同意披露的信息。A项正确。同时，律师在代理过程中可能无辜地被牵涉到委托人的犯罪行为时，律师可以为保护自己的合法权益而公开委托人的相关信息。D项正确。律师代理工作结束后，仍有保密义务。B项错误。

3. 关于不同法律职业责任,下列哪些表述是正确的？（2010-1-88）
   A. 法官职业责任包括执行职务中违纪行为的纪律责任、执行职务中犯罪的刑事责任
   B. 检察官职业责任包括执行职务中违纪行为的纪律责任、赔偿责任和执行职务中犯罪的刑事责任
   C. 律师职业责任包括执业活动中违反有关律师法律、法规及执业纪律的民事、行政、刑事责任和纪律处分
   D. 公证职业责任包括公证活动中违反有关公证法律、法规及职业道德规范的民事、行政、刑事责任和惩戒处分

答案（　　）③

【解析】法律职业责任是法律职业人员违反有关法律职业人员的法律和道德所应承担的责任。它包括：(1)刑事责任；(2)民事责任；(3)行政责任；(4)纪律处分。《法官法》和《检察官法》只规

参考答案：①D　②ACD　③ACD

定了执业的纪律责任和刑事责任,故 A 项正确,B 项错误。律师职业责任,是指律师在执业活动中,因为违反有关律师的法律、法规和执业纪律规范所应承担的责任,包括民事责任、行政责任、刑事责任和纪律处分。故 C 项正确。公证职业责任,是指公证机构和公证员在公证活动中,因违反有关公证的法律、法规和职业道德规范所应当承担的责任,包括民事责任、行政责任、刑事责任和惩戒处分。故 D 项正确。

4. 法学院同学就我国法律职业道德规范进行讨论。

甲认为:①法律职业道德一般包括职业道德意识、职业道德行为和职业道德规范 3 个层次;

②法官职业道德的核心是公正、廉洁、为民。

乙认为:①如果缺乏无私奉献、敬业献身的精神,法律职业人员很容易进行"权力寻租";

②加强公证员职业道德建设是维护和增强公证公信力的保障。

丙认为:①法律职业人员的社会义务和道德要求不应高于一般社会成员;

②直接影响律师职业形象的执业外行为受到律师职业道德的约束。

对此,下列哪些选项是不能成立的?(2011-1-85)

A. 甲①和乙②的说法均正确
B. 甲②和丙②的说法均错误
C. 甲①、乙①和丙①的说法均正确
D. 甲②、乙①和丙①的说法均错误

答案(　　)①

【解析】法律职业道德一般包括职业道德意识、职业道德行为和职业道德规则 3 个层次。甲①说法正确。法官职业道德的核心是公正、廉洁、为民。甲②说法正确。如果缺乏无私奉献、敬业献身的精神,法律职业人员很容易进行"权力寻租"。乙①说法正确。加强公证员职业道德建设是维护和增强公证公信力的保障,乙②说法正确。法律职业人员的社会义务和道德要求应当高于一般社会成员。丙①说法错误。直接影响律师职业形象的执业外行为受到律师职业道德的约束。丙②说法正确。

参考答案:①BCD